新编汽车电子控制系统结构与检修

徐寅生 主 编
李春亮 主 审

金盾出版社

内容提要

本书是针对汽车电子控制系统的结构与检修而编写的，主要内容包括：发动机电子控制系统的结构与检修、电子控制变速器的结构与检修、电子控制防滑及稳定系统的结构与检修、电子控制动力转向系统的结构与检修、电子控制悬架系统的结构与检修、安全气囊系统的结构与检修。

本书内容全面、由浅入深、通俗易懂，体系结构合理、层次清晰、图文并茂，适合于汽车运用和维修技术人员及各类院校汽车专业的师生阅读和参考，也可作为汽车新技术培训的教材和参考书。

图书在版编目(CIP)数据

新编汽车电子控制系统结构与检修/徐寅生主编. —北京：金盾出版社，2014.6
ISBN 978-7-5082-9263-2

Ⅰ.①新… Ⅱ.①徐… Ⅲ.①汽车—电子控制—控制系统—系统结构②汽车—电子控制—控制系统—维修 Ⅳ.①U472.41

中国版本图书馆 CIP 数据核字(2014)第 037087 号

金盾出版社出版、总发行
北京太平路 5 号(地铁万寿路站往南)
邮政编码：100036 电话：68214039 83219215
传真：68276683 网址：www.jdcbs.cn
封面印刷：北京精美彩色印刷有限公司
正文印刷：北京盛世双龙印刷有限公司
装订：北京盛世双龙印刷有限公司
各地新华书店经销

开本：787×1092 1/16 印张：20.875 字数：519 千字
2014 年 6 月第 1 版第 1 次印刷
印数：1～4 000 册 定价：52.00 元

前　言

随着汽车工业和科学技术的发展，现代汽车技术日新月异，新的系统装置和新结构相继涌现，特别是电子控制技术在汽车上的应用更为广泛，从发动机到汽车底盘、从行驶安全系统到信息系统、从主体部分到附属装置，现代汽车技术都趋向电子化，诸多系统都采用了电子控制方式。因此，对汽车的使用和维修人员提出了新的更高的要求，了解汽车电子控制系统的基本结构和工作原理，掌握汽车电子控制系统检修的基本技能就显得十分重要。

本书在查阅了大量的资料和相关图书的基础上，从读者需要出发，既考虑普通的汽车使用者对汽车电子控制系统知识的需求，又考虑到汽车专业人员的需求，以汽车电子控制技术为核心，较全面介绍了现代汽车上所涉及的电子控制系统的发展过程、主要功用、基本组成、结构类型、工作原理和检修方法。内容覆盖面较广、实用性强，突出新结构，体现新知识，注重新方法，力求详略得当、深浅有度。

本书共分十章，由徐寅生主编，李春亮主审，其中第一章由孙志成、陈安宇、王磊编写，第二章、第三章、第四章、第五章、第六章、第七章、第八章由徐寅生编写，第九章由陆克久、刘少兵、杜晶编写，第十章由汪时武、范正伟、朱华编写，参加资料收集、整理和部分编写工作的还有邵恩坡、李金学、王付财、高强业、朱会田、陈一永、苏建成等，王元龙、张金迎对全书进行了校对。

本书在编写过程中，编者参考了大量的书籍、论文等文献资料，在此，谨向原作者表示感谢。

由于编者水平有限，书中难免存在不妥或疏漏之处，敬请读者批评指正。

编者

目　录

第一章　汽车电子控制技术概述

现代汽车已成为机械工艺技术、电器技术、微电子技术、自动控制技术、信息技术等综合技术的产物。电子技术、计算机与信息技术的快速发展及其在汽车上的应用，使汽车电子控制的范围、精度、智能化及人性化水平都在迅速提高。汽车电子控制系统的显著特征是以汽车发动机、底盘和车身为控制对象，主要功能是提高汽车的整体性能，包括动力性、经济性、排放性、安全性、舒适性、操纵性与通过性等。本章简要概述汽车电子控制技术的发展与应用和汽车电子控制系统的基本组成。

第一节　汽车电子控制技术的发展与应用

汽车在为人类提供交通便捷的同时，也带来了能源消耗、环境污染等问题。随着汽车工业与电子工业的不断发展，为提高汽车整车性能，解决汽车能源紧缺、环境保护和交通安全等问题，现代汽车电子化程度越来越高，广泛采用了电子控制技术。

一、汽车电子与控制技术的发展

(一)汽车电子技术的发展过程

早在20世纪50年代，汽车上最初采用的电子装置是收音机。1955年晶体管收音机问世后，采用晶体管收音机的汽车迅速增加。在汽车零部件中，最初采用的电子装置是交流发电机的整流器。1960年美国克莱斯勒(CHRYSLER)汽车公司和日本日产(NISSAN)汽车公司开始采用二极管整流的交流发电机，此后开始采用晶体管电压调节器和晶体管点火装置，接着又逐步实现其集成化。

1973年，美国通用(GM)汽车公司采用了集成电路(IC)点火装置。1974年，美国通用汽车公司开始装备加大火花塞电极间隙，增强点火能量的高能点火(HEI)系统，同时在分电器内装上点火线圈和点火控制电路，力图将点火系统做成一体。1977年，美国通用汽车公司开始采用数字式点火时刻控制系统，称为迈塞(MISAR)系统。该系统体积小，由中央处理器(CPU)、存储器(RAM/ROM)和模/数(A/D)转换器等组成。系统可根据输入的水温、转速和负荷等信号，计算出最佳点火时刻。

1976年，美国克莱斯勒公司首先创立了由模拟计算机对发动机点火时刻进行控制的控制系统。1967年，德国博世(BOSCH)公司成功研制出发动机汽油喷射系统。由于集成电路及计算机的发展，使控制系统的结构紧凑，可靠性进一步提高，从而使汽车电子技术得到了快速发展。

(二)汽车电子控制技术的发展过程

汽车电子控制技术的研发是从发动机控制开始的，而发动机的电子控制技术的研发，又是从控制点火时刻开始的。现代汽车电子控制已从单一项目的控制，发展到多个项目的集中控制。从单一的控制点火时刻开始，逐步扩展到控制废气再循环、空燃比、怠速等多个项目的发动机综合控制,即所谓发动机集中控制系统。

除汽车发动机以外的其他部件中,最先采用电子技术的是美国福特(FORD)汽车公司的电子控制防滑装置,接着在20世纪70年代日本各大汽车公司也开发了这种装置,日本的日产汽车公司和丰田(TOYOTA)汽车公司还各自研制了变速器的电子控制装置。近年来车用电子装置越来越多,如驾驶辅助装置、报警安全装置、通信装置、娱乐装置等。

汽车电子控制技术的发展过程,大致可分为电子电路控制、微型计算机控制和车载局域网控制三个阶段。

第一阶段(1953—1975年):电子电路控制阶段,即采用分立电子元件或集成电路组成电子控制器进行控制。汽车电子设备主要采用分立电子元件组成电子控制器,从而揭开了汽车电子时代的序幕。主要产品有二极管整流式交流发电机、电子式电压调节器、电子式点火控制器、电子式闪光器、电子式间歇刮水控制器、晶体管收音机、数字时钟等。

第二阶段(1976—1999年):微型计算机控制阶段,即采用模拟计算机或数字计算机进行控制,控制技术向智能化方向发展。汽车电子设备普遍采用8位、16位或32位字长的微处理器进行控制,主要开发研制专用的独立控制系统和综合控制系统。主要产品有微机控制发动机点火系统、电子控制发动机燃油喷射系统、发动机燃油喷射与点火综合控制系统、发动机空燃比反馈控制系统、巡航控制系统、电子控制自动变速系统、防抱死制动系统、牵引力控制系统、四轮转向控制系统、车身高度自动调节系统、轮胎气压控制系统、安全气囊系统、座椅安全带收紧系统、自动防追尾碰撞系统、前照灯光束自动控制系统、超速报警系统、车辆防盗系统、电子控制门锁系统、自动除霜系统、通信与导航协调系统、安全驾驶监测与警告系统和故障自诊断系统等。

第三阶段(2000年以后):车载局域网控制阶段,即采用车载局域网LAN(Local Area Network)对汽车电器与电子控制系统进行控制。汽车采用网络技术的根本目的:一是减少汽车线束;二是实现快速通信。随着汽车上安装的电子设备的不断增多,给汽车采用计算机网络技术创造了条件。近50年来,汽车电器线束如果仍然采用传统的布线方式连接,不仅线束变得更加粗大、质量大大增加(与1990年相比将增加80kg～120kg,约占整车质量的4% ～10%左右)、车内可利用空间变小,而且由于线路复杂,故障率增加,还会给维修带来难度和不便。采用计算机网络技术,将汽车上的电子控制系统组成网络,利用计算机的总线结构和数据传输方式来传输信息,实现分布式多路传输,使汽车电器与电子控制系统各控制器实现信息共享和多路集中控制,从而可以大大减少汽车线束和实现大容量数据的快速通信,减轻线束质量,提高电器系统的工作可靠性,使维修工作变得简便快捷。新增加的电子装置,几乎不需要对原有网络的软件和硬件作任何改动,就可以方便地接入网络。因此,国内外中高档轿车目前都已采用车载局域网LAN技术。采用LAN技术的国外轿车有奔驰、宝马、保时捷、美洲豹、劳斯莱斯等。例如,在BMW AG(宝马公司)2004年推出的BMW 7系列轿车上,就装备了70多个微处理器(电控单元),利用了8种车载局域网分别按这些电控单元的作用连接起来。其中,连接多媒体装置的网络就选用了MOST。MOST协议是21世纪车载多媒体设备不可缺少的高速网络协议。采用LAN技术的国内轿车有一汽宝来Bora、奥迪A6、上海帕萨特B5、波罗、广州本田、东风雪铁龙等。电子控制器网络化的多路集中控制系统不仅是汽车电器线束分布方式和电子控制系统控制技术的发展方向,而且也是火车、船舶、机器人、机械制造、医疗器械以及电力自动化等领域控制技术的发展方向。

二、汽车电子控制系统的应用

图 1-1 所示为电子控制系统在汽车上的应用概况。

(一)发动机应用的控制系统

1. 电子控制汽油喷射系统(电喷 EFI)

该系统根据各种传感器输送来的信号,能有效控制混合气浓度,使发动机在各种工况下的空燃比达到最佳值,从而实现提高功率,降低油耗,减少排气污染等功效。该系统可分为开环和闭环两种控制。闭环控制在开环控制的基础上,在一定条件下,由计算机根据氧传感器输出的含氧浓度信号修正燃油供给量,使混合气浓度保持在理想状态下。

2. 电子控制点火系统(ESA)

该系统可使发动机针对不同的转速、进气量等因素,在最佳点火提前角工况下工作,使发动机输出最大的功率和扭矩,而将油耗和排放降低到最低限度。该系统控制也可分为开环和闭环两种控制。电控点火装置闭环控制系统通过爆燃传感器进行反馈控制,其点火时刻的控制精度比开环控制系统高,但排气净化差。

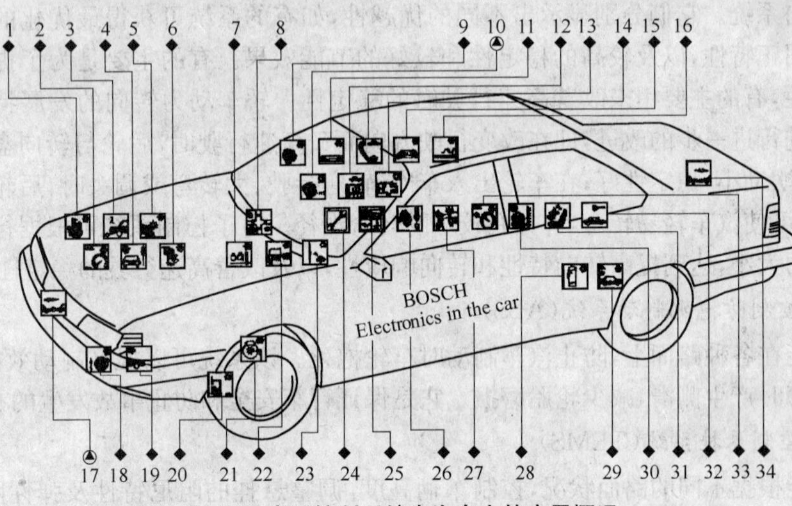

图 1-1 电子控制系统在汽车上的应用概况

1. 燃油喷射系统 2. 怠速控制系统 3. 空燃比反馈控制系统 4. 发动机故障诊断 5. 自动变速 6. 微机控制点火 7. 加速踏板控制 8. 控制器区域网络 9. 声音复制 10. 声控操作 11. 音响系统 12. 车载计算机 13. 车载电话 14. 交通控制与通信 15. 信息显示 16. 线束复用 17. 雷达车距控制与报警 18. 前照灯控制与清洗 19. 气体放电车灯 20. 轮胎气压控制 21. 防抱死与防滑转调节 22. 底盘故障诊断 23. 刮水器与清洗器控制 24. 维修周期显示 25. 液面与磨损监控 26. 安全气囊与安全带控制 27. 车辆保安 28. 前/后轮转向控制 29. 电子悬架 30. 自动空调 31. 座椅调节 32. 中央门锁 33. 巡航控制 34. 车距报警

3. 辅助控制系统

(1)废气再循环系统(EGR)。该系统将一部分排气中的废气引入进气侧,随新鲜混合气进入气缸再次燃烧,以抑制发动机有害气体——氮氧化合物的生成。该系统能根据发动机的工况适时地调节参与废气再循环的废气循环率,以减少排气中的有害气体——氮氧化合物。它是一种排气净化的有效手段。

(2)怠速控制系统(ISC)。该系统能根据发动机冷却水的温度及其他有关参数,如空调开关信号、动力转向开关信号等，使发动机的怠速处于最佳状态。

(3)其他控制系统。除以上控制系统外，发动机的控制内容还有：发动机输出、冷却风扇、进气噪声、发动机排量、气门正时与升程、二次空气喷射、发动机增压、电子节气门、燃油蒸发控制及系统自诊断等功能，这些控制系统在不同类型的汽车上或多或少地被采用。另外，随着计算机技术的进一步发展，计算机将会在现代汽车上承担更重要的任务，如控制燃烧室的容积和形状，控制压缩比，检测汽车零件逐渐增加的机械磨损等。

(二)汽车底盘应用的控制系统

1. 电子控制自动变速器(ECT)

该装置有多种形式。它能根据发动机节气门的开度和车速等行驶条件，按照换挡特性精确地控制变速比，使汽车处于最佳挡位。该装置具有适当提高传动效率，适当降低油耗，改善换挡质量，提高汽车行驶平稳性以及延长变速器的使用寿命等优点。

2. 电子控制动力转向系统(EPS)

电子控制动力转向系统的形式较多，目前电控前轮动力转向较普及，它通过控制转向力，保证汽车原地或低速行驶转向轻便，而高速行驶时又确保安全。汽车动力转向系统的发展趋势为四轮转向系统。它们分别显示出不同的优越性，如有的系统可获得最优化的转向作用力特性和转向回正特性，以及较高的稳定性和较好的节能效果。有的主要是为了提高转向能力和转向响应性，有的主要用来改善高速行驶时的稳定性。轿车动力转向的发展特点是汽车在转向系统上进行进一步的改进，即在改变行驶方向而又高速行驶时，后轮与转向盘转动方向一致，这样行车摆动小，稳定性好；在车轮出入车库、转弯行驶、大转弯或调头时，后轮与转向盘转动方向相反，可使汽车轻易转弯，并具有较小的转弯半径。电子控制系统可根据行驶工况调整后轮转向角的大小，达到提高转向特性和转向响应性，以及改善高速行驶的稳定性等目的。

3. 电子控制防抱死制动系统(ABS)

该系统能在各种路面上，防止汽车制动时车轮抱死。该系统可以提高制动效能，防止汽车在制动和转弯时产生侧滑，减少轮胎磨损。它是保证行车安全和防止事故发生的有效措施。

4. 电子控制悬挂系统(TEMS)

该系统能根据不同的路面状况，控制车辆高度，调整悬挂的阻尼特性及弹性刚度，改善车辆行驶的稳定性、操纵性和乘坐舒适性。

5. 电子控制巡航系统(CCS)

该系统又称为恒速行驶系统。汽车在高速公路上长时间行驶时，打开该系统的自动操纵开关后，恒速行驶装置将根据行驶阻力自动增减节气门的开度，使汽车行驶速度保持一定。该系统可以减轻驾驶员因长途驾驶造成的疲劳程度。

(三)信息安全应用的控制系统

1. 信息系统

随着电子化的发展，汽车信息系统越来越庞大，远远超出如车速、里程、水温、油压等相关范围，逐渐向全面反映车辆工况和行驶动态等功能发展。科目繁多的信息装置正在源源不断地进入汽车领域。

(1)信息显示与报警系统。该系统可将发动机的工况和其他信息参数，通过微机处理后，输出对驾驶员更有用的信息，并用数字显示、线条显示或声光报警。显示的信息除水温、油压、车速、发动机转速等常见内容外，还有瞬时耗油量、平均耗油量、平均车速、行驶里程、车外温度等。根据驾驶员的需要，可随时调出显示这些信息。

监视和报警的信息主要有：燃油温度、水温、油压、充电、尾灯、前照灯、排气温度、制动液量、驻车制动、车门未关严等。当出现不正常现象或自诊断系统测出有故障时，立即触发声光报警。

(2)语言信息系统。过去信息显示都是靠驾驶员查看仪表盘由视觉感知，这样容易造成遗漏。现在出现了语言信息，包括语音报警和语言控制两类。语音报警是在汽车出现不正常情况，如水温、水位、油位不正常，制动液不足和蓄电池充电值偏低等情况时，计算机经过逻辑判断，输出信息至扬声器，发出模拟人的声音向驾驶员报警，如“请停车”、“水位不正常”、“请加油”等，多数情况下同时会有灯光报警。语音控制是用驾驶员的声音来指挥和控制汽车的某个部件、设备进行动作。目前，该装置一般都是为伤残人士提供方便而设立的。

(3)车用导航系统。该系统可在城市或公路网的范围内，定向选择最佳行驶路线，并能在屏幕上显示地图，表示汽车行驶中的位置，以及到达目的地的方向和距离。这实质是汽车行驶向智能化发展的方向，再进一步就可成为无人驾驶。

(4)通信系统。这方面真正使用且采用最多的是汽车电话，在美国、日本、欧洲等发达国家较普及。目前的水平在不断地提高，除车与路之间，车与车之间，车与飞机之间等交通工具之间的通话外，还可通过卫星与国际电话网相连，实现行驶过程中的国际间电话通信。

2. 行驶安全控制系统

(1)安全气囊(SRS)。该系统是汽车上一种常见的被动安全装置。在车辆相撞时，由电控元件用电流引爆安装在转向盘中央、杂物箱等处的气囊后部的渗氮物，使其迅速燃烧产生氮气，瞬间充满气囊。气囊的作用是在驾驶员与转向盘之间、前座乘员与仪表板之间形成一个缓冲软垫，避免硬性撞击而受伤。此装置一定要与安全带配合使用，否则效果大为降低。

(2)安全带控制系统。该系统在汽车发生任何撞击的情况下，可瞬间束紧安全带。有的汽车上只有当计算机确认驾驶员和乘客安全带的使用正确无误时，发动机才能被起动。

(3)雷达防撞系统。该系统有多种形式。有的在汽车行驶中，当两车的距离小到安全距离时，即自动报警，若继续行驶，则会在即将相撞的瞬间，自动控制汽车制动器将汽车停住；有的是在汽车倒车时，显示车后障碍物的距离，有效地防止倒车事故的发生。

(4)驱动防滑控制系统(ASR)。驱动防滑控制系统(ASR)是在制动防抱死系统的基础上开发的，两系统有许多共同组件。该系统通过驱动轮上的转速传感器，检测到驱动轮打滑时，控制元件便通过制动或控制发动机降低转速，使之不再打滑。它实质上是一种速度调节器，可以在起步和弯道中速度发生急剧变化时，改善车轮与地面的附着力，提高其安全性。该系统在雪地或湿滑路面上，较能发挥其特性。

(5)制动力分配系统(EBD)和电子稳定控制系统(ESP)。制动力分配系统(EBD)和电子稳定控制系统(ESP)是在制动防抱死系统(ABS)和驱动防滑控制系统(ASR)基础之上开发出来的，其作用是提高汽车制动时的稳定性。

(6)前照灯控制系统。该系统可在前照灯照明范围内，随着转向盘的转动而转动，并能在会车时自动启闭和防眩。

(7)其他安全控制装置。除上述装置外，目前已经开发出各种各样的安全装置，如自动门窗装置、车门自动闭锁装置、防盗装置、车钥匙忘拔报警装置和语言开门(无钥匙)装置等。

(四)附属装置应用的控制系统

1. 全自动空调(EA/C)

该装置突破单一的空气温度调节功能,根据设计在车内的各种温度传感器(车内温度、大气温度、日照温度、蒸发器温度、发动机水温等)输入的信号,由计算机进行平衡温度演算,对进气转换风门、混合风门、水阀、加热断电器、压缩机、鼓风机等进行控制。根据乘客要求,保持车内的温度处于最佳值,即人体感觉最舒适的状态。

2. 自动座椅

该装置是人体工程技术与电子控制技术相结合的产物,它能使座椅适应乘客的不同体型,满足乘客的舒适性要求。

3. 音响/音像

车内装有立体音响、激光唱机。放音系统可实行立体声补偿、立体声音响自动选台,电视机实现数码选台。

三、汽车电子技术应用的优越性

由于电子技术、计算机技术和信息技术等新技术的发展和应用,汽车电子控制在控制的精度、范围、适应性和智能化等多方面有了较大的发展,实现了汽车的全面优化运行。因此,装有电子控制系统的汽车,在降低排放污染、减少燃油消耗、提高安全和舒适性等方面,有着明显的优势,主要体现在如下几个方面。

(一)降低燃油消耗

汽车发动机采用电子综合优化控制。与传统的化油器式发动机相比,它可以节省燃油消耗10%~15%。汽车是一个较复杂的多参数控制的机械,而且行驶条件随机变化,对其采用电子控制后,计算机可以对控制对象的有关参数(如温度、气体压力、转速、排气成分)进行适当采样,然后进行数据处理,最终控制汽车的执行机构,这样便可使汽车在最佳工况下工作,以达到节油的目的。

(二)减少空气污染

用传感器控制的发动机空燃比闭环控制系统,可以保证空燃比处于理论空燃比附近工作。若加装废气再循环和三元催化净化等装置,不但可以节约燃油,而且废气中碳氢化合物(HC)的体积百分数可降低40%,氮氧化合物(NO_x)的体积百分数可降低60%左右。

(三)减少交通事故

汽车在安全方面使用电子技术之后,使整车的安全性能得到提高。交通事故主要是由人的主观因素和客观因素所造成的,减少人的主观因素造成事故的电子装置有:防止酒后驾车和驾驶员瞌睡的电子装置,检查人的心理状态和反应时间的电子装置等。减少由于客观原因造成事故的电子装置有:电子控制制动防滑装置(防止制动时车轮抱死、防止驱动轮滑转)、汽车主要参数报警装置和安全气囊等。

(四)提高人体乘坐的舒适性

汽车的舒适性包括平顺性、噪声控制、空气温度和湿度以及居住性等。通常所说的乘坐舒适性,主要是指乘客对振动的适应程度。振动主要由路面、轮胎、发动机和传动系统通过不同途径传递到人体,其振动的幅度和频率对人体影响较大。采用电子技术后,可以根据汽车的运行情况和路况适时控制减振器的阻尼等参数，从而提高人体乘坐的舒适性。而且可以根据环境条件及人的要求，将车内温度、湿度、灯光等，自动控制在合适的程度。

(五)减少汽车修复时间

汽车电气设备的故障约占汽车总故障的三分之一。由于汽车结构比较复杂，零部件比较多，工作环境不可控制(如道路条件、环境温度、湿度)，加上人为的因素，所以汽车的可靠性较差，无故障间隔时间较短。随着电气设备在汽车零部件中所占比例的增加，电气设备的故障率还会提高。由于电子控制汽车均装有自诊断系统，从而提高了故障诊断的速度和准确性，缩短了汽车的修复时间，并带来很好的社会效益和经济效益。

第二节　汽车电子控制系统的基本组成与功用

汽车车型不同、档次不同，采用电子控制系统的多少也不尽相同。但是，汽车上每一个电子控制系统的基本结构都是由传感器(传感元件)与开关信号、电子控制单元 ECU(Electronic Control Unit)和执行器(执行元件)三部分组成，如图 1-2 所示，这是汽车电子控制系统的共同特点。

图 1-2　汽车电子控制系统的基本组成

一、传感器

(一)传感器的功用

传感器是一种物理量转换装置，它将各种非电量(物理量、化学量、生物量等)按一定规律转换成便于传输和处理的电量。传感器相当于人的眼、耳、鼻、舌、身等五官，在汽车电子控制系统中，传感器将汽车各部件运行的状态参数(各种非电量信号)转换成电量信号并输送到各种电控单元。

车用传感器安装在汽车上的不同部位，汽车型号和档次不同，装备传感器的多少也不相同。有的汽车只有几只传感器(如发动机控制系统通常有 6～8 只)，有的汽车装备有 50 多只传感器。一般来说，汽车装备传感器越多，则其档次就越高。

(二)传感器的类型

按检测项目不同，汽车电子控制系统采用的传感器可分为以下几种类型。

1. 流量传感器

如发动机燃油喷射系统采用的翼片式、量芯式、涡流式、热丝式与热膜式空气流量传感器等。

2. 位置传感器

如发动机燃油喷射和微机控制点火系统采用的曲轴位置传感器(又称为发动机转速与曲轴转角传感器)、凸轮轴位置传感器、节气门位置传感器，电子调节悬架系统采用的车身位置(又称为车身高度)传感器，信息显示系统和液面监控系统采用的各种液面位置(或高度)传感器，自动变速系统采用的选挡操纵手柄位置传感器，巡航控制系统采用的节气门拉线位置传感器，电子控制动力转向系统采用的转向盘转角传感器等。

3. 压力传感器

如发动机控制系统采用的进气支管压力传感器、大气压力传感器、排气压力传感器、气缸压力传感器，自动变速系统采用的燃油压力传感器，发动机爆震控制系统采用的爆燃传感器等。

4. 温度传感器

如发动机冷却液温度传感器、进气温度传感器、排气温度传感器、燃油温度传感器，自动变速系统采用的自动传动液温度传感器，空调控制系统采用的车内温度传感器等。

5. 浓度传感器

如发动机控制系统采用的氧传感器，安全控制系统采用的酒精浓度传感器等。

6. 速度传感器

如防抱死制动系统采用的车轮速度传感器、车身纵向和横向加(减)速度传感器，发动机控制系统采用的转速传感器，发动机、自动变速以及巡航控制系统采用的车速传感器，变速器输入轴转速传感器以及输出轴转速传感器等。

7. 碰撞传感器

如辅助防护系统采用的滚球式、滚轴式、偏心锤式、压电式和水银式碰撞传感器等。

二、电子控制单元

(一)电子控制单元的组成

电子控制单元(ECU)是一种电子综合控制装置，发动机集中控制系统 ECU 的外观和构造如图 1-3 所示。ECU 主要由输入回路、A/D 转换器、计算机和输出回路四部分组成。

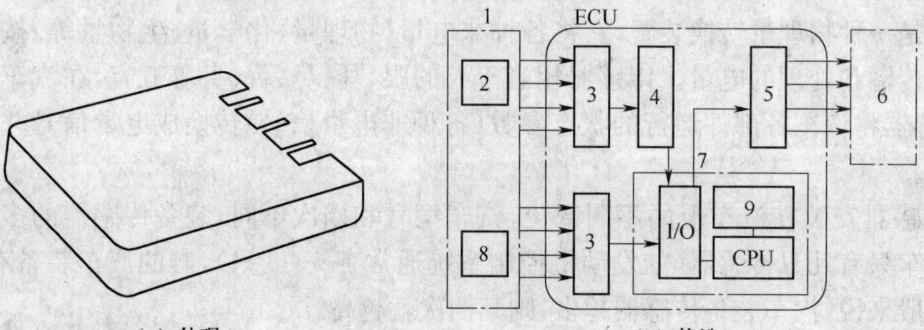

图 1-3 ECU 的外观和构造

1. 传感器 2. 模拟信号 3. 输入回路 4. A/D 转换器 5. 输出回路 6. 执行器 7. 计算机 8. 数字信号 9. 存储器(RAM/RCM)

1. 输入回路

输入 ECU 的传感器信号有两种：一种是模拟信号(如图 1-4a 所示)，其信号强弱表示被测量的大小，如热线式空气流量传感器的输出信号和水温传感器的输出信号等；另一种是数字信号(包括开关信号，如图 1-4b 所示)，其频率快慢表示被测量的大小，如卡门旋涡式空气流量传感器的输出信号和转速传感器的输出信号等。一些不规则的数字信号(频率信号)有的在传感器内转换，有的在传感器外转换。信号的类型不同，输入 ECU 后的处理方法也不一样。

从传感器输出的信号输入 ECU 后，首先通过输入回路，其中数字信号直接输入计算机，模拟信号则由 A/D 转换器转换成数字信号后再输入计算机。

输入回路的作用是将传感器输入的信号，在除去杂波并把正弦波转变为矩形波后，再转换成输入电平，如图 1-5 所示。

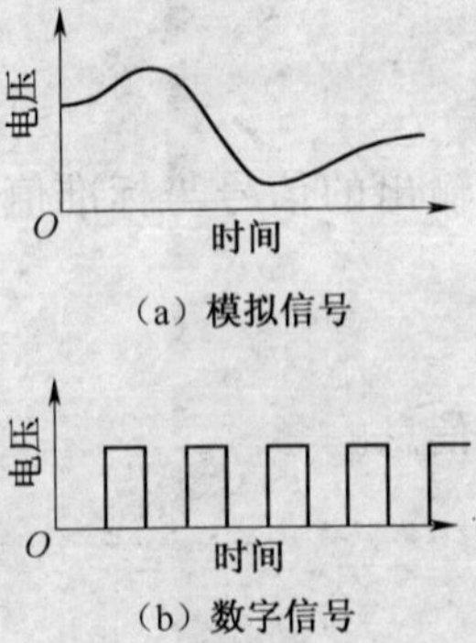

图 1-4　传感器输入信号的种类

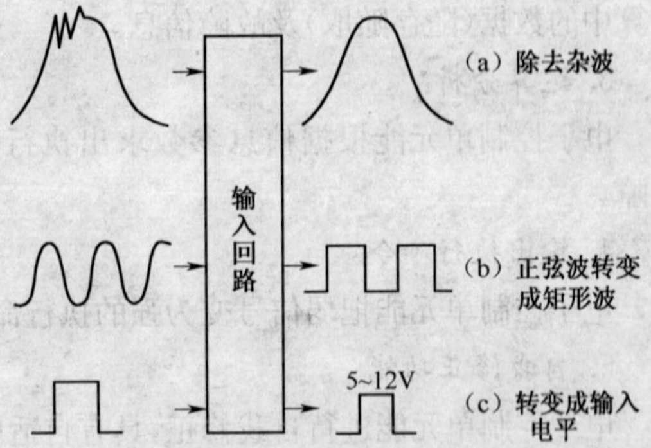

图 1-5　输入回路的作用

2. A/D 转换器

由传感器输入的模拟信号，计算机不能直接处理，故须用 A/D 转换器将模拟信号转换成数字信号，再输入计算机。如图 1-6 所示为空气流量传感器输出的模拟信号由 A/D 转换器处理后的示意图。

3. 计算机和输出回路

计算机的作用是根据发动机工作的需要，把各种传感器送来的信号用内存中的程序进行运算处理，并把处理结果(如汽油喷射控制信号、点火控制信号)送往输出回路。

计算机的内部结构如图 1-7 所示，它由中央处理器(CPU)、存储器(RAM/ROM)、输入/输出回路等组成。

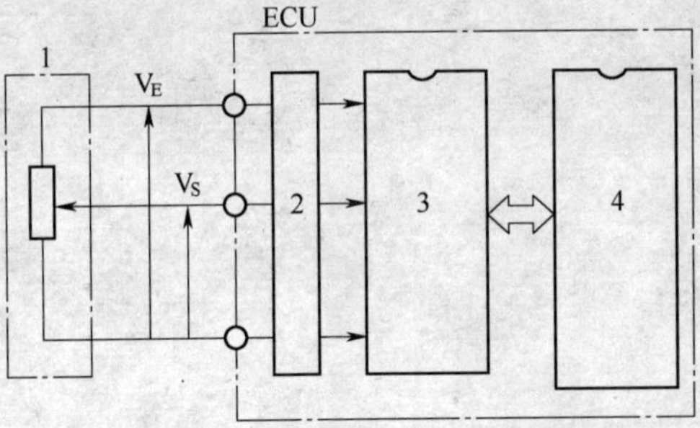

图 1-6　模拟信号转换处理

1. 空气流量传感器　2. 输入回路
3. A/D 转换器　4. 计算机

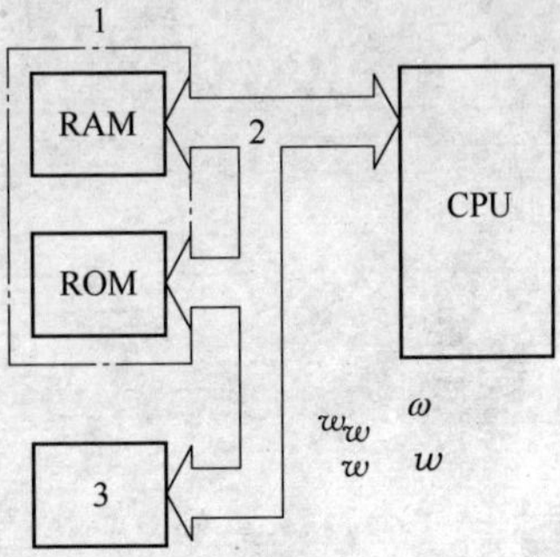

图 1-7　计算机的内部结构

1. 存储器　2. 信息传送通道
3. 输入/输出回路

(二)电子控制单元的基本功用

电子控制单元所具备的基本功能如下：

1. 接收输入的信息

电子控制单元接收传感器或其他装置输入的信息，给传感器提供参考（基准）电压：2V、5V、9V、12V（个别为8V），将输入的信息转变为计算机所能接收的信号。

2. 存储和处理信息

电子控制单元能存储、计数、分析处理信息，存储处理程序，存储该车型的特性参数，存储运算中的数据（随存随取）及故障信息。

3. 运算分析

电子控制单元能根据信息参数求出执行命令数值，将输出的信号与标准值对比并查出故障。

4. 输出执行命令

电子控制单元能把弱信号变为强的执行命令，输出故障信息。

5. 自我修正功能

电子控制单元能进行自我修正，具有自适应功能。

三、执行器

执行器是受ECU控制并具体执行某项控制功能的装置。当执行器是磁化线圈时，一般由ECU来控制磁化线圈的搭铁回路，有时也由ECU来控制某些电子控制电路，如电子点火控制器等。

在控制系统中，常见的执行器主要有：电磁喷油器、点火控制器（点火模块）、怠速控制阀、废气再循环阀、进气控制阀、二次空气喷射阀、活性炭罐电磁阀、车速控制电磁阀、电动汽油泵与继电器、冷却风扇继电器、空调压缩机继电器、自动变速器换挡电磁阀、增压器释压电磁阀、调压电磁阀、锁止电磁阀及电磁离合器等。

第二章　发动机电子控制燃油喷射系统的结构与检修

电子控制燃油喷射系统(EFI)是随着机械式控制系统、机电结合式控制系统和电子控制技术的发展而逐步发展形成的。随着汽车电子控制技术的发展与进步,世界各大汽车公司开发研制的汽车电子控制系统千差万别。控制系统的功能、控制参数和控制精度不同,采用控制部件的类型或数量也有所不同。通过对各种控制部件进行不同的组合,便可组成若干个子控制系统。本章主要概述汽油发动机电子控制燃油喷射系统的类型、控制功能、结构与检修。

第一节　汽油发动机电子控制燃油喷射系统概述

一、电子控制燃油喷射系统的类型

发动机电子控制燃油喷射系统的分类方法很多,通常按控制方式、喷射部位和喷油方式进行分类。

(一)按燃油喷射系统的控制方式分类

按控制方式不同,发动机燃油喷射系统可分为机械控制式、机电结合式和电子控制式燃油喷射系统三种类型。

1. 机械控制式燃油喷射系统

机械控制式燃油喷射系统是指利用机械机构实现燃油连续喷射的机械控制系统。

典型的机械控制式燃油喷射系统是 Bosch 公司研制成功的 K-Jetronic 型(简称 K 型)机械控制式燃油喷射系统。该系统采用的燃油分配器与空气计量器组合在一起构成混合气控制器,漏斗形空气计量器的挡板与控制器杠杆的一端接触。进气量变化时挡板产生位移,并通过杠杆机构操纵燃油分配器内部的柱塞移动,从而改变燃油计量槽开度的大小来控制喷油器的喷油量,达到控制混合气空燃比的目的。

2. 机电结合式燃油喷射系统

机电结合式燃油喷射系统是指由机械机构与电子控制装置结合实现燃油喷射的系统。1982 年,博世公司在 K 型机械控制式燃油喷射系统的基础上,增设了一个燃油压差调节器、部分传感器和电子控制器 ECU,改进研制成功了 KE-Jetronic 型(简称 KE 型)机电结合式汽油连续喷射系统。

发动机工作时,电子控制器 ECU 根据冷却液温度传感器、节气门位置传感器等输入的信号控制燃油压差调节器工作,通过调节燃油计量槽进、出口之间燃油的压差来调节喷油器的喷油量,从而调节不同工况时混合气的空燃比,达到提高动力性、经济性和减少排放的目的。

KE 型燃油喷射系统供油压力为 610kPa～650kPa;喷油器开始喷油压力为 430kPa～460kPa。

3. 电子控制式燃油喷射系统

电子控制式燃油喷射系统是指由电控单元 ECU 直接控制燃油喷射的系统，如图 2-1 所示。供油系统供给一定压力的燃油（一般高于进气支管压力 300kPa 左右）。燃油由喷油器喷入进气门附近（多点喷射）或节气门附近的进气支管内（单点喷射）或直接喷入发动机气缸内与空气混合，喷油器受电控单元（ECU）控制，ECU 通过控制每次喷油持续时间的长短来控制喷油量，喷油持续时间一般为 2ms～12ms。喷油持续时间越长，喷油量就越大。

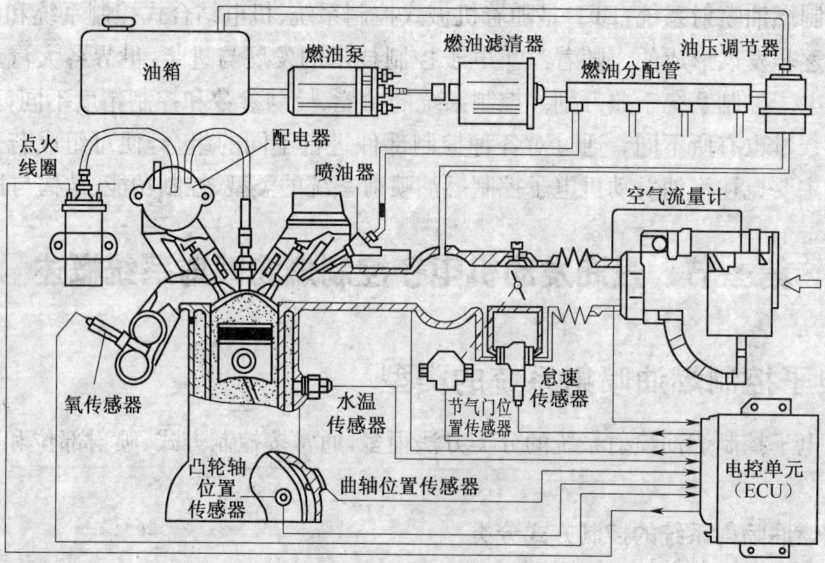

图 2-1 电子控制式燃油喷射系统

（二）按燃油喷射部位分类

按燃油喷射部位不同，发动机燃油喷射系统可分为进气管喷射和缸内喷射两种类型。

1. 进气管喷射

进气管喷射又称为缸外喷射，该喷射方式是通过安装在进气支管内或进气门附近的喷油器，将燃油喷射并与空气混合形成可燃混合气后再进入气缸（图 2-2）。与缸内喷射比较，喷油器不受缸内高温、高压的直接影响，喷油压力不高（0.2MPa～0.3MPa），结构简单，成本较低，是目前普遍采用的喷射方式。

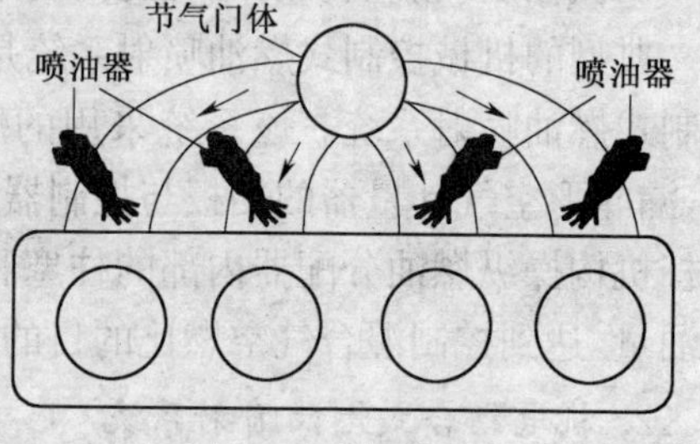

图 2-2 进气管喷射

进气管喷射系统分为单点喷射系统和多点喷射系统两种类型。

（1）单点燃油喷射系统 SPI。单点燃油喷射系统（Single Point Fuel Injection System，简称 SPFI 或 SPI）是指在多缸发动机节气门上方，安装一只或两只喷油器同时喷油的燃油喷射系统，如图 2-3a 所示。

单点燃油喷射系统将燃油喷在节气门上方的进气管中，并与进气气流混合形成可燃混合气，通过进气支管再分配到各个气缸。因为喷油器安装在节气门体中央集中喷射燃油，所以单点喷射系统又称为节流阀体喷射系统 TBI（ Throttle Body Injection System）或集中喷射系统 CFI（ Concentrate Fuel Injection System），如美国通用（General）汽车公司采用的 TBI 系统、

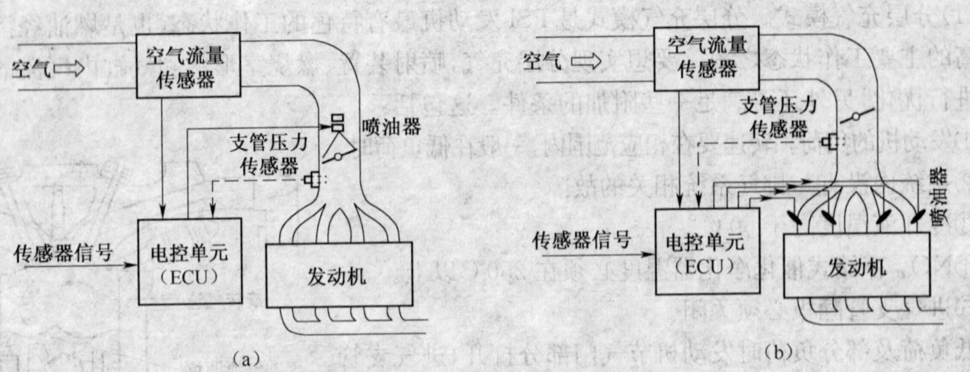

图 2-3　喷油器安装部位示意图

(a)单点喷射　(b)多点喷射

福特(Ford)汽车公司采用的 CFI 系统以及德国 Bosch 公司研制的 Mono-Motronic 系统等。

单点喷射系统是由电控单元根据空气流量传感器、曲轴位置传感器、节气门位置传感器、冷却液温度传感器等检测的发动机工况信号计算喷油时间。在发动机每个气缸进气行程开始之前喷油一次,喷油量由每次喷油持续时间的长短来控制,射喷所需的压力燃油由电动燃油泵提供。由于单点喷射系统的喷油器距离进气门较远,喷入进气管的燃油具有足够的时间与进气气流混合形成均匀的可燃混合气,因此,对燃油雾化质量的要求不高,可以采用较低的喷油压力(一般为 100kPa)。这样可以降低对电动燃油泵、燃油滤清器等供油系统零部件的设计要求,从而降低系统的制造成本。

(2)多点燃油喷射系统 MPI。多点燃油喷射系统(Multi Point Fuel Injection System,简称 MPFI 或 MPI)是指在发动机每个气缸进气门前方的进气支管上均安装一只喷油器的燃油喷射系统。如图 2-3b 所示。发动机工作时,燃油适时喷在进气门附近的进气支管内,空气与燃油在进气门附近形成燃油混合气,从而保证各缸得到混合均匀的混合气。

在进气管多点燃油喷射系统发展过程中,博世公司曾经研制出 D 型、L 型、LH 型和 M 型燃油喷射系统等几种典型的燃油喷射系统,分别代表着不同年代燃油喷射系统的设计思路和技术水平。其中字母"D"和"L"分别来源于德文的"Druck(压力)"和"Luftmengen(空气流量)"。LH 型和 M 型是在 L 型基础上改进而成的燃油喷射系统。

2. 缸内喷射

如图 2-4 所示,缸内喷射方式是通过喷油器将燃油直接喷射到气缸内,缸内喷射的优越性在于能够实现稀薄混合气燃烧,有利于降低燃油消耗和控制排放。因喷油器直接安装在发动机缸盖上并以较高的燃油压力(3MPa~4MPa)将燃油喷出,其本身必须能够承受燃气产生的高温、高压,且受到发动机结构制约,对喷油器的技术条件和加工精度要求较高,喷油器工作寿命等关键技术问题有待于解决。目前大众迈腾 V6 FSI、奥迪 A6 FSI、丰田 D-4 和三菱 4G 等发动机采用了缸内喷射系统。

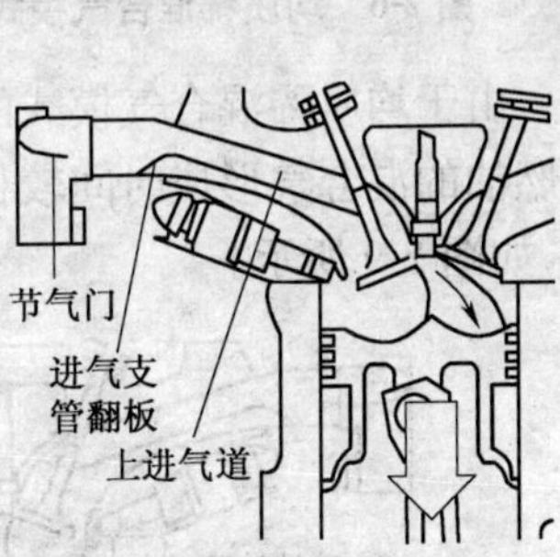

图 2-4　进气支管翻板的状态

汽油缸内直喷发动机(FSl)有分层充气和均质混合气两种工作模式,均质混合气模式又可以分为均质混合气模式和均质稀混合气模式两种。

(1)分层充气模式。分层充气模式是 FSI 发动机最有特色的工作状态，也是燃油经济性得到提高的主要工作状态之一。要想实现分层充气，喷射装置、燃烧室形状和气缸内气流的流动都要进行优化，另外还要满足一些附加的条件。这包括：

①发动机的负荷和转速要在相应范围内，一般在低负荷时。

②系统内没有与排气系统相关的故障。

③冷却液温度高于 50℃。

④NO_x 存储式催化净化器温度必须在 250℃以上。

⑤进气支管翻板必须关闭。

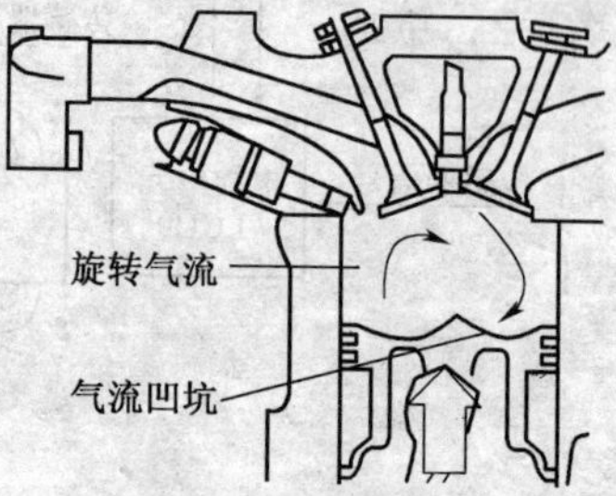

图 2-5 进气呈旋涡状加速

低负荷及部分负荷时发动机节气门部分打开，进气支管翻板封住下进气道，于是空气运动加速，吸入的空气呈旋转状进入气缸，如图 2-5 所示。

喷油时刻处于压缩行程，这是 FSI 发动机与传统发动机工作的最大区别之一。传统发动机的喷油时刻是在进气行程中，FSI 发动机喷油时刻开始于压缩行程上止点前约 60°，喷油结束于压缩行程上止点前约 45°，燃油被喷射到燃烧室活塞顶的燃油凹坑内，喷油时刻对混合气的形成有很大影响。混合气形成只发生在 40°～50°曲轴角之间，如果曲轴角小于这个范围，无法点燃混合气；如果曲轴角大于这个范围，混合气就变成均质充气了。

(2)均质稀混合气模式。均质稀混合气模式的进气情况与分层充气模式相同，节气门打开，进气支管翻板关闭，如图 2-6 所示。与分层充气模式不同的是，均质稀混合气模式的燃油喷射时刻在进气行程中，均质稀混合气模式的喷油时刻与传统汽油发动机基本相同，过量空气系数 λ 约为 1.55，如图 2-7 所示。

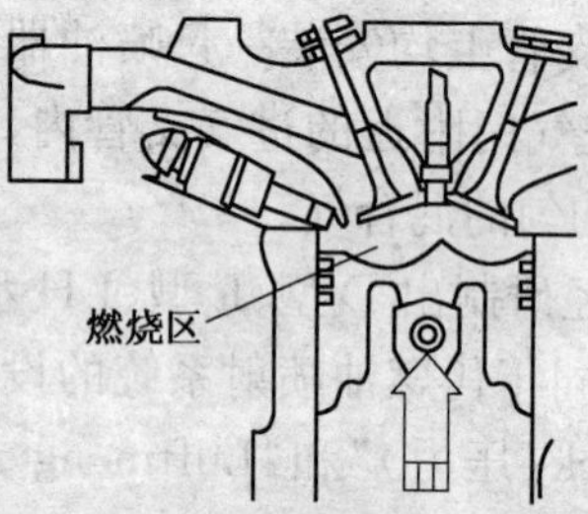

图 2-6 均质稀混合气模式的进气状态

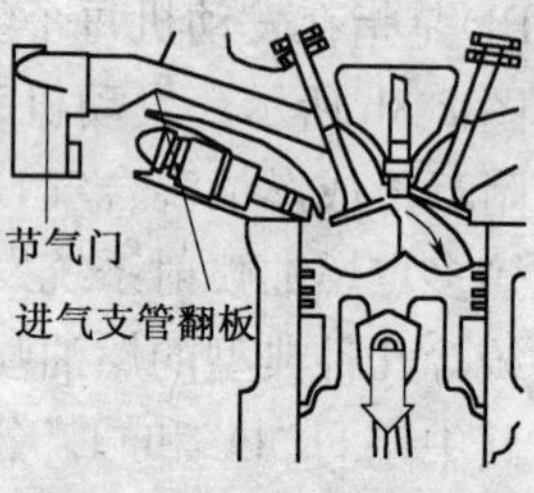

图 2-7 喷油时刻处于进气行程

由于均质稀混合气模式的喷油时刻与传统汽油发动机基本相同，在进气行程中喷油，空气与燃油的混合气形成时间较长，如图 2-8 所示。燃烧发生在整个燃烧室内，点火时刻可自由选择，如图 2-9 所示。

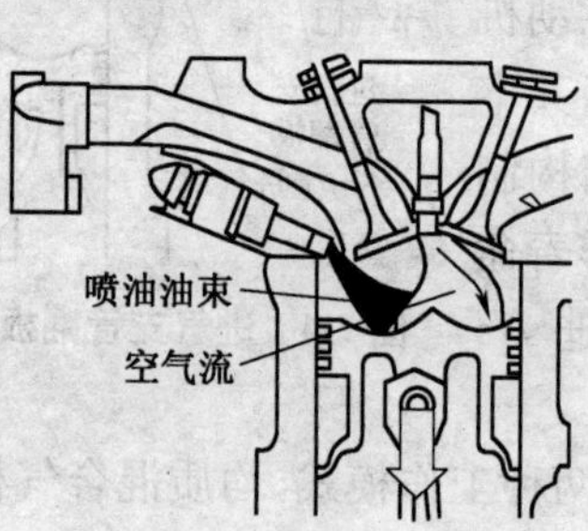

图 2-8 混合气形成的时间长

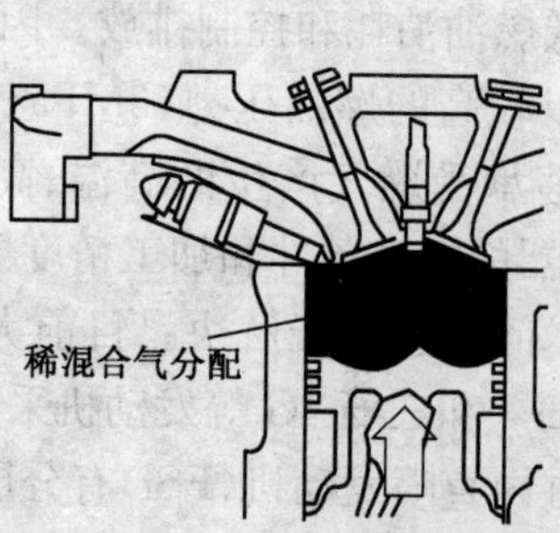

图 2-9 均质稀混合气模式的燃烧区域

(3)均质混合气模式。在发动机处于高负荷和高转速及急加速时一般采用均质混合气模式,进气支管翻板根据工作点来打开或关闭。在高转速和大负荷时,一般进气支管翻板处于打开状态,以满足进气需求,在中等负荷和中等转速范围时是关闭的,如图 2-10 所示。

喷油时刻与传统发动机一样也是在进气行程,混合气形成时间长,与均质稀混合气模式是一样的,过量空气系数 $\lambda=1$,即空燃比处于 14.7 附近,即理论空燃比附近,如图 2-11、图 2-12、图 2-13 所示。

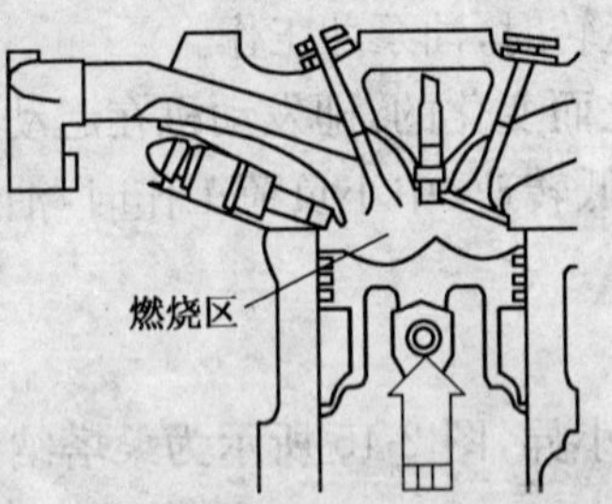

图 2-10 中负荷时进气支管翻板关闭

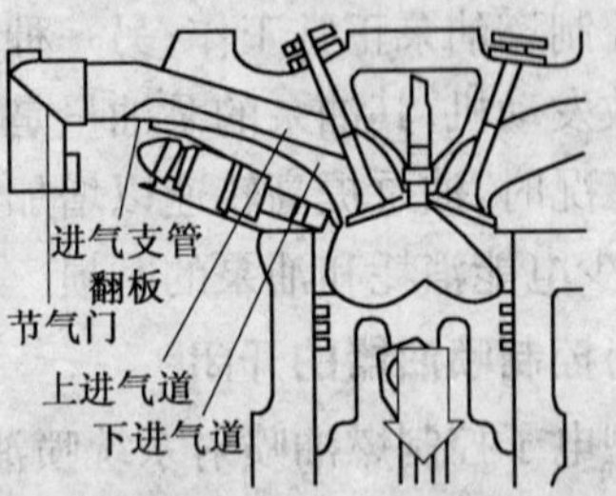

图 2-11 高负荷时进气支管翻板打开

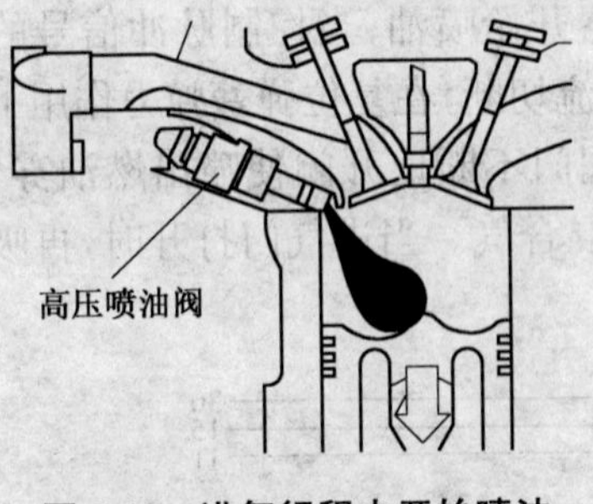

图 2-12 进气行程中开始喷油

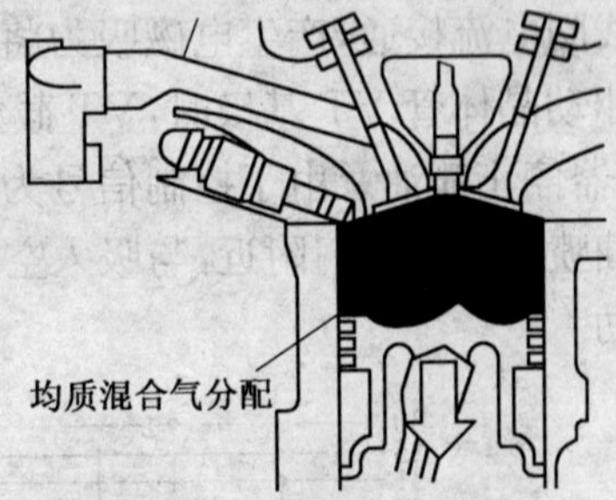

图 2-13 均质混合气燃烧区域

(三)按喷油器喷油方式分类

按喷油器喷油方式不同,电子控制燃油喷射系统可分为连续喷射和间歇喷射两大类。

1. 连续喷射

连续喷射系统是指在发动机运转期间,喷油器连续不断地喷射燃油的控制系统。这种方式主要用于机械控制式或机电结合式喷射系统,部分单点喷射系统也采用了连续喷射方式进行喷油。

2. 间歇喷射

对于多点间歇喷射系统,可根据喷油器之间的喷油时序分为同时喷射、分组喷射和顺序喷射,如图 2-14 所示。

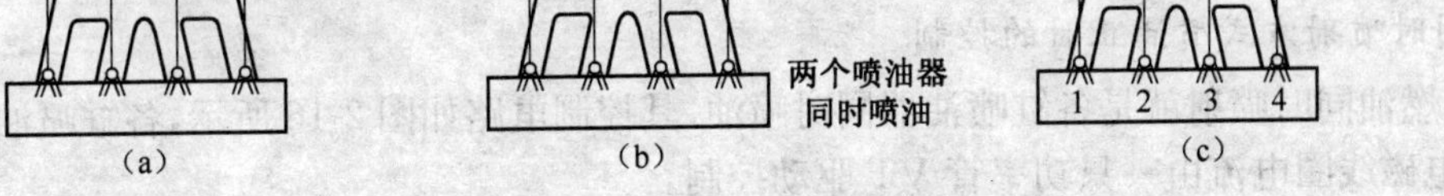

图 2-14 喷油器喷射时序

(a)同时喷射 (b)分组喷射 (c)顺序喷射

二、电子控制燃油喷射系统的控制功能

(一)控制电动燃油泵的供油

在装有电控燃油喷射系统的汽车上,电子控制单元对燃油泵的控制有两种形式:一种是当点火开关打开后电子控制单元指令燃油泵运转 2s~3s,以产生必需的油压,若发动机没起动,则电子控制单元将油泵控制电路断开,使油泵停止工作,在发动机起动和运转过程中,电子控制单元控制燃油泵正常工作;另一种形式是只有发动机运转时,油泵才工作。

多数发动机,其油泵的泵油量是随发动机负荷的变化而变化的,即发动机在起动、高转速、大负荷工况时,油泵提高转速以增加泵油量;当发动机在低转速、中小负荷工作时,油泵低速运转,以减少电能消耗和油泵的磨损。

(二)控制喷油器的开闭

各型电子控制燃油喷射系统喷油器的控制电路大同小异,图 2-15 所示为桑塔纳系列轿车喷油器的控制电路。

当 ECU 向喷油器发出的控制脉冲信号的高电平 1 加到驱动晶体管 VT 基极时,VT 导通,喷油器线圈电流接通,产生电磁吸力将阀门吸开,喷油器开始喷油;当控制脉冲信号的低电平 O 加到驱动晶体管 VT 基极时,VT 截止,喷油器线圈电流切断,在复位弹簧弹力作用下阀门关闭,喷油器停止喷油。由于控制信号为脉冲信号,因此阀门不断地开闭使喷出燃油雾化很好。雾状燃油喷射在进气门附近,与吸入空气混合形成可燃混合气。当进气门打开时,再吸入气缸燃烧作功。

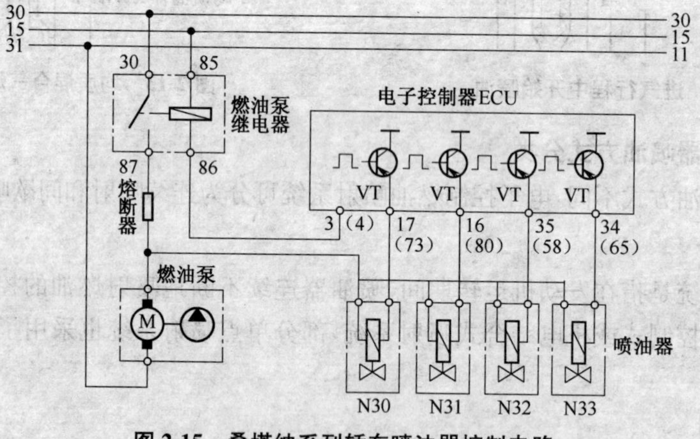

图 2-15 桑塔纳系列轿车喷油器控制电路

(括号内代号为桑塔纳 2000GSi、3000 型轿车 ECU 插座端子代号)

(三)控制喷油正时

喷油器安装位置和喷射方式的不同,其喷油正时的控制也有所不同。

1. 同时喷射方式喷油正时的控制

多点燃油同时喷射就是各缸喷油器同时喷油,其控制电路如图 2-16 所示,各缸喷油器并联在一起,电磁线圈电流由一只功率管 VT 驱动控制。

发动机工作时,ECU 根据曲轴位置传感器(CPS)和凸轮轴位置传感器(CIS)输入的基准信号发出喷油指令,控制功率管 VT 导通与截止,再由功率管控制喷油器电磁线圈电流接通与切

断，使各缸喷油器同时喷油和停止喷油。曲轴每转一圈或两圈，各缸喷油器同时喷油一次。由于各缸同时喷油，因此喷油正时与发动机工作循环无关。

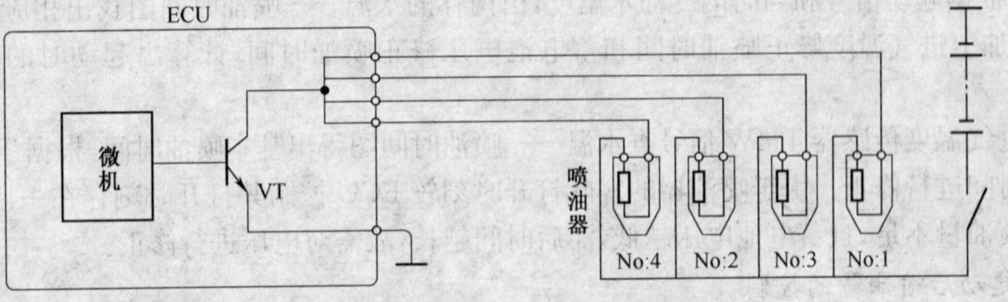

图 2-16 多点燃油同时喷射控制电路

2. 分组喷射方式喷油正时的控制

多点燃油分组喷射就是将喷油器喷油分组进行控制，一般将四缸发动机分成两组，六缸发动机分成三组，八缸发动机分成四组，四缸发动机分组喷射控制电路如图 2-17 所示。

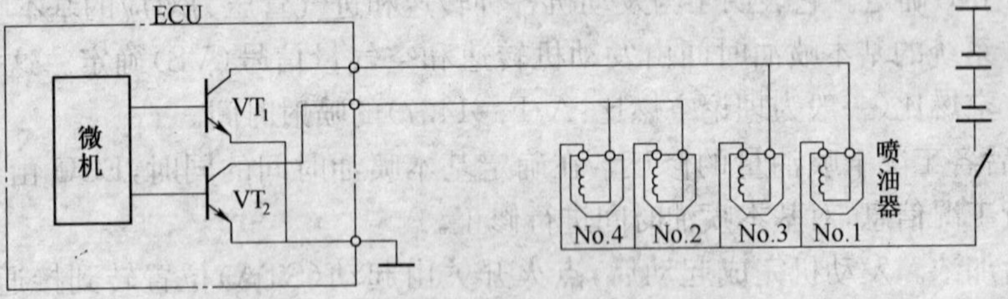

图 2-17 多点燃油分组喷射控制电路

发动机工作时，由 ECU 控制各组喷油器轮流喷油。发动机每转一圈，只有一组喷油器喷油，每组喷油器喷油时连续喷射 1～2 次。

3. 顺序喷射方式喷油正时的控制

多点燃油顺序喷油就是各缸喷油器按照一定的顺序喷油。由于各缸喷油器独立喷油，因此也叫独立喷射。

在顺序喷射系统中，发动机工作一个循环（曲轴转两圈 720°），各缸喷油器轮流喷油一次，且像点火系统跳火一样，按照特定的顺序依次进行喷射。实现顺序喷射的关键问题是需要知道即将到达排气上止点的是哪一缸的活塞。为此，在顺序喷射系统中，ECU 需要一个气缸判别信号（简称判缸信号）。ECU 根据曲轴位置（转角）信号和判缸信号，确定出是哪一个气缸的活塞运行至排气上止点前某一角度（四缸机一般在上止点前 BTDC 60°左右）时，开始计算喷油提前角，并适时发出喷油控制指令，接通该缸喷油器电磁线圈电流，使喷油器适时开始喷油。

(四)控制喷油量

电子控制单元根据空气流量传感器或进气压力传感器、发动机转速传感器、进气温度传感器、冷却水温度传感器等提供的信号而计算出喷油持续时间，因喷油器针阀的行程是一定的，故喷油量的大小取决于喷油器喷油持续时间的长短，发动机各种工况的最佳喷油持续时间存放在电子控制单元的存储器中。

1. 起动时喷油量的控制

在发动机起动时，由于转速波动大，无论 D 型 EFI 系统中的进气压力传感器，还是 L 型

EFI 系统中的空气流量传感器，都不能精确地测量进气量，进而不能确定合适的喷油持续时间，因此起动时的基本喷油时间不是根据进气量（或进气压力）和发动机转速来计算确定的，而是 ECU 根据起动信号和当时的冷却水温度，由内存的水温——喷油时间图找出相应的喷油时间，然后加上进气温度修正喷油时间和蓄电池电压修正喷油时间，计算出起动时的喷油持续时间。

由进气温度传感器 THW 信号查水温——喷油时间图得出基本喷油时间，根据 THA 信号对喷油时间进行修正。由于喷油器的实际打开时刻较 ECU 控制其打开时刻存在一段滞后，从而造成喷油量不足，且蓄电池电压越低，滞后时间越长，故需对电压进行修正。

2. 起动后喷油量的控制

发动机转速超过预定值时，ECU 确定的喷油信号持续时间满足以下关系：

喷油信号持续时间＝基本喷油持续时间×修正系数＋电压修正值

式中：修正系数是各种修正系数的总和。

(1)基本喷油时间。D 型 EFI 系统的基本喷油时间可由发动机转速信号（Ne）和进气管绝对压力信号（PIM）确定。它表明了与发动机各种转速和进气管压力对应的基本喷油时间。

L 型 EFI 系统的基本喷油时间由发动机转速和空气量信号（VS）确定。这个基本喷油时间是实现既定空燃比（一般为理论空燃比：A/F＝14.7）的喷射时间。

(2)起动后各工况下喷油量的修正。在确定基本喷油时间的同时，ECU 由各种传感器获得发动机运行工况信息，对基本喷油时间进行修正。

①起动后加浓。发动机完成起动后，点火开关由起动（STA）位置转到接通点火（ON）位置，或发动机转速已达到或超过预定值，ECU 额外增加喷油量，使发动机保持稳定运行。喷油量的初始修正值根据冷却水温度确定，然后以一固定速度下降，逐步达到正常。

②暖机加浓。冷机时，燃油蒸发性差，为使发动机迅速进入最佳工作状态，必须供给浓混合气。在冷却水温度较低时，ECU 根据水温传感器（THW）信号相应增加喷射量。暖机加浓还受节气门位置传感器中的怠速触点（IDL）控制，根据发动机转速，ECU 使喷油量有少量变化。

③进气温度修正。发动机进气密度随发动机进气温度变化而变化，ECU 根据信号修正喷油持续时间，使空燃比满足要求。通常以 20℃为进气温度信号的标准温度，低于 20℃时空气密度大，ECU 增加喷油量，使混合气不致过稀；进气温度高于 20℃时，空气密度减小，ECU 使喷油量减少，以防混合气浓度偏浓。增加或减少的最大修正量约为 10%。

④大负荷加浓。发动机在大负荷工况下运转时，要求使用浓混合气以获得最大功率，ECU 根据发动机的负荷增加喷油量。发动机负荷状况可以根据节气门开度或进气量的大小来确定，故 ECU 根据进气压力传感器、空气流量传感器、节气门位置传感器输送的信号判断发动机负荷状况，决定相应增加的燃料喷射量。大负荷加浓量约为正常喷油量的 10%～30%。有些发动机的大负荷加浓量还与冷却水温度信号（THW）有关。

⑤过渡工况空燃比控制。发动机在过渡工况下运行时，为获得良好的动力性、经济性、响应性，空燃比应进行相应变化，即需要适量调整喷油量，这就要求 ECU 要检测到相应的工况信号。工况信号有：进气管绝对压力（PIM）或空气流量（VS）、发动机转速信号（Ne）、车速（SPD）、节气门位置、空挡起动开关（NSW）和冷却水温度（THW）。

⑥怠速稳定性修正（只用于 D 型 EFI 系统）。在 D 型 EFI 系统中，决定基本喷油时间的进

气管压力，在过渡工况时，相对于发动机转速将产生滞后。节气门以下进气管的容积越大，怠速时发动机转速就越低，这种滞后时间越长，怠速就越不稳定。进气管压力变动，发动机转矩也变动。由于压力也较转速滞后，造成发动机转速上升时，转矩也上升，转速下降时，转矩也下降。

(五)控制发动机断油

断油控制是指在某些特殊工况下，燃油喷射系统暂时中断喷油器喷油，以满足发动机运行的特殊要求。断油控制包括发动机超速断油控制、减速断油控制和清除溢流控制。

1. 超速断油控制

超速断油控制是指当发动机转速超过允许的极限转速时，ECU立即控制喷油器中断燃油喷射。燃油喷射式发动机采用超速断油控制的目的是防止发动机超速运转而损坏机件。

发动机工作时，转速越高，曲柄连杆机构的离心力就越大。当离心力过大时，发动机就有"飞车"而损坏的危险，因此，每台发动机都有一个极限转速值，一般为6000～7000r/min。

在发动机运行过程中，ECU随时都将曲轴位置传感器测得的发动机实际转速与存储器中存储的极限转速进行比较。当实际转速高于极限转速80r/min时，ECU就会发出停止喷油指令，控制喷油器停止喷油，限制发动机转速进一步升高。喷油器停止喷油后，发动机转速将降低。当发动机转速下降至低于极限转速80r/min时，ECU将控制喷油器恢复喷油。由此可见，极限转速值实际上是一个平均转速值。

2. 减速断油控制

减速断油控制是指当发动机在高转速运转过程中突然减速时，ECU自动控制喷油器中燃油喷射。

当高速行驶的汽车突然松开油门踏板减速时，发动机将在汽车惯性力的作用下高速旋转。由于节气门已经关闭，进入气缸的空气很少，因此，如不停止喷油，混合气将会很浓而导致燃烧不完全，有害气体的排放量将急剧增加。减速断油的目的就是节约燃油，并减少有害气体的排放量。

燃油停供转速和复供转速与冷却液温度和发动机负荷有关，由ECU根据发动机温度、负荷等参数确定。冷却液温度越低，发动机负荷越大(如空调接通)，燃油停供转速和复供转速就越高。

3. 清除溢流控制

在装备燃油喷射式发动机的汽车上起动发动机时，燃油喷射系统将向发动机供给较浓的混合气，以便顺利起动。如果多次起动未能成功，那么淤积在气缸内的浓混合气就会浸湿火花塞，使其不能跳火而导致发动机不能起动。火花塞被混合气浸湿的现象称为"溢流"或"淹缸"。

清除溢流是指当加速踏板踩到底，同时又接通起动开关起动发动机时，ECU自动控制喷油器中断燃油喷射，以便排出气缸内的燃油蒸气，使火花塞干燥而能够跳火。由此可见，在起动燃油喷射式发动机时，不必踩下加速踏板，直接接通起动开关即可。否则，断油控制系统可能进入清除溢流状态而使发动机无法起动。

当接通起动开关起动机运转而发动机不能起动时，可利用断油控制系统清除溢流的功能先将溢流清除，然后再进行起动。

(六)控制发动机怠速

怠速控制的实质是控制发动机怠速时的进气量(充气量)。怠速时的喷油量则由ECU根据预先试验设定的怠速空燃比和实际充气量计算确定。ECU 首先根据怠速触点 IDL 信号和车速信号，判断发动机是否处于怠速状态。当判定为怠速工况时，再根据发动机冷却液温度传感器信号、空调开关、动力转向开关等信号，从存储器存储的怠速转速数据中查询相应的目标转速，然后将目标转速与曲轴位置传感器检测的发动机实际转速进行比较。

当发动机怠速负荷增大时，ECU 控制怠速控制阀使进气量增大，从而使怠速转速提高，防止发动机运转不稳或熄火；当发动机怠速负荷减小时，ECU 控制怠速控制阀使进气量减少，从而使怠速转速降低，以免怠速转速过高。

(七)控制空燃比的反馈过程

氧传感器输出电压的平均值，称为限制电平。当 ECU 接收到氧传感器的信号电压高于限制电平(0.5V)时，表明混合气偏浓，空燃比偏小，ECU 首先发出控制指令使空燃比反馈修正系数骤降一个值，使喷油时间缩短，喷油量减少，然后逐渐减小修正系数，使混合气逐渐变稀，空燃比逐渐增大。

当 ECU 接收到氧传感器的信号电压低于限制电平(0.5V)时，表明混合气偏稀，空燃比偏大，ECU 首先发出控制指令使空燃比反馈修正系数骤升一个值，使喷油时间增长，喷油量增大，然后逐渐增大修正系数，使喷油量逐渐增加，混合气逐渐变浓，空燃比逐渐减小。在反馈控制过程中，从喷油器喷油开始到氧传感器检测出氧离子浓度为止，发动机要经过进气、压缩、作功和排气等过程。由于发动机工作循环需要一定的时间，因此要使混合气的空燃比准确地保持理论空燃比值是不可能的。实际反馈控制只能将空燃比 A/F 控制在理论空燃比附近的一个狭小范围内波动。

氧传感器输入 ECU 的信号电压在低电平(0.1V～0.3V)与高电平(0.7V～0.9V)之间的变化频率为 10 次/min 以上。如果氧传感器信号电压变化过慢(低于 10 次/min)或电压保持不变(保持高电平或低电平不变)，就说明氧传感器有故障。

在使用过程中，当氧传感器失效时，ECU 将自动切断氧传感器信号，对空燃比进入开环控制。由于不能将空燃比反馈控制在理论空燃比附近，因此，发动机燃油消耗量和有害气体排放量都将大大增加。

三、电子控制燃油喷射系统的基本组成与功用

电控燃油喷射系统一般由空气供给系统、燃油供给系统和电子控制系统三个子系统组成。

(一)空气供给系统

空气供给系统是为发动机可燃混合气的形成提供必需的空气，并测量出进入气缸的空气量。空气供给系统的组成基本相同，主要由空气滤清器、进气支管压力传感器(D 型)或空气流量传感器(L 型)、节气门、节气门位置传感器、进气总管和进气支管等组成，另外，进气温度传感器、怠速控制系统的怠速控制阀也安装在空气供给系统中。

(二)燃油供给系统

燃油供给系统的作用是向发动机精确地提供所需要的燃油量。燃油供给系统一般由油箱、电动燃油泵、过滤器、燃油脉动阻尼器(有的汽车没有这个阻尼器)、燃油压力调节器、冷起动喷油器(有的汽车没有该喷油器)及供油总管等组成。

(三)电子控制系统

电子控制系统的作用是根据发动机运转状况和车辆运行状况确定燃油的最佳喷射量。该

系统由传感器、ECU和执行器三部分组成。

ECU是发动机控制系统的核心部件。在ECU的存储器中存放了发动机各种工况的最佳喷油持续时间，在接收了各种传感器传来的信号后，经过计算确定满足发动机运转状态的燃油喷射量和喷油时间。ECU还可以对多种信息进行处理，实现EFI系统以外其他诸多方面的控制，如点火控制、自诊断、故障备用程序起动、仪器显示等。

第二节 汽油发动机电子控制燃油喷射系统的结构与检修

一、空气供给系统主要部件的结构与检修

(一)节气门体的结构与检修

1. 节气门体的结构

节气门体安装在进气管中，用以控制发动机正常工况下的进气量。对于D型多点电控燃油喷射系统的节气门体，节气门位置传感器安装在节气门轴上，用来检测节气门的开度，如图2-18所示。在采用L型喷射系统的发动机上，有些将空气流量传感器与节气门体组合成一体，如图2-19所示。

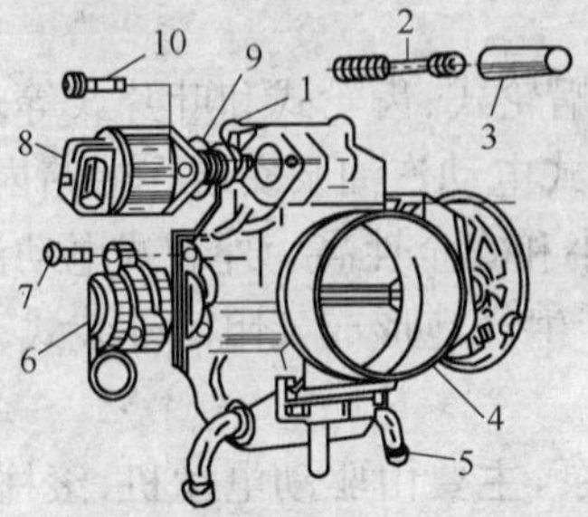

图2-18 D型多点电控燃油喷射系统的节气门体

1. 衬垫 2. 限位螺钉 3. 螺钉孔护套 4. 节气门体 5. 加热水管 6. 节气门位置传感器 7、10. 螺钉 8. 怠速控制阀 9. 密封圈

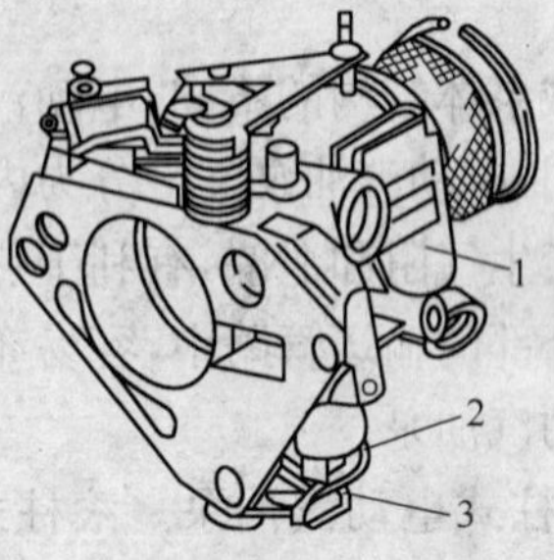

图2-19 有空气流量传感器的节气门体

1. 空气流量传感器 2. 怠速控制阀 3. 节气门位置传感器

2. 节气门体的检修

节气门体是空气供给系统的重要部件，在维修时应检查节气门体内是否有积垢或结胶，必要时用清洗剂进行清洗。注意：绝对不允许用砂纸或刮刀等清理积垢和结胶，以免损伤节气门体内腔，导致节气门关闭不严或改变怠速空气道尺寸，影响发动机正常工作。

(二)进气管的结构与检修

1. 进气管的结构

进气管一般包括进气软管、进气总管和进气支管。进气软管用于连接空气滤清器与节气门体，进气总管用于连接节气门体与进气支管。多点喷射系统进气管为消除进气脉动和使各缸配气均匀，对进气总管、进气支管在形状和容积等有严格的设计要求。有些发动机的进气总管与进气支管制成一体，有些则是分开制造再用螺栓连接。

进气支管的功用是给各缸分配空气。进气支管用螺栓安装在气缸盖上，并在进气支管与

气缸盖之间装有密封垫，以防止漏气。发动机的进气支管与排气支管一般制成一体，称为整体式进、排气支管；有些发动机的进气支管与排气支管则分开制造，称为分开式进、排气支管。

2. 进气管的检修

(1)检查进气管或排气管是否漏气，漏气对发动机的正常工作有很大影响。检查各连接部位应连接可靠，密封垫应完好无损。

(2)检查进、排气支管与气缸盖接合平面的平面度。在相互交叉的两个方向上放置直尺，并用塞尺测量直尺与接合面间的间隙。最大间隙一般应不超过 0.1mm，否则应修磨进、排气支管与气缸盖接合平面或更换进、排气支管。

二、燃油供给系统主要部件的结构与检修

(一)电动燃油泵的结构与检修

燃油供给系统中的主要部件有电动汽油泵、过滤器、燃油脉动阻尼器、燃油压力调节器、喷油器、冷起动喷油器等。

1. 电动汽油泵的构造

电动汽油泵的作用是从油箱中吸入汽油，将油压提高到规定值，然后通过供给系统送到喷油器。电动汽油泵为了能利用汽油进行冷却，通常将永磁式驱动电动机、泵体和外壳部分做成一体。

按机械泵体结构的不同，电动汽油泵可分为滚柱式、蜗轮式、齿轮式和叶片式等。按安装位置的不同，电动汽油泵又可分为内装式和外装式。内装式电动汽油泵安装在油箱内部，其优点是不易产生气阻和泄漏，有利于热油输送，且工作噪声小和安全性高。外装式电动汽油泵串接在油箱外部的输送管路中，容易布置，但噪声大，且易产生气泡形成气阻。外装式一般采用滚柱式电动汽油泵。

(1)滚柱式电动汽油泵。滚柱式电动汽油泵属外装泵，主要由驱动电动机、滚柱泵，安全阀、单向阀和阻尼减振器等组成，如图 2-20 所示。

(2)蜗轮式电动汽油泵。蜗轮式电动汽油泵属内装泵，主要由驱动电动机、蜗轮泵、单向阀和安全阀等组成。其结构如图 2-21 所示。

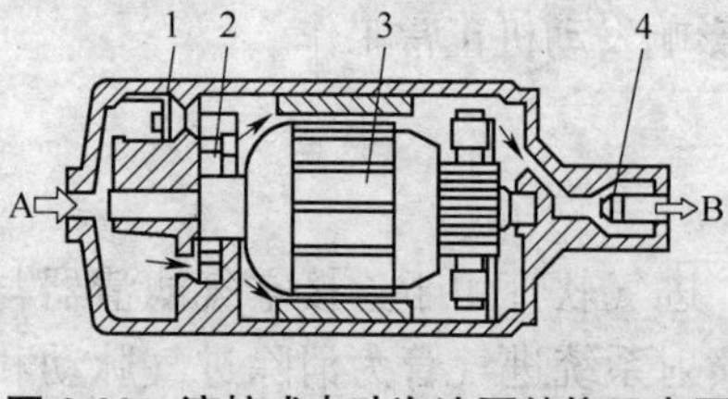

图 2-20 滚柱式电动汽油泵结构示意图

1. 安全阀 2. 滚柱泵 3. 驱动电动机 4. 单向阀

A. 进油口 B. 出油口

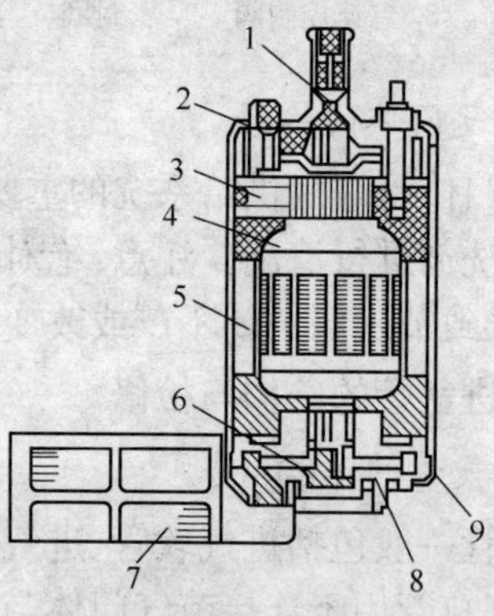

图 2-21 蜗轮式电动汽油泵

1. 单向阀 2. 卸压阀 3. 电刷 4. 电枢 5. 磁极 6. 叶轮 7. 滤网 8. 泵盖 9. 壳体

(3)齿轮式和叶片式电动汽油泵。齿轮式电动汽油泵(又称为转子泵)工作原理与滚柱式十分类似,主要是利用内外齿啮合过程中腔室容积大小的变化,将汽油以一定的压力泵出。由于泵腔数目较多,因而出油压力的波动较滚柱式小。

叶片式电动汽油泵的工作原理则类似于蜗轮式,主要利用液体之间的动能转换来实现汽油的输送和压力升高。叶片式和蜗轮式的主要区别在于叶轮的形状、数目和滚道布置。其优点是两者都能以蒸气和汽油的混合物运转,并能通过适当的放气口分离蒸气,防止气阻。

如图 2-22 所示分别为齿轮式和叶片式电动汽油泵工作原理图。

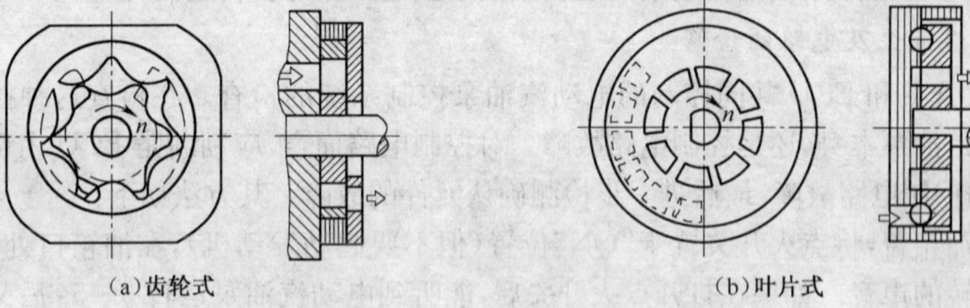

图 2-22　电动汽油泵工作原理图

2. 电动汽油泵的控制电路

电动燃油泵的工作通常受自动切断继电器、电动汽油泵继电器、电阻器旁路继电器的控制,如图 2-23 所示。

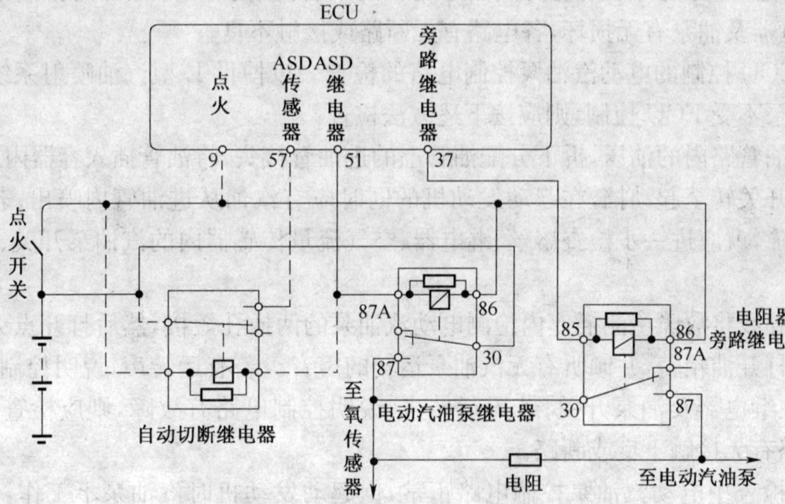

图 2-23　切诺基电动燃油泵工作电路

(1)自动切断(ASD)继电器。当点火开关处于"ON"位置或"ST"位置时,ECU 使自动切断继电器接地的同时,将监测曲轴位置传感器的信号。如果 3s 内未收到信号,ECU 会切断自动切断继电器线圈接地电路,从而使自动切断继电器和电动燃油泵继电器触点张开,切断点火线圈、喷油器和电动燃油泵电源电路。

(2)电动燃油泵继电器。当点火开关处于"ON"位置或"ST"位置时,ECU 使电动燃油泵继电器线圈的接地电路接通,从而使蓄电池通往电动燃油泵的电源电路接通,电动燃油泵工作。如果 ECU 在 3s 内未收到"起动"或"行动"信号,则切断电动燃油泵继电器线圈的接地电路,使电动燃油泵停止工作。起动前3s接通是为了使燃油增压；打开开关3s而不起动又自动切断是为了防止电动燃油泵不必要的工作。如果打开开关就起动正常运转，则图2-23中87A点一直接地，电动燃油泵持续工作。

(3)电阻器旁路继电器。随发动机负荷的变化，通过旁路电阻与旁路继电器的配合，改变电动燃油泵的工作电压及转速，进而改变供油量，适合当时的需求量。一般工况下，ECU旁路继电器线圈的接地电路断开，旁路电阻串入燃油泵工作电路，电压低，转速低，油量少；大负荷或节气门全开及起动时，ECU使电阻器旁路继电器线圈的接地电路接通，常开触点闭合使电阻短路，电源电压经旁路继电器直接向电动燃油泵供电，电压高，转速高，油量多。

3. 电动汽油泵及电路的检修

(1)点火开关和ECU共同控制的电动汽油泵控制系统的检查。在检查这种控制系统时，首先应判别是油泵本身，还是控制电路故障。对控制电路而言，应判断是ECU内部故障，还是ECU外部的控制电路故障，最后进一步检测确认元件的故障。其方法如下：

①打开油箱盖，将点火开关置于“ON”位置(但不要起动发动机)，在油箱口处倾听有无电动汽油泵运转的声音。如果在打开点火开关后，能听到电动汽油泵运转3～5s后又停止，说明控制系统各个部分工作正常。

②若打开点火开关后听不到电动汽油泵运转的声音，可用一根短导线将故障检测插座内两个检测电动汽油泵的插孔短接(若为一个检测插孔，则将其搭铁)。此时打开点火开关，如果能听到电动汽油泵运转的声音，说明ECU外部的电动汽油泵控制电路工作基本正常，故障在ECU内部或继电器；若仍听不到电动汽油泵运转的声音，则为ECU外部的控制电路故障，应检查熔丝、继电器及油泵有无损坏，各电路有无断路或接触不良。

(2)不受ECU控制的电动汽油泵控制电路的检查。以博世L型汽油喷射系统为例，该系统的电动汽油泵不受ECU控制，则应按下述方法检查：

①卸除燃油管路内的油压，拆下分配油管上的进油管接头，将油管插入容器内。

②将点火开关转至起动挡，在起动发动机的同时应有汽油从进油管内喷出；若无油喷出，说明电路有故障，就应进一步检查熔丝、继电器、空气流量传感器内的汽油泵开关、点火开关和线路。

③用一根导线将故障检测插座内检测电动汽油泵的两插孔短接，然后打开点火开关(不要起动发动机)，打开油箱盖，并倾听有无汽油泵运转的声音。若有运转声，说明控制电路基本工作正常，故障在继电器及油泵开关；若无运转声，说明控制电路有故障，则应检查电路中的熔丝、油泵及线路有无接触不良或断路。

④若上述检查中电动汽油泵控制电路正常，但起动发动机时汽油泵不工作，则应检查叶片式空气流量传感器内的汽油泵开关触点。拆下空气滤清器，打开点火开关，用手指或旋具(起子)推动叶片式空气流量传感器的测量片，此时，在油箱口能听到汽油泵运转的声音。若听不到汽油泵运转的声音，说明空气流量传感器内的汽油泵开关损坏。应更换空气流量传感器；也可通过用万用表电阻挡在测量片不同位置测量汽油泵开关两端子的导通性进行判断。

(3)电动汽油泵继电器的检测。常用电动汽油泵继电器有四脚和五脚两种。ECU控制的电动汽油泵控制系统通常采用四脚继电器，博世L型或D型(由开关和ECU共同控制)的汽油喷射系统采用五脚继电器。

①四脚电动汽油泵继电器的检测。四脚电动汽油泵继电器中有两脚用于接继电器的电磁线圈，另外两脚接继电器常开触点。用万用表电阻挡测量，继电器电磁线圈两脚之间应能导通，常开触点两脚之间应不能导通。在电磁线圈两脚接上 9V～12V 电压，同时用万用表电阻挡测量常开触点两脚之间应能导通，如图 2-24 所示。否则，应更换电动汽油泵继电器。

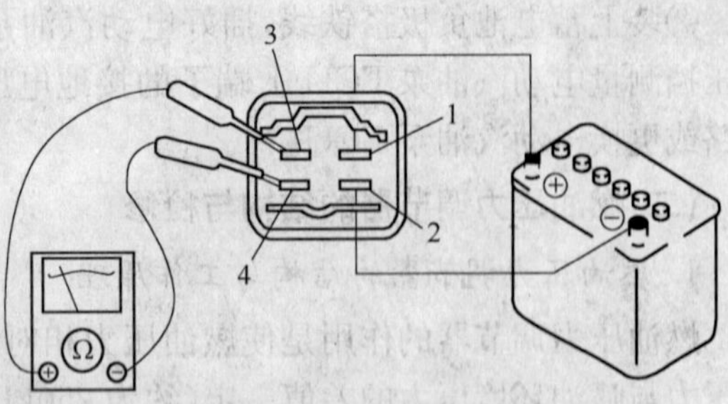

图 2-24　四脚电动汽油泵继电器的检测

1、2. 电磁线圈脚　3、4. 常开触点接脚

②五脚电动汽油泵继电器的检测。五脚电动汽油泵继电器内有两组电磁线圈。其中一组由起动开关控制，另一组由 ECU 或空气流量传感器内的汽油泵开关触点控制，如图 2-25a 所示。用万用表电阻挡测量这两组线圈，均应导通；测量常开触点两端（+B 和 Fp），应不导通，如图 2-25b 所示；分别在两组线圈两端施加 9V～12V 电压，用万用表电阻挡测量常开触点两脚之间应能导通，如图 2-25c、d 所示。若不能导通，应更换电动汽油泵继电器。

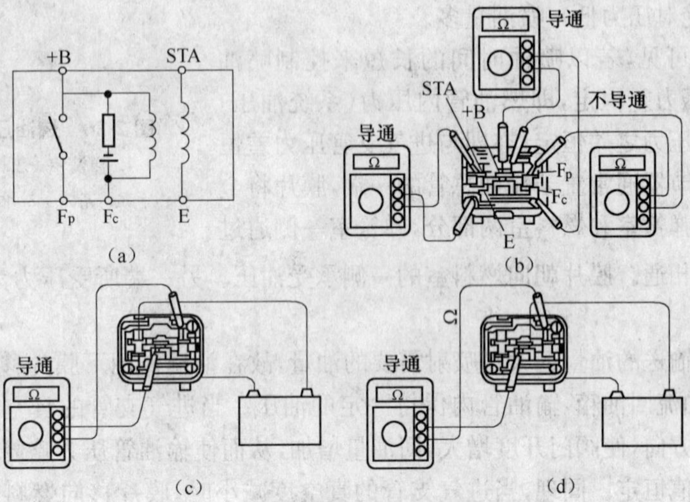

图 2-25　五脚电动汽油泵继电器的检测

(4)电动汽油泵的检测。拔下电动汽油泵的导线连接器，从车上拆下电动汽油泵进行检查。

①电动汽油泵电阻的检测。用万用表电阻挡测量电动汽油泵上两个接线端子间的电阻，即为电动汽油泵直流电动机线圈的电阻，其阻值应为 2Ω～3Ω（20℃）。如电阻值不符，则须更换电动汽油泵。

②电动汽油泵工作状态的检查。将电动汽油泵尽量远离蓄电池，每次接通不超过 10s（时间过长会烧坏电动汽油泵电动机的线圈）。如电动汽油泵不转动，则应更换电动汽油泵。

(5)电动汽油泵 ECU 的检测。

①拆下蓄电池上负板搭铁线，拔下 ECU 的插头，用万用表电阻挡测量导线插头上端子的接地电阻时应导通。如不通，检测其连接线路。

②装上蓄电池负极搭铁线，插好电动汽油泵 ECU 的导线连接器，在各种条件下用万用表电压挡测量电动汽油泵 ECU 上端子的接地电压，应符合标准的电压值。如不符合，则应检查线路或更换电动汽油泵 ECU。

(二)燃油压力调节器的结构与检修

1. 燃油压力调节器的结构与工作原理

燃油压力调节器的作用是使燃油压力相对于大气压力或进气管负压保持一定，即保持喷油压力与喷油环境压力的差值一定(约为 250kPa)。燃油压力调节器的结构如图 2-26 所示。

EFI 发动机所要求的燃油喷射量，是根据 ECU 加给喷油器的通电时间的长短来控制的。此时，必须对油压加以限制，否则，同样的通电时间，油压高，则喷油多，油压低，则喷油少。只有喷油压力一定时，才能做到通电时间长，喷油量多，通电时间短，喷油量少，然而这是以喷射环境压力一定为前提的。喷油器将油喷入进气支管，进气支管的压力是变化的。如果喷油压力一定，那么，进气支管的真空度降低时(绝对压力高)，喷油量减少；进气支管的真空度增加时(绝对压力低)，喷油量多。

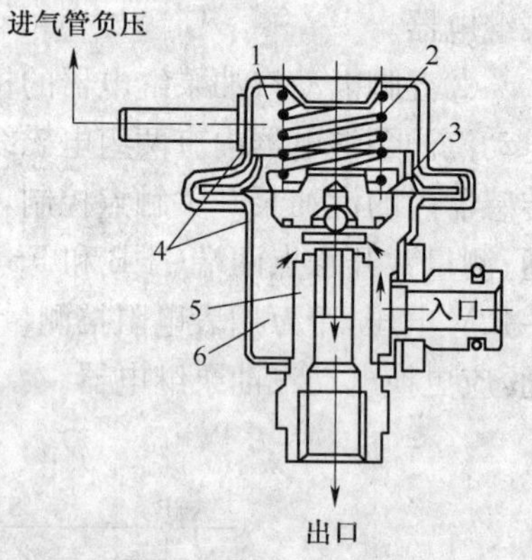

图 2-26 燃油压力调节器结构

1. 弹簧室 2. 弹簧 3. 膜片 4. 壳体 5. 阀 6. 燃料室

由上述分析可见，若以喷油时间的长短来控制喷油量，就必须保持压力差恒定，即燃油管内压力(系统油压)与其喷射环境的压力之差恒定，亦即与进气支管压力差恒定。燃油压力调节器通常置于输油总管的一端，膜片将金属壳体内部分为弹簧室和燃料室两部分，弹簧室一侧通过管路与进气支管相通。膜片朝向燃料室的一侧承受油压。另一端所受压力为进气支管负压与弹簧压力之和。

由于燃油泵输送的油量远大于喷射需要的油量，故在油压作用下膜片移向弹簧室一侧，阀门打开，部分燃油流回油箱，输油管内保持一定的油压。当进气支管的真空度增大时，膜片进一步移向弹簧室方向，使阀门开度增大，回油量增加，从而使输油管压力略降，保持与变化了的进气支管压力差值恒定。同理，当进气支管的真空度减小时，膜片移向燃料室一侧，使阀门开度减小，回油量减少，管路油压略升，维持与进气支管的压差不变。

燃油泵停止工作时(发动机停转)，在弹簧张力的作用下，阀门关闭，使燃油泵止回阀与调压器阀门间的油路内保持一定的残余压力。

2. 燃油压力调节器的检修

(1)燃油压力调节器的就车检查。

①燃油压力调节器工作情况的检查。检查时用油压表先测量发动机怠速运转时的燃油压力，随后拆下调节器上的真空软管。这时燃油压力应升高 50kPa 左右。否则应予以更换。

②燃油压力调节器保持压力的检查。检查时将油压表接入燃油管路，用一根导线将电动燃油泵的两个检测接孔短接；打开点火开关，让电动燃油泵运转 10s，然后关闭点火开关，取下导线；接着将燃油压力调节器的回油管夹紧，5min 后观察油压，该油压即为燃油压力调节器保持压力。如果该油压(较不夹紧回油管时)上升，则表明调节器有泄漏，应予以更换。

(2)燃油压力调节器的拆卸检查。检查时，拆下燃油压力调节器的进油管和真空软管，这时两者之间应不相通；否则，表明有泄漏，应予以更换。

(三)喷油器的结构与检修

1. 喷油器的结构与工作原理

喷油器的作用是根据 ECU 提供的电信号，控制燃油喷射。

(1)喷油器的结构与类型。喷油器的结构如图 2-27 所示。它由滤网、电接头、电磁线圈、回位弹簧、衔铁和针阀等组成。轴针式喷油器针阀下部还有一段探入喷口的轴针。不喷油时，弹簧将针阀压紧在阀座上，防止滴漏；停喷瞬时，弹簧使针阀迅速回位，断油干脆。轴针式喷油器可使燃油以环状喷出，有利于雾化，且由于轴针在喷口中的不断运动使喷口不易阻塞。

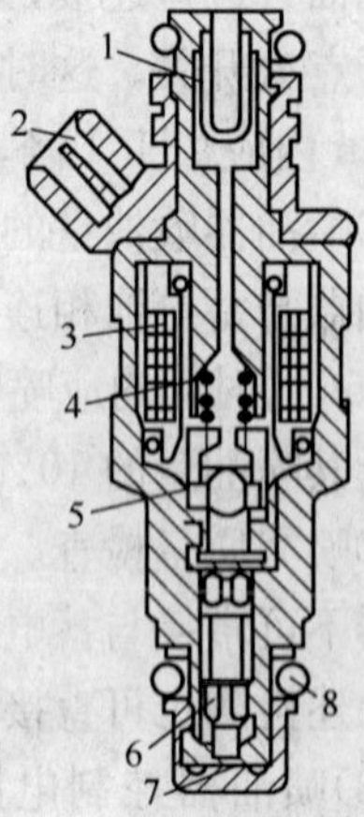

图 2-27　喷油器的结构

1. 滤网　2. 电接头　3. 电磁线圈　4. 回位弹簧　5. 衔铁　6. 针阀　7. 轴针　8. 密封圈

单点喷射(SPI)系统的喷油器位于节气门体空气入口处(燃油喷射在节气门的上边缘)；多点喷射(MPI)系统的喷油器通过绝缘垫圈安装在各进气支管或进气道附近的缸盖上，并用供油总管固定。

喷油器有几种不同的分类方式。按用途不同，它可分为 SPI 系统用和 MPI 系统用两种；按燃料的输送位置不同，它可分为上部给油式和下部给油式两种；按喷口形式不同，它可分为孔式和轴针式两种；按电磁线圈阻值不同，它可分为低阻式和高阻式两种。

(2)喷油器的工作原理。ECU 的喷油控制信号将喷油器与电源回路接通时，电磁线圈通电并在周围产生磁场，吸引衔铁移动，而衔铁与针阀一体，因此针阀克服弹簧张力而打开，燃油即开始喷射。当 ECU 将电路切断时，吸力消失，弹簧使针阀关闭，喷射停止。

喷油量的多少取决于针阀行程、喷口截面积、喷射环境压力与燃油压力的压差及喷油时间。当各因素确定时，喷油量就取决于针阀的开启时间，即电磁线圈的通电时间，亦即喷油量由 ECU 控制。

2. 喷油器及控制电路的检修

喷油器是燃油供给系统中的重要组成部件，喷油器及其控制电路性能好坏对发动机工作性能的好坏，甚至能否工作都影响很大。喷油器及其控制电路的检修内容如下。

(1)喷油器的就车检查。

①喷油器工作情况的检查。喷油器的工作情况可通过检查喷油器的工作声音和发动机转速的变化来了解。

a. 发动机运转时用手指接触喷油器，应有脉冲振动的感觉。

b. 用旋具或听诊器与喷油器接触，应能听到有节奏的工作声；否则表明喷油器工作不正常，应对喷油器和控制电路做进一步检查。

c. 采用断油方法检查，当拔下某缸喷油器线束插头时，该缸喷油器停止喷油，发动机转速立即下降，这表明该喷油器工作正常；否则表明不工作或工作不良，应做进一步检查。如果喷油器针阀完全被卡死，则应更换喷油器。

②喷油器电磁线圈电阻的检查。检查时拔下喷油器线束插头，用万用表测量其接线柱间的电阻。在20℃时，对于高阻抗喷油器来说，其电阻值应为12Ω～17Ω；对于低阻抗喷油器来说，其电阻值应为2Ω～5Ω；否则，应予以更换。

(2)喷油器的检验。

①喷油器泄漏情况的检查。将喷油器装在分配油管上，用一根油管将车上的过滤器出口与分配油管进口连接，另一根油管接回油管。然后用一根导线将燃油泵的两个检测插孔短接，并打开点火开关。这时，燃油泵开始运转，注意观察喷油器有无漏油现象。如漏油，其漏油量在1min内应少于1滴，否则应予以更换。

②喷油器喷油量的检验。准备工作时的喷油量与检查泄漏时的相同。检验时用导线分别将喷油器与蓄电池相连接，并用量杯测量一定时间(15s)内的喷油量。各个车型互不相同，一般在15s的时间内应喷油50 mL～70mL。每个喷油器应重复测量2～3次，相互的喷油量差值应小于其喷油量的10%，否则应加以清洗或更换。

③喷雾质量检查。在检查喷油量的同时观察燃油雾化情况。检查时应注意：低电阻值的喷油器不可直接与蓄电池连接，应串联一个适当阻值(8Ω～10Ω)的降压电阻，以免烧毁电磁线圈。上述检测也可直接在喷油器检测清洗仪上进行。

(3)喷油器控制电路的检查。喷油器控制电路一般均由点火开关或主继电器供电，由ECU控制喷油器的搭铁回路，检查方法如下：

①拔下喷油器连接器插头。

②接通点火开关，不要起动发动机。

③测量喷油器控制线连接插头上电源线的电压，应为12V(个别为5V)。若无电压，则检查点火开关、熔断器或主继电器及线路。

④检查ECU的喷油器控制搭铁线及ECU搭铁线，看搭铁是否良好。

⑤将专用检查试灯串接到喷油器连接器两插头上，起动发动机，试灯应闪烁，不亮或不闪烁则表明控制回路有故障，可检查喷油器至ECU的线路和ECU是否有故障，也可用示波器检测喷油器脉冲波形，来对控制电路进行检查。

(四)燃油供给系统压力的检测

燃油供给系统性能的好坏及故障诊断，主要借助于燃油压力检测来判断。检测发动机运转时燃油管路内的油压，可以判断电动汽油泵或调节器有无故障，汽油滤清器是否堵塞。检测燃油压力时，应准备一个量程为1MPa左右的油压表及专用的油管接头，按下列步骤检测燃油压力。

1. 系统卸压

先将燃油系统卸压。卸压有三种方法：一是起动发动机，在发动机运转中拔下电动汽油泵继电器(或拔下电动汽油泵电源插头)，待发动机自行熄灭后，再打开点火开关，起动发动机2～3次，燃油压力即可完全释放，然后关闭点火开关，装上电动汽油泵继电器(或插上电动汽油泵电源插头)；二是利用卸压孔卸压(切诺基等车型)；三是静态时对喷油器通电卸压，但这种方法不适合用于带有三元催化转化器的汽车。

2. 安装油压表

①拆下蓄电池负极搭铁线。

②将油压表安装在汽油滤清器油管接头、分配进油管(供油总管)接头或用三通接头接在燃油管道上便于安装和观察的部位。对于装有冷起动喷油器油的系统,先拆除冷起动喷油器油管接头螺栓(拆除螺栓时,要用一块棉布包住油管接头,以防汽油喷溅),再将油压表和油管一起安装在冷起动喷油器油管接头上。

③擦干溅出的燃油,重新装上蓄电池负极搭铁线。

3. 检测油压

检测油压项目包括燃油系统静态油压、燃油系统保持油压、油压调节器保持油压、发动机运转时燃油系统动态油压、电动汽油泵最大泵油压力和保持压力。

(1)燃油系统静态油压的测量。

①用一根短导线将电动汽油泵的两个检测孔短接。

②打开点火开关(但不要起动发动机),让电动汽油泵运转。

③测量燃油压力。其正常油压应为 300kPa 左右。若油压过高,应检查油压调节器:若油压过低,应检查电动汽油泵、汽油滤清器和油压调节器。

④拔掉电动汽油泵检测插孔的短接线,关闭点火开关。

(2)燃油系统保持油压的测量。测量静态油压结束 5min 后,再观察油压表指示的油压。此时的压力称为燃油系统保持压力。其值应不小于 147kPa。若油压过低,应进一步检查电动汽油泵保持压力、油压调节器保持油压及喷油器有无泄漏。

(3)油压调节器保持油压的测量。当燃油系统保持压力不符合标准值(小于 147kPa)时,应进行此项检查,以便找出故障原因。其检查方法如下:

①将油压表接入燃油管路。

②用一根短导线将电动汽油泵的两个检测孔短接。

③打开点火开关(旋至"ON"位置),并保持 10s,让电动汽油泵运转。

④关闭点火开关(旋至"OFF"位置),拔去电动汽油泵检测插孔短接线。

⑤用包上软布的钳子将油压调节器的回油管夹紧。

⑥5min 后观察燃油压力,该压力称为油压调节器保持油压。如果该压力仍然低于燃油系统保持压力的标准值(147kPa),则说明燃油系统保持油压过低的故障不在油压调节器;相反,若此时压力大于 147kPa,则说明油压调节器有泄漏,应更换。

(4)发动机运转时燃油系统动态油压的测量。不同车型燃油系统动态油压各不相同。几种常见车型的动态油压的标准见表 2-1。

表 2-1 常见车型的动态油压的标准

厂 牌	机 型	怠速运转时的燃油压力/kPa	节气门全开(或拔掉油压调节器真空软管)时的燃油压力/kPa
GM(通用)	1.6L,L4	207~276	241~310
	1.8L,L4	165~255	207~276
	2.0L,L4	172~207	241~261
	2.3L,L4	210~303	279~324
	2.8L,V6	210~303	279~324
	3.0L,V6	214~276	255~296

续表 2-1

厂 牌	机 型	怠速运转时的燃油压力/kPa	节气门全开(或拔掉油压调节器真空软管)时的燃油压力/kPa
GM(通用)	3.0L,V6	200~234	234~296
	3.0L,V6	214~290	276~324
	3.1L,V6	210~303	279~324
	3.3L,V6	214~303	276~324
	3.4L,V6	214~303	283~324
	3.8L. V6	165~255	234~296
	3.8L. V6	214~290	276~324
	4.3L,V6	303~414	372~441
	4.5L,V8	220~262	276-345
	5.0L,v8	210~303	279~324
	5.7L,v8(除 LT5)	210~303	279~324
FORD(福特)	38L	172	241
LEXUS(凌志)	LS 400	193~234	262~303
MAZDA(马自达)	626	186~228	234~276
MITSUBISHI(三菱)	1.8L,2.0L	234~262	303~331
NISSAN(尼桑)	MA=I(IMA)	248	303
CHRYSLER(克莱斯勒)	所有 3.0L,V6	260	330
一汽红旗	CA 488 发动机	250	300
HYUNDAI(现代)		269	317~338
TOYOTA(丰田)	3S -CE,3S -GET	186~214	228~262
	LANDCRⅧSER	228~255	255~317
	SUPRATURB0	158~207	228~276
	MR2,COROLLA,VAN	193~207	262~303
HONDA(本田)	Civic	234~317	276~345
	Prelude	214~276	276~345

①起动发动机。

②让发动机怠速运转,测量此时的燃油压力。

③缓慢开大节气门(踩下加速踏板),测量在节气门接近全开时的燃油压力。

④拔下油压调节器的真空软管,并用手堵住,让发动机怠速运转,测量此时的动态油压。该压力应和节气门全开时的燃油压力基本相等。

若测得的油压过高,应检查油压调节器及其真空软管。若测得的油压过低,则应检查电动汽油泵、汽油滤清器及油压调节器。

(5)电动汽油泵最大泵油压力和保持压力的测量。

①将燃油系统卸压。

②拆下蓄电池负极搭铁线。

③将油压表接在燃油管路上，如图 2-28 所示，并将出油口塞住。

④接上蓄电池负极搭铁线。

⑤使用一根导线将电动汽油泵的两个检测插孔短接。

⑥打开点火开关，持续 10s 左右(不要起动发动机)，使电动汽油泵工作，同时读出油压表的压力，该压力称为电动汽油泵的最大泵油压力。它应当比发动机运转时燃油系统的动态油压高 200kPa～300kPa，通常可达 490kPa～640kPa。如不符合标准值，应更换电动汽油泵。

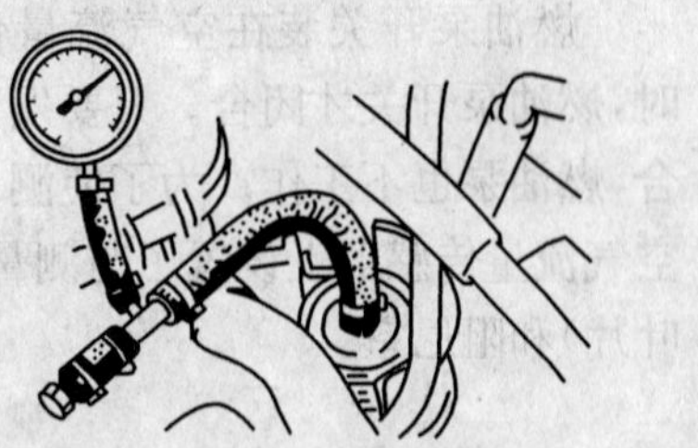

图 2-28　电动汽油泵最大泵油压力和保持压力的测量

⑦关闭点火开关 5min 后再观察油压表的压力，此时的压力值称为电动汽油泵的保持压力。其值应大于 340kPa。如不符合标准值，应更换电动汽油泵。

4. 拆卸油压表

测量好燃油压力后，按下列步骤拆卸油压表。

①释放燃油系统的油压。

②拆下蓄电池搭铁线。

③拆下油压表。

④重新装好油管接头。

⑤接好蓄电池负极搭铁线。

⑥预置燃油系统的油压。

⑦检查油管各处有无漏油。

三、传感器的结构与检修

(一)空气流量传感器的结构与检修

空气流量传感器(空气流量计)是测量发动机进气量的装置，它将吸入的空气量转换成电信号送至 ECU，作为决定喷油量的基本信号之一，主要用于 L 型 EFI 系统。

根据测量原理不同，空气流量传感器有叶片式、卡门旋涡式、热线式及热膜式几种类型。

1. 叶片式空气流量传感器的结构与检修

(1)叶片式空气流量传感器的结构与工作原理。

①结构。叶片式空气流量传感器又称风门式、翼片式或活门式空气流量传感器，主要由测量叶片、缓冲叶片、阻尼室、回位弹簧、电位计、旁通气道等组成，此外还包括其上的怠速调整螺钉、燃油泵开关及进气温度传感器等，如图 2-29 所示。在旁通气道上设有怠速调整螺钉，如图 2-30 所示。调整该螺钉可以改变怠速时的混合气浓度。

②工作原理。来自空气滤清器的空气通过空气流量传感器时，空气的推力使测量叶片(测量板)打开一个角度，当吸入空气推开测量叶片的力与弹簧变形后的回位力相平衡时，测量叶片随即停止转动。与测量叶片同轴转动的电位计检测出叶片转动的角度，将进气量转换成直流电压信号(VS)送给 ECU(信号范围为 0V～5V)。根据电路设计的不同，叶片式空气流量传感器又分为两种形式：一种在进气量变大时，直流电压信号值升高(即所谓正向设计)；另一种在进气量增大时，直流电压信号值降低(即所谓反向设计)。

燃油泵开关装在空气流量传感器内，只有当发动机运转，空气流量传感器测量叶片转动时，燃油泵开关才闭合。只要发动机停止运转，燃油泵开关便处于断开状态，即使点火开关闭合，燃油泵也不工作。为了使测量叶片在吸入空气流量急剧变化和气流脉动时仍平稳转动，在空气流量传感器上设置了与测量叶片做成一体的缓冲叶片（也称为补偿板，一般将它们统称为叶片）和阻尼室。

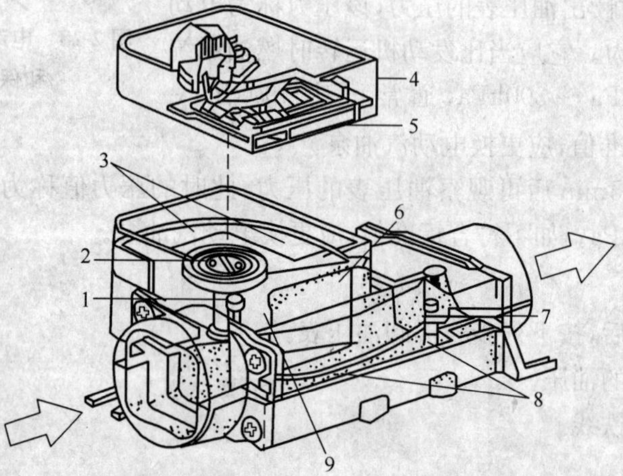

图 2-29 叶片式空气流量传感器的结构

1. 进气温度传感器 2. 回位弹簧 3. 阻尼器 4. 电位计
5. 接线插头 6. 缓冲叶片 7. 怠速调整螺钉 8. 旁通气道 9. 测量叶片

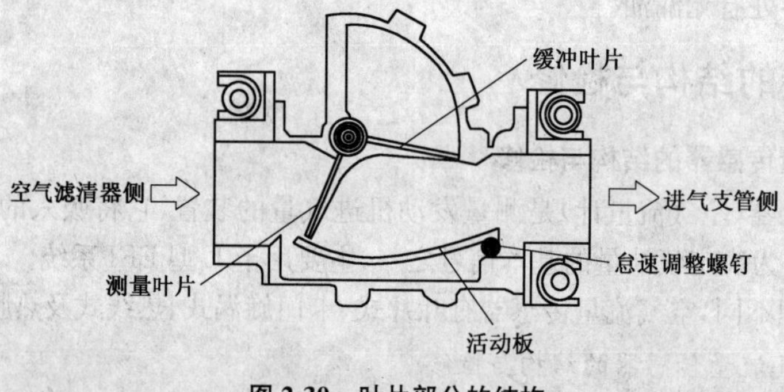

图 2-30 叶片部分的结构

(2)叶片式空气流量传感器检修。对于所有传感器的检测都应包括信号、传感器外部线路、内部电路、机械部分四个方面，按先后顺序进行检测。对于信号可以测量数值、状态或波形，其他方面可以采用就车法，也可以采用人工模拟测试法进行检测。只要传感器信号正常，后面三个方面就不需要检查了，否则应一一检查。相反，若后面三个方面正常，那么信号肯定正常，也就不需要进行信号测量了，检修时可以根据情况灵活运用。

叶片式空气流量传感器常见的故障有：叶片总成摆动卡滞，电位计滑动触点磨损且与镀膜电阻接触不良，燃油泵触点烧蚀且接触不良等。传感器的机械故障可用手拨动叶片进行检查，如叶片摆动平稳，无卡滞或破损现象，则说明机械部件良好。由于叶片式空气流量传感器电路为纯电阻电路，因此无论在车上或拆下，其电气部件的技术状态都可用万用表电阻挡测量，将各端子之间的阻值与维修手册提供的标准阻值比较后，即可判断其有无故障。

如图 2-31 所示为丰田 PREVIA(大霸王)汽车 2TZ-FE 发动机用叶片式空气流量传感器电路图。其检测方法如下。

①检查外部线路。检查各线路是否断路、短路,打开点火开关,检查 Vc 或 Vb 端电压是否为 12V。

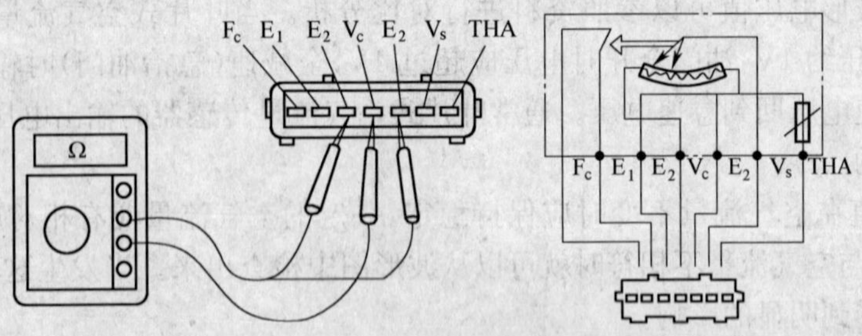

图 2-31　叶片式空气流量传感器电路图

②检查内部电路。点火开关置于"OFF"位置,拔下该流量传感器导线连接器,用万用表电阻挡测量连接器内各端子之间的电阻。其电阻值应符合表 2-2 中所示数值。如不符,则应更换空气流量传感器。如相符,拔下空气流量传感器的导线连接器,拆下与空气流量传感器进气口连接的空气滤清器,拆开空气流量传感器出口处空气软管卡箍,拆除固定螺栓,取下空气流量传感器。

表 2-2　叶片式空气流量传感器各端子间的电阻(丰田 PREVIA 车)

端　子	标准电阻(Ω)	温度(℃)	测量叶片位置
Vs-E2	0.20～0.60	—	—
Vc-E2	0.20～0.60	—	—
	10.00～20.00	-20	—
	4.00～7.00	0	—
THA-E2	2.00～3.00	20	—
	0.90～1.30	20	—
	0.40～0.70	60	—
Fc-E1	无穷大	—	测量叶片全关闭
	0	—	测量叶片开启
Vs-E2	20～600	—	测量叶片全关闭
	20～1200	—	测量叶片从全关闭到全开

首先检查电动汽油泵开关,用万用表电阻挡测量 E1-Fc 端子。在测量叶片关闭时,El-Fc 端子之间不应导通,电阻为无穷大;在测量叶片开启后任一开度上,El-Fc 端子间均应导通,电阻为 0。

然后用旋具推动测量叶片,同时用万用表电阻挡测量电位计滑动触点 Vs 与 E2 端子间的电阻。在测量叶片由全闭至全开的过程中,电阻值应逐渐变大,且符合表 2-2 中所示数值。如不符,则须更换空气流量传感器。

③检查机械部分。检查叶片有无卡滞、变形、裂纹,周围有无脏污等。

④测量电压信号波形。关闭所有附属电气设备,起动发动机,并使其怠速运转。当怠速稳

定后，检查怠速时空气流量传感器输出电压信号。波形测量的操作步骤是：先将发动机转速从怠速加至油门全开（加速时不宜太急），油门全开后持续 2s，但不要使发动机超速运转；再将发动机降至怠速运转，并保持 2s 再从怠速急加速至油门全开，然后急收油门使发动机回至怠速，定住波形。

测量出的波形电压值可以参照资料进行对比分析。当叶片式空气流量传感器正常工作时，怠速输出电压约 1V，油门全开时电压应超过 4V，全减速（急抬油门）时输出的电压并不是很快地从全加速电压回到怠速电压。通常叶片式空气流量传感器的输出电压都是随空气流量的增加而升高的。

波形的幅值在空气流量不变时应保持稳定，一定的空气流量应有相对应的输出电压，这样，当输出电压与空气流量不相符时就可以从波形图中检查出来。当发生这种情况时，发动机的工作状况会受到明显的影响。

2. 卡门旋涡式空气流量传感器的结构与检修

（1）卡门旋涡式空气流量传感器结构及工作原理。卡门涡旋式空气流量传感器的结构和工作原理如图 2-32 所示。

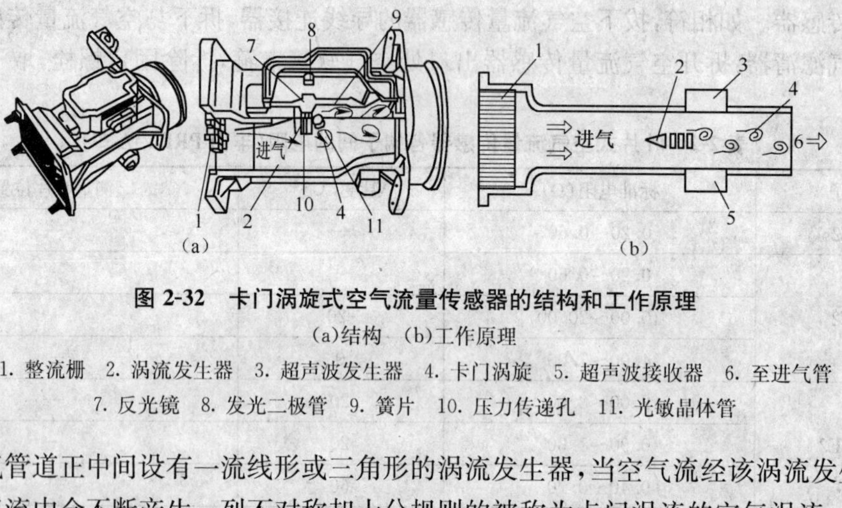

图 2-32 卡门涡旋式空气流量传感器的结构和工作原理

(a)结构 (b)工作原理

1. 整流栅 2. 涡流发生器 3. 超声波发生器 4. 卡门涡旋 5. 超声波接收器 6. 至进气管 7. 反光镜 8. 发光二极管 9. 簧片 10. 压力传递孔 11. 光敏晶体管

在进气管道正中间设有一流线形或三角形的涡流发生器，当空气流经该涡流发生器时，在其后部的气流中会不断产生一列不对称却十分规则的被称为卡门涡流的空气涡流。根据卡门涡流理论，这个旋涡行列是紊乱地依次沿气流流动方向移动，其移动的速度与空气流速成正比。即在单位时间内通过涡流发生器后方某点的旋涡数量与空气流速成正比。因此，通过测量单位时间内涡流的数量就可计算出空气流速和流量。测量单位时间内旋涡数量的方法有反光镜检出式（图 2-33 所示）和超声波检出式（图 2-34 所示）两种。

①反光镜检出式卡门涡旋流量传感器。其内有一只发光二极管和一只光敏晶体。发光二极管发出的光束被一片反光镜反射到光敏晶体管上，使光敏晶体管导通。反光镜安装在一个很薄的金属簧片上。金属簧片在进气气流旋涡的压力作用下产生振动，其振动频率与单位时间内产生的旋涡数量相同。由于反光镜随簧片一同振动，因此被反射的光束也以相同的频率变化，致使光敏晶体管也随光束以同样的频率导通、截止。ECU 根据光敏晶体管导通、截止的频率即可计算出进气量。雷克萨斯 LS400 轿车 IUZ-FE 发动机即为这种形式的卡门涡旋式空气流量传感器。

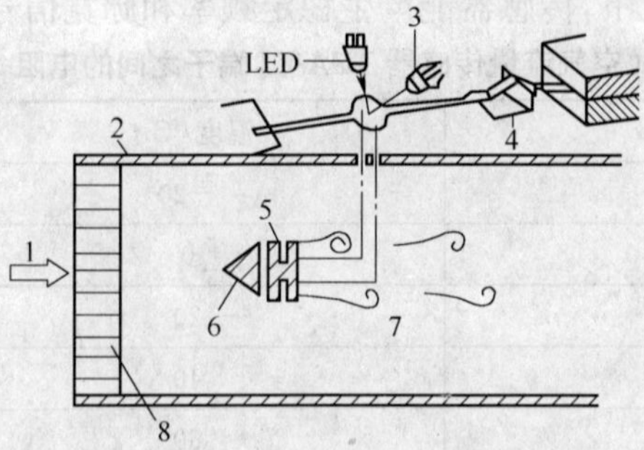

图 2-33　反光镜检出式卡门涡旋流量传感器

1. 空气进口　2. 进气支管　3. 光敏晶体管
4. 簧片　5. 压力基准孔　6. 涡旋发生器
7. 卡门涡旋　8. 整流栅

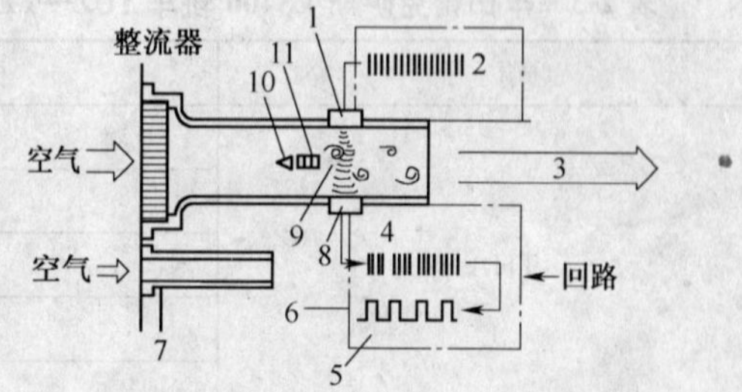

图 2-34 超声波检出式卡门涡旋空气流量传感器

1. 超声波发射器　2. 超声波发生器　3. 至发动机
4. 与涡流数对应的疏密声波　5. 整形后的矩形波
6. 接 ECU　7. 旁通气道　8. 超声波接收器
9. 卡门涡旋　10. 涡流发生器　11. 涡流稳定板

②超声波检出式卡门涡旋式空气流量传感器。在其后半部的两侧分别有一个超声波发射器和一个超声波接收器。在发动机运转时，超声波发射器不断地向超声波接收器发出一定频率的超声波。当超声波通过进气气流到达接收器时，由于受气流中旋涡的影响，使超声波的相位发生变化。ECU 根据接收器测出的相应变化的频率，计算出单位时间内产生的旋涡的数量，从而求得空气流速和流量，然后根据该信号确定基准空气量和基准点火提前角。

(2)卡门旋涡式空气流量传感器的检修。以丰田雷克萨斯 LS400 轿车 IUZ—FE 发动机用反光镜检出式空气流量传感器为例。该传感器与 ECU 的连接端子与连接电路如图 2-35 所示，Ks 为空气流量信号输出端。

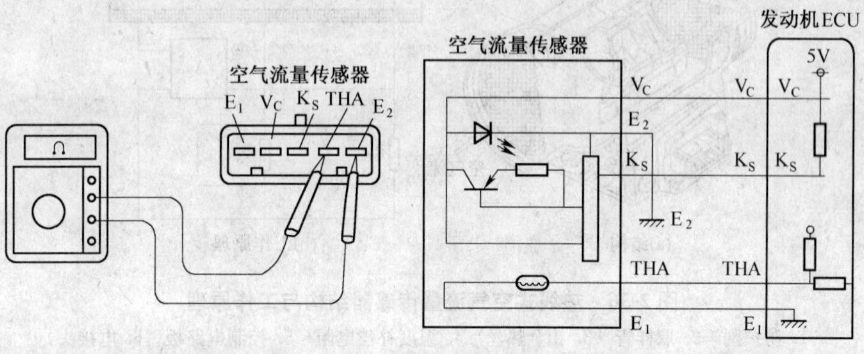

图 2-35　丰田 LS400 1UZ—FE 发动机卡门涡旋式空气流量传感器与 ECU 的连接端子及连接电路

①检测电阻。点火开关置 OFF，拔下空气流量传感器的导线连接器，用万用表电阻挡测量传感器上“THA”与“E2”端子之间的电阻，其标准值见表 2-3。如果电阻值不符合标准值，则更换空气流量传感器。

②检测电压。插好此空气流量传感器的导线连接器，用万用表电压挡检测发动机 ECU 端子 THA-E2. Ks-E1. Vc—E1 间的电压，其标准电压值见表 2-4。

③检测波形。检测方法：正确连接波形测试设备，起动发动机，在不同转速下试车，把较多的时间用在测试发动机性能有问题及排除故障的转速段内，看示波器显示波形。确认在任何给定的运行方式下，波形的重复性和精确性在幅值、频率、形状脉冲宽度等几个方面的关键参

数都是相同的;确信在稳定转速空气流量一定的情况下,传感器能产生稳定频率和脉宽信号。

表 2-3 丰田雷克萨斯 LS400 轿车 1UZ—FE 卡门涡旋式空气流量传感器 THA-E2 端子之间的电阻

端　子	标准电阻/kΩ	温度/℃
THA-E2	10.0~20.0	−20
	4.0~7.0	0
	2.0~3.0	20
	0.9~1.3	40
	0.4~0.7	60

表 2-4 丰田雷克萨斯 LS400 轿车 1UZ—FE 卡门涡旋式空气流量传感器 ECU 端子电压

端　子	电压(V)	条　件
THA—E2	0.5~3.4	怠速、进气温度 20℃
	4.5~5.5	点火开关接通
Ks-E1	2.0~4.0(脉冲发生)	怠速
Vc—E1	4.5~5.5	点火开关接通

3. 热线式空气流量传感器的结构与检修

(1)热线式空气流量传感器结构及工作原理。热线式空气流量传感器结构和工作原理如图 2-36 所示。

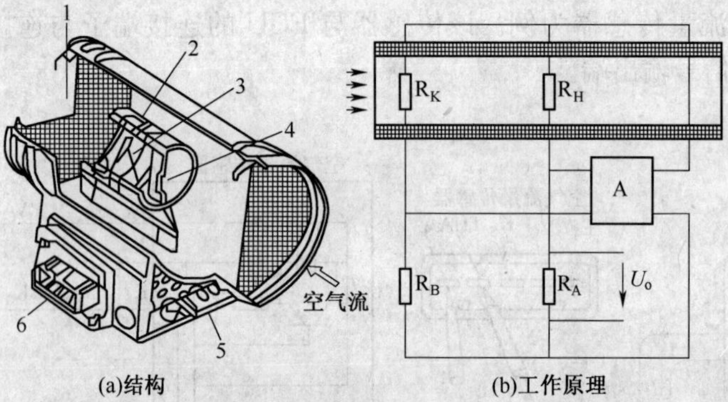

(a)结构　　(b)工作原理

图 2-36 热线式空气流量传感器结构与工作原理

1. 防护网 2. 取样管 3. 铂金热丝 4. 温度补偿电阻 5. 控制电路板 6. 电接头

热线式空气流量传感器的工作原理是,在空气通路中放置一根直径很小的铂丝,工作时经通电后发热,所以这根铂丝也称为热线或热丝。当发动机起动后,空气流经铂丝周围时带走热量,使其温度下降,热线电阻变化导致电桥失去平衡,此时与铂丝相连的桥式电路将改变电流,以保持铂丝温度恒定。即当空气流量变化时,流过铂丝的电流也随之发生变化。将这种变化的信号输入 ECU,即可测得空气流量。

在这种流量传感器的前后端均装有金属防护网,前面的用于进气整流,后面的用于防止发动机回火时把铂丝烧坏。防护网用卡箍固定在壳体上。流量传感器的铂丝和进气温度传感器都安装在主气道中的取样管内,这种传感器称为主通式热线空气流量传感器。热线式空气流量传感器在使用一段时间后,由于铂丝表面受空气尘埃玷污,造成热辐射能力降低而影响传感器的测量精度，因此控制电路中设计有“自洁电路”来实现自洁功能。每当ECU接收到发动机熄火的信号时，ECU将控制自洁电路接通，将铂丝加热到1000℃左右，并持续1秒时间，使黏附在铂丝上的尘埃烧掉。另一种防止铂丝玷污的方法是提高其表面温度，一般将表面温度设定在200℃以上，以便烧掉玷污物。

热线式空气流量传感器大多是模拟电压信号传感器，多数热线式空气流量传感器在空气流变大时，输出电压也随之升高。热线式空气流量传感器内部温度补偿电路比较复杂，输出电压信号被送到ECU，ECU根据这个信号来计算发动机负荷，判定燃油供给量和点火正时等。

(2)热线式空气流量传感器的检修。热线式空气流量传感器连接器有四端子、五端子和六端子三种。日产MAXIMA轿车VG30E发动机采用的是热线式空气流量传感器(六端子)，其电路如图2-37所示。

①检查输出信号。拔下此空气流量传感器的导线连接器，拆下空气流量传感器。如图2-38所示，将蓄电池的电压施加于空气流量传感器的端子D和E之间(电源极性应正确)，然后用万用表电压挡测量端子B和D之间的电压。其标准电压值为(1.6±0.5)V。如电压值不符，则须更换空气流量传感器。

②检查自清洁功能。装好热线式空气流量传感器及其导线连接器，拆下此空气流量传感器的防尘网，起动发动机并加速到2500r/min以上。当发动机停转后5s，从空气流量传感器进气口处可以看到热线自动加热烧红(约1000℃)约1s。若无此现象发生，则须检查自清洁信号或更换空气流量传感器。

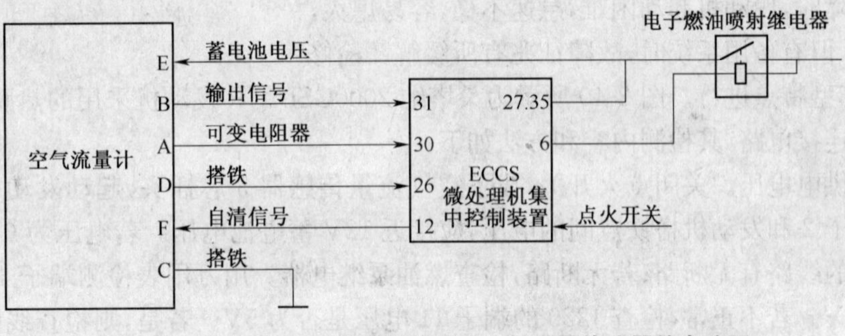

图2-37　日产VG30E发动机热线式空气流量传感器的电路图

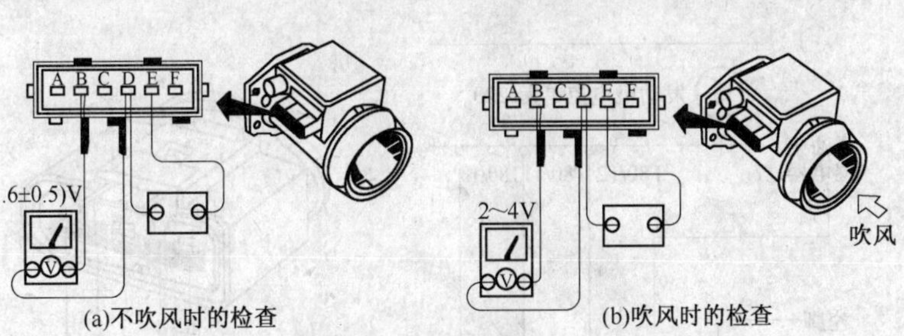

图2-38　热线式空气流量传感器输出信号的检查

③检测电压波形。关闭所有附属电气设备，起动发动机，并使其怠速运转。怠速稳定后，用示波器检查怠速时空气流量传感器输出电压信号。

波形分析：通常热线式空气流量传感器输出的电压范围，是从怠速时超过0.2V升至油门全开时的4V以上,全减速时的输出电压应比怠速时的电压稍低些。检测时,可与维修资料中输出电压的正确参考值进行比较。

发动机运转时,波形的幅值在不断地跳动是正常的。由于热线式空气流量传感器中没有任何机械运动部件,所以它的测量值不会受到运动部件惯性因素的影响,因此它能快速地对空气流量的变化做出反应。发动机加速时波形中的杂波,是由各缸进气口上的空气流脉动引起的,这是正常的,一般ECU中的处理电路会清除这些杂波信号。

不同车型其传感器输出电压有一定的差异。根据怠速时输出电压是否为0.25V,可以判断空气流量传感器的好坏。许多坏的空气流量传感器会出现在怠速时输出电压太高,而在节气门全开时输出电压又不到4V的现象。另外,当其他系统正常时,根据混合气是否正常或发动机是否冒黑烟,也可以判断空气流量传感器的好坏。

4. 热膜式空气流量传感器的结构与检修

(1)热膜式空气流量传感器的结构及工作原理。热膜式空气流量传感器的结构和工作原理与热线式空气流量传感器基本相同,如图2-39所示,只是把发热体由热线改为热膜,产生的信号多为模拟信号。热膜是把发热金属铂固定在树脂薄膜上构成的。这种结构可使发热体不直接承受空气流动所产生的作用力,增加了发热体的强度,提高了空气流量传感器的可靠性。

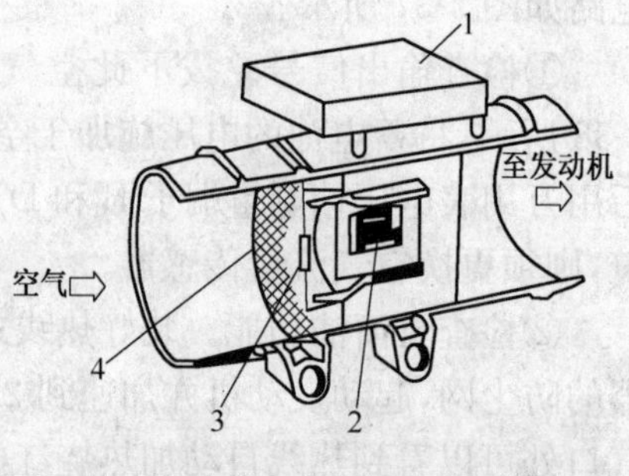

图2-39 热膜式空气流量传感器的结构

1. 控制电路 2. 热膜
3. 进气温度传感器 4. 金属网

(2)热膜式空气流量传感器的检修。当空气流量传感器出现故障时,发动机起动困难,怠速不稳,容易熄火,加速性能差,但有备用系统时,故障征兆有所缓解。检修时,应结合车型特点进行。图2-40所示为桑塔纳2000GSi AJR发动机采用的热膜式空气流量传感器及其连接电路,其检测内容和方法如下:

①检测供电电压。关闭点火开关,拔下空气流量传感器5芯插头,起动发动机,用万用表检测插头端子2和发动机搭铁点间的电压,应接近12V蓄电池电压。若电压为0,应检查熔丝与端子2间的线路有无断路;若无断路,检查燃油泵继电器。用万用表检测端子4与搭铁间的电压,应为5V。若不正常,检查J220的端子11电压是否为5V。若是,则检查线路是否断路;若不是,更换发动机ECU。

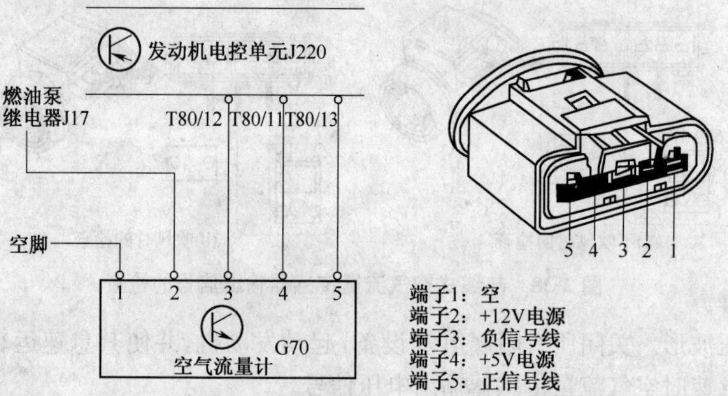

图2-40 空气流量传感器连接电路及插头端子

也可用发光二极管试灯对供电电压进行检测。检测时，用发光二极管试灯连接空气流量传感器插头端子 2 和发动机搭铁点，起动发动机，灯应亮。如果灯不亮，应检查熔丝与端子 2 间线路有无断路或短路，如正常，则检查燃油泵继电器。

②检测线路导通性。接上传感器插头和空气滤清器，检测空气流量传感器上端子 3、4、5 与发动机 ECU 上相关端子 T80/12、T80/11、T80/13 间的线路电阻，其电阻值应小于 1Ω。如果线路有断路或短路，应修复。

③检测信号电压。关闭点火开关，拆下空气滤清器。接通点火开关，但不起动发动机，用 450W 的电吹风(冷风挡)向空气流量传感器吹气，测量传感器插头端子 5(正信号线)和端子 3(负信号线)间的电压，信号电压应在 2.0V～4.0V 间变化。若电压不变化，说明空气流量传感器失效，应更换。

④读取数据流。当用 VAG1551 或 VAG1552 进行数据流读取时，发动机怠速运转，读测量数据块显示组 02，检查进气质量参数，标准值应为 2.0g/s～4.0g/s。如果不在标准范围内或者查询到空气流量传感器有故障，应检查传感器的供电电压。

(二)进气压力传感器的结构与检修

进气压力传感器用于 D 型汽油喷射系统中。它在汽油喷射系统中所起的作用和空气流量传感器相似。进气压力传感器根据发动机的负荷状态测出进气支管内的绝对压力(真空度)，并转换成电压信号，与转速信号一起输送到电控单元(ECU)，作为确定基本喷油量的依据。发动机电子控制系统中，进气压力传感器的类型有：半导体压敏电阻式、真空膜盒式、电容式、表面弹性波式等，应用较广泛的是半导体压敏电阻式和真空膜盒式。

1. 半导体压敏电阻式进气压力传感器的结构及工作原理

半导体压敏电阻式进气支管绝对压力传感器如图 2-41 所示，它由压力转换元件(硅膜片)和把转换元件输出信号进行放大的混合集成电路组成。压力转换元件是利用半导体的压阻效应制成的硅膜片。硅膜片的一侧是真空室，另一侧导入进气支管压力，所以进气支管内绝对压力越高，硅膜片的变形越大，其变形量与压力成正比。附着在薄膜上的应变电阻的阻值则产生与其变形量成正比的变化。利用这种原理，可把进气支管内压力的变化变换成电信号。

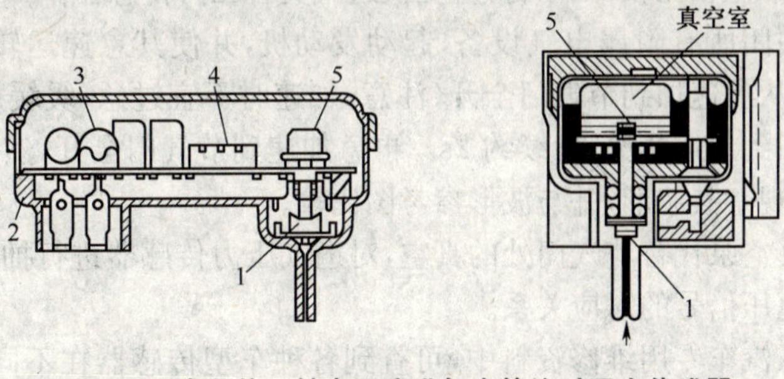

图 2-41 半导体压敏电阻式进气支管绝对压力传感器

1. 滤清器 2. 塑料外壳 3. MFI 过滤器 4. 混合集成电路 5. 压力转换元件

除了表面弹性波式(SAW)进气压力传感器是数字输出信号以外，几乎所有的进气压力传感器的输出信号都是模拟量信号。当用示波器测试进气压力传感器时，模拟量信号和数字量信号的设定和步骤也是不同的。

模拟量进气压力传感器的工作原理是将发动机进气管的压力(真空度)转变为可变的电压

输出信号。一般都是三线传感器，其中两条线是参考电源的正、负极，参考电源的电压为5V，剩下的一条是输入ECU的信号线。

2. 半导体压敏电阻式进气压力传感器的检测

图2-42所示为皇冠3.0轿车2JZ-GE发动机用半导体压敏电阻式进气支管绝对压力传感器与ECU的连接电路。其检测内容和方法如下：

①机械部分检查。检查真空管是否有堵塞、裂纹、连接不良及膜片损坏等现象。

②传感器外部线路检测。点火开关置于"OFF"位置，拔下进气支管绝对压力传感器的导线连接器，然后将点火开关置于"ON"位置（不起动发动机），用万用表电压挡测量导线连接器中电源端子Vc和接地端子E2之间的电压，如图2-43所示，其电压值应为4.5V～5.5V。如有异常，应检查进气支管绝对压力传感器与ECU之间的线路是否导通。若断路，应更换或修理线束。

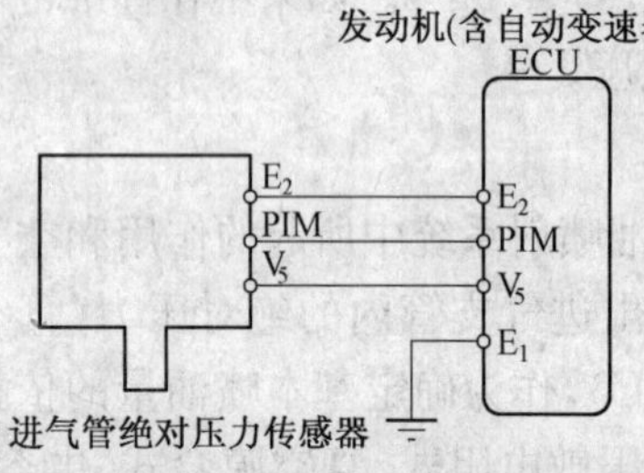

图2-42 半导体压敏电阻式进气支管绝对压力传感器与ECU的连接电路（皇冠3.0轿车）

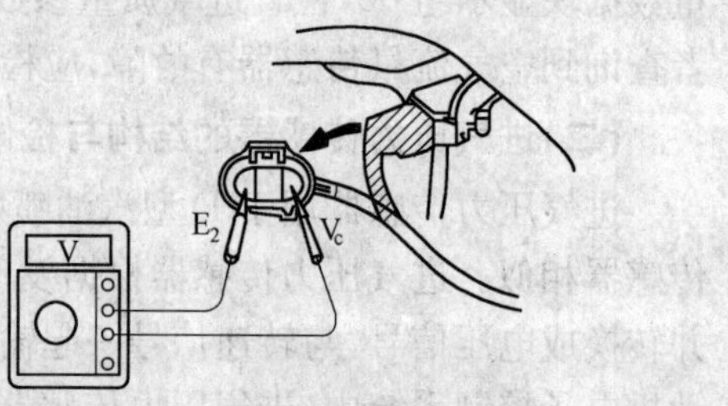

图2-43 传感器电源电压的检测

③传感器输出信号电压的检测。将点火开关置于"ON"位置（不起动发动机），拆下连接进气支管绝对压力传感器与进气支管的真空软管。在ECU导线连接器一侧，用万用表电压挡测量进气支管绝对压力传感器PIM-E2端子间（大气压力状态下）的输出电压，并记下这一电压值；然后用真空泵向进气支管绝对压力传感器内施加真空，从13.3kPa(100mmHg)起，每次递增13.3kPa(100mmHg)，一直增加到66.5kPa(500mmHg)为止，然后测量在不同真空度下的输出电压值，并与标准值相比较，如不符，应更换进气支管压力传感器。

④测量波形。关闭所有附属电气设备，起动发动机，并使其怠速运转。当怠速运转稳定后，先将发动机转速从怠速加到节气门全开（注意：加速时不宜过急，缓缓加速），并保持约2s，不应超速。再减速回到怠速状况，持续约2s。再急加速到节气门全开，然后再回到怠速状态。然后定住波形，仔细观察其波形，并与波形参考图比较。

也可以用手动真空泵代替节气门处的真空，对进气压力传感器进行抽真空测试，即观察真空表读数值与输出电压信号的对应关系。

⑤波形分析。从汽车专用维修资料中，可查到各种车型传感器在不同真空度时所对应的输出电压值，将这些参数与示波器显示的波形进行比较。通常进气压力传感器的输出电压在怠速时为1.25V，当节气门全开时则略低于5V，全减速时则接近0V。

大多数进气压力传感器在真空度较高时（全减速时80kPa），产生对地电压信号接近0V：而真空度较低时（接近大气压、全负荷10kPa时），产生的电压信号接近5V。有些进气压力传感器设计成相反方式，即当真空度增高时输出电压增高，真空度降低时输出电压也降低。进气压力传感器工作时，波形的幅度应保持在接近特定的真空度范围内，波形幅度的变化也不应有较大的偏差。当传感器的输出电压不能随发动机真空度变化时，从波形图中能明显地看出来，这时发动机运转也会不正常。

克莱斯勒汽车的进气压力传感器损坏时，有时会出现无论真空度如何变化，输出电压都不变的现象。还有一些系统，传感器波形有时会出现许多电子杂波，甚至在 NORMAL（标准）采集方式下波形也有许多杂波。一般四缸发动机杂波较多，因为四缸发动机在两个进气行程间真空度波动比较大，这并不是故障。这些杂波进入 ECU 后，信号处理电路会自动将其清除。相对而言，通用汽车进气压力传感器杂波较少。

（三）节气门位置传感器的结构与检修

节气门位置传感器（TPS）安装在节气门体上，用以检测节气门的开度，它通过杠杆机构与节气门联动，反映发动机节气门的开度及怠速、加速、减速和全负荷等不同工况。

1. 节气门位置传感器的结构与工作原理

（1）开关触点式节气门位置传感器。如图 2-44 所示为桑塔纳轿车和天津三峰客车的开关触点式节气门位置传感器。

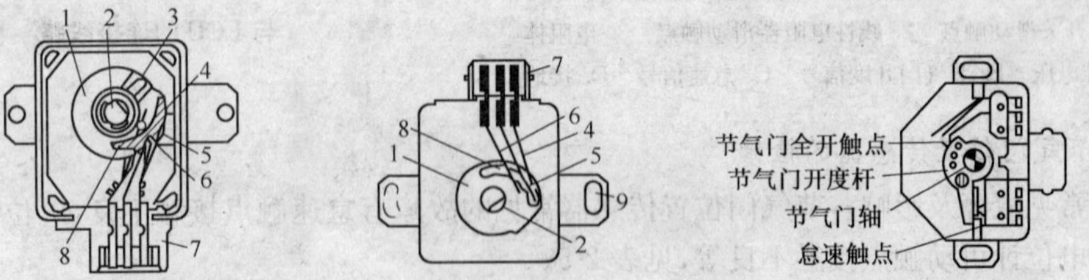

（a）桑塔纳 2000 型轿车节气门位置传感器结构　（b）工作示意图　（c）天津三峰客车节气门位置传感器结构

图 2-44　开关触点式节气门位置传感器

1. 导向凸轮　2. 节气门轴　3. 控制杆　4. 活动触点　5. 怠速触点　6. 功率触点　7. 导线插头　8. 导向凸轮槽　9. 调整螺钉槽

它主要由活动触点、怠速触点、功率触点、节气门轴、控制杆、导向凸轮及导向凸轮槽等组成。活动触点可在导向凸轮槽移动，导向凸轮由固定在节气门轴上的控制杆驱动。怠速时，活动触点（Vc）与怠速触点（IDL）相接触，以反映节气门处于全关闭状态；全负荷时，活动触点与功率触点（PSW）相接触，以反映节气门处于大开度的状态；部分负荷时，活动触点与任一触点都不接触。这种传感器的不足之处是两头灵敏，中间稍显不足。

（2）线性可变电阻式节气门位置传感器。北京切诺基汽车采用了这种形式的节气门位置传感器，它实际上是一个可变电阻器，其内部电路及连接关系如图 2-45 所示。当节气门位置改变时，电刷沿电阻器移动，传感器输出的信号电压（B2 处）也随之变化，电压值与节气门开度有关。节气门全闭时输出电压低，约为 1V；全开时输出电压高，约为 4V。这种传感器的特点是中间灵敏，两头稍显不足。

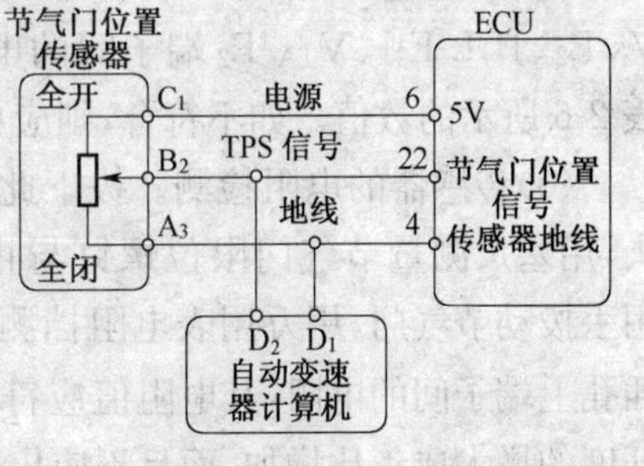

图 2-45　线性可变电阻式节气门位置传感器

（3）综合型节气门位置传感器。这种传感器在上述两种节气门位置传感器的基础上加以综合，具备了两者的优点。奥迪 100 轿车（V6 发动机）

即采用了这种传感器，如图 2-46 所示，它有两个与节气门轴同轴的触点，一个触点可在可变电阻器上滑动，将节气门开度值转化为电压值：另一个专门用于确定节气门完全关闭时的位置，提供准确的怠速信号。

设置怠速触点，不但可以精确地确定怠速工况，而且可以用怠速时的电压值对反映节气门开度的电压值进行修正，以提高控制精度。它与 ECU 的连接线路如图 2-47 所示。

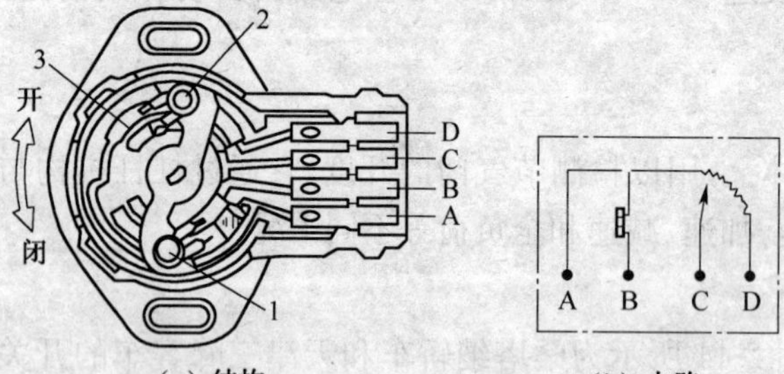

（a）结构　　（b）电路

图 2-46　综合型节气门位置传感器

1. 怠速开关滑动触点　2. 线性电阻器滑动触点　3. 电阻体

A. 基准电压　B. 节气门开度信号　C. 怠速信号　D. 接地

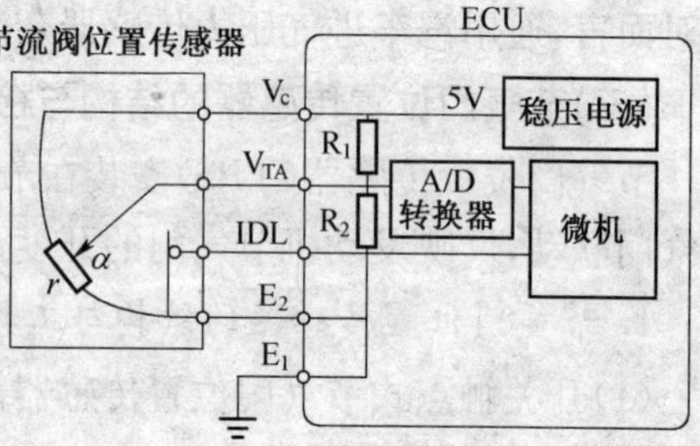

图 2-47　综合型节气门位置传感器与 ECU 的连接线路

2. 节气门位置传感器的检修

(1)常见故障及影响。节气门位置传感器常见的故障有怠速触点接触不良，电位计电阻值不准确，电位计可动触点接触不良等，见表 2-5。

表 2-5　综合型节气门位置传感器故障对发动机的影响

故障部位	对汽油喷射系统的影响	对发动机的影响
怠速触点接触不良	无怠速信号	怠速不稳或无怠速
电位计电阻值不准确	节气门开度信号不正确	发动机加速性能不良
电位计可动触点接触不良	节气门开度信号时通时断	发动机加速性能时好时坏

(2)传感器端子电压检测。以皇冠 3.0 轿车 2JZ-GE 型发动机用综合型节气门位置传感器为例加以说明，其原理如图 2-48 所示。

当点火开关置于“ON”位置时，用电压表测量 V_s-E_2、1DL-E_2.、V_{TA}-E_2 端子间的电压值，应符合如表 2-6 所示的数值。如不符合，则应更换。

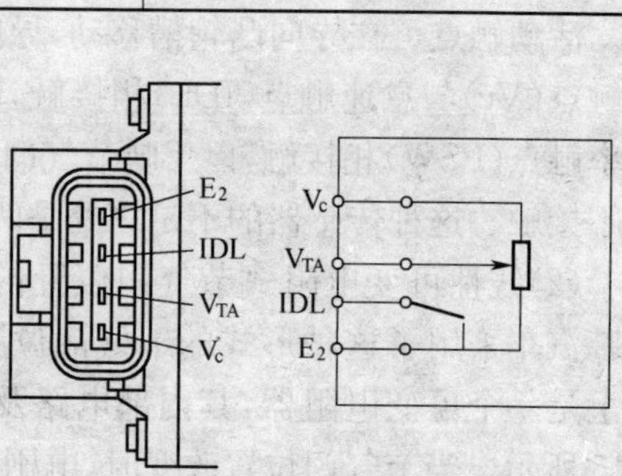

图 2-48　节气门位置传感器原理

(3)传感器的电阻检测。拔下此传感器的导线插头，用塞尺测量节气门限位螺钉与止动杆间的间隙。用手拨动节气门，用万用表电阻挡测量此传感器导线插孔上端子间的电阻，其电阻值应符合如表 2-7 所示的数值。V_{TA}-E_2 端子间电阻值随节气门开度的增大成正比增加，而且不应出现中断现象。

(4)波形测量与分析。接通点火开关，发动机不运转，慢慢地让油门从怠速位置到全开，并重新回至油门全闭。反复几次，动作要慢。

表 2-6　节气门位置传感器各端子间电压值

端子	条件	标准电压(V)
IDT-E_2	开	9～14
V_C-E_2		4.0～5.5
V_{TA}-E_2	节气门全开	0.5～0.8
	节气门全关	3.2～4.9

表 2-7　节气门位置传感器各端子间电阻值

限位螺钉与止动杆间隙(mm)	端子名称	电阻值(kΩ)
0	VTA-E_2	0.54～6.3
0.45	IDL-E_2	0.5 或更小
0.55	IDL-E_2	无穷大
节气门全开	V_{TA}-E_2	2.4～11.2
	V_C-E_2	3.1～7.2

波形分析：

①典型的线性节气门位置传感器波形如图 2-49 所示。准确的节气门位置传感器电压范围应通过厂家资料获取。其波形上不应有任何断点、对地尖峰或大波折，特别应注意在前 1/4 油门运动中的波形，因为这段通常是在驾驶中最常用到的传感器碳膜电位计上的部分，因此前 1/8～1/3 的碳膜往往最先磨损，从而使得波形出现异常输出信号。

有些车上有两个节气门位置传感器，一个用于主 ECU，另一个用于变速器控制。发动机节气门位置传感器的信号与变速器节气门位置传感器的信号相对应，变速器节气门位置传感器在怠速时产生的信号略低于 5V，在节气门全开时则低于 1V。有的汽车设计却刚好相反。

②典型的线性节气门位置传感器故障波形如图 2-50 所示。该故障现象为在节气门转到小于半开处汽车会猛然窜动，然后又恢复正常。检测得知节气门位置传感器的波形成间歇性波动，并且不是每次节气门开闭时传感器都出现异常，有时会良好地工作较长时间。

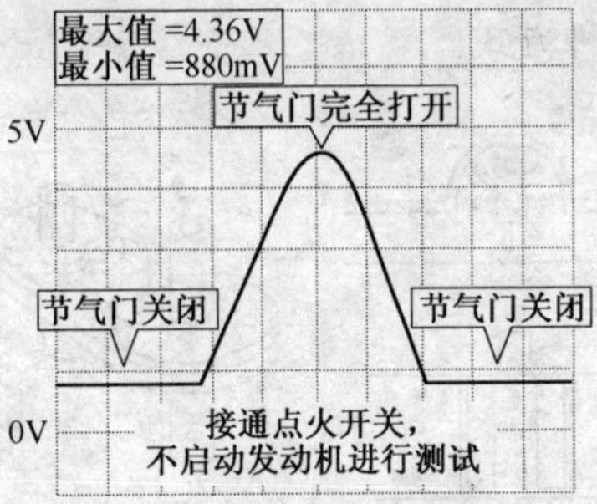

图 2-49　模拟式节气门位置传感器(正常)波形

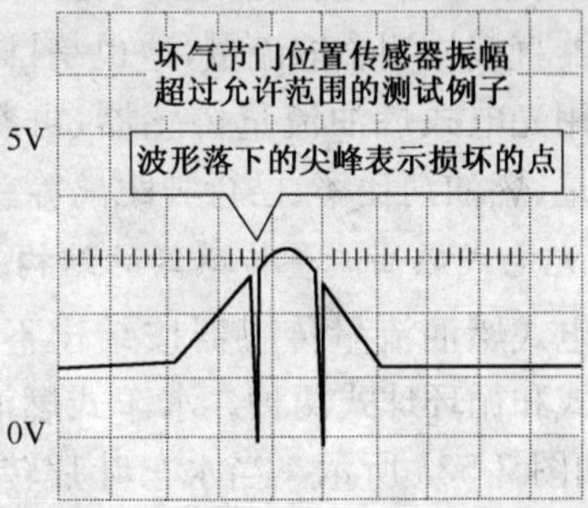

图 2-50　模拟式节气门位置传感器故障波形

从厂家维修手册中可以得到确切的电压范围。特别应注意在传感器达到 2.8V 处的波形，这是传感器电位计的电阻碳膜最容易损坏或断裂的部分。因为一旦发生这种情况，将使传感器不能向 ECU 提供正确的节气门位置信息，ECU 便不能为发动机计算正确的混合气参数，由此引起汽车性能不良。

(5)传感器的调整。如图 2-51a 所示，拧松节气门位置传感器的两个固定螺钉，将厚度为 0.50mm 的塞尺插入节气门限位螺钉和止动杆之间，同时用万用表电阻挡测量怠速触点的导通情况，如图 2-51b 所示，此时应导通，逆时针转动节气门位置传感器，使怠速触点断开，然后按顺时针方向慢慢地转动节气门位置传感器，直到怠速触点刚闭合为止。拧紧节气门位置传感器的两个固定螺钉。

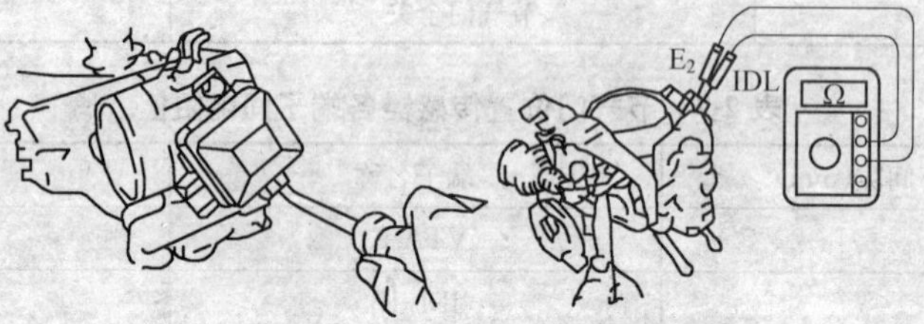

(a) 拧松固定螺钉　(b) 测量端子 IDL－E_2的导通情况

图 2-51 节气门位置传感器的调整

分别用 0.45mm 和 0.55mm 的塞尺插入节气门限位螺钉和止动杆之间，同时测量怠速触点的导通情况。当塞尺为 0.45mm 时，怠速触点应导通；当塞尺为 0.55mm 时，怠速触点应断开。否则，应重新调整节气门位置传感器。注意：节气门全关时，节气门限位螺钉与止动杆之间应无间隙。

(6)传感器的更换。节气门位置传感器的更换方法是：将节气门开度保持在 45°左右，拧下节气门位置传感器的两个固定螺钉，拆下节气门位置传感器。将新的节气门位置传感器的心轴转到如图 2-52 所示的位置，然后装到节气门轴上，拧紧两个固定螺钉。重新调整节气门位置传感器。

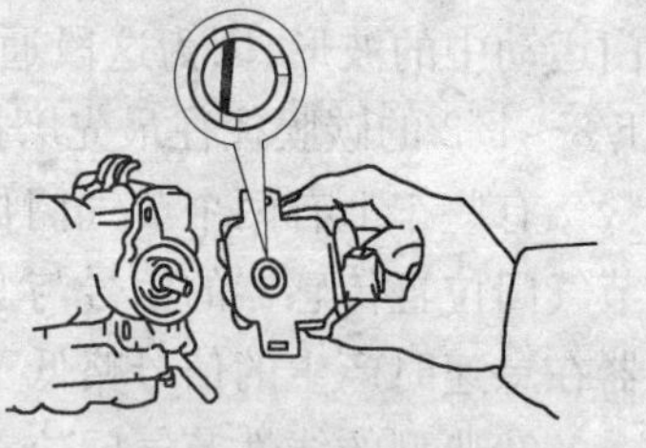

图 2-52 节气门位置传感器的更换

(四)燃油流量传感器

燃油流量检测的方式很多，一是在 KE-Jetronic 型汽油喷射系统中，在空气流量感知板转轴上安装电位器来测量燃油消耗量；二是在电子控制汽油喷射系统中，测量电磁式喷油器通电的脉冲宽度来间接测得燃油流量；另外就是利用光电式燃油流量传感器直接检测燃油流量，这也是目前采用最多的一种方式。

使用光电式燃油流量传感器，可判定燃油消耗数量、燃油消耗率、已行驶距离等。

1. 光电式燃油流量传感器的结构

光电式燃油流量传感器按结构不同，可分为水车式和循环球式两种。水车式燃油流量传感器，如图 2-53a 所示。当水车叶片转动时，通过计算 LED(发光二极管)所发出光线被遮的次数，测定燃油的流量；循环球式燃油流量传感器是在油路中设置循环球支路，如图 2-53b 所示，当小球随油流而循环流动时，每循环一次就遮蔽发光二极管的光线一次，根据遮光次数可测定燃油的流量。

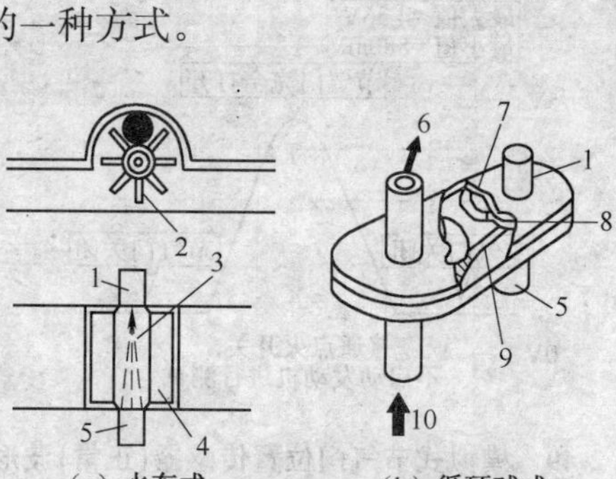

(a) 水车式　(b) 循环球式

图 2-53 光电式燃油流量传感器的结构

1. 发光二极管 2. 水车式转动叶片 3. 光线 4. 转动叶片 5. 光敏晶体管 6. 出口 7. 转动沟槽 8. 球 9. 流量侧的沟槽 10. 进口

2. 光电式燃油流量传感器的检修

(1)光电式燃油流量传感器的常见故障。水车式光电燃油流量传感器的常见故障有:水车式转动叶片弯曲变形,运动卡滞,发光二极管损坏,光敏晶体管损坏等。

循环球式光电燃油流量传感器的常见故障有:钢球运动卡滞,流量侧沟槽和转动沟槽堵塞,发光二极管和光敏晶体管损坏等。光电式燃油流量传感器的常见故障及其影响如表 2-8 所示。

(2)光电式燃油流量传感器的检测。点火开关置于“OFF”位置,拔下光电式燃油流量传感器的导线连接器,拆下光电式燃油流量传感器,检查水车式的转动叶片有无变形,转动是否灵活,循环球式沟槽有无堵塞。

表 2-8　光电式燃油流量传感器的常见故障及其影响

故障部位	对电子导向系统的影响
转动叶片变形	燃油流量输出信号不均匀;电子导向系统显示参数不准
转动叶片旋转卡滞或钢球运动卡滞	燃油流量输出信号不正确;电子导向系统时而显示正常,时而显示不正常
流量侧沟槽或转动沟槽堵塞	无燃油流量信号输出;电子导向系统无显示
发光晶体管或光敏晶体管损坏	

若有上述现象,则须更换光电式燃油流量传感器。若无上述现象,则装复光电式燃油流量传感器,连接好导线连接器。

点火开关置于“ON”位置,在发动机处于怠速运转状态时,用万用表电压挡测量传感器信号输出端子间的电压变化情况。电压应该是脉冲形式,并且脉冲间的时间间隔均匀。当发动机转速升高,在大节气门开度下运转时,脉冲电压的频率应明显加快,否则为发光二极管或光敏晶体管损坏,应更换流量传感器。

(五)曲轴位置传感器的结构与检修

1. 曲轴位置传感器(CPS)的功用与形式

曲轴位置传感器(CPS)又称为发动机转速与曲轴转角传感器,安装在曲轴的前部、中部或飞轮上,其作用是采集曲轴转动角度信号、曲轴位置信号和发动机转速信号,并输入控制单元,以便确定点火时刻和喷油时刻。

发动机电控燃油喷射系统常用的曲轴与凸轮轴位置传感器有霍尔式、磁感应式和光电式三种。捷达 GT、GTX,桑塔纳 2000GSi 型轿车采用的曲轴位置传感器均为磁感应式,凸轮轴位置传感器均为霍尔式;桑塔纳 20000Li 型轿车和切诺基吉普车采用的曲轴位置传感器为霍尔式;三菱与猎豹吉普车采用的曲轴位置传感器为光电式。

2. 磁感应式曲轴位置传感器的结构与检修

(1)磁感应式曲轴位置传感器的结构。捷达 GT、GTX,桑塔纳 2000GSi 型轿车的磁感应式曲轴位置传感器安装在曲轴箱内靠近离合器一侧的缸体上,结构及安装部位如图 2-54 所示,主要由磁感应式传感器和信号转子组成。

磁感应式传感器用螺钉固定在发动机缸体上,由永久磁铁、传感线圈和线束插头组成。传感线圈又称为信号线圈,永久磁铁上带有一个传感器磁头 3,传感器磁头正对安装在曲轴上的齿盘式信号转子 4,传感器磁头与磁轭(导磁板)连接而构成导磁回路。在齿盘式信号转子的圆周上间隔均匀地制有 58 个凸齿、57 个小齿缺和一个大齿缺输出基准信号,对应于 1 缸或 4 缸上止点前一定角度。大齿缺所占的弧度相当于两个凸齿和三个小齿缺所占的弧度。因为每个凸齿和小齿缺所占的曲轴转角均为3°，所以大齿缺所占的曲轴转角为15°。

(2)磁感应式传感器的工作原理。当信号转子的凸齿接近磁头时，凸齿与磁头间的气隙减小，磁路磁阻减小，磁通量增大，磁通变化率增大，所以感应电动势E为正(E>0)。

当信号转子凸齿的中心线与磁头的中心线对齐时，虽然信号转子凸齿与磁头间的气隙最小，磁路的磁阻最小，磁通量最大，但是由于磁通量不可能继续增加，因此磁通变化率为零，感应电动势E为零(E=0)。

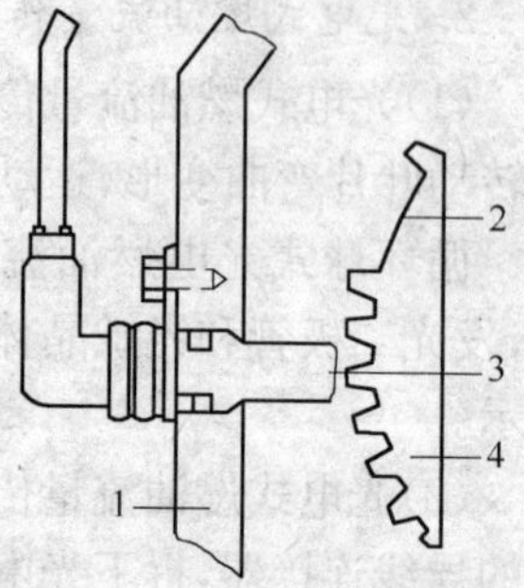

图2-54　曲轴位置传感器的结构

1. 缸体　2. 齿缺(基准记号)　3. 传感器磁头　4. 信号转子

当信号转子凸齿离开磁头时，信号转子凸齿与磁头间的气隙增大，磁路磁阻增大，磁通量减小，所以感应电动势E为负值(E<0)。

信号转子每转过一个凸齿，传感线圈中就会产生一个周期的交变电动势(电动势出现一次最大值和一次最小值)，传感线圈相应地输出一个交变电压信号。因为信号转子上有一个大齿缺，所以当大齿缺转过磁头时，信号电压所占的时间较长，即输出信号为一宽脉冲信号，该信号对应于1缸或4缸上止点前一定角度。控制单元ECU接收到宽脉冲信号时，便可知道1缸或4缸上止点位置即将到来，至于即将到来的是1缸还是4缸，则需根据凸轮轴位置传感器输入的信号来确定。由于信号转子上有58个凸齿，因此信号转子每转一圈(发动机曲轴转一圈)，传感线圈就会产生58个交变电压信号，并输入给电子控制单元ECU。

磁感应式传感器的突出优点是不需要外加电源，永久磁铁起着将机械能变换为电能的作用，其磁能不会损失。当发动机转速变化时，转子凸齿转动的速度将发生变化，铁心中的磁通变化率也将随之发生变化。转速越高，磁通变化率就越大，传感线圈中的感应电动势也就越高。

①曲轴转速的检测。每当信号转子随发动机曲轴转动一圈，传感线圈就会向控制单元ECU输入58个脉冲信号。因此，ECU每接收到曲轴位置传感器58个信号，就可知道发动机曲轴旋转了一圈。如在1min内ECU每接收到曲轴位置传感器116000个信号，ECU便可计算出曲轴转速为2000r/min(n=116000/58=2000)；如ECU每分钟接收到曲轴位置传感器290 000个信号，ECU便可计算出曲轴转速为5000r/min(n=290000/58=5000)。依次类推，ECU根据每分钟接收CPS脉冲信号的数量，便能迅速计算出发动机曲轴旋转的转速。

发动机转速信号和负荷信号是电控系统最重要、最基本的控制信号，ECU根据这两个信号就能计算出以下三个基本控制参数：基本喷油时间、基本点火提前角、点火闭合角(导通角)。

②曲轴转角的检测。因为曲轴位置传感器CPS信号转子上的大齿缺对应的信号为基准信号，所以控制单元ECU控制喷油时间和点火时间是以大齿缺对应的信号为基准的。信号转子上每个凸齿和每个小齿缺所占的曲轴转角均为3°，大齿缺所占的曲轴转角为15°，所以控制单元ECU接收到大齿缺对应的信号后，其内部分频电路将凸齿信号和小齿缺信号进行分频处理，便可得到曲轴转角信号。如将3°分成3等份，则每等份所占曲轴转角即为1°，从而便可精确控制点火时间、喷油时间和点火线圈初级绕组导通角。

③曲轴转角的控制。在电控系统中，控制单元ECU控制喷油时间、点火线圈初级绕组导

通角等参数都是通过控制时间来进行控制的，因此需要说明曲轴转角与时间的对应关系。

例如，当发动机工作在 2000r/min 转速时，曲轴位置传感器输入控制单元 ECU 的信号为 116000 个凸齿信号（2000×58＝116000 个高电平信号）、114000 个小齿缺信号（2000×57＝114000 个低电平信号）和 2000 个大齿缺信号（2000×1＝2000 个低电平信号）。曲轴每转一圈所占的时间为：60000/2000＝30ms，58 个凸齿和 57 个齿缺所占的时间为：30/120×(58＋57)＝28.75ms，一个大齿缺相当于 5 个凸齿或小齿缺，所占的时间为：30/120×5＝1.25ms，每个凸齿信号或小齿缺信号所占时间为：28.75/115＝0.25ms，因为一个凸齿或一个小齿缺信号所占曲轴转角为 3°，所以每 1°曲轴转角所占时间为：0.25×1°/3°≈0.083ms。设大齿缺信号后第一个凸齿信号对应于上止点前 60°（相当于提前 0.083×60≈5.0ms），1 缸点火提前角为上止点前 20°（相当于提前 0.083×20≈1.67ms），那么控制单元 ECU 接收到 1 缸上止点前的基准信号（大齿缺信号）后 3.33ms（5.0－ 1.67＝3.33ms）时刻，向点火控制器发出指令，切断初级绕组电流，使次级绕组产生高压电，在火花塞电极之间跳火点燃可燃混合气，从而实现提前 20°点火。

（3）磁感应式曲轴位置传感器的检修。

①信号及线路检测。首先用交流电压表 2V 挡测量其输出电压，起动时电压应高于 0.1V，运转时电压应为 0.4V～0.8V；也可用起子接近和离开传感器探头，测量信号电压。其次用频率表测量其工作频率。然后用示波器检测其输出信号的波形。最后，如果在传感器上能检测到电压信号，而在 ECU 连接器上检测不到信号，则应检查传感器至 ECU 之间的导线及插头。

②内部电路检测。检测线圈电阻，其阻值为 150Ω～1000Ω。

③机械部分检测。检查磁性、脏物及气隙大小，气隙为 0.2mm～0.4mm。

3. 霍尔式曲轴位置传感器的结构与检修

（1）霍尔式曲轴位置传感器的结构。切诺基吉普车 2.5L（四缸）、4.0L（六缸）电控燃油喷射式发动机采用了差动霍尔式曲轴位置传感器，它安装在变速器壳体上。该传感器向计算机提供发动机转速与曲轴位置（转角）信号，作为计算喷油时间和点火时刻的重要依据之一。

2.5L 四缸电控发动机的飞轮上制有 8 个凹槽，如图 2-55a 所示。8 个凹槽分成两组，每 4 个槽为一组，相邻两组之间间隔角度为 120°，同一组中相邻两个凹槽之间间隔角度也为 20°。

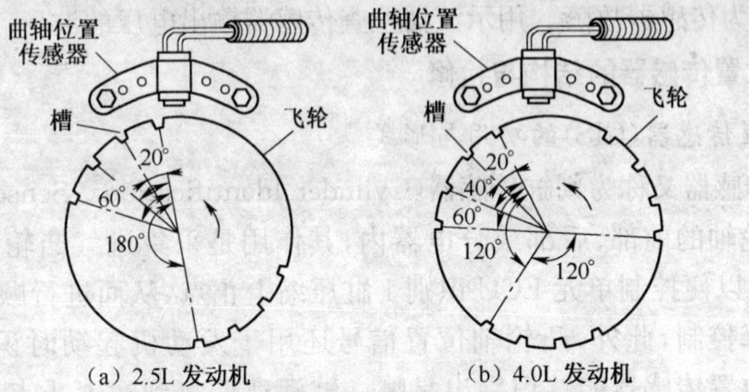

（a）2.5L 发动机　（b）4.0L 发动机

图 2-55　切诺基吉普车曲轴位置传感器的结构

4.0L 六缸电控发动机的飞轮上制有 12 凹槽，如图 2-55b 所示。12 个凹槽分成三组，每 4 个槽为一组，相邻两组之间间隔角度为 120°，同一组中相邻两个凹槽之间间隔角度也为 20°。

(2)霍尔式曲轴位置传感器的工作原理。发动机飞轮相当于传感器的信号转子。根据差动霍尔式传感器的工作原理可知，当发动机飞轮上的凹槽转过霍尔传感器头部时，凹槽与磁头之间的气隙就会发生变化，在传感器的信号电路中就会产生霍尔电压。传感器输出的信号电压高电平为5V，低电平为0.3V。

①曲轴转速的检测。飞轮上的每一组槽转过霍尔传感器头部时，传感器信号电路中就会产生一组共4个脉冲信号。其中，四缸发动机每转一圈产生两组共8个脉冲信号，六缸发动机每转一圈产生三组共12个脉冲信号。对于四缸发动机，计算机每接收到8个信号，即可知道曲轴旋转了一圈，再根据接收8个信号所占用的时间，就可计算出曲轴转速。对于六缸发动机，计算机每接收到12个信号，即可知道曲轴旋转了一圈，再根据接收12个信号所占用的时间，就可计算出曲轴转速。

②曲轴转角的检测。电子控制系统控制喷油和点火时，都有一定的提前角，因此需要知道活塞接近上止点的位置。切诺基吉普车在每组信号输入计算机时，可以知道有两个气缸的活塞即将到达上止点位置。例如：在四缸发动机控制系统中，利用一组信号，计算机可知1、4缸活塞接近上止点，利用另一组信号，可知2、3缸活塞接近上止点。在六缸发动机控制系统中，利用一组信号，可知1与6缸、2与5缸、3与4缸活塞接近上止点。由于第4个槽产生的脉冲下降沿对应于活塞上止点前4°(4°BTDC)，因此第1个槽产生的脉冲信号下降沿对应于上止点前64°(64°BTDC)。当1、4缸对应的第1个脉冲下降沿到来时，计算机即可知道此时1、4缸活塞位于上止点前64°，从而便可控制喷油提前角和点火提前角。但是，仅有曲轴转角信号，计算机还不能确定是哪一缸位于压缩冲程，哪一缸位于排气冲程，为此还需要一个气缸判别信号，即需要一只凸轮轴位置传感器。

(3)霍尔式曲轴位置传感器的检修。

①电源、线路及机械部分检查。拔下传感器插头，打开点火开关，检查插头上电源端子与搭铁之间的电压，应为8V、12V或5V(视车型而异)。若无电压，则应检查传感器至ECU之间的线路及ECU上相应端子的电压。若ECU相应端子有电压，则为传感器至ECU之间线路断路，否则为ECU故障。另外，还需检查磁性、气隙等。

②信号检测。插回传感器插头，起动发动机，测量传感器输出端子信号电压，其值应为3～6V。若有异常，则为传感器故障。用示波器检查传感器输出电压的波形。

(六)凸轮轴位置传感器的结构与检修

1. 凸轮轴位置传感器(CIS)的功用与形式

凸轮轴位置传感器又称为判缸传感器(Cylinder Identification Sensor，CIS)，凸轮轴位置传感器安装在凸轮轴的前部、后部或分电器内，其作用是采集进气凸轮轴的位置信号，并输入控制单元ECU，以便控制单元ECU识别1缸压缩上止点，从而进行顺序喷油控制、点火时刻控制和爆燃选择控制，此外，凸轮轴位置信号还用于发动机起动时识别出第一次点火时刻。因为凸轮轴位置传感器能够识别出是哪一缸活塞即将到达上止点，所以称其为判缸传感器。

凸轮轴与曲轴位置传感器的结构原理完全相同，检测方式也相同。由于它们的作用不尽相同，一般来说，有了曲轴位置传感器还应装有凸轮轴位置传感器；相反有了凸轮轴位置传感器可以不装曲轴位置传感器。

2. 光电式凸轮轴位置传感器的结构与检修

(1)光电式凸轮轴位置传感器的结构和工作原理。日产公司和现代 SONATA 汽车上采用了光电式凸轮轴位置传感器。日产公司光电式凸轮轴位置传感器设置在分电器内，它由信号发生器和带缝隙光孔的信号盘组成，如图 2-56 所示。

信号盘安装在分电器轴上，其外围有 360 条缝隙，每条缝隙产生 1°凸轮轴转角信号，外围稍靠内侧分布着 6 个光孔(间隔 60°)，产生 120°信号，其中有一个较宽的光孔是产生对应第 1 缸上止点的 120°信号的，如图 2-57 所示。

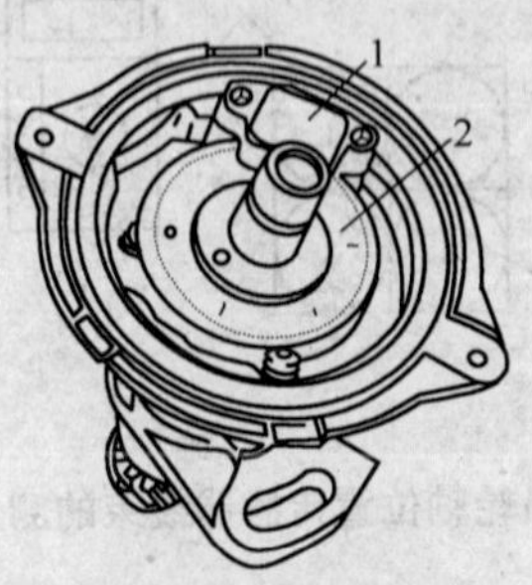

图 2-56　光电式凸轮轴位置传感器

1. 曲轴转角传感器　2. 信号盘

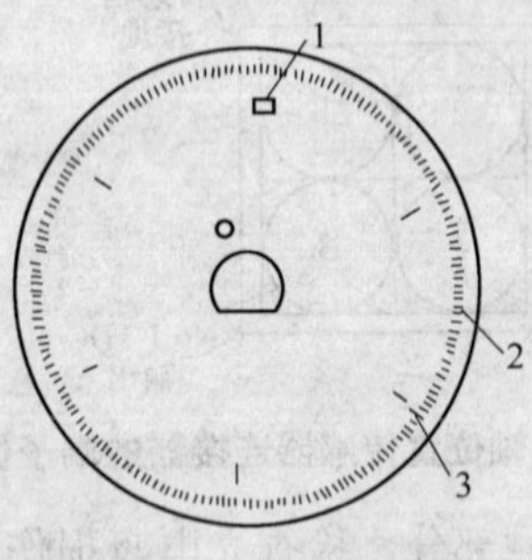

图 2-57　信号盘的结构

1. 120°信号孔(第 1 缸)　2. 1°信号缝隙　3. 120°信号孔

信号发生器安装在分电器壳体上，主要由两只发光二极管、两只光敏二极管和电子电路组成，如图 2-58 所示。两只发光二极管分别正对着光敏二极管，发光二极管以光敏二极管为照射目标。信号盘位于发光二极管和光敏二极管之间，当信号盘随发动机凸轮轴运转时，因信号盘上有光孔，产生透光和遮光的交替变化，造成信号发生器输出表示凸轮轴位置和转角的脉冲信号。如图 2-59 所示为光电式信号发生器的作用原理。

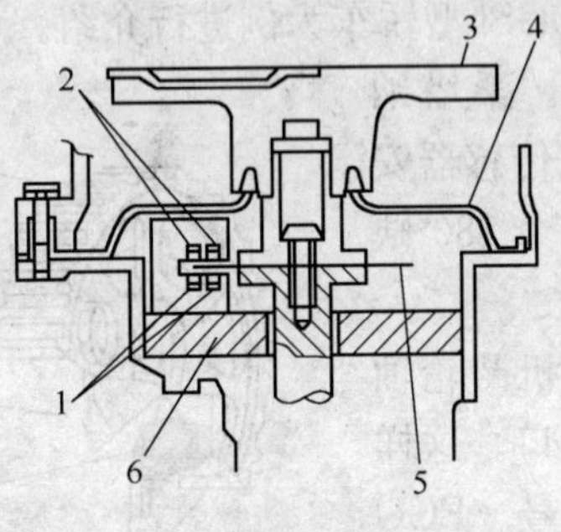

图 2-58　信号发生器的布置

1. 光敏二极管　2. 发光二极管　3. 分火头
4. 密封圈　5. 转盘　6. 电子电路

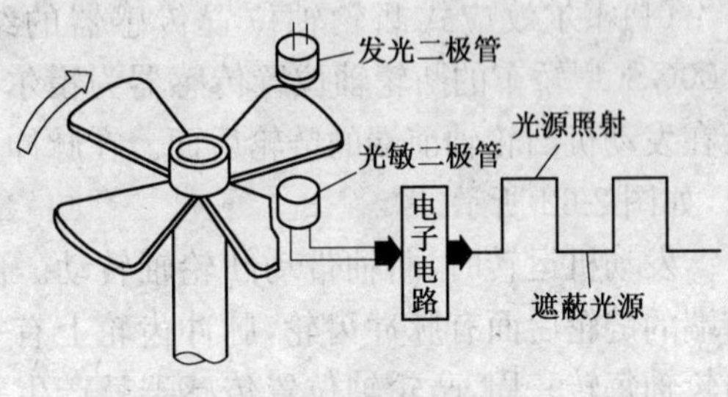

图 2-59　光电式信号发生器作用原理

当发光二极管的光束照射到光敏二极管上时，光敏二极管感光而导通；当发光二极管的光束被遮挡时，光敏二极管截止。信号发生器输出的脉冲电压信号经过电子电路放大整形后，即向电控单元输送曲轴转角 1°信号和 120°信号。因信号发生器安装位置的关系，120°信号在活塞上止点前 70°输出。发动机曲轴每转 2 圈，分电器轴转 1 圈，则 1°信号发生器输出 360 个脉冲，每个脉冲周期高电位对应 1°，低电位亦对应 1°，共表征曲轴转角 720°。与此同时，120°信号发生器共产生 6 个脉冲信号。

(2)光电式凸轮轴位置传感器的检修。

① 检查凸轮轴位置传感器的线路。图 2-60 所示为韩国现代 SONATA 汽车光电式凸轮轴位置传感器连接器(插头)的端子位置。检查时,脱开凸轮轴位置传感器的导线连接器,把点火开关置于“ON”位置,用万用表的电压挡测量线束侧 4 号端子与地间的电压应为 12V,线束侧 2 号端子和 3 号端子与地间的电压应为 4.8V~5.2V,用万用表的电阻挡测量线束侧 1 号端子与地间电阻应为 0Ω(导通),如图 2-61 所示。

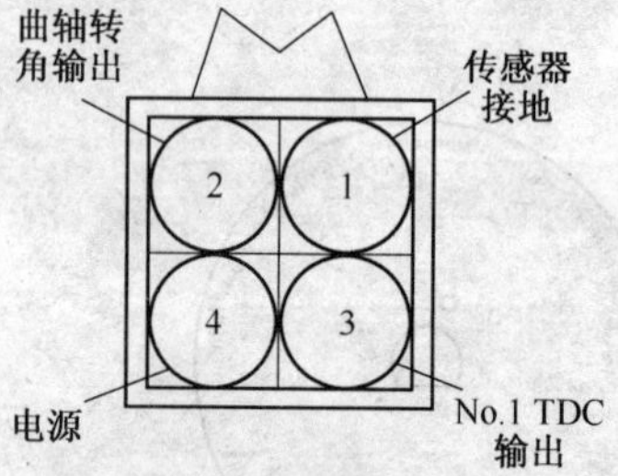

图 2-60 凸轮轴位置传感器连接器的端子位置

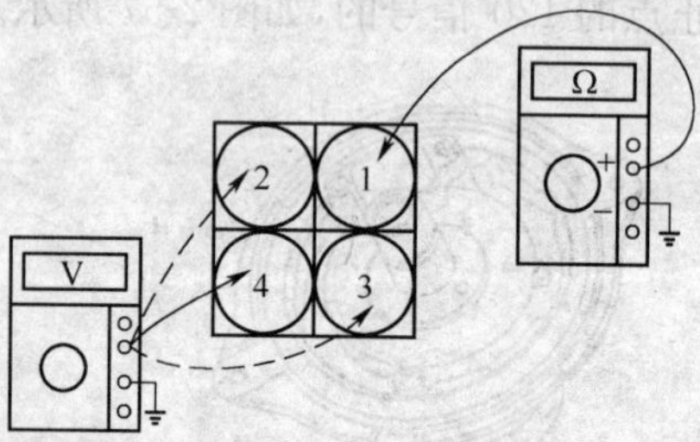

图 2-61 凸轮轴位置传感器线束的测量

②检查机械部分。检查光电盘损伤及表面情况。

③检测光电式凸轮轴位置传感器输出信号。用万用表电压挡接在传感器侧 3 号端子和 1 号端子上,在起动发动机时,电压应为 0.2V~1.2V。在起动发动机后的怠速运转周期,用万用表电压挡检测 2 号端子和 1 号端子之间的电压,其值应为 1.8V~2.5V。否则,应更换凸轮轴位置传感器。

3. 霍尔效应式凸轮轴位置传感器的结构与检修

霍尔效应凸轮轴位置传感器一般安装在凸轮轴前端,也有的安装在分电器内或凸轮轴后端。凸轮轴位置传感器的作用是将凸轮轴的位置信号传送给发动机 ECU,ECU 经过处理后,控制电动喷油器的初始喷油及点火时刻。以桑塔纳 2000GSi 型轿车为例进行介绍。

(1)霍尔效应式凸轮轴位置传感器的结构与原理。桑塔纳 2000GSi 型轿车的凸轮轴位置传感器为霍尔传感器。该传感器安装在发动机凸轮轴前端的链轮后面。在脉冲齿轮上有一个 180°缺口,如图 2-62 所示。

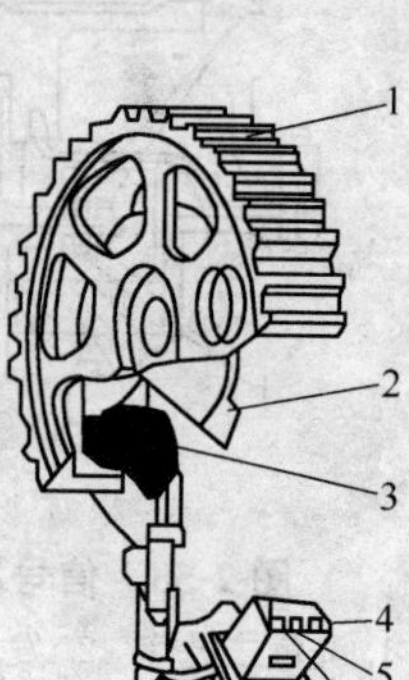

图 2-62 凸轮轴位置传感器

1. 凸轮轴同步带轮 2. 霍尔传感器转子 3. 霍尔传感器 4. 端子 1 5. 端子 2 6. 端子 3

发动机运转时,曲轴带动凸轮轴转动。由于在发动机凸轮轴前端的链轮后面有脉冲齿轮,脉冲齿轮上有一个 180°缺口。这样凸轮轴每转一周,凸轮轴位置传感器就产生一个脉冲信号。ECU 据此判断发动机是否处于一缸压缩上止点。从而控制电动喷油器按顺序喷油并防止发动机产生爆燃。

(2)霍尔效应式凸轮轴位置传感器的检测。

①电源电压的检测。拔下凸轮轴位置传感器的插头,打开点火开关,用万用表电压挡检测插头端子 1 和发动机搭铁之间的电压应为 5V 左右。

②信号电压的检测。从凸轮轴位置传感器后面将二极管电笔接到端子 1 和端子 2 之间,短暂起动发动机,曲轴每转 2 周,二极

管电笔应短暂闪亮1次。

（七）温度传感器的结构与检修

温度传感器包括水温传感器、进气温度传感器、燃油温度传感器、排气温度传感器等。它有热敏电阻式、半导体晶体管式、扩散电阻式、热电偶式等多种形式。不过在汽车上广泛采用的是热敏电阻式。

1. 温度传感器的结构及工作原理

（1）水温传感器的结构及工作原理（OTS、ECT）。水温传感器用于检测发动机冷却水的温度，其结构如图2-63所示。通常采用热敏电阻检测水温。

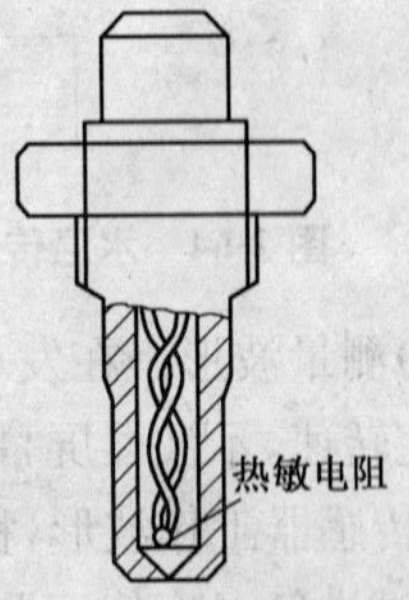

图2-63　热敏电阻式水温传感器

传感器安装在发动机冷却水通路上，水温的变化将引起电阻值的变化，水温升高，电阻值下降。ECU中的电阻与水温传感器的热敏电阻串联，热敏电阻的阻值发生变化时，所得THW处的分压值随之改变。水温低时，燃油蒸发性比较差，应供给浓的混合气。由于水温低，热敏电阻阻值大，ECU检测到的THW处的分压值就高。根据该信号，ECU增加燃油喷射量，使发动机的冷机运转性能得以改善。水温高时，发动机已经达到了正常工作温度，混合气形成条件比较好，可用较稀混合气，要求少喷油。这时，由于热敏电阻阻值随水温上升而降低，则ECU检测到了相应的小分压值，并依此信号减少喷油量。

（2）进气温度传感器结构及工作原理（ATS、IAT）。进气温度传感器的结构与工作原理与水温传感器相同，也是采用热敏电阻检测进气的温度。无论D型EFI系统，还是采用叶片式空气流量传感器或卡门旋涡式空气流量传感器的L型EFI系统中，均应考虑空气密度对实际进气量的影响。空气密度是随空气的温度和压力的变化而变化的。进气温度传感器的作用就是检测进气温度，并将检测结果送给ECU，以便根据温度变化进行喷油量修正，获得最佳空燃比。

D型EFI系统中进气温度传感器安装在空气滤清器壳体内或进气总管内。L型EFI系统中的进气温度传感器装在空气流量传感器内或者进气总管内。

2. 温度传感器的检修

水温传感器、进气温度传感器的线路检修及其与ECU的连接如图2-64、图2-65所示。两者的检测方法相同。

（1）检测线路及信号。

①拔下传感器插头，打开点火开关，测量插头上THW、THA端子与E_2之间的电压，其值应为5V。若无电压，则应检查ECU连接器上THW、THA端子与E_2间的电压，若电压值为5V，则说明ECU与传感器之间的线路发生故障，否则为ECU故障。

②插回插头，起动发动机，测量传感器THA、THW端子与E_2之间在不同温度下的电压，其值应该在0.5V～4V之间变化，温度越低电压越高，温度越高电压越低。

（2）检测内部电路。拆下传感器，测量传感器THW、THA端子与E_2端子间在不同温度下的电阻值，应符合其特性曲线相应温度下的电阻值（查相关手册），否则应更换传感器。

（3）检查机械部分。检查传感器表面有无水垢、脏物等。

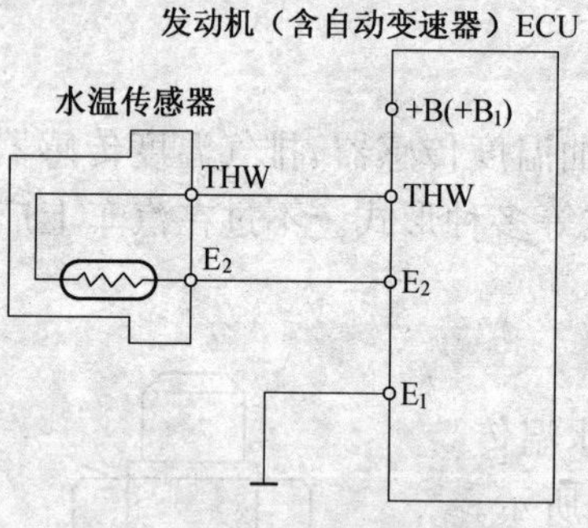

图 2-64 水温传感器电路图

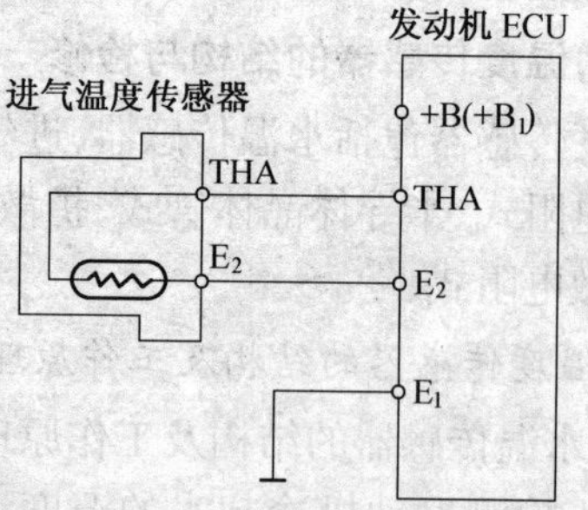

图 2-65 进气温度传感器电路图

(4)测量波形。在发动机完全冷态的情况下进行测试。起动发动机加速至 2500r/min 转速，稳定转速，示波器屏幕上的波形从左端开始到右端结束。示波器上时间轴每格 5s，每次记录 50s 传感器工作波形，稳定后将屏幕上的波形定住，停止测试。

测试进气温度传感器的另一种方法是：在进气管上喷洒清洗剂或水，测试进气温度传感器电压的变化。在测试时接通点火开关，不起动发动机，传感器电压波形应上升。

通常传感器的电压值应该在 3V～5V(完全冷车状态)之间，并在汽车全部运行温度范围内电压下降 1V～2V，这个直流信号的判定关键是电压幅度，且在各种不同温度下传感器应有不同的电压信号。

当进气温度传感器电路断开时，将出现电压向上直到参考电压值的峰尖(5V)；当进气温度传感器电路对地发生短路时，将出现电压向下直到接地电压值的峰尖(0V)。

(八)氧传感器的结构与检修

氧传感器是排气氧传感器(ExhaustgasOxygen Sensor，EGO)的简称，其作用是通过检测排气中氧离子的含量来获得混合气的空燃比信号，并将该信号转变为电信号输入 ECU。ECU 根据氧传感器的信号，对喷油时间进行修正，实现空燃比反馈控制(闭环控制)。利用氧传感器对混合气的空燃比进行闭环控制后，能将过量空气系数控制在 0.98～1.02 之间的范围内(空燃比 A/F 约为 14.7)，使发动机能够得到最佳浓度的混合气，从而降低有害气体的排放量。

汽车目前采用的氧传感器有氧化钛(TiO_2)式和氧化锆(ZrO_2)式两种。根据是否加热，又可分为加热型氧传感器与非加热型氧传感器两种。

1. 氧化钛式氧传感器的结构与原理

(1)氧化钛式氧传感器的结构。氧化钛式氧传感器的外形与氧化锆式氧传感器相似，但其体积稍小。捷达 GT、GTX，桑塔纳 2000GLi、2000GSi 型小轿车采用的氧化钛式氧传感器外形如图 2-66 所示。

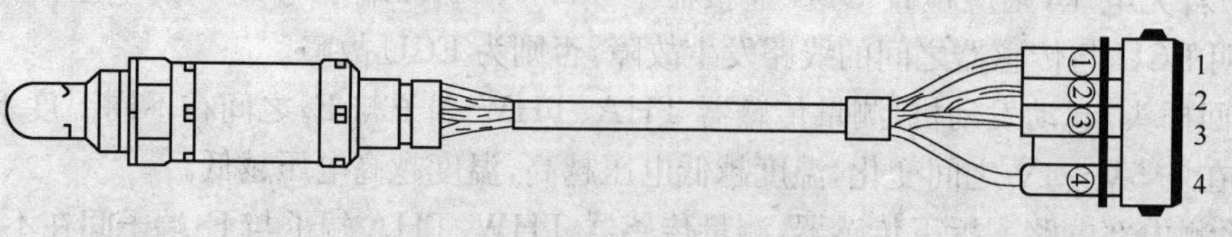

图 2-66 氧化钛式氧传感器外形

1. 加热元件正极(白色导线) 2. 加热元件负极(白色导线)
3. 氧传感器信号负极(黑色导线) 4. 氧传感器信号正极(灰色导线)

氧传感器安装在排气总管上。桑塔纳2000GLi、2000GSi型轿车的氧传感器安装在距离排气支管约1m左右的排气管上；捷达GT、GTX型轿车的氧传感器安装在排气谐振腔上。

氧传感器的内部结构如图2-67所示，它主要由二氧化钛管、钢质壳体、加热元件和接线端子等组成。

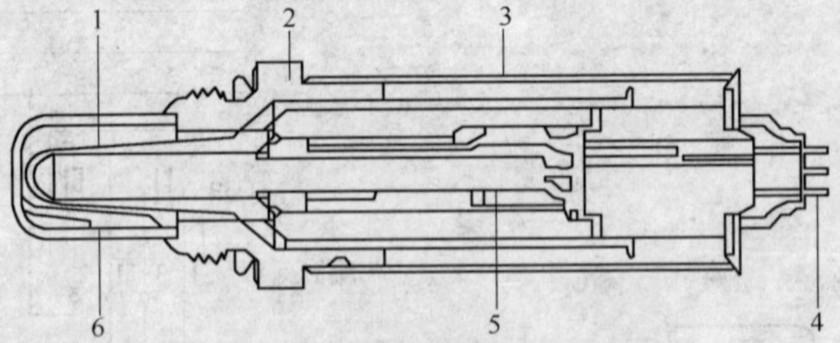

图2-67　氧传感器的内部结构

1. 二氧化钛管　2. 钢质壳体　3. 护套　4. 接线端子　5. 加热元件　6. 传感器护管

二氧化钛是一种N型半导体材料，其阻值取决于周围环境中氧离子浓度的大小，将其制作成管状，以便排气中的氧离子能够均匀扩散与渗透。纯净的二氧化钛材料在常温下呈现高阻状态，但一旦表面缺氧，其晶格就会出现缺陷，阻值随之减小。钛管的内表面与氧离子浓度较高的大气相通，外表面与氧离子浓度较低的排气相通。在钛管的内、外表面上覆盖一层铂金，并各引出一个电极，作为传感器的信号正极与信号负极。

外表面的铂金还有催化作用，当混合气偏浓时，由于燃烧不完全，排气中会剩余一定的氧气，铂金可使剩余氧离子与排气中的一氧化碳产生化学反应，生成二氧化碳，将排气中的氧离子进一步消耗掉，从而提高传感器的灵敏度。钢质壳体上制有螺纹，以便于传感器安装，由于氧化钛式氧传感器必须满足以下三个条件才能正常调节混合气浓度，因此将其安装在温度较高的排气管上。同时，为使氧化钛式氧传感器迅速达到工作温度（300℃）而投入工作，它采用加热元件对二氧化钛进行加热。加热元件采用热敏电阻，其上绕有钨丝并引出两个电极直接与汽车电源相连。其工作条件为：发动机温度高于60℃、氧传感器温度高于300℃、发动机工作在怠速工况和部分负荷工况。

（2）氧化钛式氧传感器的工作原理。由于二氧化钛半导体材料的电阻具有随排气中氧离子浓度的变化而变化的特性，因此氧化钛式氧传感器的信号源相当于一个可变电阻。当发动机的可燃混合气浓度较浓（空燃比小于14.7）时，排气中氧离子含量较小，氧化钛管外表面氧离子很少或没有氧离子，二氧化钛呈现低阻状态，如图2-68所示。当发动机混合气浓度较稀（空燃比大于14.7）时，排气中氧离子含量较多，氧化钛和外表面的氧离子浓度较大，二氧化钛呈现高阻状态。由此可见，氧化钛式氧传感器的电阻将在混合气空燃比A/F约为14.7（过量空气系数约为1）时产生突变。

（3）氧化钛式氧传感器的工作电路。桑塔纳2000GLi型轿车氧传感器工作电路如图2-69所示，氧传感器负极信号线与ECU插座28端子连接，ECU内部连接一只电阻；传感器正极信号线与ECU 10端子连接，ECU内部提供一个恒压源。

电阻通电产生热量对二氧化钛进行加热，使其迅速达到工作温度。与此同时，计算机ECU中的恒压源向氧传感器供给一个恒定电压。当混合气浓度偏浓时，氧传感器电阻小，经氧传感器与ECU内部电阻分压后，ECU将接收到一个高电平（约0.9V）；当混合气浓度偏稀时，氧传感器电阻大，经氧传感器与ECU内部电阻分压后，ECU将接收到一个低电平（约0.1V）。当氧传感器工作正常时，输出电压在高电平（0.9V）与低电平（0.1V）之间变动的频率，每分钟至少10次。由此可见，氧传感器相当于一个浓稀开关，根据混合气空燃比的变化，向计算机ECU输送高电平或低电平信号，因此又称为燃油空气混合比例传感器。

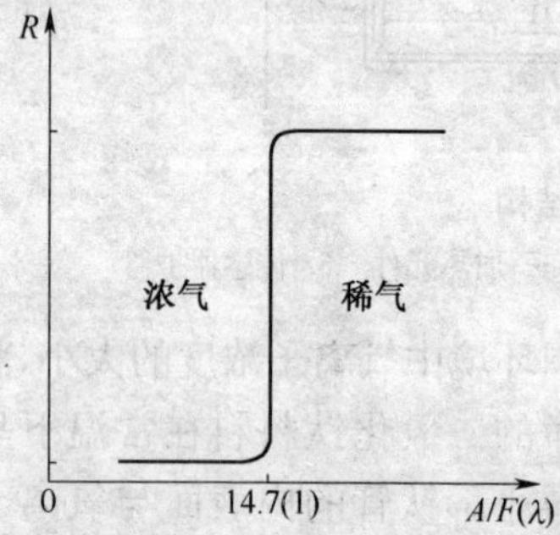

图 2-68 氧化钛式氧传感器输出特性

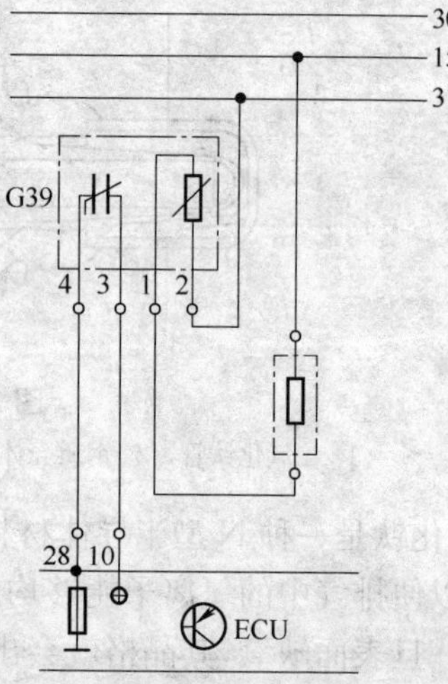

图 2-69 氧化钛式氧传感器工作电路

2. 氧化锆式氧传感器的结构与原理

（1）氧化锆式氧传感器的结构。氧化锆式氧传感器的结构如图2-70所示，主要由钢质护管、二氧化锆制成的陶瓷管（锆管）、电极引线等组成。

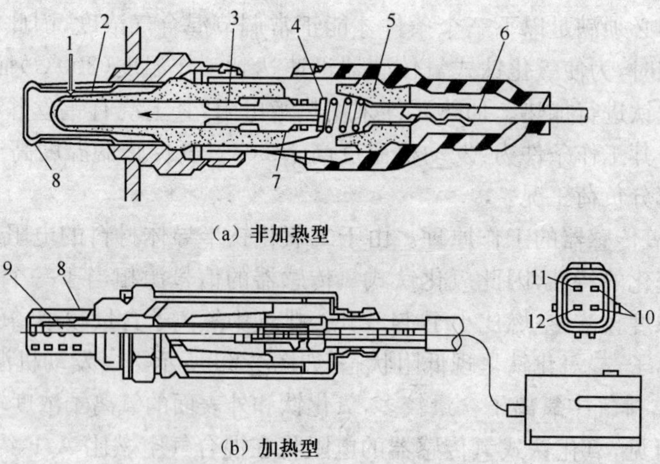

图 2-70 氧化锆式氧传感器的结构

1. 排气 2. 锆管 3. 电极 4. 弹簧 5. 绝缘体 6. 电极引线 7. 大气
8. 钢质护管 9. 加热元件 10. 加热元件引线端子 11、12. 信号输出引线端子

二氧化锆（ZrO_2）是一种固体电解质，将其制作成试管形的陶瓷管，以便排气中的氧离子能够均匀扩散与渗透。氧化锆陶瓷管称为锆管，锆管内外表面都喷涂有一层铂膜作为电极，并与传感器信号输出引线相连接。锆管内表面通大气，外表面通排气。为了防止发动机排出的废气对铂膜产生腐蚀，在锆管外表面的铂膜上还喷涂有一层氧化锆陶瓷粉末（白色）作为保护膜。

氧化锆陶瓷的强度很低，而且安装在排气管上承受排气压力的冲击。为了防止锆管受排气压力冲击而造成陶瓷管破碎，因此将锆管封于钢质护管内。钢质护管上制有螺纹、六角螺边和若干个小孔，螺纹用于安装传感器，六角螺边用于拆卸传感器，小孔利于排气流通，以便排气时能与锆管接触。

(2)氧化锆式氧传感器的工作原理。二氧化锆固体电解质属于多孔性材料，氧离子在其内部能够扩散和渗透。当氧离子在锆管中扩散时，锆管内外表面之间的电位差将随氧离子浓度差的变化而变化，因此，锆管相当于一个微电池，如图 2-71 所示，传感器的信号源相当于一个可变电源。

当供给发动机的可燃混合气很浓(空燃比小于 14.7)时，排气中氧离子含量较少。此外，排气中尚未完全燃烧的碳氢化合物和一氧化碳等成分，在锆管外表面催化剂铂的催化作用下，将与氧离子发生反应，生成无害的水和二氧化碳，这将使锆管外表面的氧离子浓度进一步降低，由于锆管内表面与大气相通，锆管内外表面的氧离子浓度差较大，锆管两个铂膜电极之间的电位差较高，约为 0.9V，如图 2-72 所示。

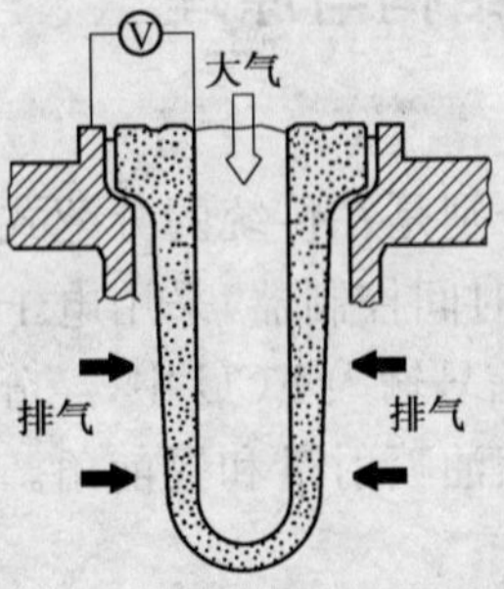

图 2-71 氧化锆式氧传感器工作原理

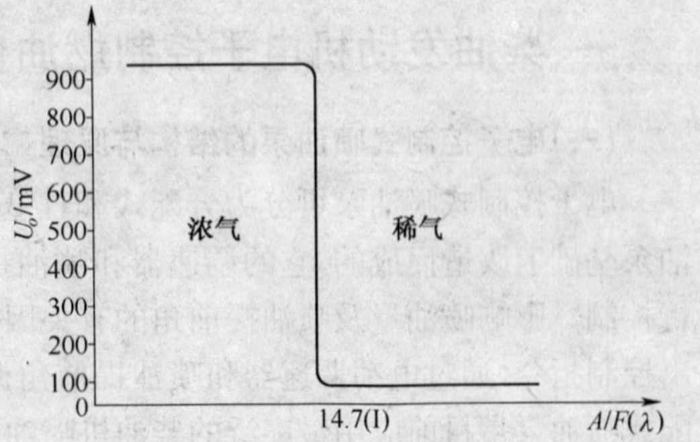

图 2-72 氧化锆式氧传感器输出特性

当供给发动机的可燃混合气浓度较稀时，由于排气中氧离子含量较高，锆管外表面上氧离子浓度较大，因此锆管内外表面之间的氧离子浓度差较小，锆管两个铂膜电极之间的电位差较低，约为 0.1V。

由此可见，氧化锆式氧传感器的输出电压将在混合气空燃比 A/F 约为 14.7(过量空气系数约为 1)时产生突变。当混合气浓度偏浓时，由于燃烧不完全，排气中会剩余一定的氧气，催化剂铂使剩余氧离子与排气中的一氧化碳和碳氢化合物产生化学反应生成二氧化碳和水，将排气中的氧离子进一步消耗掉，还能提高氧传感器的灵敏度。

由于氧化锆式氧传感器必须满足：发动机温度高于 60℃、氧传感器温度高于 600℃、发动机工作在怠速工况和部分负荷工况等三个条件，才能正常调节混合气浓度，因此将其安装在温度较高的排气管上。同时，为了使传感器迅速到达工作温度(600℃)而投入工作，必须采用加热元件对锆管进行加热。加热元件采用热敏电阻，其上绕有钨丝并引出两个电极直接与汽车电源(12V～14V)相通。

3. 氧传感器的检修

含铅汽油中的铅离子以及汽油和润滑油硫化产生的硅酮，都可附着在铂金的表面而使氧传感器元件失效。铅离子附着在氧传感器表面导致氧传感器失效的现象称为铅中毒，硅酮附着在氧传感器表面导致氧传感器失效的现象称为硅中毒。汽油燃烧后生成的碳，虽然也能附着在氧传感器表面，但当发动机转速升高到 2000r/min～3000r/min 并运转几分钟后，就能排除。

虽然氧化钛式氧传感器具有耐铅中毒的能力，但是硅酮仍会导致二氧化钛元件失效，因此每当汽车行驶一定里程(一般为80000km),应当更换氧传感器。更换氧传感器时,一定要用专用防黏胶液刷涂氧传感器安装螺纹,否则下次检修时很难拆下。刷涂防黏胶液,切勿涂到氧传感器的透气孔中。

检修氧传感器,主要是检查加热元件和信号电压的变化频率是否正常。检测氧传感器信号电压变化的频率时,其值应不低于每分钟10次。

第三节 柴油发动机电子控制燃油供给系统的结构与检修

柴油发动机电子控制燃油供给系统与汽油机电子控制燃油喷射系统有许多相似之处,系统都由传感器、电子控制单元和执行器三大部分组成。在电子控制柴油机上所用的传感器中,如转速、压力、温度等传感器以及油门踏板传感器等,与汽油机电子控制系统都是一样的,电子控制单元在硬件和软件方面也很相似。

一、柴油发动机电子控制燃油供给系统的结构与原理

(一)电子控制式喷油泵的结构与原理

电子控制式喷油泵可分为分配式和柱塞式两种形式,分别是在传统的分配式和柱塞式喷油泵基础上改造而成的,它的调速器和喷油提前角调节器(时间控制器)采用电子控制系统进行控制。影响喷油量及喷油提前角的有关因素通过传感器信号输入ECU中,经分析处理后输出控制指令,通过电动调速器和喷油提前角调节器来控制燃油喷射量和提前角。电子控制分配式喷油泵是目前应用最广泛的柴油机喷油泵。

1. 电子控制分配式喷油泵的结构与工作原理

(1)位置控制型分配式喷油泵的结构与工作原理。

①位置控制型分配式喷油泵的组成。位置控制型电子控制分配式喷油泵的典型组成如图2-73所示。

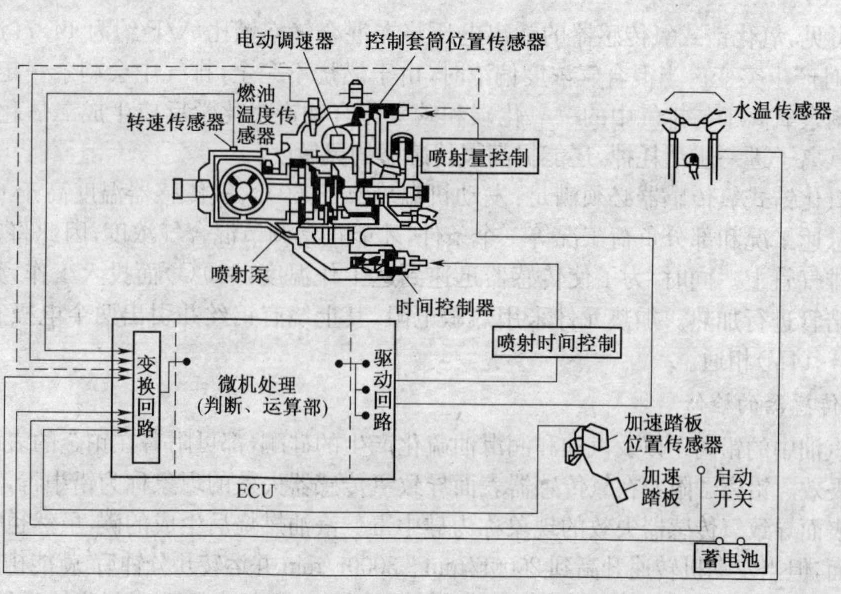

图2-73 位置控制型电子控制分配式喷油泵的组成

②位置控制型分配式喷油泵的结构与工作原理。电子控制分配式喷油泵的工作原理如图2-74所示。

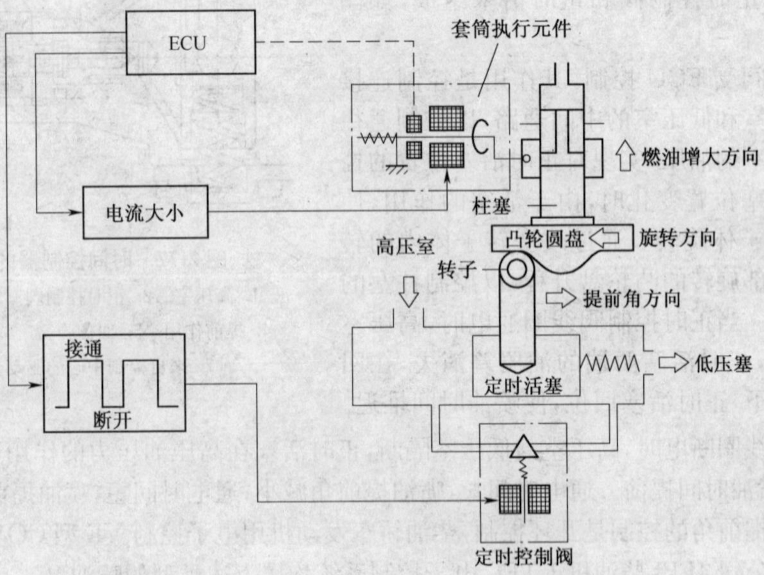

图 2-74　电子控制分配式喷油泵的工作原理

a. 喷油量的控制。喷油量的控制是通过改变ECU控制电动调速器中控制套筒的位置来实现的。喷油量控制用的电动调速器由转子式电磁执行器和油量控制机构组成。转子式电磁执行器的构造及工作原理如图2-75、图2-76所示。控制喷油量的控制套筒执行元件和检测控制套筒位置的传感器部分位于如图2-75所示的同轴整体的机构中，其动作如图2-76所示。非对称磁极铁心上绕有线圈，ECU根据有关输入信号可通过改变占空比的方法(控制正时控制阀线圈通电时间的长短)控制喷油提前角，以控制流入线圈电流的大小，就能使转子在0°～60°范围内旋转。当转子旋转时，在转子轴的前端与轴心偏离的位置上装有滚珠，由于转子的旋转运动，套筒改变运动方向，转变为沿柱塞轴向的直线运动，压缩柱塞的有效行程发生变化，从而改变喷油量。在转子上端装有控制套筒位置传感器，用以向ECU反馈喷油量的变化情况。控制套筒位置传感器属于电涡流式角度传感器。

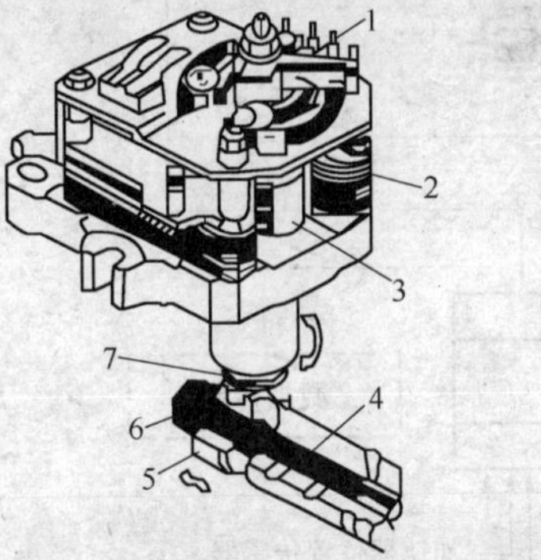

图 2-75　转子式电磁执行器的结构

1. 控制套筒位置传感器　2. 线圈　3. 转子　4. 柱塞　5. 控制套筒　6. 滚珠　7. 轴

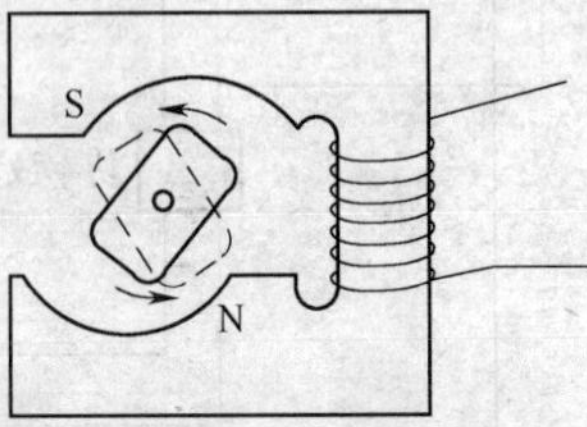

图 2-76　转子式电磁执行器的工作原理

b. 喷油提前角的控制。电子控制分配式喷油泵喷油提前角的控制由时间控制器(定时器)完成。时间控制器由正时控制阀和正时活塞组成，如图2-77所示。

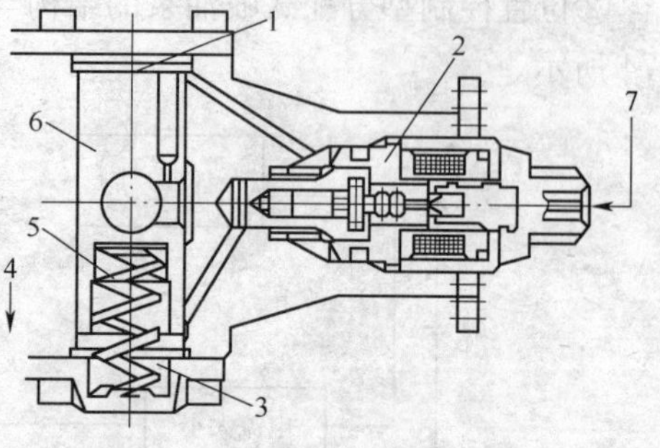

图 2-77 时间控制器的构造

1. 高压室 2. 正时控制阀 3. 低压室
4. 提前作用 5. 回位弹簧 6. 正时活塞
7. 来自控制中心的驱动信号

正时控制阀受 ECU 控制，其作用是控制连接正时活塞高压室和低压室的中间通路，以控制通往正时活塞高压室的油压，实现对正时活塞位置的控制。而正时活塞位置变化时，由于活塞的作用，使圆筒形状的转子体旋转。通过改变转子体内的转子以及转子上部旋转的凸轮盘升程，以控制柱塞的压送开始时间。当正时控制阀线圈通电时，高压室与低压室连通，正时活塞两端的油压差消失，在回位弹簧的作用下，正时活塞回位，使喷油时间推迟。当正时控制阀线圈断电时，高压室与低压室隔断，正时活塞在高压油压力的作用下压缩回位弹簧向下移动，喷油时间提前。通电时间长，喷油提前角减小；通电时间短，喷油提前角增大。

以上喷油提前角的控制是开环控制，柴油轿车发动机用电子控制 VE 型 COVEC-1 喷油泵及日本五十铃公司 4FBI 柴油机 I-TEC 电子控制系统均属上述类型的喷油泵。

如果利用溢油环位置传感器、定时器活塞位置传感器、喷油嘴针阀升程传感器、着火时间传感器进行控制，就构成了喷油量和喷油定时闭环控制，能进一步提高定时精度。日本电装公司 ECD-V1 就是这样的系统，该系统和上述系统部分结构类似，其结构如图 2-78 所示。

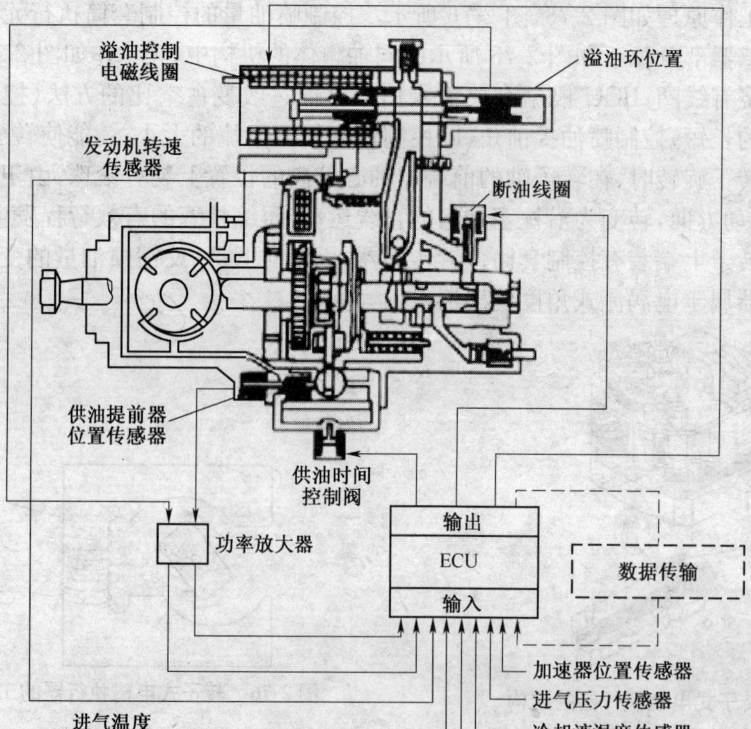

图 2-78 日本电装公司 ECD—V1 电子控制喷油系统结构

该系统保留了 VE 分配泵上控制喷油量的溢流环(也称滑套),取消了原来的机械调速机构,采用通过一个布置在泵上方的线性电磁铁操纵一根杠杆来控制溢油环位置的方式,从而实现对喷油量的控制,并以溢油环位置传感器(电感式传感器)作为反馈信号,实现闭环控制。喷油正时控制也保留了 VE 泵上原有的液压提前器,它用一个正时控制电磁阀(如图 2-79 所示)来控制液压提前活塞的高压室和低压室之间的压差。当电磁阀通电时,吸动铁心,高压室与低压室形成通路,两室之间压力差消失,在回位弹簧作用下,提前器活塞复位,带动滚轮架转动,形成喷油提前。同时系统中还设置了供油提前器活塞位置传感器,形成喷正时的闭环控制。

(2)时间控制型电子控制分配式喷油泵的结构与工作原理。日本电装公司 ECD-V3 是典型时间控制型电子控制分配式喷油泵。该系统与位置控制型电子控制分配式喷油泵相比,取消了原 VB 泵上的溢油环,在泵的泄油通路上设置了一个电磁溢流阀,如图 2-80 所示,其油量控制原理如图 2-81 所示。

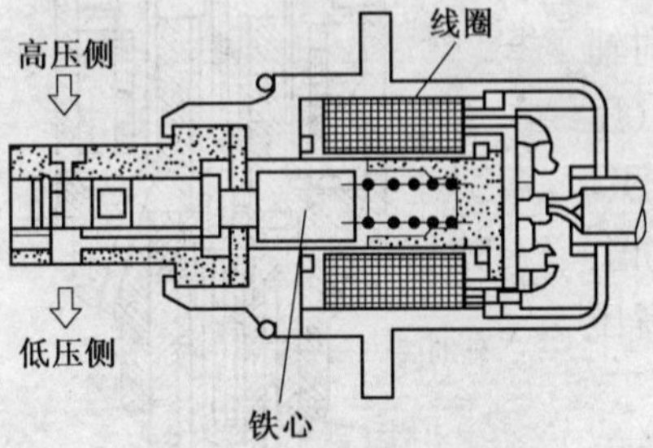

图 2-79　正时控制电磁阀

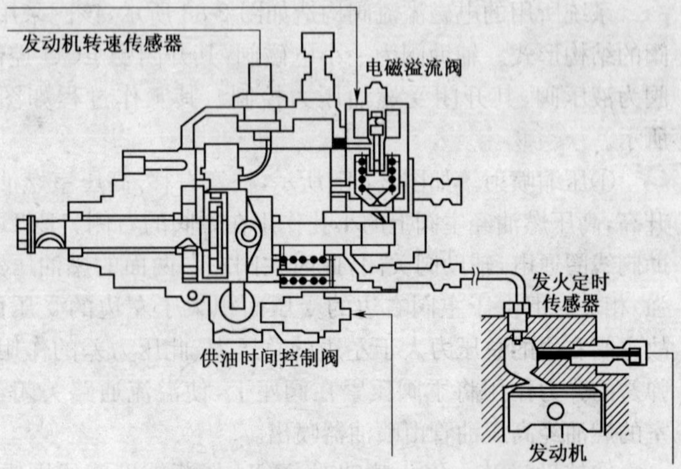

图 2-80　日本电装公司 ECD-V3 系统

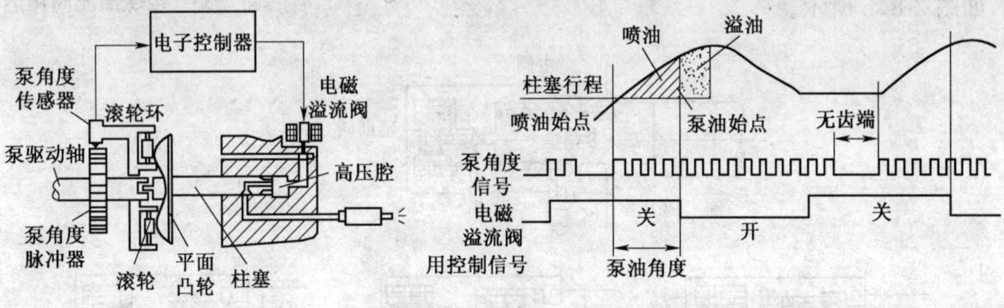

图 2-81　油量控制原理图

在柱塞泵油阶段,当电磁溢流阀断电时,电磁溢流阀打开,高压燃油立即卸压,停止喷油。喷油始点并不取决于电磁溢流阀关闭的时刻,而是取决于分配泵平面凸轮的行程始点,这与机械控制采用溢油环来改变喷油终点的控制油量方式一样。电磁溢流阀打开越晚,喷油量越多。平面凸轮行程始点如图 2-81 上所示的泵角度信号上的无齿段终点信号。泵角度传感器装在滚轮环上,这样即使喷油正时有变化,由于泵角度传感器随着滚轮环一起移动,泵油角度并不改变,泵油始点与无齿段终点相对位置也始终不变,其工作原理如图 2-82 所示。

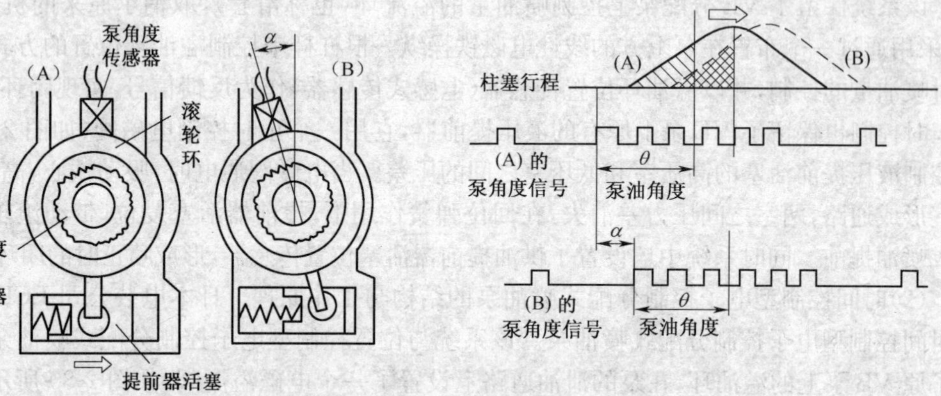

图 2-82　喷油正时变化时泵油角度与柱塞行程图

系统所用的电磁溢流阀构造如图 2-83 所示，该阀采用双重阀的结构形式。辅助阀为一小电磁阀，其开闭受 ECU 控制；主阀为液压阀，其开闭受燃油压力控制。其工作过程如图 2-84 所示。

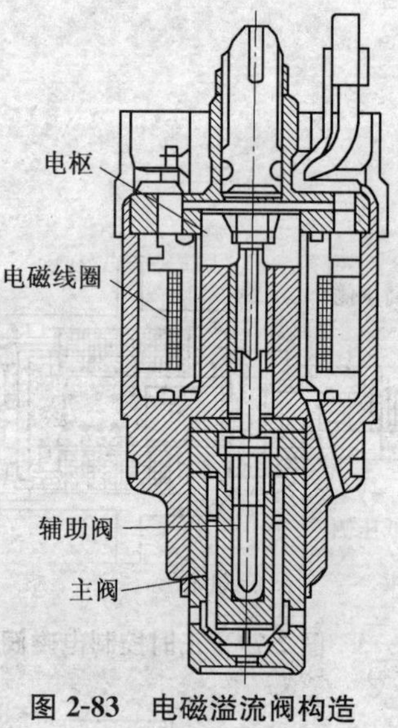

图 2-83　电磁溢流阀构造

①压缩喷射。如图 2-84a 所示，柱塞右移，高压室燃油压力升高，高压燃油经主阀上的小孔作用在主阀的右侧。ECU 向辅助阀线圈通电，辅助阀关闭，此时主阀左右两面的燃油压力（压强）相等。但由于主阀右边的受压面积大于左边的受压面积，故主阀右边的总压力大于左边的总压力，此压力差的作用加上弹簧的弹力作用将主阀压紧在阀座上，使溢流通路关闭，高压室的燃油经高压油管由喷油器喷出。

②辅助溢流。停止喷油时，ECU 切断辅助阀线圈中的电流，辅助阀打开，燃油从主阀右边流出，使主阀右边的油压迅速降低，如图 2-84b 所示。

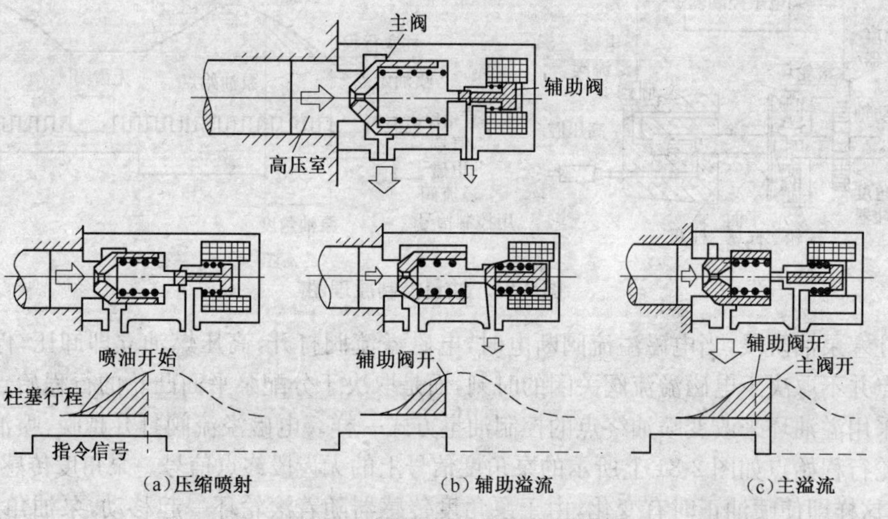

图 2-84　电磁溢流阀的工作过程

③主溢流。如图 2-84c 所示，一旦辅助阀打开将主阀右侧油压泄掉，主阀左侧高压油将主阀压开，高压室的燃油迅速流入低压室从而压力迅速降低，喷油器停止喷油。

此种双重阀的控制方式，由于辅助阀的质量及磁滞影响都很小，加上控制油腔的容积很小，故具有很高的响应速度。

喷油正时控制机构取消了提前器活塞位置传感器，反馈信号来自曲轴角度传感器的曲轴位置信号和泵角度传感器的无齿段信号间的相位差。同时 ECD-V3 还在气缸内设置一个燃烧始点光电传感器，如图 2-85 所示，它通过测定燃烧闪光产生的电信号，对喷油正时进行补偿调节。这样能消除柴油品质（十六烷值）、大气压力变化对柴油机性能的影响。

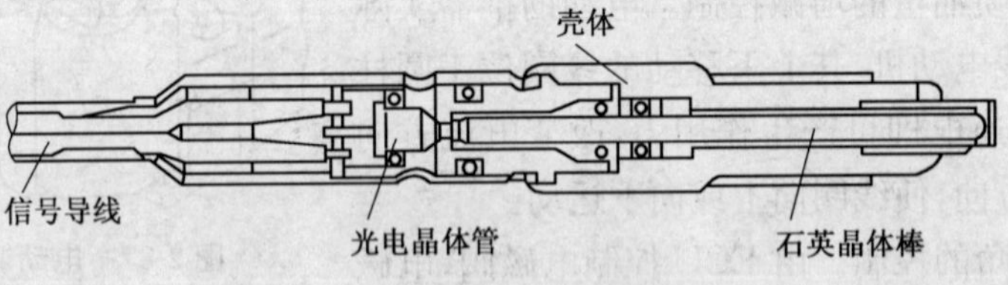

图 2-85　燃烧始点光电传感器

2. 电子控制柱塞式喷油泵

电子控制柱塞式喷油泵保留了原直列泵的凸轮柱塞泵油、齿圈齿条控制供油量的结构，只是将原来控制齿条运动（油量控制）的机械调速器改为电子调速器，用电子液压喷油提前器代替原来的机械喷油提前器，整个系统组成如图 2-86 所示。

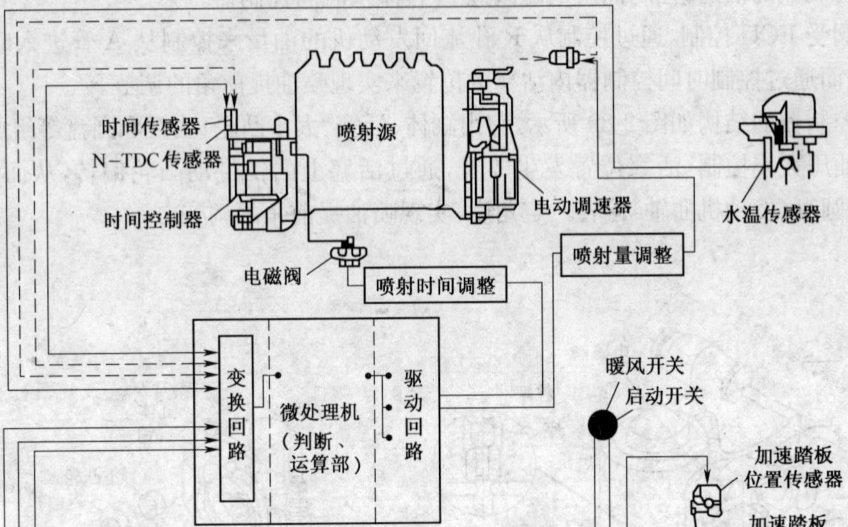

图 2-86　电子控制柱塞式喷油泵的系统组成

电子控制柱塞式喷油泵的输入信号包括加速踏板位置传感器、水温传感器、N-TDC 传感器（转速-凸轮轴位置传感器）、启动开关、空调开关等的信号，这些信号输送至 ECU，反馈信号也通过时间传感器（装于时间控制器上）和控制杆位置传感器（装于电动调速器内）反馈给 ECU。ECU 对输入的控制信号和反馈信号进行处理分析，计算出相应的喷油提前角控制参数值，并分别送往电动调速器和电磁阀，使调速器和时间控制器动作，从而精确控制喷油量（由电动调速器控制）和喷油提前角（由时间控制器通过电磁阀控制）。

（1）喷油量的控制。喷油量控制是由ECU控制电动调速器的动作来实现的。电动调速器的结构如图2-87所示，它由电动助推器、连杆机构、控制杆位置传感器等部分组成，控制杆位置传感器装于壳体内。由ECU输入的控制指令信号控制电动助推器上下移动，由连杆机构将电动助推器的上下移动变为控制杆的水平移动，从而实现喷油量的增减控制。电动助推器实际上是一个直流直线电动机，其上下移动的线圈位于圆柱形的径向磁场中，通电即可产生作用力，改变电流方向就能改变作用力方向，使线圈向上或向下运动。

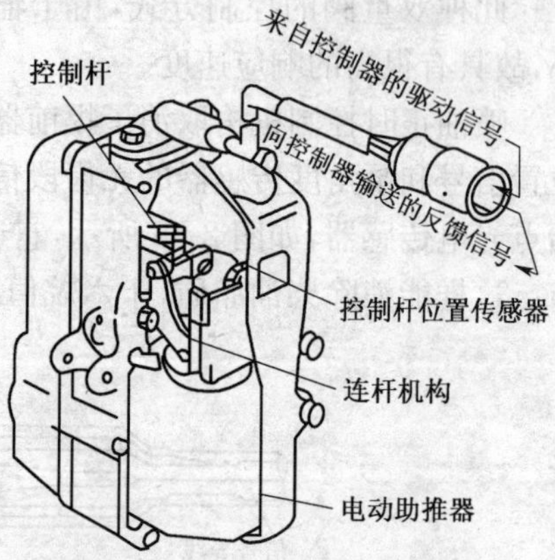

图2-87 电动调速器的结构

（2）喷油提前角的控制。由ECU控制电磁阀，电磁阀控制发动机的机油泵进入时间控制器的油压，从而使时间控制器动作而改变喷油泵凸轮轴与油泵驱动轴（曲轴）的相对位置。时间控制器装于喷油泵驱动轴（曲轴）与喷油泵凸轮轴之间。

电磁阀的结构如图2-88所示。电磁阀为双组式，共有三个通道：P孔通发动机主油道，控制压力油由P孔进入电磁阀；R孔为回油通道，一部分机油从R孔流回发动机油底壳；A管是通往时间控制器的油道，控制油由电磁阀经A管流入时间控制器。

电磁阀受ECU控制，通过控制从R孔流回发动机的油量来控制从A管进入时间控制器的油压，从而通过控制时间控制器内活塞的位置来实现喷油提前角的调节。

时间控制器的结构如图2-89所示，它由缸体、活塞、大小凸轮、法兰和圆盘等组成。受电磁阀流入的油压大小控制，活塞位置发生改变，通过活塞上的销带动凸轮偏转，从而使法兰（泵轴）相对于圆盘（发动机曲轴）偏转一定角度，实现喷油提前角的调节。

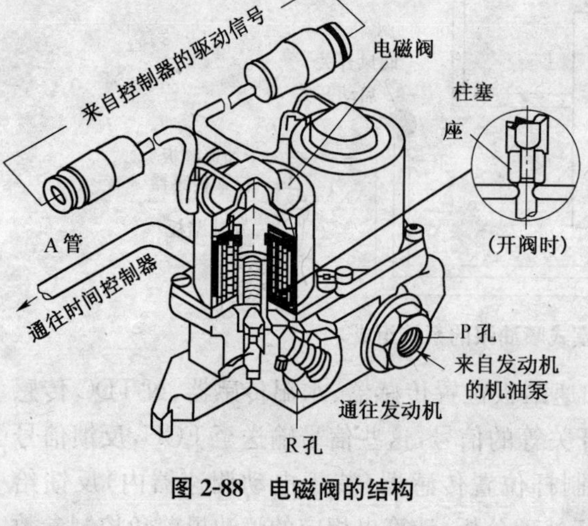

图2-88 电磁阀的结构

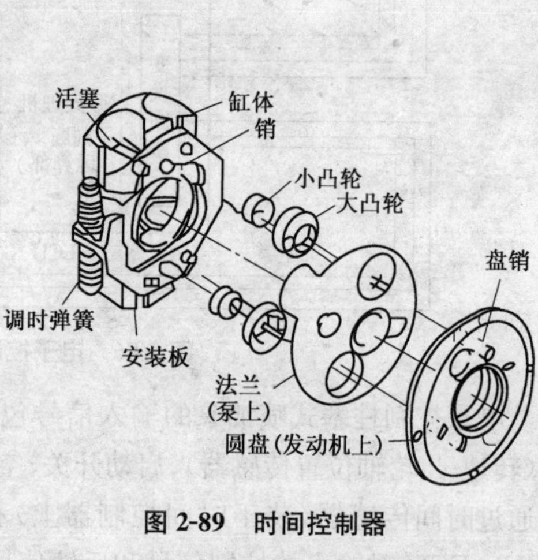

图2-89 时间控制器

(二)电子控制泵喷嘴的结构与原理

电子控制泵喷嘴系统继承了机械式泵喷嘴系统的若干特点，如凸轮轴直接驱动或通过摇臂驱动泵油柱塞，或喷油泵的柱塞采用液压驱动，柱塞偶件与喷油嘴偶件组合装在一个壳体里，柱塞泵油时产生的高压燃油立即进入喷油嘴，无高压油管。电子控制泵喷嘴系统用高速电磁阀来控制喷油正时和喷油量，属于时间控制。

高速电磁阀受 ECU 控制，ECU 根据发动机转速传感器、加速踏板位置传感器、水温传感器、进气温度及压力传感器的输入信号，经分析处理，计算出相应的最佳控制参数值，控制高速电磁阀电磁线圈中电流导通与关闭的时刻及通断时间的长短，从而实现对喷油提前角及喷油量的实时控制。

泵喷嘴结构和工作原理如图 2-90 所示，当装在泵喷嘴旁边的电磁阀开启时，柱塞虽已开始泵油，但由于旁通阀打开着，不能建立高压。当电磁阀一关闭，柱塞即向喷油嘴喷油，喷油嘴随即进行喷油。电磁阀再打开，高压油立即卸压，停止供油，喷油嘴立即停止喷油。电磁阀的关闭和打开由 ECU 控制。

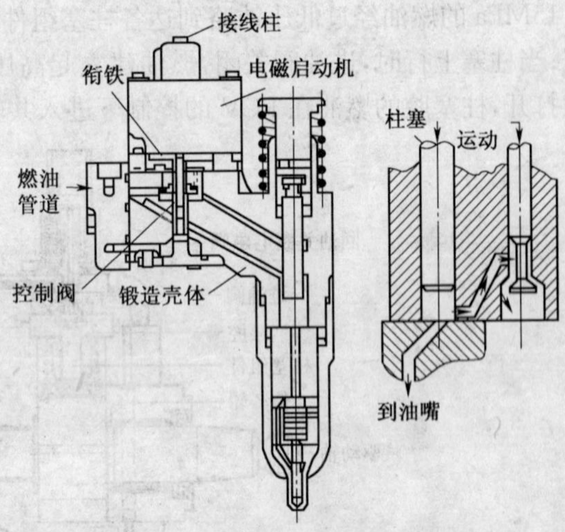

图 2-90　泵喷嘴结构和工作原理

(三)电子控制高压共轨系统的结构与原理

1. 高压共轨式电子控制系统的组成

高压共轨式电子控制发动机系统由：①燃油低压子系统(包括油箱、输油泵、滤清器和低压回油管)；②共轨压力控制子系统〔包括高压泵、高压油管、共轨压力控制阀(pressure controlValve，PCV)、共轨压力传感器以及提供安全保障的安全泄压阀和流量限制阀〕；③燃油喷射控制子系统(包括带有电磁阀的喷油器、凸轮轴和曲轴传感器等)；④电子控制发动机管理系统(包括电子控制单元和发动机的各种传感器)等子系统组成，如图 2-91 所示。

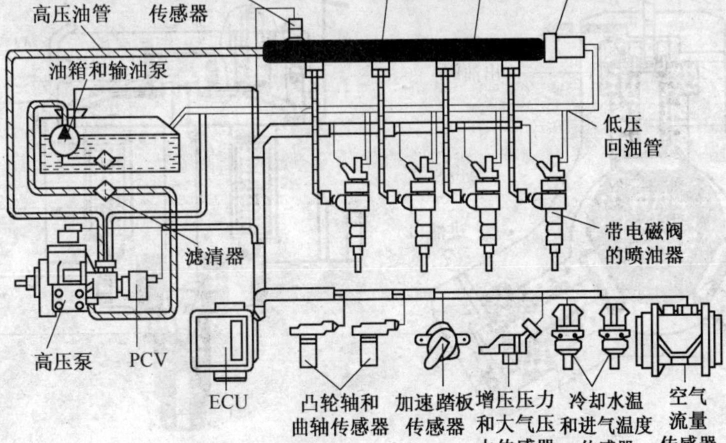

图 2-91　高压共轨柴油机电子控制系统组成

2. 高压共轨式电子控制系统主要部件的结构与原理

(1)高压泵。如图 2-92 和图 2-93 所示,分别为高压泵的纵向和横向结构图。一个高压泵上有 3 套柱塞组件,由偏心轮驱动,在相位上相差 120°。从图上可以看出,这种偏心轮驱动平面和柱塞垫块之间为面接触,比传统的凸轮滚轮之间的线接触的接触应力要小得多,更有利于高压喷射。高压泵的基本工作原理如下:当柱塞下行时,来自输油泵压力为 0.05MPa~0.15MPa 的燃油经过低压油路到达各柱塞组件的进油阀,并由进油阀进入柱塞腔,实现充油过程;当柱塞上行时,进油阀关闭,燃油建立起高压,当柱塞腔压力高于共轨中的压力时,出油阀被打开,柱塞腔的燃油在 PCV 的控制下进入共轨。

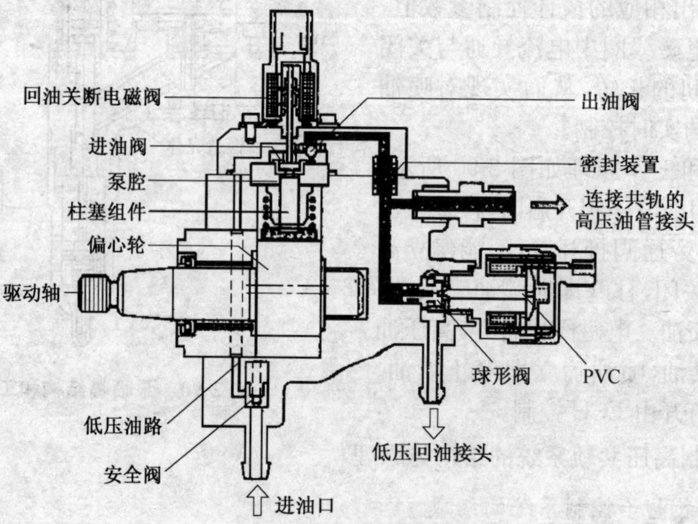

图 2-92 高压泵的纵向结构示意图

(2)压力控制阀(PCV)。共轨压力的控制是在压力控制阀(pressure controlValve,PCV)的控制下完成的。如图 2-94 所示为 Bosch 共轨系统中 PCV 的结构。结合图 2-92 中 PCV 的安装位置可知,球阀是整个共轨压力控制的关键元件。球阀的一侧受到来自共轨燃油的压力,另一侧衔铁受弹簧预紧力和电磁阀电磁力的作用。而电磁阀产生电磁力的大小与电磁阀线圈

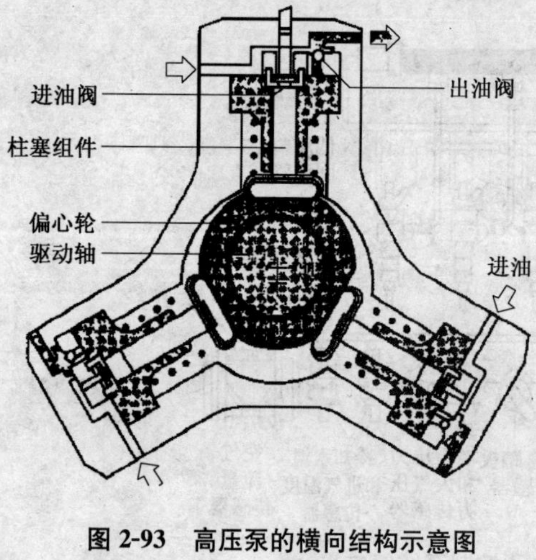

图 2-93 高压泵的横向结构示意图

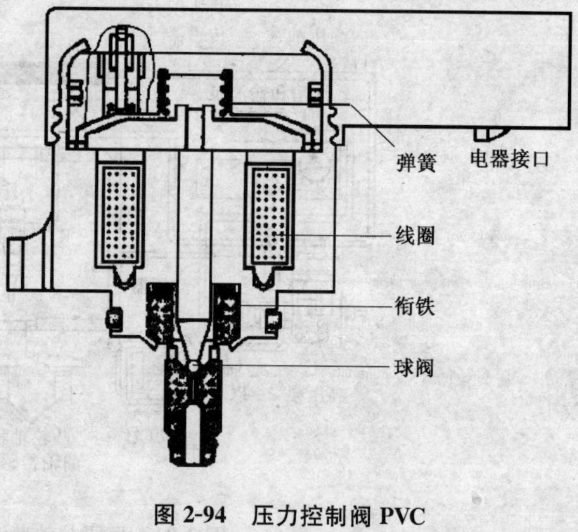

图 2-94 压力控制阀 PVC

中的电流大小有关。当电磁阀没有通电的时候，弹簧预紧力使球阀紧压在密封座面上，当燃油压力超过 10MPa 时，才能将其打开，即共轨腔中的燃油压力至少达到 10MPa 时，才有可能从 PCV 处泄流到低压回路。在 PCV 通电后，燃油压力除了要克服弹簧预紧力之外，还要克服电磁力，即电磁阀的电磁力通过衔铁作用在球阀上的力的大小决定了共轨中的燃油压力。电磁阀的电磁力可以通过调整电磁阀线圈中电流的大小来控制。线圈相当于一个感性(电感＋电阻)负载，线圈中的平均电流可以通过脉宽调制来实现。例如，1kHz 左右的调制频率就足够控制电磁阀的平均电流大小。

(3)共轨组件。共轨组件包括共轨本身和安装在共轨上的高压燃油接头、共轨压力传感器、起安全作用的压力限制阀、连接共轨和喷油器的流量限制阀等，如图 2-95 所示。共轨本身

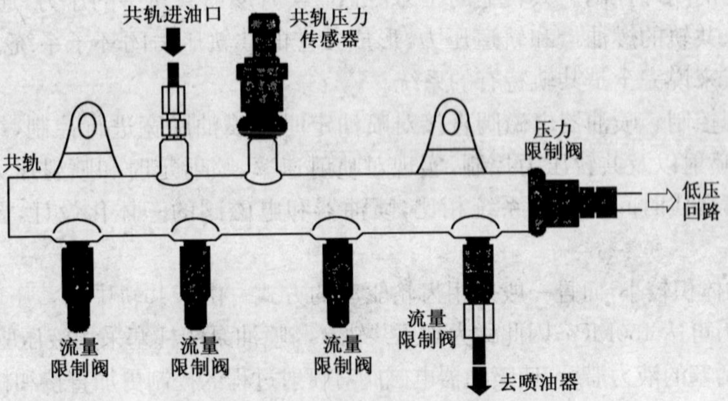

图 2-95　共轨组件

可容纳压力 150MPa 以上的高压燃油，材料和高压容积对于共轨压力的控制都是重要的参数。流量限制阀的作用是计量从共轨到各喷油器的燃油量的大小。当流量过大时，可以自动切断去喷油器的高压燃油。而压力限制阀的作用是当共轨中的燃油压力过高时，压力限制阀连通共轨到低压的燃油回路，实现安全泄压，从而保证整个系统中的最高压力不超过极限安全压力。

(4)喷油器。如图 2-96 所示为 Bosch 共轨式喷油器的结构简图。

控制喷射过程的电磁阀安装在喷油器的顶端。当电磁阀断电时，球阀在弹簧力的作用下压紧在电磁阀的阀座上，高压和低压之间的流通通道(高压回路—进油截流孔—柱塞控制腔—溢流截流孔—球阀阀座—低压回路)被隔断，燃油的高压压力直接作用在柱塞顶部，克服喷油器底端针阀承压面上的燃油压力，加上弹簧的预紧力，使得柱塞及针阀向下紧压在喷油

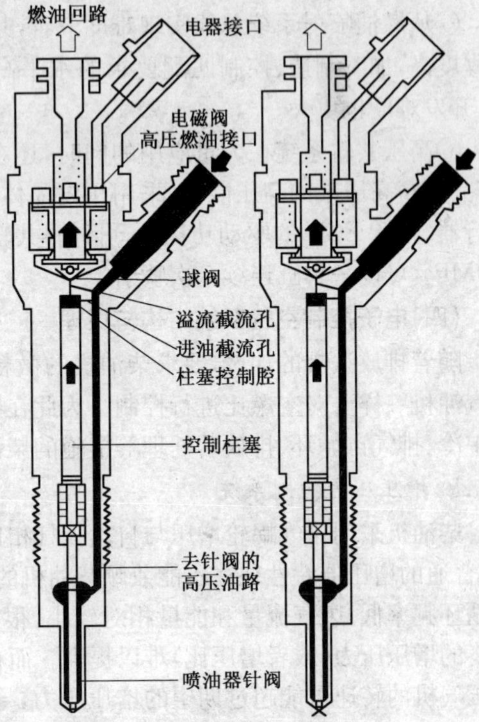

图 2-96　Bosch 共轨式喷油器的结构

器针阀座面上，喷油器不喷射。当电磁阀通电后，电磁力使球阀离开阀座，高压和低压之间的流通通道(高压回路—进油截流孔—柱塞控制腔—溢流截流孔—球阀阀座—低压回路)打开。部分高压燃油经过此通道进入低压回路。由于进油截流孔和溢流截流孔都很小，因此流体的截流作用导致柱塞控制腔的压力小于来自共轨的高压燃油的压力，高压燃油在喷油器针阀承压面上的压力使柱塞和针阀抬起，喷射器就开始喷油。整个喷射过程简述如下：当电磁阀通电时，针阀抬起，喷射开始；当电磁阀断电时，针阀落座，喷射结束。由于共轨中的压力一直存在，所以任何时刻喷油器都可以在电磁阀的控制下喷油，这是与第二代时间控制式系统的喷油电磁阀最大的不同之处。

从上述可分析出高压共轨系统具有以下特点：

①共轨压力的闭环控制。共轨上的压力传感器实时反馈共轨中的压力，通过控制 PCV 的电流来调整进入共轨的燃油量和轨道压力，形成独立的共轨压力闭环子系统。此子系统对第二代时间控制式来说完全是共轨特有的系统。

②喷油过程控制。喷油器电磁阀直接对喷油定时和喷油脉宽进行控制，结合灵活的预喷射、主喷射和后喷射以及共轨压力控制，实现对喷射速率、喷射定时和喷射压力以及喷油量的综合控制。和第二代时间控制式系统相比，喷油器和电磁阀的一体化设计，要求电磁阀尺寸小、响应快。

③高压泵的体积较小，而且一般采用齿轮驱动的方式。由于共轨中的蓄压就是喷油器的喷射压力，最高压力可达 150MPa，因此称为高压共轨。与喷油泵的柱塞采用液压驱动(HEUI)系统相比，没有增压活塞的液力滞后，使喷油器电磁阀对喷射过程的控制更加直接和精确。

④共轨沿发动机纵向布置，高压泵、共轨和喷油器各自的位置相互独立，便于在发动机安装和布置。对现有发动机生产进行改造时，安装共轨系统对缸体和缸盖的改动小。

⑤从燃油喷射系统总体实现难度上看，共轨系统组成较复杂，机械、液力和电子、电磁阀耦合程度高，加工制造、控制匹配要求的水平高，与第二代时间控制式相比，具有更好性能的同时，开发难度也更大。

⑥高压共轨系统在大量应用的同时，还在向更高的水平发展。例如进一步降低高压泵的功耗、提高高压泵的高压能力，采用压电晶体式的喷油器电磁阀，取消传统的线圈电磁阀作为执行器，降低 ECU 的驱动功耗等。目前，共轨系统已经发展到第三代，最高喷射系统压力达到 200MPa，可以一个缸连续 5 次喷射。

(四)电子控制空气系统结构与原理

随着排放法规的加严，要求柴油机的微粒和 NO_x 排放同时大幅度降低，即要求柴油机也像汽油机一样要对空燃比进行控制。为此在柴油机上开始采用电子控制的空气系统。采用增压中冷、排气再循环、排放后处理等措施的柴油机能够达到欧Ⅳ～欧Ⅴ排放标准。

1. 增压压力控制系统

柴油机采用排气蜗轮增压与自然吸气相比，动力性、经济性和排放性能都有较大提高。但是，普通的增压器特性往往不能兼顾柴油机的高速工况和低速工况。在柴油机的低速工况，由于循环频率低，废气流量和能量相对较小，很难将蜗轮和增压器的转速提高到期望的水平，即最终的增压压力(或者增压比)难以提高。而在高速工况，由于废气流量和能量都较高，使蜗轮和压气机的转速可能超过期望的增压压力，导致蜗轮速度过高，可靠性和寿命下降。例如，一般固定截面的蜗轮增压器都带有废气放气阀，目的是为了在高速工况避免增压器转速过高，旁通部分废气使之不对蜗轮做功。为了兼顾高速和低速工况，可变截面的蜗轮增压器（variable nozzle turbocharger，VNT；或 variablegeometry turbocharger，VGT）得到了应用。

可变截面蜗轮增压器的工作原理是：发动机燃烧产生的废气经蜗轮入口（环形入口），在导向叶片的作用下，经过喷嘴环截面冲击蜗轮叶片，对其做功后从蜗轮的废气出口流出。压气机轴和蜗轮轴是一体的，为此在增压器的另一侧，压气机利用蜗轮传递来的功压缩空气，实现废气蜗轮增压的过程。它与固定截面蜗轮的不同之处在于：喷嘴环截面有侧向均布的导向叶片，导向叶片一方面能够调整喷嘴环的等效流通截面，另一方面能够调整废气冲击蜗轮叶片的角度，这两个因素也就调整了废气对蜗轮做功的大小，即不同喷嘴环截面、不同叶片角度将不同的废气能量转换为对蜗轮做功的效率，从而实现了对增压压力的控制。

2. 排气再循环控制系统

为了控制柴油机在部分负荷下的 NO_x 排放，采用排气再循环（exhaustgas recirculation，EGR）可降低进入气缸的新鲜空气量的相对比例，从而抑制 NO_x 的生成。如图 2-97 所示为 VNT 和 EGR 联合控制时的柴油机空气系统结构示意图。EGR 阀直接连通排气管和进气管，能够直接调节进入气缸的废气比例。在增压控制系统中，增压后空气一般采用中冷器来降低进入气缸的空气温度，EGR 也有类似的中冷器。可以根据是否带有中冷器，将 EGR 分为冷 EGR 和热 EGR，其中又根据冷却方式的不同分为水冷 EGR 和空气冷却的 EGR。进气管压力调节阀有的系统可以不装，其作用是可以快速控制进入气缸总的空气量和废气比例，这与汽油机节气门的功能有相似之处。

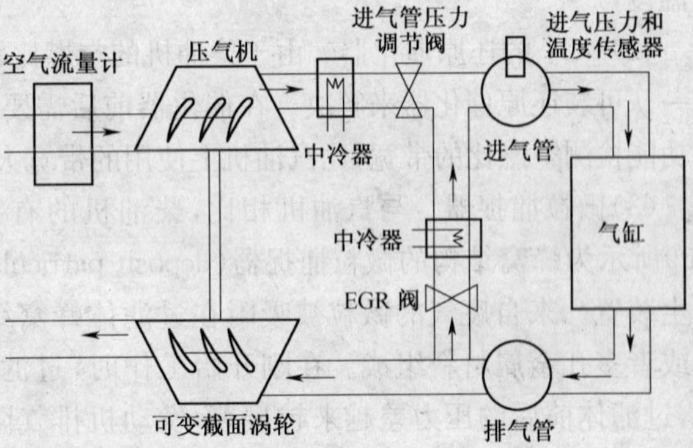

图 2-97 VNT 和 EGR 联合控制时的柴油机空气系统

与 VNT 执行器一样，EGR 阀直接与发动机的高温排气接触，在材料和工艺上与一般的执行器有所不同。如图 2-98 所示为各种不同结构的 EGR 阀，这些阀在控制方式、动态响应等方面各不相同，在匹配 EGR 控制系统时，对执行器本身的动态响应也要综合考虑。

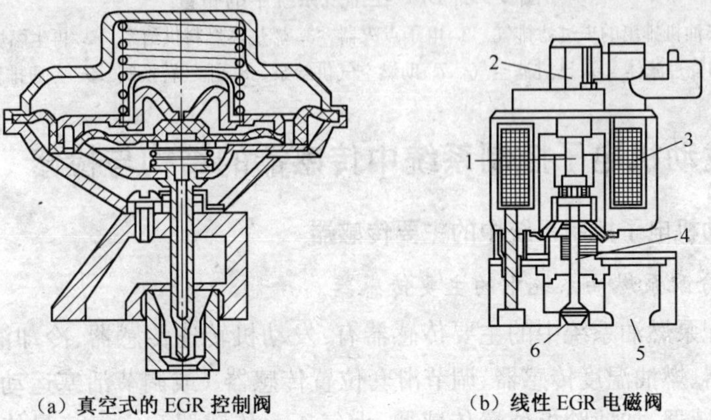

（a）真空式的 EGR 控制阀　（b）线性 EGR 电磁阀

图 2-98 各种不同的 EGR 阀

1. 电枢 2. 阀口开度位移传感器 3. 线圈 4. 阀芯 5. 进气孔 6. 出气孔

3. 排放后处理系统

为了进一步降低柴油机的有害排放物对大气的污染，除了在燃烧环节尽量降低有害排放物的生成以外，还可以采取排放后处理的措施。目前，后处理也是柴油机的主要热点问题之一。与汽油机不同，由于柴油机的空燃比较大，无法利用汽油机的三种催化器对排放物进行有效的处理。柴油机排放后处理系统的基本组成和功能如下。

(1)氧化催化器。氧化催化器的作用是将没有完全燃烧的HC、CO和部分微粒氧化，生成CO_2和H_2O。柴油机的氧化催化器采用多孔的蜂窝状结构，使HC和CO与O_2的接触面积很大，保证氧化效率。在正常工作时，HC和CO氧化过程的放热能够使催化器处于正常的工作温度范围。在冷起动时，控制装置可以采用电加热的办法使催化器快速达到正常的工作温度。

(2)NO_x的还原催化器。由于柴油机的空燃比较大，因此NO_x的还原是其后处理的难点之一。可装还原催化器来解决。在催化器前后需要加装反馈空燃比的氧传感器，而且氧传感器功能检测空燃比的带宽，比汽油机上使用的带宽大很多。

(3)微粒捕捉器。与汽油机相比，柴油机的有害排放物中微粒是主要成分之一。如图2-99所示为蜂窝结构的微粒捕捉器(deposit particular filter，DPF)，其核心是过滤体和过滤体再生装置。来自废气的微粒被吸附在过滤体蜂窝结构的网格上，过滤体由多孔陶瓷过滤材料或者多孔金属材料组成。在刚开始工作时，过滤体可以吸附90%的微粒，随着微粒的堆积，过滤体前后的压力差越来越显著，发动机排气阻力加大，这时需要采用加热等措施将微粒烧掉。

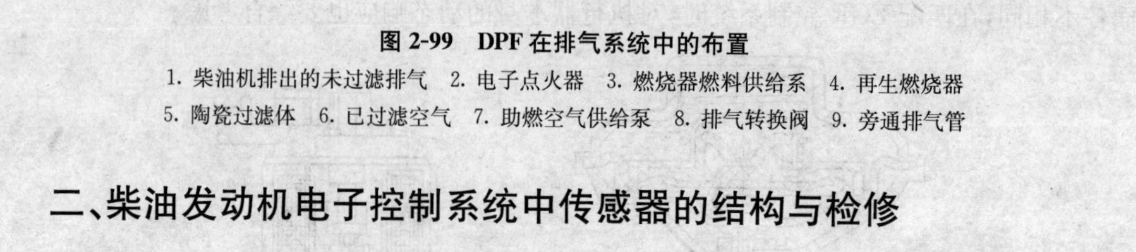

图 2-99 DPF在排气系统中的布置

1. 柴油机排出的未过滤排气 2. 电子点火器 3. 燃烧器燃料供给系 4. 再生燃烧器 5. 陶瓷过滤体 6. 已过滤空气 7. 助燃空气供给泵 8. 排气转换阀 9. 旁通排气管

二、柴油发动机电子控制系统中传感器的结构与检修

(一)柴油发动机电子控制系统中的主要传感器

1. 电子控制分配泵燃油系统中的主要传感器

电子控制分配泵燃油系统中的主要传感器有：发动机转速传感器、冷却液温度传感器、进气支管温度传感器、燃油温度传感器、调节滑套位置传感器（或调节活塞运动传感器）、针阀升程传感器、车速传感器、加速踏板位置传感器、大气压力传感器和空气流量传感器。还有制动灯开关、离合器踏板开关和制动踏板开关等。各种传感器形状如图2-100所示。

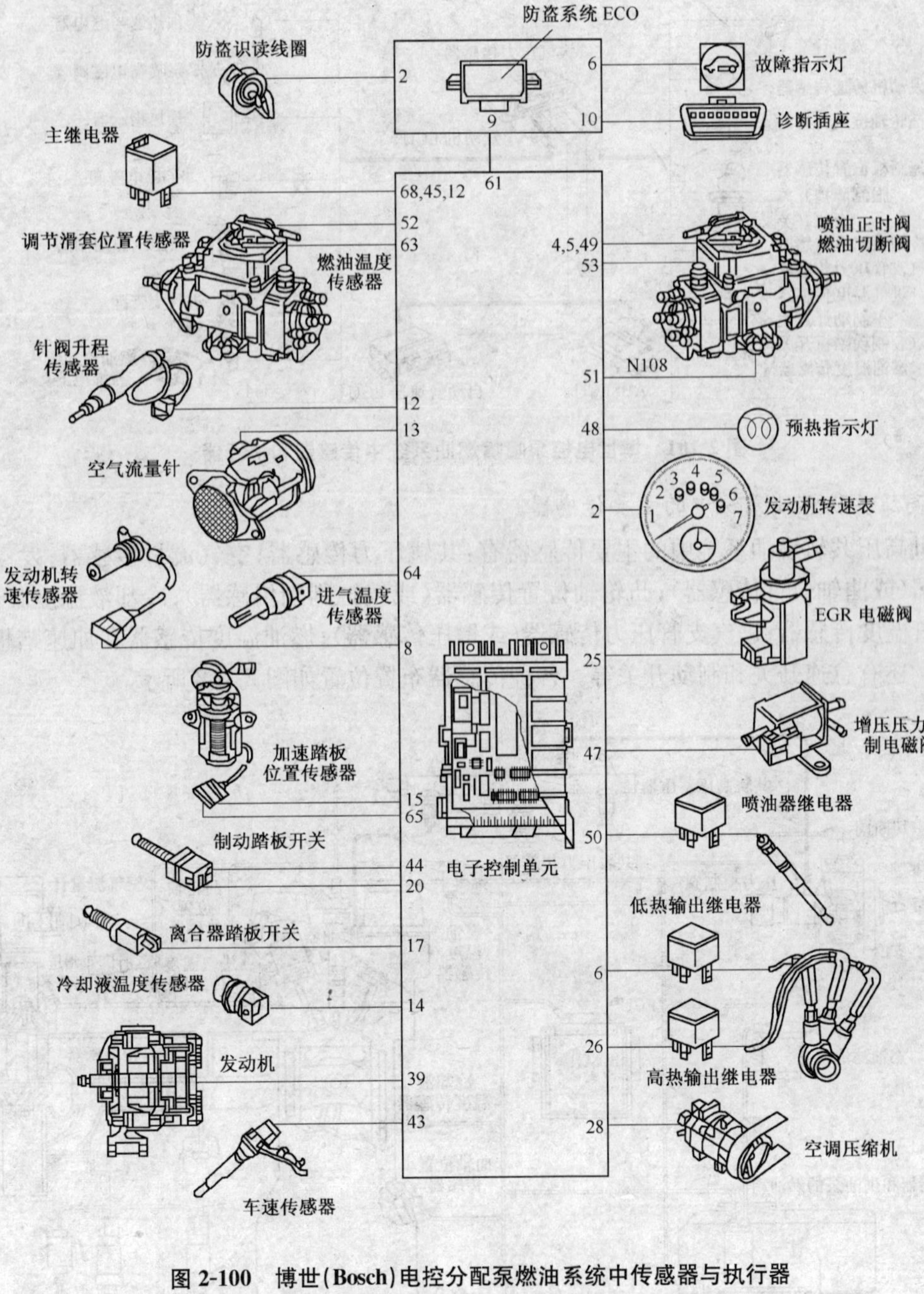

图 2-100 博世(Bosch)电控分配泵燃油系统中传感器与执行器

2. 电子控制泵喷嘴燃油系统中的主要传感器

电子控制泵喷嘴燃油系统中的主要传感器有:空气流量传感器;发动机转速传感器;霍尔传感器(或气缸判别传感器);冷却液温度传感器;进气支管温度传感器;进气支管压力传感器(或增压传感器);燃油温度传感器;加速踏板位置传感器和大气压力传感器。还有强制降挡开关、怠速开关、制动灯开关、离合器踏板开关和制动踏板开关等。各种传感器的形状如图 2-101 所示。

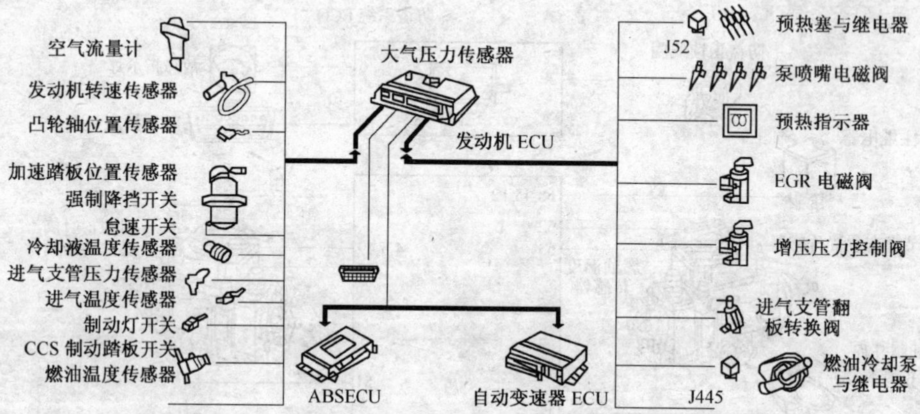

图 2-101 博世电控泵喷嘴燃油系统中传感器和执行器

3. 高压共轨燃油系统中的主要传感器

博世高压共轨燃油系统中的主要传感器有：共轨压力传感器；空气流量传感器；发动机转速传感器(或曲轴位置传感器)；凸轮轴位置传感器(或气缸判别传感器)；冷却液温度传感器；进气支管温度传感器；进气支管压力传感器(或增压传感器)；燃油温度传感器和加速踏板位置传感器。还有怠速开关和制动开关等。各种传感器布置位置如图 2-102 所示。

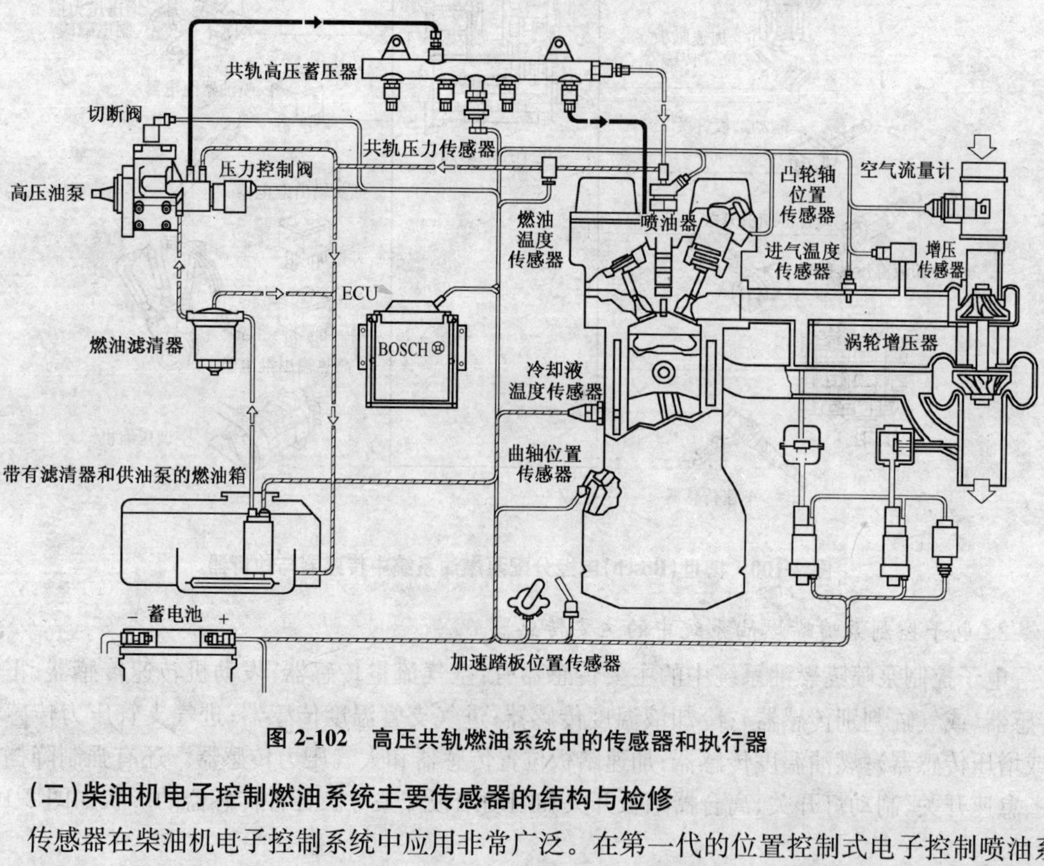

图 2-102 高压共轨燃油系统中的传感器和执行器

(二)柴油机电子控制燃油系统主要传感器的结构与检修

传感器在柴油机电子控制系统中应用非常广泛。在第一代的位置控制式电子控制喷油系统中，直列泵齿杆位移的监控需要位置传感器，分配泵溢油环位移的监控需要位移传感器，分配泵中喷油提前器位移监控也要用位移传感器等。因此，位移传感器在电子控制柴油机喷油系统中是不可缺少的关键传感器之一。

1. 加速踏板位置传感器的结构与检修

加速踏板位置传感器安装在加速踏板上，如图 2-103 所示。

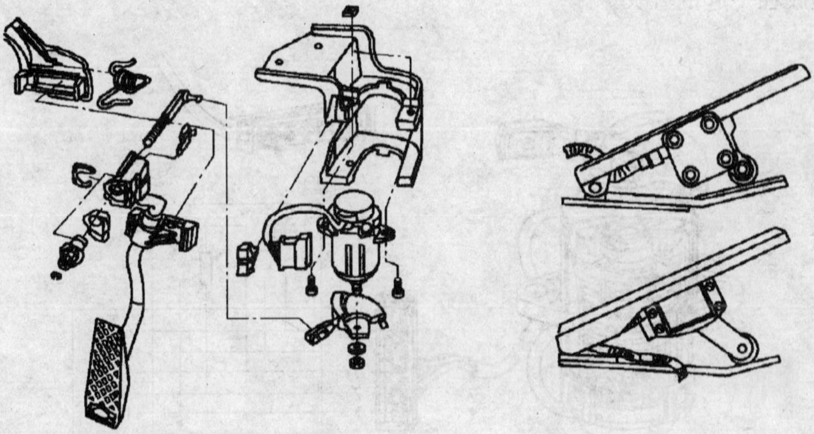

(a)　　　　(b)

图 2-103　加速踏板位置传感器的安装位置

(a)博世(Bosch)公司　(b)底特律(Detroit)公司

(1)加速踏板位置传感器的结构与原理。加速踏板位置传感器的工作原理如图 2-104 所示，一个简单的电位计或可变电阻将踏板的踩下情况直接转变为电压信号输出。当驾驶员移动加速踏板或手动油门时，与加速踏板位置传感器线圈接触的小型滑臂沿圆弧转动，加速踏板位置传感器从 ECU 接收恒定的 5V 直流基准电压，当油门关闭时(怠速)，滑臂转动到使基准电压通过全部线圈位置，加速踏板位置传感器产生约为 0.5V 的输出信号，向 ECU 回馈；当油门处于全开位置时，滑臂转动到基准电压只通过很少线圈的位置，向 ECU 回馈的信号电压约为 4.5V；油门处于怠速和油门全开之间位置时，加速踏板位置传感器向 ECU 回馈的信号电压将与滑臂在电阻上的位置成正比。ECU 按照程序将回馈电压信号进行查表比较，就能判定驾驶员所要求的油门开度。

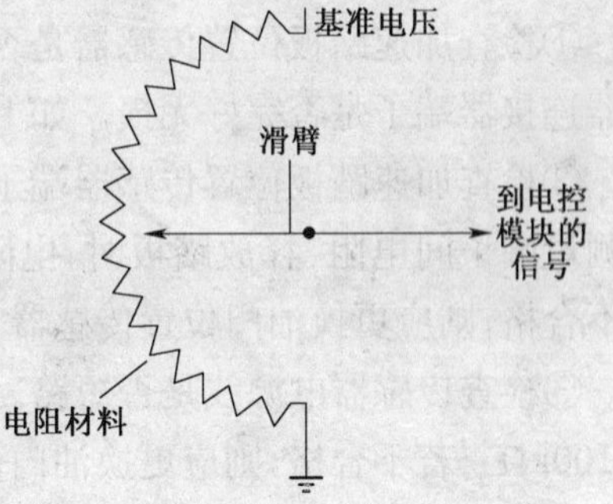

图 2-104　加速踏板位置传感器的工作原理

随着驾驶员踩下加速踏板深度的增大，传感器的电压信号也会提高，ECU 识别该电压变化后，将脉冲宽度更宽的驱动电压发送给各喷油器电磁阀，使喷入气缸的燃油量增多，发动机转速因此提高。发动机的实际喷油量及基功率输出还会受到发动机冷却液温度、蜗轮增压压力、机油压力和机油温度等传感器向 ECU 输入信号的影响，这些传感器都向 ECU 连续地发送电压信号，ECU 将根据这些输入信号计算确定喷油脉冲宽度信号。

新型电子加速踏板总成集成了怠速确认开关或传感器,它将加速踏板位置传感器和怠速开关两个电信号发生器组合在一个壳体中,如图 2-105 所示,两个元件的电路是独立的,但与加速踏板通过机械联系被一同操纵。两个信号发生器在制造厂被校准设定,并在其整个寿命期内的维护过程中被调整。怠速开关对油门电位计所指示的踏板是否处于怠速位置的信号提供独立确证,该组合可以使 ECU 发现油门总成的潜在问题,怠速开关可以是独立机构,也可以是与电位计集成在一起的开关。

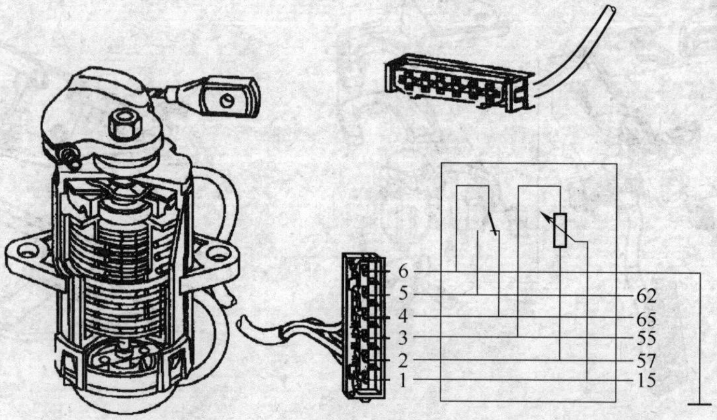

图 2-105 加速踏板位置传感器与怠速开关组合为一体

(2)加速踏板位置传感器的检修。加速踏板位置传感器常见故障有:加速踏板不良、线束不良、对地短路或对正极短路。其检修过程如下:

①检查加速踏板位置传感器是否已经连接到发动机线束上,检查线束和加速踏板位置传感器连接器端子是否完好无损。如上述两项检查都合格,再进行下一项检查。

②检查加速踏板位置传感器端子与端子间有无断路、短路故障。在释放和踩下加速踏板时测量端子间电阻,释放踏板时,电阻为 1500Ω~3000Ω;踩下踏板时,电阻为 250Ω~1500Ω。若不合格,则应更换油门位置传感器。

③检查传感器电源线是否短路。测量踏板位置传感器的电源线端子与接地间电阻,应大于 100kΩ。若不合格,则应更换油门位置传感器。

④检查信号线是否短路。测量踏板位置传感器的信号线端子与接地间电阻,阻值应大于 100kΩ。若不合格,则应更换油门位置传感器。

⑤检查 OEM 线束中的电源、信号和回路导线是否开路。

⑥检查 5V 电源线和 OEM 线束中任何导线间是否短路。

⑦检查信号线与 OEM 线束中所有其他导线间是否存在短路。

⑧检查电源电路是否短路。

⑨检查信号电路是否短路。

⑩检查加速踏板位置传感器电源电压。

2. 齿杆位移传感器的结构与检修

齿杆位置传感器安装在电子控制直列泵系统中的电子调速器内、喷油泵齿杆置上,如图 2-106 所示。

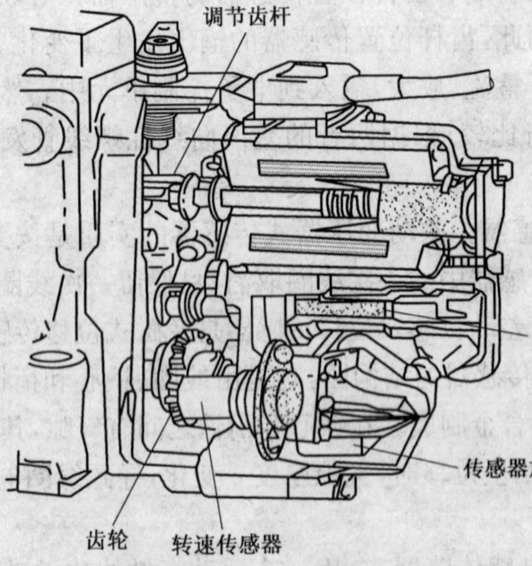

图 2-106　齿杆位置传感器安装位置

齿杆位置传感器主要有三种类型:差动变压器式、差动自感式和电涡流式。

(1)差动变压器式齿杆位置传感器。差动变压器式齿杆位置传感器的结构和工作原理与一个变压器类似,只不过它的铁心是可以移动的,使在二次线圈上感应的电压随铁心的位移成线性增加。

典型的差动式齿杆位置传感器如图 2-107 所示。

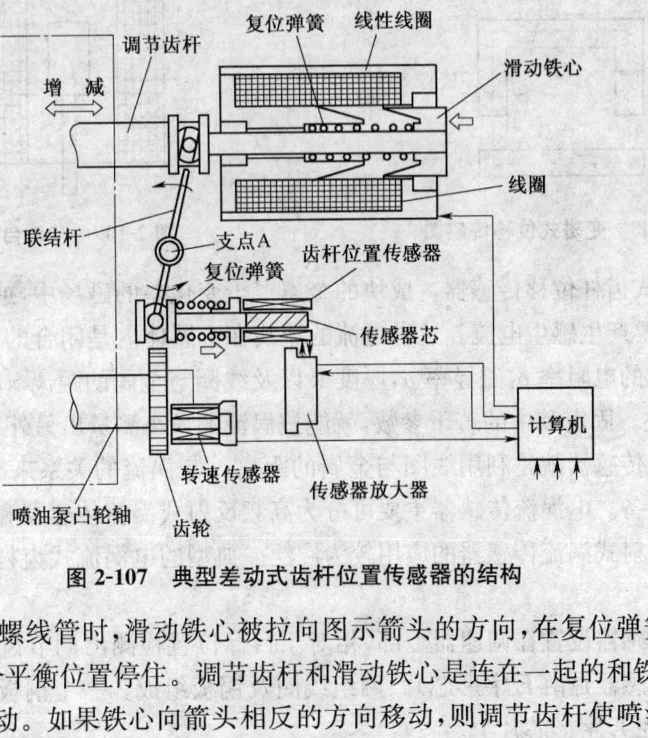

图 2-107　典型差动式齿杆位置传感器的结构

当电流流过线性螺线管时,滑动铁心被拉向图示箭头的方向,在复位弹簧作用力的作用下,滑动铁心在某一个平衡位置停住。调节齿杆和滑动铁心是连在一起的和铁心一起联动,向增加喷油量的方向移动。如果铁心向箭头相反的方向移动,则调节齿杆使喷油量向减少的方向移动。假设调节齿杆向增加喷油量的方向移动,和调节齿杆联动的联结杆则以支点 A 为中心，向逆时针方向转动，联结杆的下端和齿杆位置传感器的传感器铁心联动。所以，传感器的铁心向右方(箭头方向)移动。因此，齿杆位置传感器的输出发生了变化。齿杆位置传感器送来的信号经过传感器放大器进行整流、放大，输入到电子控制单元中。然后，电子控制单元将该信号和齿杆位置的目标值进行比较，根据两者的差值向线性螺线管发出驱动信号，改变喷油量。

(2)差动自感式齿杆位置传感器。差动变压器式传感器的实质是按变压器线圈的互感原理工作的。若将差动变压器式传感器中的一次线圈取消，只保留一次线圈两边的二次线圈，则变成了差动自感式位移传感器。差动自感式位移传感器是变磁式位移传感器。

图 2-108 所示是变磁式位移传感器的结构图，它是由线圈、铁心和衔铁所组成。铁心和衔铁均由导磁材料如硅网片和铁镍合金制成。在铁心和衔铁之间有气隙，其厚度为 δ。传感器运动部分与衔铁相连，当运动部分产生位移时，气隙厚度 δ 变化，导致线圈电感值的变化，从而判断被测位移量的大小。

利用两个完全对称的单个自感传感器，合用一个活动衔铁构成差动式螺管自感传感器。差动式螺管自感传感器如图 2-109 所示。其结构特点是：两个磁体的几何尺寸、材料、电气参数完全一致，传感器的两个电感线圈接成交流电桥的相邻桥臂。在初始位置时，活动衔铁位于中间位置，两个电感线圈的电感相同，极性相反，电桥输出为 0。当衔铁偏离中间位置，则两个电感线圈的电感是一个增加一个减小，电桥不平衡。电桥输出电压的大小与衔铁移动的大小成正比，其相位与移动的方向有关。

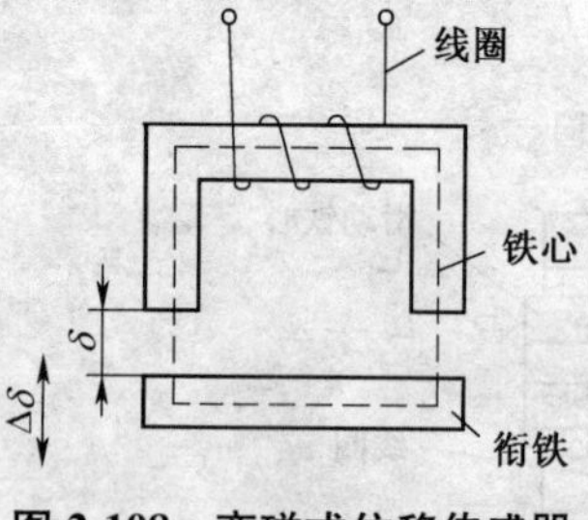

图 2-108　变磁式位移传感器

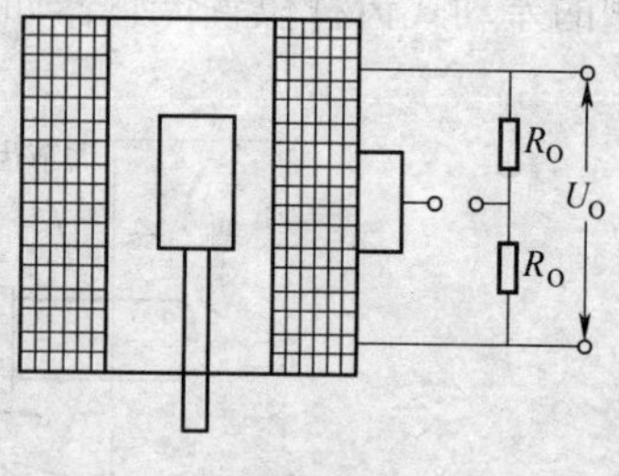

图 2-109　差动自感式位置传感器

(3)电涡流式齿杆位移传感器。成块的金属置于变化差的磁场中，或者在固定磁场中运动时，金属体内就要产生感生电流。这种电流的流线在金属体内是闭合的，所以叫做涡流。涡流的大小与金属体的电阻率 ρ，磁导率 μ，厚度 k 以及线圈与金属的距离 x，线圈的激磁电流角频率 ω 等参数有关。固定其中的若干参数，就能按涡流的大小测量出另外某一参数。

电涡流位移传感器就是利用线圈与金属的距离 x 与涡流的关系来工作的，这是一种非接触的位移检测设备。电涡流传感器主要可分为高频反射式涡流传感器和低频投射式涡流传感器两类。高频反射式涡流传感器的应用较为广泛。典型的电涡流式齿杆位移传感器的结构如图 2-110 所示。

齿杆位移传感器设置在调速器上部，相对于目标位置检测出调节齿杆是否位于正确的位置。齿杆位移传感器是由 E 字形芯片、两组线圈及铜板组成。一个铜板安装在调节齿杆的端部，另一个固定在 E 字形芯片上。

相对于线圈所产生的磁场，如图 2-111 所示，如果设置了铜板，则在铜板内产生涡电流，由铜板消去以前的磁场。因此，由于铜板位置的变化，被消去的磁场强度会产生变化，在线圈内产生的反电动势也会随之变化。

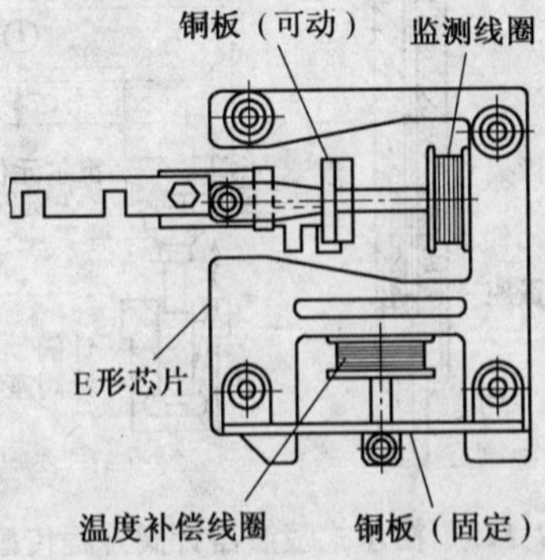

图 2-110　电涡流式齿杆位移传感器的结构

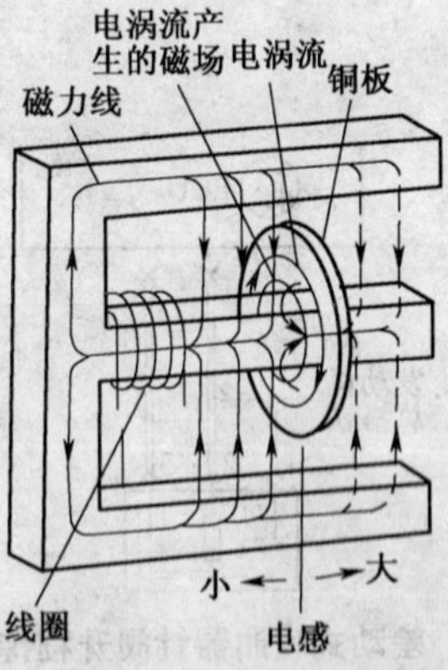

图 2-111　电涡流式齿杆位移传感器的工作原理

另一方面，线圈和铜板设置了温度补偿，修正因温度影响所引起的电压的变化。这样，从两个线圈的电压的变化之比(反电动势之比)检出调节齿杆的位置，消去了温度所引起的误差，精度提高。

3. 喷油器针阀升程传感器的结构

喷油器针阀升程传感器安装在喷油器内部，用于电子控制分配喷式燃油系统。喷油器针阀升程传感器主要有差动式和霍尔式两大类型。

(1)差动式喷油器针阀升程传感器。差动式喷油器针阀升程传感器主要由电磁线圈和传动杆等组成，如图 2-112 所示。

当喷油器有重压燃油时，喷油器针阀传动杆上升，改变电磁线圈的磁阻，输出信号电压，从而反馈喷油器的喷油始点给 ECU，如图 2-113 所示。

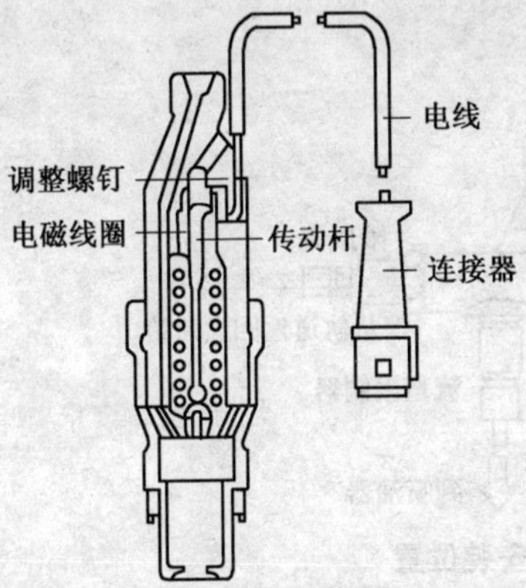

图 2-112　差动式喷油器针阀升程传感器

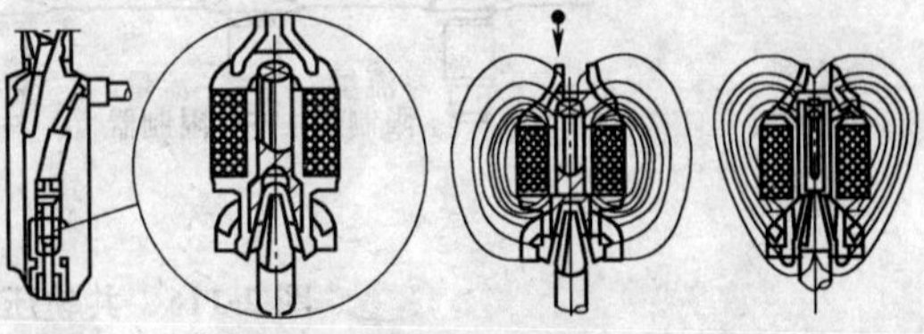

图 2-113　差动式喷油器针阀升程传感器工作原理

差动式喷油器针阀升程传感器的电路图如图 2-114 所示。喷油器针阀升程传感器的电阻一般为 80Ω～120Ω。

(2)霍尔式喷油器针阀升程传感器。霍尔式喷油器针阀升程传感器结构和原理如图 2-115 所示。

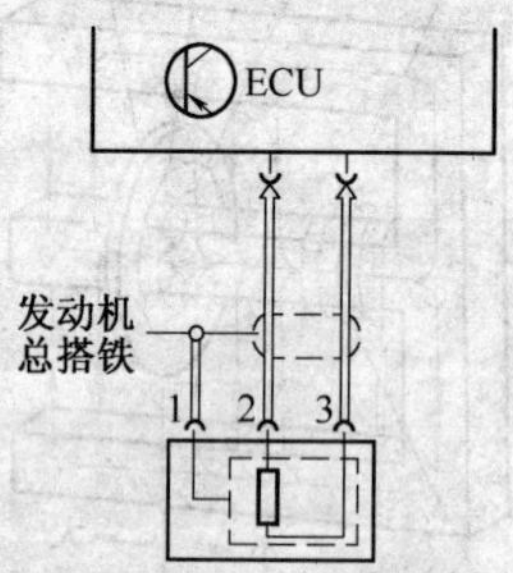

图 2-114 差动式喷油器针阀升程传感器电路

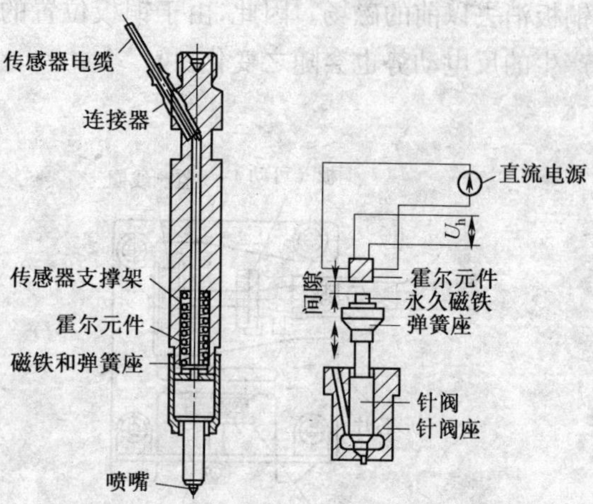

图 2-115 霍尔式喷油器针阀升程传感器

霍尔元件装在针阀弹簧座的上方，弹簧座上固定着一块永久磁铁。霍尔元件通电后，弹簧座随针阀运动时，因永久磁铁的运动，使通过霍尔元件的磁感应强度发生变化，造成近似地与针阀升程成正比的输出信号电压的变化，故可由信号电压的变化来测出喷油始点。为了尽可能地减少处理毫伏级模拟信号问题，将霍尔元件与输出信号放大电路设计成一体，固化在一个集成电路芯片中。输出信号放大电路包括线性微分放大器、自调零电路、电压调节器和触发输出电路、信号处理电路。输出信号不需要再放大，直接可由单片机进行 A/D 转换获得。这些电路同时具有抑制和消除机械误差、磁误差及温度影响的功能。每经一次测量，就会自行重新校正一次。

4. 共轨压力传感器的结构

(1)安装位置。共轨压力传感器安装在共轨上，如图 2-116 所示。其作用是以足够的精度、在相对较短的时间内，测定轨道中的实时压力，并向 ECU 提供电信号。

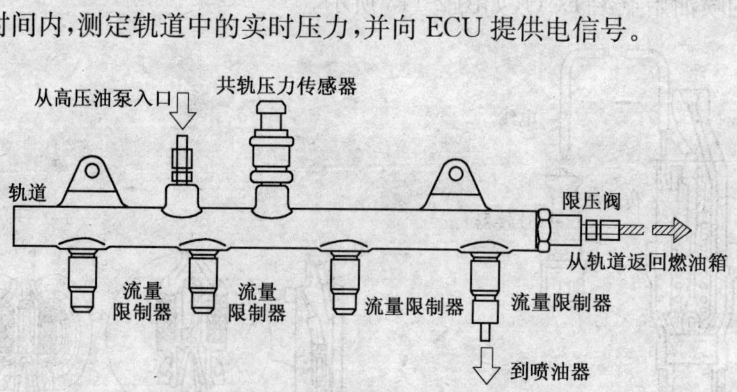

图 2-116 共轨压力传感器的安装位置

(2)结构原理。图 2-117 所示是博世公司共轨压力传感器的结构图。共轨压力传感器主要由压力敏感元件(焊接在压力接头上)、带求值电路的电路板和带电气插头的传感器外壳等组成。

燃油经一个小孔流向共轨压力传感器，传感器的膜片将孔的末端封住。高压燃油经压力室的小孔流向膜片。膜片上装有半导体型敏感元件，可将压力转换为电信号。通过连接导线将产生的电信号传送到一个向 ECU 提供测量信号的求值电路。

共轨压力传感器的工作原理是：当膜片形状改变时，共轨压力传感器膜片上涂层的电阻发生变化。这样，由系统压力引起膜片形状变化（150MPa 时变化量约 1mm），促使电阻值改变，并在用 5V 供电的电阻电桥中产生电压变化。电压在 0mV～70mV 之间变化（具体数值由压力而定），经求值电路放大到 0.5V～4.5V。精确测量共轨中的压力是电子控制共轨系统正常工作的必要条件。为此，压力传感器在测量压力时允许变差很小。

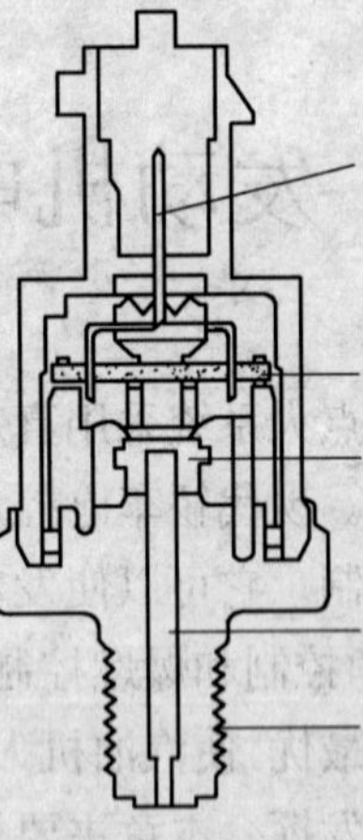

图 2-117 博世公司共轨压力传感器

第三章　发动机电子控制点火系统的结构与检修

普通的电子点火系统采用真空与离心式的点火提前角控制装置，存在着点火提前角的控制不精确等问题。现代轿车电控发动机广泛采用更先进的电子控制点火系统，即通过ECU对点火系统进行控制。它可以使发动机在任何工况下均处于最佳点火提前状态，实现通电时间控制、点火提前角控制和爆燃控制这三个方面的功能，从而使发动机的动力性、经济性、排放等方面的性能达到最优，使汽油机大部分运行工况都处于爆燃的临界状态，使汽油机的动力性潜力得到了充分的发挥。本章主要概述发动机电子控制点火系统的分类、组成与功用，介绍电子控制点火系统控制功能及主要部件的检修方法。

第一节　电子控制点火系统概述

一、电子控制点火系统的分类

电子控制点火系统也称为微机控制点火系统，通常按高压电分配方式的不同分为两大类，即有分电器电子控制点火系统和无分电器电子控制点火系统两种类型。

有分电器电子控制点火系统中的分电器与传统的分电器相比，取消了断电器等装置，因此不再承担初级点火线圈通断控制的任务，仅起到对高压电的分配作用。在大多数情况下，这种分电器都内装凸轮轴位置传感器，为ECU提供凸轮轴位置和上止点信号，有的车型甚至将点火线圈和点火控制器全都集成在一个分电器内。

无分电器电子控制点火系统(DLI)完全取消了传统的分电器，点火线圈产生的高压电直接送到火花塞，因此也称为直接点火系统。由于没有分电器，节省了空间，同时不存在分火头与分电器盖旁电极间产生的火花，因此它可有效地降低点火系统对无线电的干扰。

二、电子控制点火系统的组成与功用

与电控燃油喷射系统一样，电子控制的点火系统主要由监测发动机运行状况的传感器、处理信号和发出点火指令的电控单元ECU、对点火指令做出响应的执行器等组成。

需要指出的是，由于电子控制点火系统是发动机电子控制系统的一个组成部分，因此，除了专用的部件(爆燃传感器和执行器)外，其他所有传感器包括ECU，都是共用的。如汽油喷射系统中的空气流量传感器检测的是发动机单位时间内吸入的空气流量，为确定每次循环符合最佳空燃比的喷油量，应求得每次循环吸入的空气量。即在已知单位时间空气流量的基础上，应检测发动机转速。另外，在采用顺序喷射和分组喷射时，为有效提高发动机的性能，需要选取特定的喷油时刻，而这是相对曲轴转角而言的。因此，与空气流量(负荷)传感器、节气门位置(负荷)传感器、冷却液温度传感器等一样，曲轴位置(转速与转角)传感器是电子控制汽油喷射系统和电子控制点火系统所共用的。

(一)电子控制点火系统的组成

1. 有分电器电子控制点火系统的组成

图 3-1 所示为有分电器电子控制点火系统的组成示意图。主要由传感器、电控单元、执行器(包括点火控制器、点火线圈、分电器、火花塞)等组成。

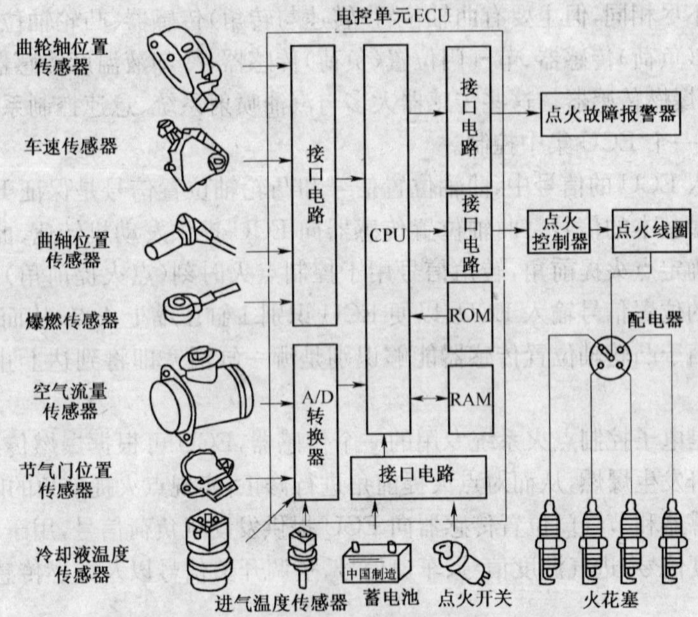

图 3-1　有分电器电子控制点火系统的组成

2. 无分电器电子控制点火系统的组成

图 3-2 所示为无分电器电子控制点火系统（大众桑塔纳 2000GSi AJR 发动机电子控制点火系统）的组成示意图。

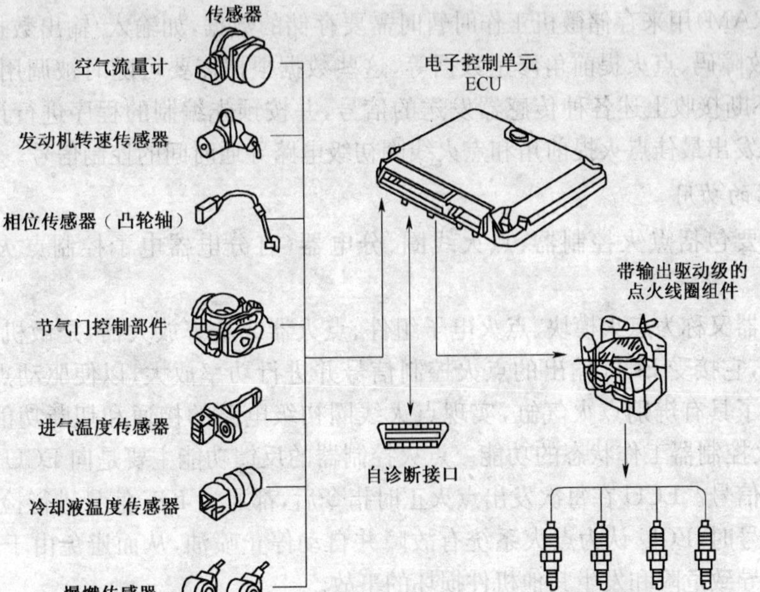

图 3-2　无分电器电子控制点火系统的组成

(二)电子控制点火系统组成部分的功用

1. 传感器的功用

传感器用来检测与点火有关的发动机工况信息，并将检测结果输入电子控制单元 ECU，作为计算和控制点火时刻的依据。虽然各型汽车电子控制点火系统采用的传感器类型、数量、结构和安装位置不尽相同，但主要有曲轴位置(转速与转角)传感器、凸轮轴位置(上止点位置)传感器、空气流量(负荷)传感器、节气门位置(负荷)传感器、冷却液温度传感器、进气温度传感器、车速传感器和爆燃传感器。这些传感器大多与汽油喷射系统、怠速控制系统等电子控制系统共用，而且都由一个 ECU 集中控制。

在传感器输入 ECU 的信号中，曲轴位置信号和凸轮轴位置信号是保证 ECU 控制电子点火系统正常工作最基本的信号。曲轴位置传感器向 ECU 提供发动机转速、曲轴转角信号，转速信号用于计算确定点火提前角，转角信号用于控制点火时刻(点火提前角)。凸轮轴位置传感器采集凸轮轴的位置信号输入 ECU，以便 ECU 识别 1 缸压缩上止点，从而进行点火时刻控制和爆燃控制。由于凸轮轴位置传感器能够识别是哪一缸活塞即将到达上止点，所以又称其为判缸传感器。

爆燃传感器是电子控制点火系统专用的一个传感器，ECU 可根据爆燃传感器输出的信号来判断发动机是否发生爆燃，从而对点火提前角进行修正，实现点火提前角的闭环控制。

空气流量传感器和节气门位置传感器向 ECU 提供发动机负荷信号，用于计算确定点火提前角。冷却液温度信号、进气温度信号、车速信号、空调开关信号以及爆燃传感器信号等，用于修正点火提前角。

2. 电子控制单元的功用

现代汽车发动机大多数都采用集中控制系统，电子控制单元 ECU 既是汽油喷射控制系统的控制核心，也是点火控制系统的控制核心。在 ECU 的只读存储器(ROM)中，除存储有监控和自检等程序之外，还存储有由台架试验测定的该型发动机在各种工况下的最佳点火提前角。随机存储器(RAM)用来存储微机工作时暂时需要存储的数据，如输入/输出数据、单片机运算得出的结果、故障码、点火提前角修正数据等，这些数据根据需要可随时被调用或被新的数据改写。CPU 不断接收上述各种传感器发送的信号，并按预先编制的程序进行计算和判断后，向点火控制器发出最佳点火提前角和点火线圈初级电路导通时间的控制信号。

3. 执行器的功用

执行器主要包括点火控制器、点火线圈、分电器(有分电器电子控制点火系统)及火花塞等。

点火控制器又称为点火模块、点火电子组件、点火器或功率放大器，是微机控制点火系统的功率输出级，它接受 ECU 输出的点火控制信号并进行功率放大，以便驱动点火线圈工作。点火控制器除了具有辨别点火气缸，实现点火线圈初级电路的接通和切断功能外，还具有向 ECU 反馈点火控制器工作状态的功能。点火控制器的反馈功能主要是向 ECU 提供火花塞是否正常的点火信号。ECU 在每次发出点火正时指令后，都通过 IGF 信号进行检测。当连续三次没有反馈信号时，ECU 认为点火系统有故障并自动停止喷油，从而避免由于过多可燃混合气未被点燃而导致危险和发生其他机件损坏的事故。

点火控制器的电路、功能与结构根据车型的不同而不同，有的与 ECU 制作在同一块电路板上，有的为独立总成，并用线束与 ECU 相连。由于无分电器电子控制点火系统有两个或多个点火线圈或点火线圈初级绕组，所以点火控制器一般除了具有自动断电、导通角控制、恒流控制等电路外，还有气缸判别电路和多个大功率晶体管及相应的控制电路。由于大功率晶体管工作电流大、温度高，故障率相对较高，为了便于散热、检修，许多无分电器点火系统将点火控制器分为两部分：控制电路和大功率晶体管输出电路。控制电路直接合入电子控制单元 ECU，大功率晶体管输出电路则自成一体，成为结构单一的点火控制器（如日产地平线 Skyline 轿车和部分三菱汽车采用的无分电器电子点火系统）或与点火线圈集成在一起（如桑塔纳 2000GSi AJR、一汽大众捷达 EA113 5V 发动机无分电器电子点火系统）。

在无分电器双缸同时点火系统中，点火线圈采用小型闭磁路点火线圈，次级线圈的两端分别与两个火花塞相连接。气缸组合的原则是：一个缸处于压缩行程的结束时刻，另一缸处于排气行程的结束时刻，即同步缸。

当初级电流突然切断时，在次级线圈上会感应出上万伏的高压电动势，加到火花塞电极之间，喷出高压火花，点燃气缸内的混合气。

然后，当晶体管导通瞬间，初级电流也发生突变，这样在次级线圈中便产生约 1000V 的电压，如图 3-3 所示。在一般的分电器式点火系统中，1000V 的高压电不足以击穿火花塞产生跳火。因为分电器中的分火头与旁电极之间的间隙较大，必须要有更高的电压才足以跳过这么大的间隙。而在无分电器点火系统中，这样的电压很可能点燃处于进气行程中气缸内的混合气。特别是火花塞间隙较小时，火花塞误跳火的可能性就更大。这将会引起回火等现象的发生，使发动机无法正常运转。为防止这种现象的出现，在点火线圈的次级绕组中串联一个高压二极管，如图 3-4 所示。当功率管导通时，产生的感应电动势反向加在高压二极管上，由于二极管的反向截止功能，1000V 的高压电就无法使火花塞跳火。

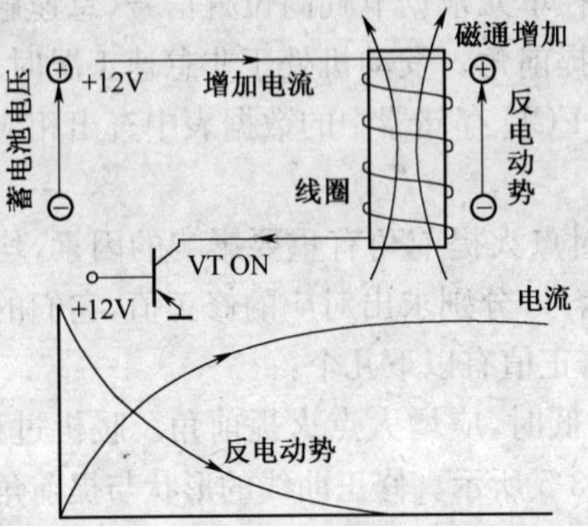

图 3-3 功率晶体管导通时的反电动势

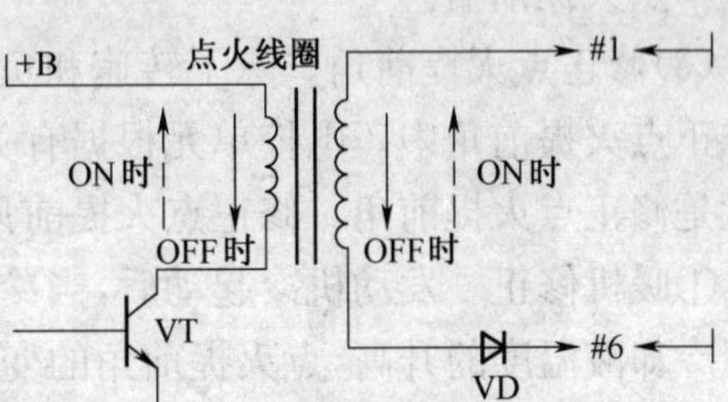

图 3-4 高压二极管的作用

而当功率控制晶体管截止时，次级绕组产生的高压电与前相反，二极管导通，使火花塞顺利跳火。

由于无分电器点火系统有两个或多个点火线圈初级绕组，发动机的一个工作循环，每个点火线圈初级绕组只通断一次（独立点火）或两次（同时点火），所以点火线圈初级绕组能够有较长的通电时间，点火线圈可以采用完全的闭磁路结构，提高能量利用率。点火线圈具体结构因高压配电方式的不同而分为独立点火方式配电用的点火线圈、点火线圈配电方式配用的点火线圈和二极管配电方式配用的点火线圈三种。

三、电子控制点火系统的控制功能

(一)控制点火提前角(点火正时)

在电子控制点火系统中,电控单元对点火提前角的控制分为发动机起动时点火提前角的控制和发动机起动后点火提前角的控制两种。

1. 发动机起动时点火提前角的控制

发动机起动时,电控单元不进行最佳点火提前角调整控制,而是根据发动机转速信号(Ne)和起动开关信号(STA),以固定不变的点火提前角点火。当发动机转速超过一定值时(大于500r/min),则自动转入电控单元控制的最佳点火提前角计算及控制程序。

2. 发动机起动后点火提前角的控制

发动机起动后,电控单元对最佳点火提前角的计算和控制一般按照如下步骤进行:首先根据基准信号(G)与转速信号(Ne)确定初始点火提前角,然后根据发动机转速和负荷确定基本点火提前角,最后根据有关传感器的信号确定修正点火提前角,这三项点火提前角的代数和即为实际的最佳点火提前角。

最佳点火提前角=初始点火提前角+基本点火提前角+修正点火提前角(或点火延迟角)

(1)初始点火提前角控制。为了控制点火正时,电控单元根据上止点位置来确定点火提前角。有些发动机电控单元把G1或G2信号出现后第一个转速信号(Ne)过零点定位于压缩行程上止点前10°,并以这个角度作为点火正时计算的基准点,称为初始点火提前角,其大小随发动机的不同而不同。

(2)基本点火提前角控制。发动机正常运转时,电控单元按怠速工况和非怠速工况两种情况确定基本点火提前角。发动机处于怠速工况时,电控单元根据节气门位置信号(怠速触点闭合)、发动机转速信号及空调开关信号,确定基本点火提前角。发动机处于非怠速工况时,电控单元根据发动机转速和节气门位置(进气量)信号,从ECU存储器中的数据表中查出相应工况的基本点火提前角。

(3)修正点火提前角。除了转速和负荷外,其他对点火提前角有重要影响的因素,均归入到修正点火提前角中。电控单元根据有关传感器的信号,分别求出对应的修正值,它们的代数和就是修正点火提前角。修正点火提前角所包括的修正值有以下几个:

①暖机修正。发动机冷起动后,当冷却液温度较低时,应增大点火提前角。暖机过程中,随着冷却液温度的升高,点火提前角的变化趋势如图3-5所示。修正曲线的形状与提前角的大小随车型而异。

②过热修正。当发动机处于正常运行工况(怠速触点IDL断开),冷却液温度过高时,为了避免爆燃发生,应将点火提前角推迟。过热修正曲线的变化趋势如图3-6所示。

③怠速稳定性修正。发动机在怠速期间,由于发动机负荷变化(如空调、动力转向等)而使转速改变,ECU将随时调整点火提前角,使发动机在规定的怠速转速下稳定运转。

发动机处于怠速工况时,ECU不断地计算发动机的平均转速,当平均转速低于规定的怠速目标转速时,ECU根据两者的差值大小,相应地增加点火提前角;当平均转速高于规定的目标转速时,相应地推迟点火提前角。

④空燃比反馈修正。装有氧传感器的电控燃油喷射系统进行闭环控制时,ECU根据氧传

感器的反馈信号对空燃比进行修正。随着修正喷油量的增加和减少，发动机的转速在一定范围内波动。为了提高发动机转速的稳定性，在反馈修正油量减少时，适当地增大点火提前角。

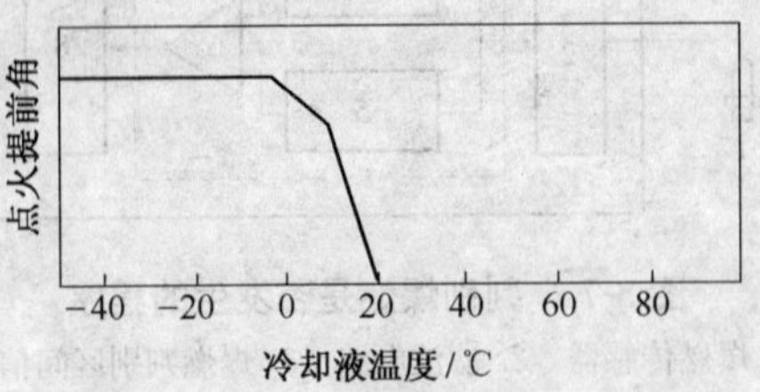

图 3-5　点火提前角的变化趋势

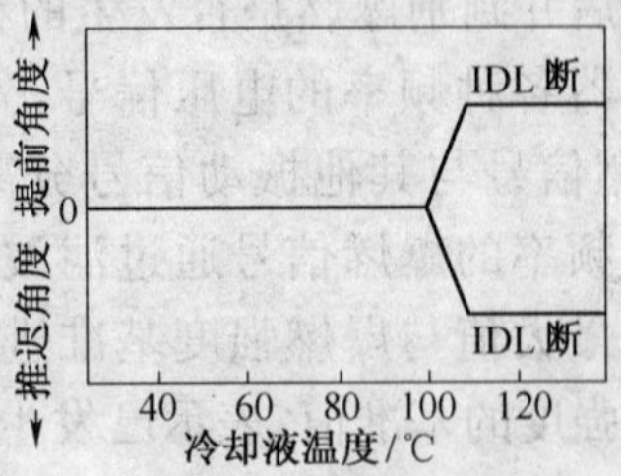

图 3-6　过热修正曲线的变化趋势

(4)最大和最小提前角控制。当 ECU 计算出的实际点火提前角(初始点火提前角＋基本点火提前角＋修正点火提前角或延迟角)超过一定范围时，发动机将不能正常运转。为了防止出现这种情况，在电控点火系统中，由电控单元对实际点火提前角的数值范围进行限制。最大和最小点火提前角的一般范围为：最大点火提前角 35°～45°，最小点火提前角－10°～0°。

(二)控制闭合角(初级线圈通电时间)

闭合角的控制又称为通电时间控制。对于电感储能式点火系统而言，当点火线圈的初级通电后，其初级电流是按指数规律增长的。初级线圈被断开瞬间所能达到的断开电流值与初级线圈接通时间长短有关，只有当通电时间达到一定值时，初级电流才可能达到饱和。而次级线圈高压的最大值与初级断开电流成正比，为了获得足够的点火能量，必须使初级电流达到饱和。但是，如果通电时间过长，则点火线圈又会发热，并使电能消耗增大。因此，要控制一个最佳的通电时间，须兼顾上述两方面要求。

影响初级线圈通过电流的主要因素有发动机转速和蓄电池电压。为了保证在不同的蓄电池供电电压和不同的转速下都具有相同的初级断开电流，电控单元根据蓄电池电压和发动机转速信号从预置的闭合角数据表中查出相应的数值，对闭合角进行控制。

当发动机转速升高时，适当增大闭合角，以防止初级线圈通过的电流值下降，造成次级高压下降，点火困难。蓄电池电压下降时，基于相同的理由，也应适当增大闭合角。

(三)控制爆燃

爆燃是汽油机运行过程中非常有害的一种故障现象。汽油机持续爆燃，火花塞电极或活塞就可能产生过热、熔损、气缸磨损加剧等现象，导致发动机损坏，因此必须防止爆燃现象的发生。

爆燃与点火时刻存在着密切的关系。点火时刻提前，燃烧的最大压力就高，因而容易产生爆燃。发动机发出的最大转矩的点火时刻(MBT)是在开始发生爆燃点火时刻(爆燃界限)的附近。对于爆燃控制点火系统，为了防止爆燃的产生，其点火时刻的设定远离爆燃界限，这样势必降低发动机效率，增加燃油消耗。

具有爆燃控制功能的点火系统能使点火时刻离爆燃界限只有一个较小的余量，这样既可控制爆燃的发生，又能更有效地得到发动机的输出功率，这和控制由爆燃传感器来检测发动机有无爆燃现象，并将信号送至发动机 ECU，ECU 根据此信号来调整点火提前角。爆燃时，推迟点火，没有爆燃时，则提前点火，以保证在任何工况下的点火提前角都处于接近发生爆燃的最佳角度。

要控制爆燃，首先必须判断爆燃是否发生。如图 3-7 所示是把爆燃传感器的输出信号进行滤波处理后并判别爆燃是否发生的程序。来自爆燃传感器各种频率的电压信号，先经滤波电路，将爆燃信号与其他振动信号分离。只允许特定范围频率的爆燃信号通过滤波电路，再将此信号的最大值与爆燃强度基准进行比较，如大于爆燃强度的基准值，表示已发生爆燃，则将爆燃信号输入微机，由微机进行处理。

爆燃强度的大小以超过基准值的次数来计量，其次数越多，则爆燃强度越大；次数越少，爆燃强度越小。

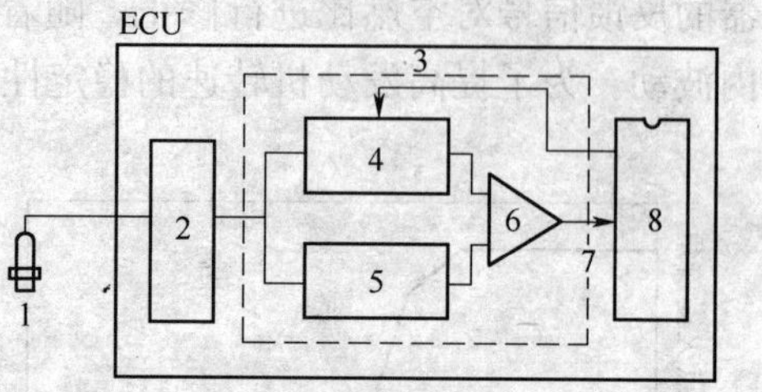

图 3-7 判别爆燃是否发生的程序

1. 爆燃传感器 2. 滤波电路 3. 爆燃判别区间信号 4. 峰值检测 5. 比较基准能量级计算 6. 爆燃判别 7. 爆燃信号 8. 微机

因为爆燃仅在混合气燃烧期间发生，所以为了避免干扰引起的误检测，只在"爆燃判别范围"进行处理，由微机完成爆燃的控制。当发动机发生爆燃时，微机通过爆燃传感器输入信号和比较电路确定发动机的爆燃，并根据爆燃强度输入信号，由微机控制点火提前角的大小，在检测到发动机爆燃时，微机立即把点火提前角逐渐减小，直至无爆燃产生。随后又逐渐地增大点火提前角，一直到发生爆燃时，又恢复前述的反馈控制，其控制原理如图 3-8 所示。

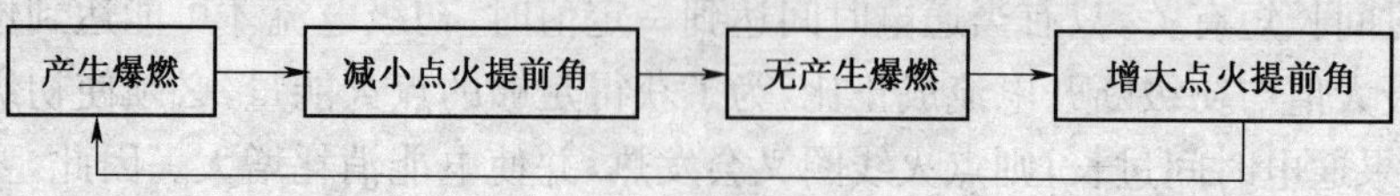

图 3-8 爆燃反馈控制原理

四、电子控制点火系统的控制方式

(一)点火基准信号及点火提前角控制方式

发动机点火提前角要求按 1°曲轴转角级精度进行控制。在发动机转速为 6000r/min 时，1°曲轴转角换算成时间约为 30μs。为了精确控制点火提前角，需要精确地检测曲轴转角位置。不同系统采用的点火基准信号及点火提前角控制方式多种多样，常见的有：计数器延时计数法、脉冲计数和延时计数综合法、1°曲轴转角计数法等三种方法。

1. 计数器延时计数法

这种方式 PCM 要输入一个与发火间隔角(对 4 缸机为 180°曲轴转角)相等的曲轴位置基准脉冲信号(基准信号 G)。以该基准信号发生时刻为基准，根据事先编程设定的通电时间和点火时刻，计算出通电开始时刻和断电时刻，并用微机内的快速定时计数器进行控制。该基准信号也常作为转速信号使用。

假定该基准信号发生时刻位于发动机压缩上止点(TDC)前 90°曲轴转角。由于相邻两个脉冲之间的时间等于计数器的时钟周期与计数值的乘积，前者是由 PCM 决定的常数，所以在工作中只需不断记录计数器的计数值(设定为 N)即可。若此时 PCM 计算出的点火提前角为 30°曲轴转角，那么当 G 信号出现后只要再过 60°曲轴转角就该点火，这一角度称为点火延迟角 A_d。PCM 根据简单的比例运算关系就可计算得到 A_d 所对应的计数器的计数值 N_d ($N_d = A_d \cdot N/180$)。

另外，由于转速一定时，点火周期是一定的，控制断电时间就控制了通电时间。为此 PCM 同时还要计算此时点火线圈的断电时间 D_n。

当 G 信号的下跳沿出现时，PCM 首先起动计数器工作，进行延迟计数。当延迟计数值等于 N_d 时，输出点火信号，将初级电路切断。接着 PCM 起动计数器进行断电时间控制，当计数值等于 D_n 时将点火信号取消，使初级电路接通。

这种控制方式结构最简单，易于实现，但在过渡工况时转速是变化的，控制精度略差一些，现已较少采用。

2. 脉冲计数和延时计数综合法

这种方法中 PCM 接收与发火间隔角(对 4 缸机为 180°曲轴转角)相同的基准信号 G 和某一曲轴转角信号 Ne，并以 G 信号为基准，计算确定点火线圈通电的开始时刻和点火时刻，以每个 Ne 信号对应的曲轴转角(例如曲轴每转 18 个脉冲，脉冲间隔 20°曲轴转角)为计数单元，对这两个时刻进行计数确定，以此对通电时间和点火时刻进行控制，向点火器输出点火提前角信号 IGt。

若 G 信号在压缩行程上止点前 80°曲轴转角出现，Ne 信号的脉冲间隔为 20°曲轴转角，点火提前角为 35°曲轴转角，那么延迟角为 45°曲轴转角。当基准位置信号 G 的上跳沿出现后，PCM 计数器先数两个 Ne 信号，这时对应的曲轴转角为 40°，剩下的 5°曲轴转角，则采用定时计数法控制，若两个 Ne 信号间对应的定时计数值为 N(即 20°曲轴转角对应时间)，那么 5°曲轴转角对应的定时计数值为 N/4。当 N/4 定时时间结束时，则 PCM 输出点火信号，使初级回路断路。

这种方式在发动机过渡工况时的控制精度较高，但传感器的结构要复杂些。

3. 曲轴转角计数法

这种方式采用曲轴位置传感器产生 180°曲轴转角的 G 信号和间隔 1°曲轴转角的 Ne 信号，PCM 同时接收这两个信号，并以 G 信号为基准，计算确定点火线圈通电的开始时刻和点火时刻，以 1°曲轴转角的高分辨率，对这两个时刻进行精确的计数确定，以此对通电时间和点火时刻进行控制，向点火器输出点火提前角信号 IGT。

当基准信号 G 出现后，PCM 就起动计数器工作，对 1°曲轴转角信号 Ne 计数，数过与延迟角度相等的数值后，PCM 向点火器输出点火提前角信号 IGT，将初级电路切断。同时起动计数器重新对 1°曲轴转角信号 Ne 计数，数到与断开角度相等的数值后，将点火信号取消，使初级回路闭合，让点火线圈以磁场形式积蓄能量为下一次点火做准备。

这种方法以 1°曲轴转角信号为背景对延迟角度和断开角度进行控制，所以转速波动不影响测量精度，过渡工况控制性能好。但是产生 1°曲轴转角的信号有时比较困难。

(二)有分电器电子控制点火系统的控制方式

有分电器电子控制点火系统的电路如图 3-9 所示。ECU 通过传感器得到发动机的转速和负荷信号，查阅存于其内部存储器中的最佳控制参数，从而获得这一工况下的最佳点火提前角和点火线圈初级电路通电时间，将其转换成点火正时指令(IGT)送至点火控制器(模块)。当点火正时指令变为低电平时，点火线圈初级电流被切断，次级线圈中感应出高压，再由分电器送至相应缸的火花塞产生电火花。

点火线圈初级电流被切断时，触发 IGF 信号发生电路，输出一个点火确认信号 IGF 并反

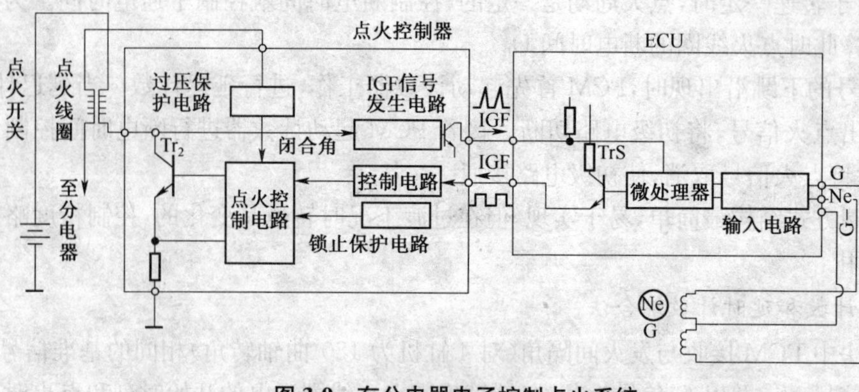

图 3-9 有分电器电子控制点火系统

馈给 ECU。如果点火控制器中的功率晶体管不能正常导通和截止，则 ECU 中的微处理器接收不到反馈信号 IGF，表明点火系统发生故障，ECU 立即中止燃油喷射。

发动机点火系统所采用的点火线圈按磁路不同，可分为开磁路和闭磁路两种。现代电控发动机点火线圈都采用闭磁路式，因为其铁心是闭合的，磁通全部经过铁心内部，铁心的导磁能力约为空气的 10000 倍。闭磁路点火线圈磁阻小，能有效地降低线圈的磁动势，实现小型化。它可与点火控制器合二为一，甚至可与火花塞一体化。

(三)无分电器电子控制点火系统的控制方式

常用的无分电器式电子控制点火系统有双缸同时点火和独立点火两种方式。

1. 双缸同时点火控制方式

双缸同时点火系统是指两个气缸共用一个点火线圈，其次级绕组的两端分别与两个气缸上的火花塞相连接，如图 3-10 所示。

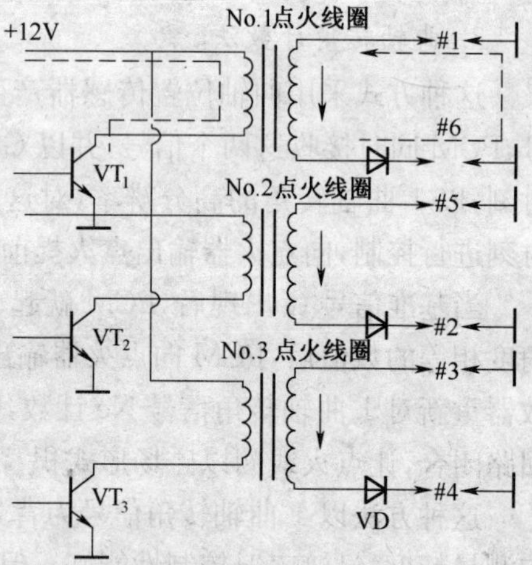

图 3-10 无分电器双缸同时点火的原理

同时点火方式的一个点火线圈上有两个火花塞串联，当产生高压电时，它对两个火花塞同时点火。当一个气缸处于压缩行程准备点火时，另一个气缸却处于排气行程。对于压缩行程的气缸，由于气缸压力较高，放电较困难，所需的击穿电压较高，而处于排气行程的气缸，压力接近于大气压，放电容易，所需的击穿电压低，很容易击穿。因此当两气缸的火花塞同时跳火时，其阻抗几乎都在压缩气缸的火花塞上，它承受了绝大部分电压降，与只有一只火花塞跳火的点火系统相比较，其击穿电压相差不大，而在排气气缸火花塞上的电能损失也很小，所以从点火能量看对正常点火影响并不大。

在无分电器双缸同时点火系统中，ECU 输出的指令除控制点火时刻和通电时间的点火正时指令(IGT)外，还需要输出能够辨别是哪一组气缸的指令，即辨缸指令(IGD)。

在如图 3-11 所示的无分电器双缸同时点火系统中，曲轴位置传感器采用了磁感应式传感器，该传感器可以向 ECU 提供曲轴转角信号 Ne，活塞上止点位置信号 G_1、G_2。发动机 ECU 根据 G_1、G_2 信号判断出下次进行点火的气缸组，并发出辨缸指令 IGD_A 和 IGD_B。

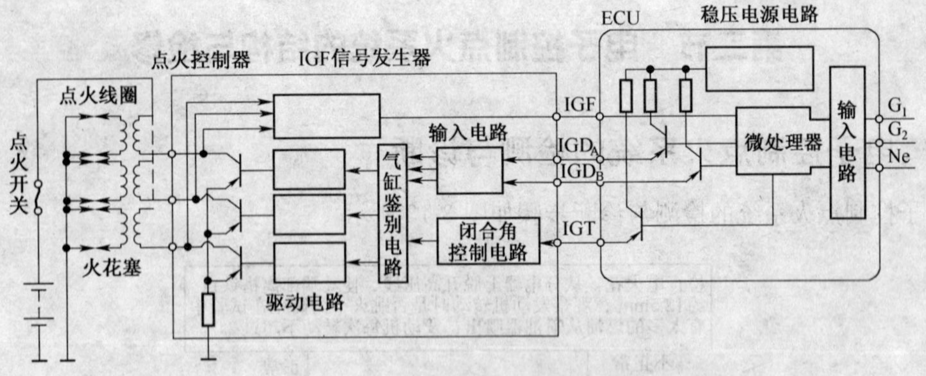

图 3-11 无分电器双缸同时点火系统

ECU 输出的辨缸指令与发动机点火气缸之间的约定如表 3-1 所示。

表 3-1 ECU 输出的辨缸指令 IGD_A 和 IGD_B 与发动机点火气缸之间的关系

IGD_A状态	IGD_B状态	点火线圈	点火气缸
低电平 0	高电平 1	1#	1、6 缸
低电平地	低电平地	2#	2、5 缸
高电平 1	低电平 0	3#	3、4 缸

由此可见，发动机工作时，ECU 不停地输出具有点火正时功能和通电时间功能的点火正时指令(IGT)。至于此信号用于哪一组点火线圈，由 ECU 辨缸指令 IGD_A 和 IGD_B 来决定。

2. 独立点火控制方式

独立点火方式是指每一个气缸的火花塞上各配一个点火线圈，单独对本缸火花塞通电点火，如图 3-12 所示。在这种点火方式中，点火线圈与火花塞是制成一体的，直接安装在缸盖上，特别适合于四气门发动机使用。火花塞可安装在双凸轮轴的中间，并在每缸火花塞上直接压装一个点火线圈，以充分利用空间，这对 V 形多缸轿车发动机燃烧室合理紧凑地布置，具有特别重要的实用意义。同时，由于没有机械式分电器和高压导线，因而能量传导损失和漏电损失小，机械磨损或发生故障的机会均减少，而且各缸的点火线圈和火花塞均由金属包着，其电磁干扰大大减小，对发动机电控系统的可靠工作非常有利。

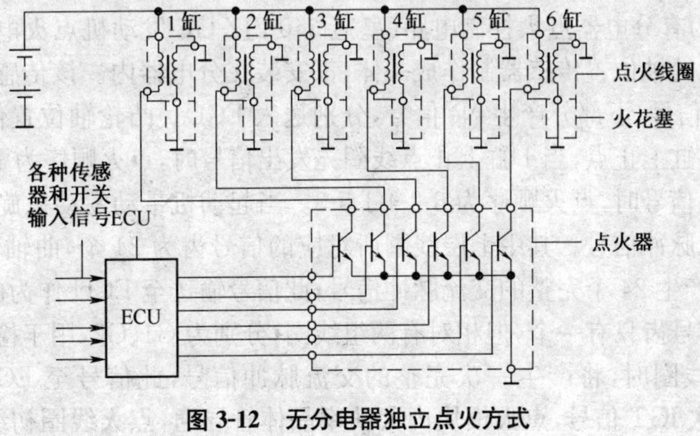

图 3-12 无分电器独立点火方式

第二节　电子控制点火系统的结构与检修

一、电子控制点火系统的检测与诊断

电子控制点火系统的检测与诊断步骤如图 3-13 所示。

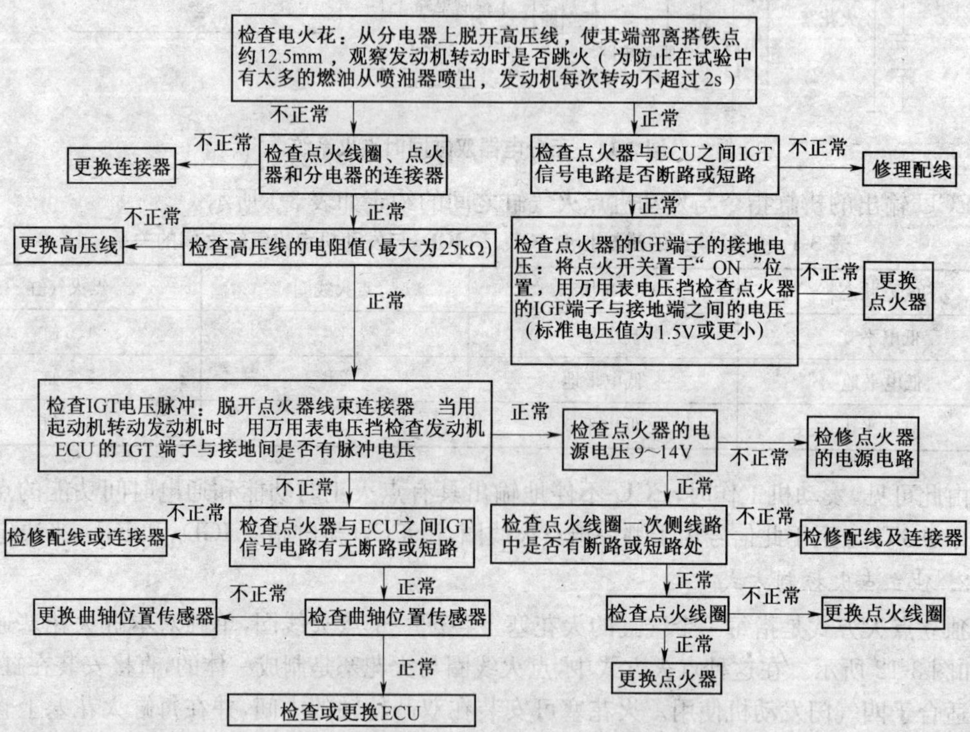

图 3-13　典型电子控制点火系统的检测与诊断步骤

二、有分电器点火控制系统的检修

(一)有分电器点火控制电路分析

图 3-14 所示为有分电器点火控制电路(皇冠 3.0 2JZ-GE 发动机点火电路)。磁感应式曲轴位置传感器和凸轮轴位置传感器制作成一体,都安装在分电器内。该传感器分成上、下两部分,上部分产生 G 信号,下部分产生 Ne 信号,分别送入 ECU。凸轮轴位置传感器有两个信号线圈分别检测 1、6 缸上止点,当 1 缸上止点线圈先发出信号时,点火顺序为 1-5-3-6-2-4;当 6 缸上止点线圈先发出信号时,点火顺序为 6-2-4-1-5-3。当起动机带动发动机旋转时,分电器内双层线圈会产生交流脉冲信号。其中上层线圈所对应的信号齿为 24 个,曲轴转两圈(720°)分电器轴转一圈,它将产生 24 个完整的交流脉冲信号,此信号输送至 ECU 作为曲轴转角信号。下组线圈所对应的信号齿只有一个,但相对有两组线圈,分别为 G1、G2,用于检测 1、6 缸上止点。当信号齿经过 G_1 线圈时,将产生一次完整的交流脉冲信号,此信号至 ECU,当为正半周时 ECU 将发出第一次 IGT 信号,点火模块内大功率晶体管导通,点火线圈初级线圈充磁。当为负半周时,IGT 信号高电位变为低电位,点火模块内晶体管截止,点火线圈次级线圈产生高

压电。

点火线圈次级线圈高电压经高压线分火头→1 缸旁电极→1 缸高压线→1 缸火花塞点火。初级线圈自感电动势被 IGF 信号发生器识别捕捉产生电信号，IGF 信号发生器控制晶体管导通，IGF 信号电压由 5V 变为 0V，产生 IGF 信号，表示点火成功信号。ECU 根据 IGF 信号，将继续发出喷油指令。当 IGF 信号开路或接地时，ECU 将会切断喷油器接地回路，停止喷油，以防止排放污染。当第一缸点火信号产生后，ECU 将以 G1 信号为基准记数，当记录 4 个 Ne 信号(相当于曲轴转 120°)后发出第二个 IGT 信号使第五缸点火，再记数 4 个 Ne 信号发出第三个 IGT 信号使第三缸点火，依此类推，完成发动机(1-5-3-6-2-4)点火。

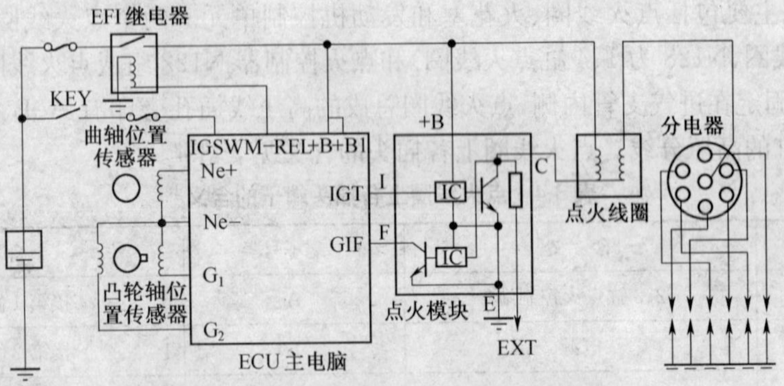

图 3-14 皇冠 3.0 2JZ—GE 发动机点火电路

(二)有分电器点火控制系统的检修

1. 点火线圈的检测

拔下点火线圈线束连接器，用万用表欧姆挡检测点火线圈各线圈的电阻值，其值应符合表 3-2 的规定；如不符合，必须更换点火线圈。

表 3-2 点火线圈电阻值

点火线圈绕组	检测条件	电阻值/Ω	点火线圈绕组	检测条件	电阻值/Ω
初级线圈	冷态	0.36～0.55	次级线圈	冷态	9000～15400
	热态	0.45～0.65		热态	11400～13800

2. 点火控制器的检测

起动发动机，用万用表电压挡或示波器检查点火控制器端子间的电压，其电压值应符合表 3-3 的规定；如不符合，则必须更换点火控制器或 ECU。

表 3-3 点火控制器上各端子间电压

端子	标准电压值/V	检测条件
+B—接地	9～14	点火开关 ON
IGT—接地	有电压脉冲(0.5～1)	发动机起动或怠速运转
IGF—接地	有电压脉冲(0.5～1)	发动机起动或怠速运转

3. 高压线和火花塞的检测

(1)高压线的检测。通过测量高压线电阻值来判断高压线是否良好，其最大电阻值为 25kΩ。如电阻值不符合规定，应更换高压线。

(2)火花塞的检测。用万用表欧姆挡测量火花塞绝缘电阻的方法来判断火花塞能否继续使用,其绝缘电阻值应大于10MΩ。另外,也可连续5次将发动机转速迅速提高到4000r/min,然后熄火,拆下火花塞,检查其电极状况。若电极干燥,火花塞可用;若电极潮湿,则需要更换火花塞。

三、无分电器点火控制电路的检修

(一)无分电器点火控制电路分析

桑塔纳2000GSi AJR发动机和捷达5气门EA113发动机采用的是同时点火的无分电器点火控制系统,主要包括点火线圈、火花塞和发动机控制单元。两个点火线圈(N和N128,N为2、3缸点火线圈,N128为1、4缸点火线圈)和点火控制器N122组成点火线圈总成N520,如图3-15a所示,固定在进气支管内侧,点火线圈总成的高压线插孔旁印有A、B、C、D标记,分别对应1、2、3、4缸的高压分线。点火线圈上各插头的含义见表3-4。

表3-4 点火线圈上各插头端子的含义

端子号	含 义	端子号	含 义
1	2、3缸点火控制端	A	接第1缸火花塞
2	电源	B	接第2缸火花塞
3	1、4缸点火控制端	C	接第3缸火花塞
4	搭铁	D	接第4缸火花塞

点火线圈总成的接线如图3-15b所示,其中端子1是1缸和4缸的点火控制端。端子3是2缸和3缸的点火控制端。点火线圈总成由继电器盒内15号线→继电器盒D23接柱→2.5导线→N520的T4/2端子,向点火线圈及点火控制器供电,并通过N520的T4/4端子搭铁。双缸同时点火时,发动机第2、第3缸同时点火,由控制单元的T80/71→0.5导线→N520的T4/1端子,输入点火控制器控制信号;发动机第1、第4缸同时点火,由控制单元的T80/78→0.5导线→N520的T4/3端子,向点火控制器输入控制信号。点火线圈初级和次级分为两组,分别为第2、第3缸和第1、第4缸提供高压电,高压电路中无分电器,点火线圈高压接线直接与火花塞相连。

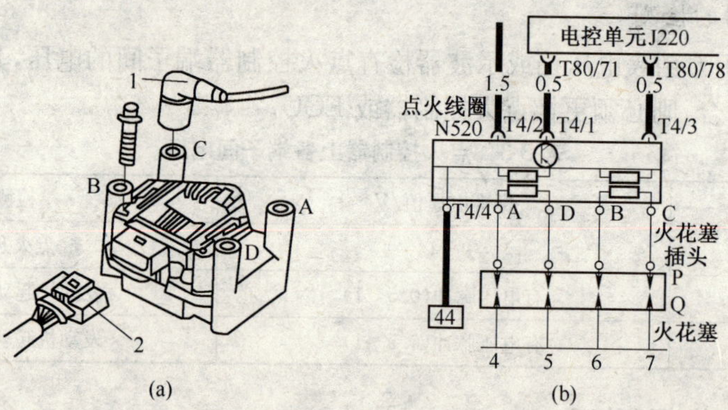

图3-15 点火线圈

(a)总成 (b)接线

1.3缸点火线 2.连接插头

(二)无分电器点火控制系统的检修

1. 检查点火线圈

拔下点火线圈的插头,并从火花塞上拔下点火线。如图 3-16 所示,用万用表测量点火线圈的次级电阻,A、D 端子电阻表示 1、4 缸线圈次级电阻,8、C 端子电阻表示 2、3 缸线圈次级电阻,1、4 缸和 2、3 缸电阻规定值均为 4 kΩ～6kΩ。如电阻值不符合规定,应更换点火线圈总成。

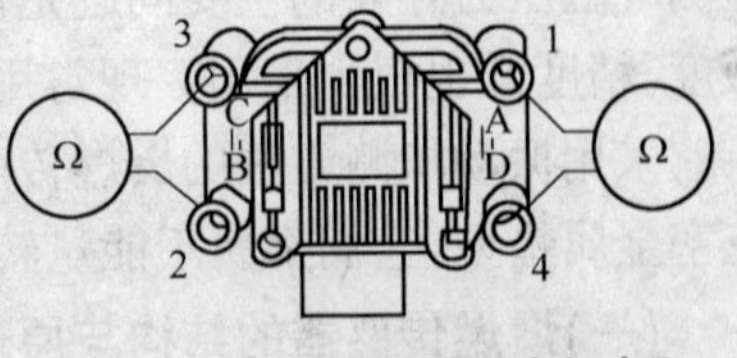

图 3-16　检查点火线圈次级电阻

点火线圈和点火控制器是结合成一体的零部件,不能单独更换;测量点火线圈的次级电阻时,可先将点火线插到点火线圈上,通过相应气缸的火花塞插头来测量,测量的同时,也测量了点火线的抗干扰电阻。

2. 检查点火线圈与点火控制器的供电

将点火线圈总成的四个端子的插头拔下,如图 3-17 所示,用万用表测量线束端插头端子 2(电源端)和 4(搭铁端)之间的电压。打开点火开关,其电压值应为蓄电池电压,大于或等于 11.5V。然后关闭点火开关。如果没有电压,按照电路图分别检查端子 2 与中央继电器盒 D 插头端子 23、端子 4 与搭铁之间有无断路,导线电阻值最大为 1.5Ω。若电压正常,按照电路图,检查点火控制器线束端插头至发动机控制单元对应连接端子之间的导线是否导通,其导线电阻最大值为 1.5Ω。若线路正常,检查点火控制器的动作。

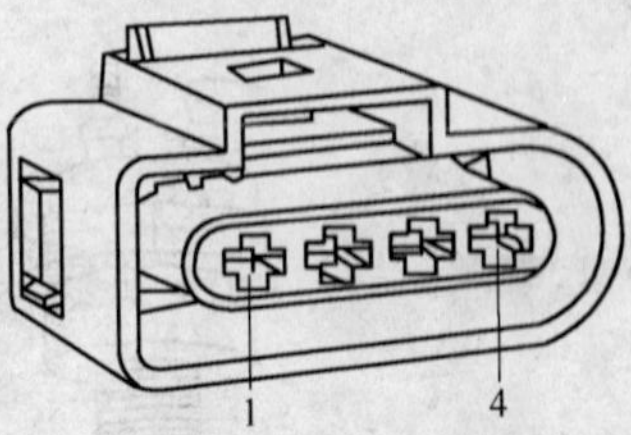

图 3-17　点火线圈插头

3. 检查点火控制器的动作

拔下所有喷油器的插头,拔下点火线圈插头,用辅助导线 V. A. G1554 连接二极管检测灯 V. A. G1527(或发光二极管与 300Ω 电阻串联)于点火控制器插头端子 1(点火输出)和端子 4(搭铁端)、端子 3(点火输出)和端子 4(搭铁端),以检查控制单元 1、4 缸和 2、3 缸点火线圈的控制信号。短时起动发动机,二极管必须闪烁。

如发光二极管不闪烁,说明电子控制单元 J220 至点火控制组件之间的导线存在故障或电子控制单元存在故障。这时应使用数字式万用表检查连接器插头 1 端子与电子控制单元上 71 端子、3 端子与电子控制单元上 78 端子之间的电阻,标准值应为 1.5Ω 以下。如果电阻为无穷大,说明导线存在断路,应进行检修。其次再检查 1 端子与电子控制单元 78 端子、3 端子与电子控制单元 71 端子之间的导线是否存在短路,电阻值为无穷大说明导线不存在故障,电阻值若为零说明导线存在短路。

检查后若发光二极管不亮,检查连接导线又不存在断路或短路,说明电子控制单元 J220 存在故障,应进行更换。

发动机 ECU 自诊断功能不能识别点火线圈的故障。如果一个火花塞由于断路使整个点火线路断路,相应的另一火花塞也不跳火;如果一个火花塞由于短路而不跳火,但整个点火线路没有断路,那么相应的另一个火花塞仍可以跳火。

四、爆燃传感器的结构与检修

爆燃传感器用来检测发动机有无爆燃发生,它是发动机集中控制系统中的重要部件。检测发动机爆燃可以有三种途径：一是检测气缸压力，二是检测发动机振动，三是检测燃烧噪声。检测气缸压力存在的主要问题是传感器安装困难，而且耐久性差，而检测燃烧噪声的方法因灵敏度、精度低也很少采用。现常用检测发动机振动的方法来判断有无爆燃。

采用振动检测方法的爆燃传感器有磁滞伸缩式和压电式两种，采用缸压检测方法的有火花塞金属垫型，它们都属于能量转换型（发电型）传感器。

（一）爆燃传感器的结构与原理

1. 磁滞伸缩式爆燃传感器

磁滞伸缩式爆燃传感器应用较早，它是一种电感式传感器，其结构和输出特性如图 3-18 所示。它由高镍合金的铁心、永久磁铁、绕组及外壳等组成。其工作原理是：当发动机发生爆燃时，铁心振动使绕组中的磁通量发生变化，从而产生感应电动势。当传感器的固有振荡频率与发动机爆燃时的振动频率相同时，传感器输出最大信号。

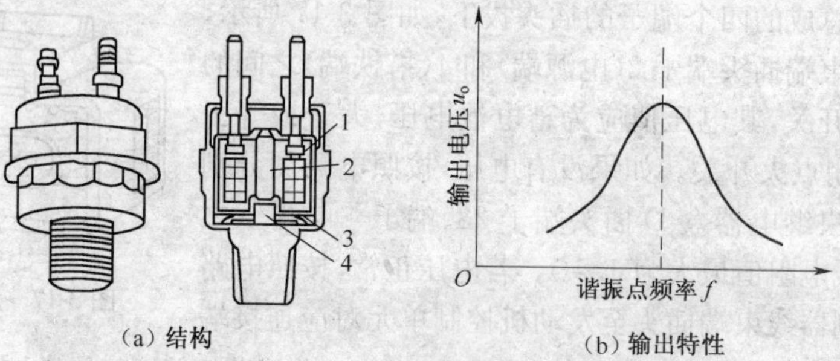

图 3-18 磁滞伸缩式爆燃传感器的结构和输出特性

1. 绕组 2. 铁心 3. 外壳 4. 永久磁铁

2. 压电式爆燃传感器

当沿着一定方向对某些电介质施力而使其变形时，其内部会产生极化，同时在表面产生电荷的现象称为压电效应。利用压电效应原理制成的传感器为压电式传感器。压电式传感器是一种力敏元件。凡是能够变换为力的动态物理量，如应力、压力、加速度等，均可用其进行检测。压电式爆燃传感器可分为共振型和非共振型两种。

(1)共振型压电式爆燃传感器。这种爆燃传感器结构如图 3-19 所示。主要由压电元件、振荡片、基座、外壳等组成。

压电元件紧贴在振荡片上，振荡片固定在基座上。选择振荡片的固有频率与被测发动机爆燃时的振动频率一致，则当爆燃发生时两者共振，压电元件有最大谐振输出。它的输出特性与磁滞伸缩式类似。

(2)非共振型压电式爆燃传感器。非共振型压电式爆燃传感器实际是一种加速度传感器。它是以接收加速度信号的形式来检测爆燃的。如图 3-20 所示为这种传感器的结构。

这种传感器与上述共振型传感器的不同之处在于：它内部无振荡片，但设置了一个配重块。配重块以一定预应力压紧在压电元件上。当发动机产生爆燃时，配重块就以一正比于加速度的交变力施加在压电元件上，从而产生输出信号。这种爆燃传感器在爆燃时输出的电压较无爆燃时无明显增加，爆燃是否发生是靠滤波器检出传感器输出信号中有无爆燃频率来判别的。

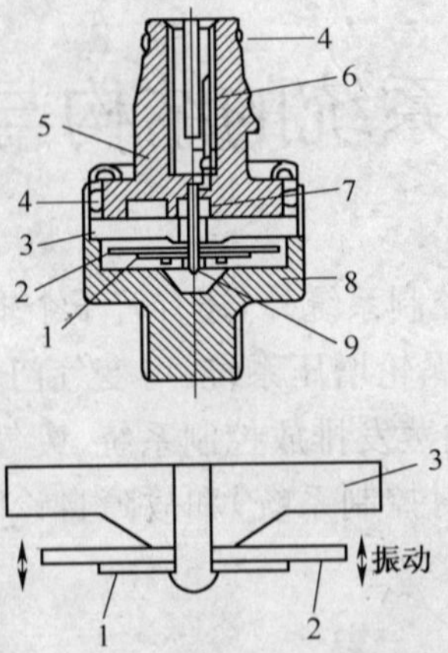

图 3-19　共振型压电式爆燃传感器的结构

1. 压电元件　2. 振荡片　3. 基座　4. O形环
5. 连接器　6. 接头　7. 密封剂　8. 外壳　9. 引线

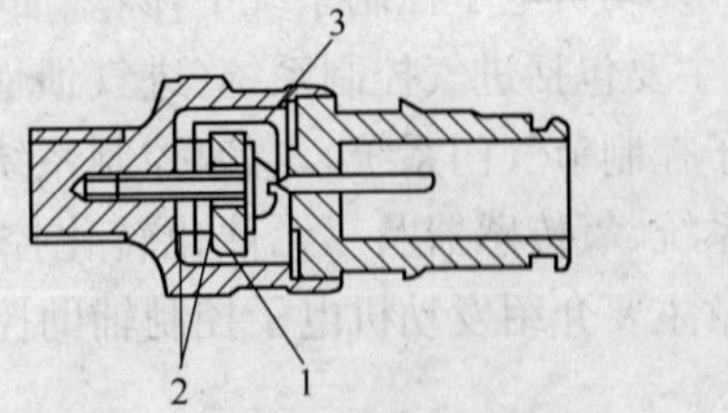

图 3-20　非共振压电式爆燃传感器结构

1. 配重　2. 压电元件　3. 引线

比较共振型和非共振型压电式爆燃传感器，共振型压电式爆燃传感器在爆燃时输出电压明显增大，易于测量，但传感器必须与发动机配套使用。非共振型压电式爆燃传感器用于不同的发动机时，只需调整滤波器的频率范围就可以工作，通用性强，但爆燃信号的检测复杂一些。

3. 火花塞金属垫型爆燃传感器

该类传感器是在火花塞的垫圈部位装上压电元件，根据燃烧压力直接检测爆燃信息，并将振动压力转换成电压信号输出。该类型爆燃传感器一般每缸火花塞安装一个。

压电式爆燃传感器与其他压电式传感器一样，必须配合一定的电压放大器或电荷放大器，将信号放大并将高阻抗输入变换为低阻抗输出。

(二)爆燃传感器的检修

丰田皇冠 3.0 轿车 2JZ-GE 型发动机爆燃传感器与 ECU 的连接如图 3-21 所示。

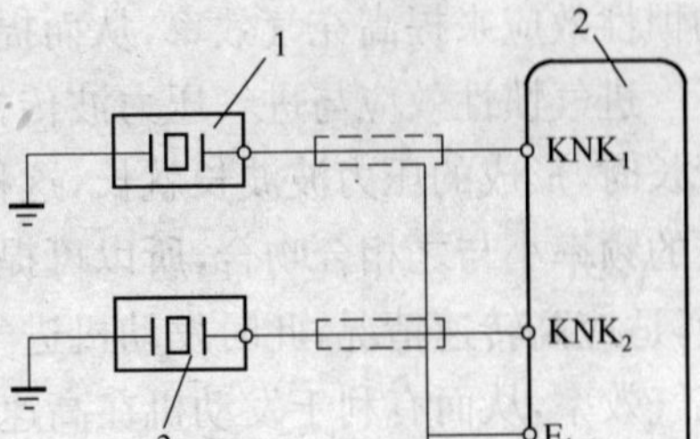

图 3-21　爆燃传感器与 ECU 的连接

1、3. 爆燃传感器　2. ECU

1. 检测爆燃传感器内部电路

点火开关置于“OFF”位置，拔下爆燃传感器导线接头，用万用表电阻挡检测爆燃传感器的接线端子与外壳间的电阻，应为无穷大(不导通)；若为 0Ω(导通)，则须更换爆燃传感器。

对于磁滞伸缩式爆燃传感器，还可用万用表电阻挡检测线圈的电阻，其阻值应符合规定值(具体数据见具体车型维修手册)，否则应更换爆燃传感器。

2. 检查机械部分

检查传感器安装情况(规定力矩拧紧)和变形裂纹情况。

3. 检查爆燃传感器输出信号

拔下爆燃传感器的连接插头，在发动机怠速时，用万用表电压挡检测爆燃传感器的接线端子与搭铁间的电压，应有脉冲电压输出。若没有，则应更换爆燃传感器。

第四章　发动机电子控制辅助系统的结构与检修

发动机电子控制系统中，除燃油喷射控制系统和点火控制系统外，还有若干个辅助控制系统，主要包括进气控制系统（进气惯性增压控制系统、废气涡轮增压系统、可变气门正时系统、电子控制节气门系统）、怠速控制系统、排放控制系统（燃油蒸发排放控制系统、废气再循环控制系统、氧传感器及三元催化转化控制系统、二次空气喷射控制系统）和故障自诊断系统等。本章主要介绍发动机电子控制辅助控制系统的结构与检修。

第一节　进气控制系统的结构与检修

一、进气惯性增压控制系统的结构与检修

（一）进气惯性增压的原理与方式

1. 增压原理

发动机气缸进气过程中，当气体高速流向进气门时，进气门突然关闭，进气门附近的气体流动突然停止，由于惯性，进气管仍在进气，进气门附近的气体被压缩，压力上升。当气体的惯性消失后，被压缩的气体开始膨胀，向着进气气流相反的方向流动，此时压力下降。当反流的膨胀气体的波传到进气管口时又被反射回来，如此反复进行就形成了压力波。如果进气脉动压力波与进气门开闭相配合，反射的压力波集中于要打开的进气门附近，进气管内的空气产生谐振，那么在进气门打开时就会形成增压进气的效果。进气惯性增压控制系统就是利用进气的惯性效应来提高充气效率，从而提高发动机的动力性和经济性。

进气惯性效应与进气压力波传播路线的长度有关，不同的转速要求不同的长度。当进气管长时，形成的压力波波长就长，这种情况适应发动机在中低速区域，因为此时进气频率小，长波的频率小与之相合吻合，所以可提高充气效率从而提高功率。当进气管短时，压力波波长就短，适应高转速情况，此时发动机进气门开闭频率高，波长较短的压力波与之相适应亦能提高充气效率，从而有利于发动机在高速范围内输出功率的增加。在电子控制的汽油机中，通过改变进气管的长度或改变压力波的波长来改变进气压力波传播路线的长度，以适应不同转速惯性增压的需要。

显然，如果进气管长度可变化，那么就可兼顾增大功率和增大转矩，奥迪 A4、A6 等高档轿车都装配有可变进气支管长度增压系统。还有一部分轿车，虽然进气管长度是不能改变的，但是在发动机的进气管中部加设了一个大容量的真空气室和相应的控制装置，实现压力波传播路线长度的改变，从而兼顾低速和高速的进气增压效果，此为谐波进气增压系统（ACIS）。

2. 增压方式

(1)改变进气支管长度增压。图 4-1 所示为一种能根据发动机转速和负荷的变化而自动改变有效长度的可变进气支管长度增压系统。当发动机低速运转时，发动机电子控制装置指令

转换阀控制机构关闭转换阀，这时空气经空气滤清器和节气门沿着弯曲而又细长的进气支管流进气缸。细长的进气支管提高了进气速度，增强了气流的惯性，使进气量增多。当发动机高速运转时，转换阀开启，空气经空气滤清器和节气门直接进入粗短的进气支管。粗短的进气支管进气阻力小，也使进气量增多。可变长度进气支管不仅可以提高发动机的动力性，而且由于它提高了发动机在中、低速运转时的进气速度而增强了气缸内的气流强度，从而改善了燃烧过程，使发动机中低速的燃油经济性有所提高。

图 4-2 所示为奥迪 A6 发动机可变进气支管长度增压系统。在发动机的进气支管内设置进气转换阀，它受 ECU 的控制。在发动机转速低于 4000r/min 时，每个气缸进气道中的转换阀门总是处于关闭位置，形成路径较长而截面较小的进气管道。当转速大于 4000r/min 时，进气道中的转换阀门开启，形成路径较短而截面较大的进气管道。

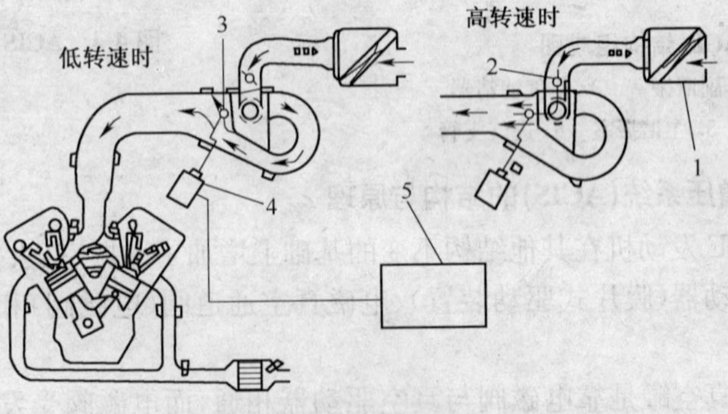

图 4-1　可变长度进气支管

1. 空气滤清器　2. 节气门　3. 转换阀　4. 转换阀控制机构　5. 发动机电子控制装置

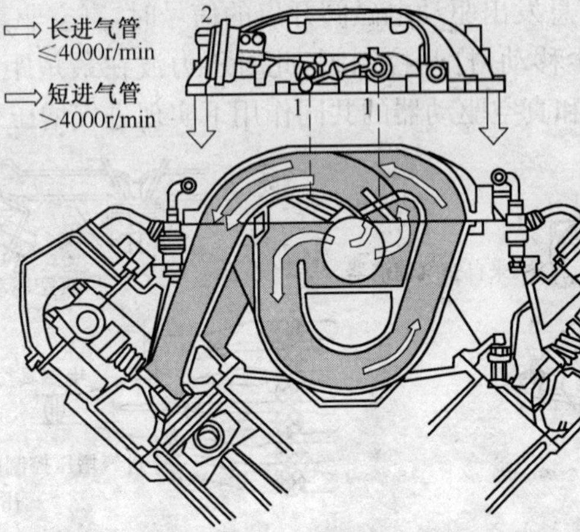

图 4-2　奥迪 A6 发动机可变进气支管长度增压系统

1. 阀门　2. 转换阀

(2)利用谐波增压。如图 4-3 和图 4-4 所示，谐波进气增压系统(ACIS)是在发动机的进气管中部加设一个谐振室(大容量的真空气室)和相应的控制装置。当谐振室出口的进气增压控制阀关闭时，进气管内的脉动压力波传递路径为由滤清器到进气门，此距离最长，它适宜发动机在中低转速区域形成气体动力增压效果。当控制阀开启时，由于大容量空气室的参与，进气脉动压力波不能在空气室出口与进气门之间传播，这样便缩短了压力波的传播距离，使发动机在高速区也能得到较好的气动增压效果。借此实现压力波传播路线长度的改变，从而兼顾低速和高速的进气增压效果。

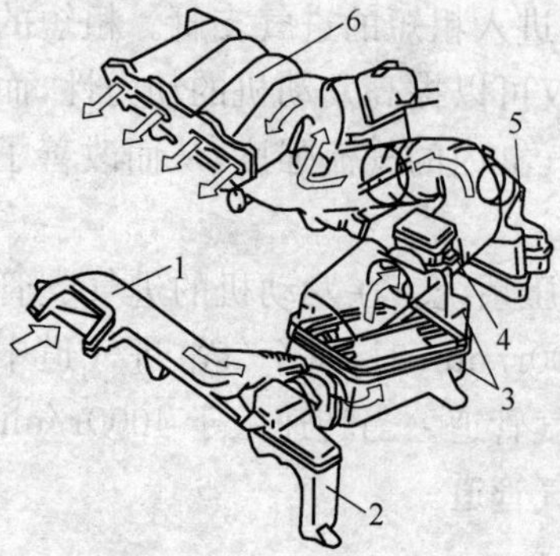

图 4-3 ACIS 结构组成图

1. 进气导流管 2. 副谐振室 3. 空气滤清器
4. 空气流量传感器 5. 主谐振室 6. 进气支管

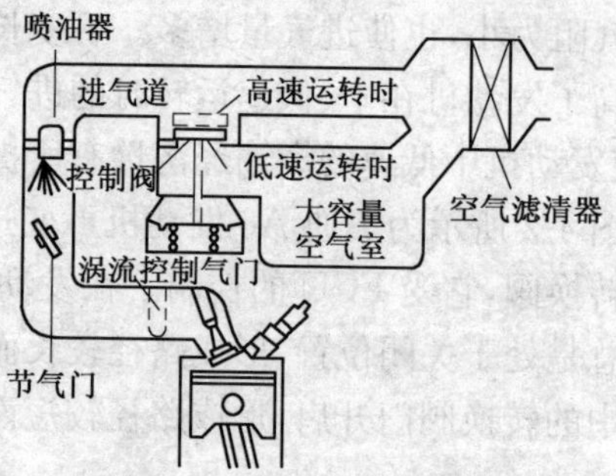

图 4-4 ACIS 工作原理

(二)谐波进气增压系统(ACIS)的结构与原理

皇冠 3.0 2JZ-GE 发动机在其他结构不变的基础上增加了谐振室(大容量真空气室)、进气增压控制阀、真空驱动器(膜片式驱动装置)、电磁真空通道阀(电磁阀)和真空罐等，结构如图 4-5 所示。

发动机工作时，真空罐是靠电磁阀与真空驱动器相通，而电磁阀受发动机 ECU 控制。当 ECU 接收到低转速信息时，就发出驱动电磁阀关闭的信号，使真空罐与真空驱动器截止(不通)，从而保证进气管中的控制阀关闭，进气压力波在最长距离内传递。

当 ECU 接收到高转速信息发出驱动电磁阀开启的信号时，真空驱动器与真空罐相通。真空驱动器在负压的作用下产生移动，打开控制阀，此时压力波在最短距离内传递。可见，发动机是在 ECU、电磁阀、真空罐和真空驱动器的共同作用下实现进气增压效果的。

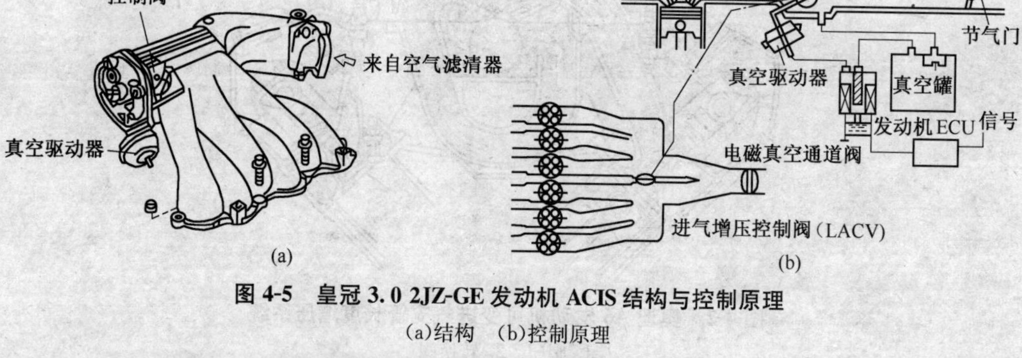

图 4-5 皇冠 3.0 2JZ-GE 发动机 ACIS 结构与控制原理

(a)结构 (b)控制原理

(三)谐波进气增压系统(ACIS)的检修

ACIS 的检修主要包括真空部件和电控部件工作情况的检查，下面介绍 ACIS 的电磁阀、真空罐和真空电动机的检修。

1. 电磁阀的检修

在常温下两端子间的电阻测量如图 4-6 所示。当测得两端子间电阻在 38.5Ω～44.5Ω 范围内，同时两端子与电磁阀壳体也不导通时，表示正常，否则应予以更换。

如图 4-7 所示，电磁阀未通电时，空气应能从通道 E 进入，然后从空气滤清器中排出。当在电磁阀的两端子上施加 12V 电压时，空气应能从通道 E 进入，然后从 F 口排出。否则应予以更换。

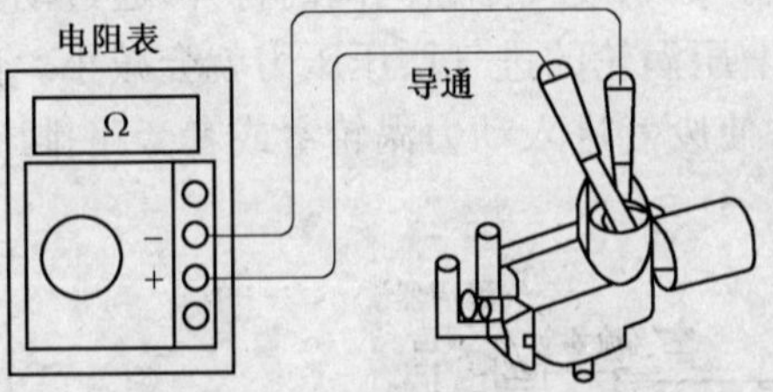

图 4-6　用电阻表检查电磁阀

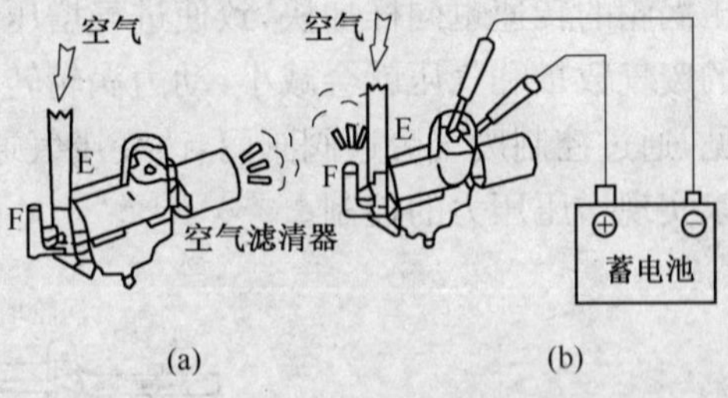

图 4-7　电磁阀的检修

(a)未通电时　(b)通电时

2. 真空驱动器的检修

当施加 53.3kPa(400mmHg)的真空度时，检查真空室阀杆有无移动。当真空施加 1min 后，泄放真空。观察阀杆是否回位。如果上述操作后发现阀杆不动或不回位，先旋转其调整螺钉来调节，如仍无反应则予以更换。

3. 真空罐的检修

当由 A 向 B 吹气时应当导通(图 4-8a)；而由 B 向 A 吹气时应当截止(图 4-8b)。用手指按住 B 口(图 4-8c)，施加 53.3kPa 的真空，观察 1min。表头真空度应无变化。

如不合上述要求，应更换真空罐。

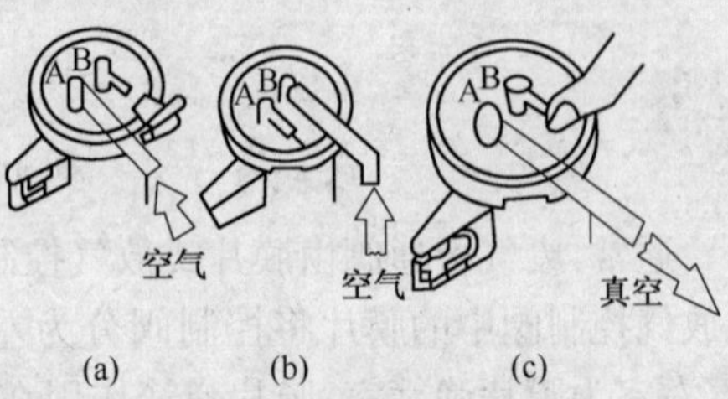

图 4-8　真空罐的检查

(a)导通　(b)截止　(c)施加真空

二、废气涡轮增压系统的结构与检修

发动机采用废气涡轮增压进气系统的最初目的是加大循环进气量，提高发动机的输出功率，但是人们发现，增压后进气温度提高，混合气可以适当变稀，从而可以使 CO 和 HC 的排放量有所降低。所以，汽油发动机也开始采用废气涡轮增压装置，尤其是在多气门汽油机上应用的则更多。例如，国产一汽奥迪 A6 1.8T、一汽宝来 1.8T 和上海帕萨特 1.8T 等乘用车都采用了带废气涡轮增压器的增压进气系统。

(一)废气涡轮增压器的基本结构及原理

废气涡轮增压系统的主要部件有涡轮增压器、增压压力电磁阀、膜片式放气控制阀和冷却器等。涡轮增压器内有动力涡轮和增压涡轮，它们安装在同一根轴上。废气涡轮增压是利用发动机排出的高温高压废气的热能和动能，驱使涡轮增压器中的动力涡轮做高速运转，带动同轴的增压涡轮一起转动。增压涡轮转动时，对从空气滤清器进入的新鲜空气进行压缩并将之送入气缸。由此，可以吸入大量的空气，显著提高进气效率，达到提高发动机输出功率的目的。

为了保证发动机在不同转速及工况下都得到最佳增压值，防止发动机爆燃和限制热负荷，对涡轮增压系统增压压力必须进行控制。目前，设置废气旁通阀旁通放气是调节增压压力最简单、成本最低而又十分有效的方法。

设置废气旁通阀旁通放气，即调节进入动力涡轮室的废气量从而对增压压力进行控制。如图 4-9 所示，当需要增加进气压力时，排气支管排出的废气进入涡轮增压器，经动力涡轮排出；随着节气门开度增加和发动机转速的升高，动力涡轮的转速就会加快，与动力涡轮同轴的增压涡轮的转速也同样加快，致使进气增压压力增大。如果废气旁通阀阀门打开，通过动力涡轮的废气数量和气压就会减小，动力涡轮转速降低，增压涡轮的进气增压压力就会减小。由此可见，通过控制废气旁通阀阀门，改变废气通路走向，使废气进入动力涡轮室或者旁路排出，就可以实现增压压力的控制。

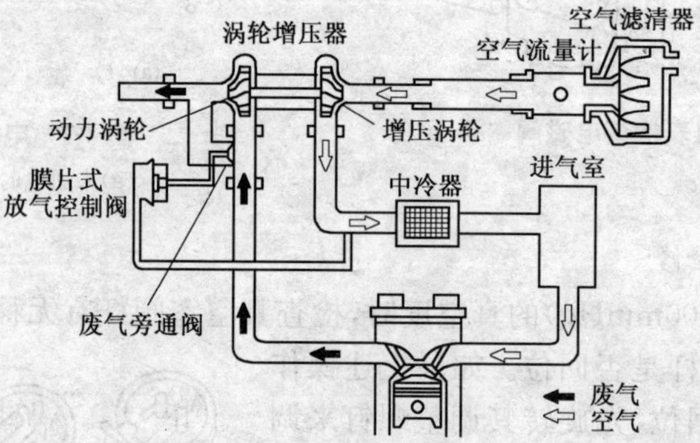

图 4-9 废气涡轮增压系统

通常，废气旁通阀由膜片式放气控制阀控制，废气旁通阀的工作原理如图 4-10 所示。膜片式放气控制阀中的膜片将控制阀分为左、右两个室，左室为空气室经连通管与压气机出口相通，右室为膜片弹簧室，膜片弹簧作用在膜片上，膜片通过连动杆与废气旁通阀连接。当压气机出口压力，也就是增压压力低于限定值时，膜片在膜片弹簧的作用下右移，并带动连动杆将废气旁通阀关闭(图 4-10a)；当增压压力超过限定值时，增压压力克服膜片弹簧的弹力，推动膜片左移，并带动连动杆将废气旁通阀打开(图 4-10b)，使部分废气不经过涡轮机直接排放到大气中，从而达到控制增压压力及涡轮机转速的目的。

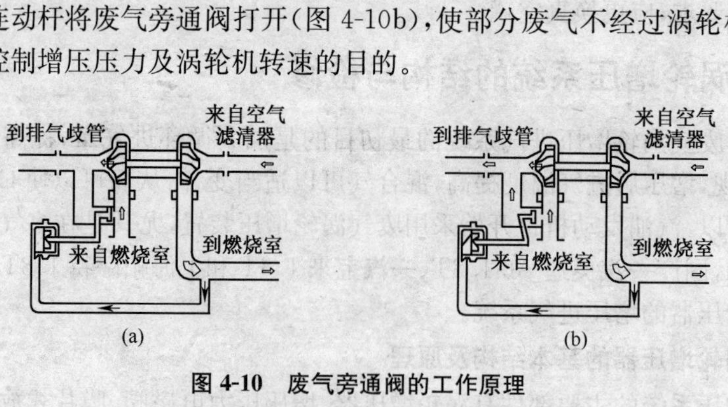

图 4-10 废气旁通阀的工作原理

(a)废气旁通阀关闭 (b)废气旁通阀开启

在有些发动机上，废气旁通阀的开闭由电控单元 ECU 通过增压电磁阀进行控制，如图 4-11 所示。电控单元根据发动机的工况，由预存的增压压力脉谱图确定目标增压压力，并与增压压力传感器检测到的实际增压压力进行比较，然后根据其差值来改变控制电磁阀开闭的脉冲信号占空比，以此改变电磁阀的开启时间，改变膜片式放气控制阀上的压力，进而改变废气旁通阀的开度，控制废气旁通量，借以精确地调节增压压力。当实际进气增压压力低于目标值时，废气旁通阀关闭；当进气增压压力高于目标值时，废气旁通阀打开。由此可见，废气涡轮增压压力电子控制是一种闭环控制，控制对象是增压压力。

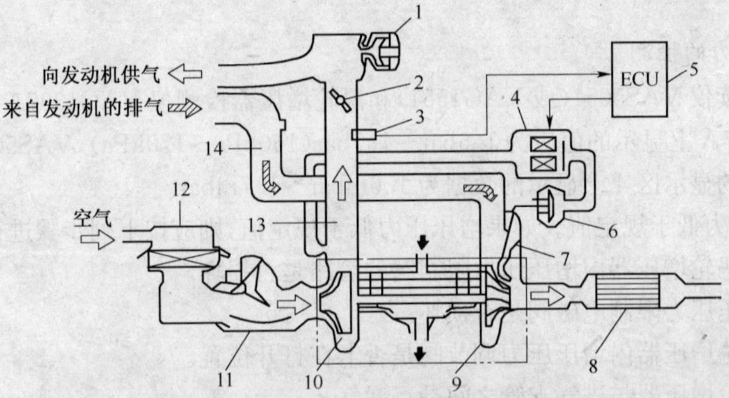

图 4-11 带有电控废气旁通阀的涡轮增压系统

1. 进气旁通阀 2. 节气门 3. 增压压力传感器 4. 增压压力控制电磁阀 5. ECU 6. 膜片式放气控制阀 7. 废气旁通阀 8. 催化转换器 9. 动力涡轮 10. 增压涡轮 11. 空气流量传感器 12. 空气滤清器 13. 进气管 14. 排气管

(二)废气涡轮增压器的检修

下面以一汽奥迪 A6 1.8T 轿车带废气涡轮增压器的增压进气系统为例，说明电控汽油机废气涡轮增压进气系统的检修方法。增压进气系统的总体构成如图 4-12 所示。

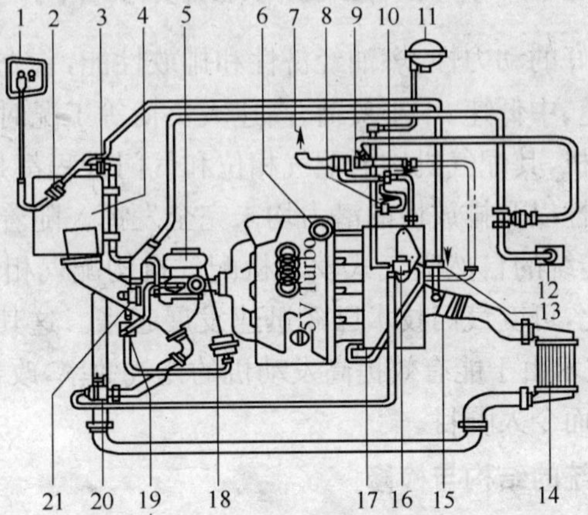

图 4-12 奥迪 A6 1.8T 带废气涡轮增压器的增压进气系统

1. 活性炭罐(N80) 2. 活性炭罐电磁阀 3. 活性炭罐单向阀 4. 空气滤清器 5. 涡轮增压器 6. 燃油压力调节器 7. 接制动助力器的管口 8、10、13. 单向阀 9. 抽气泵 11. 真空罐 12. 曲轴箱通风装置 14. 增压空气冷却器 15. 节气门控制单元(J338) 16. 增压器空气再循环阀(N249) 17. 进气支管 18. 增压压力调节单元 19. 增压压力限制电磁阀(N75) 20. 机械式空气再循环阀 21. 曲轴箱通风压力调节阀

1. 基本检查

检查废气涡轮增压器的涡轮壳，应无因过热、咬合、变形或其他损伤而产生的裂纹，否则应更换废气涡轮增压器。检查涡轮油孔，应无淤积和堵塞。检查废气涡轮增压装置的进油管和回油管，应无堵塞、压瘪、变形或其他损坏。检查废气涡轮增压器，应不漏机油。检查安装在活

性炭罐和废气涡轮增压器前部进气软管之间的活性炭罐单向阀、制动助力器和进气支管之间的单向阀，应安装正确，上面的箭头应指向导通方向。检查所有的管路，应连接牢固，无泄漏、老化等。

2. 增压压力的检测

用故障阅读仪 VAS5051(或 VAG1551)和涡轮增压器检测仪 VAG1397A 进行增压压力的检测，VAG1397A 上显示的值应为 1.6bar～1.7bar(160kPa～170kPa)，VAS5051 或 VAG1551 上显示组 115 的显示区 4 上显示的数据为 1.6mbar～1.7mbar。

(1)增压压力低于规定值。如果增压压力低于规定值，则应按下列步骤进行检查：

①检查接涡轮增压器内增压压力限制阀的管路是否损坏。

②检查增压压力限制电磁阀是否损坏。

③检查涡轮增压器内增压压力调节阀是否卡在打开位置。

④检查涡轮增压器与进气支管之间是否漏气。

⑤检查机械式空气再循环阀是否损坏，检查涡轮增压器空气再循环阀是否损坏。

⑥检查涡轮增压器是否损坏。

(2)增压压力高于规定值。如果增压压力高于规定值，则应按下列步骤进行检查：

①检查增压压力调节阀是否损坏。

②检查增压压力控制单元软管是否漏气。

③检查涡轮增压器内的增压压力调节阀是否卡在关闭位置。

三、可变气门正时和气门升程控制系统的结构与检修

汽油发动机要达到良好的动力性、燃油经济性和排放性能，首先必须控制合适的汽油与空气的混合比例，以满足怠速、中低速、中小负荷、高速大负荷等工况时对混合气浓度的要求。由于传统的自然吸气式发动机，其配气机构的配气相位和气门升程都是固定的，这就使进气量相对是固定的，动力性、经济性以及排放性的潜力均未完全发挥。随着轿车汽油机的高速化和废气排放法规的日趋严格，传统的自然吸气式发动机配气机构配气相位和气门升程固定不变的缺点变得越来越突出，为此，可变气门技术已经迅速发展起来。这其中，丰田公司的 VVT-i 技术和本田公司的 VTEC 技术由于能有效提高发动机的充气效率，改善发动机的燃烧效率，大幅度地提高了发动机的性能而令人瞩目。

(一)可变气门正时系统的结构与检修

VVT-i 智能可变气门正时系统是一种控制进气凸轮轴气门正时的机构，在进气凸轮轴与传动链轮之间具有油压离合装置，让进气门凸轮轴与链轮之间转动的相位差在 40°范围内可以改变，通过调整凸轮轴转角对气门正时进行优化，从而提高发动机在所有转速范围内的动力性、燃油经济性，降低尾气的排放。过去仅装备于雷克萨斯 LS400、LS430 等进口原装高档车上，而现在国产一汽威驰、花冠也都用上了这一新技术。现以花冠 3ZZ-FE 发动机为例加以说明。

1. VVT-i 的结构组成

VVT-i 智能可变气门正时系统结构组成如图 4-13 所示，主要由传感器、发动机 ECU 和执行机构(VVT-i 控制器、凸轮轴正时机油控制阀)三部分组成。

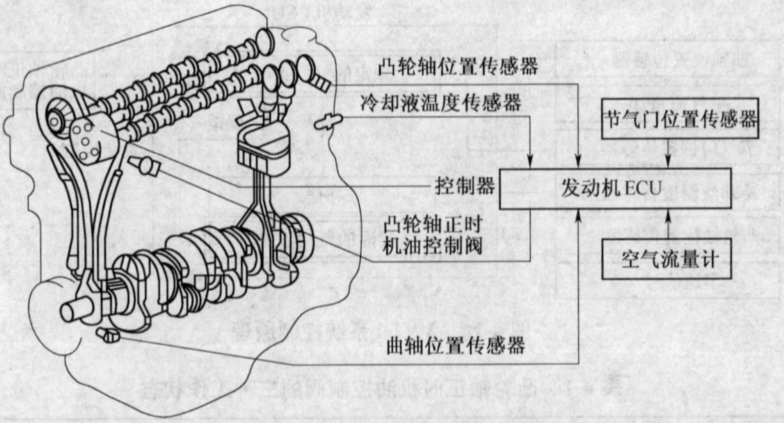

图 4-13　VVT-i 系统结构组成图

VVT-i 控制器结构如图 4-14 所示，由一个固定在进气凸轮轴上的叶片、一个与从动正时链轮一体的壳体和一个锁销组成。控制器有气门正时提前室和气门正时滞后室这两个液压室，通过凸轮轴正时机油控制阀的控制，它可在进气凸轮轴上的提前或滞后油路中传送机油压力，使控制器叶片沿圆周方向旋转，调整连续改变进气门正时，以获得最佳的配气相位。

凸轮轴正时机油控制阀由一个用来转换机油通道的滑阀、一个用来控制移动滑阀的线圈、一个柱塞及一个回位弹簧组成，其结构如图 4-15 所示。工作时，发动机 ECU 接收各传感器传来的信号，经分析、计算后发出控制指令给凸轮轴正时机油控制阀，凸轮轴正时机油控制阀以此控制控制滑阀的位置，从而控制机油液压使 VVT-i 控制器处于提前、滞后或保持位置。当发动机停机时，凸轮轴正时机油控制阀多处在滞后状态，以确保起动性能。

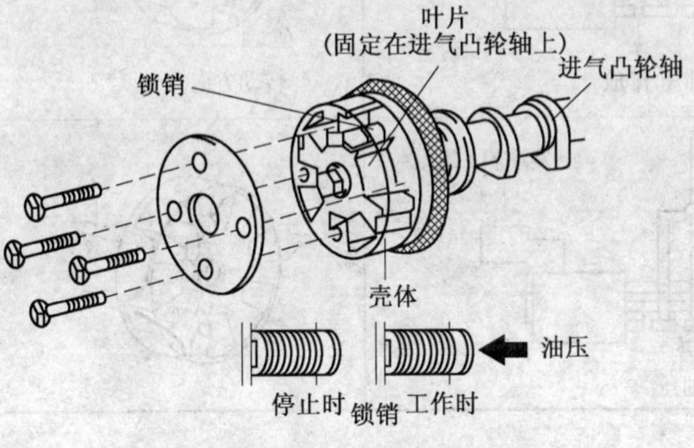

图 4-14　VVT-i 控制器(OCV)

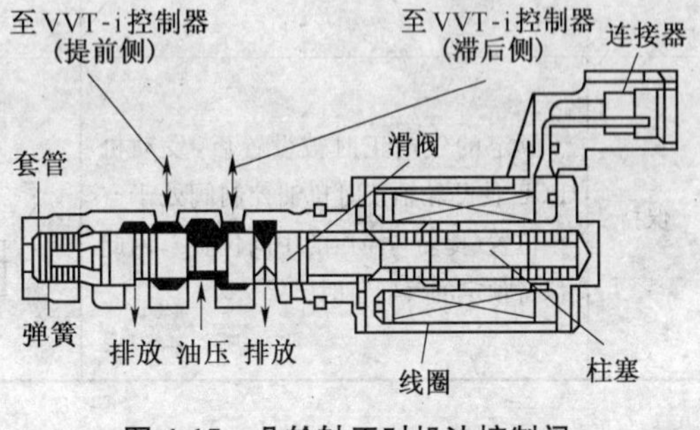

图 4-15　凸轮轴正时机油控制阀

2. VVT-i 的工作原理

发动机 ECU 根据发动机转速、进气量、节气门位置和冷却液温度计算出一个最优气门正时，向凸轮轴正时机油控制阀发出控制指令，凸轮轴正时机油控制阀根据发动机 ECU 的控制指令选择至 VVT-i 控制器的不同油路以处于提前、滞后或保持这三个不同的工作状态。此外，发动机 ECU 根据来自凸轮轴位置传感器和曲轴位置传感器的信号检测实际的气门正时(改进后的 LS400 1UZ—FE 发动机和 LS430 3UZ—FE 发动机还另外安装有 VVT 传感器以更精确地检测凸轮轴位置)，从而尽可能地进行反馈控制，以获得预定的气门正时。控制原理如图 4-16 所示，凸轮轴正时机油控制阀提前、滞后和保持这三种工作状态的具体情况见表 4-1。

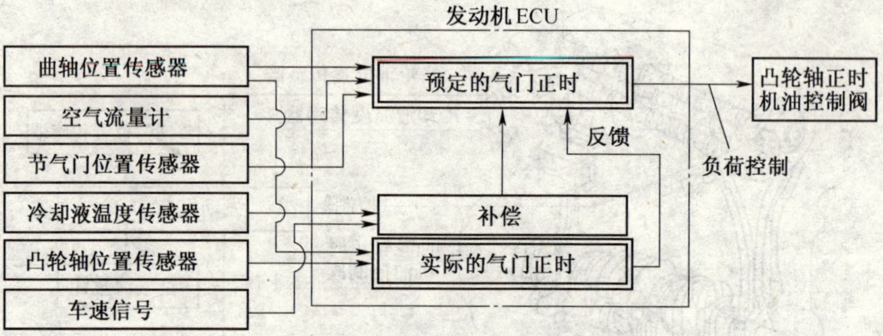

图 4-16 VVT-i 系统控制原理

表 4-1 凸轮轴正时机油控制阀的三种工作状态

状态	说 明	控制器工作情况	控制阀工作情况
提前	根据来自发动机 ECU 的提前信号，总油压通过提前油路作用到气门正时提前室，使叶片与凸轮轴一起向正时提前方向转动，气门正时被提前	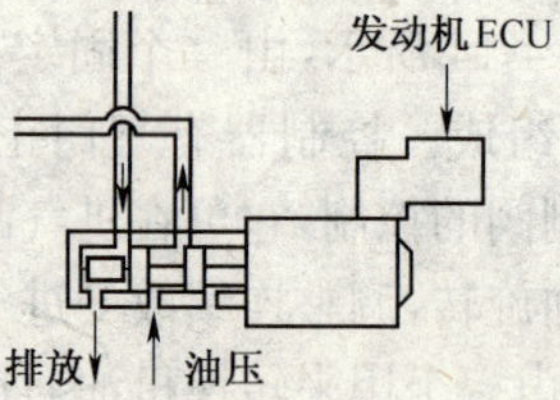	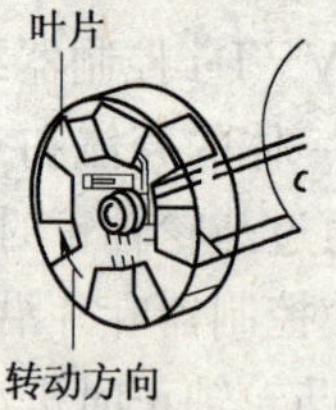
滞后	根据来自发动机 ECU 的滞后信号，总油压通过滞后油路作用到气门正时滞后室，使叶片与凸轮轴一起向正时滞后方向转动，气门正时被滞后	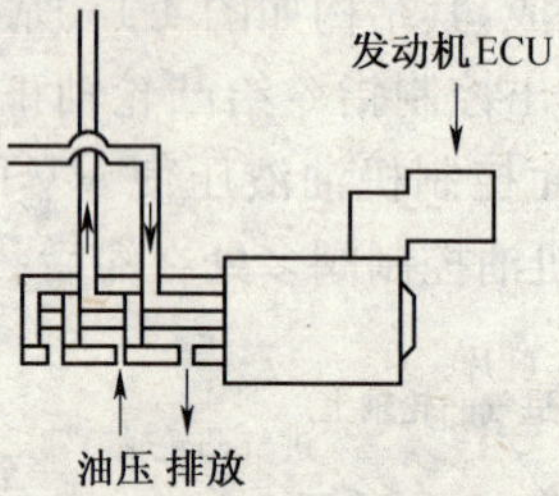	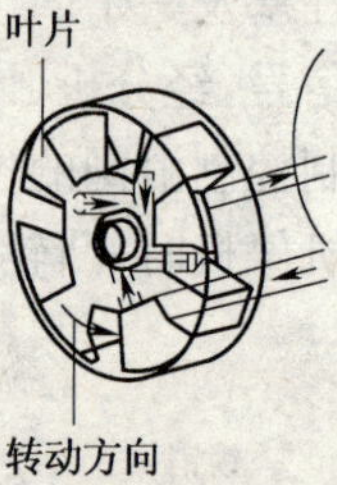
保持	预定的气门正时被设置后，发动机 ECU 使凸轮轴正时机油控制阀处于空挡位置(提前与滞后的中间位置)，由此保持预定的气门正时	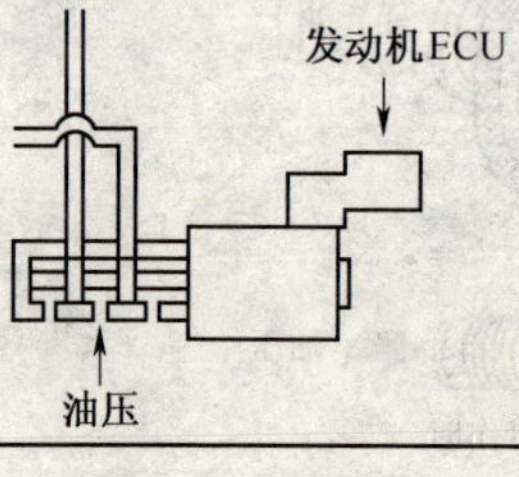	

3. VVT-i 的检修

①检查凸轮轴正时机油控制阀线圈电阻及工作状况。断开蓄电池负极和凸轮轴正时机油控制阀连接器 C2，测量接线柱之间的电阻，20℃时为 6.9Ω～7.9Ω。如不符合技术标准，应更换凸轮轴正时机油控制阀。起动发动机，脱开凸轮轴正时机油控制阀连接器 C2 并检查发动机转速，发动机转速应正常。将蓄电池电压施加在凸轮轴正时机油控制阀端子间并检查发动机转速，发动机应怠速不稳或失速。若工作不正常，则首先检查凸轮轴正时齿轮，必要时更换凸轮轴正时齿轮。若凸轮轴正时齿轮工作正常，则更换凸轮轴正时机油控制阀。

②检查发动机 ECU 与凸轮轴正时机油控制阀间的配线和连接器。检查发动机 ECU 连接器 E9 端子 24 与凸轮轴正时机油控制阀连接器 C2 端子 1 间的电阻，应为 1Ω 或更小。检测发

动机 ECU 连接器 E9 端子 24 与 21 间的电阻，应为 1MΩ 或更大。检测发动机 ECU 连接器 E9 端子 23 与凸轮轴正时机油控制阀连接器 C2 端子 2 间的电阻，应为 1Ω 或更小。检测发动机 ECU 连接器 E9 端子 23 与 21 间的电阻，应为 1MΩ 或更大。若正常，则检查是否是间歇性故障，若不正常，则修理或更换配线和连接器。

③当 VVT-i 智能可变气门正时系统发生故障时，会产生三个有关故障码：P1346、P1349 和 P1656。产生故障码 P1346 的原因是曲轴位置传感器性能问题、凸轮轴位置传感器性能问题、机械系统有故障（正时带跳齿、齿带过长）、ECU 有故障。产生故障码 P1349 的原因有气门正时不正常、凸轮轴正时机油控制阀有故障、VVT-i 控制器总成有故障及 ECU 有故障。产生故障码 P1656 的原因有凸轮轴正时机油控制阀电路断路或短路及 ECU 有故障。

（二）可变气门正时及气门升程电子控制系统的结构与检修

本田公司的 VTEC 可变气门正时及气门升程电子控制系统是世界上第一个能同时控制气门开闭时间及升程两种不同情况的气门控制系统，本田公司在其几乎所有的车型中都使用了 VTEC 技术。与普通发动机相比，VTEC 发动机所不同的是凸轮与摇臂的数目及控制方法，它有中低速用和高速用两组不同的气门驱动凸轮，由发动机控制单元根据各传感器的输入信号，通过电磁阀调节摇臂活塞液压系统同时改变进气门的正时与升程，提高发动机的燃烧效率和大负荷、高转速时的功率性能，使发动机在低速时具有较大转矩，而在高速时又能输出较大功率，大大地改善了汽车的动力性和经济性。

1. VTEC 的结构

VTEC 的结构组成如图 4-17 所示，VTEC 发动机每个气缸都有与普通气门一样动作的四个气门（一个主进气门和一个副进气门、两个排气门），凸轮轴除原有控制两个气门的一对凸轮外，还增设一高位凸轮，三个凸轮轮廓各不相同。其气门摇臂也因此分成并排在一起的主摇臂、中间摇臂和辅助摇臂，在主摇臂内有一油道与摇臂轴油道相通，在主摇臂的腔内有一正时活塞，在辅助摇臂的腔内有同步活塞 A 和 B，在正时活塞和同步活塞 A 间有一正时弹簧，在主摇臂上设有一个正时板，气门摇臂组结构见图 4-18。

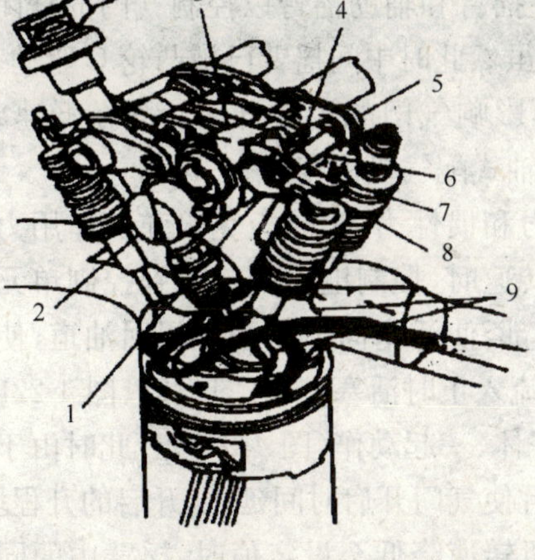

图 4-17 本田发动机 VTEC 系统

1. 主摇臂 2. 凸轮轴 3. 正时板 4. 中间摇臂 5. 辅助摇臂 6. 同步活塞 B 7. 同步活塞 A 8. 正时活塞 9. 进气门

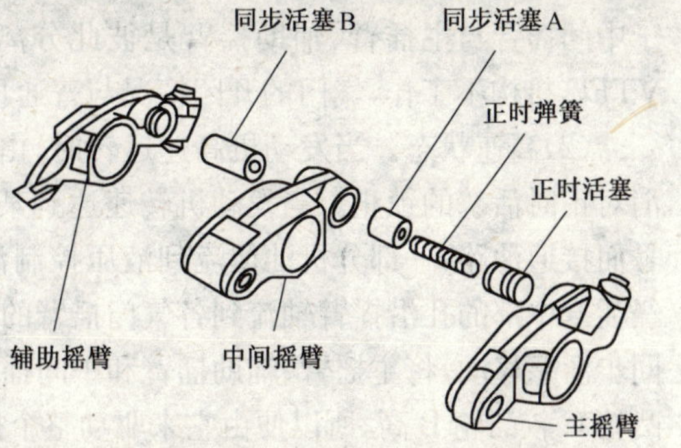

图 4-18 气门摇臂组结构示意图

如图 4-19 所示，VTEC 的控制系统主要由电控单元、VTEC 电磁阀总成和压力开关等组成。其中，VTEC 电磁阀总成（控制电磁阀、液压执行阀）的结构见图 4-20。

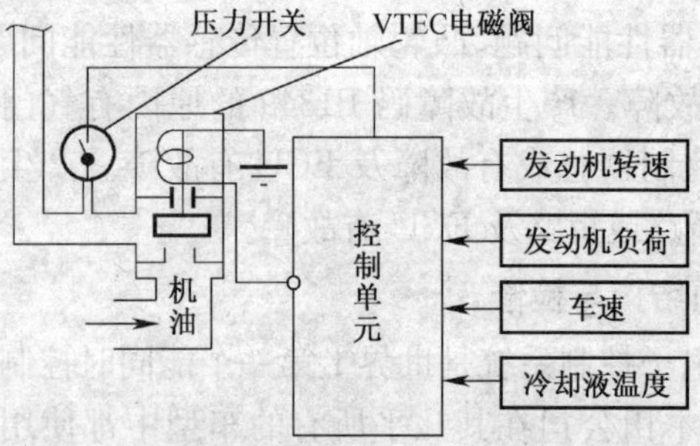

图 4-19 VTEC 控制原理图

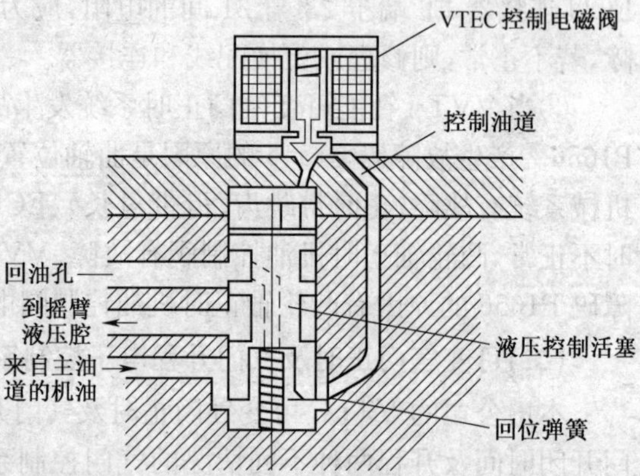

图 4-20 VTEC 电磁阀结构原理图

2. VTEC 的工作原理

如图 4-20 所示，工作时，发动机转速、负荷和冷却液温度等信号输入电控单元，经电控单元分析处理后决定对配气机构是否实行 VTEC 控制。即控制 VTEC 电磁阀打开或关闭，进而控制液压执行阀和气门机构的动作。另外，VTEC 电磁阀开启后，VTEC 压力开关负责检测系统是否正处在工作状态，并反馈一个信号给电控单元以监控系统工作。

当出现下列情况时系统才会实行 VTEC 控制：①由进气支管压力传感器检测到发动机转速高于 2300r/min～3200r/min 或发动机进入中等负荷以上时；②由车速传感器检测到车速高于 10km/h 时；③由冷却液温度传感器检测至冷却液温度高于 10℃时。

（1）低速状态。发动机在低转速时，控制电磁阀没有打开，在弹簧弹力的作用下液压执行活塞在最高位置，机油经活塞中部的孔流回油底壳（图 4-21）。装在主摇臂上的正时板也在弹簧作用下挡住正时液压活塞向右运动（图 4-22a）。此时，主摇臂、中间摇臂和辅助摇臂是彼此分离独立动作的，主凸轮 A 与辅助凸轮 B 分别驱动主摇臂和辅助摇臂以控制气门的开闭。由于辅助凸轮 B 的升程很小，因而进气门只稍微打开。虽然此时中间摇臂已被凸轮 C 驱动，但由于中间摇臂与主摇臂、辅助摇臂是彼此分离的，故不影响气门的正常开闭。即在低速状态，VTEC 机构不工作，气门的开闭情况与普通顶置凸轮轴式配气机构相同。

（2）高速状态。当发动机高速运转时，由于离心力和惯性力，正时板克服弹簧作用力而取消对正时活塞的锁止。当发动机转速达到某一特定转速时，控制电磁阀接收到控制单元的信号而接通油路，一部分机油便流到液压控制活塞的顶部，使活塞向下运动关闭回油道，使机油经活塞中部的孔沿摇臂轴流到各气门摇臂的液压腔，流入正时活塞左侧（图 4-21、图 4-22b），使同步活塞移动，将主摇臂、辅助摇臂和中间摇臂锁成一体、一起动作（图 4-22b）。此时由于中间凸轮 C 较凸轮 B 高，所以便由它来驱动整个摇臂，并且使气门开启时间延长，开启的升程增大，从而达到改变气门正时和气门升程的目的。当发动机转速降低至设定值时，摇臂中的同步活塞端的油压也将由控制单元控制而降低。同步活塞将回位弹簧推回原位，三根摇臂又将彼此分离而独立工作。

2003 年，广州本田与世界同步推出了比 VTEC 更先进的 i-VTEC 系统发动机，i-VTEC 系

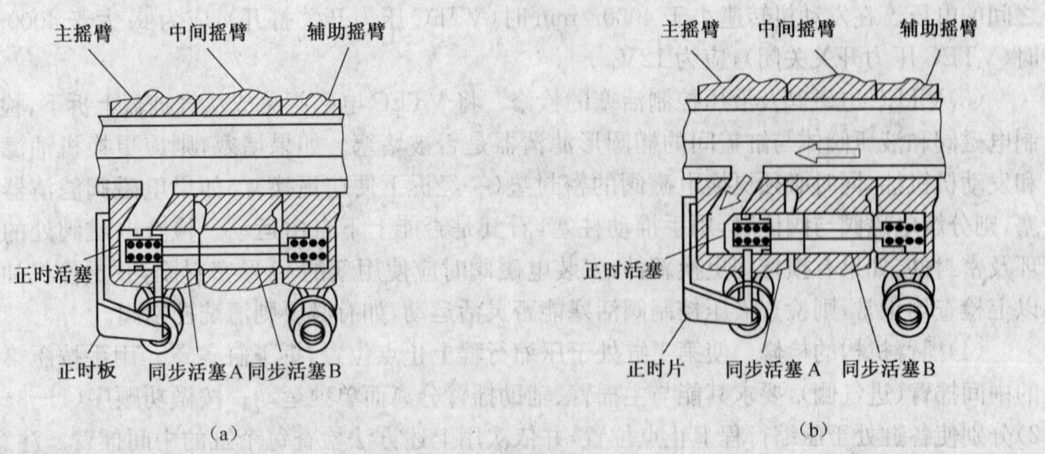

图 4-21 液压活塞工作情况

(a)低速状态 (b)高速状态

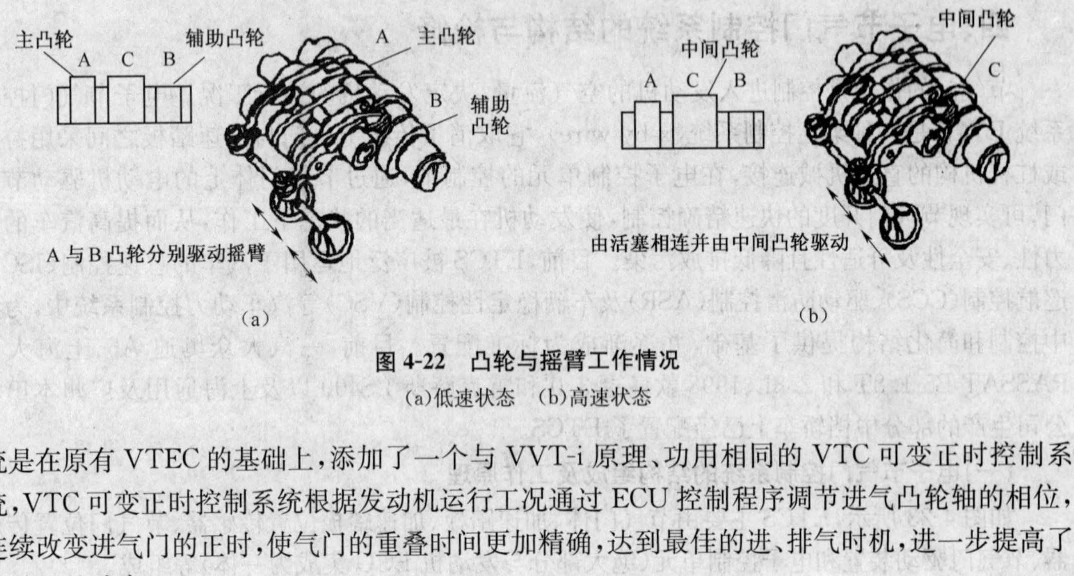

图 4-22 凸轮与摇臂工作情况

(a)低速状态 (b)高速状态

统是在原有VTEC的基础上，添加了一个与VVT-i原理、功用相同的VTC可变正时控制系统，VTC可变正时控制系统根据发动机运行工况通过ECU控制程序调节进气凸轮轴的相位，连续改变进气门的正时，使气门的重叠时间更加精确，达到最佳的进、排气时机，进一步提高了发动机的功率。

3. VTEC的检修

(1)VTEC电磁阀及其电路的检修。目测VTEC电磁阀与电控单元的连接导线是否有连接不良的现象。关闭点火开关，拆下VTEC电磁阀插头，检查VTEC电磁阀插头1号端子与2号端子(或车体搭铁)之间的电阻。如果被测电阻值不在14Ω～30Ω的范围内，则说明VTEC电磁阀损坏，应予更换。如果检测的电阻值在14Ω～30Ω范围内，则检查VTEC电磁阀插头端子与电控单元插头端子之间的电阻，判断电路是否有断路故障。若导通，则接上VTEC电磁阀插头，检查电控单元插头端子与VTEC电磁阀插头端子之间的电阻，判断电路是否有短路故障。

(2)VTEC压力开关的检修。关闭点火开关，拆下VTEC压力开关插头和电控单元端插头，测量导线电阻应为0。否则，说明线路断路。重新接上VTEC压力开关插头，起动发动机，将蓄电池正极端子与VTEC电磁阀接通，测量VTEC压力开关信号输入端与电控单元搭铁线之间的电压。在发动机转速小于 4000r/min 时(VTEC 压力开关打开),应为 0;大于 4000r/min 时(VTEC 压力开关关闭),应为 12V。

(3)VTEC 电磁阀及液压控制活塞的检修。将 VTEC 电磁阀总成从气缸盖上拆下,检查控制电磁阀和液压阀体与缸盖间的椭圆形滤清器是否被堵塞。如果堵塞,则应更换机油滤清器和发动机机油,同时必须更换电磁阀的密封垫(一经拆下便应更换)。如果电磁阀滤清器未堵塞,则分解电磁阀与阀体时,用手推动柱塞,看其是否能上下自由运动。检查电磁阀处的滤清环及密封件,如果有损坏则更换新件,安装电磁阀时应使用新的 O 形密封圈,并更换机油。若以上检查均正常,则检查液压控制阀活塞能否灵活运动,如有必要则清洗控制阀。

(4)摇臂机构的检修。使第 1 缸处于压缩行程上止点位置,拆下缸盖罩。用手按压第 1 缸的中间摇臂(进气侧),要求其能与主摇臂、辅助摇臂分离而单独运动。按做功顺序(1—3—4—2)分别使各缸处于压缩行程上止点位置,并依次用上述方法检查每个缸的中间摇臂。注意,如果中间摇臂不能单独运动,则应将主摇臂、中间摇臂和辅助摇臂组拆下,并检查中间和主摇臂内的同步活塞是否能移动自如。如果某根摇臂需要更换,则必须整组地更换三根摇臂。

四、电子节气门控制系统的结构与检修

节气门的作用是控制进入发动机的空气流量,决定发动机的运行工况。电子节气门控制系统 ETCS 是一种柔性控制系统(x-by-wire),它取消了传统节气门与加速踏板之间采用拉索或杠杆机构的直接机械连接,在电子控制单元的控制下,通过节气门体上的电动机驱动节气门,可实现节气门开度的快速精确控制,使发动机在最适当的状态下工作,从而提高汽车的动力性、安全性及舒适性且降低排放污染。目前,ETCS 被广泛地运用于汽车的怠速控制(ISC)、巡航控制(CCS)、驱动防滑控制(ASR)及车辆稳定性控制(VSC)等汽车动力控制系统中,为集中控制和简化结构提供了基础,并逐渐成为标准配置。目前,一汽大众奥迪 A6、上海大众 PASSAT B5 1.8T 和 2.8L、1998 款皇冠 3.0 和雷克萨斯 LS400 以及上海通用及广州本田等公司生产的部分中档轿车上已经配置了 ETCS。

(一)电子节气门控制系统的结构组成及工作原理

如图 4-23 所示,ETCS 主要由节气门体、加速踏板、加速踏板位置传感器、节气门位置传感器、节气门驱动装置和电子控制单元(绝大部分与发动机 ECU 集成为一体)等组成。

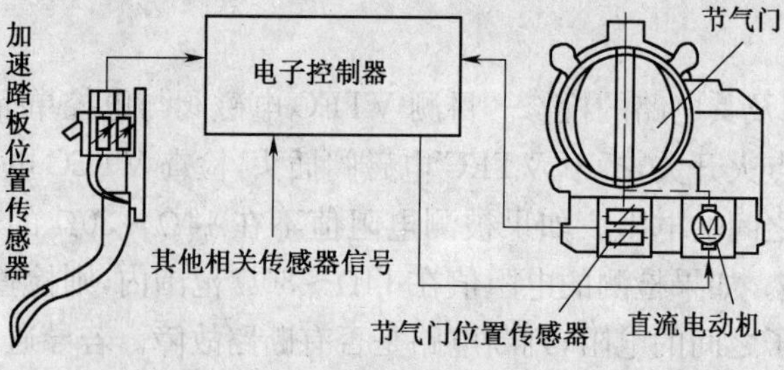

图 4-23 电子节气门控制系统

加速踏板位置传感器产生反应加速踏板下踏量大小和变化速率的电压信号输入电子控制单元,用于检测加速踏板的位置变化情况。电子控制单元由信息处理模块和电动机驱动电路模块两部分组成,它根据加速踏板位置传感器及其他相关传感器的信号进行最佳节气门开度

判断,并输出控制指令。节气门驱动装置由执行电动机和机械传动机构组成,其作用是按照电子控制单元的指令动作,及时将节气门调整到适当开度。节气门位置传感器用于将节气门的位置信息反馈给电子控制单元。节气门体取消了传统节气门的旁通气道和怠速旁通阀,怠速空气流量通过节气门的小开度进行控制。节气门体上的复位弹簧可使节气门回转到一个微小的开度,以保证在系统失去作用后发动机仍有一个较高的转速。

驾驶员操纵加速踏板,加速踏板位置传感器产生相应的电压信号输入电子控制单元,控制单元根据当前的工作模式、踏板移动量和变化率解析驾驶员意图,计算出对发动机转矩的基本需求,得到相应的节气门转角的基本期望值。同时,电子控制单元还获取到发动机转速、自动变速器挡位、空调压缩机负载等其他各种传感器信号和ASR、CCS等其他控制系统的控制信号,由此计算出所需求的全部转矩,通过对节气门转角基本期望值进行修正,得到节气门的最佳开度参数。节气门位置传感器随时监测节气门的位置并把节气门的开度信号反馈给电子控制单元,当节气门的开度与最佳开度参数不一致时,电子控制单元把相应的电压信号发送到驱动电路模块,驱动执行电动机使节气门处于最佳的开度位置。由此可以看出,整个系统控制过程是典型的闭环反馈控制。

(二)电子节气门控制系统常见故障分析

电子节气门是新型电控发动机的关键部件之一,对发动机的怠速性能、动力性能影响较大,在汽车使用中故障率较高,常见的有节气门开度故障、节气门位置传感器信号故障、加速踏板位置传感器故障、怠速控制阀故障及节气门体漏气等。一般情况下,电子节气门体的电气性故障均可激发电脑记忆相应的故障信息。

1. 节气门位置传感器故障

节气门位置传感器的主要作用是输出怠速、部分负荷、大负荷及加速负荷信号,电脑根据节气门传感器信号完成怠速调节、喷油脉宽和加速异步喷油控制。当节气门信号不良或出现短路、断路故障时,发动机一般表现为怠速不稳、加速不良或“回火”、尾气排放异常等。

2. 节气门体漏气

节气门体的真空管或接合部位漏气会引起真空作用力失常,有关的真空执行元件不能正常动作。部分空气通过节气门体的漏气部位进入气缸内,由于这部分气体未经过空气流量计计量或未经节气门控制,会导致怠速失速,开空调或起步时(自动变速器车型)发动机怠速过低或熄火,发动机冷起动困难(空气量过多),滑行时发动机熄火,冷车高怠速转速过低等故障现象。

3. 自适应功能设定故障

当对节气门进行清洁或更换新的节气门体或者ECU后,必须进行节气门体的自适应设定。自适应设定时电脑会驱动节气门动作,同时采集相应信号并储存起来,以修正节气门的位置。如果不进行初始设定,电脑将不能正常驱动节气门电动机控制怠速,会出现怠速过高、怠速不稳及车辆滑行熄火等故障现象。

4. 自适应能力超出范围

当节气门体长期处于脏污状态时,ECU将驱动节气门逐渐开大,当节气门开度大于一定角度(一般为8°)时,会出现自适应能力超出范围故障。此时,应清洗节气门并进行自适应设定,若无法完成初始设定,应更换节气门体。

5. 节气门轴转动阻力过大或节气门驱动电动机磨损

节气门轴转动阻力过大或节气门驱动电动机磨损，会造成发动机转速下降。此时应清洁节气门体，润滑节气门轴，检查蓄电池电压(应大于 11V)并进行重新设定。

(三)电子节气门控制系统的检修

下面以奥迪 A6 为例说明电子节气门控制系统的检修方法。奥迪 A6 APS 与 ATX 发动机电子节气门控制系统主要由节气门位置传感器、加速踏板位置传感器、ECU、数据总线、EPC 指示灯和节气门执行器等组成，节气门体及节气门位置传感器如图 4-24 和图 4-25 所示。

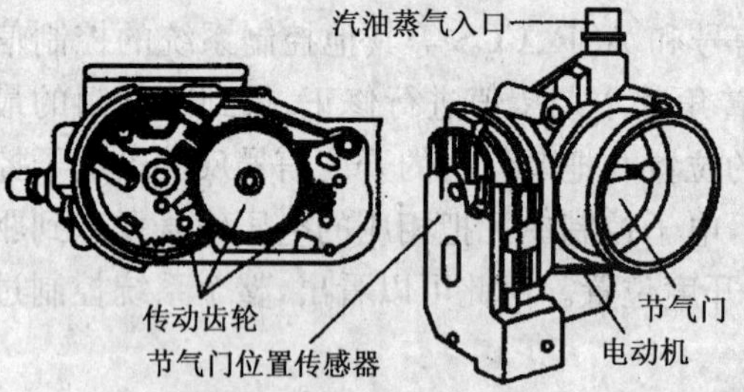

图 4-24 节气门体

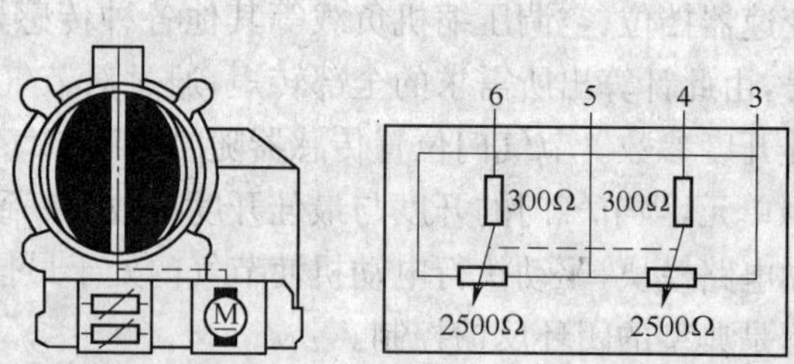

图 4-25 节气门位置传感器

1. 发动机控制单元的调整

为使发动机怠速稳定装置发挥作用，ECU 必须知道节气门控制器的止点位置、节气门开度传感器和节气门电位计的特性。通常在更换 ECU 时需要进行基本调整。操作过程为：连接故障阅读仪 VAG1551 或 VAG1552，打开点火开关；选择发动机系统，按【确定】键；选择基本调整功能，按【确定】键；输入组号 098，按【确定】键，基本调整过程开始。节气门控制器运行到最大、最小及中间开度等几个位置 ECU 存储器记下多个节气门角度，随后节气门短时间保持在起动位置，然后关闭。

ECU 进行基本调整的过程有可能中断，主要原因有节气门不能完全关闭(如节气门体脏污)、节气门拉索调整不当、蓄电池电压太低、ECU 或导线损坏、在自适应过程中起动了发动机或踏下加速踏板等。中断后故障存储器内将存储“基本调整没有完成、基本调整出错”的信息，下次打开点火开关时基本调整将再次自动进行。

2. 电子节气门的检修

(1)节气门控制部件供电和导线的检查。拔下节气门控制部件插头(图 4-26)，打开点火开关，用万用表测量插头端子 2 和搭铁之间、端子 2 和 6 之间的电压值，应约为 5V。若达不到上述要求，按照电路图检查节气门控制部件插头 6 个端子至 ECU 相应端子之间的导线是否断路，然后检查导线之间是否导通。

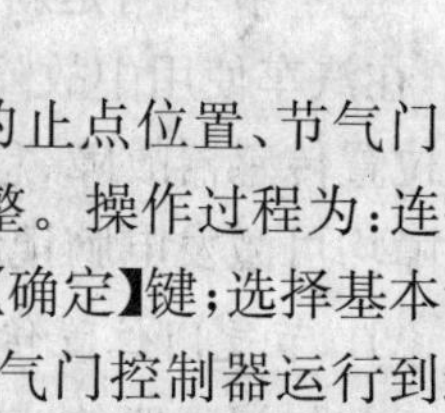

图 4-26 节气门控制部件插头端子

(2)加速踏板位置传感器的检查。将故障阅读仪 V. A. G1551 或 V. A. G1552 连接到诊断座上，起动发动机，按 01 选择发动机电控系统。按 08 键，选择功能“读测量数据块”，按 Q 键确认。输入 0、6 和 2，选择显示组 062，按 Q 键确认。慢慢将加速踏板踩到底，观察显示区 3 和 4 的百分比值，应均匀升高，并且显示区 3 中的显示值总是显示区 4 的 2 倍。如果显示值没有达到此要求，则继续进行下述检查。

拆下驾驶员侧杂物箱，拔下加速踏板位置传感器插头(图 4-27)。打开点火开关，测量插头端子 1 和搭铁之间、端子 1 和 5 之间、端子 2 和搭铁之间、端子 2 和 3 之间的电压值，均应为 5V。检查加速踏板位置传感器各端子至 ECU 线束端子之间的导线是否断路，然后检查导线之间是否导通。如果导线无故障，则更换传感器。

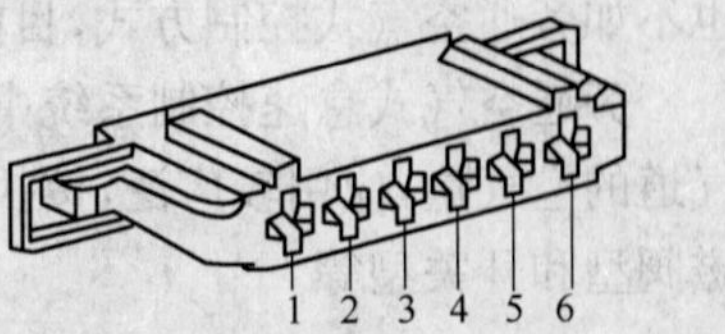

图 4-27　加速踏板位置传感器插头端子

第二节　怠速控制系统的结构与检修

一、怠速控制系统的原理与分类

(一)怠速控制原理

怠速是指节气门关闭，加速踏板完全松开，且发动机对外无功率输出并保持最低转速稳定运转的工况。在汽车使用中，发动机怠速运转的时间约占 30%。怠速转速的高低直接影响燃油消耗和排放污染。怠速转速过高，燃油消耗增加，但怠速转速过低，又会增加排放污染。此外，怠速转速过低，发动机冷车运转、空调打开、电器负荷增大、自动变速器挂入挡位、动力转向时，由于运行条件较差或负载增加，容易导致发动机运转不稳甚至熄火。为此，在大多数电控发动机上都设有不同形式的怠速转速控制装置。

怠速控制的实质就是对怠速工况下的进气量进行控制，而怠速进气量实际上是指发动机最小进气量。不仅在热机怠速工况对最小进气量有控制要求，在冷机起动、减速时也都各有一定要求。ECU 通过从各传感器的输入信号所决定的目标转速与发动机的实际转速的比较，根据比较得出的差值，确定相当于目标转速的控制量，去驱动控制怠速充气量的执行机构，从而实现对怠速充气量的控制。

(二)怠速控制系统分类

电控汽油喷射式发动机的最小进气量有两种限制方式：节气门直动式和旁通空气式，如图 4-28 所示。

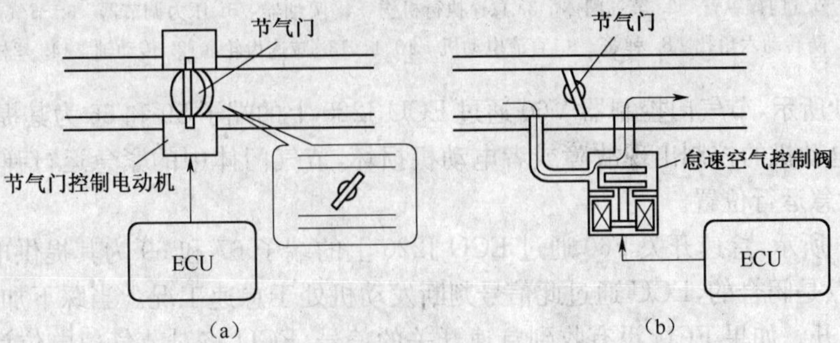

图 4-28　怠速进气量控制方法

(a)节气门直动式　(b)旁通空气式

节气门直动式通过执行元件改变节气门的最小开度来控制怠速进气量，结构简单，控制稳定性好，但反应速度较慢，动态响应性差，由于进气量对节气门开度很敏感，热机怠速的稳定性也不如旁通空气式控制方式，目前主要应用在大众、奥迪等欧洲车系中。

旁通空气式怠速控制系统中，设有旁通节气门的怠速空气道，由执行元件控制流经怠速空气道的空气量，应用较广泛，按执行元件不同分为步进电动机型、旋转电磁阀型、占空比控制电磁阀型和开关型等。

二、节气门直动式怠速控制系统的结构与检修

(一)结构组成与工作原理

节气门直动式实现怠速控制的结构形式较多，图 4-29 所示是常见的一种。从图中可以看出，怠速执行机构由直流电动机、减速齿轮、丝杠等部件组成。怠速执行机构的传动轴与节气门操纵臂的全闭限制器相接触。当 ECU 控制直流电动机通电时，直流电动机产生旋转力矩，通过减速齿轮，旋转力矩被增大，然后又通过丝杠变角位移为传动轴的直线运动。通过传动轴的旋入或旋出，调节节气门全闭限制位置，达到调节节气门处空气通路截面，进而实现怠速转速控制的目的。

桑塔纳 2000GSi 轿车 AJR 发动机采用的节气门直动式怠速控制系统，由节气门控制组件 J338 中的节气门控制器(怠速电动机)V60 在 ECU 的控制下通过齿轮传动直接推动节气门在怠速时的开度，以调节怠速转速在规定的范围内。节气门控制组件 J338 将节气门电位计 G69、节气门控制器电位计 G88、怠速电动机 V60 及怠速开关 F60 合为一体。

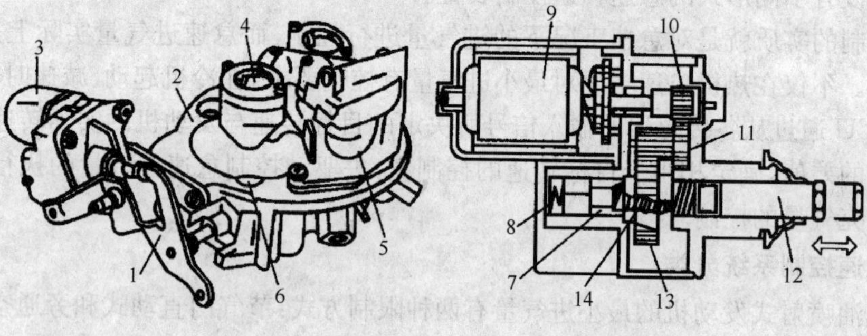

图 4-29 节气门直动式怠速控制执行机构

1. 节气门操纵臂 2. 节气门体 3. 怠速执行机构 4. 喷油器 5. 压力调节器 6. 节气门 7. 防转动六角孔 8. 弹簧 9. 直流电动机 10、11、13. 减速齿轮 12. 传动轴 14. 丝杠

如图 4-30 所示，节气门控制器 V60 通过 ECU J220 上的端子 59 和 66 为其提供电源，如果 ECU 对怠速电动机的控制出现故障或者电动机损坏，节气门体中的紧急运行弹簧起作用，使节气门处于紧急运行位置。

如图 4-31 所示，怠速开关 F60 通过 ECU J220 上的端子 67 和 69 为其提供电源。在怠速范围内，其触点是闭合的，ECU 通过此信号判断发动机处于怠速工况。当踩下加速踏板时，怠速开关触点打开。如果 ECU 没有收到怠速开关的信号，ECU 将对节气门电位计和节气门控制器电位计的信号进行比较。从这两个信号的比较结果，ECU 可以判别节气门怠速的位置。

(二)主要部件的检修

1. 怠速开关的检测

①将故障阅读仪 V. A. G1551 连接到诊断座上，起动发动机使其怠速运转，接通

V. A. G1551 电源开关，并进入 004 显示组查看发动机运行状态，应显示 Idling(怠速)；缓慢开启节气门进入部分负荷状态，应显示 Part throttle(部分负荷)。

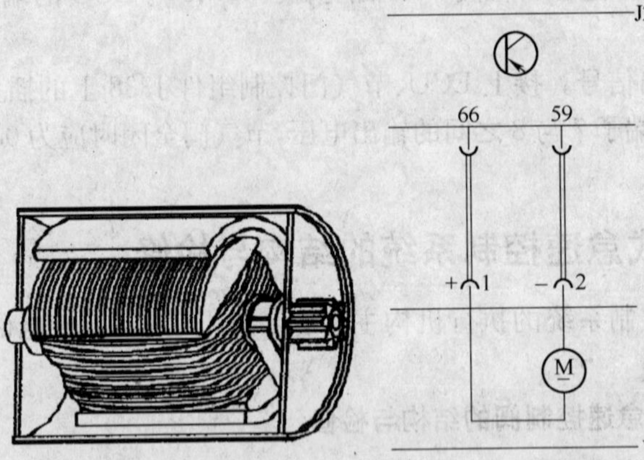

图 4-30　节气门控制器(怠速电动机)V60 及其接线

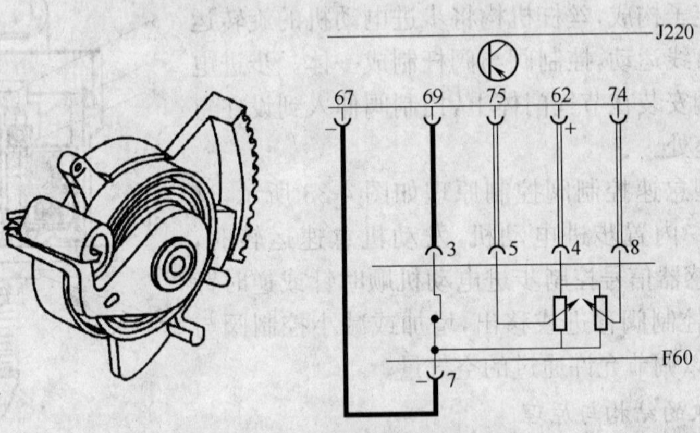

图 4-31　怠速开关 F60 及其接线

②点火开关置于 OFF，拔下节气门控制组件 J338 上的线束插头，再将点火开关置于 ON，用万用表检测 J338 线束插头端子 3 与 7 间的电压，至少为 9V。若没有电压，说明 J338 与 ECU 间的连线有故障。

③检测 J338 线束插头端子 3 与 7 间的电阻，当节气门关闭时，应小于 1Ω。当节气门打开(怠速开关关闭)时，应为∞。应拔下 ECU 插头，分别测量 ECU 端子 69 与 J338 端子 3 间的电阻、ECU 端子 67 与 J338 端子 7 间的电阻应不大于 0.5Ω。

2. 节气门控制器的检测

检测 V60 端子 1 与 2 之间的电阻，为 3Ω～200Ω。再分别检测 ECU 的端子 66 与 J338 端子 1 之间的电阻、ECU 的端子 59 与 J338 端子 2 之间的电阻应不大于 0.5Ω。

3. 节气门控制器电位计 G88 的检测

①检测电源电压。点火开关置于 ON，检测节气门控制组件 J338 线束插头端子 4 与 7 之间的电压，应接近于 5V。

②检测 G88 的电阻。点火开关置于 OFF，检测 G88 插座端子 4 与 7 之间的电阻，在节气

门任意开度下均为700Ω；检测端子4与8之间的电阻，在节气门全闭时为735Ω；检测端子7与8之间的电阻，在节气门全闭时为1170Ω。

③检测G88的线束导通性。检测G88插座端子4、7、8与ECU的端子62、67、74之间的电阻，均应不大于0.5Ω。

④检测G88的输出信号。接上ECU、节气门控制组件J338上的插头，打开点火开关起动发动机，检测G88插座端子7与8之间的输出电压，节气门全闭时应为0.3V～0.8V，节气门全开时应达到4V。

三、旁通空气式怠速控制系统的结构与检修

旁通空气式怠速控制系统的执行机构主要有步进电动机、旋转电磁阀、占空比控制电磁阀等。

(一)步进电动机型怠速控制阀的结构与检修

1. 怠速控制阀的结构与原理

步进电动机型怠速控制阀的结构如图4-32所示。步进电动机由转子和定子构成，丝杠机构将步进电动机的旋转运动转变为阀杆的直线运动，控制阀与阀杆制成一体。步进电动机型怠速控制阀安装在节气门体上，控制阀伸入到设在怠速空气道内的阀座处。

步进电动机型怠速控制阀控制原理如图4-33所示，这种怠速控制阀有一内置步进电动机，发动机怠速运转时，ECU根据各种传感器信号控制步进电动机顺时针或逆时针方向转动转子，使控制阀移进或移出，增加或减小控制阀与阀座之间的间隙，以调节允许通过的空气量。

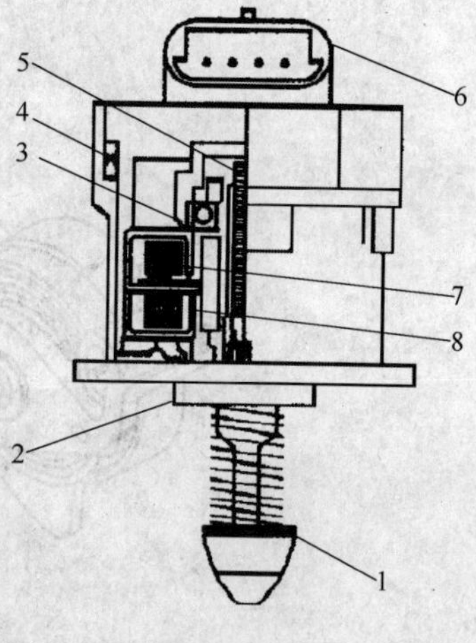

图4-32 步进电动机型怠速控制阀

1. 控制阀 2. 前轴爪 3. 后轴承 4. 密封圈 5. 丝杠机构 6. 线束插接器 7. 定子 8. 转子

2. 步进电动机的结构与原理

步进电动机的结构如图4-34所示，主要由转子和定子组成。转子由16极永久磁铁构成(极数视发动机而异)。定子由两组16极铁心构成，两组交错排列，彼此错开半个节距。两个定子铁心上分别绕有1相和3相、2相和4相两组线圈，每个定子上两线圈的绕制方向相反。ECU控制步进电动机工作时，给线圈输送的是脉冲电压，4个线圈的通电顺序(相位)不同，步进电动机的转动方向就不同，当按一定顺序输入一定数量的脉冲时，步进电动机就向某一方向转过一定的角度，步进电动机的转动量取决于输入脉冲的数量。因此，ECU通过对定子线圈通电顺序和输入脉冲数量的控制，即可改变步进电动机型怠速控制阀的位置(即开度)，从而控制怠速空气量。由于给步进电动机每输入一定量的脉冲只转过一定的角度，其转动是不连续的，所以称为步进电动机。

3. 控制阀的控制内容

(1)起动初始位置的设定。为了改善发动机的起动性能，关闭点火开关使发动机熄火后。ECU的M-REL端子向主继电器线圈供电延续约2s～3s。在这段时间内，蓄电池继续给ECU

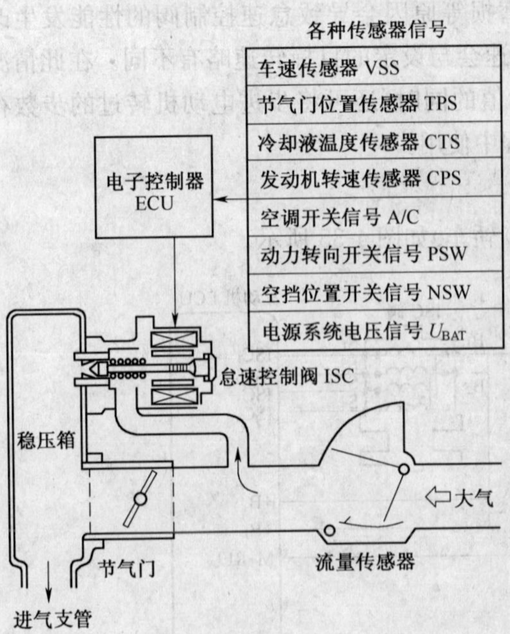

图 4-33　步进电动机型怠速控制阀控制原理

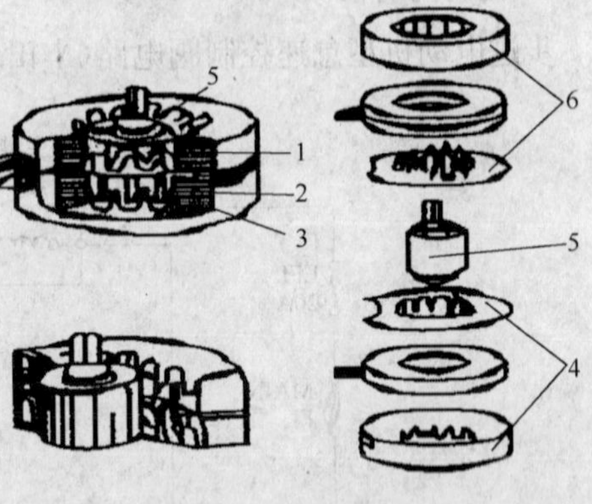

图 4-34　步进电动机

1. 线圈 A　2. 线圈 B　3. 爪极
4. 定子 B　5. 转子　6. 定子 A

和步进电动机供电，ECU 使怠速控制阀回到起动初始（全开）位置。待步进电动机回到起动初始位置后，主继电器线圈断电，蓄电池停止给 ECU 和步进电动机供电，怠速控制阀保持在全开位置不变，为下次起动做好准备。

(2)起动控制。发动机起动时，由于怠速控制阀预先设定在全开位置，在起动期间经怠速空气道可供给最大的空气量，有利于发动机起动。但怠速控制阀如果始终保持在全开位置，发动机起动后的怠速转速就会过高，所以在起动期间 ECU 根据冷却液温度的高低控制步进电动机，调节控制阀的开度，使之达到起动后暖机控制的最佳位置，此位置随冷却液温度的升高而减小，控制特性（步进电动机的步数与冷却液温度的关系曲线）存储在 ECU 内。

(3)暖机控制。暖机控制又称快怠速控制，在暖机过程中，ECU 根据冷却液温度信号按内存的控制特性控制怠速控制阀开度，随着温度上升，怠速控制阀开度逐渐减小。当冷却液温度达到 70℃时，暖机控制过程结束。

(4)怠速稳定控制。在怠速运转时，ECU 将接收到的转速信号与确定的目标转速进行比较，其差值超过一定值（一般为 20r/min）时，ECU 将通过步进电动机控制怠速控制阀，调节怠速空气供给量，使发动机的实际转速与目标转速相同。怠速稳定控制又称反馈控制。

(5)怠速预测控制。发动机在怠速运转时，如变速器挡位、动力转向、空调工作状态的变化都将使发动机的转速发生可以预见的变化。为了避免发动机怠速转速波动或熄火，在发动机负荷出现变化时，不待发动机转速变化，ECU 就会根据各负载设备开关信号（A/C 开关等），通过步进电动机提前调节怠速控制阀的开度。

(6)电器负载增多时的怠速控制。在怠速运转时，如使用的电器负载增大到一定程度，蓄电池电压就会降低。为了保证电控系统正常的供电电压，ECU 根据蓄电池电压调节怠速控制阀的开度，提高发动机的怠速转速，以提高发电动机的输出功率。

(7)学习控制。在发动机使用过程中,由于磨损等原因会导致怠速控制阀的性能发生改变,虽然怠速控制阀的位置相同,但实际的怠速转速会与设定的目标转速略有不同。在此情况下,ECU 在利用反馈控制使怠速转速回归到目标值的同时,还可将步进电动机转过的步数存储在 ROM 存储器中,以便在此后的怠速控制过程中使用。

4. 控制阀的检修

步进电动机型怠速控制阀电路(丰田皇冠 3.0 轿车)如图 4-35 所示。

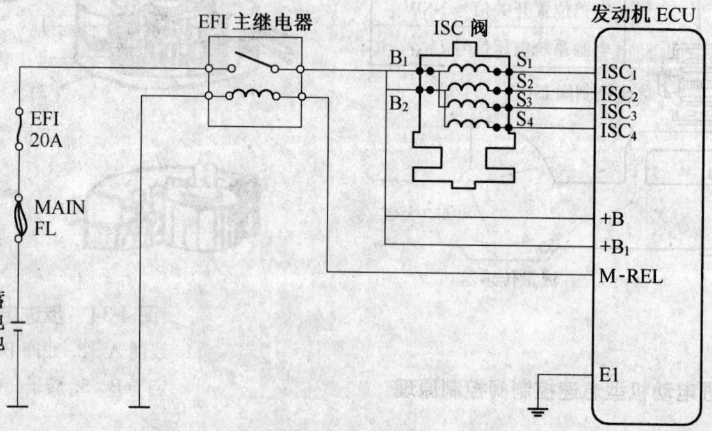

图 4-35 步进电动机型怠速控制阀电路(丰田皇冠 3.0 轿车)

主继电器触点闭合后,蓄电池电源经主继电器到达怠速控制阀的 B1 和 B2 端子、ECU 的+B 和+B1 端子,B1 端子向步进电动机的 1 相、3 相两个线圈供电,B2 端子向 2 相、4 相两个线圈供电。4 个线圈分别通过端子 S1、S2、S3 和 S4 与 ECU 端子 ISC1、ISC2、ISC3 和 ISC4 相连,ECU 控制各线圈的搭铁回路,以控制怠速控制阀的工作。

在检修步进电动机型怠速控制阀时应注意:不要用手推或拉控制阀,以免损坏丝杠机构的螺纹;不要将控制阀浸泡在任何清洗液中,以免步进电动机损坏;安装时检查密封圈不应有任何损伤,并在密封圈上涂少量润滑油。

检修步进电动机型怠速控制阀的方法如下:

①拆开怠速控制阀线束连接器,将点火开关转至 ON 但不起动发动机,在线束侧分别测量 B1 和 B2 端子与搭铁之间的电压,均应为蓄电池电压(9V~14V),否则说明怠速控制阀电源电路有故障。

②发动机起动后再熄火时,2s~3s 内怠速控制阀附近应能听到内部发出的“嗡嗡”的声音。否则应进一步检查怠速控制阀、控制电路及 ECU。

③拆开怠速控制阀线束插接器,在控制阀侧分别测量端子 B,与 S1 和 S3,B2 与 S2 和 S4 之间的电阻,阻值均应为 10Ω~30Ω,否则应更换怠速控制阀。

④如图 4-36 所示,拆下怠速控制阀后,将蓄电池正极接至 B1 和 B2 端子,负极按顺序依次接通 S1、S2、S3、S4 端子时,随步进电动机的旋转,控制阀应向外伸出;蓄电池负极按相反顺序依次接通 S4、S3、S2、S1 时,则控制阀应向内缩回。若工作情况不符合上述要求,应更换怠速控制阀。

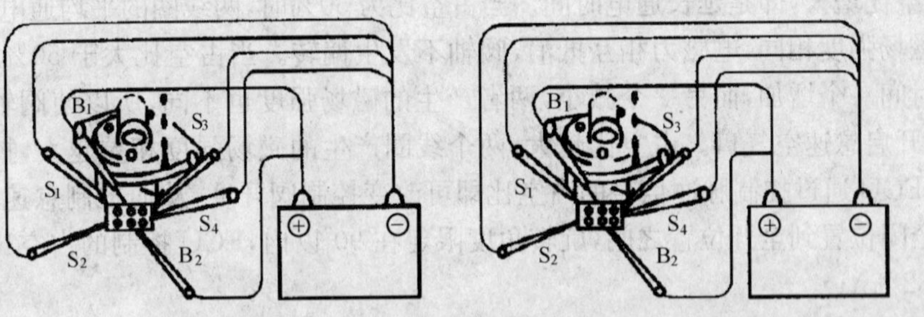

图 4-36　步进电动机型怠速控制阀工作情况检查

(a)向外伸出　(b)向内缩回

(二)旋转电磁阀型怠速控制阀的结构与检修

1. 旋转电磁阀型控制阀的结构与工作原理

旋转电磁阀型怠速控制阀的结构如图 4-37 所示。控制阀安装在阀轴的中部，阀轴的一端装有圆柱形永久磁铁，永久磁铁对应的圆周位置上装有位置相对的两个线圈。由 ECU 控制两个线圈的通电或断电，改变两个线圈产生的磁场强度，两线圈产生的磁场与永久磁铁形成的磁场相互作用，即可改变控制阀的位置，从而调节怠速空气口的开度，以实现怠速空气量的控制。

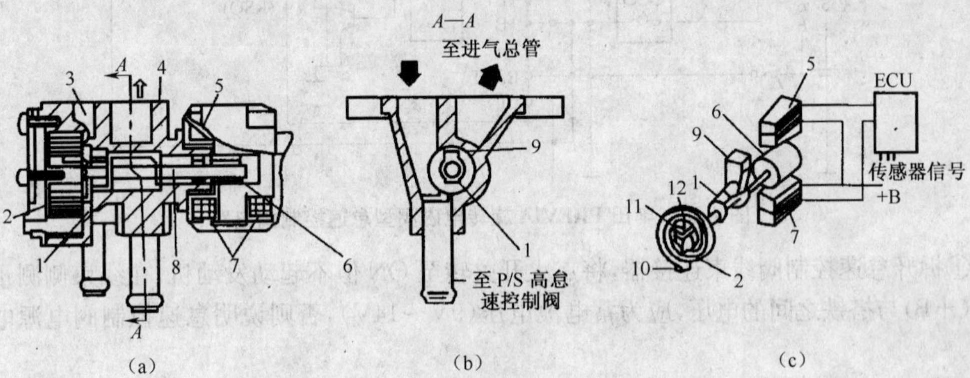

图 4-37　旋转电磁阀式怠速控制阀

(a)结构　(b)位置图　(c)工作原理

1. 控制阀　2. 双金属片　3. 冷却液腔　4. 阀体　5、7. 线圈　6. 永久磁铁　8. 阀轴　9. 怠速空气口　10. 固定销　11. 挡块　12. 阀轴限位杆

双金属片制成卷簧形，外端用固定销固定在阀体上，内端与阀轴端部的挡块相连接。阀轴上的限位杆穿过挡块的凹槽，使阀轴只能在挡块凹槽限定的范围内摆动。流过阀体冷却液腔的冷却液温度变化时，双金属片变形，带动挡块转动，从而改变阀轴转动的两个极限位置，以控制怠速控制阀的最大开度和最小开度。此装置主要起保护作用，可防止怠速控制系统电路出现故障时，发动机转速过高或过低，只要怠速控制系统工作正常，阀轴上的限位杆不与挡块的凹槽两侧接触。

ECU 控制旋转电磁阀型怠速控制阀工作时，控制阀的开度是通过控制两个线圈的平均通电时间即占空比(指脉冲信号的通电时间与通电周期之比)来实现的。通电周期一般是固定的，所以占空比增大，即是延长通电时间。当占空比为50%时，两线圈的平均通电时间相等，两者产生的磁场强度相同，电磁力相互抵消，阀轴不发生偏转。当占空比大于50%，两个线圈的平均通电时间一个增加，而另一个减小，两者产生的磁场强度也不同，所以使阀轴偏转一定角度，控制阀开启怠速空气口。占空比越大，两个线圈产生的磁场强度相差越大，控制阀开度越大。因此，ECU通过控制脉冲信号的占空比即可改变控制阀开度，从而控制怠速时的空气量。控制阀从全闭位置到全开位置之间，旋转角度限定在90°以内，ECU控制的占空比调整范围约为18%～82%。

旋转电磁阀控制旁通空气式怠速控制系统的控制内容主要包括起动控制、暖机控制、怠速稳定控制、怠速预测控制和学习控制，具体内容与步进电动机控制旁通空气式怠速控制系统基本相同。

2. 旋转电磁阀型控制阀的检修

丰田PREVIA轿车旋转电磁阀型怠速控制阀电路如图4-38所示，在维修时，一般进行如下检查：

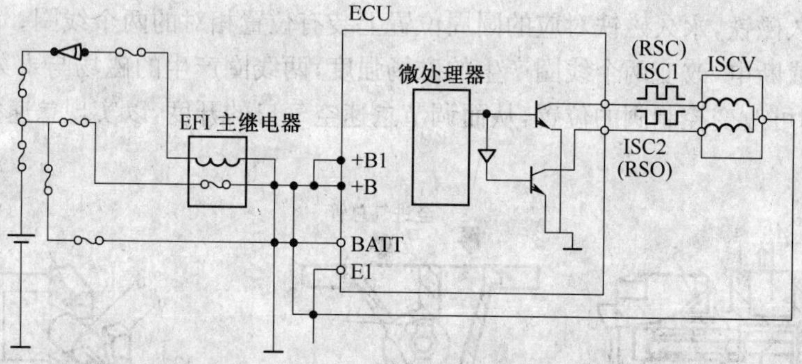

图4-38 丰田PREVIA旋转电磁阀型怠速控制阀电路

①拆开怠速控制阀线束连接器，将点火开关转至ON但不起动发动机，在线束侧测量电源端子(+B)与搭铁之间的电压，应为蓄电池电压(9V～14V)，否则说明怠速控制阀电源电路有故障。

②在发动机达到正常工作温度、变速器处于空挡位置时，使发动机维持怠速运转，用专用跨接线短接故障诊断座上的TE1与E1端子，发动机转速应保持在1000～1200r/min，5s后转速下降约200r/min，若不符合上述要求；应进一步检查怠速控制阀电路、ECU和怠速控制阀。

③拆开怠速控制阀上的三端子线束插接器，在控制阀侧分别测量中间端子(+B)与两侧端子(ISC1和ISC2)之间的电阻，正常应为18.8Ω～22.8Ω，否则应更换怠速控制阀。

(三)占空比控制电磁阀型怠速控制阀的结构与检修

占空比控制电磁阀型怠速控制阀的结构如图4-39所示，主要由控制阀、阀杆、线圈和弹簧等组成。控制阀与阀杆制成一体，当线圈通电时。线圈产生的电磁力将阀杆吸起。使控制阀打开。控制阀的开度取决于线圈产生的电磁力大小。与旋转阀型怠速控制阀相同。ECU也是通过控制输入线圈脉冲信号的占空比来控制磁场强度，以调节控制阀的开度，从而实现对怠速空气量的控制。

占空比控制电磁阀型怠速控制系统的控制内容同样也包括起动控制、暖机控制、怠速稳定控制、怠速预测控制和学习控制。但由于占空比控制电磁阀型怠速控制系统旁通空气量少，在采用此种控制阀的怠速控制系统中，仍需要快怠速控制阀辅助控制发动机暖机过程的空气供给量。

快怠速控制阀的结构如图 4-40 所示，主要由石蜡感温器、控制阀和弹簧等组成。发动机起动后的暖机过程中，冷却液温度较低时，石蜡收缩，控制阀在弹簧的作用下打开，增加怠速供给的空气量，使发动机快怠速运转。随着温度的升高，石蜡膨胀，推动连接杆使控制阀开度逐渐减小，怠速转速逐渐下降。发动机达到正常工作温度后，控制阀将完全关闭其空气通道，发动机恢复至正常怠速。

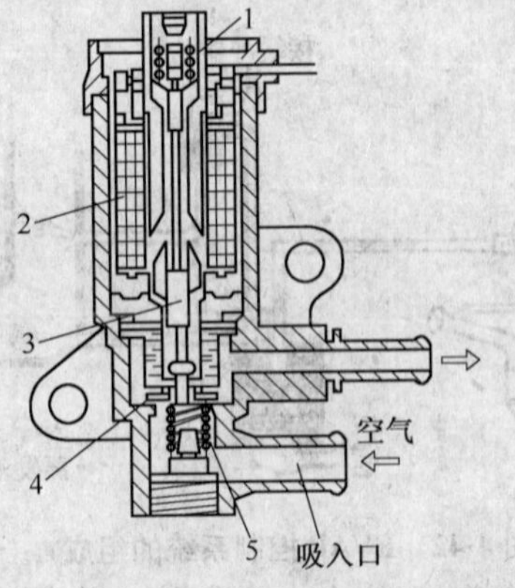

图 4-39　占空比控制电磁阀型怠速控制阀

1、5. 弹簧　2. 线圈　3. 阀杆　4. 控制阀

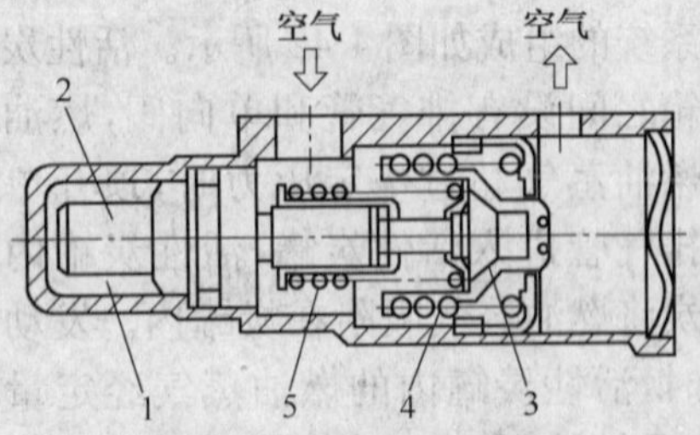

图 4-40　快怠速控制阀

1. 冷却液腔　2. 石蜡感温器　3. 控制阀　4、5. 弹簧

(四)开关型怠速控制阀的结构与检修

开关型怠速控制阀的结构如图 4-41 所示，主要由线圈和控制阀组成。其工作原理与占空比控制电磁阀型类似，不同的是开关型怠速控制阀工作时，ECU 只对阀内线圈通电或断电两种状态进行控制，电磁线圈通电时，控制阀开启，线圈断电则控制阀关闭。此外，与占空比控制电磁阀型怠速控制阀相比，开关型怠速控制阀控制的精度更低，所以在采用此种控制阀的怠速控制系统中，也需要快怠速控制阀辅助控制发动机暖机过程的空气供给量。

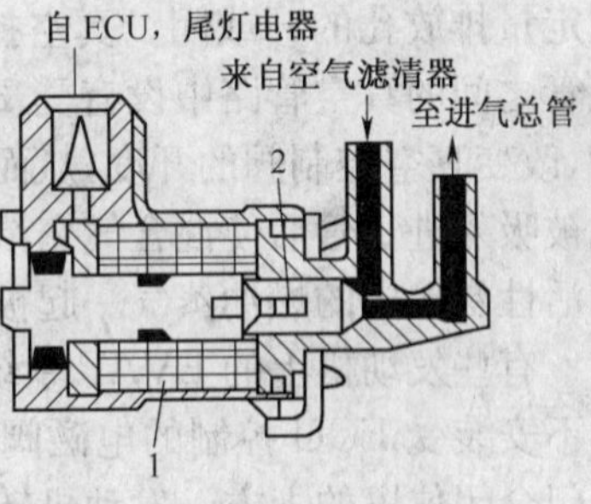

图 4-41　开关型怠速控制阀

1. 线圈　2. 控制阀

第三节　排放控制系统的结构与检修

汽油机的有害排放包括因混合气燃烧不完全产生的碳氢化合物(HC)、一氧化碳(CO)，在高温燃烧中产生的氮氧化合物(NO_x)，油箱内汽油蒸发产生的汽油蒸气和曲轴箱漏气等。

常见的减少排放污染的装置有：曲轴箱强制通风系统、燃油蒸气回收系统、废气再循环系统、三元催化转化器、二次空气喷射系统等。其中，曲轴箱强制通风系统的工作由曲轴箱强制通风阀控制，它可将窜入曲轴箱的废气重新引入气缸燃烧；三元催化转化器直接安装在排气管上，排气中的 HC、CO、NO_x 经过催化反应后生成无害的二氧化碳(CO_2)和水(H_2O)气体排入大气；燃油蒸气回收系统及废气再循环系统的工作，在少数汽油喷射式发动机中是由进气管真空度来控制的，而在现代轿车上已加装了电控装置。下面介绍常用的电控汽油机中的排放控制系统的结构原理及检修。

一、燃油蒸发排放(EVAP)控制系统的结构与检修

(一)燃油蒸发排放(EVAP)控制系统的组成与工作原理

EVAP控制系统的功能是收集燃油箱内蒸发的燃油蒸气，并将燃油蒸气导入气缸参加燃烧，从而防止燃油蒸气直接排入大气而造成污染。同时，还根据发动机工况，控制导入气缸参加燃烧的燃油蒸气量。

EVAP控制系统是为防止燃油箱内的燃油蒸气排入大气产生污染而设的，在装有EVAP控制系统的汽车上，燃油箱盖上只有空气阀，而不设蒸气放出阀。EVAP控制系统的组成如图4-42所示。活性炭罐与油箱之间设有排气管和单向阀，燃油箱内的燃油蒸气超过一定压力时，顶开单向阀经排气管进入活性炭罐，活性炭罐内的活性炭将燃油蒸气吸附在炭罐内。发动机工作时，活性炭罐内的燃油蒸气经定量排放孔、吸气管被吸入进气管。活性炭罐的上端设有一个真空控制阀，真空控制阀为膜片阀，膜片上方为真空室，控制阀用来控制定量排放孔的开或闭。真空控制阀与进气管之间的真空管路中设有受ECU控制的电磁阀，用以调节真空控制阀上方真空室的真空度，改变真空控制阀的开度，从而控制吸入进气管的燃油蒸气量。为防止活性炭罐内的燃油蒸气被吸入进气管后使混合气变浓，活性炭罐下方设有进气滤芯并与大气相通，使部分清洁空气与活性炭罐内的燃油蒸气一起被吸入进气管。

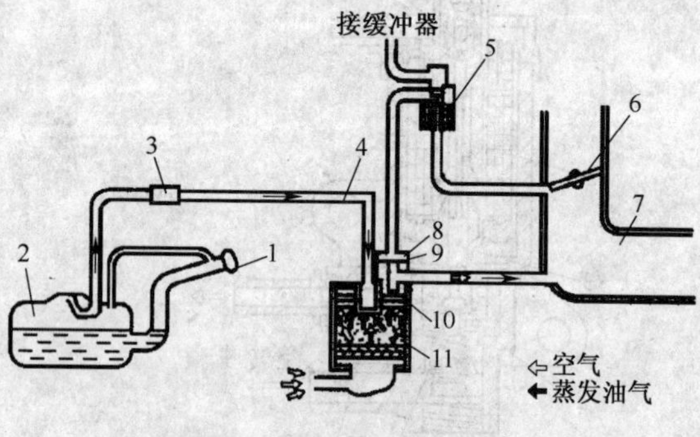

图4-42 EVAP控制系统的组成

1. 油箱盖 2. 油箱 3. 单向阀 4. 排气管 5. 电磁阀 6. 节气门 7. 进气门 8. 真空阀 9. 真空控制阀 10. 定量排放孔 11. 活性炭罐

有些发动机上的EVAP系统不采用ECU控制，即真空控制阀与进气管之间的真空管路中不安装受ECU控制的电磁阀，真空控制阀的开度直接由真空度控制，真空管口设在靠近节气门全闭位置的上方。发动机转速一定时，随发动机负荷(节气门开度)的增大，真空管口处的真空度增加，真空控制阀的开度增大；随发动机负荷减小，真空控制阀开度也减小。

(二)EVAP控制系统的检修

桑塔纳2000GSi AJR发动机采用了燃油蒸发排放控制系统(其称为汽油蒸气控制回收系统，简称AKF系统)。活性炭罐吸附油箱中挥发的汽油蒸气，活性炭罐电磁阀是在发动机达到工作温度和一定转速时才打开，让进气系统从炭罐中抽出汽油蒸气并引入节气门处。电磁阀由发动机ECU操纵，发动机不工作及怠速时是关闭的，此时ECU切断了电磁阀的搭铁电路。活性炭罐的安装位置、活性炭罐电磁阀的连接线路如图4-43a和图4-43b所示。

1. 活性炭罐的检修

检查管路有无破损或漏气，活性炭罐壳体有无裂纹，每行驶20000km应更换炭罐底部的进气滤芯。

2. 活性炭罐电磁阀(N80)的检修

在检修前，可对活性炭罐电磁阀进行简单的就车检查。起动发动机，用手触摸活性炭罐电

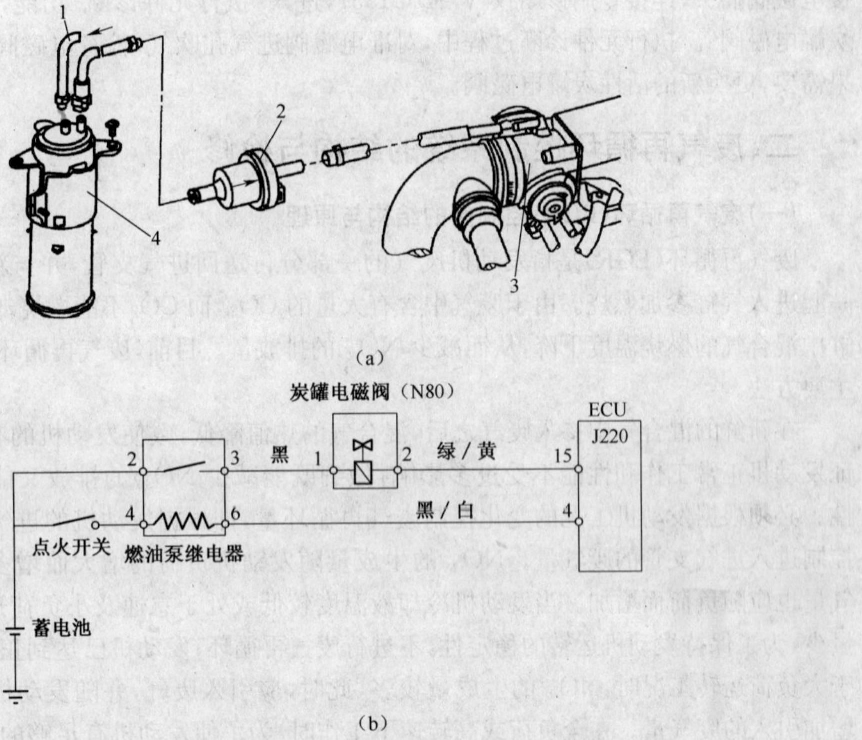

图 4-43　AJR 发动机活性炭罐及其电磁阀

(a)活性炭罐的安装位置　(b)活性炭罐电磁阀连接电路

1. 自油箱　2. 活性炭罐电磁阀　3. 节气门前进气通道　4. 活性炭罐

磁阀，应有明显的振动感。当关闭点火开关，应能听到电磁阀关闭的声音。如没有上述现象，应检查活性炭罐电磁阀及电磁阀线束。

(1)动作的检测。用发光二极管检测灯 V. A. G1527 连接活性炭罐电磁阀插头的两个端子。进入“执行元件诊断”功能，按“＋”键选择“活性炭罐电磁阀(N80)”，这时检测灯应闪亮。如果试灯不闪或者常亮，则用检测箱 V. A. G1598/22 连接发动机 ECU 插头。不闪亮时，检查活性炭罐电磁阀插头端子 2 和测试盒端子 15 间的线路对正极有无开路或短路。常亮时，检查活性炭罐电磁阀插头端子 2 和测试盒端子 15 间的线路是否短路。若没有，则更换发动机控制单元 ECU。

(2)电气性能检查。首先进行电阻的检测，然后进行供电电压的检测。

关闭点火开关，拔下活性炭罐电磁阀插头，测量电磁阀两端之间的电阻，标准值为 22Ω～30Ω。如果所测得的值不在规定范围内，更换新的活性炭罐电磁阀。

打开点火开关让发动机怠速运转，用万用表检测插头端子 1 与搭铁间的电压，应为 12V(蓄电池电压)。当用发光二极管检测灯 V. A. G1527(或由一个发光二极管串联 300Ω 电阻)连接插头端子 1 和发动机搭铁点时，检测灯应当闪亮。如果检测灯不闪亮，应检查插头端子 1 和熔丝之间的线路。如果线路正常，检测汽油泵继电器(活性炭罐电磁阀的电源供应也经过汽油泵继电器控制)。若检测灯常亮，应检查端子 2 到 ECU 间线路有无对地短路现象。

(3)密封性检验。拔下活性炭罐电磁阀的连接软管，将一辅助软管连接到阀的接口上，连接电磁阀插头，连接专用诊断仪 V. A. G1551，进入"执行元件诊断"功能，按"＋"键选择"活性炭罐电磁阀"。执行元件诊断过程中，对准电磁阀进气孔吹气，检查电磁阀开、闭是否良好。如果需要，更换新的活性炭罐电磁阀。

二、废气再循环控制系统的结构与检修

(一)废气再循环(EGR)控制阀的结构与原理

废气再循环(EGR)是指发动机废气的一部分再送回进气支管，并与新鲜的混合气混合后一起进入气缸参加燃烧。由于废气中含有大量的 CO_2，而 CO_2 不能燃烧却吸收大量的热，使气缸中混合气的燃烧温度下降，从而减少 NO_x 的排放量。目前，废气再循环是减少 NO_x 排放的主要方法。

在新鲜的混合气中掺入废气之后，混合气的热值降低，致使发动机的有效功率下降。为保证发动机正常工作和性能不受过多影响，做到既能减少 NO_x 的排放又能保持发动机的动力性。必须根据发动机工况的变化控制废气再循环量，即根据发动机的进气温度及负荷适当地控制进入进气支管的废气量。NO_x 的生成量随发动机负荷的增大而增多，因此，再循环的废气量也应随负荷而增加。当发动机冷却液温度较低或处于怠速及小负荷运转时，NO_x 的生成量少，为了保持发动机运转的稳定性，不进行废气再循环；发动机已达到正常工作温度，而且处于大负荷运转工况时，NO_x 的生成量较多，此时，应引入废气，并随发动机负荷的增大相应地增加引入的废气量。在全负荷或高转速下工作时，为了使发动机有足够的动力性，也不进行废气再循环。

再循环的废气量由 EGR 阀自动控制。EGR 阀安装在废气再循环通道上，废气再循环通道的一端通排气门，另一端连接进气支管。当 EGR 阀开启时，部分废气从排气门经废气再循环通道进入进气支管，进行废气再循环。EGR 阀一旦关闭，废气再循环随即终止。

控制 EGR 阀开启或关闭的方法很多，下面分别说明其结构和工作原理。

1. 真空直接控制 EGR 阀

真空直接控制的 EGR 阀的结构及其工作原理如图 4-44 所示。进气管真空度经真空传送管传入膜片室。当真空度较小或没有真空度时，在膜片弹簧的作用下，锥阀将废气再循环通道关闭(图 4-44a)；当真空度较大时，膜片、膜片推杆和锥阀一起向上提起，将废气再循环通道打开(图 4-44b)。废气再循环通道开启的程度决定于进气支管真空度的大小，因此当节气门开度和发动机转速变化时，再循环的废气量将会自动地得到调节。

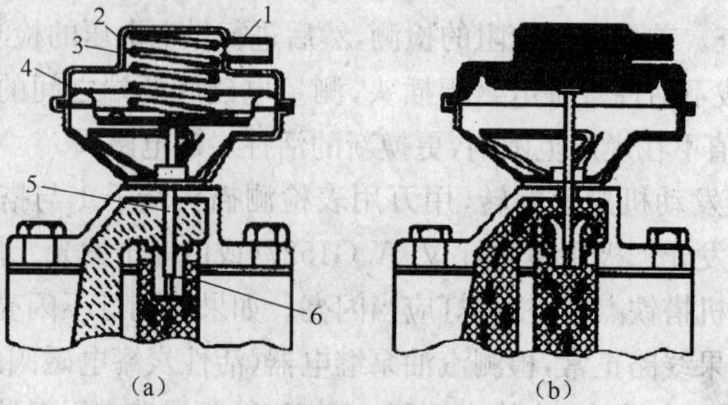

图 4-44 真空直接控制的 EGR 阀

1. 真空传送管 2. 膜片室 3. 膜片弹簧 4. 膜片 5. 膜片推杆 6. 锥阀

2. 正背压 EGR 阀

正背压 EGR 阀利用废气背压传送阀(BPV)来控制作用在 EGR 阀膜片室内的真空度，借以控制 EGR 阀的开闭。正背压 EGR 阀的结构及工作原理如图 4-45 所示。在膜片的上方设有废气背压传送阀(BPV)，在膜片上加工有通气孔，当 BPV 开启时，膜片室与大气连通。在 BPV 下面装有 BPV 弹簧，使 BPV 保持常开。发动机工作时，废气再循环通道内的废气压力经膜片推杆的中心孔作用在膜片上。当发动机转速较低或节气门开度很小时，废气压力不大，不足以使 BPV 关闭。这时由于膜片室与大气连通，致使传到膜片室的真空度被减弱或消除，锥阀保持关闭(图 4-45a)。当废气压力增大时，膜片被推动向上并将 BPV 关闭，使膜片室与大气的通路隔断，这时进气管真空度传到膜片室，吸引膜片、膜片推杆和锥阀一起向上提起，使废气再循环通道开启(图 4-45b)。

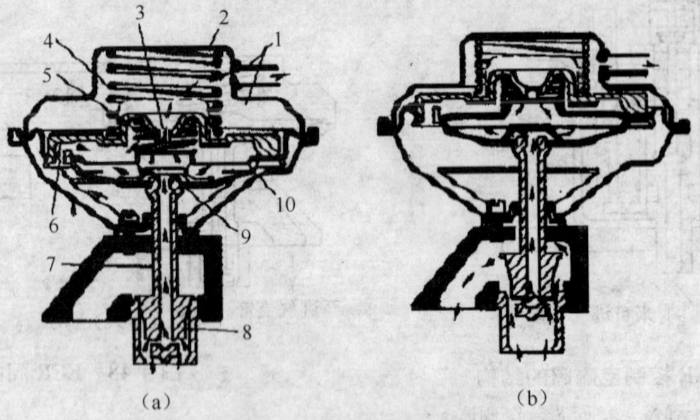

图 4-45　正背压 EGR 阀

1. 真空传送管　2. 膜片室　3. BPV　4. 膜片弹簧　5. BPV 弹簧　6. 通气孔　7. 膜片推杆　8. 锥阀　9. 导流板　10. 膜片

3. 电子控制 EGR 阀

电子控制 EGR 系统由 EGR 阀、EGR 控制电磁阀及相应的废气管道和真空管道组成，如图 4-46 所示。ECU 根据点火开关、曲轴位置传感器、节气门位置传感器和冷却液温度传感器等输入的信号，判定发动机运转工况，并对 EGR 控制电磁阀通电或断电。当 ECU 对 EGR 控制电磁阀通电时，电磁阀开启，进气管的真空经真空通道传送到 EGR 阀膜片室，使 EGR 阀开启，部分废气经废气再循环通道进入进气支管。当 ECU 对 EGR 控制电磁阀断电时，电磁阀关闭，隔断了通向 EGR 阀膜片室的真空通道，EGR 阀关闭，不进行废气再循环。当发动机处于以下工况时取消废气再循环：起动状态；发动

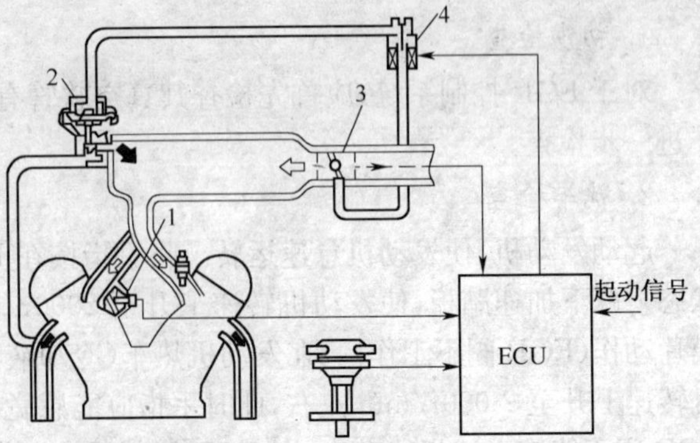

图 4-46　电子控制 EGR 系统

1. 冷却液温度传感器　2. EGR 阀　3. 节气门位置传感器　4. EGR 控制电磁阀　5. 曲轴转速和转角传感器

机冷却液温度低于50℃；节气门位置传感器的怠速触点接通；发动机低速、小负荷运转(转速低于1000r/min左右)；发动机高速运转(转速高于4500r/min)；突然加速或减速。

EGR控制电磁阀的结构如图4-47所示，它主要由阀体、阀芯、弹簧和电磁线圈等组成。在EGR控制电磁阀的电磁线圈通电时，阀芯被弹簧顶紧，通大气阀口关闭，进气支管与EGR阀真空室相通；EGR控制电磁阀的电磁线圈不通电时，阀芯在磁场力的作用下下移，真空通道被截断，而此时通大气阀口开启，EGR阀真空室与大气相通。EGR阀的结构与工作情况如图4-48所示。

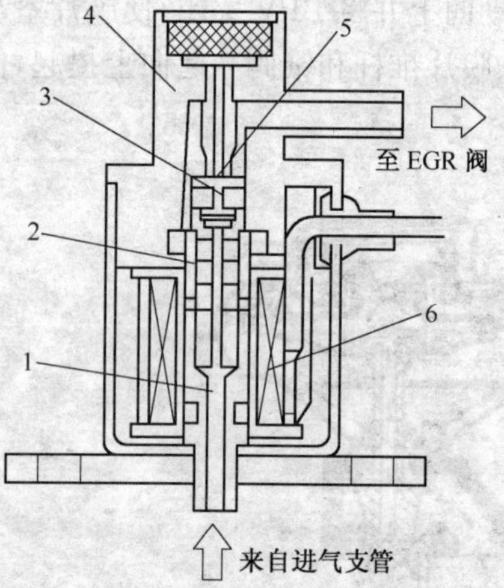

图4-47 EGR控制电磁阀的结构

1. 真空通道 2. 弹簧 3. 阀芯 4. 阀体 5. 通大气阀口 6. 电磁线圈

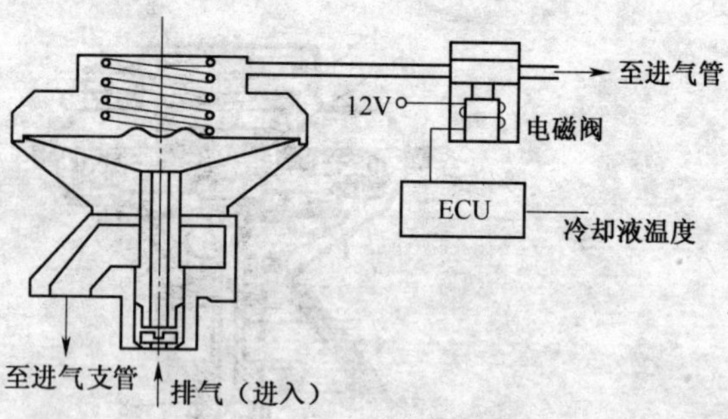

图4-48 ECR阀的结构

(二)电子控制EGR系统的检修

EGR控制系统工作不良，会造成发动机排气污染增加，功率下降，怠速运转不稳定，甚至熄火。

1. *初步检查*

对于EGR控制系统，应首先检查其真空软管有无破损，接头处有无松动、漏气等；若无，再作进一步检查。

2. *就车检查*

起动发动机，使发动机怠速运转。将手指按在EGR阀上，检查EGR阀有无动作。在冷车状态下踩下加速踏板，使发动机转速上升至2000r/min左右，此时手指上应感觉不到EGR阀膜片动作(EGR阀不工作)。在发动机热车(冷却液温度高于50℃)后再踩下加速踏板，使发动机转速上升至2 000r/min左右，此时手指应能感觉到EGR阀膜片的动作(EGR阀开启)。若EGR阀不能按上述规律动作，则EGR控制系统工作不正常，应检查该系统的各零部件。

3. *EGR控制电磁阀的检查*

将点火开关置于OFF位置，拔下EGR控制电磁阀线束插接器，用万用表欧姆挡测量电磁阀电磁线圈的电阻，应符合规定(一般为20Ω～50Ω)；否则，应更换EGR控制电磁阀。

拔下与EGR控制电磁阀相连的各真空软管，从发动机上拆下EGR控制电磁阀。在EGR控制电磁阀的电磁线圈不接电源时检查各管口之间是否通气。此时，电磁阀上的管接口A与

B、A与C之间应不通气，但管接口B与C之间应通气，如图4-49a所示；否则，EGR控制电磁阀损坏，应更换。给EGR控制电磁阀线圈接上电源(图4-49b)。此时，电磁阀管接口A与B之间应通气，而管接口A与C、B与C之间应不通气；否则，EGR控制电磁阀损坏，应更换。

4. EGR阀的检查

起动发动机，使发动机怠速运转。拔下连接EGR阀与EGR阀的真空软管。用手动真空泵对EGR阀真空室施加19.95kPa的真空度。若此时发动机怠速运转情况变坏甚至熄火，说明EGR阀工作正常；若发动机运转情况无变化，则是EGR阀损坏。应更换。

图4-49　EGR控制电磁阀的检查

(a)不通电时　(b)通电时

三、三元催化转化器的结构与检修

(一)三元催化转化器的结构与原理

三元催化转化器一般由金属外壳、隔热减振衬垫、催化剂载体和催化剂组成。如图4-50所示为网格型三元催化转化器，其外观像一个排气消声器(也起消声器作用)。壳体用耐高温、耐腐蚀的材料制成，内部装有催化床。它装在靠近发动机的排气管位置上。其寿命可达8×10^4km～10×10^4km，催化床内的触媒是将催化剂附着在直径为2～4mm的Al_2O_3载体表面的颗粒。铂能促使CO、HC氧化，而铑则能加速NO_x的还原。催化剂表面的活性作用是由排气热量激发的，其作用温度范围以活化开始温度(250℃)为下限，以过热引起催化剂故障的极限温度(1000℃)为上限。保持催化剂高净化率、高使用寿命的使用温度范围为400℃～800℃。

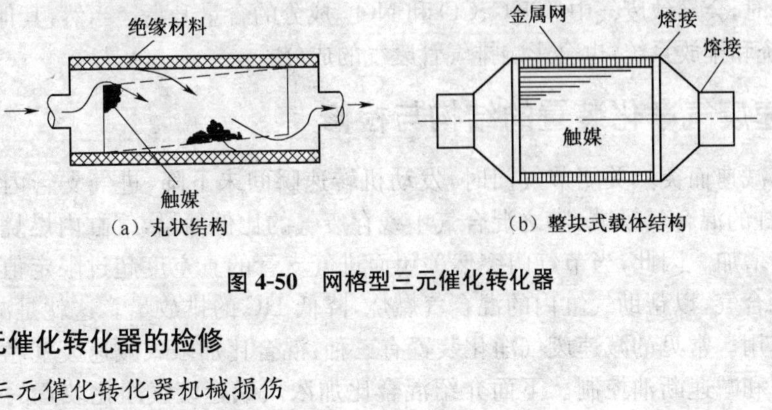

图4-50　网格型三元催化转化器

(二)三元催化转化器的检修

1. 检查三元催化转化器机械损伤

三元催化转化器大多与排气管制成一体，其内部由陶瓷体和一些贵重金属催化剂组成。

当车辆在路况较差的路面行驶时，极易造成底盘刮碰，导致陶瓷体碎裂。破碎的陶瓷体随废气进入消声器中，轻者产生异响，严重时会堵塞消声器，导致发动机动力下降，甚至不能起动。因此，应尽量选择良好的路况行驶，避免底盘的刮碰。

造成三元催化转化器堵塞的原因有：使用的汽油质量不佳，含有过多的胶质、杂物或含铅量高，极易造成三元催化转化器堵塞；发动机工作不良（如运转不稳、烧机油、燃烧不良等），产生的不完全燃烧物堵塞三元催化转化器等。因此，应选用优质汽油并保持发动机良好的工作状态。

通过外部检视可以判断三元催化转化器是否受到过机械损伤和发生过过热状态，具体方法如下：

①观察三元催化转化器表面有无损伤。如其表面有刮擦、凹痕或裂纹等，则说明三元催化转化器受到过损伤；如三元催化转化器外壳上有严重的褪色斑点或有青色与紫色的斑痕，或在其防护罩的中央有明显的暗灰色斑点，则说明三元催化转化器曾经因某种原因而发生过过热状态，需对它作进一步检查。

②轻轻敲击并晃动三元催化转化器，同时听其内部是否有物体移动的声音，如有，则说明催化剂载体已破碎，需要更换三元催化转化器。

2. 检查三元催化转化器的性能

由于在三元催化转化器工作时氧化反应会产生大量热，所以可以通过测量三元催化转化器进、出口的温度差来检查三元催化转化器的性能。具体方法如下：

①使发动机在正常温度下以2500r/min的转速运转。

②用数字式温度计（接触式或非接触式）测量三元催化转化器进、出口的温度，并予以比较。如果三元催化转化器出口的温度比进口的温度高20%～25%（至少10%）。则三元催化转化器的性能正常；如果三元催化转化器出口的温度达不到上述范围，则三元催化转化器性能不良，应予以更换；如果三元催化转化器出口的温度超过上述范围，则说明尾气中有大量的一氧化碳和碳氢化合物，需对发动机作进一步检查。有的汽车在催化转化器的下游加装了一个氧传感器，其目的是监测三元催化转化器的工作。这一氧传感器的信号被ECU用做自诊断的依据。一旦催化转化器失效，自诊断系统将闪亮故障指示灯。用示波器或发动机分析仪测试上、下游两个传感器的信号波形，也可以检测催化转化器。

测试三元催化转化器性能好坏的最精确方法是用废气分析仪测量排气管废气。三元催化转化器有故障时，会导致废气中的HC、CO和NO_x成分的含量升高。当然，其他系统，如燃油系统、点火系统和排放系统，也会影响排气管废气的成分。

四、减速废气净化装置的结构与检修

为使汽车减速而突然关闭节气门时，发动机转速瞬间未下降，进气支管内出现高真空。此时，进入气缸的混合气锐减，随之混合气中残存废气的比例猛增，气缸内燃烧条件恶化，排气中HC迅速增加。因此，当节气门突然关闭而进气支管的真空度超过限定值时，应给气缸提供额外的混合气，以帮助气缸内的混合气燃烧，降低HC的排放量。这就是减速废气净化装置所起的作用。常见的减速废气净化装置有三种：混合比加浓式减速废气净化装置、进气管真空控制阀和减速断油控制。下面介绍混合比加浓式减速废气净化装置的结构、工作原理与检测方法。

(一)混合比加浓式减速废气净化装置的结构和工作原理

混合比加浓式减速废气净化装置如图4-51所示。当进气支管的真空度超过该装置的调定值时，真空室Ⅰ的真空吸力使膜片Ⅰ上拱，从而带动真空控制阀上移，使真空室Ⅰ与真空室Ⅱ相通。真空室Ⅱ的吸力使膜片Ⅱ下拱时，旁通空气控制阀打开，于是，来自旁通气道的空气进入进气总管。由于这部分空气是经空气流量传感器计量的，所以微机控制喷油器喷射相应的燃油量。

变速器处于“N”(空挡)或“P”(停车)位置时，微机限制开关接通，混合比加浓电磁阀通电，真空室Ⅱ则通大气。这时，无论进气支管的真空度有多高，旁通空气控制阀始终处于关闭位置，即混合比加浓式减速废气净化装置在汽车停车状态下不起作用。

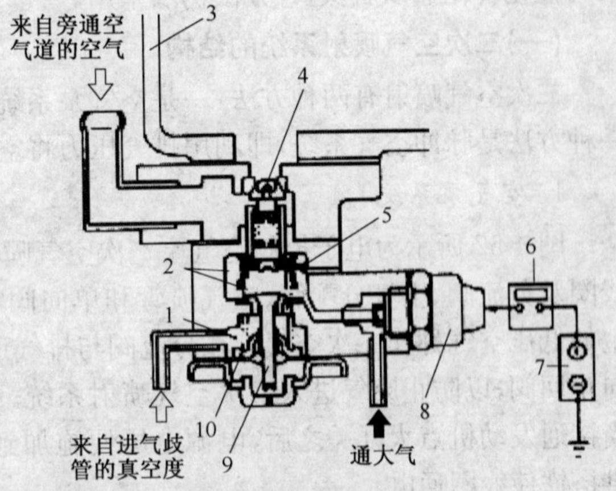

图 4-51　混合比加浓式减速废气净化装置

1. 真空室Ⅰ　2. 真空室Ⅱ　3. 进气总管　4. 旁通空气控制阀　5. 膜片Ⅱ　6. 限制开关　7. 蓄电池　8. 混合比加浓电磁阀　9. 真空控制阀　10. 膜片Ⅰ

(二)混合比加浓式减速废气净化装置的检查

1. 就车检查

将混合比加浓式减速废气净化装置的混合比加浓电磁阀线束连接断开，然后把一真空表接于进气支管的真空气管上。起动发动机，加速后松开加速踏板，观察真空表显示的真空度变化是否与正常值相符。如果不符，可以拆下混合比加浓式减速废气净化装置下部的橡胶帽，通过转动调整螺钉来调整该装置的调定值。顺时针旋转时调定值增大，正常的真空度为(76.0+0.7)kPa。

2. 混合比加浓电磁阀控制电路的检查

将点火开关置于“ON”位置，用万用表电压挡测量混合比加浓电磁阀线束连接器端子的电压。正常情况为：变速器处于“N”或“P”位置时，电压值为12V(蓄电池电压)；变速器在其他位置时，电压值为0V。

3. 混合比加浓电磁阀的检查

①检查混合比加浓电磁阀线圈的电阻。拔下混合比加浓电磁阀线束连接器，用万用表电阻挡测量电磁阀线圈的电阻，其电阻值应符合规定；否则，应更换电磁阀。

②检查混合比加浓电磁阀的动作。如给混合比加浓电磁阀施加12V电压，在正常情况下应能听到电磁阀发出的“咔哒”声。

五、二次空气喷射系统的结构与检修

很多汽车发动机装有二次空气喷射系统，目的是进一步降低排气中的有害物以及提高催化剂的转化率。虽然二次空气喷射系统有各种各样的结构，但其功用基本相同，即将一定量的新鲜空气经空气喷管喷入排气管或催化转化器，使废气中的CO和HC进一步氧化或燃烧成为CO_2和H_2O，以减少CO和HC的排放。为了区别发动机的正常进气，把这种将新鲜空气喷入排气管的过程称为二次空气喷射。二次空气喷射是减少污染物排放的最早使用的办法，在采用催化转化器以后，这一方法仍然采用。

(一)二次空气喷射系统的结构

二次空气喷射有两种方法：一是空气泵系统，即利用空气泵将压缩空气导入排气系统。另一种方法是脉冲空气系统，即利用排气压力将空气导入排气系统。

1. 空气泵系统

图 4-52 所示为电子控制空气泵二次空气喷射系统，它由空气泵、旁通线圈及旁通阀、分流线圈及分流阀、空气分配管、空气喷管和单向阀等组成。空气泵通常由发动机驱动，空气泵产生的低压空气称作二次空气。在分流阀与排气道之间以及分流阀与催化转换器之间均装有单向止回阀，以防止废气进入二次空气喷射系统。分流线圈及旁通线圈由电控单元 ECU 控制，当接通发动机点火开关之后，电源电压便施加到两个线圈的绕组上，ECU 通过对每个绕组提供搭铁使线圈通电。

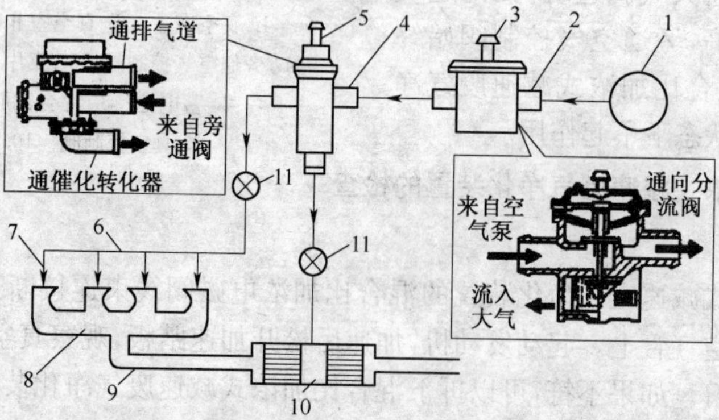

图 4-52 二次空气喷射系统

1. 空气泵 2. 旁通阀 3、5. 真空管 4. 分流阀 6. 空气分配管 7. 空气喷管 8. 排气支管 9. 排气管 10. 催化转化器 11. 单向阀

当发动机起动之后，ECU 不使旁通线圈和分流线圈通电，于是这两个线圈同时把通向旁通阀和分流阀的真空隔断，这时空气泵送出的空气经旁通阀进入大气。这种状态称作起动工作状态，其持续时间的长短决定于发动机的温度。如果发动机温度很低，起动工作状态将持续较长时间。

发动机在预热期间，ECU 同时使旁通线圈和分流线圈通电。这时进气管真空度分别经旁通线圈和分流线圈传送到旁通阀和分流阀。空气泵送出的空气此时经旁通阀流入分流阀，再由分流阀流入空气分配管，最后由空气喷管喷入排气道。

当发动机在正常的冷却液温度下工作时，ECU 只使旁通线圈通电而不使分流线圈通电，通向分流阀的真空度被分流线圈隔断。这时。空气泵送出的空气经旁通阀进入分流阀，再经分流阀进入催化转化器。

2. 脉冲空气系统

同空气泵系统相比，脉冲空气系统不需动力源注入空气，而是依靠大气压与废气真空脉冲之间的压力差使空气进入排气支管，因此，减少了成本及功率消耗。

脉冲空气系统工作原理如图 4-53 所示。空气来自空气滤清器。发动机控制单元 ECU 控制电磁阀的打开及关闭，电磁阀与单向阀相连。排气中压力是正负交替的脉冲压力波。当发动机以较低转速运转时，ECU 控制电磁阀打开，进气支管真空吸起脉冲空气喷射阀的膜片使阀开启，此时由于排气压力为负，空气由滤清器通过脉冲空气喷射阀进入排气口，与排出的 HC 进一步燃烧，故可降低 HC 的排放量；当排气压力为正时，脉冲空气喷射阀内的单向阀关闭，所以空气不会反向流动而返回进气管。由此可见，脉冲式二次空气喷射系统在发动机转速较低时，降低 HC 排放的效果更好。

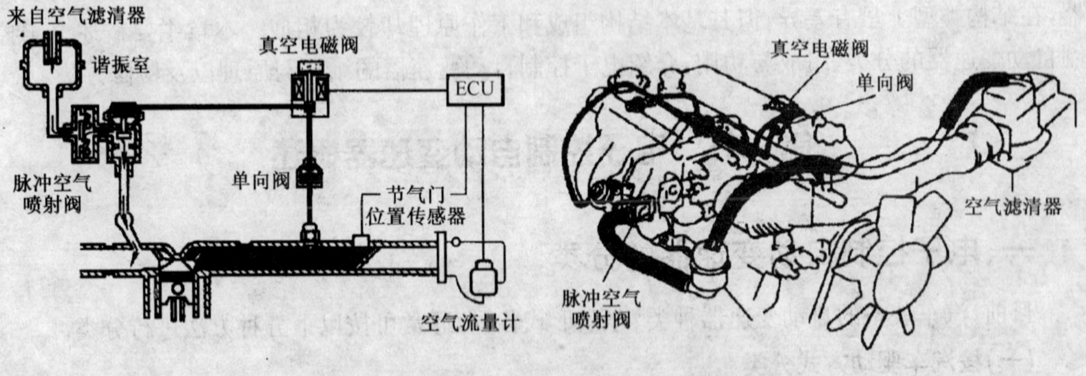

图 4-53　脉冲空气系统工作原理与结构组成

（二）二次空气喷射系统的检修

仔细观察二次空气喷射系统所有的管道及管接头，如有任何的孔洞而导致漏空气或废气，就应更换。当空气泵工作不良时，应检查单向阀的情况，看是否有废气倒流现象，以防止损坏空气泵。二次空气吸入阀损坏（常通）等，会导致怠速不稳，加速无力。

对于带驱动型空气泵，应检查驱动带是否磨损，以及是否有足够的张力。

第五章　电子控制自动变速器的结构与检修

电子控制自动变速器因其具有良好的自适应性和操纵轻便性而广泛应用于现代汽车上，它可以根据发动机的负荷和车辆行驶速度自动进行换挡，从而简化了驾驶操作，使驾驶员不需要掌握手动变速器复杂的换挡操作过程就可以轻松驾驶车辆。现代汽车上所用的自动变速器，在结构类型上虽有差异，但其基本结构组成和工作原理却较为相似。本章主要概述电子控制自动变速器的分类、组成与功用，介绍电子控制自动变速器的结构与原理以及检修方法。

第一节　电子控制自动变速器概述

一、电子控制自动变速器的分类

目前，汽车装备的自动变速器种类繁多、形式各异，通常可按以下五种方法进行分类。

(一)按汽车驱动方式分类

自动变速器按驱动方式可分为后轮驱动和前轮驱动。为了便于区分前、后驱动自动变速器，一般将前轮驱动自动变速器称为自动驱动桥。

前、后驱动两种变速器在结构和布置上具有较大的区别。后轮驱动自动变速器的输入轴和输出轴在同一轴线上，因此轴向尺寸较大，控制阀体总成布置在变速器的下方。自动驱动桥(前轮驱动自动变速器)除了具有后轮驱动自动变速器相同的组成部分之外，还配装有主传动器(主传动器安装在变速器壳体内部)。横置式发动机配装自动驱动桥时，由于受到汽车横向尺寸的限制，因此通常设计成两轴式变速器，即液力变矩器和齿轮变速器输入轴设计在上方，输出轴设计在下方，控制阀阀体总成布置在侧面或上方，以保证汽车具有足够的离地间隙；纵置式发动机配装自动驱动桥的布置形式与配装后驱动自动变速器基本相同。

(二)按前进挡的挡位数目分类

按目前使用的齿轮变速器前进挡的数目，自动变速器可分为两挡(2 个前进挡)、三挡(3 个前进挡)和四挡(4 个前进挡)三种，其中配装四挡自动变速器的汽车较多。由于四挡自动变速器具有超速 O/D(Over/Drive)挡，因此，能够提高汽车的最高车速和改善燃油经济性。

(三)按变速齿轮的类型分类

按变速器齿轮变速机构的类型不同，自动变速器可分为固定轴线齿轮机构式和行星齿轮机构式两种。

固定轴线齿轮机构式自动变速器的体积较大，传动比较小，采用车型较少；行星齿轮机构式自动变速器结构紧凑，能够获得较大的传动比，大多数轿车都采用了行星齿轮式自动变速器。

(四)按液力变矩器的类型分类

按液力变矩器的类型，自动变速器可分为普通液力变矩器式、综合液力变矩器式和锁止液力变矩器式三种。

普通液力变矩器是指由泵轮、蜗轮和导轮三个元件组成的液力变矩器。综合式液力变矩器是指在导轮与导轮固定套管之间装有单向离合器的液力变矩器。综合式液力变矩器的变矩工况与耦合器工况可以自动进行转换。目前，大多数轿车采用了带有锁止离合器的锁止液力变矩器。当车速达到一定值时，变速控制系统自动控制锁止离合器接合（锁止），将液力变矩器的输入部分与输出部分连成一体，使发动机的动力直接传递到齿轮变速器的输入轴，从而提高传动效率，降低燃油消耗。

（五）按控制方式分类

按控制方式不同，自动变速器可分为液压控制式自动变速器和电子控制式自动变速器。

液压控制式自动变速器 A/T(Automatic/Transmission）由液力变矩器、带有液压控制换挡执行元件（离合器和制动器）的齿轮变速器以及液压控制（手控阀、换挡阀、反映节气门开度的节气门阀、反映车速的调速阀等）组成，其全称是全液式机械传动自动变速器，简称液压自动变速器，通常用字母“A/T”表示。

电子控制式自动变速器 ECT 由液力变矩器、带有液压控制换挡执行元件（离合器和制动器）的齿轮变速器、液压控制阀（手控阀、换挡阀等）和电子控制系统（传感器与控制开关、电子控制单元和电磁阀）等组成，通常用字母 ECT 表示，以区别液压控制式自动变速器 A/T。

二、电子控制自动变速器的组成与功用

自动变速器总体来说由两大部分组成，即无级变速的液力变矩器和有限挡位的机械变速器。具体地说，液压控制自动变速器主要由液力变矩器、齿轮变速传动系统、液压控制系统和手控连杆机构、散热系统、工作液、壳体等辅助装置组成。对于电控自动变速器，则是在上述组成部分的基础上附加电控系统。传感器采集发动机节气门开度、车速、冷却液温度、变速器工作液温度、制动等信号参数，并将其转换为电信号后输送到自动变速器 ECU，ECU 经运算处理后，按照设定的换挡程序向电磁阀发出控制指令，电磁阀操纵阀板中的换挡阀动作，通过液压控制换挡元件的工作状态，从而改变齿轮系统的传动路线及传动比实现自动换挡。对于液压控制自动变速器，由于无电控系统，则是通过节气门阀和车速控制阀将节气门和车速转变成油压控制信号，从而控制换挡阀的动作，来控制换挡元件的工作状态，实现齿轮系统的自动换挡。

（一）液力变矩器

液力变矩器安装在发动机与机械变速器之间，将发动机扭矩传递给机械变速器输入轴。与普通离合器的区别是，它靠液力传动来传递扭矩，并能改变发动机扭矩，实现无级变速。

（二）齿轮变速传动系统

齿轮变速传动系统可提供不同的传动比，形成自动变速器不同的挡位。它由液压控制系统通过换挡元件控制不同的传动路线，即可实现不同挡位的转换。绝大部分齿轮变速传动系统采用行星齿轮机构进行变速，也有少数采用普通齿轮机构变速。

齿轮系统传动比的变换由一组换挡元件来控制，换挡元件的功用与同步器相似，但受液压系统控制。它包括离合器、制动器、单向离合器。

（三）液压控制系统的组成与功用

液压控制系统的主要作用是控制换挡元件和锁止离合器的工作，它由供油机构、调压机

构、操纵机构、冷却润滑装置和辅助装置等部分组成。它包含的液压回路有液压操纵回路、润滑回路，液力变矩器回路及散热器回路等。

1. 供油机构

供油机构主要由油箱、液压油泵、单向阀、滤清器、油管、油道等组成，其功用是提供一定压力和流量的工作油液。供油机构的具体功用是：传递发动机输出功率、操纵换挡元件实现自动换挡、对零部件的冷却作用、对自动变速器内部零部件的润滑和清洁作用等。

2. 调压机构

调压机构主要由主油路的调压阀、流量调节阀等组成，对于液压控制自动变速器还包括速控阀，节气门阀等，其功用是将液压油泵输出的油压调节成与行驶状态相适应的压力。

3. 操纵机构

操纵机构主要由手控阀、换挡阀、次序阀、强制降挡阀、锁止离合器控制阀等组成，其功用是控制换挡元件和锁止离合器，实现变速机构的自动换挡和锁止离合器的状态。

4. 冷却和润滑装置

冷却和润滑装置主要由冷却器和润滑油道等组成，其功用是形成液压油的冷却循环回路及润滑油路，保证变速器传动零件的冷却和润滑。

5. 辅助装置

辅助装置是为了改善换挡品质而增设的辅助阀类，它包括压力阀、时间阀、流向阀和安全阀等。

(四)电子控制系统

电子控制系统与液压控制系统合称为电液控制系统。自动变速器的 ECU 既可以是独立的，也可以与发动机公用，它是电控系统的核心，主要由电源、输入电路、信号转换器、计算机和输出电路等组成。其主要功能如下。

1. 换挡时刻控制

换挡时刻控制即换挡时的车速控制。ECU 使变速器在汽车的任意行驶条件下都按最佳换挡时刻进行换挡，从而使汽车的动力性和经济性指标达到最优。汽车的最佳换挡车速主要取决于换挡时的节气门开度。不同节气门开度下的最佳换挡车速可以用自动换挡曲线来表示。节气门开度越小，汽车的升、降挡车速越低；反之，节气门开度越大，汽车的升、降挡车速越高。这种换挡规律符合汽车实际使用需要。电控自动变速器通常有两个以上换挡电磁阀，ECU 通过对一组电磁阀通断的控制，从而控制电磁阀的组合工作状态，来实现对换挡的控制。

2. 锁止时刻控制

ECU 按照设定的控制程序，通过控制锁止电磁阀来控制锁止离合器的接合和分离。工作中，ECU 根据挡位、换挡模式等工作条件，从储存器中选择最佳的控制程序，并与当前的车速和节气门开度进行比较，来控制离合器的锁止时刻。

ECU 在进行锁止离合器控制时，还要参考电控自动变速器的工作条件。在一些特殊条件下 ECU 禁止锁止离合器接合，以保证汽车的行驶性能。这些条件是：①变速器油温低于 60℃，②车速低于 60min/h，③怠速开关接通，④制动开关接通。

早期的自动变速器，采用开关式电磁阀控制锁止离合器的接合和分离两种状态，而新型的电控自动变速器采用脉冲线性电磁阀来控制锁止离合器的接合过程，以减小锁止离合器接合时产生的冲击。

3. 主油压控制

液压控制液力自动变速器是早期的电控自动变速器，其主油路油压由主调压阀调节，但主油压受控于带有节气门拉线的节气门调压阀。而现代轿车电控自动变速器没有节气门调压阀，而是由一个调压电磁阀来产生节气门油压。此电磁阀是一种脉冲线性电磁阀，它接收ECU发出的占空比信号，通过改变泄油孔的开度，产生随节气门开度变化的油压，即节气门油压。这一油压反馈至主调压阀，主调压阀据此来调节主油路油压。

4. 发动机辅助制动控制

对于一些新型自动变速器，用于发动机辅助制动的强制制动器或强制离合器也是由ECU通过电磁阀来控制的。ECU按照设定的发动机辅助制动控制程序，在操纵杆位于前进低挡位，车速大于10km/h，节气门开度小于1/8时，控制强制制动器或离合器制动或接合，使电控自动变速器具有反向传递动力的能力，在汽车滑行时可以实现发动机辅助制动。

5. 故障自诊断和失效保护

电控自动变速器都具有故障自诊断和失效保护功能。它在汽车行驶过程中不停地检测传感器和执行器的工作，一旦发现工作不正常，就立即采取以下保护措施。

在汽车行驶时，仪表板上的故障报警灯亮起，ECU将检测到的故障以故障代码的形式储存在存储器，并提醒驾驶员立即将汽车送修。自动变速器故障报警灯多数为“O/D OFF”，也有“AT”、“TRANS”、图案等形式。

ECU将根据设定的失效保护程序控制变速器的工作，保持汽车最基本的工作能力。

①节气门位置传感器故障时，ECU根据怠速开关的信号控制。当怠速开关断开时，按全开节气门开度控制，控制油压为最大值；当怠速开关闭合时，按全闭合状态控制，控制油压为最小值。

②车速传感器故障时，变速器不能进行自动换挡，改变操纵杆的位置来进行手动换挡。还有一种自动变速器，出现车速传感器故障时，变速器锁定一挡。

③输入轴转速传感器故障时，ECU停止减扭矩控制，这时换挡冲击有所增加。

④油温传感器故障时，ECU按80℃油温进行控制。

⑤换挡电磁阀出现故障时，有两种失效保护方式，一种是停止电控系统工作完全转换为手动换挡；另一种是利用无故障的换挡电磁阀继续进行换挡控制，但换挡的规律有所变化。

⑥当强制离合器或强制制动器出现故障时，ECU会停止该电磁阀的工作，强制离合器或强制制动器始终处于接合状态，这样汽车减速时总有发动机辅助制动作用。

⑦当锁止电磁阀出现故障时，ECU停止锁止离合器控制作用，使锁止离合器始终处于分离状态。

⑧当调压电磁阀出现故障时，ECU停止调压电磁阀控制作用，使主油压保持最大值。

(五)辅助装置

1. 手控连杆机构

连杆机构是自动变速器操纵杆，由驾驶员根据本人意愿操纵行车方式，限制最高挡位，提供驻车挡，如图5-1所示。在传统车的自动变速器中，还有一根节气门拉线，连接自动变速器中的节气门调压阀。

2. 散热系统

散热系统大都与自动变速器分开而自成一体，也有与自动变速器合二为一的，主要用于通过工作液散发自动变速器在工作过程中产生的热量。

3. 工作液

工作液即自动变速器油，通常简称为 ATF（Automatic Transmission Fluid）。ATF 是粉红色（或蓝色）油晶，其中添加剂的作用是保证 ATF 的减摩性、流动性、腐蚀性、抗氧化性、清洁分散性、相容性等性能。相容性好的 ATF 可以混合使用。工作液充满于自动变速器内腔，并作为工作介质传递液力变矩器的扭矩，控制液压控制系统和行星齿轮系统中换挡元件的动作，同时在自动变速器和散热系统之间循环流动，起润滑、清洗、冷却作用，也起防尘作用。

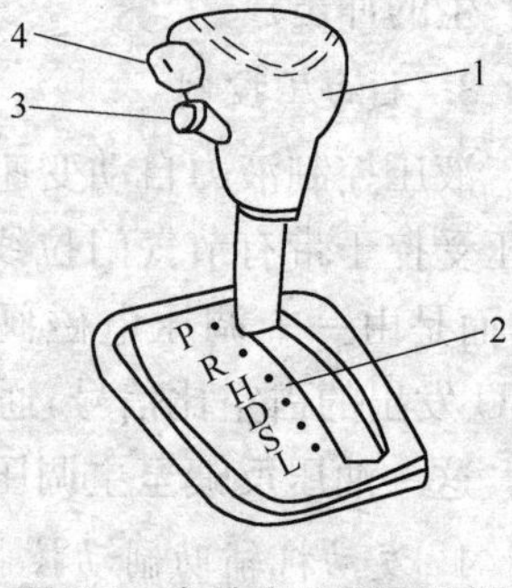

图 5-1 自动变速器操纵杆

1. 选挡杆 2. 挡位 3. 超速挡开关 4. 锁止按钮

4. 壳体

壳体即变速器外壳，容纳变速器各部分元件，并将之固定在发动机、传动系统和车身之间，同时也起散热和防尘作用。

第二节 电子控制自动变速器的基本结构与原理

一、液力变矩器的结构与原理

（一）液力变矩器的组成

液力变矩器主要由蜗轮（液力变矩器的输出元件）、泵轮（液力变矩器的输入元件）、导轮（液力变矩器的反应变矩元件）、单向离合器（改变液力变矩器的工作状态）、扭转减振器等部件组成，如图 5-2 所示。在泵轮和蜗轮之间附加一个尺寸较小的导轮。导轮通过单向离合器支撑在变速器壳体上，导轮与单向离合器外轮（环）相连，而单向离合器的内轮（环）通过轴固定在变速器壳体上。

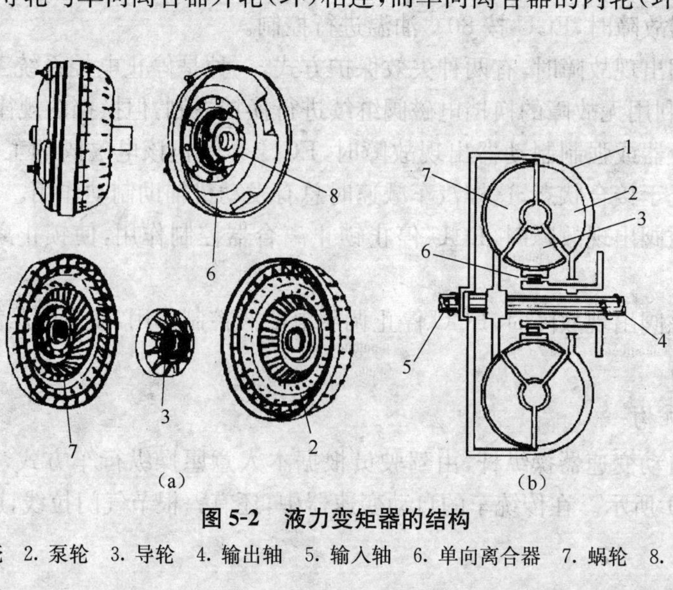

图 5-2 液力变矩器的结构

1. 变矩器壳 2. 泵轮 3. 导轮 4. 输出轴 5. 输入轴 6. 单向离合器 7. 蜗轮 8. 扭转减振器

(二)液力变矩器的工作原理

1. 车辆静止

车辆静止,当发动机怠速时,由发动机产生的转矩为最小值。由于采用制动器制动车辆使车轮固定,因此液力变矩器不能克服载荷使蜗轮旋转。在车辆停车时,蜗轮与泵轮的传动比为零,转矩比则达到最大值,此值叫做失速转矩比。因此,一旦蜗轮的载荷减小,便能迅速地以高转矩旋转。

2. 车辆起步阶段

当释放制动器后,在蜗轮上的载荷减小。随着踩下加速踏板,液力变矩器在小传动比阶段的增矩作用迅速发挥出来,使蜗轮以大于发动机产生的转矩旋转,用于克服车辆起步时的阻力,车辆开始起步。

3. 车辆低速行驶阶段

当车辆低速行驶时,蜗轮的转速小于泵轮的转速,两者转速差较大,工作液在从蜗轮回流至泵轮的过程中冲击到导轮叶片的前面,这时导轮固定不动,工作液反射回流到泵轮叶片的后面,从而增大泵轮的转矩,提高了对蜗轮的输出转矩,变矩器表现为增矩状态。

4. 车辆从中速至高速行驶阶段

随着车速的提高,蜗轮的转速也逐渐上升,工作液在从蜗轮回流至泵轮的过程中改变方向,冲击导轮叶片的后面,这时导轮开始旋转,变矩器达到耦合点进入耦合区。

液力变矩器在进入耦合器工作区后没有转矩增大的效果,在泵轮和蜗轮之间还存在着至少4%～5%的转速差,导致液力变矩器的传动效率还达不到100%,存在明显的能量损失。为了防止这种情况的出现,减少燃油消耗,现代汽车的自动变速器都装有带锁止离合器的液力变矩器,在高速时,通过机械方式直接连接泵轮和蜗轮,以便将发动机产生的动力100%传递给变速器。

5. 发动机制动阶段

驾驶员在车辆行驶过程中放松加速踏板,泵轮由于与发动机连接,因此和发动机一起以怠速运转,而蜗轮与输出轴连接,其转速与车速有关。在车速较高时,蜗轮的转速将会高于泵轮转速,因而反向带动发动机转速增加(辅助制动挡),产生发动机制动力。

二、齿轮变速传动机构的结构与原理

(一)平行轴式齿轮变速机构(普通齿轮变速机构)

平行轴式齿轮变速机构包括普通齿轮和平行轴。变速传动原理和手动变速器一样,但换挡控制原理与行星齿轮传动系统相同。

(二)行星齿轮变速机构

1. 行星齿轮机构的组成

(1)单行星排。基本的行星齿轮机构组成如图5-3所示。三个基本件分别为太阳轮、齿圈和装有行星齿轮的行星轮架。行星齿轮机构的三个基本件既可作为输入件,也可作为输出件。

(2)双行星排。双行星排由两排行星齿轮机构组成,可实现更多、更合理的动力传动方式。

图 5-4 所示为典型的双排行星齿轮机构，可以实现合理的三个前进挡和一个倒挡。有些行星齿轮机构采用双行星齿轮，在无级变速器中常用，如图 5-5 所示。

2. 行星齿轮机构的传动方式

(1)行星齿轮机构运动规律。为分析运动规律，设太阳轮、齿圈和行星轮架的转速分别为 n_1、n_2 和 n_3，齿数分别为 z_1、z_2 和 z_3，齿圈与太阳轮的齿数比为 α($\alpha= z_2/ z_1$)。根据能量守恒定律，由作用在该机构各元件上的力矩和结构参数，可导出表示单排行星齿轮机构一般运动规律的特性方程式。

$$n_1+\alpha n_2-(1+\alpha)n_3=0$$

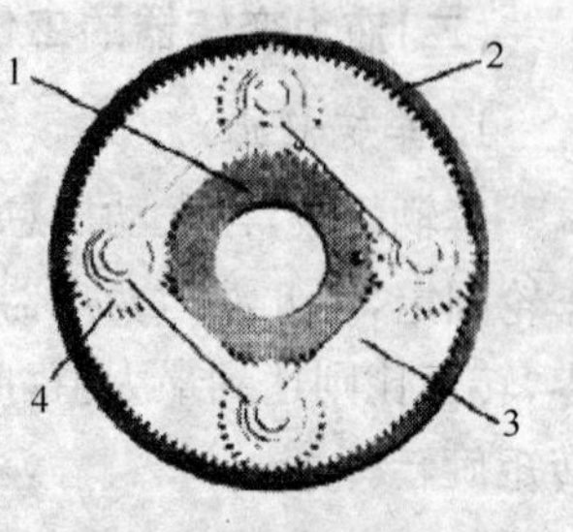

图 5-3 基本行星齿轮机构

1. 太阳轮 2. 齿圈
3. 行星轮架 4. 行星齿轮

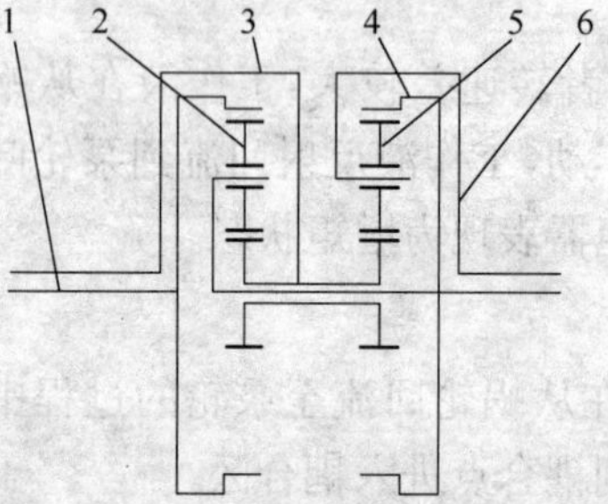

图 5-4 双排行星齿轮机构

1. 前齿圈 2. 前行星排 3. 前后太阳轮
4. 前行星轮架后齿圈组件 5. 后行星轮 6. 后齿圈

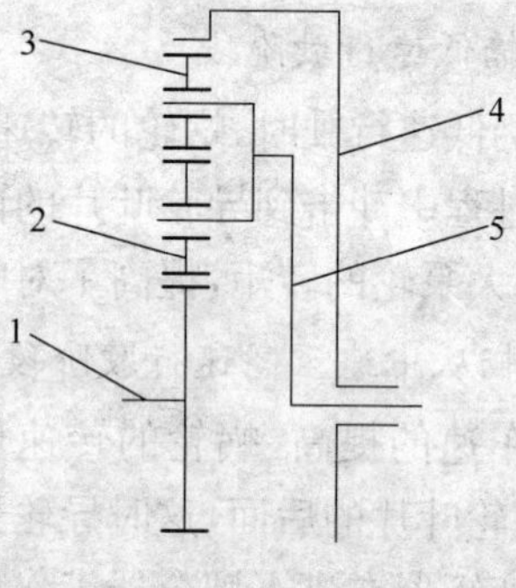

图 5-5 双行星齿轮机构

1. 太阳轮 2. 内行星轮 3. 外行星轮
4. 齿圈 5. 行星轮架

由上式或行星齿轮机构运动规律可知，单排行星齿轮机构具有两个自由度，在三个基本件中任选两个分别作为主动件和从动件，而另一个基本件若不受任何约束，则行星齿轮机构的运动不会有确定性。从特性方程式也可看出，三个未知数中必须有两个未知数确定，第三个未知数才会有确定的值，否则方程式将是无穷多解。由此可得出行星齿轮机构有确定运动的条件是：固定一个基本件或者将两个基本件连接在一体。这一条件的提供者就是换挡元件。

(2)行星齿轮机构运动方式。根据特性方程，单排行星齿轮机构能提供八种动力传动方式。

①太阳轮为输入元件，由行星轮架输出，齿圈被固定($n_2=0$)。前进一挡，传动比为：

$$Z_{13}=n_1/n_3=1+\alpha=1+Z_2/Z_1$$

②输入元件是行星轮架，由太阳轮输出，齿圈被固定。前进超速挡，传动比为：

$$Z_{31}=n_3/n_1=1/(1+\alpha)=Z_1/(Z_1+Z_2)$$

③固定元件是太阳轮($n_1=0$)，动力经齿圈输入，由行星轮架输出。前进二挡，传动比为：

$$Z_{23}=n_2/n_3=1+1/\alpha=1+Z_1/Z_2$$

④固定元件是太阳轮($n_1=0$)，输入元件是行星轮架，输出元件是齿圈。前进超速挡，传动比为：

$$Z_{32}=n_3/n_2=\alpha/(1+\alpha)=Z_2/(Z_1+Z_2)$$

⑤输入元件是太阳轮，行星轮架被固定($n_3=0$)，行星齿轮只能自转，并带动齿圈旋转输出

动力。太阳轮的旋转方向与齿圈相反，低速倒挡，传动比为：

$$Z_{12}=n_1/n_2=-\alpha=-Z_2/Z_1$$

⑥输入元件是齿圈，行星轮架被固定（$n_3=0$），行星齿轮只能自转，并带动太阳轮旋转输出动力，太阳轮的旋转方向与齿圈相反，超速倒挡，传动比为；

$$Z_{21}=n_2/n_1=-1/\alpha=-Z_1/Z_2$$

⑦若三元件中的两元件被连接在一起转动，则第三元件必然与这两者以相同的转速转动，这时为直接挡，传动比为1。

⑧若所有元件均不受约束，则行星齿轮机构无传动作用。

行星齿轮机构的传动比可由特性方程直接计算而得。对于单排行星齿轮机构，通过解方程求解；对于多排行星齿轮机构，则通过解方程组求解，但必须借助基本件固定、连接等条件。

（三）换挡元件

1. 多片摩擦离合器

由液压操纵系统控制，将变速器的输入轴和行星排的某个基本元件连接，或将行星排的某两个基本元件连接在一起，也可将某个基本件固定，从而提供确定运动的条件。

自动变速器中的多片摩擦离合器几乎都是湿式的，它由离合器鼓、活塞、回位弹簧、钢片、摩擦片、离合器毂等组成，如图5-6所示。离合器鼓和钢片为主动部分，摩擦片和离合器毂为从动部分，液压缸、活塞、弹簧、弹簧座、单向球阀（利于排油）属于压紧操纵部分。通过液压操纵系统的控制，实现主动和从动部分的接合和分离。

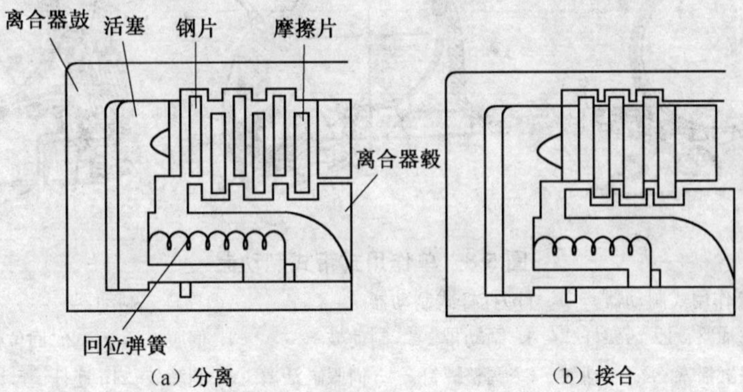

（a）分离　　（b）接合

图5-6　多片摩擦离合器原理

2. 制动器

制动器由液压操纵系统控制，用于固定行星齿轮机构中的基本元件，阻止其旋转，提供行星齿轮机构确定运动的条件。制动器分为片式制动器及带式制动器。

（1）片式制动器。片式制动器由制动器活塞、回位弹簧、钢片、摩擦片、制动器毂等组成，如图5-7所示。片式离合器、制动器所能传递的动力大小与摩擦片的面积、片数及钢片与摩擦片间的压紧力有关。压紧力的大小由作用在活塞上的油压及作用面积决定，但增大油压会引起接合时的冲击。一般摩擦片为246片，钢片等于或多于摩擦片的片数。片式制动器和多片摩擦离合器结构相似，仅仅是从动部分被固定。片式制动器工作平顺性较好，还能通过增减摩擦片的片数来满足不同排量发动机的要求。

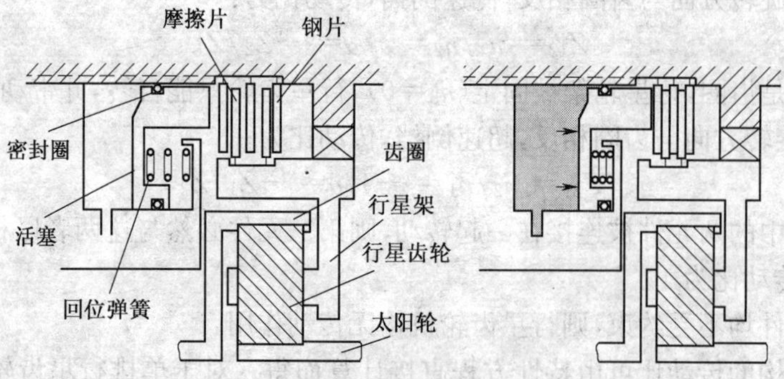

图 5-7 片式制动器结构

(2)带式制动器。带式制动器由制动带、伺服装置(液压油缸、液压活塞、弹簧及操纵杆等)组成。

带式制动器按变形能力分刚性制动带(厚)和挠性制动带;按结构分单边式、双边式;按制动器伺服装置作用方式分直接作用式(如图 5-8a 所示)和间接作用式(如图 5-8b、c 所示);按油缸形式分单作用式(单油腔,如图 5-8 所示)、双作用式(双油腔,A 腔供油制动,B 腔供油放松)及有控制油腔的双作用式(A、B、C 三腔,C 为控制腔,C 腔供油放松,断油制动,如图 5-9 所示)。

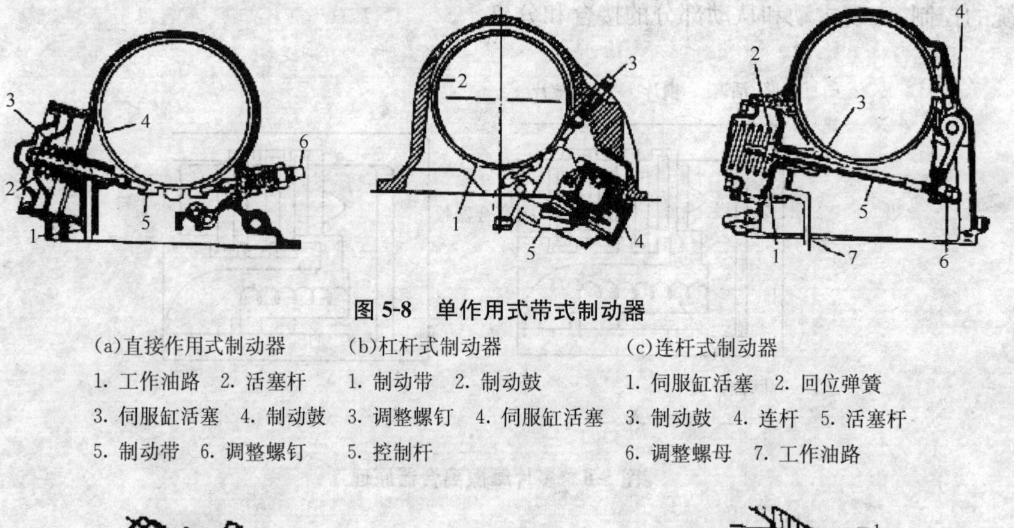

图 5-8 单作用式带式制动器

(a)直接作用式制动器
1. 工作油路 2. 活塞杆
3. 伺服缸活塞 4. 制动鼓
5. 制动带 6. 调整螺钉

(b)杠杆式制动器
1. 制动带 2. 制动鼓
3. 调整螺钉 4. 伺服缸活塞
5. 控制杆

(c)连杆式制动器
1. 伺服缸活塞 2. 回位弹簧
3. 制动鼓 4. 连杆 5. 活塞杆
6. 调整螺母 7. 工作油路

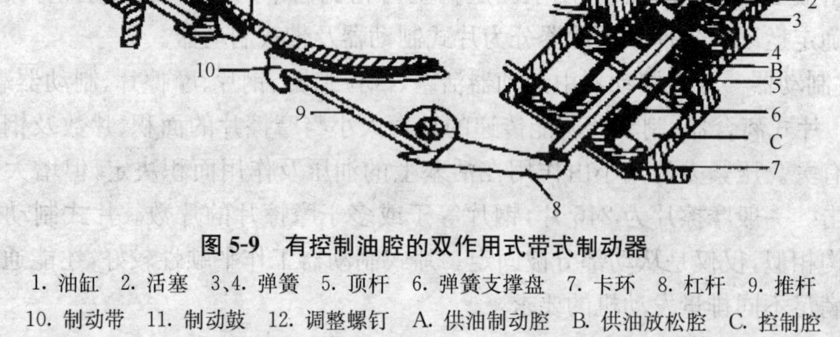

图 5-9 有控制油腔的双作用式带式制动器

1. 油缸 2. 活塞 3、4. 弹簧 5. 顶杆 6. 弹簧支撑盘 7. 卡环 8. 杠杆 9. 推杆 10. 制动带 11. 制动鼓 12. 调整螺钉 A. 供油制动腔 B. 供油放松腔 C. 控制腔

3. 单向离合器

单向离合器单方向接合回转传递动力，反向时分离，空转不传递动力。单向离合器分滚柱式、楔块式及棘爪式（很少采用）。

（1）滚柱式单向离合器。图 5-10 所示为滚柱式单向离合器，滚柱截面直径小于楔形槽大端深度，而大于小端深度。这就使得外圈沿顺时针旋转时，内、外围接合，传递动力；反之，外圈与内圈分离空转。

（2）楔块式单向离合器。图 5-11 所示为楔块式单向离合器。楔块保持架借助于片状弹簧均布于圆形的内、外圈之间，楔块可以在一定角度内摆动，由于楔块的纵向尺寸大于内、外围的内间距，而横向尺寸又小于内、外圈的内间距，这就使得外圈沿顺时针旋转时，内、外围接合，传递动力；反之，外圈与内圈分离空转。

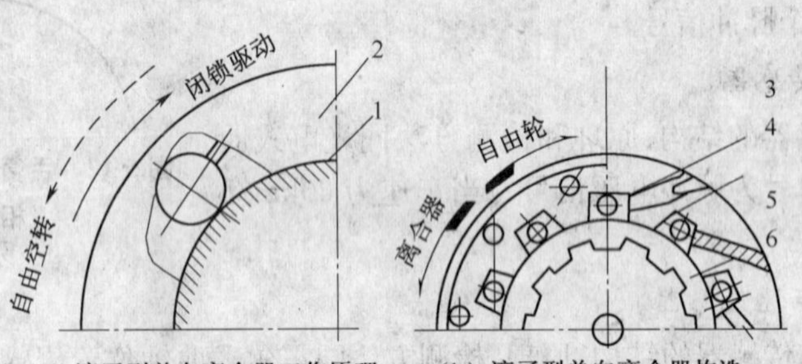

（a）滚子型单向离合器工作原理　（b）滚子型单向离合器构造

图 5-10　滚柱式单向离合器

1. 内圈　2. 外圈　3. 凸轮　4. 滚柱　5. 弹簧　6. 轮毂

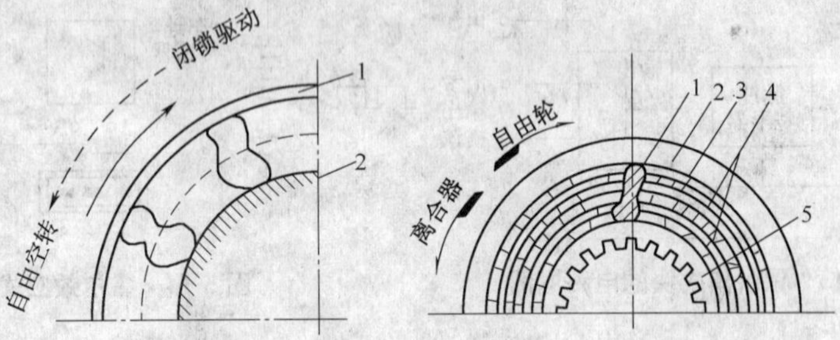

（a）楔块式单向离合器工作原理　（b）楔块式单向离合器构造

图 5-11　楔块式单向离合器

1. 楔块　2. 外圈　3. 弹簧　4. 保持架　5. 内圈

三、传感器及控制开关的结构与原理

电子控制系统的传感器将信号输送给电控单元 ECU，ECU 对信号进行分析、处理、判断，并发出指令控制一组电磁阀，从而实现对换挡时刻、锁止时刻、发动机制动和油压的控制。

（一）车速传感器的结构与原理

车速传感器安装在变速器输出轴、差速器和里程表后，其作用是向 ECU 提供车速信号，以控制换挡时刻和锁止时刻，并进行主油路油压调节，它是自动变速铅的另一主控信号。车速传感器常见的形式有磁感应式、舌簧开关式、光电式和霍尔效应式四种。

1. 磁感应式车速传感器

磁感应式车速传感器在自动变速器上应用相当广泛。其结构、原理、检修方法和曲轴位置传感器完全相同。为了增强信号,其线圈电阻值通常设计在800Ω～1200Ω之间。

2. 舌簧开关式车速传感器

如图5-12所示,舌簧开关由小玻璃管内安装的两个细长触头构成,触头由铁、镍等磁性材料制成。受玻璃管外磁极控制,触头可相互吸引而闭合,也可相互排斥而断开,从而形成触头的开关作用。当输出轴带动磁铁旋转,N或S磁极接近舌簧开关时,触点相互排斥而断开;N或S磁极离开舌簧开关时,触点相互吸引而闭合。由于磁铁一般是4极的,所以每转一周,产生4个脉冲信号。

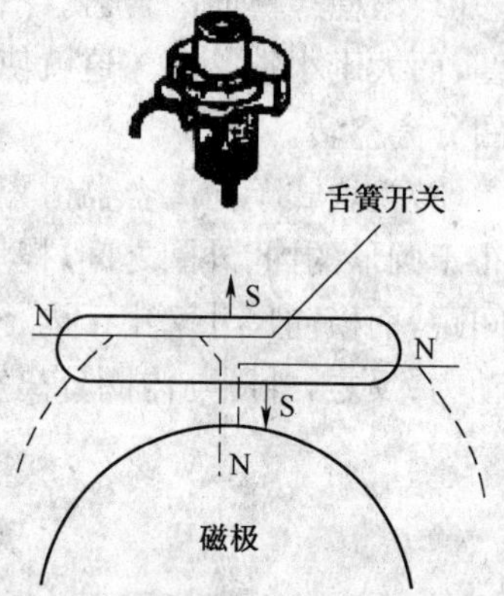

图5-12 舌簧开关式车速传感器(相斥状态)

3. 光电式车速传感器

光电式车速传感器的结构、原理和检测方法同光电式曲轴位置传感器。其信号为脉冲电压信号。当车速为60km/h左右时,信号电压为2V～3V。

4. 霍尔效应式车速传感器

霍尔效应式车速传感器的结构、原理、检测方法同霍尔式曲轴位置传感器。霍尔元件产生的信号经霍尔集成电路放大、整形后输出一脉冲方波信号,如图5-13和图5-14所示。

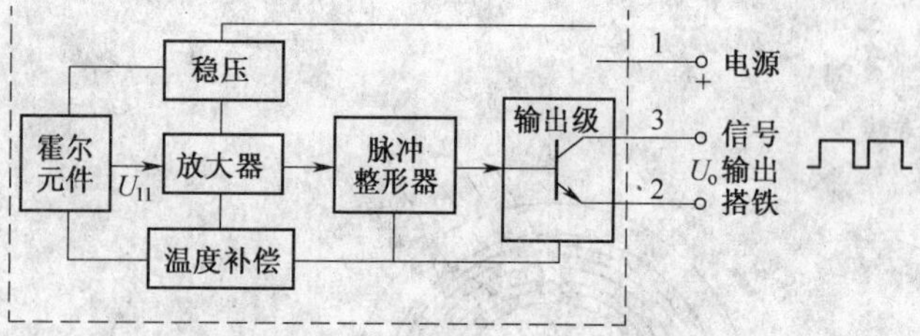

图5-13 霍尔集成块的电路框图

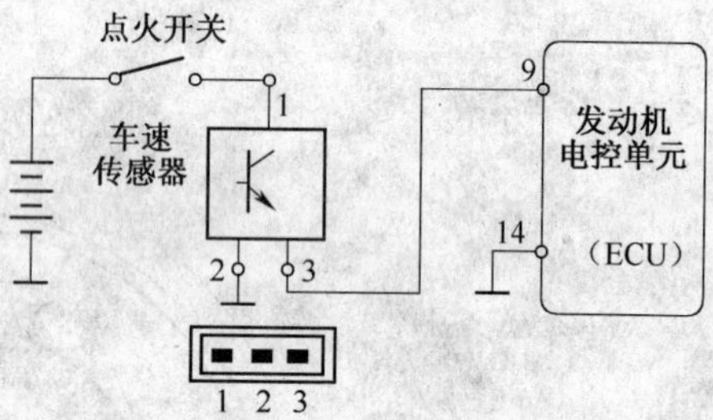

图5-14 霍尔效应式车速传感器电路

(二)空挡起动开关的结构与原理

空挡起动开关位于手控阀摇臂轴上或挡位操纵杆下方,用于检测操纵杆的位置。它向ECU提供空挡起动信号(P位或N位)、操纵杆位置信号,并控制指示灯显示操纵杆位置和接通倒挡信号灯电路。其类型分两种,即触点式和逻辑判断式。

1. 触点式空挡起动开关

触点式空挡起动开关由几个触点组成,操纵杆在不同的位置时,相应的触点闭合,如图5-15所示。

2. 逻辑判断式挡位开关

逻辑判断式挡位开关的位置信号是利用开关的几条编码线路传给变速器ECU的。如图5-16所示的空挡起动开关及位置信号电路,其上的开关触点2、3、4分别与变速器ECU的50、14和33相连。三个触点的闭合与断开可以构成多种组合,分别表示P位、R位、N位、D

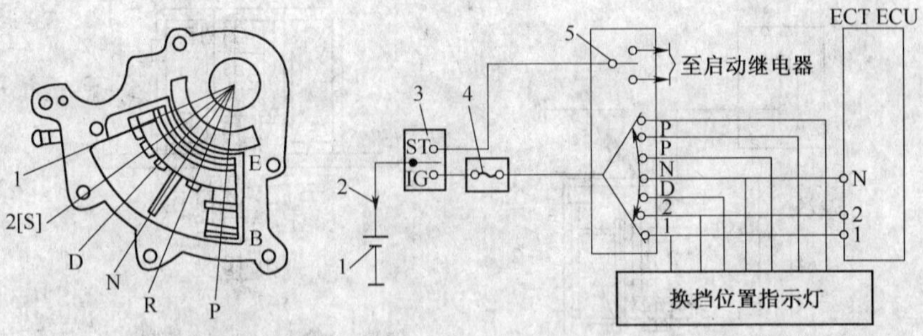

（a）空挡启动开关　　（b）空挡启动开关电路

图 5-15　触点式空挡起动开关与电路

1. 蓄电池　2. 熔断器　3. 点火开关　4. 熔丝　5. 空挡起动开关

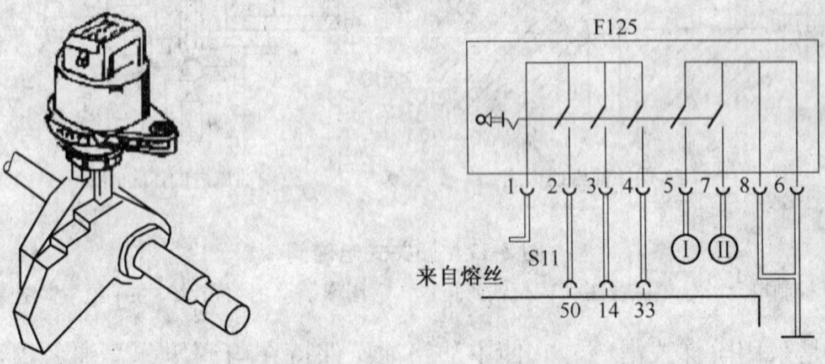

图 5-16　逻辑判断式空挡起动开关及位置信号电路

位、3 位、2 位和 1 位，从而将操纵杆位置信号传送至变速器 ECU。

四、执行器的结构与原理

电控自动变速器电控系统的执行器主要是各种电磁阀。常用的电磁阀有两种，即开关式电磁阀和脉冲线性式电磁阀。

(一)开关式电磁阀

开关式电磁阀主要用作换挡电磁阀、锁止电磁阀、操纵杆锁止电磁阀、强制制动器或离合器电磁阀。

开关式电磁阀的作用是通过开启或关闭来控制油路油压。它的工作方式有两种：一种是让某条油路保持油压或泄空，如图 5-17a 所示；另一种方式是开启或关闭某条油路，如图 5-17b 所示。

(二)脉冲线性式电磁阀

脉冲线性式电磁阀的结构与开关式电磁阀相似。脉冲线性式电磁阀通过改变泄油孔的开度来调节油路中的油压，所以它接收 ECU 的占空比信号。占空比越大，经电磁阀泄出的液压油越多，油路油压就越低；反之，占空比越小，油路油压就越高。

(三)主油路调压阀控制

电子控制自动变速器的主油路调压阀的结构和液压控制自动变速器的主油路调压阀的结

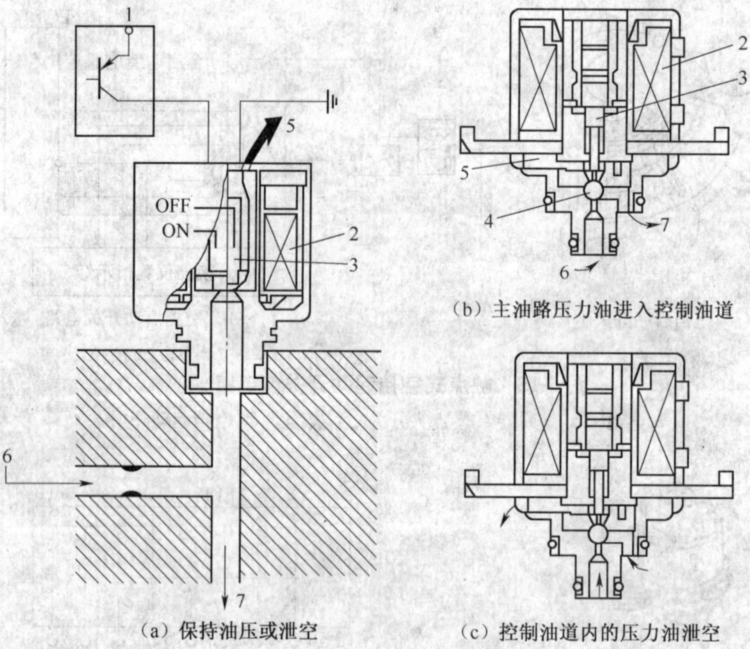

图 5-17 开关式电磁阀

1. 电子控制单元 2. 电磁线圈 3. 衔铁或阀芯 4. 阀球 5. 泄油孔 6. 主油道 7. 控制油道

构基本相同,也是采用阶梯式滑阀。它使主油路油压保持在与调压弹簧弹力相干衡的数值上,并接收来自手控阀的倒挡反馈油压的作用,使倒挡的主油路油压提高,且受控于来自调压电磁阀产生的节气门油压。节气门开度越大,脉冲信号的占空比越大,调压电磁阀开度也越大,作用在主油路调压阀的节气门油压也越大,从而使主油路油压随节气门开度的增大而升高。

第三节 双离合器自动变速器(DSG)的结构与原理

在一般的车辆上只有手动和自动两种变速箱,手动变速箱换挡常常出现动力传动暂时中断的现象,而自动变速箱换挡却又存在响应迟缓的缺点。DSG(Dual Shiftgearbox)中文表面意思为“直接换挡变速器”,德国人称其为 DSG,也有人称其为 TCG(Twin Clutchgearbox)或 DCT(Dual Clutch Transmission),它综合了传统手动变速箱和自动变速箱的各自优点,是机械式自动变速器(AMT)的一种,特点是采用了双离合器的自动变速器。

一、双离合器自动变速器概述

双离合器自动变速器就像是两个变速箱合而为一,一个离合器控制单数挡位齿轮,另外一个离合器控制双数挡位齿轮。也就是说,当变速箱挂入一挡时,二挡齿轮就已经啮合,等到换挡时机一到,第二离合器就与发动机输出轴接合而换入二挡。在此同时,由第一离合器所控制的三挡齿轮组也完成啮合等待换挡指令。DSG 变速箱在换挡过程中微小的液压功耗损失和极短的换挡时间使整个换挡过程达到了高效率,从而降低了能量的损耗,自然就提高了加速性和车辆燃油经济性。

(一)双离合器系统的应用

目前双离合自动变速器在国内的应用情况如下：

①大众汽车公司在国内应用DSG双离合变速器的车型主要有迈腾、高尔夫、速腾，新宝来等。

②福特汽车公司新一代福特福克斯、蒙迪欧、致胜、S-MAX、Galaxy和Kuga；沃尔沃C30、XC60等车型都可以选择双离合器自动变速箱(Power Shift)。

③宝马在2008年1月发布的M3首次使用格特拉克提供的七速双离合器变速箱以来，也被用于之后推出的第二代宝马Z4 Sdrive35i、135i和335i。

④上海汽车动力总成研发进程取得新突破，由其自主研发的双离合变速箱于2012年投产，2012年上旬改款的荣威750和荣威550采用了6速DCT双离合变速器，这款变速器最大可承受250N·m～300N·m的扭矩。

⑤广汽菲亚特2012年第三季度推出的首款国产A级车，采用了1.4升蜗轮增压发动机和干式双离合变速器的技术组合，代号为C-medium的动力总成。

另外，吉利早在2009年的上海国际车展上展出7个前进挡的双离合自动变速器，是我国第一款自主研发的双离合自动变速器的首次公开亮相。2011年9月比亚迪上市的G6，首次配备了自主品牌蜗轮增压＋双离合自动变速器。

(二)双离合器系统的分类

目前车用DSG采用的双离合器系统有干式离合器和湿式离合器两种形式。

1. 干式离合器

干式膜片弹簧单片离合器具有从动部分转动惯量小、结构简单、调整方便、分离彻底、转矩过载保护、效率高、成本相对较低、不需辅助动力等优点。干式离合器可以通过压板和飞轮吸收较大热量，对滑摩产生热量的速度不敏感，但因为空气散热较慢，热量不易在短时间内散发出去，因此它受滑摩产生的总热量的限制。干式离合器适于在短时间内结合，这样滑摩时间短，产生热量少。

2. 湿式离合器

湿式离合器有较好的可控性和控制品质，结构比较单一，具有压力分布均匀、磨损小且均匀、传递扭矩容量大、不用专门调整摩擦片间隙等特点。由于它用液压油强制冷却，允许起步时较长时间地打滑和高挡起步而不会烧损衬面，寿命可达干式离合器的5～6倍，广泛用于现代汽车自动变速器的离合器上。但处于分离状态中的多片式离合器的主、从动摩擦片之间因经过润滑油相互滑转，产生较大的摩擦阻力，使变速器的传动效率相应降低。

(三)双离合器自动变速器的特点

新一代DSG变速器采用了2个离合器和6个前进挡的传统齿轮变速器作为动力的传送部件，这是目前世界上较先进的自动变速器，其特点为：

①它没有变矩器，也没有离合器踏板。由液压控制的湿式双离合器系统代替了变矩器，其中的离合器1负责控制奇数齿轮和倒挡齿轮，离合器2负责控制偶数齿轮，实际上可以说是由两个平行的变速器配合组成的一个变速器。

②它在传动过程中的能耗损失非常有限，大大提高了车辆的燃油经济性。

③它的反应非常灵敏，具有很好的驾驶乐趣。

④车辆在加速过程中不会有动力中断的感觉，使车辆的加速更加强劲、圆滑。百公里加速时间比传统手动变速器还短。

⑤它的动力传送部件是一台6前进挡的传统齿轮变速器，增加了速比的分配，DSG变速器的多片湿式离合器是由电子液压控制系统来操控的。

⑥双离合器的使用，可以使变速器同时有两个挡位啮合，使换挡操作更加快捷。DSG变速器也有手动和自动两种控制模式，除了变速杆可以控制外，转向盘上还配备有手动控制的换挡按钮，在行驶中，两种控制模式之间可以随时切换。

⑦选用手动模式时，如果不做升挡操作，即使将加速踏板踩到底，DSG变速器也不会升挡。

⑧换挡逻辑控制可以根据驾驶员的意愿进行换挡控制，在手动控制模式下，可以跳跃换挡。

⑨它有一个由两组离合器片集合而成的双离合器装置，同时有一个由实心轴及其外部套筒组合而成的双传动轴机构，并由电子及液压装置同时控制两组离合器及齿轮组的动作。在某一挡位时，离合器1结合，一组齿轮啮合输出动力，在接近换挡时，下一组挡段的齿轮已被预选，而与之相连的离合器2仍处于分离状态；在换入下一挡位时，处于工作状态的离合器1分离，将使用中的齿轮脱离动力，同时离合器2啮合已被预选的齿轮，进入下一挡。在整个换挡期间能确保有一组齿轮在输出动力，从而不会出现动力间断的状况。

二、湿式双离合器自动变速器的基本结构与工作原理

(一)湿式双离合器自动变速器的基本组成

DSG的构造看上去类似传统的三轴式变速箱，然而使用了创新的双离合器结构之后就完全不同。DSG主要由双离合器、空心轴及其内部的心轴、两个平行的子变速器、控制器和油泵组成。其中双离合器、空心轴及心轴和子变速器为核心机械部件，如图5-18所示。

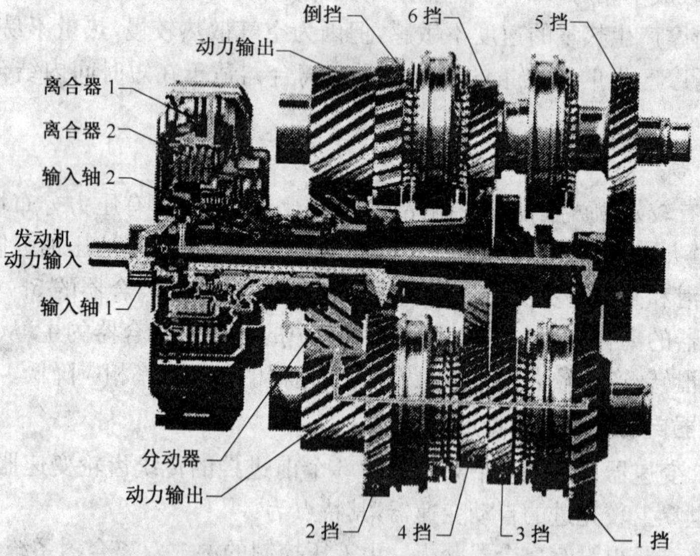

图5-18 湿式双离合器自动变速器的组成

(二)湿式双离合自动变速器的结构与原理

1. 湿式双离合器的结构

DSG变速器的多片湿式双离合器的结构和液压式自动变速器中的离合器相似，但是尺寸

要大很多。其结构如图 5-19 所示。利用液压缸内的油压和活塞压紧离合器,油压的建立是由 ECU 指令电磁阀来控制的,2 个离合器的工作状态是相反的,不会发生 2 个离合器同时结合的情形。

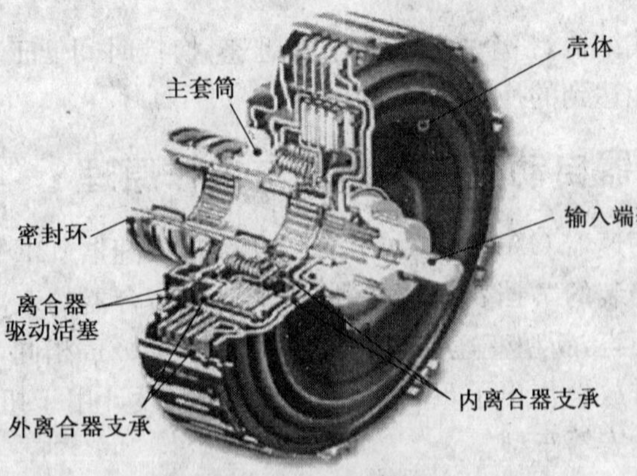

图 5-19　湿式双离合器的结构

2. 湿式双离合自动变速器的工作原理

DSG 可以理解为两个独立的双轴变速器并列工作,每个变速器又通过各自的湿式离合器实现与发动机输出端的力矩传递(图 5-20)。这也正是 DSG 也被称为双离合器式变速器的原因。

DSG 变速器中有两个离合器,分别是离合器 1 和离合器 2。离合器 1 负责把动力传到 1 挡、3 挡、5 挡和倒挡齿轮,离合器 2 负责把动力传到 2 挡、4 挡和 6 挡齿轮。DSG 变速器有 2 根同轴心的输入轴,输入轴 1 套装在输入轴 2 内。输入轴 1 和离合器 1 相连,输入轴 1 上的齿轮分别和 1 挡齿轮、3 挡齿轮、5 挡齿轮相啮合;输入轴 2 是空心的,和离合器 2 相连,输入轴 2 上的齿轮分别和 2 挡齿轮、4 挡齿轮、6 挡齿轮相啮合;倒挡齿轮通过中间轴齿轮和输入轴 1 的齿轮啮合。也就是说,离合器 1 负责 1 挡、3 挡、5 挡和倒挡,在汽车行驶中一旦用到上述挡位中任何一挡,离合器 1 是结合的;离合器 2 负责 2 挡、4 挡和 6 挡,当使用 2、4、6 挡中的任一挡时,离合器 2 结合。奇数挡 1、3、5,倒挡 R 和离合器 K1 组成变速器 1,偶数挡 2、4、6 和离合器 K2 组成变速器 2。发动机转矩通过闭合的离合器 K1 或 K2 传递至相应的变速器,再由该挡输出至主减速器驱动车轮。

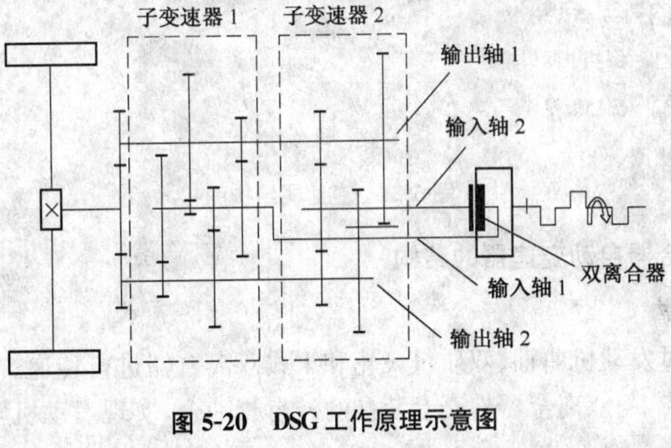

图 5-20　DSG 工作原理示意图

由于奇数挡和偶数挡被安置在不同的子变速器中，当某挡啮合时，与其相邻的两挡齿轮处于自由状态，此时由变速箱控制逻辑判断下一挡位，提前将处于自由轴的目标挡啮合，待车辆达到最佳换挡点时，当前离合器分离，同时目标离合器闭合，从而实现不中断力矩传输的换挡。

借助这种双离合器式结构，整个换挡过程非常迅速，换挡时间低于10ms，这是手动变速箱和传统自动变速箱不可能达到的换挡速度。

三、干式双离合器自动变速器结构与工作原理

大众7挡双离合器变速器OAM是大众汽车直接换挡变速器02E的后续开发产品。但其是第一款用于前部横置安装的7挡变速器，且使用干式双离合器的双离合器变速器。就舒适性和不中断牵引力换挡而言，新型变速器与直接换挡变速器02E相同，但其效率明显提高，效率的提高为降低油耗和排放也作出了重要贡献。该变速器设计用于扭矩在250N·m以下的波罗、高尔夫、帕萨特和途安等车型。

(一)干式双离合器自动变速器的组成

双离合器安装在变速器壳体内，由两个传统离合器结合在一起，构成一个双离合器。如图5-21所示，离合器K1通过花键将扭矩传递给输入轴1，输入轴1将1挡和3挡的扭矩继续传递给输出轴1，将5挡和7挡的扭矩传递给输出轴2。离合器K2通过花键将扭矩传递给输入轴2。后者将2挡和4挡的扭矩继续传递给输出轴1；将6挡和倒车挡的扭矩传递给输出轴2。此后扭矩通过倒车挡中间齿轮R1继续传递给输出轴3的倒车挡齿轮R2。所有三个输出轴都与差速器的主减速器齿轮连接。

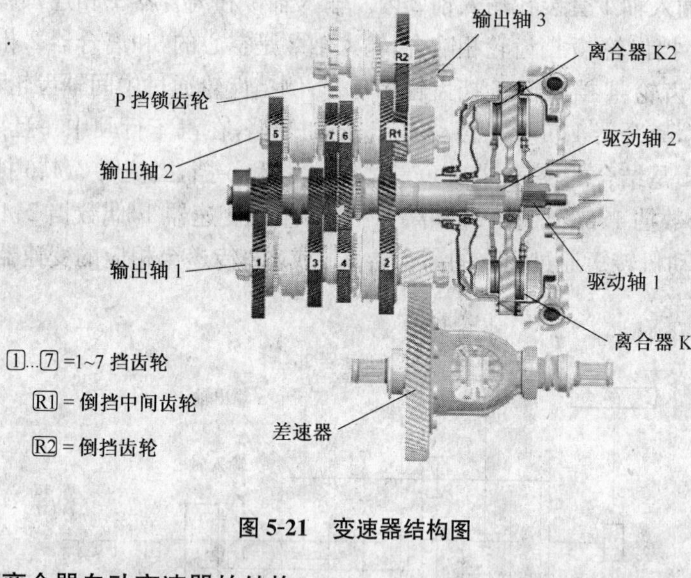

图5-21 变速器结构图

(二)干式双离合器自动变速器的结构

1. 离合器的结构

发动机转矩通过发动机曲轴、双质量飞轮和干式双离合器进行传递。为完成动力传递，双质量飞轮装配有内齿，与双离合器外壳上装配的外齿相啮合，实现发动机转矩到双离合器的传

递，如图 5-22 所示。离合器外壳上的外齿通过连接环与离合器驱动盘相连接，如图 5-23 所示。干式双离合器的工作原理是液压触动、压缩运动、拉近运动、压紧结合。

双离合器中有两个独立的干式离合器，分别将扭矩传递给一个子变速器。离合器可以处于两个位置：发动机停机和怠速运转时，两个离合器分离；行驶状态时，两个离合器中始终只有一个离合器结合。

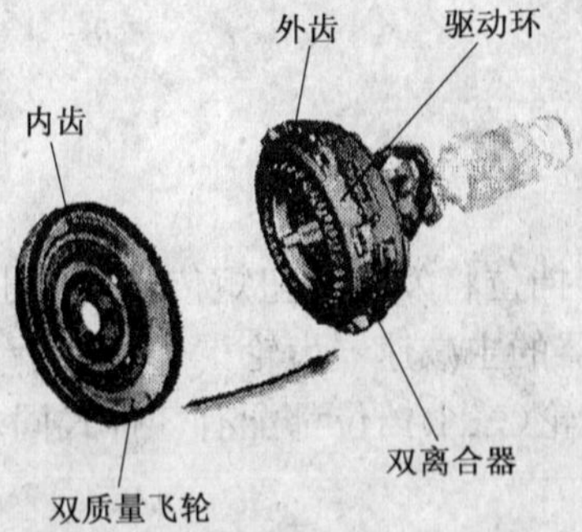

图 5-22 双质量飞轮和离合器的动力传递方式

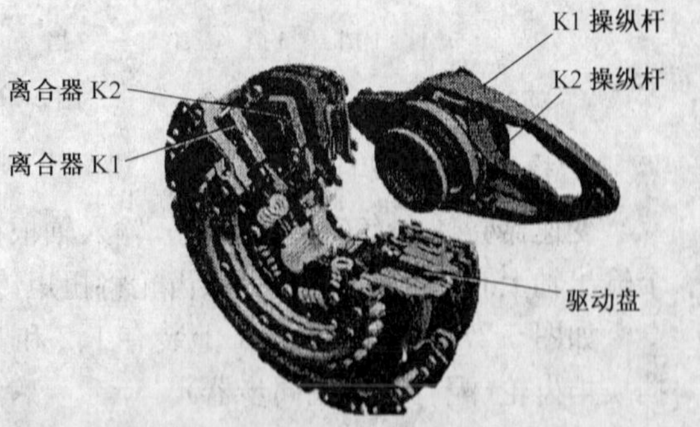

图 5-23 连接环和双离合器驱动盘的连接

离合器 K1 将 1、3、5 和 7 挡的扭矩传递给输入轴 1。K1 操纵时，结合杆将结合轴承压向盘形弹簧。这种压力运动在多个转向点处转换为拉力运动。因此将离合器压盘拉向离合器从动盘以及主动轮，扭矩传递给输入轴。

离合器 K2 将 2、4、6 和 R 挡的扭矩传递给输入轴 2。K2 操纵结合杆时，结合轴承压向离合器压盘的盘形弹簧。由于盘形弹簧支撑在离合器壳体上，因此离合器压盘压向主动轮，扭矩传递给输入轴 2。

2. 输入轴的结构

输入轴安装在变速器壳体内。如图 5-24 所示，每个输入轴都通过花键与一个离合器连接。输入轴根据当前所挂挡位将发动机扭矩传递给输出轴。输入轴 2 为中空轴。输入轴 1 穿过中空的输入轴 2。每个轴上都有一个将输入轴支撑在变速器壳体内的球轴承。

输入轴 2 采用空心轴结构。如图 5-25 所示，该部件通过花键与 K2 连接。通过输入轴 2 可换到 2、4、6 和 R 挡。变速器输入转速传感器 2G612 的齿轮位于该轴上，用于获取变速器输入转速。

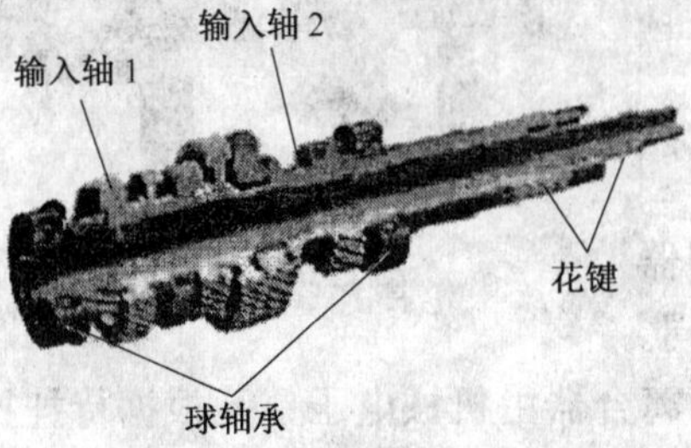

图 5-24 输入轴

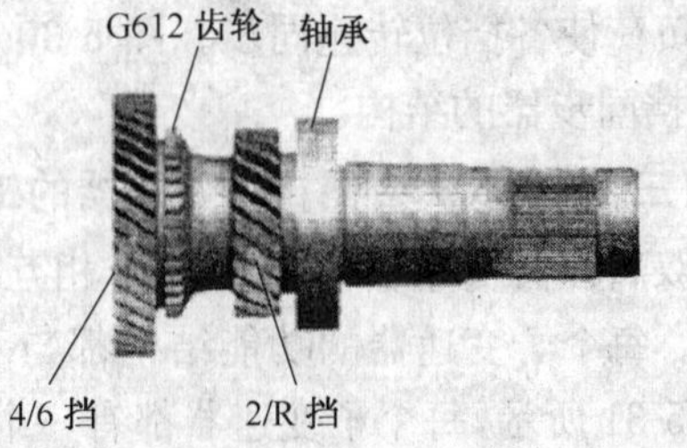

图 5-25 输入轴 2

输入轴 1 通过花键与离合器 K1 连接。如图 5-26 所示，通过输入轴 1 可换到 1、3、5 和 7 挡。变速器输入转速传感器 1G632 的脉冲信号轮位于该轴上，用于获取变速器输入转速。

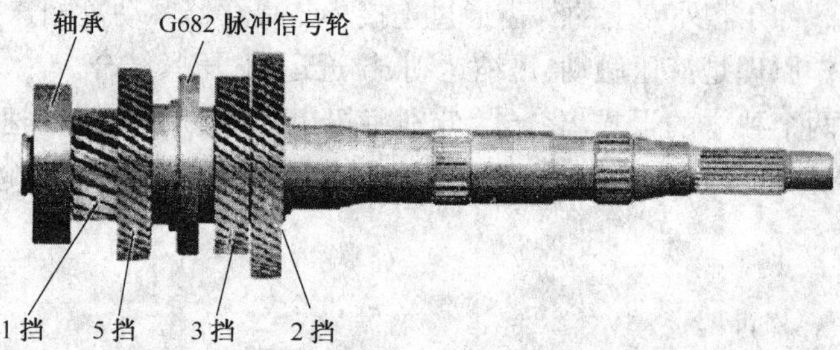

图 5-26 输入轴 1

3. 输出轴的结构

变速器壳体内有 3 个输出轴。输入轴根据当前所挂挡位将发动机扭矩传递给输出轴。每个输出轴上有一个输出齿轮，该齿轮将扭矩传递给差速器的主减速器齿轮。

如图 5-27 所示，输出轴 1 上装有 1、2 和 3 挡换挡齿轮（三个挡位都配有 3 件式同步器）、4 挡换挡齿轮（配有 2 件式同步器）。

如图 5-28 所示，输出轴 2 上装有用于 5、6 和 7 挡的 2 件式同步换挡齿轮、倒车挡位 R 挡 1 和 R 挡 2 的中间齿轮。

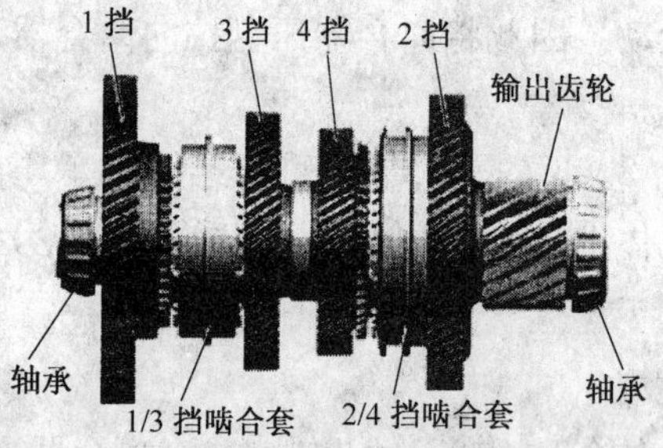

图 5-27 输出轴 1

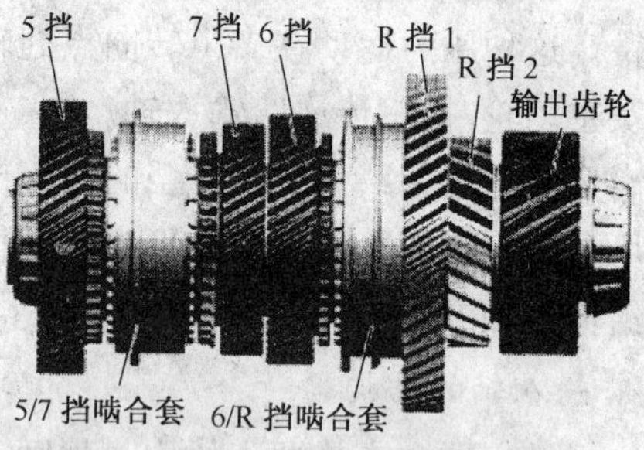

图 5-28 输出轴 2

如图 5-29 所示，输出轴 3 上装有 R 挡的 1 件式同步换挡齿轮，驻车锁止轮。

4. 挡位同步器的结构

为了在换挡时使不同转速同步，所有挡位都使用一个带锁块的锁止式同步器。一件至三件式同步器根据换挡负荷使各挡位转速同步。图 5-30 所示为 2 挡、4 挡和 R 挡同步器的结构。

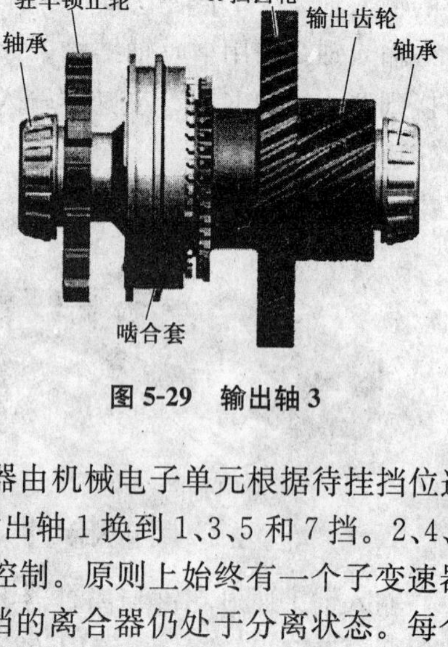

图 5-29 输出轴 3

(三)干式双离合器自动变速器的工作原理

双离合器变速器主要由两个相互独立的子变速器组成。每个子变速器的功能结构都与手动变速器相同。如图 5-31 所示，每个子变速器都有一个干式离合器。离合器由机械电子单元根据待挂挡位进行控制、接合和分离。通过离合器 K1 以及子变速器 1 和输出轴 1 换到 1、3、5 和 7 挡。2、4、6 挡和倒车挡由离合器 K2 以及子变速器 2 和输出轴 2 和 3 控制。原则上始终有一个子变速器传递动力。另一个子变速器已经能够换到下一挡，因为该挡的离合器仍处于分离状态。每个挡位都有一个常规的手动变速器同步和换挡单元。

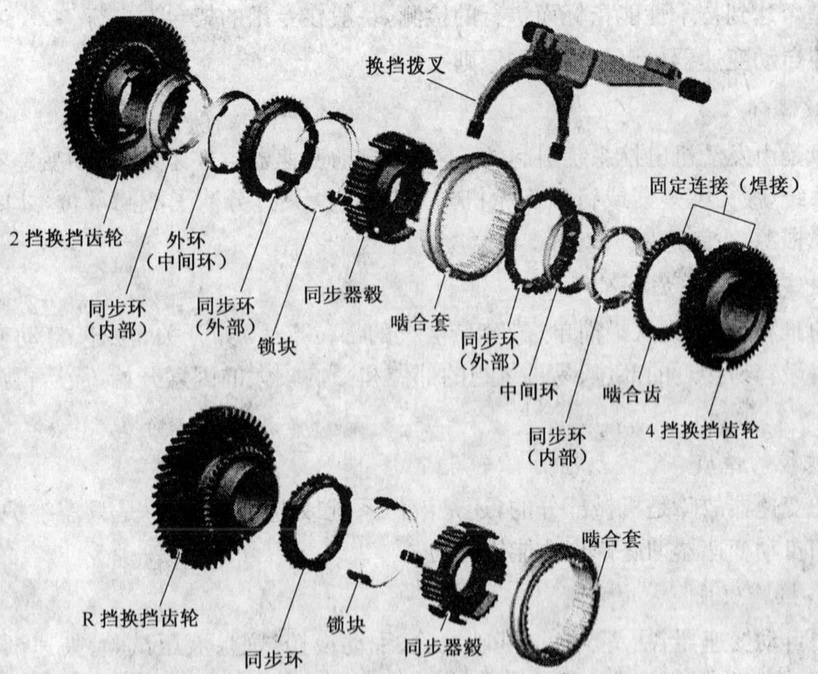

图 5-30 2 挡、4 挡和 R 挡同步器的结构

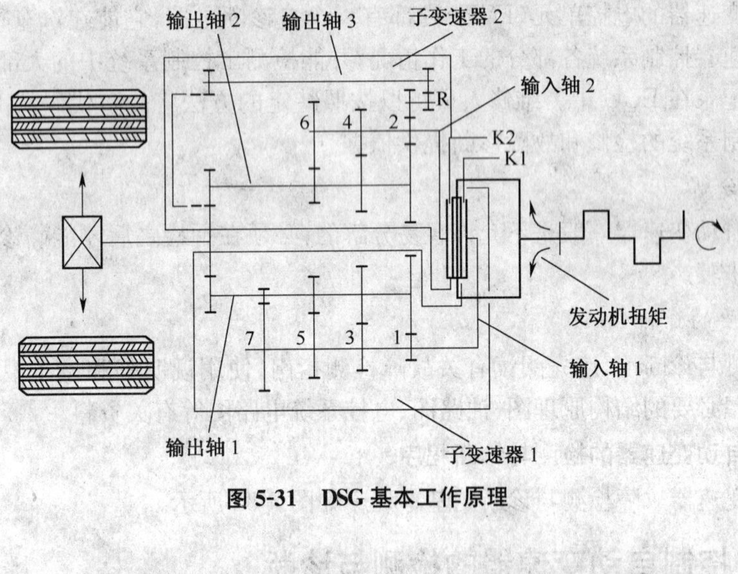

图 5-31 DSG 基本工作原理

第四节 电子控制自动变速器的检修

一、电子控制自动变速器检修的原则与程序

现代汽车电控自动变速器维修工作的检测与诊断，一般可分为修前检测和修后检测。修前检测是从诊断故障和确定修理部位出发的，在车上进行必要的检查测量；修后检测是为了检

查修后质量是否达到技术性能指标而进行的检测，一般在专用的架台上进行。

(一)电控自动变速器检测与诊断的原则

1. 分清故障部位

分清故障是由发动机电控系统引起的，还是由自动变速器电控系统、自动变速器液压控制系统或机械系统(液力变矩器或行星齿轮机构)引起的。只有分清了故障部位，才能有针对性地去查找故障根源，少走弯路。

2. 坚持先易后难、逐步深入

按故障的难易程度，先从最简单、最容易检查的部位入手，如开关、拉杆、自动变速器油状况等。从那些最容易接近的部位、易被忽视的部位和影响较大的因素开始，最后再深入到实质性故障。

3. 区分故障的性质

分清自动变速器故障是机械部分的，还是液压系统或电控系统的；是只需维护就可排除，还是需要拆卸自动变速器彻底修理才能排除的。

4. 利用各检验项目

充分利用自动变速器各检验项目(基础检验、手动换挡试验、液压试验、失速试验、时滞试验、电液控制系统工作过程检验)，为查找故障提供思路和线索。通过这些检验项目的检测，一般可以发现自动变速器的故障所在。

5. 利用故障自诊断功能

电控自动变速器的电控单元(ECU)内部有一个自诊断电路，它能在汽车行驶过程中不断地监测自动变速器控制系统各部分的工作情况，并能检测出控制系统中的大部分故障，将故障以代码的形式记录在 ECU 中。维修人员可以按照特定的方法将故障代码从 ECU 中读出，为自动变速器控制系统的检修和故障诊断提供依据。

6. 不轻易分解

因为电控自动变速器一般是不允许轻易分解的，必须在拆检之后才能确诊的故障，应是故障诊断的最后步骤。

7. 掌握必要的资料

在进行检测与诊断前，应先阅读有关故障检测指南、使用说明书和该车型的《自动变速器维修手册》，掌握必要的结构原理图、油路图、电控系统电路图等有关资料。

(二)电控自动变速器的检测与诊断程序

电控自动变速器故障检测与诊断的基本程序如图 5-32 所示。

二、电子控制自动变速器的检测与诊断

(一)检测与诊断前的准备

电控自动变速器的检测与诊断前的准备工作主要包括故障征兆的确认、读取故障代码和查看故障诊断表等三项内容。

1. 故障征兆的确认

检测电控自动变速器之前要请用户详细填写用户故障分析表，并详细询问故障情况。在

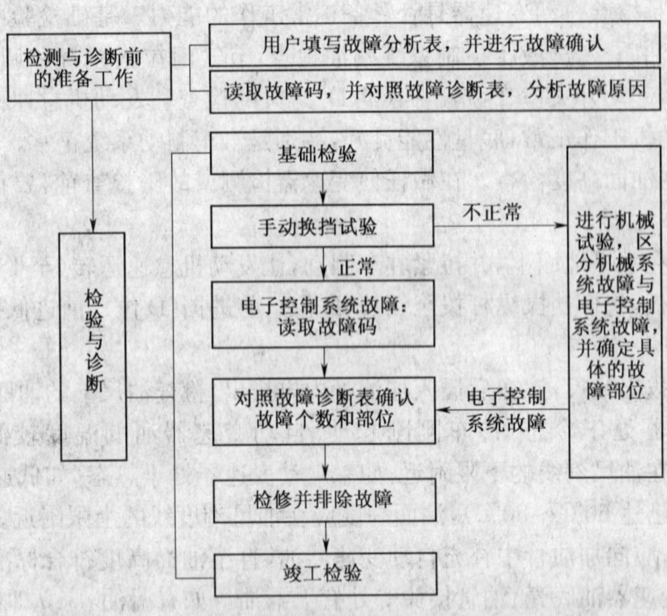

图 5-32　电控自变速器故障检测与诊断的基本程序

此基础上模拟重现故障征兆，通过模拟加以确认，这是非常重要的。因为有时用户分不清是故障征兆还是正常现象，有时故障征兆并不能时时出现，要通过多次模拟试验。

2. 读取故障代码

现代汽车都有故障自诊断功能，一旦系统出现故障，在 ECU 中将存储一个相应的故障代码，以便对故障进行检测和诊断。通过读出故障代码，维修人员可以初步判断出故障所在的系统。若无故障代码，则可初步判断出故障部位不在电控系统而在液压控制系统、机械系统或其他部位。不同公司电控自动变速器的故障代码读取方法及含义不同，可用检测仪读取，也可用人工方法读取。用检测仪读取故障代码的方法与电控发动机类似。

尽管各大汽车公司的电控自动变速器在结构上不尽相同，即使同一公司的不同产品也有区别，但自动变速器的故障种类是有限的，造成每种故障的原因也有一定的范围，特别是对于一些常见的故障。通过查看常见故障诊断表可以大大缩小故障范围，减少故障检测与诊断的时间，提高故障检测与诊断的效率。

(二)电子控制自动变速器的性能检测

电控自动变速器的性能检测是判断电控自动变速器故障的基础。电控自动变速器的故障往往可以通过相应的性能检测判断出故障类型和故障所在的部位。电控自动变速器的性能检测内容可分为基础检验、手动换挡试验和机械试验三个项目。机械试验又包括液压试验、失速试验、时滞试验、道路试验和液力变矩器试验。电控自动变速器性能检测的目的是发现故障的部位，以确定维修方法。

1. 基础检验

自动变速器的油位不当，油质不佳，联动机构调节不当及发动机怠速不正常，是引起自动变速器故障最常见的原因。对这些部件的检查与重新调整，称为自动变速器的基础检验。

无论具体故障是什么，这种基础检验总是要进行，而且也是首先要进行的。电控自动变速器基础检验的目的是检验自动变速器是否具备正常工作的能力。基础检验中的检查和调整项目包括:油面检查,油质检查,液压控制系统漏油检查,节气门拉索检查和调整,换挡操纵杆位置检查和调整,空挡起动开关检查,超速挡(O/D)开关的检查和发动机怠速检查等。基础检验的前提条件是:发动机工作正常,底盘性能良好,特别是汽车制动系统正常。

(1)自动变速器油面高度检查。在做任何变速器检测或故障检查前,要首先进行油面高度检查。其方法如下。

①将汽车停放在水平地面上,并拉紧驻车制动,让发动机怠速运转(至少 1min)。

②踩住制动踏板,将换挡操纵杆拨至倒挡(R 位)、前进挡(D 位)、前进低挡(S、L 或 2、1 位)等位置。

③从加油管内拔出油尺,擦净后插入加油管内再拔出,检查油尺上的油面高度。

如果自动变速器处于冷态(冷车刚刚起动,自动变速器油的温度较低,为室温或低于 25℃),油面高度应在油尺刻线的下限附近;如果自动变速器处于热态(如低速行驶 5min 以上,自动变速器油温度已达 60℃~80℃),油面高度应在油尺刻度线的上限附近。

④若油面过低,应向加油管中补充自动变速器油,直至油面高度符合标准为止。继续运转发动机,检查自动变速器油底壳、油管接头等处有无漏油。如有漏油,应立即修复。

(2)自动变速器油品质检查。自动变速器油的状态是自动变速器工作状态的集中反映,故应经常观察自动变速器油的颜色和气味,用手指蘸少许油液并在手指间互相摩擦看是否有渣粒。自动变速器油的状态与常见故障原因见表 5-1。

表 5-1 自动变速器油状态与常见故障原因

油液状态	原因与处理方法
透明,呈粉红色	正常
颜色发白、浑浊	水分已进入油中,应检查密封件,特别是处于散热器下水室内的油;冷却器是否锈蚀腐烂
黑色、发稠．油尺上粘有胶质油膏	变速器油温过高
变成深褐色、棕色	油液使用时间过长,应及时更换;长期高负荷运转,或某些部件打滑、损坏引起变速器过热
有金属屑或黑色颗粒	离合器片、制动带、单向离合器磨损严重
油液有烧焦味	油温过高、油面过低;油冷却器、滤清器或管路堵塞
油液从加油管溢出	油面过高;通气臂脏污、堵塞,需清洁、通气

油温是影响自动变速器油和自动变速器使用寿命的又一重要因素。而影响油温的主要原因有液力变矩器故障,离合器、制动器打滑或分离不彻底,单向离合器打滑及油冷却器堵塞等。油温过高将使油液黏度下降,性能变坏,产生油膏沉淀物和积炭,堵塞细小量孔,阻滞控制滑阀,降低润滑冷却效果,破坏密封件等,最终导致故障。而且,自动变速器壳体上的通气管一定要保持畅通,防止泥污堵塞,以利自动变速器内气压平衡。

(3)液压控制系统漏油检查。液压控制系统的各连接处都有油封和密封垫,这些部位是经常发生漏油的地方。液压控制系统漏油会引起油路压力下降及油位下降,它是换挡打滑和延迟的常见原因。

(4)节气门拉索的检查与调整。节气门开度影响着自动变速器的换挡时间,发动机熄火,节气门应全闭,当加速踏板踩到底时节气门应全开。节气门拉索的索芯不应松弛,索套端和索芯上限位杆之间的距离应在 0mm～1mm 之间。检查与调整方法如下：

①推动加速踏板连杆，检查节气门是否全开。如果节气门不能全开，则应该调整加速踏板连杆。

②将加速踏板踩到底，拧松调整螺母。

③调整节气门拉索，拧动调整螺母，使索套端和索芯上限位杆之间距离为 0mm～1mm。

④拧紧调整螺母，重新检查调整情况。

(5)空挡起动开关的检查。发动机应只能在空挡(N)和停车挡(P)时起动，在其他挡时不能起动。若有异常，应调节空挡起动开关螺栓和开关电路。其方法如下。

①松开空挡起动开关螺栓，将换挡操纵杆放到 N 位置。

②将槽口对准空挡基准线，定住位置并拧紧空挡起动开关螺栓。

(6)发动机怠速检查。发动机怠速不正常，特别是怠速过高，会使自动变速器工作不正常，出现换挡冲击等现象。检查发动机怠速时，应将自动变速器操纵杆置于 P 或 N 位。通常装有电控自动变速器的汽车发动机怠速转速为 750～800r/min，怠速过高、过低均应调整。

(7)超速挡控制开关的检查。电控自动变速器具有故障自诊断功能，不同的车型，分别通过超速挡指示灯"O/D OFF"、"AT"灯、"TRANS"灯、图案等予以警告。要注意：此项检查，必须在蓄电池电压正常时进行，否则，会引起自诊断系统误诊。

2. 手动换挡试验

为确定故障存在的部位，区分故障是由液压系统、机械系统还是由电控系统引起的，应进行手动换挡试验。这是在读取故障代码和完成基本检查后首先要进行的项目。

手动换挡试验将自动变速器的换挡电磁阀的线束插头或 ECU 的线束插头全部脱开，利用手动进行换挡试验。各车型操纵杆的位置与挡位的对应关系不尽相同。

丰田车系自动变速器操纵杆的位置与挡位的对应关系如表 5-2 所示，不同挡位时发动机转速和车速的关系参照表 5-3。

表 5-2 手动换挡时挡位和操纵杆位置关系

操纵杆位置	挡 拉
P	停车挡
R	倒挡
N	空挡
D	超速挡
2	3 挡
L	1 挡

表 5-3 不同挡位时发动机转速和车速的关系

挡 位	发动机转速(r/min)	车速(km/h)
1 挡	2000	
2 挡	2000	34～39
3 挡	2000	50～55
超速挡	2000	70～75

手动换挡的步骤如下：

①脱开所有换挡电磁插头或 ECU 插头。

②起动发动机，将操纵杆拨至不同位置，然后做道路试验(也可将车轮悬空，进行台架试验)。

③观察发动机转速和车速的对应关系(也可观察指示灯或换挡时转速的变化)，判断变速器所处的挡位。

④若操纵结果与表 5-2 所示相同，则说明液压控制系统和机械系统基本正常，故障在电控系统；否则说明液压控制系统和机械系统不正常。

⑤试验结束后，接上换挡电磁阀的线束插头。

⑥清除 ECU 中的故障代码，防止因脱开换挡电磁阀线束插头而产生故障代码影响系统工作。

3. 机械试验

电控自动变速器的机械试验内容包括液压试验、失速试验、时滞(时间滞后)试验、液力变矩器试验和道路试验五种。机械试验的目的是判别故障是出自机械系统还是液压控制系统。

(1)液压试验。液压试验是在自动变速器工作时，通过测量各回路的油压来判断各元件和管路的工作是否正常，它是判别故障在液压控制系统还是机械系统的主要依据。液压试验时主要测试的是主油路油压，测试挡位为"D"位和"R"位，测试的工况为怠速和失速，根据实际需要，还可进行"3"位、"2"位、"1"位的油压测试。

①液压试验前的准备：

a. 汽车行驶至发动机及自动变速器达到正常工作温度。

b. 将车辆停放在水平面上，检查自动变速器的油面高度。如不正常，应予以调整。

c. 准备一个量程为 2MPa 的压力表。

d. 找出自动变速器各个油路的测压孔位置。通常测压孔用方头螺塞堵住。判断具体油路的测压孔时，可用举升机将汽车举起，在发动机运转时，松开测压孔螺塞少许，通过观察各测压孔在换挡操纵杆位于不同位置时是否有压力油溢出，来确定各油路测压孔。

②前进挡主油路油压的测试：

a. 拆下自动变速器主油路油压测试孔或前进挡油压测试孔螺塞，接上油压表。

b. 起动发动机，将操纵杆拨至前进挡"D"位。

c. 读出发动机怠速运转时的油压，即为怠速工况下的前进挡主油路油压。

d. 用左脚紧踩制动踏板，同时用右脚将加速踏板完全踩下，在失速工况下读取油压，该油压即为失速工况下的前进挡主油路油压。

e. 将操纵杆拨至"N"位或"P"位，让发动机怠速运转 1min 以上。

f. 根据需要，可将操纵杆分别拨至各前进低挡位，重复上述步骤，便可读出各前进低挡在怠速和失速工况下的主油路油压。

③倒挡主油路油压的测试：

a. 拆下自动变速器主油路油压测试孔或倒挡油压测试孔螺塞，接上油压表。

b. 起动发动机，将操纵杆拨至前进挡"R"位。

同上 c. ～e. 步骤，便可测试出倒挡在怠速和失速工况下的主油路油压。

根据实测的油压值，可检测液压系统的性能，并能判断液压系统的故障。主油路油压不正常的故障原因分析见表 5-4。

表 5-4 主油路油压不正常原因

工 况	测试结果	故障原因
怠速	所有挡位的主油路油压均太低	油泵故障； 主油路调压阀卡死； 主油路调压阀弹簧太软； 节气门拉索或节气门位置传感器调整不当； 节气门阀卡滞； 主油路泄漏

续表 5-4

工况	测试结果	故障原因
怠速	前进挡和前进低挡的主油路油压均太低	前进离合器活塞漏油； 前进挡油路漏油
	前进挡的主油路油压正常 前进低挡的主油路油压太低	1 挡强制离合器或 2 挡强制离合器活塞漏油； 前进低挡油路漏油
	前进挡的主油路油压正常 倒挡主油路油压太低	倒挡及高挡离合器活塞漏油； 倒挡油路漏油
	所有挡位的主油路油压均太高	节气门拉索或节气门位置传感器调整不当； 主油路调压阀卡死； 节气门阀卡滞； 主油路调压阀弹簧太软； 油压电磁阀损坏或线路故障
失速	稍低于标准油压	节气门拉索或节气门位置传感器调整不当； 油压电磁阀损坏或线路故障； 主油路调压阀卡死或弹簧太软
	明显低于标准油压	油泵故障； 主油路泄漏

(2)失速试验。在前进挡或倒挡中踩下制动踏板并完全踩下加速踏板时，发动机处于最大转速工况，而此时自动变速器的输入轴及输出轴都静止不动，液力变矩器的蜗轮也静止不动，只有变矩器壳和泵轮随发动机一起转动，这种工况称为失速，此时发动机的转速称为失速转速。失速试验是检查发动机功率大小、液力变矩器好坏及有关换挡元件工作是否正常的常用方法。

①失速试验前的准备工作：

a. 让汽车行驶至发动机和自动变速器均达到正常工作温度。

b. 检查汽车的驻车制动和行车制动，确认其性能良好。

c. 检查自动变速器油面高度，应正常。

②失速试验的方法和步骤：

a. 将汽车停放在宽阔的水平面上，前后车轮用三角木块塞住。

b. 用驻车制动或行车制动把车辆刹死。

c. 检查自动变速器的油温，应该为 60℃～80℃(个别车偏高)，油面高度应正常。

d. 起动发动机，将操纵杆置于前进挡“D”位。

e. 左脚踩制动踏板的同时，用右脚将加速踏板踩到底，在发动机转速不再升高时，迅速读取此时的发动机转速，随后立即松开加速踏板。

f. 将操纵杆置于“D”位或“N”位，让发动机怠速运转 1min，以防止油温过高而变质。

根据需要，将操纵杆置于其他位置，做同样的试验。失速试验时，发动机的功率全部消耗在变矩器内油的摩擦损耗上，油温会急剧上升，因此失速试验的时间不得超过 5s，试验次数一次不得多于 3 次，否则会使油温过高而变质，甚至损坏密封件和烧损零件。在一个挡位的试验完成之后，要等油温下降后再进入另外的挡位试验。试验结束后，应将操纵杆置于“N”或“P”位，让发动机怠速运转数分钟，以便让自动变速器油温降至正常。

大部分自动变速器的失速转速标准值为 2300r/min 左右。若失速转速高于标准值，说明主油路油压过低或换挡元件打滑；若失速转速低于标准值，说明发动机动力不足或液力变矩故障。不同挡位失速转速不正常的原因见表 5-5。

(3)时滞试验。在发动机怠速运转时，将操纵杆从空挡位拨至前进挡或倒挡位置后，需要有一段时间的迟滞或延迟才能使自动变速器完成挡位的接合，此时汽车会产生一个轻微的振动，这个过程所经历的时间称为自动变速器换挡的迟滞时间。时滞试验就是要测出自动变速器的迟滞时间。

表 5-5 失速转速不正常的原因

操纵杆位置	失速转速	故障原因
所有位置	过高	主油路油压过低； 前进挡和倒挡的换挡元件打滑； 低挡及倒挡的制动器打滑
	过低	发动机动力不足； 液力变矩器导轮的单向离合器打滑
仅在 D 位	过高	前进挡油路油压过低； 前进离合器打滑
仅在 R 位	过高	倒挡油路油压过低； 倒挡及高挡离合器打滑

根据时间的长短来判断主油路油压及换挡元件的工作是否正常。迟滞时间的长短取决于油路油压、油路密封、离合器和制动器的磨损、调整等情况。时滞试验的步骤和方法如下。

①让汽车行驶，使发动机和自动变速器达到正常工作温度。

②将汽车停放在水平面上，拉紧驻车制动。

③检查发动机怠速，如不正常，应按标准予以调整。

④将自动变速器操纵杆从“N”位拨至“D”位，用秒表测量从拨动操纵杆到感觉汽车振动所需的时间，称为 N—D 迟滞时间。

⑤重复上述步骤 3 次，取平均值。

⑥按照上述方法，将操纵杆由“N”位拨至“R”位，以测量 N—R 迟滞时间。

大部分自动变速器 N—D 迟滞时间小于 1.0s～1.2s，N—R 迟滞时间小于 1.2s～1.5s。若 N—D 迟滞时间过长，则说明主油路油压过低，前进挡离合器摩擦片磨损过甚，前进挡单向离合器工作不良；若 N—R 迟滞时间过长，则说明倒挡主油路油压过低，倒挡离合器或倒挡制动器磨损过甚，调整不当等。

(4)液力变矩器试验。该试验的主要目的是检查液力变矩器及其单向离合器的工作状况，试验方法和失速试验相似。试验时要注意：如果发动机转速已超过最大值，应立即将加速踏板松开，因为自动变速器内的离合器已经打滑失效。

若发动机调整正常，而试验测得的转速比规定的最小值低 250r/min～350r/min，汽车在高速公路上工作正常，但是各挡加速性均不良，则说明液力变矩器中的单向离合器打滑：若所测转速和加速性都是正常的，但必须反常地加大节气门开度才能维持在高速公路上的行驶速度，则说明液力变矩器中的单向离合器已卡死不能自由脱开。这些故障都必须更换液力变矩器。

(5)道路试验。道路试验用以检验各制动器、离合器是否打滑，并观察变速器工作情况。

它是诊断、分析自动变速器故障和检验自动变速器修复质量的有效手段之一。道路试验的内容主要有:检查换挡车速、换挡质量、换挡元件有无打滑、锁止离合器工作情况、发动机辅助制动、强制降挡功能。道路试验前,发动机和自动变速器要达到正常的工作温度。在试验中,如无特殊要求,应将超速挡开关置于“ON”位置(超速挡指示灯熄灭),并将换挡模式选择开关置于普通模式或经济模式位置。

①升挡试验。将操纵杆拨至“D”位,踩下加速踏板,使节气门开度保持在 1/2 左右,让汽车起步加速,这时汽车能逐渐升至各个挡位,检查升挡情况。升挡时,发动机转速会有瞬时下降,同时车身有轻微的抖动。若不正常,说明电控系统、液压控制系统或换挡元件有故障。

②升挡车速检查。将操纵杆拨至“D”位,踩下加速踏板,使节气门保持某一固定开度,让汽车起步加速。当感觉到变速器升挡时,记下升挡车速。一般 4 挡变速器在节气门开度保持在 1/2 左右时,由 1 挡升至 2 挡车速为 25km/h～35km/h,2 挡升至 3 挡车速为 55km/h～70km/h,3 挡升至 4 挡车速为 90km/h～120km/h。要注意:随着节气门开度的变化,升挡车速是变化的。升挡车速太低,一般是电控系统的故障所致。若升挡车速太高,除了电控系统的故障外,还可能是液压控制系统和换挡元件故障所致。

③升挡时发动机转速的检查。变速器换挡时,应注意观察发动机转速的变化,它也是判断自动变速器工作是否正常的重要依据之一。在正常情况下,变速器处于经济模式或普通模式,节气门保持在低于 1/2 开度范围内,则汽车由起步加速到升入高速挡的整个过程中,发动机转速都将低于 3000r/min。通常在加速至升挡时,发动机转速可达 2500r/min～3000r/min;在刚刚升挡后的短时间内,发动机的转速将下降至 2000r/min 左右。如果在整个行驶过程中,发动机转速始终过低,加速升挡时仍低于 2000r/min,则说明升挡时间过早或发动机动力不足;如果在行驶过程中发动机转速始终偏高,升挡前后的转速在 2500r/min～3000r/min 之间,而且换挡冲击明显,则说明升挡时间过迟,如果在行驶过程中,发动机转速过高,经常高于 3000r/min,在加速时达到 4000r/min～5000r/min,甚至更高,则说明自动变速器换挡元件打滑,应拆修变速器。

④换挡质量的检查。换挡质量检查的主要内容是检查换挡有无冲击。正常的自动变速器在升挡时有不太明显的换挡冲击,电控自动变速器换挡冲击更微弱。若换挡冲击过火,则说明电控系统、液压控制系统或换挡元件有故障,其原因可能是电控系统工作不良,油压过高,脏污,调整不当或换挡元件打滑等。

⑤锁止离合器工作状态的检查。液力变矩器中的锁止离合器工作是否正常也可通过道路试验的方法检查。试验中让汽车加速至超速挡,以高于 80km/h 的车速行驶,并让节气门保持 1/2 以下开度,使液力变矩器进入锁止状态。此时,快速将加速踏板踩下至 2/3 左右开度,同时检查发动机转速的变化。若发动机转速没有太大的变化,说明锁止离合器进入接合状态;反之,若发动机转速升高很多,则表明锁止离合器没有接合,其原因一般是电控系统和锁止液压控制系统有故障存在。

⑥发动机辅助制动作用的检查。检查自动变速器有无发动机辅助制动作用时,应将操纵杆拨至前进低挡位置(S、L 或 3、2、1),在汽车以 2 挡或 1 挡行驶时,突然松开加速踏板,检查是否有发动机辅助制动作用。若车速随之降低,则说明有发动机辅助制动作用。否则,说明电控系统、液压控制系统和相关的换挡元件有故障存在。

⑦强制降挡功能的检查。检查自动变速器的强制降挡功能时,应将操纵杆拨至 D 位,保持

节气门1/3左右开度，在以2挡、3挡、4挡或更高挡行驶时，突然将加速踏板完全踩到底，检查自动变速器是否强制降低一个挡位。在强制降挡时发动机转速会突然上升至4000r/min左右，并随着加速升挡，转速逐渐下降。若没有出现强制降挡，则说明强制降挡功能失效，应检查相关的电控系统。若在强制降挡时发动机转速升高反常，达到5000r/min～6000r/min，并在升挡时出现换挡冲击，说明换挡元件打滑，应拆修自动变速器。

三、电子控制系统工作过程的检测

对电控自动变速器进行性能检查，特别是在道路试验的过程中能同时对电控系统进行工作过程检测，就可以对变速器的工作性能以及故障发生部位做出更准确的判断。在汽车行驶过程中检查ECU发出换挡控制信号的时刻，可以准确地判断ECU的换挡控制是否正常。若换挡控制不正常，发出升挡控制的时刻太早、太迟或没有发出升挡信号，则说明电控系统的传感器、ECU或控制电路有故障。若换挡控制正常，但ECU发出换挡信号后自动变速器没有响应，则说明换挡电磁阀或控制电路有故障。若ECU发出升挡信号后自动变速器有响应，但出现打滑现象，则可以准确地判断出打滑的挡位和打滑的换挡元件，从而有针对性地进行维修。

对电控系统的工作过程检测通常采用三种方法，一是用汽车电脑故障诊断仪检测；二是通过故障检测插座检测；三是利用电磁阀的控制电路进行检测。

(一)用汽车电脑故障诊断仪检测

用汽车电脑故障诊断仪即解码器检测，只要将汽车电脑故障诊断仪与车上的故障检测插座(诊断座)连接，就可以通过观察检测仪显示屏上的数据，检测ECU发出的换挡控制、锁止控制、油压控制等各种控制信号是否正常，从而判断故障的方向和部位。

(二)通过故障诊断插座检测

通过测量端子间的直流电压，可以检测节气门位置传感器、制动开关以及换挡控制信号是否正常。节气门位置传感器正常时，随着节气门开度的增大，其测量电压呈阶跃性增加；制动开关正常时，将加速踏板踩到底，踩下制动踏板，测量电压为0V，松开制动踏板，测量电压为8V；换挡控制信号正常时，1挡时测量电压为0V，随着挡位每升高一个挡，测量电压增加1V，锁止离合器进入接合状态，测量电压增加1V。

(三)通过电磁阀的控制电路检测

ECU是通过几个电磁阀来控制自动变速器工作的，因此，只要检测ECU输送给各电磁阀的控制信号，就可以检测到电控系统的工作状态。由于电磁阀的控制信号通常是12V直流电压或脉冲电压，因此，检测电磁阀控制信号较简单的方法是采用自制的12V电压信号指示。

若在自动变速器的工作过程中，与某个电磁阀连接的12V电压信号指示灯发亮，则说明该电磁阀正在工作。通过观察发光二极管的发亮情况来检测电磁阀的工作状态。

为了便于观察，可以用不同颜色、不同形状的发光二极管制成几个信号指示灯，分别与各个电磁阀的控制线路相连。这样通过观察几个信号指示灯的闪亮规律，即可全面、直观地检测出控制系统的工作状态。

这种方法可以不受任何条件的限制，适于检测各种车型自动变速器的控制信号，特别适于检测换挡信号。只要将测得的各个换挡电磁阀的工作状态与不同挡位下换挡电磁阀的工作规律进行比较，就可知道控制系统向换挡电磁阀发出的控制信号是哪个挡位。

四、传感器及电路的检修

不同车型上的自动变速器所装用传感器及电路有所不同，但其检修方法基本类似，在此以01M变速器为例介绍各传感器及电路的检修方法。

(一)车速传感器及电路检测

车速传感器G68的电路如图5-33所示。图中端子“20”为传感器信号、“65”为传感器电源、“43”是屏蔽线。

01M车速传感器为磁电式结构，感应线圈的标准电阻为0.8kΩ～0.9kΩ。

1. 检测车速传感器信号波形

举升汽车，起动发动机并挂挡运行，用示波器检测电控单元端子“65”与“20”间的信号波形，如图5-34所示。测得波形应如图示，且波形的周期应随车速改变而改变。否则，应进一步检测相应电路是否存在故障。

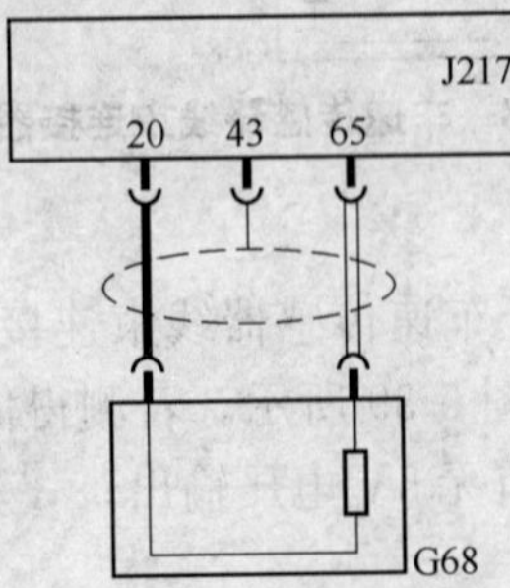

图5-33　01M车速传感器G68电路图

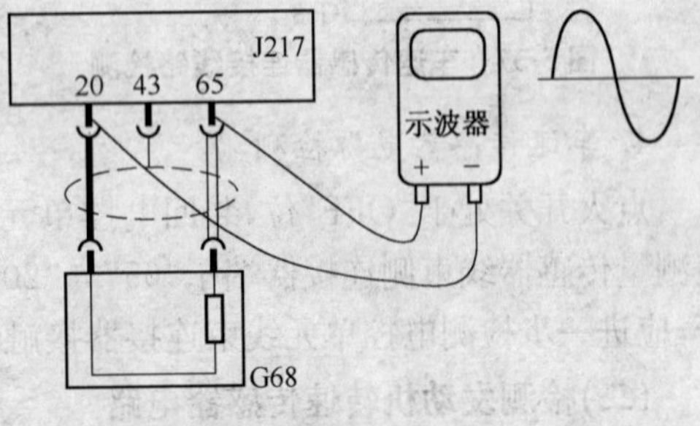

图5-34　车速传感器信号波形检测

2. 检测车速传感器

(1)测量电阻。点火开关处于“OFF”位，脱开车速传感器与线束的连接。用万用表测量传感器两端子间的电阻(实线位置)及任一端子对地的电阻(虚线位置)，如图5-35所示。若测得结果与图示不符，应更换车速传感器。

(2)测量输出信号。举升汽车，起动发动机并挂挡运行，用示波器测量传感器输出信号波形，如图5-36所示。若测得波形与图示不符，应进一步检查传感器及信号转子的安装是否正确并视情调整。

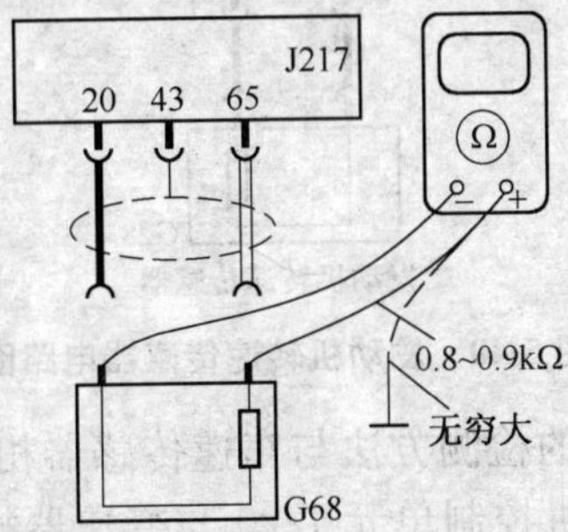

图5-35　车速传感器检测(01M)

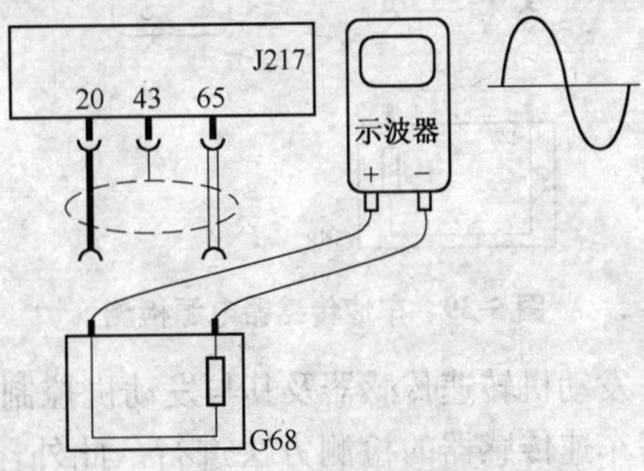

图5-36　车速传感器输出信号测量(01M)

3. 车速传威器连接线路检测

(1)连接导线检测。点火开关处于“OFF”位，脱开电控单元线束连接器及车速传感器线束连接器，用万用表测量对应端子之间及任一端子对地的电阻，如图 5-37 所示。若测得结果与图示不符，应检查相应导线是否断路、短路或搭铁。

(2)车速传感器线束连接器检测。装回车速传感器线束连接器，脱开电控单元线束连接器，用万用表测量电控单元线束侧连接器端子“20”与“65”之间的电阻，如图 5-38 所示。测得结果应如图示，否则检查线束连接器接触情况。

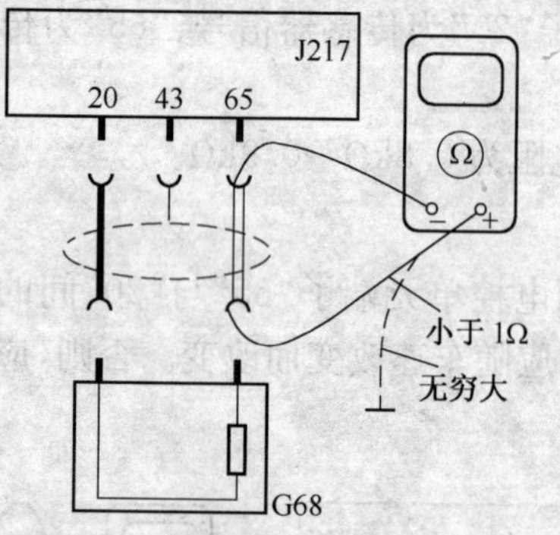

图 5-37 车速传感器连接线路检测

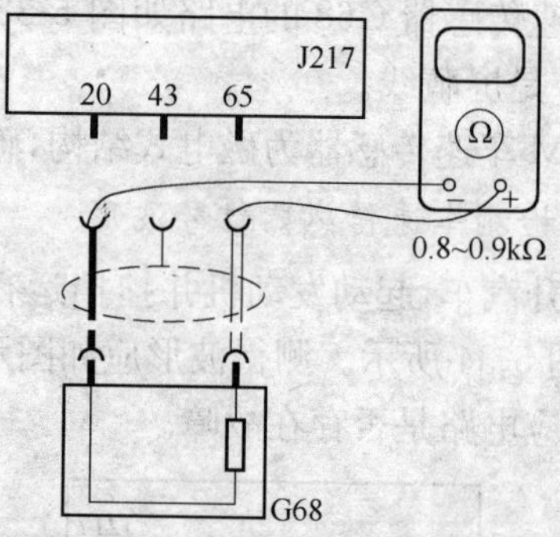

图 5-38 车速传感器线束连接器检测

4. 车速传感器电源检测

点火开关处于“OFF”位，装回电控单元线束连接器，脱开车速传感器线束连接器，用万用表测量传感器线束侧连接器端子“65”与“20”之间的电压，如图 5-39 所示。若测得值与图示不符，应进一步检测电控单元线束连接器接触情况或电控单元有无 5V 电压输出。

(二)检测发动机转速传感器电路

发动机转速传感器电路如图 5-40 所示。发动机转速信号由发动机控制单元传递到自动变速器控制单元。发动机转速传感器为磁电式结构，感应线圈电阻为 0.48kΩ～1kΩ。

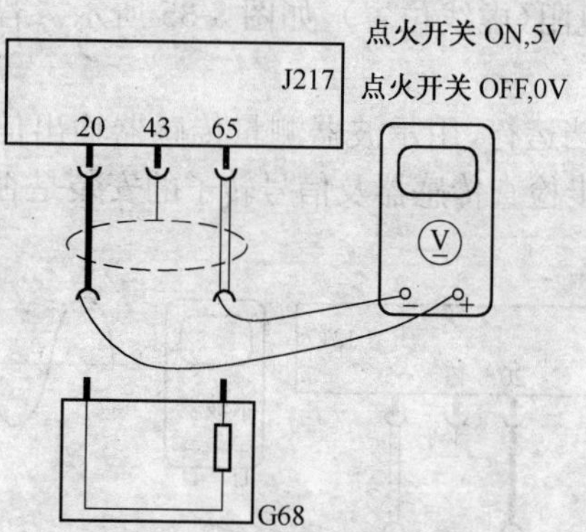

图 5-39 车速传感器电源检测

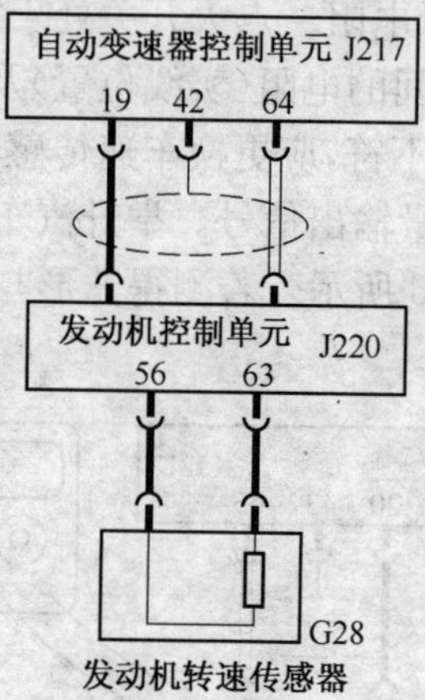

图 5-40 发动机转速传感器电路图

发动机转速传感器及其与发动机控制单元连接电路的检测方法与车速传感器相同，可以参考车速传感器的检测方法进行。此外，还应检测发动机控制单元 J220 与变速器控制单元 J217 之间的连线有无断路、搭铁。

(三)检测节气门位置传感器电路

节气门位置传感器的电路原理如图 5-41 所示。电路参数见表 5-6。

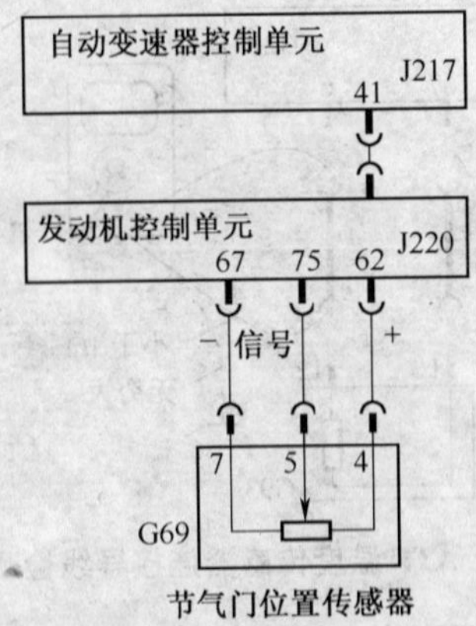

图 5-41　节气门位置传感器电路图(捷达王 01M)

表 5-6　节气门位置传感器电阻值

端子名称	测试位置	标准电阻/kΩ
"信号"——"－"	怠速	0.7～1.8
	节气门全开	2.1～3.9
"信号"——"＋"	怠速	2.1～3.9
	节气门全开	0.7～1.8

节气门位置传感器将节气门开度信号传送给发动机电控单元，发动机电控单元经分析后将发动机负荷信号传送给自动变速器电控单元。

节气门位置传感器电路的检测方法可参考发动机部分的有关内容，只是不要忘记检测发动机电控单元与自动变速器电控单元之间的连接线路是否正常。

(四)检测自动变速器油(ATF)温度传感器电路

ATF 温度传感器的电路如图 5-42 所示。该传感器为负温度系数热敏电阻式，其电阻值与温度的对应关系如下：

20℃— 274kΩ；

60℃— 148.8kΩ；

120℃ — 7.4kΩ。

与一般温度传感器使用的 5V 电源不同，01M 自动变速器 ATF 温度传感器的电源(TCM67 号端子)电压为 12V。

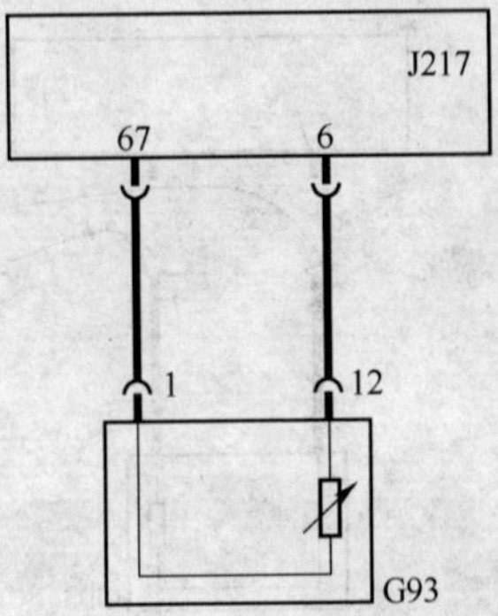

图 5-42　ATF 温度传感器的电路

1. ATF 温度传感器数据流的读取

通过读取 ATF 温度传感器数据流，可以确认该传感器电路的工作性能是否正常。

点火开关处于"OFF"位，连接诊断仪。点火开关处于"ON"位，按照诊断仪提示选择 ATF 温度传感器数据流菜单，读取并记录测量值。测得值应与 ATF 的实际温度一致，否则应进一步检测相关电路是否有故障。

2. ATF 温度传感器检测

点火开关处于"OFF"位，脱开自动变速器箱体圆形线束连接器，用万用表检测箱体侧连接器端子"1"与"12"之间的电阻，如图 5-43 所示。若测得结果与图示不符，应进一步拆箱检测温度传感器线束连接器是否接触不良或温度传感器是否损坏。

3. 温度传感器连接线路检测

(1)连接导线检测。点火开关处于"OFF"位，脱开电控单元线束连接器和自动变速器箱体圆形线束连接器，用万用表检测线束侧对应端子"6"与"12"、"67"与"1"之间及任一端子对地的电阻，如图 5-44 所示。若测得结果与图示不符，应进一步检查相应导线是否断路、短路或搭铁。

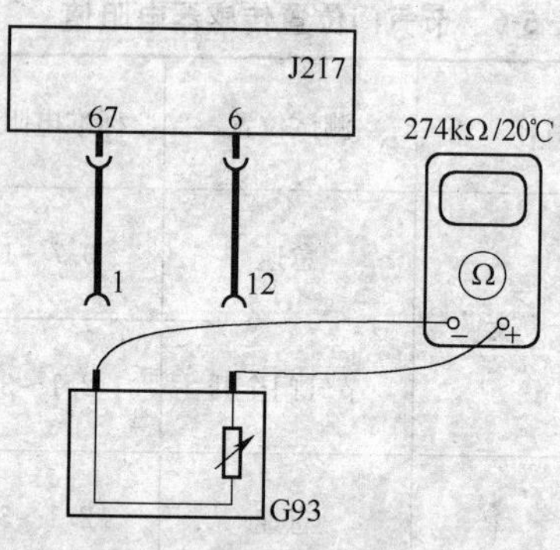

图 5-43 ATF温度传感器电阻测量

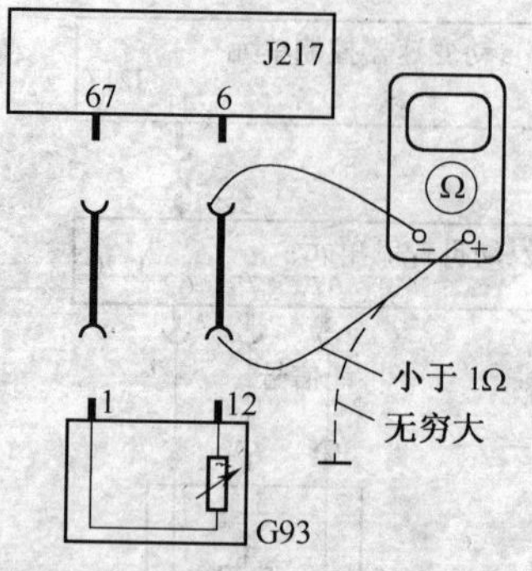

图 5-44 ATF温度传感器连接导线检测

(2)ATF 温度传感器线束连接器检测。点火开关处于“OFF”位，装回传感器线束连接器，脱开电控单元线束连接器，用万用表测量线束侧端子“67”与“6”之间的电阻，如图 5-45 所示。测得值应如图示，否则，应进一步检查线束连接器接触情况。

4. ATF 温度传感器供电的检测

点火开关处于“OFF”位，装回电控单元线束连接器，脱开箱体圆形线束连接器。用万用表测量线束侧连接器端子“1”与“12”及车身搭铁之间的电压，如图 5-46 所示。若测得结果与图示不符，应进一步检测电控单元线束连接器是否接触不良或电控单元有无 12V 电压输出。

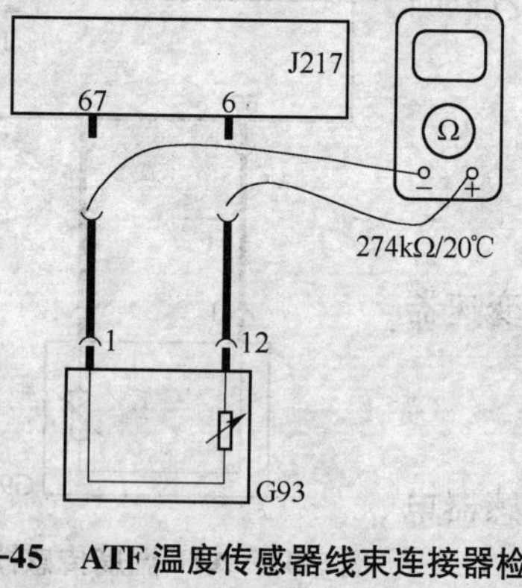

图 5-45 ATF温度传感器线束连接器检测

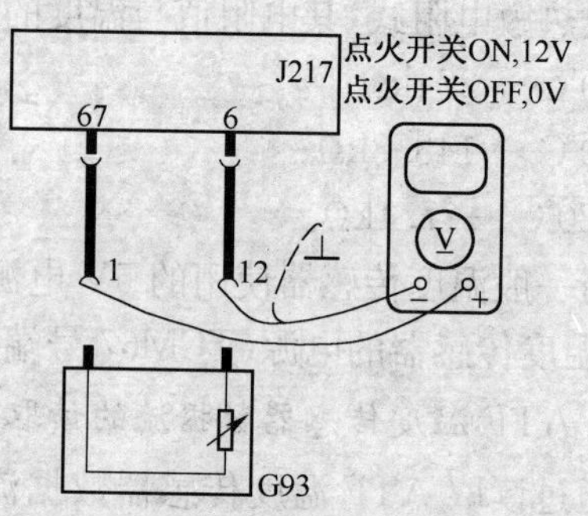

图 5-46 ATF温度传感器供电的检测

五、开关电路的检修

(一)多功能开关(挡位开关)电路检测

多功能开关的电路原理如图 5-47 所示。开关为触点式结构，其中：“1”为 P、1 挡信号，“2”为 N、D、3 挡信号，“3”为搭铁，“5”为 P、R、N 信号，“6”为 3、2、1 挡信号，“7”为 12V 电源。

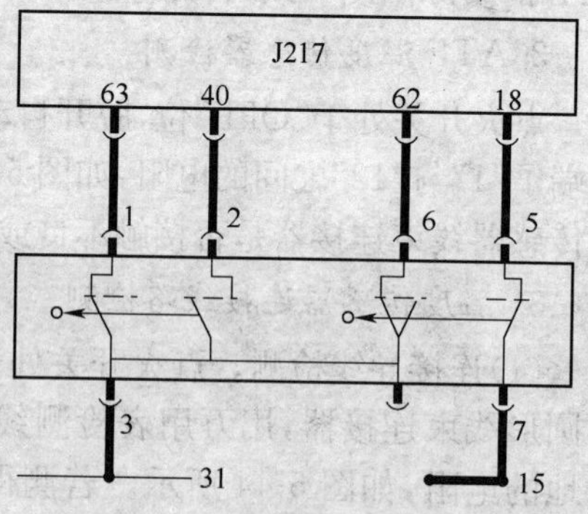

图 5-47 多功能开关电路原理图

1. 读取多功能开关数据流

通过诊断仪读取挡位开关数据流，可以确认挡位开关电路的工作性能是否正常。

点火开关处于“OFF”位，连接诊断仪。点火开关处于"ON"位,按照诊断仪提示选择变速杆位置数据流菜单,分别将变速杆置于 P、R、N、D、3、2、1 位置,诊断仪显示应与变速杆实际位置一致。否则,应调整变速杆拉索或进一步检测相关电路是否有故障。

2. 多功能开关检测

关闭点火开关,脱开多功能开关的线束连接器,用万用表检测多功能开关端子"3"与"1"、"3"与"2"、"3"与"6"、"7"与"5"之间的电阻,如图 5-48 所示。若测得结果与图示不符,检修或应更换多功能开关。

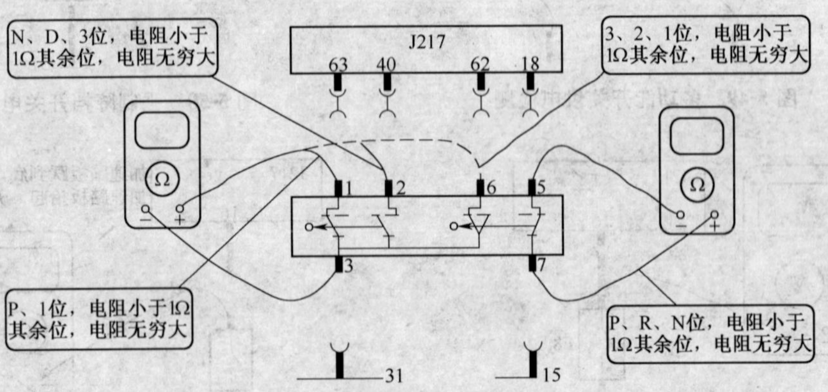

图 5-48 多功能开关测试

3. 多功能开关连接线路检测

(1)连接导线检测。点火开关处于"OFF"位,脱开电控单元线束连接器及多功能开关线束连接器。用万用表测量对应端子之间及任一端子对地的电阻。

(2)多功能开关线束连接器检测,点火开关处于"OFF"位,装回多功能开关线束连接器,脱开电控单元线束连接器,用万用表测量各端子之间的电阻。

4. 多功能开关供电检测

装回电控单元线束连接器,脱开多功能开关线束连接器,用万用表测量多功能开关线束侧连接器端子"1"与"3"、"2"与"3"、"6"与"3"、"7"与"3"之间的电压,如图 5-49 所示。若检测结果与图示不符,应进一步检测电控单元线束连接器是否接触不良或电控单元有无电压输出。

(二)检测强制降挡开关电路

强制降挡开关的电路原理如图 5-50 所示。强制降挡开关为常开型,加速踏板踩到底并超过节气门全开位置时,开关接通。

1. 强制降挡开关线路电位检测

点火开关处于"ON"位,用万用表检测强制降挡开关端子与车身搭铁之间的电压,如图 5-51 所示。若测得结果与图示不符,应进一步检测相关电路是否有故障。

2. 检测强制降挡开关

点火开关处于"OFF"位,脱开强制降挡开关的线束连接器,用万用表测量开关两端子之间的电阻。如图 5-52 所示。若检测结果与图示不符,应调整或更换节气门拉索(与强制降挡开关一体)。

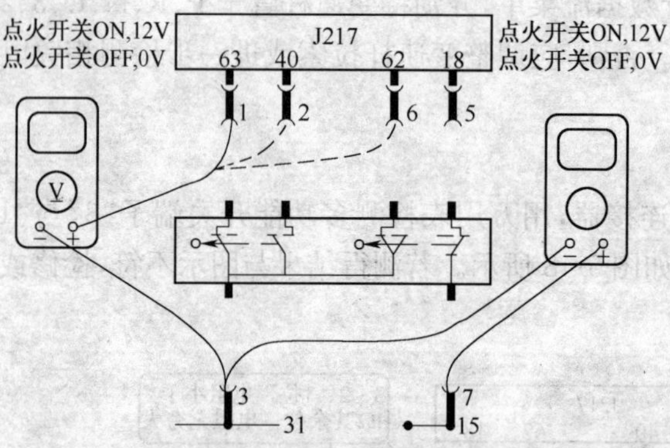

图 5-49 多功能开关供电检测

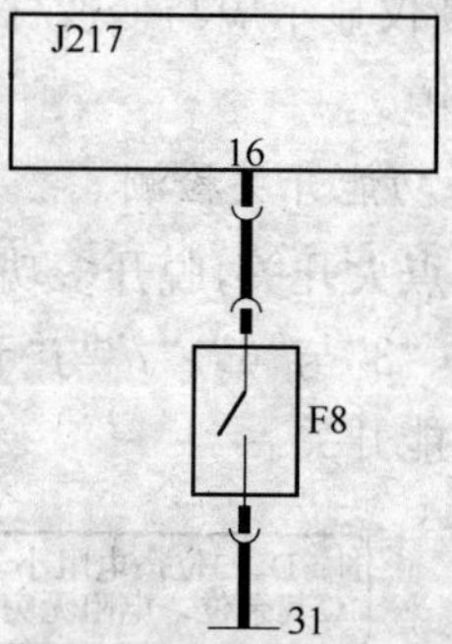

图 5-50 强制降挡开关电路原理图

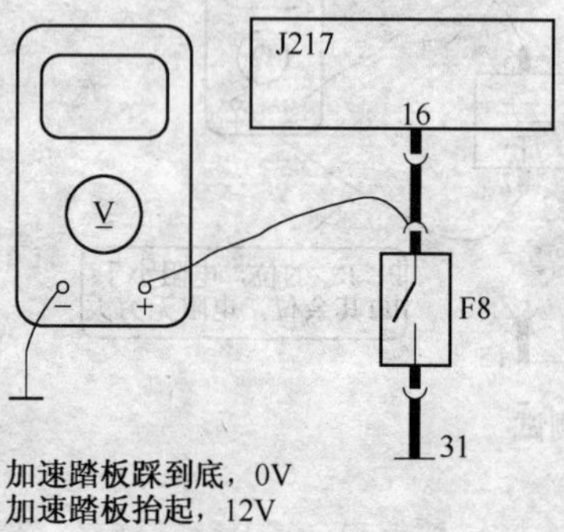

图 5-51 强制降挡开关电路电位检测

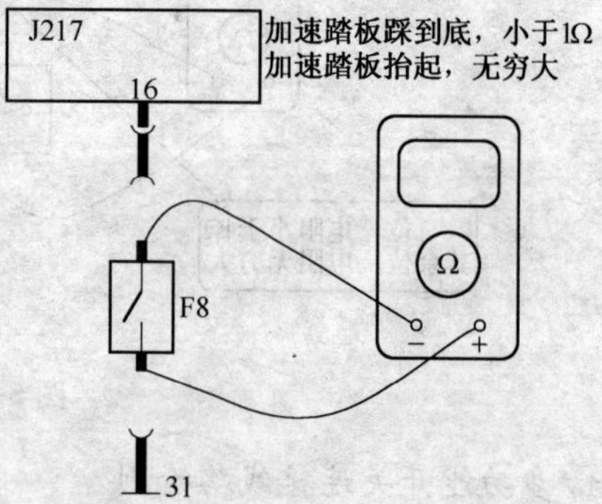

图 5-52 强制降挡开关检测

3. 强制降挡开关线路检测

(1)检测连接导线。点火开关处于“OFF”位，脱开电控单元及强制降挡开关线束连接器，用万用表测量相应端子之间及任一端子对地的电阻。

(2)检测线束连接器。点火开关处于“OFF”位，脱开电控单元线束连接器，装回强制降挡开关线束连接器，用万用表检测电控单元线束侧连接器端子“16”与“车身搭铁”之间的电阻。若测得结果不符要求，表明强制降挡开关线束连接器接触不良。

4. 强制降挡开关供电检测

点火开关处于“OFF”位，脱开强制降挡开关线束连接器，用万用表检测线束侧两端子之间的电压，如图 5-53 所示。若测得结果与图示不符，则应进一步检查电控单元线束连接器是否接触不良或电控单元有无电压输出。

(三)检测制动灯开关电路

制动灯开关的电路原理如图 5-54 所示，制动灯开关为常开型。制动灯开关电路与强制降挡开关电路相似，其检测可参照进行。

六、电磁阀电路的检修

(一)检测电磁阀电路

01M 自动变速器有七个电磁阀，电路原理如图 5-55 所示，工作电压均为 12V。其中 N88、N89、N90、N92、N94 为开关阀，N88、N89、N90 用于挡位之间的变换，N92、N94 用于改善换挡

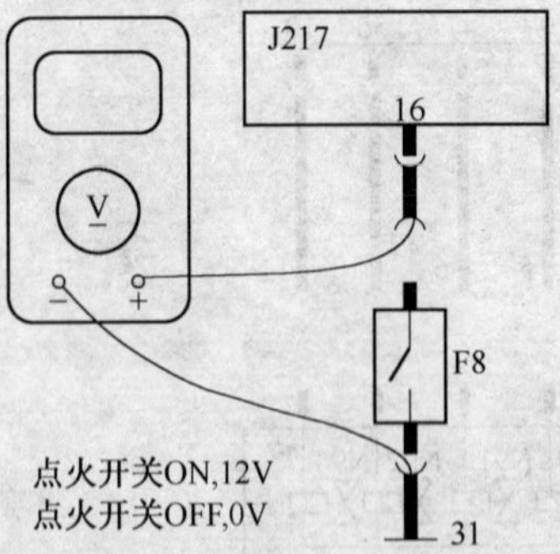

图 5-53 强制降挡开关供电检测

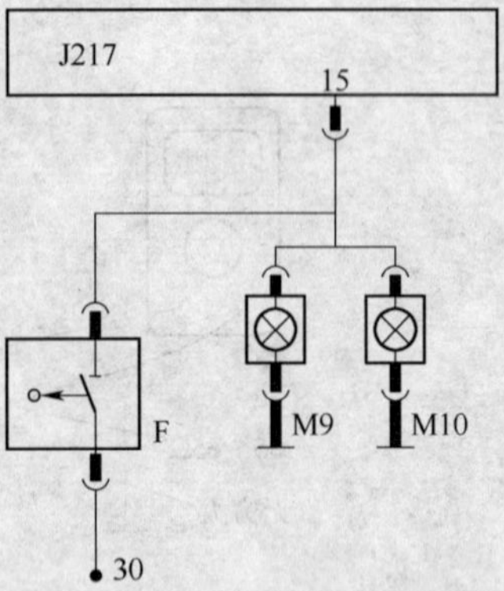

图 5-54 制动灯开关电路图

品质。N91、N93 为调节阀，N91 用于调节变矩器离合器油压，N93 用于调节离合器和制动器的油压(主油压)。N88、N89、N90、N92、N93、N94 线圈电阻均为 55Ω～65Ω。N91 线圈电阻为 4.5Ω～6.5Ω。

1. 电磁阀工作电压波形检测

举升汽车，起动发动机并将变速杆置于不同位置运行汽车，用示波器依次检测端子 10、56、47、9、54、55、58 的电压波形，如图 5-56 所示。测得结果应为图示矩形脉冲波，其中端子 47、58 波形占空比随车速、挡位不同而变化，其余端子的波形在自动换挡时突变。否则，应进一步检测有关电路是否正常。

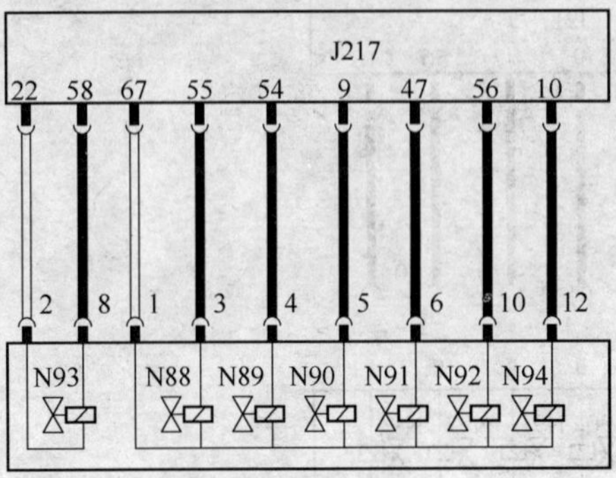

图 5-55 油压调节电磁阀电路

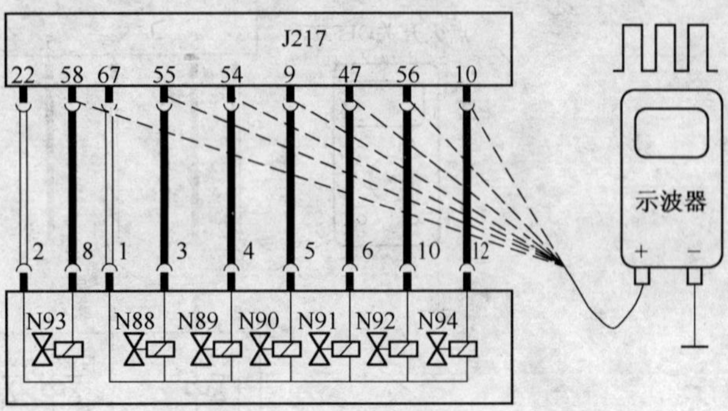

图 5-56 油压调节电磁阀工作电压波形检测

2. 电磁阀电阻检测

点火开关处于“OFF”位，脱开变速器箱体圆形线束连接器，用万用表依次检测箱体侧连接器端子“2”与“8”、“1”与“3”、“1”与“4”、“1”与“5”、“1”与“6”、“1”与“10”、“1”与“12”之间及任一端子对地的电阻，如图 5-57 所示。测得阻值除 N91 线圈电阻为 4.5Ω～6.5Ω 外，N88、N89、N90、N92、N93、N94 线圈电阻均为 55Ω～65Ω。否则，需进一步拆箱检测相关导线、连接器及电磁阀是否正常。

3. 电磁阀连接线路检测

(1)检测电磁阀连接导线。点火开关处于“OFF”位，脱开电控单元及变速器箱体线束连接器，用万用表依次测量对应端子之间及任一端子对地的电阻。若测得结果不符要求，则需进一

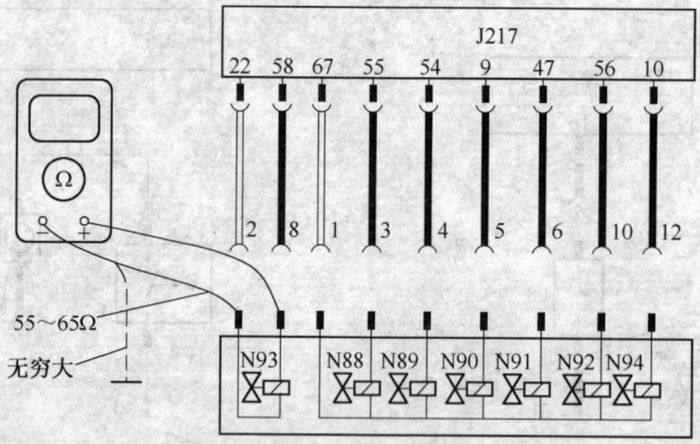

图 5-57 电磁阀电阻检测

步检测相应导线有无断路、短路或搭铁故障。

(2)检测箱体线束连接器。点火开关处于“OPF”位，装回箱体线束连接器，脱开电控单元线束连接器，用万用表依次测量电控单元线束侧连接器对应端子之间的电阻。

4. 电磁阀供电检测

点火开关处于“OFF”位，装回电控单元线束连接器，脱开变速器箱体圆形线束连接器，用万用表依次测量线束侧端子“2”、“1”与车身搭铁之间的电压，如图 5-58 所示。若测得结果与图示不符，则进一步检测电控单元线束连接器接触不良或电控单元有无电压输出。

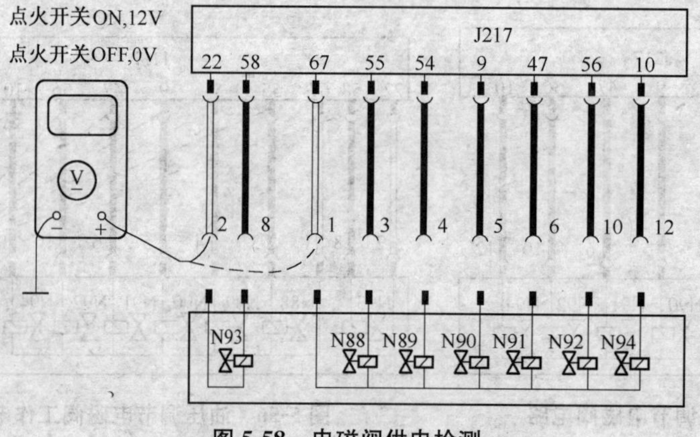

图 5-58 电磁阀供电检测

5. 电磁阀机械故障检测

电磁阀动作灵活性检查可以通过通电试验进行，当电磁阀通蓄电池电压时，应能够听到清脆的开闭动作响声。否则为动作不灵活，应清洗或更换电磁阀。

电磁阀有常开(通电关闭)型和常闭(通电打开)型两种。拆下电磁阀，在通电(常开型)或断电(常闭型)时通以压缩空气，检测其密封性，不应有泄漏，如图 5-59 所示。否则，应清洗或更换电磁阀。

(二)检测变速杆锁止电磁阀电路

01M 变速器的变速杆锁止电磁阀电路原理如图 5-60 所示。当点火开关接通，变速杆在 P 或 N 位置。踏下制动踏板时断电并放松变速杆，不踏下制动踏板时通电并锁止变速杆。电磁

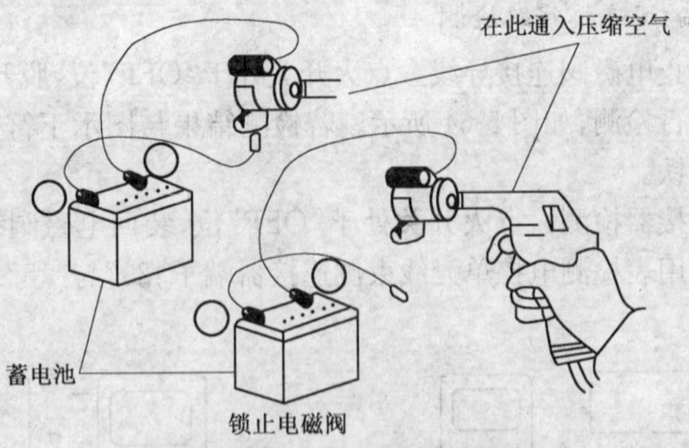

图 5-59　电磁阀的机械故障检测

阀线圈电阻为 14Ω～25Ω。

1. 检测变速杆锁止电磁阀控制电位

点火开关处于"ON"位，用万用表测量电控单元端子"29"与"车身搭铁"之间的电压，如图 5-61 所示。若检测结果与图示不符，应进一步检测相关电路是否有故障。

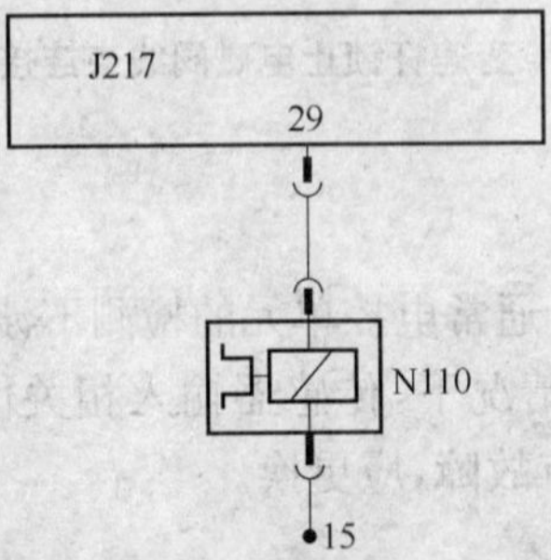

图 5-60　01M 变速器变速杆锁止电磁阀电路原理

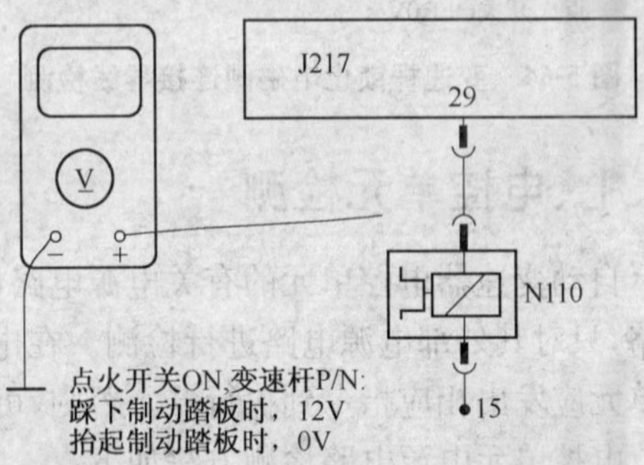

图 5-61　变速杆锁止电磁阀控制电压检测

2. 检测变速杆锁止电磁阀

(1)变速杆锁止电磁阀电阻检测。点火开关处于"OFF"位，脱开电磁阀线束连接器，测量电磁阀线圈电阻，如图 5-62 所示。若测得结果与图示不符，则更换电磁阀。

(2)电磁阀动作测试。点火开关处于"OFF"位，脱开电磁阀线束连接器，在电磁阀两端施加蓄电池端电压，如图 5-63 所示。当施加电压时，变速杆应能从 P 位移出；当撤除电压时，变速杆在 P 位被锁止。否则，应调整或更换电磁阀。

图 5-62　变速杆锁止电磁阀电阻测量

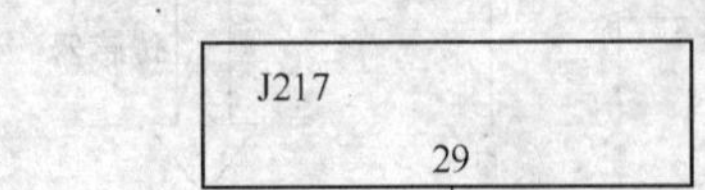

图 5-63　变速杆锁止电磁阀动作测试

3. 变速杆锁止电磁阀连接线路检测

(1)检测变速杆锁止电磁阀连接导线。点火开关处于“OFF”位,脱开电磁阀及电控单元的线束连接器,对电路进行检测,如图 5-64 所示。若检测结果与图示不符,应进一步检测相应导线是否断路、短路或搭铁。

(2)电磁阀线束连接器检测。点火开关处于“OFF”位,装回电磁阀线束连接器,断开电控单元线束连接器,用万用表检测电控单元线束侧连接器端子“29”与“15”之间的电阻,如图 5-65 所示。

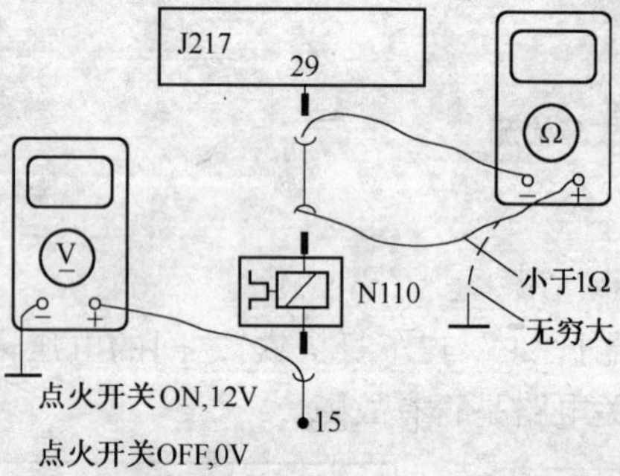

图 5-64 变速杆锁止电磁阀连接导线检测

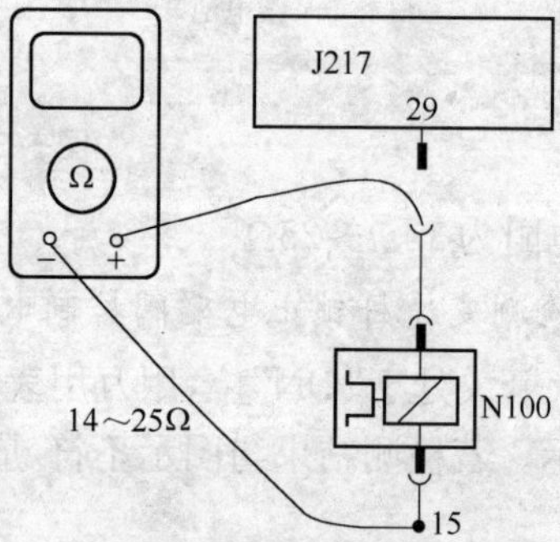

图 5-65 变速杆锁止电磁阀线束连接器检测

七、电控单元检测

自动变速器电控单元的有关电源电路如图 5-66 所示。通常电控单元的检测不涉及其内部电路,只对其外部电源电路进行检测。在电源电路正常的情况下,传感器输入相关信号后,电控单元应发出相应指令到执行器。否则,可判定电控单元有故障,应更换。

电控单元电源电路检测方法如下:

关闭点火开关,脱开电控单元的线束连接器,用万用表依次检测 60、23、45 插孔的电压。如图 5-67 所示。45 插孔为常火线,电压应接近蓄电池电压。60、23 插孔在点火开关处于“ON”时,电压应接近蓄电池电压,点火开关处于“OFF”时,电压为 0V。否则,检查相应线路有无短路、断路、搭铁。

用万用表测量 31 插孔与搭铁之间的电阻。电阻值应小于 1Ω,否则,检测相应线路是否有断路或接触不良。

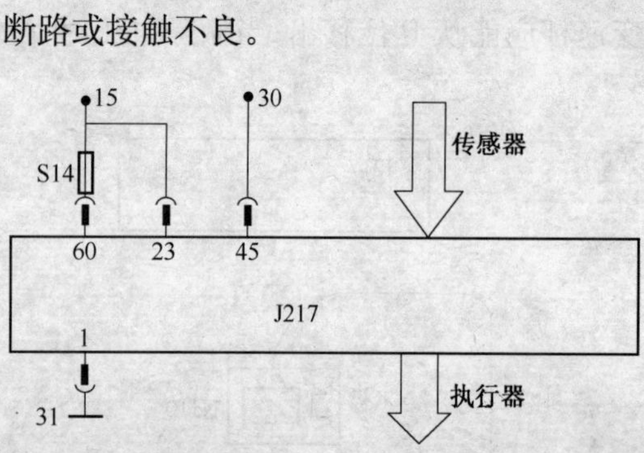

图 5-66 自动变速器电控单元的有关电源电路

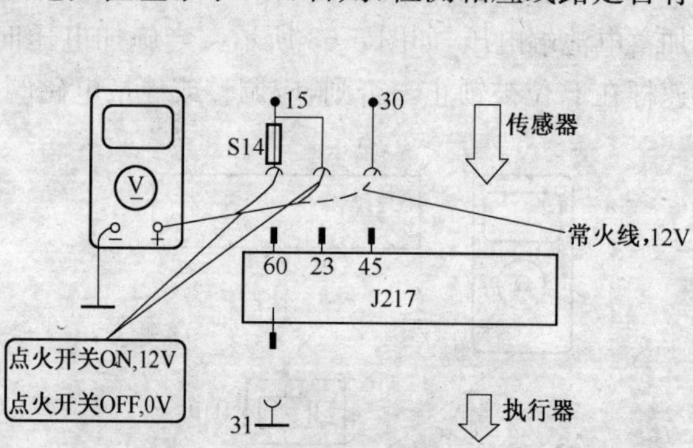

图 5-67 电控单元电源电路检测

第六章　电子控制无级变速器的结构与检修

在汽车上使用的自动变速器大致有液力自动变速器、电子控制机械自动变速器和无级变速器。前两种变速器都是通过一个或多个行星齿轮组的某部分逐渐锁定而进行换挡的，换挡过程为有级或分段无级自动变速，并没有真正实现无级变速。随着汽车传动系统各项新科技的应用，出现了无级连续自动变速器 CVT(ContinuouslyVariable Transmission)。本章主要概述无级变速器的发展及特点，以典型车型为例介绍电子控制无级变速器的结构与检修。

第一节　电子控制无级变速器概述

无级变速技术种类较多，按作用方式的不同和传动形式的差异，可分为机械式、电气式和液压式三类，目前形成定型产品的主要是机械式无级变速器。机械式无级变速器分为带传动式(胶带式、金属带式和链带式)和牵引传动式(圆环式，圆板式、行星滚轮式和滚珠式)两类，又以带传动式为主。带传动式机械无级变速器采用传动带和工作直径可变的主、从动轮相配合传递动力，可以实现传动比的连续改变，从而得到传动系统与发动机工况的最佳匹配，在提高汽车动力性和经济性的同时，较好地改善了驾驶的操纵方便性和乘坐舒适性，是较理想的汽车传动装置。

一、无级变速器的发展

CVT 技术的发展，已经有了一百多年的历史。德国奔驰公司是在汽车上采用 CVT 技术的鼻祖，早在 1886 年就将 V 型橡胶带式 CVT 安装在该公司生产的汽油机汽车上。

1958 年，荷兰的 DAF 公司 H. VanDoorne 博士研制成功能传递大功率、效率高、结构紧凑的无级自动变速器，取名为 Variomatic 的双 V 型橡胶带式 CVT，并装备于 DAF 公司制造的 Daffodil 轿车上，使金属带式无级变速器取得突破性进展。但是由于橡胶带式 CVT 存在：功率有限(转矩局限于 135N · m 以下)、离合器工作不稳定、液压泵和传动带及夹紧机构的能量损失较大等一系列的缺陷，因而没有被汽车行业普遍接受。

1986 年，日本富士重工开发了采用电磁粉离合器的 CVT，称为电磁式无级连续自动变速 ECVT(Electro-ContinuouslyVariable Transmission)，电磁装置可提高 CVT 的适应性。之后，菲亚特、福特、日产等汽车公司都在公司生产的一些 1.2L～1.6L 排量轿车上装备了这种变速器。

1987 年，VDT 公司的金属带式无级变速器进入商品化阶段，这一年，福特汽车公司首次在市场上推出装用这种金属带的 CVT。

提高传动带性能和 CVT 传递功率极限的研究一直在进行，将液力变矩器集成到 CVT 系统中，主、从动轮的夹紧力实现电子化控制，在 CVT 中采用节能泵，传动带用金属带代替传统的橡胶带。新的技术进步克服了 CVT 系统原有的技术缺陷，导致了传递转矩容量更大、性能更优良的第二代 CVT 的面世。

进入 20 世纪 90 年代,汽车界对 CVT 技术的研究开发日益重视,特别是在微型车中,CVT 被认为是关键技术。全球科技的迅猛发展,使得新的电子技术与自动控制技术不断被采用到 CVT 中。

1992 年,铃木汽车公司开发出电子控制液压式的无级变速器,称为 SCVT(Suzuki ContinuouslyVariable Transmission),离合器为湿式单片离合器,钢带改用链条。

1997 年上半年,日本日产公司开发了使用在 2.0L 汽车上的 CVT。在此基础上,日产公司在 1998 年开发了一种为中型轿车设计的包含一个手动换挡模式的 CVT。新型 CVT 采用一个最新研制的高强度宽钢带和一个高液压控制系统。通过采用这些先进的技术来获得较大的转矩能力,日产公司研究开发 CVT 的电子控制技术,传动比的改变实行全挡电子控制,汽车在下坡时可以一直根据车速控制发动机制动,而且在湿滑路面上能够平顺地增加速比来防止打滑。日产公司计划将它的 CVT 的应用范围从 1.0L 扩大到 3.0L 的轿车。

日本三菱公司已选择了 CVT 平顺无能量损失地传递直喷式发动机的动力来驱动汽车。V 型带/传动轮机构可以保证在所有速率下发动机动力平顺无间断地传递。CVT 根除了传统的自动变速器通过齿轮换挡时的打齿现象,从而获得更满意的响应和控制。三菱公司准备采用直喷式发动机(1.5L 或更小)与 CVT 组合。

日本富士重工同时拥有 15 年开发 CVT 的经验。1997 年 5 月,富士重工将它的 Vistro 微型车装配了全计算机控制式 E-CVT(含有六挡手动换挡模式的 CVT)。驾驶员无须操作离合器就可以进行六挡变速。富士重工在 Pleo 微型车上采用一种有锁止式变矩器的电控式 CVT,通过小范围锁止可以使液力变矩器的滑动保持在最小值,行星齿轮用来切换前进挡/倒退挡。传动比范围从 1∶10～5.5∶1。

1999 年上半年,美国的福特公司和德国 ZF 公司合作为福特公司的轿车和轻型载货车生产 CVT。在巴达维亚和俄亥俄州新建的合资企业将从 2001 年生产为福特公司设计的、带有电子管理功能的 CFT23 型 CVT。ZF 公司设计的 CVT 是一种变矩器式变速器,使用为安装横向发动机前轮驱动汽车生产的钢带。ZF 公司也能为安装纵向发动机的前轮驱动汽车和后轮驱动汽车生产 CVT 系列。ZF 公司称:与四挡自动变速器相比,CVT 系统能够将加速性能提高 10%,燃油经济性提高 10%～15%。与锁止式变矩器相比,CVT 系统在不漏油的前提下效率更高。福特公司正在设计一种与公司内所有轻型载货车匹配的牵引驱动 CVT,包括后轮驱动和全轮驱动载货车。牵引驱动使用沿特殊滑液的可移动滑件代替传动带和传动轮。滑动部分的相对位置决定传动比,由一层部件间非常薄的液压油来传递动力。

德国 ZF 公司从 1999 年中期开始为 Rover 216 型汽车提供钢带驱动的 VT1 型 CVT。这种 CVT 包括螺旋齿轮或变速器、合适的液压系统、湿式离合器。在系统中集成的 ECU 可以允许机械、液力和电子系统进一步组合,这就更好地利用了各种系统的独特优点。

德国博世的电子式 CVT 控制系统是基于用传感器和执行器单元控制基础上的电子/液力模块。博世公司已经将独立部件、执行器、传感器和变速器换挡 ECU 组成一个单独的模块,变速器制造商只需增加一个集成控制单元。

1997 年,美国福特公司生产出可用于大转矩,排量高达 3.8L,转矩为 305 Nm 的 V6 发动机的 CVT,并成功安装在 Winstarminivan 汽车上。这就结束了 CVT 只能应用于中型汽车上的历史,为其大规模应用于汽车上开辟了道路。现在,无级变速器已与计算机控制技术结合起来,构成高性能的无级自动变速器,性能更加完善。

在最近的十几年中，CVT 技术已经上前迈进了一大步，使得 CVT 比有着超过 100 年历史的机械变速器 MT 和有着超过 50 年历史的自动变速器 AT 更有竞争力。CVT 技术正处于寿命周期的开始，CVT 的特性将进一步提高。

二、无级变速器的特点

目前全球有超过 1000 万辆带式 CVT 车辆，超过 60 款 CVT 车型，而且这个数字还在不断增加。CVT 不仅可以应用于汽油机、柴油机车型，就连全新概念的混合动力车型也可以满足。在中国，越来越多的车辆开始使用 CVT 技术。无级变速器(CVT)与有级式的区别在于它的变速比不是间断的点，而是一系列连续的值。CVT 结构比传统变速器简单，体积更小，它既没有手动变速器的众多齿轮副，也没有自动变速器复杂的行星齿轮组，它主要靠主、从动轮和金属带来实现速比的无级变化。

(一)CVT 的优点

①CVT 可以降低 CO_2 的排放，成为降低排放的关键技术。

②CVT 通过其传动比的连续性变化，可以使发动机始终工作在最高效率区，从而达到最优的燃油经济性。与目前使用的自动变速器相比，CVT 可降低 15%的油耗。

③CVT 可以更好地协调汽车的外界行驶条件与发动机负荷，充分发挥发动机的功率潜力，而平滑的传动比变化又进一步提高了驾驶的舒适性，毫无加速时的顿挫感。

④CVT 变速器不受车辆动力的限制，除了普遍地与常规汽油、柴油发动机匹配外，CVT 与混合动力相结合后所表现出的优势也愈见明显，CVT 换挡的连续性可使在制动过程中产生的能量被更好地回收并储存在电池中供加速时使用。同时，变速器的结构更加紧凑。

⑤与传统自动变速器相比，CVT 的成本低。

(二)CVT 的缺点

①传统的 CVT 采用的是没有增大扭矩作用的电磁离合器，起步时扭矩小，加速性较差。

②CVT 变速器对部件尤其是对传动钢带的疲劳寿命要求较高。

③机构复杂，修理困难。

④在液力变扭器内高速循环流动的液压油会产生高温，所以要用指定的耐高温液压油。

另外，如果汽车因蓄电池缺电不能起动，不能用推车或拖车的方法起动。如果拖运故障车，要注意使驱动轮脱离地面，以保护自动波齿轮不受损害。

第二节 电子控制无级变速器的结构与原理

一、电控无级变速器的结构

电子控制无级变速器主要由机械部分、电子控制系统和液压系统三大部分构成。图 6-1 所示为广州本田飞度无级变速器的结构图。广州本田飞度装用的无级变速器(CVT)是一种采用主动与从动带轮以及钢带的电控无级自动变速器，其结构紧凑，传动效率高，具有无级前进挡变速和二级倒挡变速功能，手/自一体选择模式，简化了操作。与其他结构形式的自动变速器不同，CVT 自动变速器的前进挡传动比变化是连续的，并且取消了液力变矩器，增加了起步离合器。

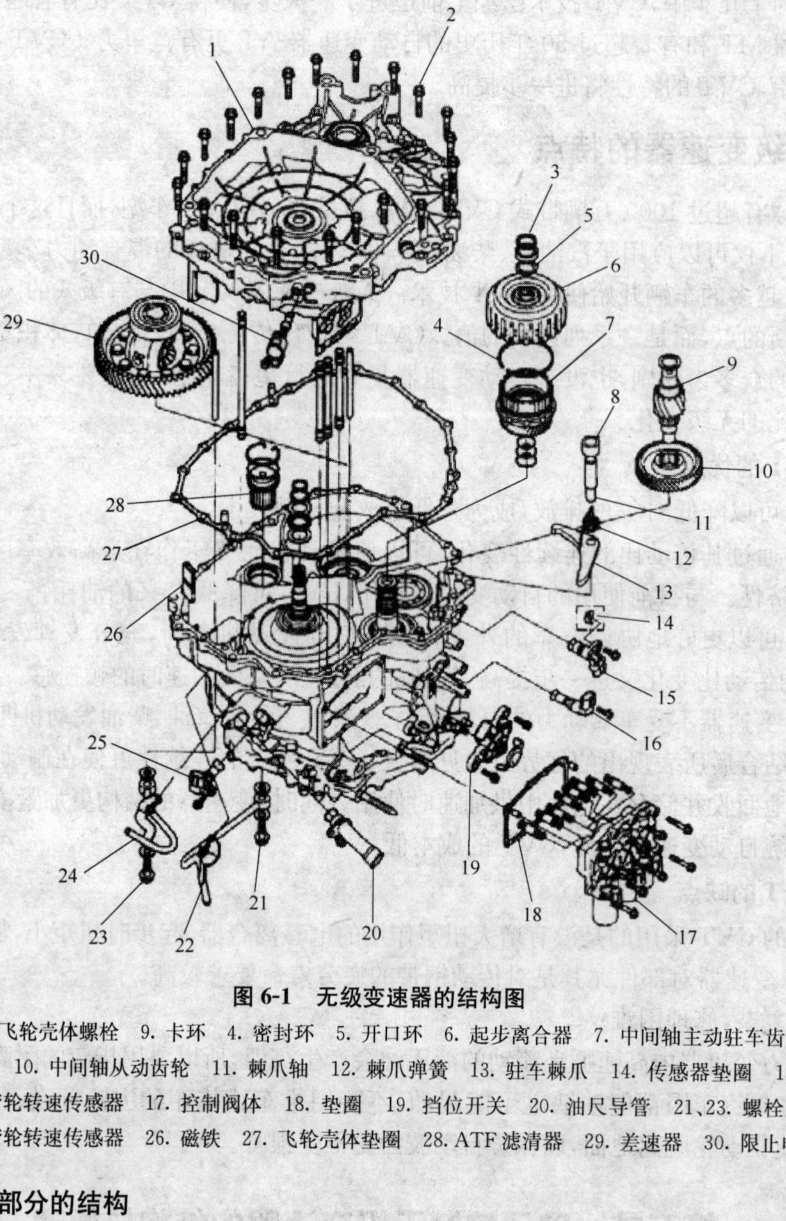

图 6-1 无级变速器的结构图

1. 飞轮壳体 2. 飞轮壳体螺栓 9. 卡环 4. 密封环 5. 开口环 6. 起步离合器 7. 中间轴主动驻车齿轮 8. 齿套 9. 主减速器半轴 10. 中间轴从动齿轮 11. 棘爪轴 12. 棘爪弹簧 13. 驻车棘爪 14. 传感器垫圈 15. CVT 转速传感器 16. 从动带轮转速传感器 17. 控制阀体 18. 垫圈 19. 挡位开关 20. 油尺导管 21、23. 螺栓 22、24. 冷却管路 25. 主动带轮转速传感器 26. 磁铁 27. 飞轮壳体垫圈 28. ATF 滤清器 29. 差速器 30. 限止电磁阀

(一)机械部分的结构

变速器内有四条平行轴:输入轴、主动带轮轴、从动带轮轴及主传动轴。输入轴与飞轮连接,包括太阳轮、行星轮和行星架;主动带轮轴包括主动带轮和前进挡离合器;从动带轮轴包括从动带轮、起步离合器和中间主动齿轮;主传动轴(中间齿轮轴)包括中间从动齿轮和主减速主动齿轮。内部结构如图 6-2 所示。

1. 带轮

CVT 只有主动带轮和从动带轮两个带轮。主动带轮和从动带轮通过钢带连接在一起,如图 6-3 所示。每个带轮都包括一个固定部分和一个活动部分,其间夹有钢带。带轮的有效直径是可变的,这是传动比变化的关键。另外,每只带轮上均有弹簧,用于向带轮的活动部件施加压力,使其紧靠带轮的固定部分。再加上液压系统向每个带轮施加的液压力,使两个带轮保持

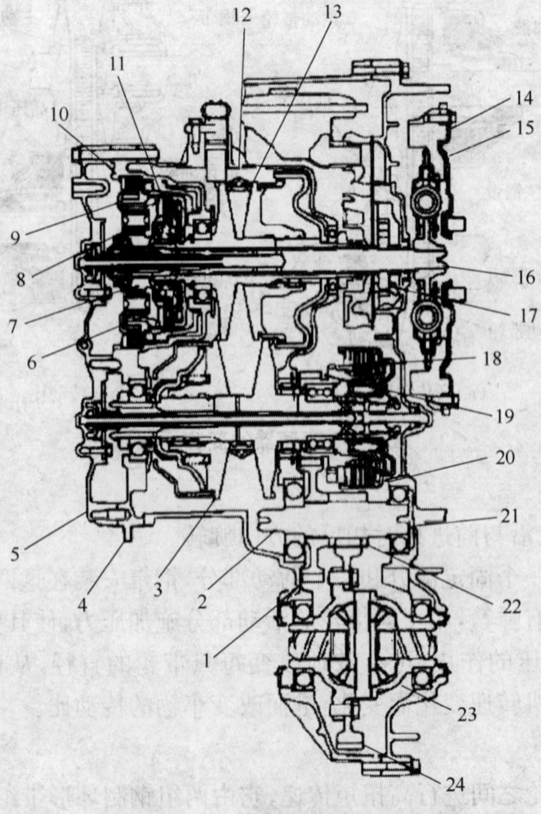

图 6-2　无级变速器内部结构

1. 中间从动齿轮　2. 中间齿轮轴　3. 从动带轮　4. 中间箱体　5. 端盖　6. 齿圈　7. 太阳轮　8. 行星轮　9. 行星架　10. 倒挡制动器　11. 前进挡离合器　12. 钢带　13. 主动带轮　14. 飞轮　15. 传动盘　16. 输入轴　17. 油泵　18. 驻车齿轮　19. 中间主动齿轮　20. 起步离合器　21. 主减速器主动轴　22. 主减速器主动齿轮　23. 差速器　24. 主减速器从动齿轮

合适的有效直径，且使带轮与钢带保持足够的侧压力，以防止钢带打滑，造成钢带及带轮损坏。主动带轮安装在输入轴上，在前进挡时它锁止在输入轴上，在倒挡时其旋转方向与前进挡相反；从动带轮直接安装在从动带轮轴上，主动带轮通过钢带驱动从动带轮，从动带轮再驱动起步离合器。为获得各种不同的传动比，带轮有效直径将随受到的液压压力以及钢带作用于活动带轮面上的力而变化。

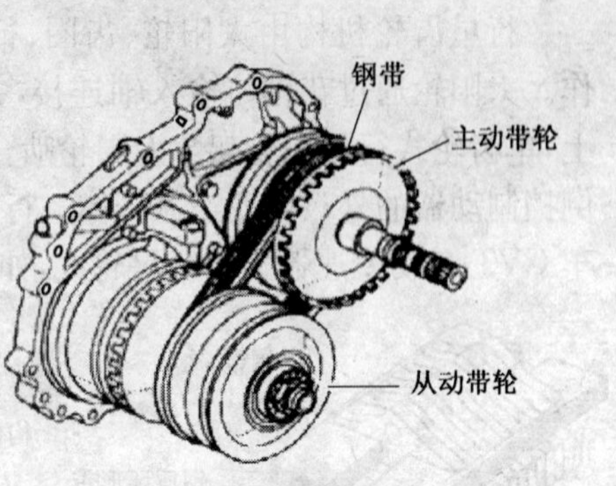

图 6-3　带轮

高传动比时，主动带轮直径增大，从动带轮直径减小，将使带轮传动比增大；低传动比时，主动带轮直径减小，从动带轮直径增大，将使带轮传动比减小，如图 6-4 所示。

(1)带轮的功能。

①带轮具有可变的直径，可以使钢带按连续可变的传动比传递动力。

②带轮能够对钢带保持足够的侧向压力，防止钢带打滑。

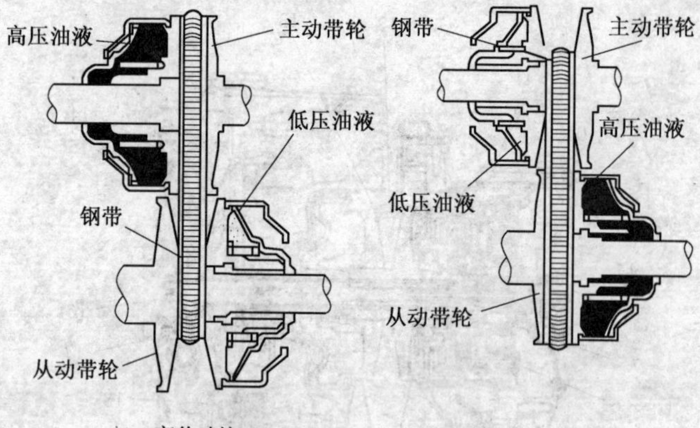

(a)高传动比　　(b)低传动比

图 6-4 变速器的变速原理

(2)带轮的工作特征。

①倒挡时,主动带轮沿与前进挡时相反的方向旋转。

②每只带轮均包含一个固定部分和一个活动部分,钢带安装在这两个组成部分之间。

③每只带轮上均装有弹簧,用于向带轮的活动部分施加压力,使其紧靠带轮的固定部分。

④通过弹簧力和液压的作用,可有效地改变每只带轮的直径,从而使带轮传动比发生变化。带轮传动比随发动机转速变化而变化,进而改变车辆的传动比。

2. 钢带

钢带可允许两个带轮之间进行高扭矩传递,它由两组钢制环形带组成,每组环形带各有 12 层,并采用大约 400 个钢制构件或连接件将它们组装在一起,如图 6-5 所示。

钢制构件或连接件的数量会随钢带的长度而变化。通过钢制构件的压缩,钢带将产生挤压作用,增大了带轮表面的摩擦力,减少了打滑。

3. 行星齿轮机构

行星齿轮机构由太阳轮、齿圈、行星轮组成,用于改变主动带轮轴旋转方向,实现倒挡操作。太阳轮通过花键与输入轴连接,并且构成了前进挡离合器的内毂;行星轮安装在行星架上,单齿轮式行星齿轮架与太阳轮啮合,并形成倒挡离合器的内毂,齿圈与前进挡离合器啮合;倒挡制动器的外毂为变速器壳体。行星轮有两种结构形式:双行星轮式和单行星轮式,飞度轿车 CVT 自动变速器为单行星轮式,如图 6-6 所示。

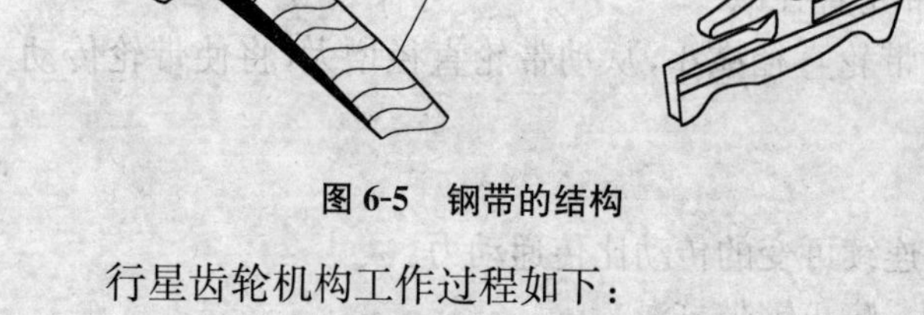

图 6-5 钢带的结构

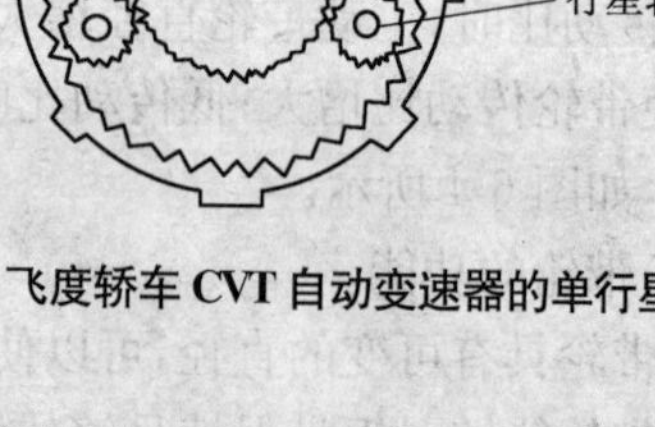

图 6-6 飞度轿车 CVT 自动变速器的单行星轮式结构

行星齿轮机构工作过程如下:

前进挡离合器受液压作用,使太阳轮与齿圈啮合。此时,行星轮不自转也不公转。齿圈与太阳轮转动方向相同，太阳轮通过花键与输入轴连接在一起，它的旋转运动通过离合器传递到主动带轮轴，如图 6-7 所示。

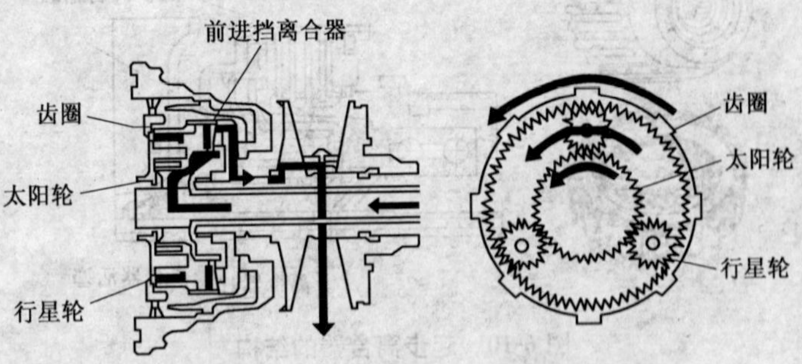

图 6-7　前进挡工作原理

4. 前进挡离合器

前进挡离合器的内毂是太阳轮，外毂与齿圈啮合。前进挡离合器工作时，将太阳轮和内齿圈连接为一体，使整个行星齿轮机构以一个整体同向旋转。前进挡时，行星轮不自转也不公转，行星架将转动，使主动带轮沿前进方向旋转。前进挡离合器的结构如图 6-8 所示。前进挡离合器打滑，将导致发动机高速时汽车加速性能不良或丧失。前进挡离合器卡住无法分离时，车辆在任何前进挡位、驻车挡及空挡均表现正常，但在倒挡时会卡住。

5. 倒挡制动器

倒挡制动器的内毂是行星架，外毂是自动变速器壳体。倒挡制动器工作时，当液压作用于倒挡制动器活塞上时，行星架锁止，无法转动，输入轴通过花键与太阳轮相连接，旋转运动将被传至行星轮，驱动齿圈沿相反方向旋转。倒挡制动器的结构如图 6-9 所示。

倒挡离合器卡死，将导致车辆在任一前进挡位时无法运转，但在倒挡时正常。

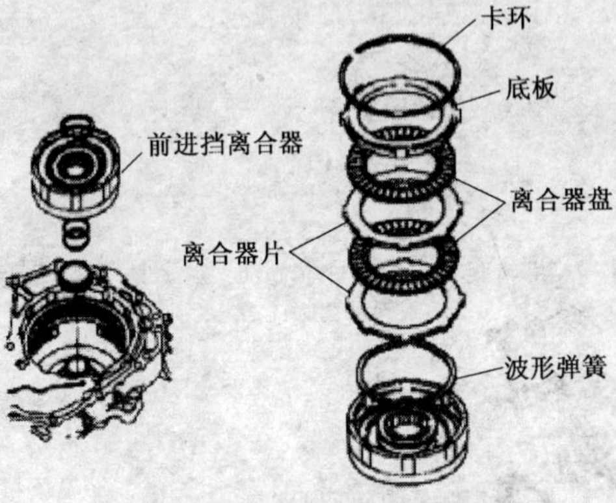

图 6-8　前进挡离合器的结构

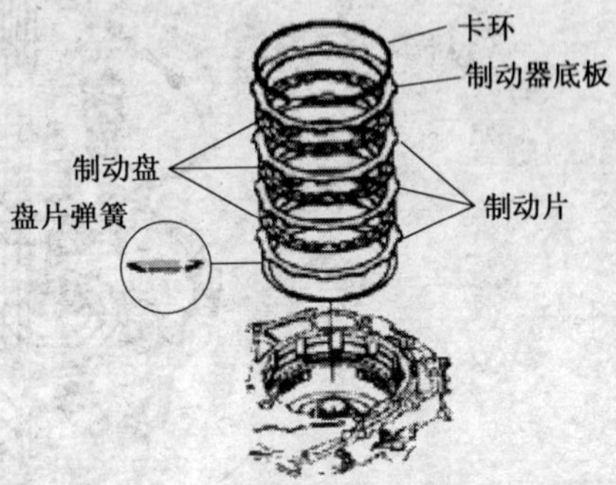

图 6-9　倒挡制动器的结构图

6. 起步离合器

起步离合器安装在从动齿轮轴上，与中间主动齿轮进行接合或分离。它可以将中间主动齿轮的动力传递至车轮，也可以切断中间主动齿轮至车轮的动力传递，其基本功能与变矩器相同。任何挡位处于接合状态时，若起步离合器卡住不分离，将导致发动机停转。起步离合器是一个湿式多片离合器，采用压力润滑，离合器毂上的孔道允许大流量液体流出。起步离合器采用多弹簧结构替代了螺旋弹簧结构，如图 6-10 所示。

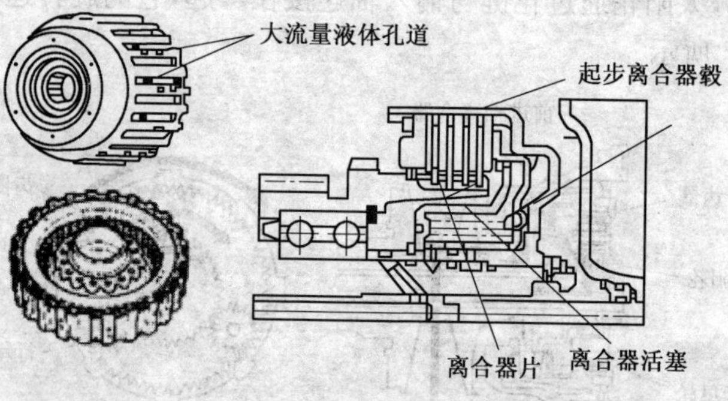

图 6-10 起步离合器的结构

(二)电子控制系统的组成与功能

1. 电子控制系统的组成

电子控制系统(简称电控系统)由动力系统控制模块 PCM、开关(A/T 挡位开关及手动模式开关)、传感器(霍尔效应式主动带轮转速传感器及从动带轮转速传感器)和电磁阀(主动带轮调压电磁阀、从动带轮调压电磁阀、起步离合器调压电磁阀及倒挡限止电磁阀)等组成,如图 6-11 所示。同时,与其他电控系统公用节气门位置传感器信号、发动机转速传感器信号、冷却液

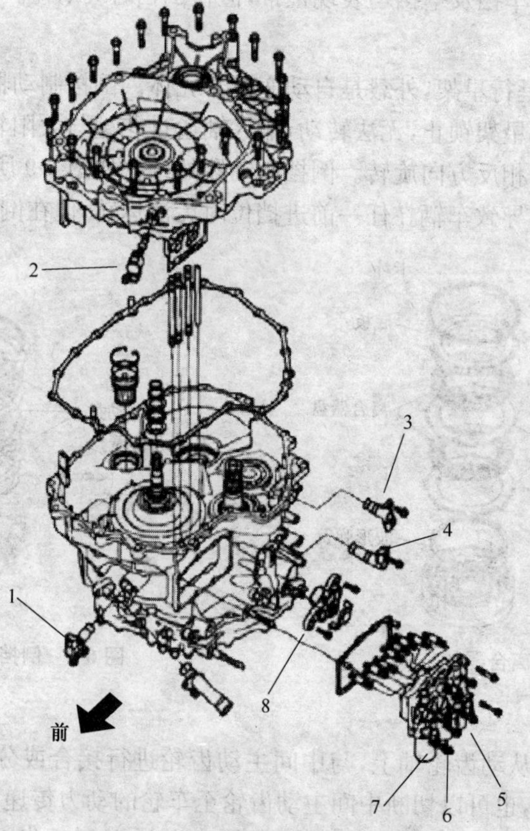

图 6-11 CVT 自动变速器电气部件

1. 主动带轮转速传感器 2. 限止电磁阀 3. 中间齿轮轴转速(CVT 转速)传感器 4. 从动带轮转速传感器 5. 主动带轮调压电磁阀 6. 从动带轮调压电磁阀 7. 起步离合器调压电磁阀 8. 挡位开关

温度传感器信号和车速传感器信号。换挡采用电子控制方式，动力系统控制模块通过电磁阀，对带轮传动比变换等进行控制。

另外，未在自动变速器上安装的电气部件还有动力系统控制模块、手动换挡开关、制动开关、仪表挡位显示器等。

2. 电子控制系统的功能

动力系统控制模块 PCM 根据各传感器和开关的信号及发动机的运行参数，对自动变速器传动比、7 速模式、起步离合器压力、倒挡限止电磁阀及操纵手柄位置指示等进行控制，其电路如图 6-12 所示。

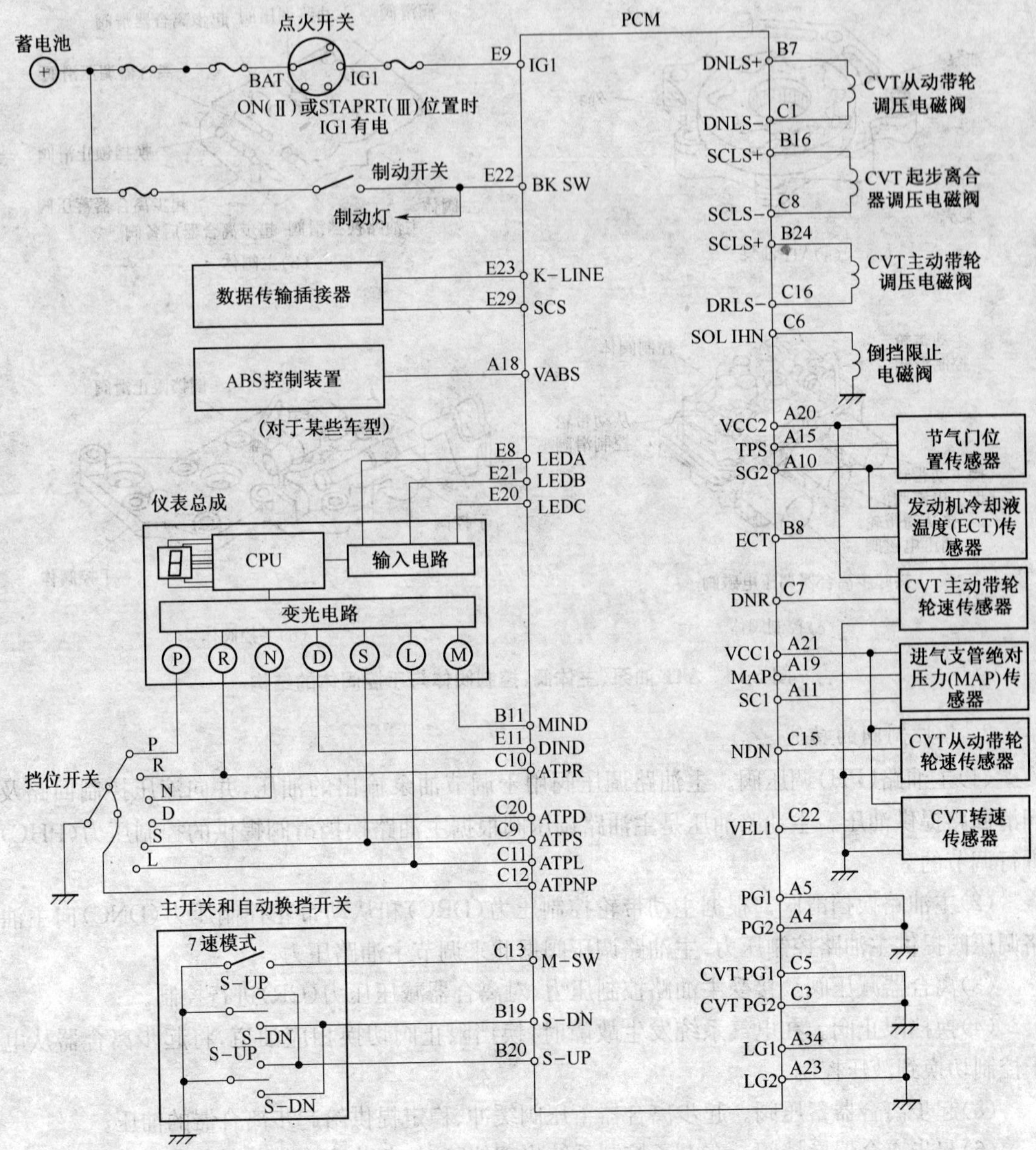

图 6-12　自动变速器的控制电路

(三)液压系统的组成与控制

1. 液压系统的组成

飞度轿车 CVT 自动变速器采用电子液压控制系统。液压元件包括油泵、手控阀、倒挡限止滑阀、润滑阀、主油路调压阀、起步离合器滑阀、离合器调压滑阀、换挡锁定滑阀、起步离合器蓄压阀、起步离合器后备阀、主油路换挡滑阀、主动带轮控制滑阀及从动带轮控制滑阀等,如图 6-13 所示。主阀体通过螺栓固定在飞轮壳上,ATF 油泵固定在主阀体上,控制阀体位于自动变速器箱体外部,ATF 油道体固定在主阀体上,并与控制阀体、主阀体及内部液压回路相连,手控阀体固定在中间壳体上。

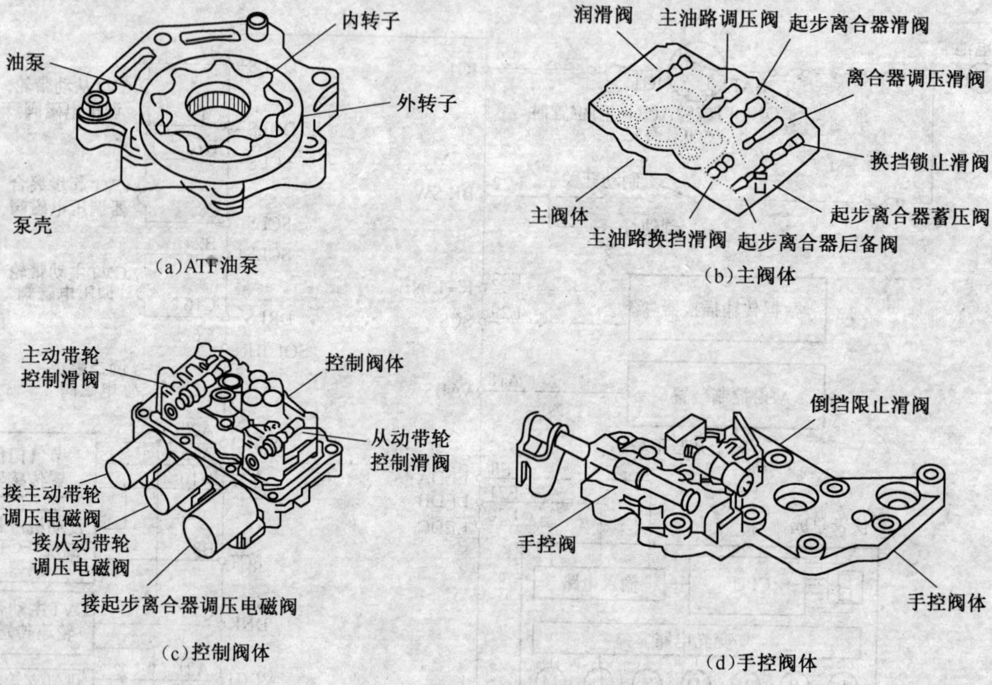

图 6-13 ATF 油泵、主体阀、控制阀体与手控阀体的结构

2. 各控制阀的功能

(1)主油路(PH)调压阀。主油路调压阀用于调节油泵输出的油压,并向液压控制回路及润滑回路提供油压。主油路油压是主油路调压阀根据主油路换挡滑阀提供的控制压力(PHC)进行调节的。

(2)主油路换挡滑阀。根据主动带轮控制压力(DRC)和从动带轮控制压力(DNC)向主油路调压阀提供主油路控制压力,主油路调压阀据此来调节主油路压力。

(3)离合器减压阀。接受主油路控制压力,对离合器减压压力(CR)进行控制。

(4)换挡限止阀。在电气系统发生故障时,换挡限止阀切换相应油道,将起步离合器从电子控制切换到液压控制。

(5)起步离合器蓄压阀。起步离合器蓄压阀缓冲、稳定提供给起步离合器的油压。

(6)起步离合器换挡阀。在电子控制系统出现故障时,起步离合器换挡阀接收换挡锁定压力(SI),并将润滑油液(LUB)旁路转换至起步离合器后备阀。

(7)起步离合器后备阀。在电子控制系统出现故障的情况下,起步离合器后备阀提供离合器控制压力(CCB),对起步离合器进行控制。

(8)润滑阀。润滑阀稳定内部润滑液压回路的压力。

(9)主动带轮调压电磁阀。主动带轮调压电磁阀由线性电磁阀和滑阀组成,由动力系统控制模块控制,用于向主动带轮控制阀提供主动带轮控制压力(DRC)。

(10)从动带轮调压电磁阀。从动带轮调压电磁阀由线性电磁阀和滑阀组成,由动力系统控制模块控制,用于向从动带轮控制阀提供从动带轮控制压力(DNC)。

(11)起步离合器调压电磁阀。起步离合器调压电磁阀由线性电磁阀和滑阀组成,由动力系统控制模块控制,它根据节气门开度的大小调节起步离合器压力(SC)的大小。

(12)主动带轮控制滑阀。对主动带轮压力(DR)进行调节,并向主动带轮提供压力。

(13)从动带轮控制阀。对从动带轮压力(DN)进行调节,并向从动带轮提供压力。

(14)手控阀。根据操纵手柄的位置开启或关闭相应的油道。飞度轿车 CVT 自动变速器的操纵手柄有 P(PARK)、R(REVERSE)、N(NEUTRAL)、D(DRIVE)、S(SECOND)、L(LOW)六个位置,操纵手柄通过拉索控制手控阀的位置。通过换挡杆,可以将手控阀置于六种不同位置,而采用液压方式时,只有四个。

①驻车挡:手控阀切断所有液压作用。

②倒挡:液压油通过倒挡限止阀作用于倒挡制动器。

③空挡:手控阀切断所有液压作用。

④前进挡(D)、第二挡(S)、低速挡(L):液压作用于前进挡离合器。

(15)倒挡限止滑阀。倒挡限止滑阀由限止装置电磁阀提供的倒挡锁定压力(m)控制,当车速大于 10km/h 时,倒挡限止阀将切断通向倒挡制动器的液压回路。

二、电控无级变速器的控制

PCM 接收来自车辆各种传感器、开关以及其他控制装置发送来的输入信号,经过数据处理后,输出用于发动机控制系统和无级变速器控制系统的控制信号。

(一)电控无级变速器的控制功能

无级变速器控制系统包括换挡控制、带轮压力控制、7 速模式控制、起步离合器压力控制、倒挡锁止以及操纵手柄位置指示等,如图 6-14 所示。

(二)电控无级变速器的控制原理

1. 手控阀

手控阀的供给液压是离合器减压阀提供的油压。操纵手柄位于 P、N 位时,手控阀切断所有液压油路;操纵手柄位于 R 位时,手控阀接通倒挡制动器油路(RVS);操纵手柄位于 L、2、D 位时,手控阀接通前进挡离合器油路(FWD)。

2. 倒挡控制

当车速大于 10km/h 时,自动变速器倒挡不工作,这是一种安全措施,这一功能由限止电磁阀实现。正常挂倒挡时,限止电磁阀处于断电(OFF)状态,倒挡限止器(RI)油压建立,倒挡限止滑阀被倒挡限止器(RI)油压推向左侧,手控阀的 RVS 油压通过倒挡限止滑阀到达倒挡制动器,倒挡制动器接合。当车速大于 10km/h 以上时,若误将变速器操纵手柄挂 R 位,则接通

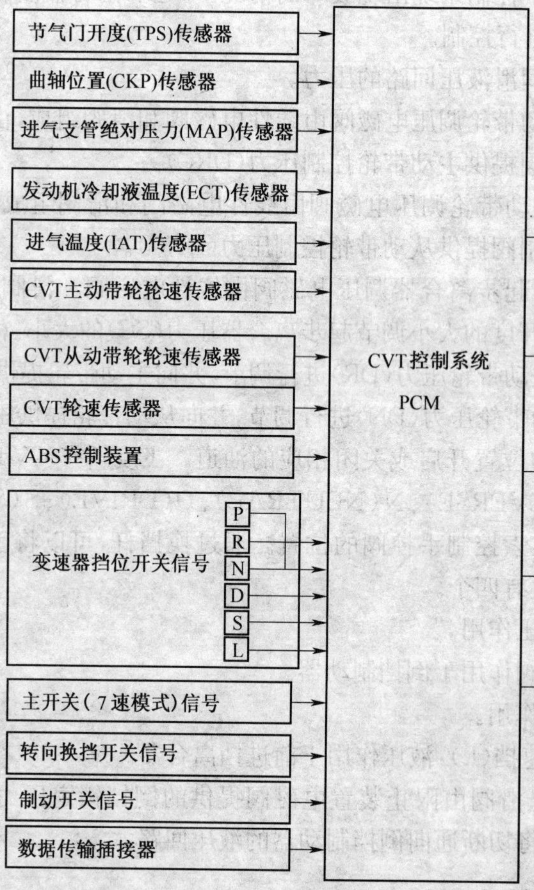

图 6-14 CVT 控制系统的输入与输出信号

倒挡限止电磁阀的电路，倒挡限止滑阀柱塞右侧油路中的压力油通过倒挡限止电磁阀的泄油孔泄出，倒挡限止滑阀柱塞在弹簧的作用下右移，切断从手控阀到倒挡制动器的油路。因为没有压力油进入倒挡制动器，所以倒挡制动器不能接合，电控无级自动变速器不能进入倒挡。

3. 起步离合器控制

起步离合器的工作压力是受动力系统控制模块控制的，PCM 根据收到的节气门开度等信号，调节起步离合器换挡阀输出的离合器控制压力(CC)，CC 压力在换挡锁止阀处形成起步离合器压力(SC)，SC 压力作用于起步离合器，起步离合器接合，使动力传递至主减速器主动齿轮。PCM 通过精确控制离合器控制压力，可以产生带挡停车时的"蠕动"效果，可在起步加速时增加压力，并在正常行驶时提供合适的压力。起步离合器蓄压阀可以稳定施加在起步离合器上的液压压力。

4. 钢带传动装置传动比(换挡)控制

动力系统控制模块将实际行驶条件与存储的行驶条件进行比较，以进行传动比(换挡) 控制。通过连续地变化主、从动带轮的传动比，满足发动机目标转速的要求。

在较大节气门开度时，发动机的目标转速较高，会有较好的加速性；在部分节气门开度下，发动机的目标转速较低，以实现较好的燃油经济性。

发动机冷却液温度较低时，带轮被设置为高传动比，以便迅速暖机。当CVT自动变速器持续运转时，变速器油液温度可能升高至预期限值以上，PCM将对发动机高转速运转时间进行监测，必要时将改变带轮的传动比，直至油液温度回到正常。

车速较低时，带轮传动比较低，从动带轮受到高压作用，以使其保持较大直径，而主动带轮承受低压，以保持与从动带轮成比例的直径；车速较高时，带轮传动比较高，从动带轮受到低压作用，而主动带轮被施以高压。动力系统控制模块操纵带轮压力调节阀，对施加于各带轮的最佳压力进行调节，以减少钢带打滑，延长其使用寿命。

5. 带侧压力控制

自动变速器的带轮压力由动力系统控制模块控制，控制部件包括压力控制电磁阀和滑阀。PCM从进气支管绝对压力传感器、节气门开度传感器等信号获得发动机负荷，进而确定合适的带侧压力。在爬坡或加速等大负荷条件下，PCM会检测到大的节气门开度和进气支管绝对压力，从而向带轮提供较高的侧压力，以防止钢带打滑；在中速行驶等低负荷条件下，会检测到低的节气门开度和进气支管绝对压力，从而向带轮提供较低的侧压力，以减小钢带摩擦并改善燃油经济性。

6. 7速模式控制

飞度轿车CVT自动变速器在D位或S位时具备7速模式，在7速模式下又可分为7速自动模式和7速手动模式。按下主开关，变速器切换至7速自动模式，在此模式下，变速器可在7级速比范围内上下变换。在7速自动模式下，转向换挡开关随时可被激活，如果此开关被激活，则7速自动模式被取消，进入7速手动模式。在7速手动模式下，可通过转向换挡开关以手动方式控制变速器在7级速比范围内上下变换(与手动变速器相似)。再按下主开关或将操纵手柄移至其他挡位，7速手动模式取消。

在仪表板上有挡位和模式的显示。在7速自动模式下，换挡指示器显示当前的速度等级，且“M”指示灯不亮；在7速手动模式下，“M”指示灯点亮，换挡指示器显示所选的速度等级。

如果车辆在D位或S位行驶时，按下主开关，则CVT自动变速器根据节气门开度和车速等条件自动选择最佳的速度等级。如果在车辆停止时切换至7速自动模式，则变速器切换至第一速度等级，且车辆以一级速比起步。

在7速自动模式下，按下转向换挡开关，变速器被切换至7速手动模式，且“M”指示灯点亮。按加号(+)开关，变速器调至下一较高的速度等级；按减号(-)开关，变速器调至上一较低的速度等级，同时，换挡指示器显示所选的速度等级。如果所选速度等级会使发动机失速或超速，则变速器的速比不会变化，直到车速达到允许的范围内。

7. 故障自诊断与失效保护

动力系统控制模块对电控系统的传感器和执行器进行检测，如果发现故障，会记忆相应的故障码(DTC)，并且仪表板上的挡位指示灯“D”会闪烁。另外，PCM还可通过一些传感器提供的数据判断出某些机械故障，如通过对两个带轮转速传感器的输入信号进行比较，可以确定钢带与带轮之间是否出现打滑；通过对从动带轮转速传感器和变速器转速传感器的输入信号进行比较，可以确定起步离合器是否打滑。当电控部件出现故障后，为保证汽车继续行驶，电控系统提供了备用的失效保护模式。

飞度轿车CVT自动变速器在电子控制出现故障时，进入失效保护状态，可以依靠液压控制功能行驶。此时，主油路换挡滑阀、换挡锁定滑阀和离合器调压滑阀将电子控制转变为液压控制，此时控制油压由起步离合器后备阀提供，手控阀使乘用车能在低挡下继续行驶。

在失效保护模式下，前进挡的带轮传动比范围缩小为 1.0～1.8，倒挡的带轮传动比范围缩小为 1.0～2.37。

(三)各挡位动力传递路线

1."P"挡

"P"挡时，没有液压作用于起步离合器、前进挡离合器以及倒挡离合器上，动力无法传递到中间主动齿轮，中间主动齿轮因驻车止动爪与驻车齿轮间的连锁而被锁定。

2."N"挡

从飞轮传来的动力驱动输入轴，但无液压作用于前进挡离合器、倒挡制动器、起步离合器上，没有动力传递给主动带轮轴。

3."D"、"S"、"L"挡

倒挡制动器解除，起步离合器和前进挡离合器接合。动力路线为：太阳轮→前进挡离合器→主动带轮轴→钢带→从动带轮轴→起步离合器→中间主动齿轮→中间从动齿轮→主减速主动齿轮→主减速从动齿轮。

4."R"挡

当变速器操纵手柄位于 R 位时，前进挡离合器分离，起步离合器接合，倒挡制动器接合，行星架由倒车制动器锁定。动力路线为；太阳轮→行星轮→齿圈→前进挡离合器毂→主动带轮轴→钢带→从动带轮轴→起步离合器→中间主动齿轮→中间从动齿轮→主减速主动齿轮→主减速从动齿轮。

第三节 电子控制无级变速器的检修

一、基本检查与性能测试

(一)自动变速器油位的检查

车辆停放在水平路面上，将发动机预热到正常温度(散热器风扇开始转动)后关闭发动机。拔出油尺，用干净的抹布擦净后装回油尺，等待 60～90s 后，再拔出油尺，液面应位于热车标记 A 处(HOT)，见图 6-15。

如果液面过低，检查变速器壳体、软管、管路接头和冷却器等是否泄漏。从油尺管孔处添加本田 ATF-Z1 自动变速器油，直至液面达到正常位置，然后装回油尺。注意：不要在发动机冷机时检查油位。

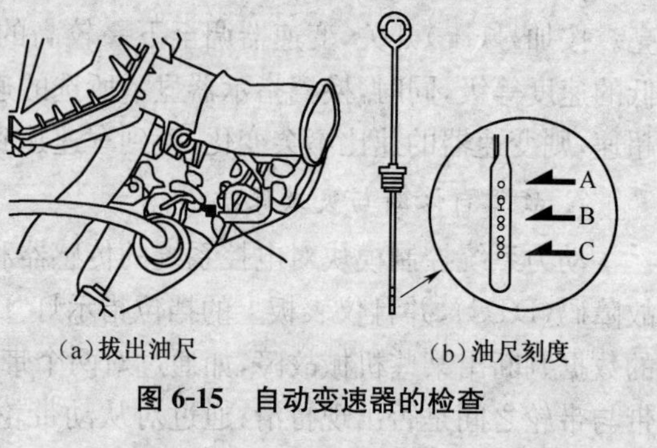

(a)拔出油尺　　(b)油尺刻度

图 6-15　自动变速器的检查

若颜色发黑或有焦煳味，应进一步检查 CVT 的工作情况，并在 CVT 修理后清洗 CVT 油液冷却系统。

若油液颜色呈乳白色或浑浊，说明油水混合，应进一步检查可能的渗漏点，并在维修后清洗 CVT 油液冷却系统。

若油液中有摩擦材料颗粒。应进一步检查 CVT 的工作情况，并在 CVT 修理后更换 CVT 油液散热器，清洗冷却系统油管。

(二)失速转速的测试

1. 失速测试标准

查阅有关维修资料，确定失速转速标准。飞度 CVT 自动变速器的失速转速规定值见表 6-1。

表 6-1 失速转速规定值

发动机型号	规定值(r/min)		维修极限(r/min)	
L15A2	2 500		2 350～2 650	
L12A3 和 L13A3	D位、R位	2 500	D位、R位	2 350～2 650
	S位、L位	3 000	S位、L位	2 800～3 100

2. 失速转速测试

①检查 CVT 油液液面高度，必要时添加。

②连接发动机转速表并放置在易观察处，在转速表上标出规定的失速转速。

③行驶汽车，使发动机、变速器达到正常工作温度。

④将汽车停放在宽阔水平地面上，可靠实施驻车制动并前后塞掩驱动轮。

⑤起动发动机，将变速杆置于规定测试位置，左脚将制动踏板踩到底。

⑥右脚迅速将加速踏板踩到底，快速观察记录发动机所能够达到的最高转速后抬起加速踏板。

⑦将变速杆置于 N 位，发动机怠速运转至少 1min，冷却 CVT 油液。

⑧将变速杆至于其他测试位置，重复步骤⑥、⑦。

3. 测试结果分析

以飞度 CVT 为例。测试完毕，根据测试结果对照测试标准分析判断可疑故障部位，不正常的测量结果及可能的故障原因见表 6-2。

表 6-2 失速转速不正常的测量结果及可能的故障原因

测 量 结 果	可能的故障原因
所有挡位的失速转速都过高	油泵输出油压过低；ATF 液面过低；ATF 滤清器堵塞；主油路调压阀卡滞；前进挡离合器打滑；起步离合器故障
R 位的失速转速过高	倒挡离合器打滑；起步离合器故障
所有挡位的失速转速都过低	发动机动力不足；起步离合器故障；带轮控制阀卡滞

(三)管路油压的测试

1. 管路油压测试标准

查阅有关维修资料，明确油压测试孔的位置、油压测试条件、油压标准值。如飞度 CVT 的油压检测孔如图 6-16 所示。检测条件及标准值见表 6-3。

2. 管路油压测试步骤

油压测试步骤如下：

①检查 CVT 液压油面高度，视情添加，确保自动变速器油面正常。

②举升汽车前部，悬空驱动轮，可靠实施驻车制动，前后可靠塞掩后轮，拆除挡泥板。

③起动发动机，变速杆 D 位，预热发动机和 CVT 油至正常工作温度后熄火。

④连接发动机转速表。

⑤根据测量要求，选择合适量程的油压表接入相应油压检测孔。

⑥起动发动机，按照测试要求，将变速杆推入相应位置，在规定转速下测量各部位的油压。

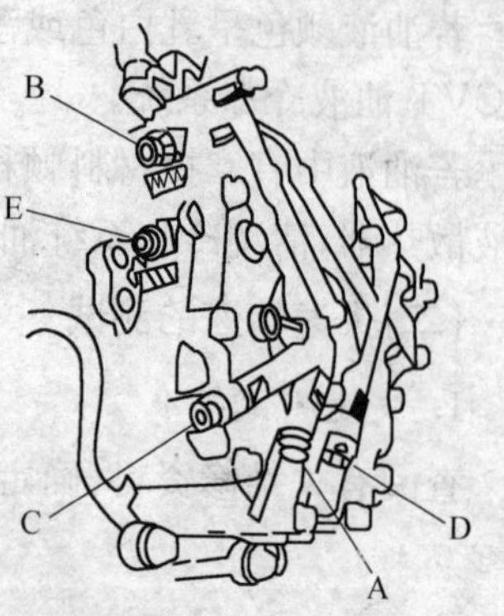

图 6-16 油压测试孔位置

A. 前进挡离合器油压 B. 倒挡制动器油压
C. 主动带轮压力 D. 从动带轮压力
E. 润滑压力

⑦测试完毕，拆下油压表，换用新的密封圈，按照规定转矩拧紧测试孔密封螺栓。

表 6-3 飞度 1.3CVT 油压测试标准

部 件	变速杆位置	发动机转速(r/min)	维修极限(MPa)
前进离合器	D	1700	1.44～1.71
倒挡制动器	R	1700	1.44～1.71
主动带轮	N	1700	0.31～0.58
从动带轮	N	1700	0.43～0.91
润滑		2500	0.27～0.40

3. 管路油压测试结果分析

测试完毕，根据测试结果对照测试标准分析判断可疑故障部位。飞度 CVT 自动变速器油压测试结果异常时的可能故障部位如表 6-4 所示。

表 6-4 测量结果异常时的可能故障部位

测 量 结 果	可能的故障原因
前进挡离合器压力太低或为 0	前进挡离合器
倒挡离合器压力太低或为 0	倒挡离合器打滑
主动带轮压力太低或为 0	ATF 泵；主油路调压阀；主动带轮控制阀；从动带轮控制阀
主动带轮压力太高	主油路调压阀；主动带轮控制阀；从动带轮控制阀；主动带轮压力控制阀
从动带轮压力太低或为 0	ATF 泵；主油路调压阀；主动带轮控制阀；从动带轮控制阀；从动带轮压力控制阀
从动带轮压力太高	主油路调压阀；主动带轮控制阀；从动带轮控制阀；从动带轮压力控制阀
润滑压力太低或为 0	ATF 油泵；润滑阀

(四)起步离合器的校准

在动力系统控制模块内存储有用于起步离合器“蠕动”控制的基准进气支管绝对压力传感器信号，如果 PCM 断电，其内存被清除，则必须进行起步离合器校准。此外，如果对起步离合器进行了维修，也必须重新进行校准，使 PCM 的存储值与 CVT 自动变速器匹配。否则，可能会出现发动机转速不稳甚至熄火，或起步加速时车辆发抖的故障现象。起步离合器的校准有车辆静止时校准和行驶时校准两种方法。

1. 车辆静止时的校准

①拉起驻车制动器手柄，用三角木塞住4个车轮。将发动机预热至正常工作温度，确认故障指示灯没有闪烁，关闭点火开关。

②连接本田专用诊断仪PGM，踩下并保持住制动踏板，在无负荷条件下起动发动机并打开大灯。将操纵手柄依次换至N位、D位、S位、L位，在20s内再依次换回S位、D位、N位，操纵手柄应在每个挡位上稍停留一会，以上换挡步骤应重复两次。检查操纵手柄在N位时，挡位指示灯“D”是否点亮1min后熄灭。如果指示灯“D”闪烁而没有点亮，或者点亮1min后没有熄灭，则关闭点火开关，重复本步骤。

③将操纵手柄置于D位，检查指示灯“D”是否点亮1min后熄灭。如果指示灯“D”闪烁而没有点亮，或者点亮1min后没有熄灭，则关闭点火开关，重复上述两个步骤。

④关闭点火开关，校准结束。

⑤进行试车，确认起步离合器控制系统没有故障。

2. 车辆行驶时的校准

①将发动机预热至正常工作温度，在无负荷条件下起动发动机并打开前照灯。

②将操纵手柄位于D位驾驶车辆，直到车速达到60km/h。

③不踩下制动踏板，在超过5s的时间内使车辆减速，直到校准结束。

④进行试车，确认起步离合器控制系统没有故障。

(五)路试无级变速器

无级变速器的路试检查主要包括发动机起动前检查、发动机怠速时检查、换挡车速检查、发动机制动检查四方面。路试前查阅有关维修资料，明确该车型无级变速器换挡车速与发动机转速之间的对应关系。

1. 路试方法与要求

①汽车停放在平整的场地，变速杆P位，点火开关处于“OFF”位，等待5min以上。

②点火开关处于“ON”位，不起动发动机，CVT指示灯应点亮大约2s。

③点火开关处于“OFF”位，放松驻车制动，变速杆P位，不能前后推动车辆，变速杆N位，应能前后推动车辆。

④变速杆P/N以外位置，点火开关由ON转至STAR，不能起动发动机。变速杆P/N位置，点火开关由ON转至STAR，应能起动发动机。

⑤起动发动机，变速杆由N推入R/D位时，不应有明显的换挡冲击。

⑥变速杆依次置于D、R、S、L，松开制动，不踩加速踏板，汽车应有轻微“蠕动”。

⑦行驶汽车，待发动机、CVT温度达到正常工作温度后，将变速杆置于D位，保持规定的节气门开度(节气门位置传感器输出规定电压)，在行车过程中记录相应车速下的发动机转速。然后分别将变速杆置于其他位置，同样记录相应车速下的发动机转速。

⑧汽车运行过程中，变速杆置于D、S、L位置，以较高车速行驶，快速放松加速踏板，感觉车速变化，判断是否有发动机制动作用。

2. 路试结果分析

①若点火开关由“OFF”位到“ON”位，CVT指示灯不正常，说明指示灯控制电路不正常。

②若不是只有变速杆 P/N 为才能起动发动机，说明联锁装置有故障，应检查相应电路及挡位开关。

③若换挡冲击过大，说明油压过高或离合器、制动器间隙过小。

④若汽车没有“蠕动”，应检查起步离合器及其控制油压。

⑤若换挡车速与标准相差较大，说明 TPS、VSS 信号不准或变速器有打滑现象。

⑥若没有发动机制动，说明变速器打滑。

二、主要电控元件及电路的检查

(一)转速传感器及电路的检测

1. 转速传感器电路

飞度无级变速器转速传感器电路原理如图 6-17 所示，三个转速传感器的工作电压均为 5V，由 PCM 端子 VCC1、VCC2 提供。三个转速传感器共用接地，脉冲输出信号分别经由 VEL1、NDN、NDR 端子送入电控单元 PCM。

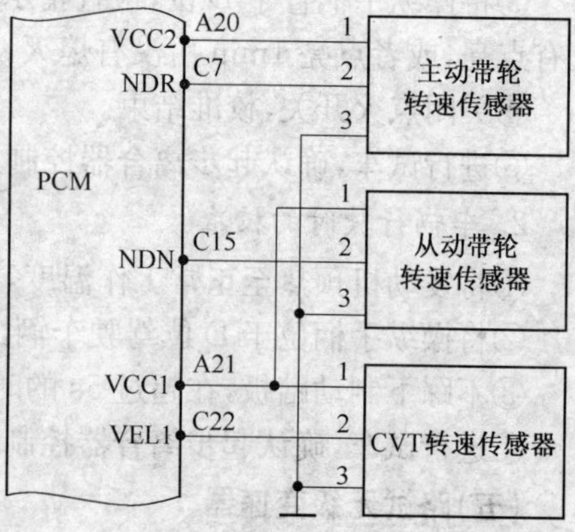

图 6-17 飞度无级变速器转速传感器电路原理

2. 检测 PCM 端转速传感器输入信号

以主动带轮转速传感器为例。在 PCM 端子 C7 背面插入探针，连接示波器，举升汽车，起动发动机并挂挡行驶，观察 C7 与车身搭铁之间的电压波形，如图 6-18 所示。当车速改变时，脉冲频率改变但占空比不变。否则，应进一步检测有关电路是否有故障。

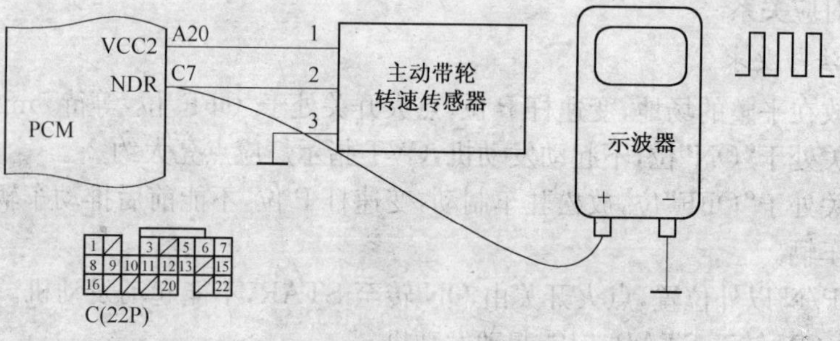

图 6-18 主动带轮转速传感器信号波形检测

3. 检测转速传感器

以主动带轮转速传感器为例。点火开关处于“OFF”位，脱开主动带轮转速传感器线束连接器，为传感器施加 5V 直流电压，连接示波器，如图 6-19 所示。举升汽车，起动发动机，挂挡运行，观察示波器波形显示。当车速改变时，脉冲频率改变但占空比不变。否则，应进一步检查传感器转子的安装是否正确。若转子安装不正确，对其进行调整；若安装正确，应更换传感器。

4. 检测转速传感器连接线路

(1)检测导线。以主动带轮转速传感器为例。点火开关处于“OFF”位，脱开电控单元线束

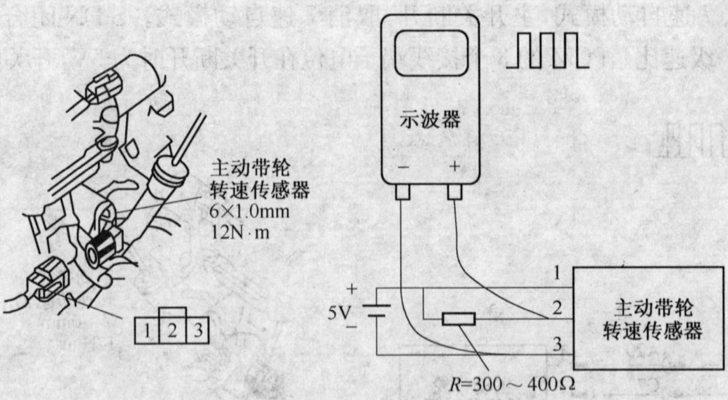

图 6-19 主动带轮转速传感器检测

连接器和主动带轮转速传感器线束连接器，用万用表检测"A20"与"1"、"C7"与"2"、"车身搭铁"与"3"之间的导通情况及"A20"、"C7"与车身搭铁之间的电阻，测量方法及结果如图 6-20 所示。否则，应进一步检测相关导线是否有短路、断路、搭铁故障。

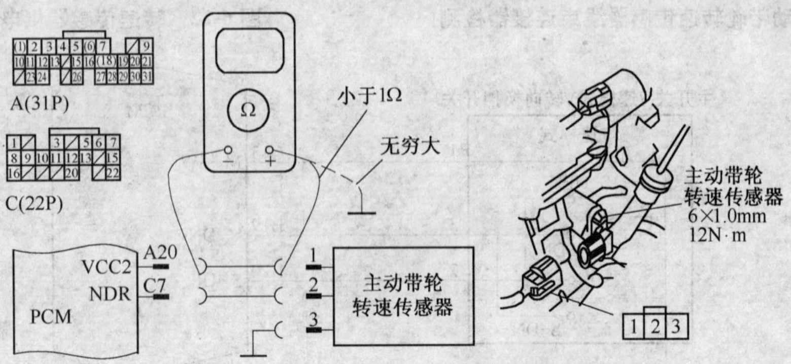

图 6-20 传感器导线检测

(2)检测传感器线束连接器。点火开关处于"OFF"位，脱开电控单元 PCM 线束连接器，装回传感器线束连接器，在 PCM 线束侧为传感器施加 5V 直流电压，连接示波器，如图 6-21 所示。举升汽车，起动发动机，挂挡运行，观察示波器波形显示应与图 6-19 所测结果一致，否则应进一步检测连接器是否接触不良。

5. 转速传感器供电检测

点火开关处于"OFF"位，装回电控单元线束连接器，脱开传感器线束连接器，点火开关处于"ON"位，用万用表检测传感器线束侧连接器"1"、"2"端子与"3"端子之间的电压，测得结果应如图 6-22 所示。否则，应进一步检测电控单元连接器是否接触不良或电控单元有无电压输出。

三、开关电路的检修

(一)检测主开关(7 速模式)/转向换挡开关电路

主开关/转向换挡开关与安全气囊位于同一区域，维修时应特别注意安全气囊的维修提示。

1. 主开关(7 速模式)/转向换挡开关电路

主开关(7 速模式)/转向换挡开关的电路原理如图 6-23 所示。开关为 PCM 提供搭铁信号。

主开关闭合，进入7速自动模式，主开关断开，取消7速自动模式。S-DN闭合，降低一级速比，S-UP闭合，升高一级速比。PCM的3个接线端子电位在开关断开时为5V，开关闭合时为0V。

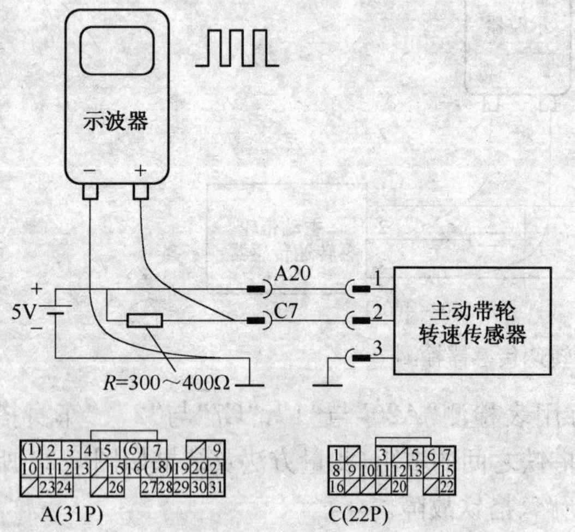

图6-21 主动带轮转速传感器线束连接器检测

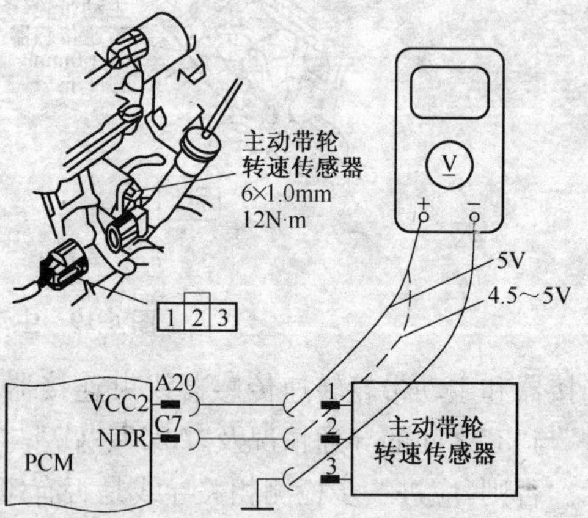

图6-22 转速传感器供电检测

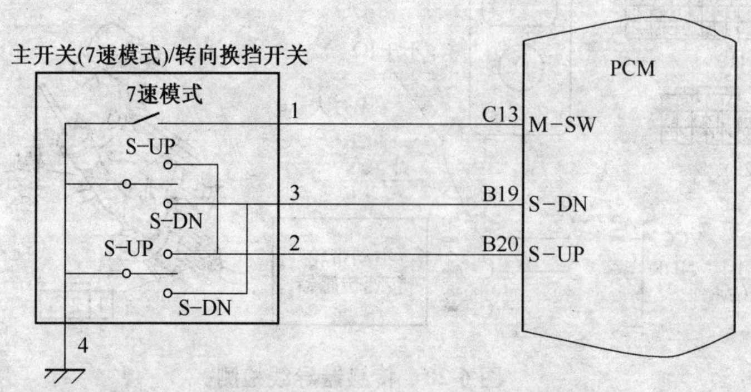

图6-23 主开关(7速模式)/转向换挡开关的电路原理图

2. 检测PCM主开关(7速模式)/转向换挡开关端子电位

点火开关处于“ON”位，用万用表检测PCM端子“C13”、“B19”、“B20”与车身搭铁之间的电压，如图6-24所示。当推动主开关或压下换挡开关“＋”或“－”时，电压应在0V、5V之间变换。否则，应进一步检测相关电路是否有故障。

3. 检测主开关/转向换挡开关

点火开关处于“OFF”位，拆除转向盘盖和安全气囊，脱开主开关/转向换挡开关线束连接器，用万用表测量相应端子之间的电阻，如图6-25所示。

①“2”与“4”之间的电阻，在两转向换挡开关“＋”分别被按下时小于1Ω，抬起时无穷大。

②“3”与“4”之间的电阻，在两转向换挡开关“－”分别被按下时小于1Ω，抬起时无穷大。

③“1”与“4”之间的电阻，在推压主开关时小于1Ω，放松时无穷大。否则，更换主开关/转向换挡开关。

4. 检测主开关/转向换挡开关线路

(1)检测导线。点火开关处于“OFF”位，脱开电控单元和开关的线束连接器，用万用表检测端子“C13”与“1”、“B19”与“3”、“B20”与“2”之间及任一端子对地的电阻，以及“4”与“车身搭铁”之间的电阻，检测方法及结果应如图 6-26 所示。否则，应进一步检测导线是否有短路、断路、搭铁故障。

(2)检测线束连接器。装回开关线束连接器，保持 PCM 线束连接器脱开，用万用表检测端子“C13”、“B19”、“B20”的对地电阻，应小于 1Ω。否则，应进一步检测开关线束连接器是否接触不良。

5. 检测开关供电电路

点火开关处于“OFF”位，装回电控单元线束连接器，脱开开关线束连接器。点火开关处于“ON”位，用万用表检测开关线束侧连接器端子“1”、“2”、“3”与车身搭铁之间的电压，如图 6-27 所示。测得值应为 5V，否则，应进一步检测电控单元线束连接器是否接触不良或电控单元有无 5V 电压输出。

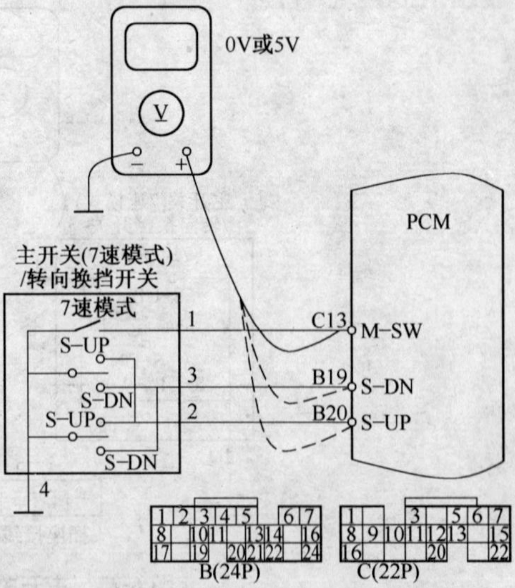

图 6-24 PCM 端子电位检测

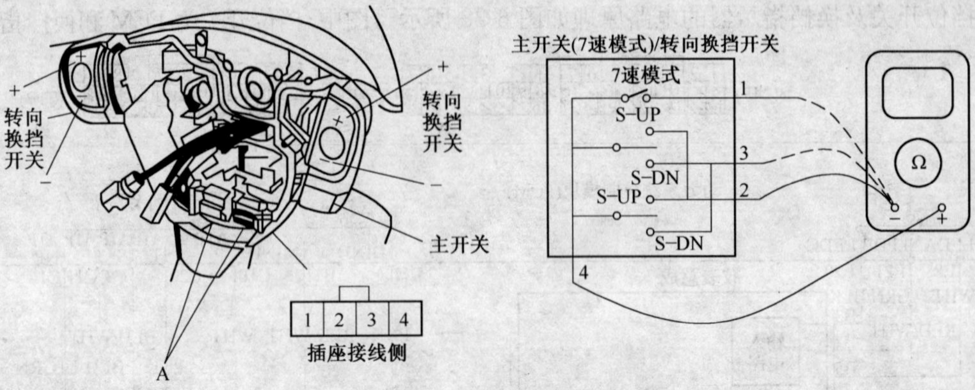

图 6-25 主开关/转向换挡开关检测

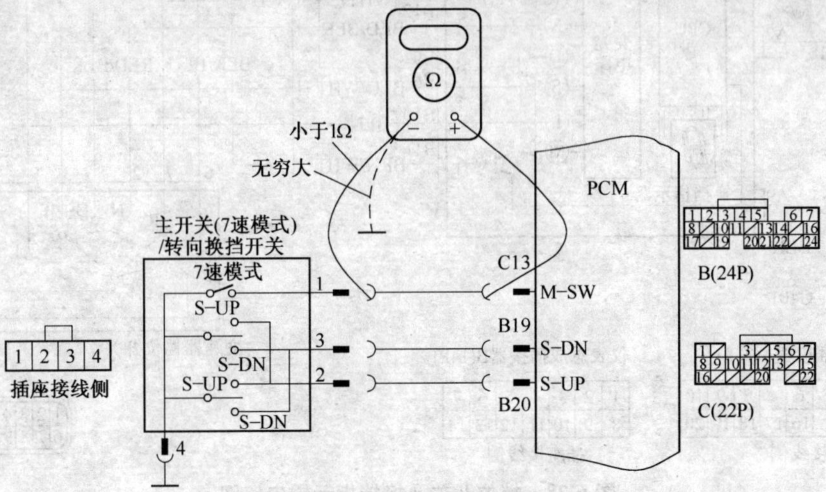

图 6-26 开关导线检测

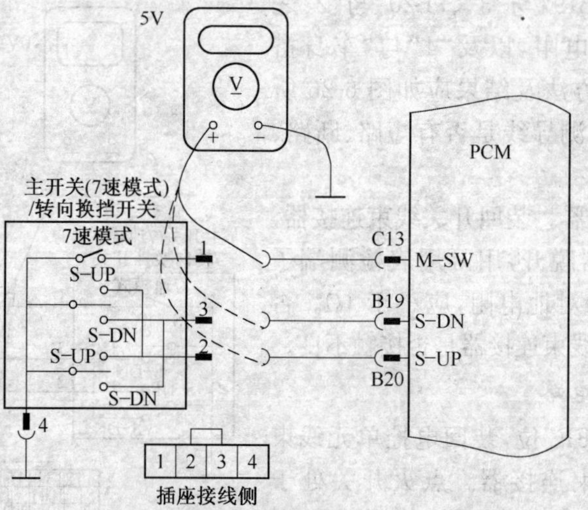

图 6-27 主开关/转向换挡开关供电检测

(二)检测挡位开关及换挡指示器电路

1. 挡位开关及换挡指示器的电路

挡位开关及换挡指示器的电路原理如图 6-28 所示。图中,挡位开关为 PCM 和换挡指示器

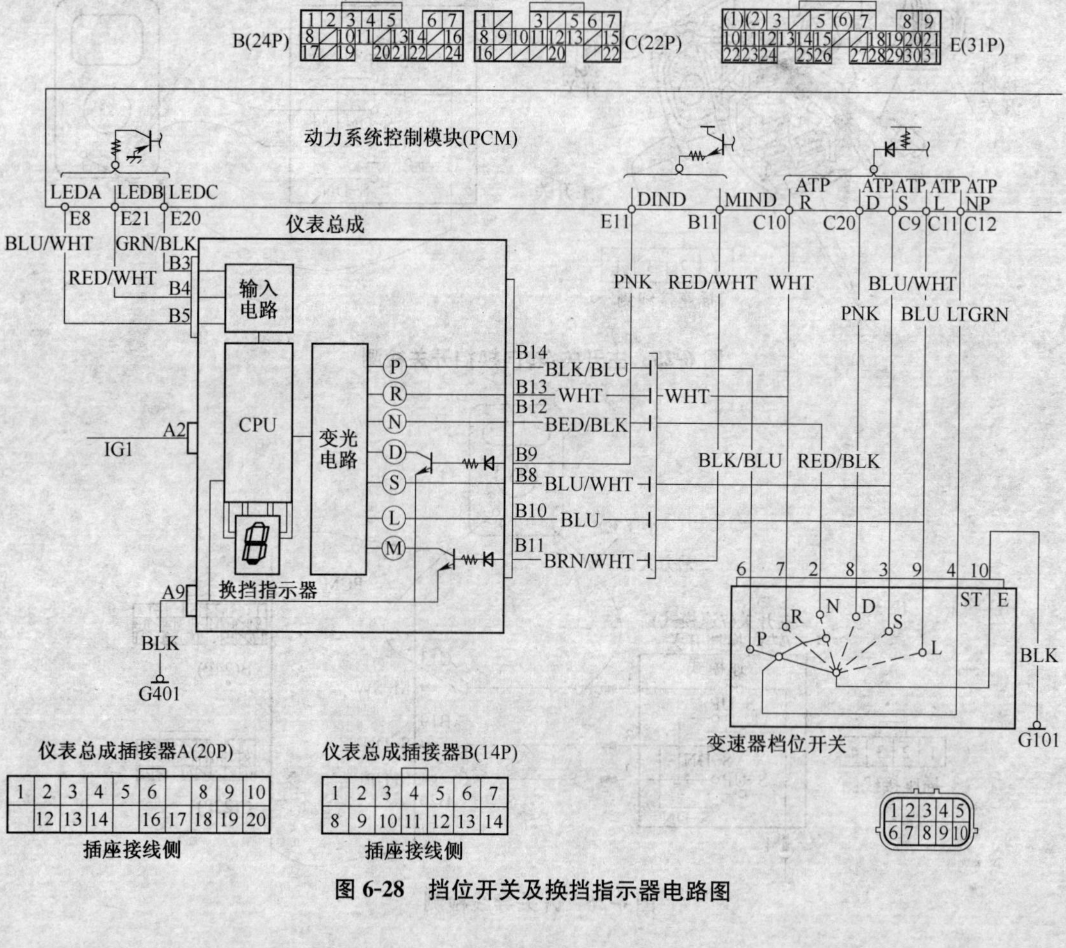

图 6-28 挡位开关及换挡指示器电路图

提供搭铁信号；PCM 通过 B11、E11 端子为换挡指示器"M"、"D"提供控制信号，电压为 6V；PCM 通过端子 E8、E20、E21 为换挡指示器电路提供搭铁信号；IG1 为换挡指示器提供电源，点火开关 ON 时约等于蓄电池端电压。

挡位开关电路的检测方法与主开关/转向换挡开关电路相同，只是电压值不同，可参照主开关/转向换挡开关检测方法进行，故在此仅介绍换挡指示器的检测。

挡位开关电路参数见表 6-5。

表 6-5　挡位开关电路参数

端子名称	检测条件	检测结果
PCM C12(ATP/NP)——搭铁，开关 4——搭铁	点火开关 ON，变速杆 P/N 位	电压 0V
	点火开关 ON，变速杆位 P/N 以外	电压约 5V
PCM C11(ATP/L)——搭铁，开关 9——搭铁	点火开关 ON，变速杆 L 位	电压 0V
	点火开关 ON，变速杆 L 位以外	电压约 10V
PCM C9(ATP/S)——搭铁，开关 3——搭铁	点火开关 ON，变速杆 S 位	电压 0V
	点火开关 ON，变速杆 S 位以外	电压约 10V
PCM C20(ATP/D)——搭铁，开关 8——搭铁	点火开关 ON，变速杆 D 位	电压 0V
	点火开关 ON，变速杆 D 位以外	电压约 5V
PCM C10(ATP/R)——搭铁，开关 7——搭铁	点火开关 ON，变速杆 R 位	电压 0V
	点火开关 ON。变速杆 R 位以外	电压 10V
开关 6——搭铁，开关 2——搭铁	点火开关 OFF，变速杆 P/N	电阻<1Ω
	点火开关 OFF，变速杆 P/N 以外	电阻无穷大

2. 换挡指示器电路检测

①点火开关处于"OFF"位，脱开仪表线束连接器 B(14P)、电控单元线束连接器 E(31P)，检测对应端子之间及任一端子的对地电阻，如图 6-29 所示。测量结果应符合表 6-6 所列值。否则，应进一步检测有关导线是否有短路、断路或搭铁故障。

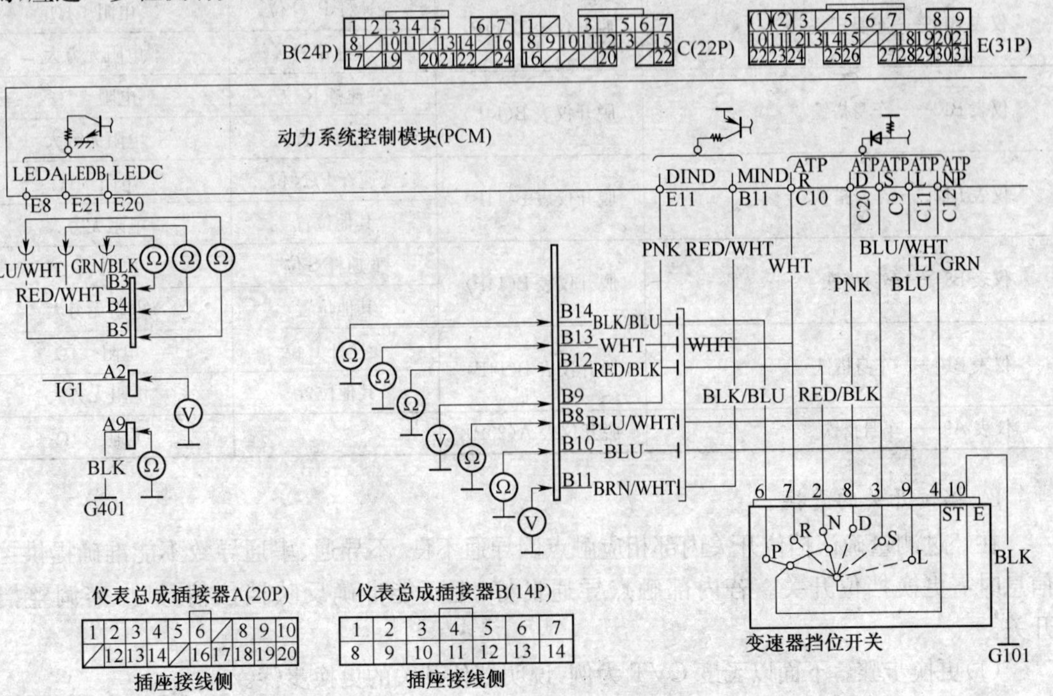

图 6-29　换挡指示器电路检测

②装回电控单元线束连接器 E(31P),脱开仪表线束连接器 A(20P)、B(14P)。按照表 6-7 所示检测条件,用万用表对仪表连接器相关端子进行检测,如图 6-29 所示。若检测结果不符合表中要求,应进一步检测相关电路是否有短路、断路或搭铁故障。

③若以上测量均正常,而仪表换挡指示器不正常,则需进一步检查仪表线束连接器是否接触不良或更换仪表总成。

表 6-6 仪表总成输入电路检测

端子名称	检测条件	检测结果
PCM E8(LED A)——仪表 83	脱开仪表 B(14P)、PCME(31P)	端子间电阻<1Ω 端子对地电阻无穷大
PCM E21(LED B)——仪表 84	脱开仪表 B(14P)、PCME(31P)	端子间电阻<1Ω 端子对地电阻无穷大
PCM E20(LED C)——仪表 85	脱开仪表 B(14P)、PCME(31P)	端子间电阻<1Ω 端子对地电阻无穷大

表 6-7 换挡指示器电路参数

<table>
<tr><th>端子名称</th><th colspan="2">检测条件</th><th>检测结果</th></tr>
<tr><td rowspan="2">PCM E11(DIND)——车身搭铁,
仪表 B9—车身搭铁</td><td colspan="2">点火开关首次 ON</td><td>约 6V,持续 2s</td></tr>
<tr><td colspan="2">点火开关 ON,变速杆 D</td><td>约 6V</td></tr>
<tr><td rowspan="2">PCM B11(MIND)——车身搭铁,
仪表 B11——车身搭铁</td><td colspan="2">点火开关 ON,7 速手动模式</td><td>约 6V</td></tr>
<tr><td colspan="2">点火开关 ON,非 7 速手动模式</td><td>0V</td></tr>
<tr><td rowspan="2">仪表 A2——车身搭铁</td><td colspan="2">点火开关 ON</td><td>蓄电池端电压</td></tr>
<tr><td colspan="2">点火开关 OFF</td><td>0V</td></tr>
<tr><td rowspan="2">仪表 B14——车身搭铁</td><td rowspan="2">脱开仪表 B(14P)</td><td>变速杆 P/N 位</td><td>电阻<1Ω</td></tr>
<tr><td>其他位置</td><td>电阻无穷大</td></tr>
<tr><td rowspan="2">仪表 B13——车身搭铁</td><td rowspan="2">脱开仪表 B(14P)</td><td>变速杆 R 位</td><td>电阻<1Ω</td></tr>
<tr><td>其他位置</td><td>电阻无穷大</td></tr>
<tr><td rowspan="2">仪表 B12——车身搭铁</td><td rowspan="2">脱开仪表 B(14P)</td><td>变速杆 P/N 位</td><td>电阻<1Ω</td></tr>
<tr><td>其他位置</td><td>电阻无穷大</td></tr>
<tr><td rowspan="2">仪表 B8——车身搭铁</td><td rowspan="2">脱开仪表 B(14P)</td><td>变速杆 S 位</td><td>电阻<1Ω</td></tr>
<tr><td>其他位置</td><td>电阻无穷大</td></tr>
<tr><td rowspan="2">仪表 B10——车身搭铁</td><td rowspan="2">脱开仪表 B(14P)</td><td>变速杆 L 位</td><td>电阻<1Ω</td></tr>
<tr><td>其他位置</td><td>电阻无穷大</td></tr>
<tr><td>仪表 A9——车身搭铁</td><td>脱开仪表 A(20P)</td><td></td><td>电阻<1Ω</td></tr>
</table>

3. 挡位开关的更换

在经过测量确认挡位开关内部相应触点因导通不良、不导通、串通导致不能准确提供挡位信息时需更换挡位开关。若内部触点导通良好,但不能准确反映挡位信息时,需调整挡位开关。

(1)更换步骤。下面以飞度 CVT 为例,说明挡位开关的更换步骤。

①拆除空气滤清器壳体和进气导管。

②换挡至 N 位置。

③断开变速器挡位开关插接器，拆除旧的变速器挡位开关，如图 6-30 所示。

④将控制杆换至 N 位置，如图 6-31 所示。换挡至 N 位置时，不要挤压控制轴端。如果控制轴端被挤压在一起，将会由于控制轴与开关之间存在轴向同隙而产生错误的挡位信号。

⑤检测新挡位开关的导通性，应符合要求。

⑥使旋转构架上的切口与新的变速器挡位开关上的空挡开关切口对准，然后在切口内放置 2.0mm 厚的塞尺或等效工具，保持开关在 N 位置，如图 6-32 所示。

⑦将挡位开关连同塞尺保持在 N 位，轻轻地插入控制轴上，如图 6-33 所示。

⑧继续将开关保持在 N 位置，拧紧变速器挡位开关上的螺母，如图 6-34 所示。拧紧螺母时，不要移动变速器挡位开关。

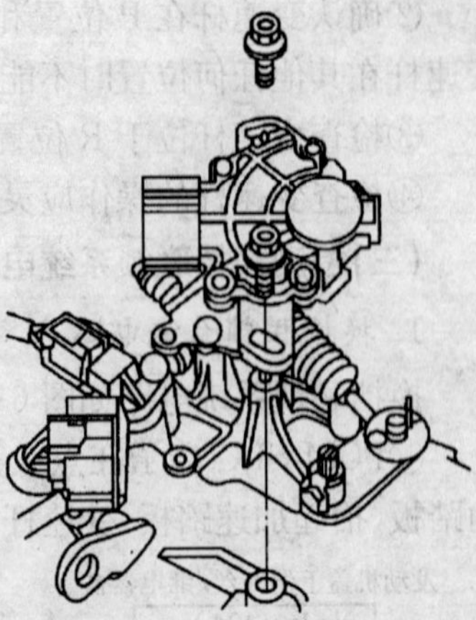

图 6-30 拆除旧挡位开关

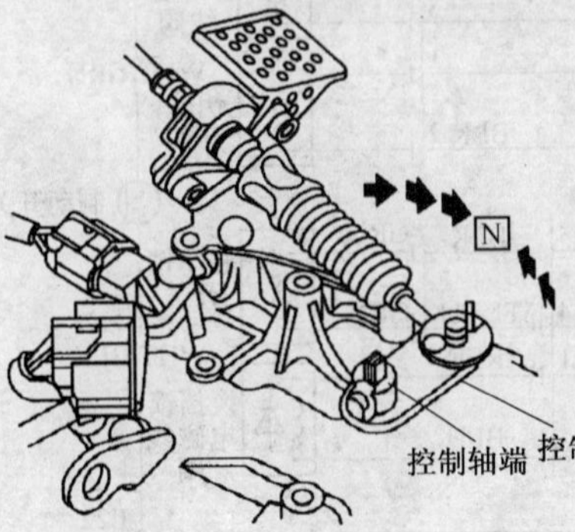

图 6-31 控制杆置于 N 位置

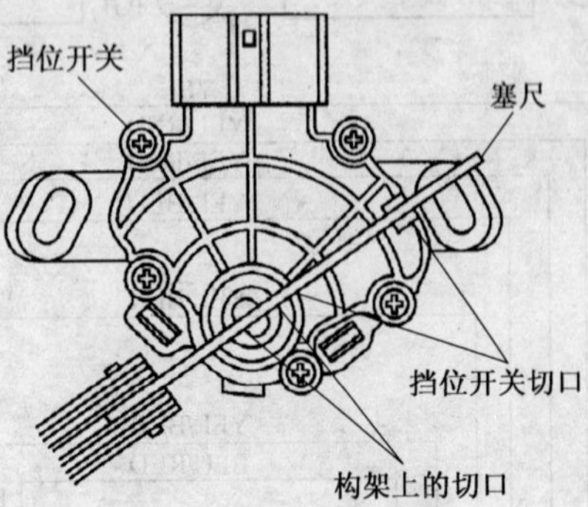

图 6-32 对正切口

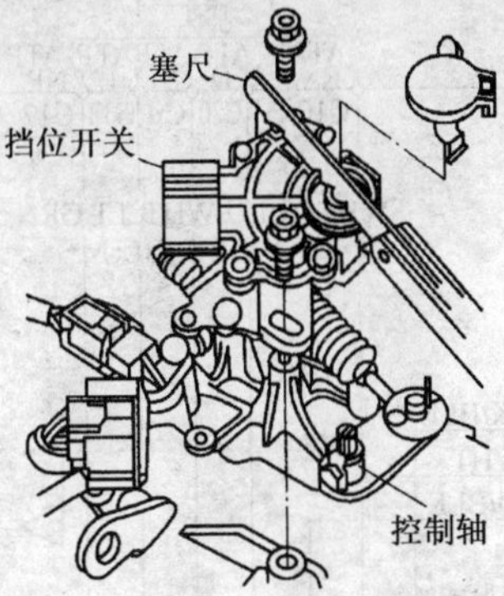

图 6-33 将挡位开关装在控制轴上

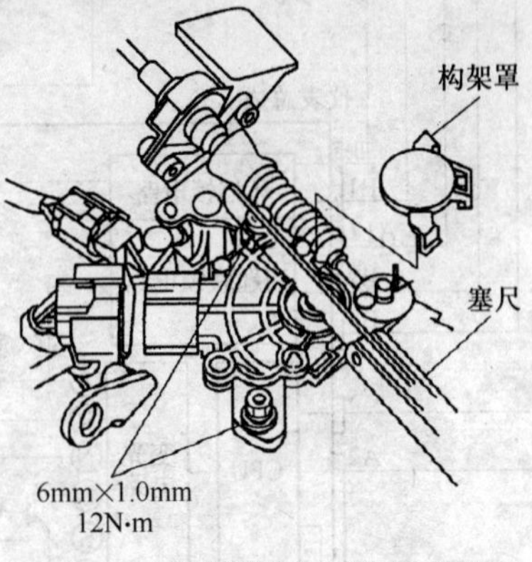

图 6-34 拧紧挡位开关固定螺母

⑨拆除塞尺，然后安装旋转构架罩，连接变速器挡位开关插接器。

⑩安装空气滤清器壳体和进气导管。

(2)检查更换质量。

①将点火开关置于“ON”位。在所有挡位上操作变速杆，检查变速杆位置、变速器挡位、挡

位开关、挡位指示器的同步情况，如图 6-35 所示。

②确认变速杆在 P 位置和 N 位置时发动机能起动，变速杆在其他任何位置时不能起动。

③检查变速杆位于 R 位置时，倒车灯亮。

④检查变速杆的操作应灵活顺畅。

(三)检测换挡联锁系统电路

1. 换挡联锁系统电路

换挡联锁系统电路如图 6-36 所示。其中：

①PCM SLC 端子在点火开关处于“ON”时，踩下制动踏板、抬起加速踏板、变速杆 P 位时输出蓄电池端电压。

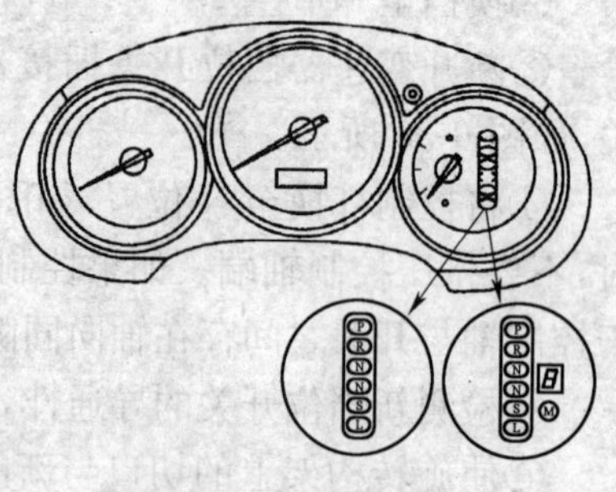

图 6-35 挡位指示器

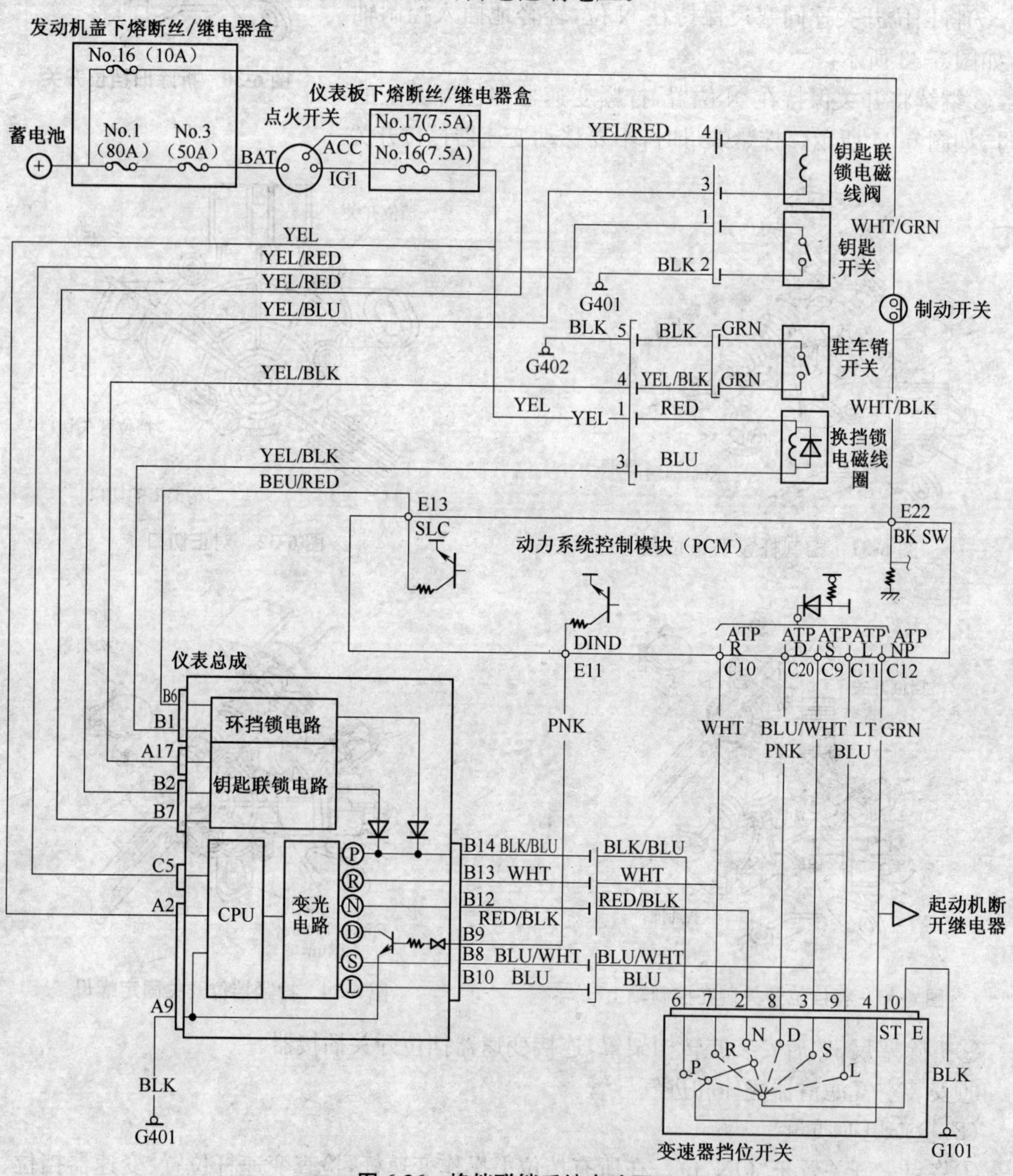

图 6-36 换挡联锁系统电路图

②驻车销开关在变速杆 P 位时闭合导通。

③换挡锁电磁线圈在变速杆 P 位、踩下制动踏板时电路接通，线圈两端的电压为蓄电池端电压。

④钥匙联锁线圈只有在变速杆 P 位时断电，钥匙才能由 ACC 旋至 LOCK 而拔出。

⑤钥匙开关在点火钥匙插入点火开关时闭合，在驾驶员离车未拔钥匙时提醒驾驶员。

2. 检测驻车销开关电路

(1)检测驻车销开关电路电压。点火开关处于“ON”位，用万用表测量仪表连接器端子“A17”与“车身搭铁”之间的电压，检测方法及结果如图 6-37 所示。否则，应进一步检测相关电路故障。

(2)检测驻车销开关。点火开关处于“OFF”位，脱开驻车销开关线束，驻车销开关电路电压检测连接器，用万用表检测量端子“1”与“2”之间的电阻，检测方法及结果如图 6-38 所示。否则，更换驻车销开关。

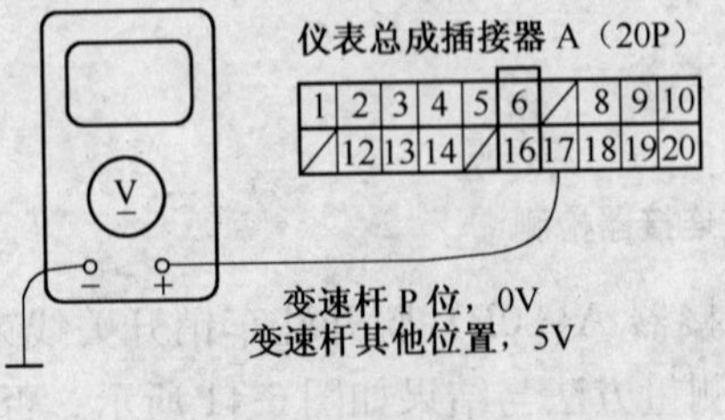

图 6-37　驻车销开关电路电压检测

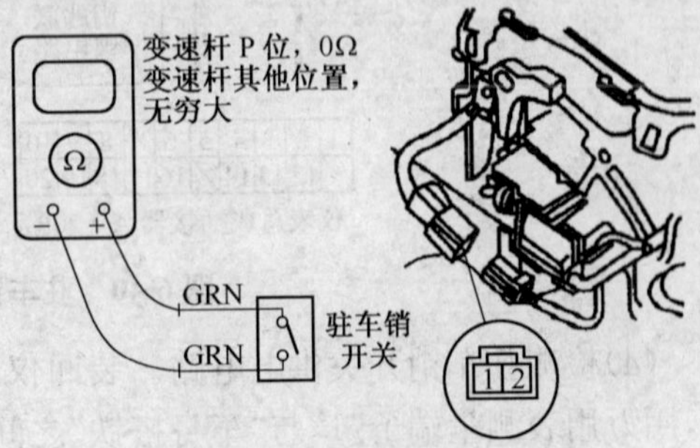

图 6-38　驻车销开关检测

(3)检测驻车销开关线路。

①检测连接导线。点火开关处于“OFF”位，脱开仪表总成线束连接器 A(20P)及驻车销开关线束连接器，用万用表检测对应端子之间及任一端子对地的电阻，检测方法及结果如图 6-39 所示。否则，应进一步检测相应连接线是否断路、短路或搭铁故障。

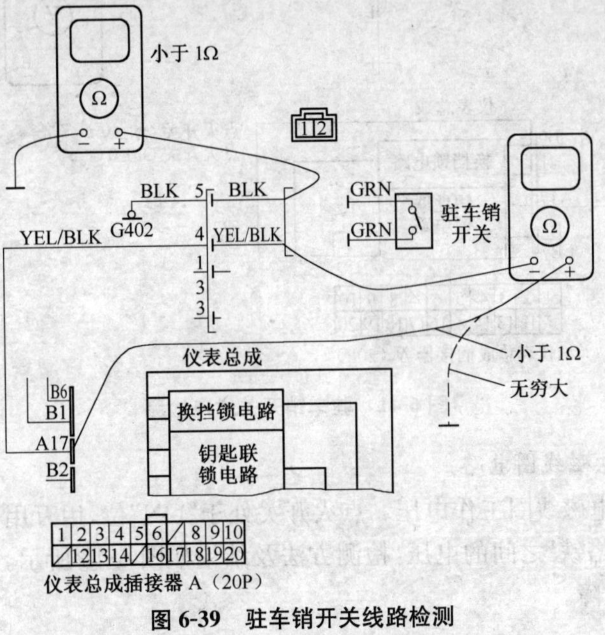

图 6-39　驻车销开关线路检测

②检测线束连接器装回驻车销开关线束连接器，用万用表检测仪表连接器端子“A17”与“车身搭铁”之间的电阻，检测方法及结果如图6-40所示。否则，检查驻车销开关线束连接器是否接触不良。

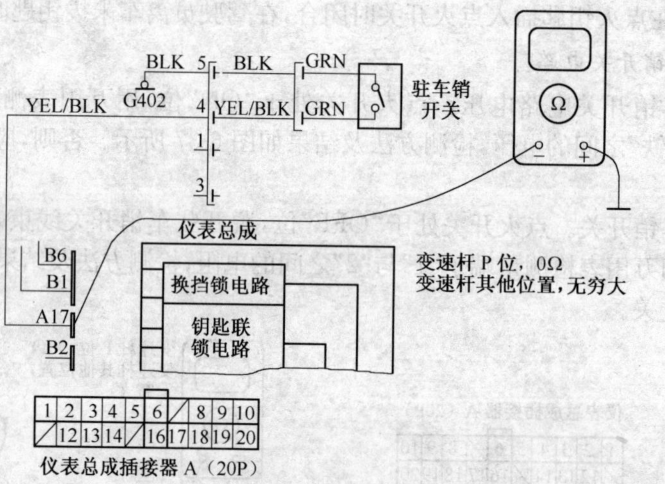

图6-40　驻车销开关线束连接器检测

(4)检测驻车销开关供电电路。装回仪表线束连接器A(20P)，脱开驻车销开关线束连接器，用万用表测量端子“1”与“车身搭铁”之间的电压，测量方法与结果如图6-41所示。否则，进一步检测仪表线束连接器是否接触不良或仪表单元有无5V电压输出。

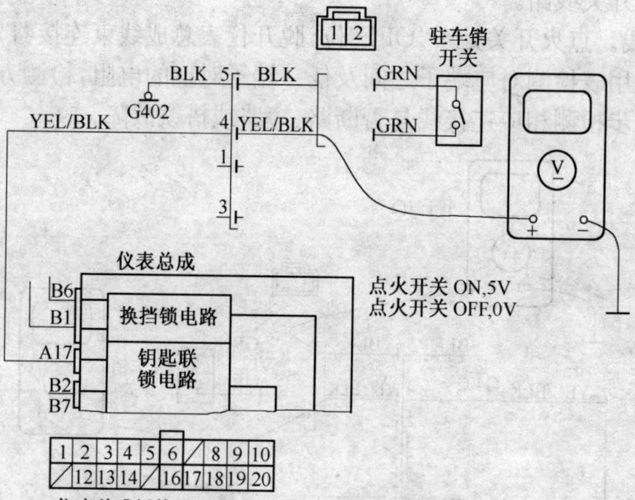

图6-41　驻车销开关供电检测

3. 检测换挡锁电磁线圈电路

(1)检测换挡锁电磁线圈工作电压。点火开关处于“ON”位，用万用表检测仪表线束连接器端子“B1”与“车身搭铁”之间的电压，检测方法及结果如图6-42所示。否则，应进一步检测有关电路是否存在故障。

(2)换挡锁电磁线圈检测。点火开关处于“OFF”位，脱开换挡锁电磁线圈/驻车销开关线束连接器，在连接器端子“1”与“3”之间施加蓄电池端电压（切记不可接反），此时变速杆应能从P位移出，如图6-43所示。否则，更换换挡锁电磁线圈。

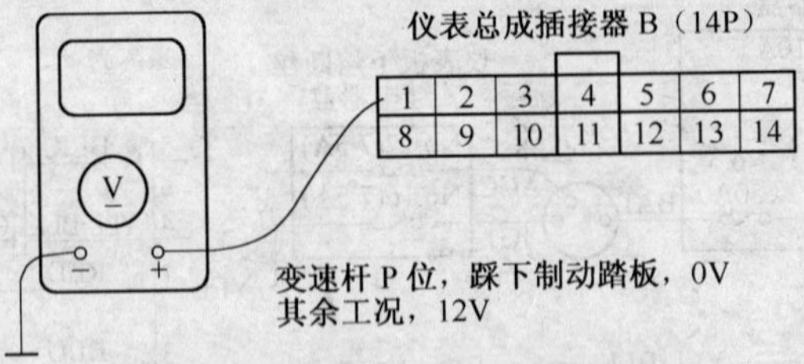

图6-42　换挡锁电磁线圈工作电压检测

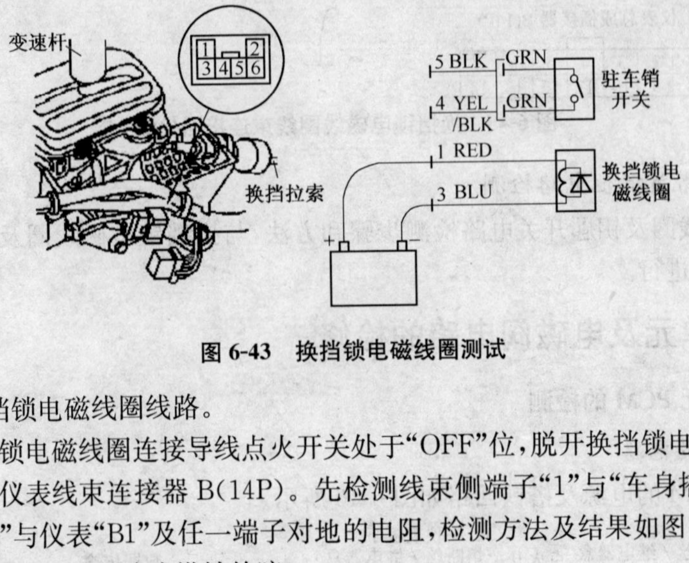

图6-43　换挡锁电磁线圈测试

(3)检测换挡锁电磁线圈线路。

①检测换挡锁电磁线圈连接导线点火开关处于“OFF”位，脱开换挡锁电磁线圈/驻车销开关线束连接器及仪表线束连接器B(14P)。先检测线束侧端子“1”与“车身搭铁”之间的电压，然后测量端子“3”与仪表“B1”及任一端子对地的电阻，检测方法及结果如图6-44所示。否则，检测相应线路是否断路、短路或搭铁故障。

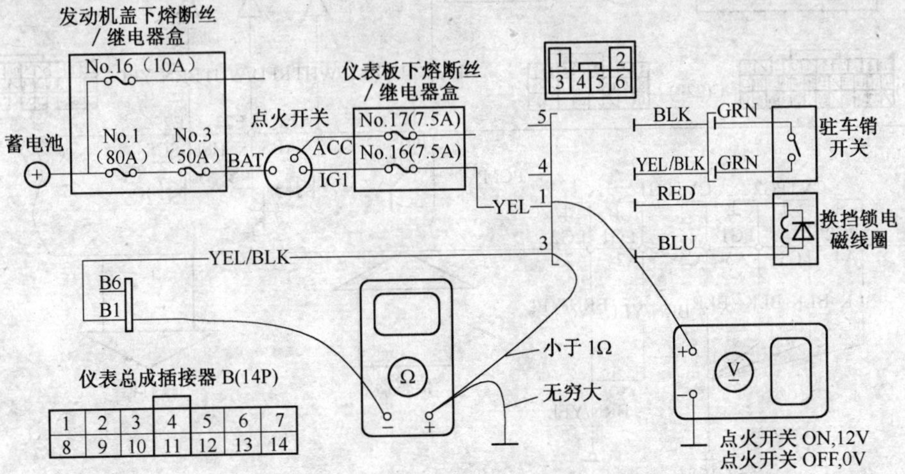

图6-44　换挡锁电磁线圈连接导线检测

②检测换挡锁电磁线圈线束连接器点火开关处于"OFF"位，装回换挡锁电磁线圈线束连接器，脱开仪表线束连接器 B(20P)。点火开关处于"ON"位，将端子"B1"搭铁，此时变速杆应能从 P 位移出，如图 6-45 所示。否则，应检查换挡锁电磁线圈线束连接器是否接触不良。

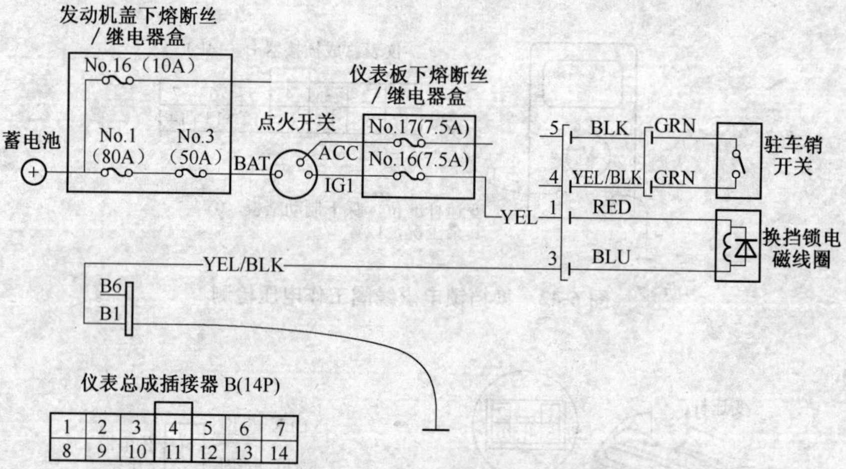

图 6-45 换挡锁电磁线圈线束连接器检测

4. 换挡联锁装置其他电路检测

钥匙锁电磁线圈及钥匙开关电路检测步骤和方法，与换挡锁电磁线圈及驻车销开关电路检测类似，可参照进行。

四、电控单元及电磁阀电路的检修

(一)电控单元 PCM 的检测

1. 电控单元的电路

电控单元 PCM 的电源及搭铁回路如图 6-46 所示。

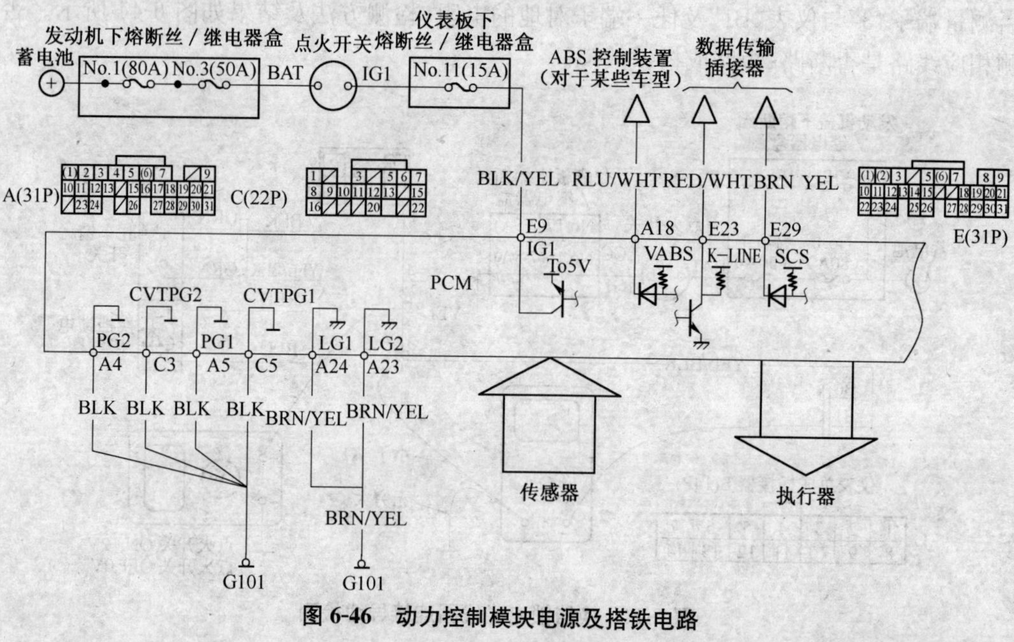

图 6-46 动力控制模块电源及搭铁电路

2. 电控单元电路的检测

通常电控单元检修不涉及其内部电路检修，只对其外部电源电路进行检测。在相关电源电路正常的情况下，传感器输入电控单元相关信号后，电控单元应发出相应指令到执行器。否则，可判定电控单元有故障，应更换。

飞度 CVT 电控单元 PCM 与发动机电控单元 ECM 组合在一起，在发动机正常的情况下可进行如下检测：

①关闭点火开关，脱开电控单元 PCM 线束连接器，用万用电表检测 E9 插孔与车身搭铁之间的电压，检测方法及结果应如图 6-47 所示。否则，检查相应线路或熔丝有无短路、断路、搭铁。

②用万用电表分别测量 A4、A5、A23、A24、C3、C5 插孔与车身搭铁之间电阻，检测方法及结果如图 6-47 所示。否则，检测相应线路是否有无短路、断路、搭铁、接触不良。

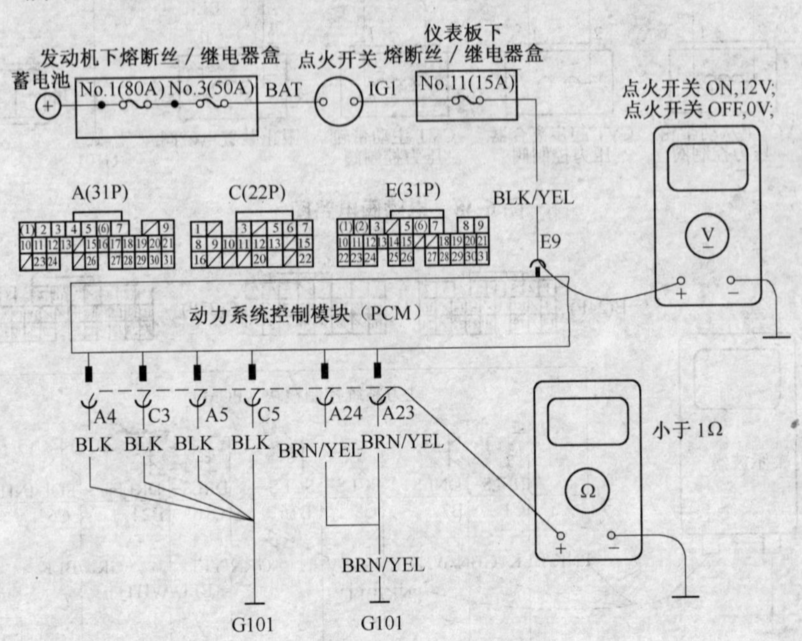

图 6-47 电控单元检测

(二)电磁阀电路的检测

1. 电磁阀电路

电磁阀电路如图 6-48 所示。主动带轮压力控制电磁阀、从动带轮压力控制电磁阀、起步离合器压力控制电磁阀是调节阀，线圈电阻 3. 8Ω～6. 8Ω，脉冲工作电压由 PCM 提供。限止装置电磁阀是开关阀，线圈电阻 17. 1Ω～21. 1Ω，工作电压为蓄电池端电压，由 PCM 提供。

2. 检测压力控制电磁阀工作电压波形

示波器通过探针分别连接 PCM 端子 C1、C8、C16，举升汽车，挂挡运行，观察波形，如图 6-49 所示。所测波形为矩形脉冲，否则，应进一步检测有关电路是否存在故障。

3. 检测电磁阀

(1)电阻测量。点火开关处于“OFF”位，脱开电磁阀线束连接器，测量各电磁阀线圈电阻，如图 6-50 所示。电阻值应符合标准要求，否则，更换电磁阀。

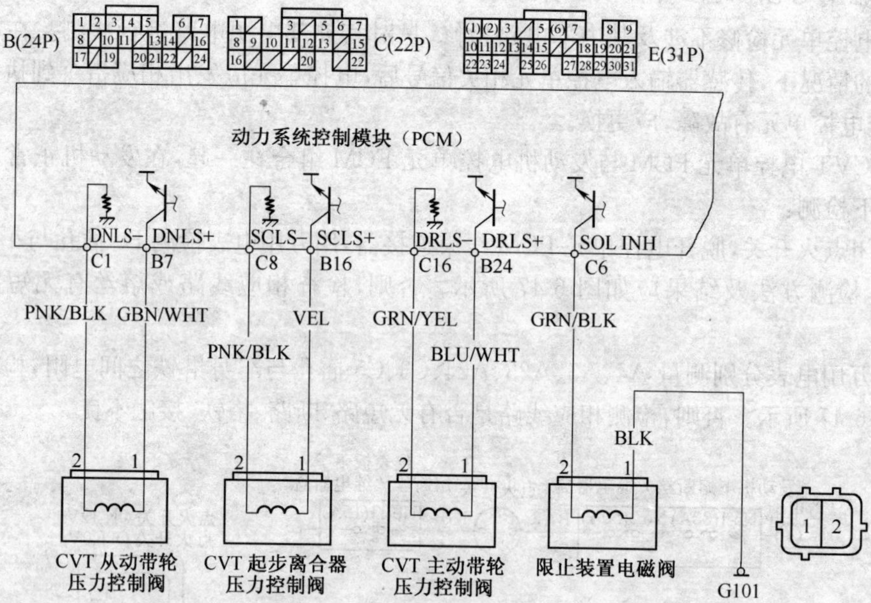

图 6-48 电磁阀电路图

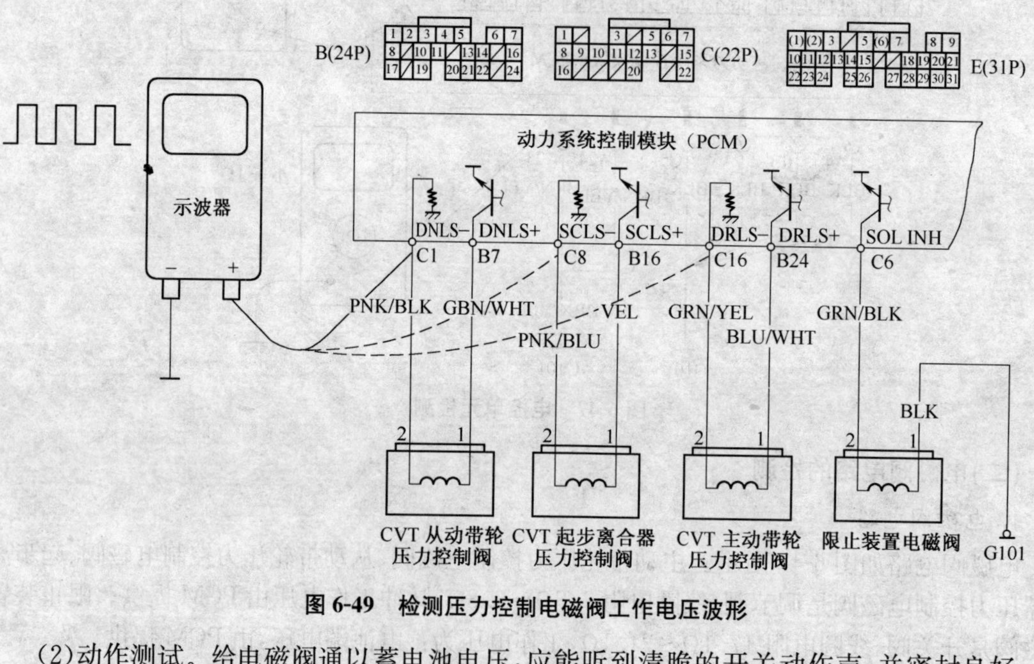

图 6-49 检测压力控制电磁阀工作电压波形

(2)动作测试。给电磁阀通以蓄电池电压，应能听到清脆的开关动作声，并密封良好。否则，更换电磁阀。

4. 检测电磁阀线路

(1)检测连接导线。点火开关处于“OFF”位，脱开电控单元 PCM 和电磁阀线束连接器，用万用电表测量对应端子之间及任一端子对地的电阻，检测方法及结果如图 6-51 所示。否则，应进一步检测导线是否有断路、短路或搭铁故障。

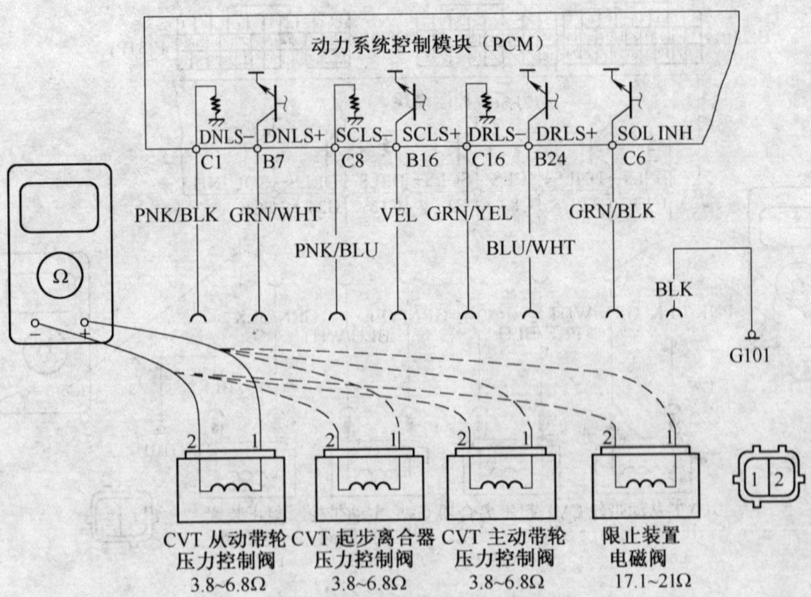

图 6-50　测量电磁阀电阻

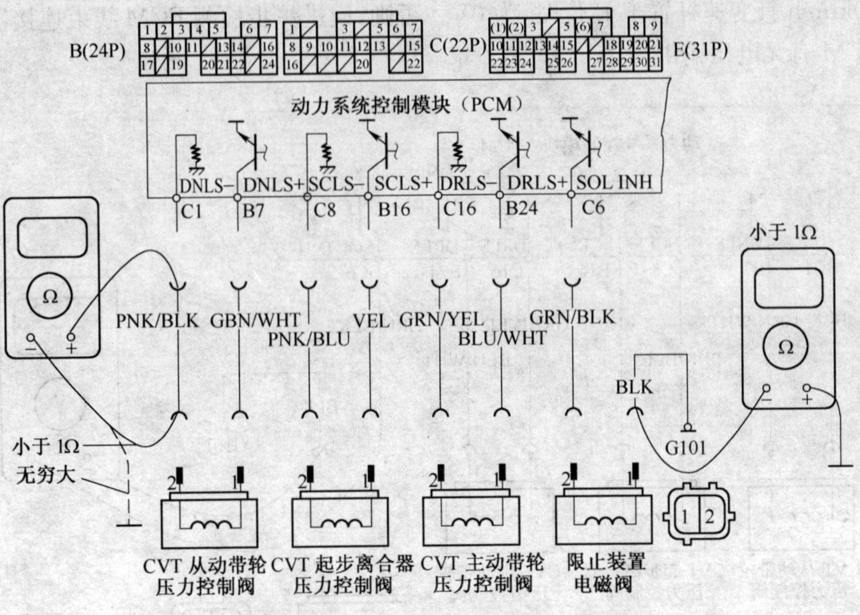

图 6-51　电磁阀连接导线检测

(2)检测电磁阀线束连接器。装回电磁阀线束连接器，用万用表在 PCN 端子“C1”与“B7”、“C8”与“B16”、“C16”与“B24”、“C6”与“车身搭铁”间测量电磁阀电阻，如图 6-52 所示。测得结果与标准值相差不大于 2Ω，否则，应进一步检测电磁阀线束连接器是否接触不良。

5. 检测电磁阀供电电路

(1)检测限止电磁阀供电电路。装回电控单元线束连接器，脱开限止装置电磁阀线束连接器。用万用表测量限止装置电磁阀线束侧端子“2”与“1”之间的电压，如图 6-53 所示。举升汽

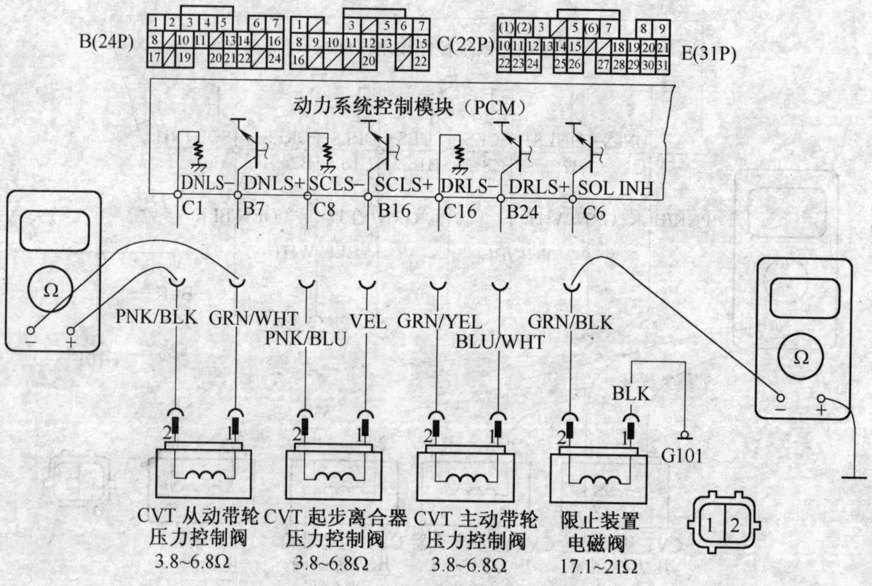

图 6-52 电磁阀线束连接器检测

车，起动发动机，运行汽车，当车速大于 10km/h 且变速杆置于 R 位时，为蓄电池端电压；当车速低于 10km/h 且变速杆置于 R 位时，为 0V。否则，应进一步检测 PCM 线束连接器是否接触不良或 PCM 有无电压输出。

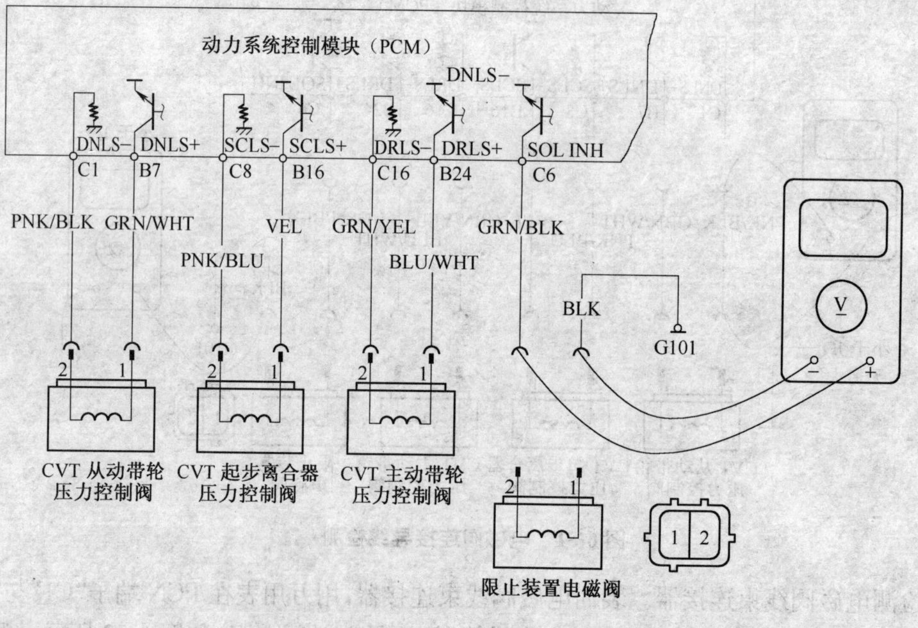

图 6-53 限止电磁阀供电检测

(2)检测压力控制电磁阀供电电路。装回限止装置电磁阀线束连接器，脱开压力控制电磁阀线束连接器，用示波器分别连接各压力控制阀线束侧端子“1”与“2”，点火开关处于“ON”位，测得波形应为矩形脉冲，如图 6-54 所示。否则，应进一步检测 PCM 连接器有无接触不良或

PCM 有无脉冲输出。

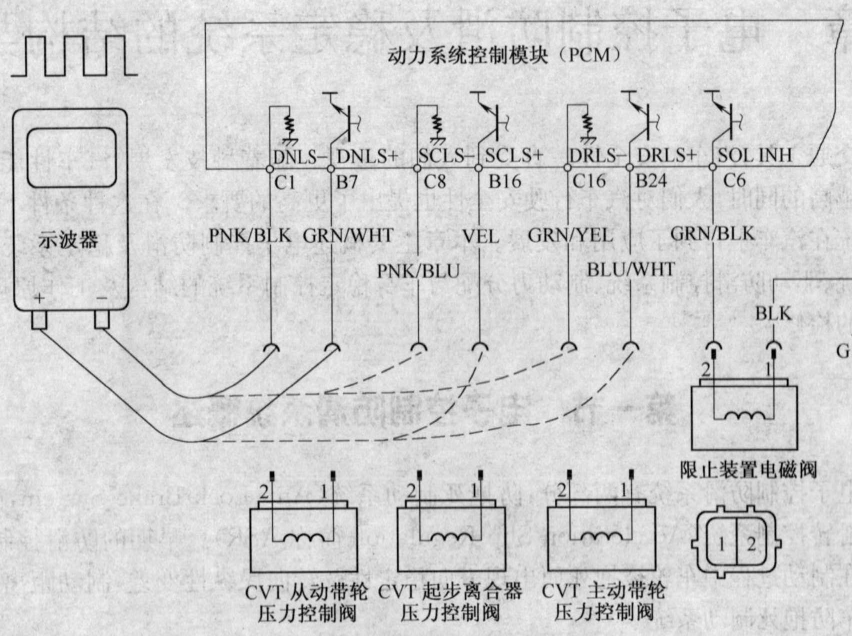

图 6-54　压力控制电磁阀供电检测

第七章　电子控制防滑及稳定系统的结构与检修

作为交通工具，汽车的安全性一直受到人们的重视。随着科技发展，汽车性能不断提高，车速越来越高的同时，人们对汽车行驶安全性也提出了更高的要求。在这种条件下，防滑控制及稳定系统在汽车上得到了应用和发展。本章主要概述电子控制防滑及稳定系统，介绍防抱死制动系统、驱动防滑控制系统、制动力分配与车身稳定控制系统的结构及工作原理以及防滑控制系统的检修。

第一节　电子控制防滑系统概述

汽车电子控制防滑系统有两部分：防抱死制动系统（Anti-Lock Brake System，简称 ABS）和驱动防滑转控制系统（Acceleration Slip Regulation 简称 ASR）。早期的防滑控制系统是为避免汽车在制动过程中车轮被抱死而出现方向稳定性及转向操纵性变差，制动距离过长，因此又称为汽车防抱死制动系统。

一、电子控制防滑系统的应用与发展

20 世纪 30 年代，机械式 ABS 开始在火车、飞机上应用。最早在汽车上使用 ABS 的是 1954 年美国福特汽车公司的林肯（LINCOLN）牌轿车。随着技术的发展，汽车速度及动力性提高，为了避免汽车在加速和转弯过程中驱动车轮发生滑转而出现方向稳定性、转向操纵性及加速性能差的现象，在汽车上应用了驱动防滑转控制系统。最早是由别克公司在 1971 年研制的，它是由电子控制单元自动中断发动机点火，以减小发动机动力输出，从而防止驱动车轮发生滑转。

汽车防滑控制系统的发展过程：1928 年，提出防抱死制动理论；1936 年，博世（BOSCH）公司将电磁传感器用于测量车轮转速；1954 年，福特（FORD）公司将防抱死制动系统用在林肯牌轿车上；1968 年，凯尔塞·海伊斯（KELSE-HAYES）研制生产了"Sute-TRCK"两轮防抱死制动系统；1971 年，博世（BOSCH）、坦威斯（TEVES）研制了第十代电子控制防抱死制动系统，别克（BUIK）研制了由电子控制的驱动防滑转系统；1975 年，瓦布科（WABCO）、奔驰（BENZ）开始将防抱死制动系统装备在气压制动的载货汽车上；1978 年，博世（BOSCH）推出数字式电子控制的防抱死制动系统。

由于防滑控制系统对提高汽车行驶安全性能有着重要的作用，因此在汽车上的应用也越来越广泛。在 20 世纪 80 年代初期还只是部分高级轿车选择装备的防抱死制动系统，到 20 世纪 80 年代后期已经成为所有高级轿车和多数中级轿车的标准装备，一些高级轿车已将具有防抱死制动和驱动防滑转功能的防滑控制系统作为标准装备或选择装备。进入 20 世纪 90 年代以来，防滑控制系统的普及速度更为迅速。欧美国家在轿车上 ABS 装备率接近 100%。国内在广州本田、上海通用、一汽奥迪、二汽风神蓝鸟等汽车都全部安装了 ABS，其他轿车生产厂家也都把 ABS 作为选装件。在世界范围内，在大型客车和货车上，防抱死制动系统也在迅速地

普及，而且有些装备了驱动防滑转系统。防滑控制系统正朝着高度集成化、智能化及柔性化方向发展。

二、电子控制防滑系统的作用

（一）滑移率与滑转率和附着系数的一般关系

车辆在路面上的行驶状况取决于轮胎与路面之间的作用力，而作用力的大小与垂直载荷和附着系数有关，其关系为：

$$F_\mu = G\mu$$

式中：F_μ——轮胎与路面间的附着力（N）；

G——轮胎与路面间的垂直载荷（N）；

μ——轮胎与路面间的附着系数。

通常将附着力与附着系数分为纵向和横向附着力与附着系数，汽车的加速和减速运动主要受纵向附着力限制；抵抗外界横向力作用的能力则主要受车轮横向附着力的限制。在实际的汽车行驶过程中，附着系数会因车轮的运动状态及路面状况的变化而随时变化。因此一旦汽车发生附着力减小时，车辆就处于危险状态。车轮在路面上的运动形式有纯滚动和滑动两种形式，其中滑动可分为滑移与滑转。用公式来表示车轮滑动成分占有的比例：

$$s=\begin{cases}\dfrac{v-wr}{v}\times 100\%\text{（滑移率）}\\[2ex] \dfrac{wr-v}{wr}\times 100\%\text{（滑移率）}\end{cases}$$

式中：s——车轮的滑动率（滑移率或滑转率）；

r——车轮的滚动半径（m）；

w——车轮的转动角速度（rad/s）；

v——车轮中心的纵向速度（m/s）。

当汽车的中心速度与车轮的线速度相等时，即 $wr=v$，$s=0$，车轮作纯滚动；当车轮线速度为 0 时，即 $wr=0$，$s=100\%$，车轮作纯滑转，即车轮完全被抱死。当滑动率在 0～100%之间时，车轮既有滚动又有滑动。如图 7-1 所示在硬实路面上车轮与路面间附着系数与滑动率的关系。

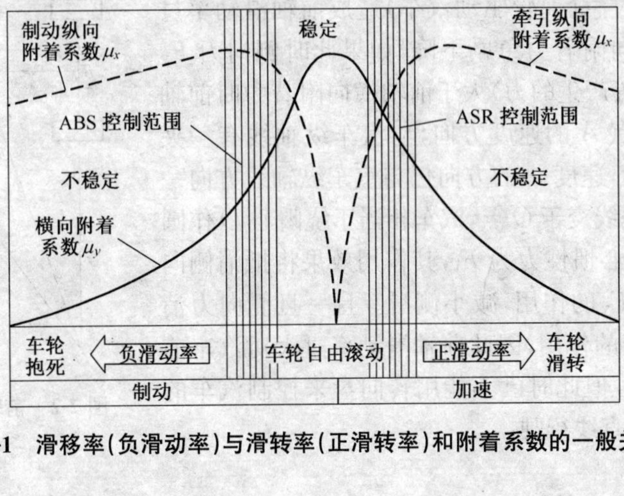

图 7-1　滑移率（负滑动率）与滑转率（正滑转率）和附着系数的一般关系

从图中的 $\mu_x(\mu_y)$—s 曲线可以看出，当滑动率 s 为 20%左右时，纵向附着系数 μ_x 最大，横向附着系数 μ_y 也较大，制动效果好，此时制动点称为最佳制动点，附着系数称为峰值附着系数 μ_p。相同情况下，峰值附着系数越大，制动效果越好。峰值附着系数的大小主要与路面状况有关，表 7-1 表示路面状况与峰值附着系数 μ_p 与滑动附着系数 μ_s 的关系，在干的沥青路面和水泥路面峰值附着系数最大，达到 0.8 以上，在冰面上较差，只有 0.1 左右，随着滑动率 s 的增大，μ_x 和 μ_y 都下降，制动效果变差。当滑动率 s 为 100%时，这时车轮被完全抱死（空转），此时制动力（驱动力）约为最大制动力的 70%，汽车制动距离加长（加速度下降），而 μ_y 更是接近于零，路面对车轮的侧向附着力几乎完全消失，易产生侧滑而发生交通事故。但是在实际制动（加速）进程中，由于各部分装置都有一定的延迟和滞后，不能精确地控制滑移率（滑转率）在最佳制动点（加速点），通常不同形式的防滑控制系统都将车轮的滑移率控制在 15%～25%范围内，滑转率控制在 10%～15%范围内。

表 7-1　路面状况与峰值附着系数 μ_p 和滑动附着系数 μ_s 的关系

路面种类及状况	峰值附着系数 μ_p	滑动附着系数 μ_s
干的沥青和水泥路面	0.8～0.9	0.75
湿的水泥路面	0.8	0.7
湿的沥青路面	0.5～0.7	0.45～0.6
石子路面	0.6	0.55
干土路	0.68	0.65
湿土路	0.55	0.4～0.505
压实的雪面	0.2	0.15
冰面	0.1	0.07

（二）电子控制防滑系统的作用

由于防滑控制系统能够使被控制的车轮获得较大的纵向和横向的附着力，因此可以大大提高汽车的行驶性能。

1. 提高行驶方向稳定性

行驶方向稳定性指汽车行驶时维持原来的直线行驶的能力及按预定弯道行驶的能力。下面以汽车前轴车轮抱死及汽车后轴车轮滑动率过大时汽车的运动情况作分析。

（1）汽车前轴车轮滑动率过大。如图 7-2 所示，当汽车制动力过大或加速过急（前轮驱动汽车）造成前轴滑动率过大。从而使前轴横向附着力急剧下降，如果此时侧向力 F_y（如侧风、横向斜坡等产生的力）大于前轴横向附着力时前轴发生侧滑。前轴中点 A 的速度方向，与汽车纵轴线有一夹角 θ。后轴没有侧滑，速度 v_B 的方向仍与汽车纵轴线方向一致。作 v_A 及 v_B 的垂线交于 O 点，汽车相当于绕瞬心 O 作圆周运动，所产生的离心惯性力为 F_j，其作用效果将抵消侧向风力引起的侧向力 F_y 的作用，减小侧滑。且一旦侧向力消失，F_j 有使汽车回正的作用，因此前轴滑动率过大对汽车前进方向的改变不大。但此时已不能用转向盘来控制汽车的行驶方向，汽车将沿直线行驶。

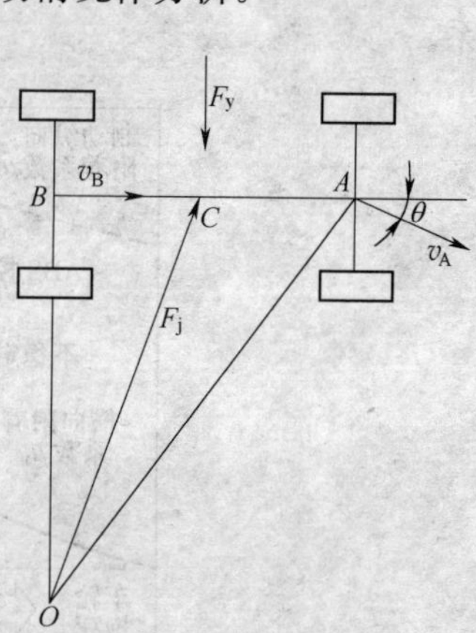

图 7-2　前轴抱死的运动情况

(2)汽车后轴车轮滑动率过大。如图 7-3 所示，若后轴制动力过大或加速过急(后轮驱动汽车)时受侧向力 F_y的作用，则所产生的离心惯性力 F_j的方向与侧向力 F_y的方向基本一致，使后轴侧滑严重，甚至于使汽车掉头或在侧滑过程中造成甩出路面或与对面来车相撞。此时，驾驶员往往来不及反应而产生危险，即使采取了放松制动踏板或加速踏板的措施，往往也无法恢复对汽车的控制，因此汽车这种状态下是非常危险的。

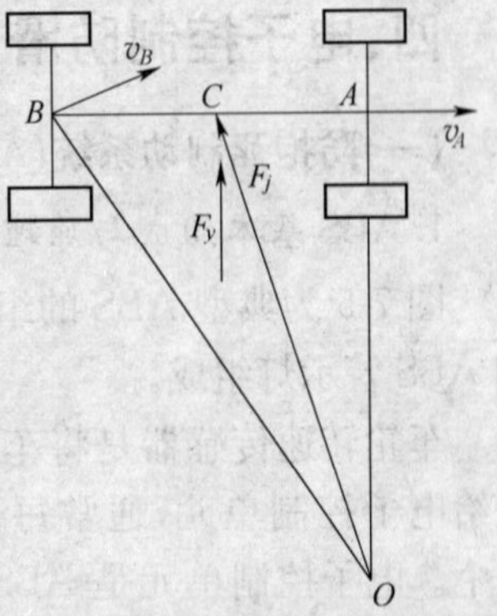

图 7-3　后轴抱死的运动情况

安装防滑控制系统的汽车可控制车轮滑动率不致过大而有效避免方向失控及车轮侧滑。从而提高了汽车的行驶方向稳定性。

2. 缩短制动距离

在紧急制动情况下，ABS 能够保证受控制的车轮获得最大的纵向附着力，制动时汽车就能够在最短的距离内制动停车。

如图 7-4 所示为装备防滑控制系统的汽车与未装备防滑控制系统的汽车制动距离的比较。

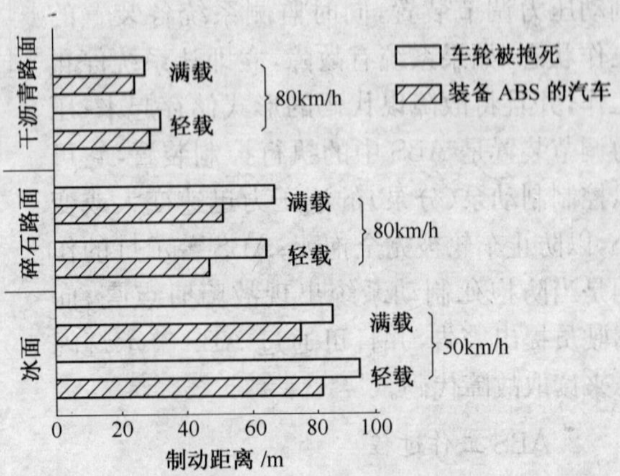

图 7-4　装备与未装备 ABS 制动距离比较

另外装备防滑控制系统的汽车在加速过程中能保证驱动轮获得最大附着力，从而汽车获得更大的驱动力，提高汽车的加速能力。同时防滑控制系统避免了车轮发生抱死现象而减轻了轮胎磨损，也减轻了驾驶的操纵负担，提高了汽车行驶安全性。

三、电子控制制动力分配系统的作用

汽车在制动时会由于汽车重心前移，后轮的地面附着力减小，制动力自然也减小，从而导致汽车的刹车距离较长，严重的则同样会造成汽车摆尾等现象。如果此时能增大后轮的制动力，则不仅可缩短制动距离，而且还可保证汽车制动时的稳定性。此外，在制动时如果四个车轮地面附着情况不一样，或者在车辆转弯时制动，则内外侧车轮的附着力也会不一致。如前左和后右附着在泥泞中，而前右和后左附着在干燥道路上，这种情况将会导致四个车轮与地面的附着力不一样，也容易造成车辆制动倾斜、打滑，甚至侧翻。如果此时能根据各个车轮的实际地面附着情况，分别施加不同的制动力，显然可提高车辆的制动性能和稳定性。

电子控制制动力分配系统（Electronic Brake-force Distribution，EBD）在制动时，ABS/EBD/ECU 根据车辆前后负载的变化，即前后轮的转速差，将控制信号送给调压器，调节前后轮的制动力分配。减速时根据荷重变化，调节后轮的制动力；在转向时，根据左右轮的减速差，调节各车轮不同的制动压力，保证转向过程中的方向稳定性。

四、电子控制防滑系统的工作过程及控制方式

(一)防抱死制动系统(ABS)的工作过程

1. ABS基本组成与原理

图7-5为典型ABS的组成。通常ABS由车轮转速传感器、电子控制单元、压力调节装置和ABS警示灯组成。

车轮转速传感器是将车轮的转速信号输送给电子控制单元,通常每个车轮上各安装一个。电子控制单元是ABS的控制中心,它的作用是连续检测来自每个车轮转速传感器的信号,再经过计算后,适时发出控制指令给制动压力调节装置,同时监测系统各装置的工作状态,如果系统有故障,立即让系统停止工作,并且将故障以代码的形式储存起来;压力调节装置是ABS中的执行控制装置,它可以控制制动泵(分泵)的液压力迅速变大或变小,以防止车轮被完全抱死;ABS警示灯的作用是当防抱死制动系统出现故障时点亮,向驾驶员提出警告,并且可通过ABS警示灯闪烁来读取故障代码。

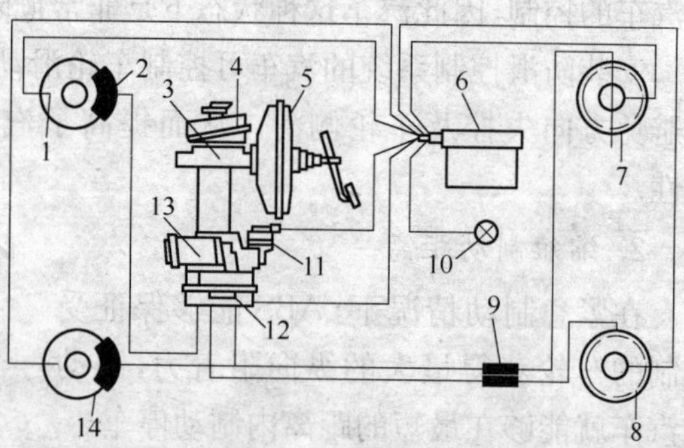

图7-5 典型ABS的组成

1. 车轮转速传感器 2. 右前制动器 3. 制动总泵 4. 储液室 5. 真空助力活塞 6. 电子控制单元 7. 右后制动器 8. 左后制动器 9. 比例阀 10. ABS警告灯 11. 储液器 12. 调压电磁阀总成 13. 电动液压泵总成 14. 左前制动器

2. ABS工作过程

ABS的工作分为常规制动、制动压力保持、制动压力减小和制动压力增大四个阶段。每个分泵的制动液流向受两个二位二通的电磁阀控制,制动总泵、蓄压器与分泵之间的电磁阀为常开,称为进液电磁阀;储液缸与分泵之间的电磁阀为常闭,称为出液电磁阀,在蓄压器与分泵及总泵之间有一个常闭的主电磁阀。

(1)常规制动阶段。在常规制动阶段时,制动踏板力较小,车轮获得的制动力也较小,此时滑移率较低,不需进行压力调节,ABS不介入制动压力调节,此时进出液电磁阀均不通电,如图7-6a所示,进液电磁阀导通,出液电磁阀关闭,制动总泵与制动分泵处于导通状态,制动分泵的制动压力将随制动总泵的压力变化而变化。

(2)压力保持阶段。随着踏板力的增加,制动压力亦随之增大,当有车轮的滑移率超过规定值时,电子控制单元根据车轮转速传感器输入的车轮转速信号判定有车轮趋于抱死,ABS此时介入制动压力调节控制。以右前轮为例,如图7-6b所示,当电子控制单元判断其首先趋于抱死时,电子控制单元会使右前轮进液电磁阀通电关闭,而右前轮出液电磁阀仍然断电,处于关闭状况,此时右前轮制动分泵形成封闭空腔,制动压力保持不变。

(3)压力减小阶段 。当右前轮制动分泵的制动压力保持一定时,滑移率会继续上升,电子控制单元判定其继续趋向于抱死时,电子控制单元使右前轮进、出液电磁阀均通电。如图7-6c所示,右前轮进液电磁阀关闭,出液电磁阀打开,此时右前轮制动分泵与总泵隔开而与储液缸相通,部分制动液流回储液缸,使右前轮制动分泵制动压力下降,右前轮逐渐消除抱死状态。

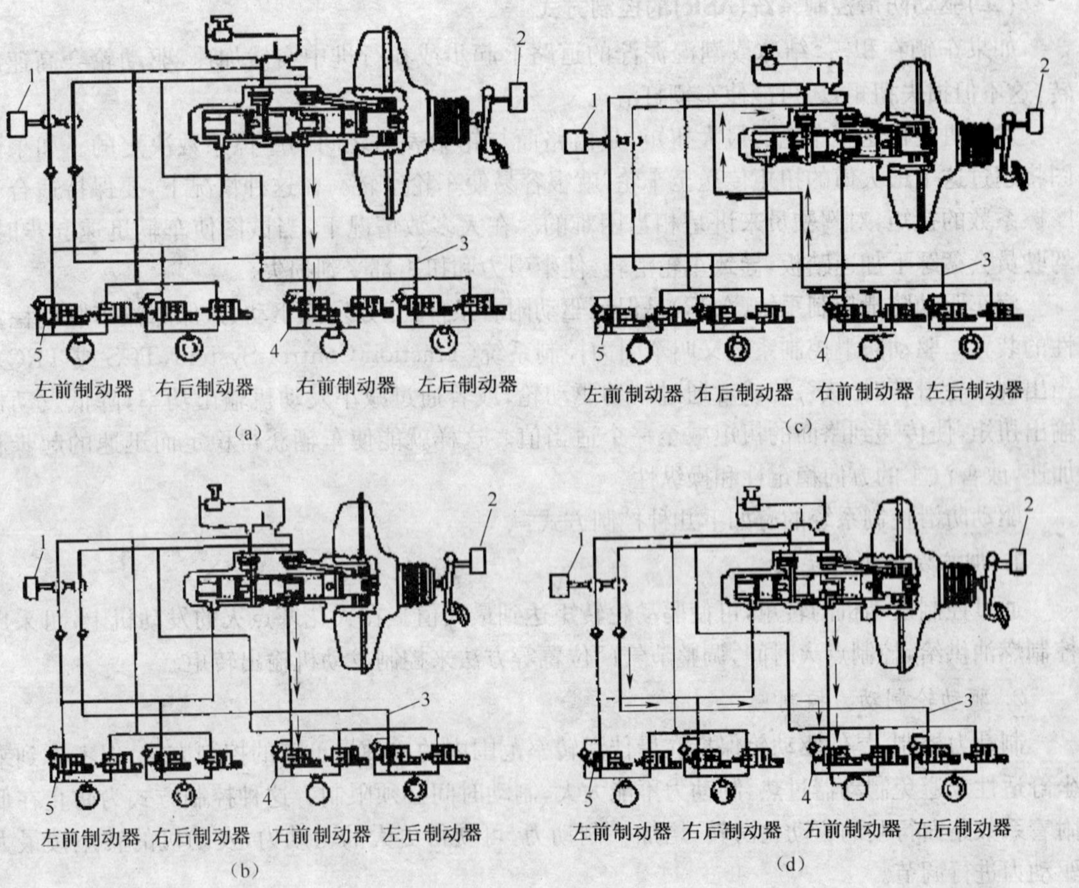

图 7-6　ABS 的工作过程

(a)常规制动阶段　(b)制动压力保持阶段　(c)制动压力减少阶段　(d)制动压力增大阶段

1. 电动泵　2. 制动开关　3. 高压管路　4. 低压管路　5. 电磁阀

(4)压力增大阶段。随着右前轮制动压力减小，右前轮又会在汽车的惯性力作用下逐渐加速，滑移率会逐渐下降，当电子控制单元根据车轮转速传感器来的信号判断右前轮抱死趋势已经消除时，电子控制单元使右前轮进、出液电磁阀均断电。如图 7-6d 所示，右前轮进液电磁阀打开，出液电磁阀关闭，同时使主电磁阀通电而导通，此时，蓄压器高压制动液进入右前轮制动分泵，在进入右前轮制动分泵的同时，高压制动液也进入其他车轮分泵及总泵活塞内并使制动压力上升，此时制动踏板有反弹感觉，当高压制动液进入右前轮制动分泵使其制动压力上升，右前轮又开始减速转动，滑移率再上升。

当滑移率超过一定规定值时，ABS 又进行制动压力保持，这样 ABS 通过使趋于抱死的车轮制动压力进行保持、减小与增大循环，使趋于抱死的车轮的滑移率始终保持在峰值滑动系数附近范围内，从而使车轮获得较大的附着系数，减小制动距离，提高制动时行驶及转向操纵稳定性能，从而提高汽车制动安全性。

ABS 是否参与工作，不仅与车轮滑移率有直接关系，同时与车速也有关系。当车速超过一定大小以后(一般为 5km/h 或 8km/h)，ABS 才会对制动过程中趋于抱死的车轮进行制动压力调节。因为当车速很低时，即使车轮抱死对制动性安全性的影响也很小。

(二)驱动防滑控制系统(ASR)的控制方式

如果车辆在积雪、结冰或潮湿泥泞的道路上起步或在行进中突然加速,驱动轮会高速滑转,这不但损失扭矩,还可能使车辆打滑。

发动机能传送至车轮的最大扭矩,是由路面与轮胎表面之间的摩擦系数决定的。如果试图将超过这个最大值的扭矩传送至车轮,就很容易使车轮空转。在这种情况下,要保持适合于摩擦系数的扭矩,对驾驶员来讲是相当困难的。在大多数情况下,当试图使车辆迅速起步时,驾驶员会猛踩下加速踏板,导致车轮滑转,使牵引力和扭矩都受到损失。

汽车驱动防滑控制系统(ASR)是保证驱动附着条件,充分发挥驱动力,保障汽车驱动稳定性的装置。驱动防滑控制系统又叫牵引力控制系统(Traction Control System,TCS 或 TRC)。当出现车轮滑转时,该系统或者通过制动驱动轮,或者通过减小发动机输出功率,降低发动机输出扭矩,使传递到路面的扭矩减至一个适当值。这样就能使车辆获得稳定而迅速的起步和加速,改善汽车的方向稳定性和操纵性。

驱动防滑控制系统的有如下几种控制方式:

1. 调节发动机的转矩

通过控制发动机的转矩,可使驱动轮转矩达到最大值。在火花塞点火的发动机上,可采用控制燃油供给,控制点火时间,调整节气门位置等方法来控制发动机输出转矩。

2. 驱动轮制动力控制

制动力控制,是使驱动轮保持在最佳滑转率范围内的一种最迅速的控制方式,但考虑到乘坐舒适性及避免制动器过热,制动力不能太大,制动时间必须限制。这种控制方式为防止在低附着系数路面行驶的驱动轮滑转,增加一制动力,可获得更大的驱动力,发动机的转矩按最大驱动力进行调节。

3. 控制后轴的防滑差速器

具有可变锁止作用的防滑差速器能较好地解决操作和制动时的稳定性。电子控制单元(ECU)通过增大、保持或减小差速器中液压来控制驱动轮的滑转,在不同附着系数的道路上,改善其附着性能,提高低速转向和过度转向的稳定性。各驱动轮的锁紧系数可用差速器中的液压预紧盘来调节。它可从零连续增加到完全锁紧,所需液压由蓄压器提供,调节作用由电磁阀控制。

4. 控制发动机与驱动轮之间的转矩匹配

控制发动机与驱动轮之间的转矩匹配,包括控制传动比和离合器。它能在很多情况下帮助驾驶员控制车轮滑转,但由于存在应力与磨损问题,离合器的控制也只能在一定范围内有效。

(三)电子控制制动力分配系统(EBD)的控制过程及计算方法

1. 电子控制制动力分配系统(EBD)的控制过程

EBD 系统的传感信号依然是四个车轮轮速传感器,这种传感器利用非接触式的电磁感应原理,感应铁磁材料齿圈的磁通量,产生周期性交变的准正弦波信号电压。由于齿圈是固装在车轮上的,通过信号电压可随动地反映制动时车轮转速的变化,车轮转速越高则信号电压越大。EBD 系统的控制过程如图 7-7 所示。

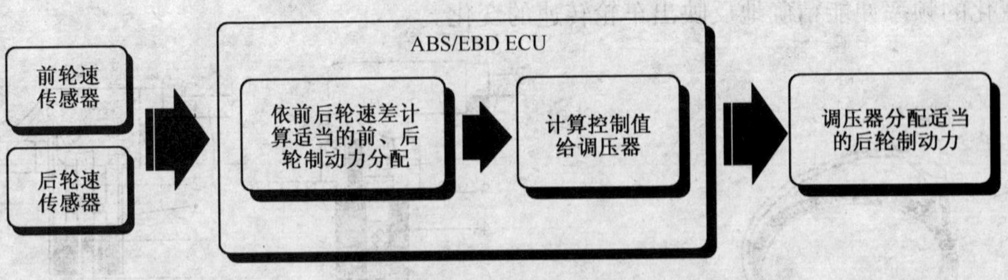

图 7-7　EBD 系统的控制过程

2. 电子控制制动力分配系统(EBD)的车辆"参考车速"的计算方法

EBD 对滑移率进行控制，这就需要测定实际即时车速。要求对变化中的车速进行精确测量是十分困难的，从车载条件和设备成本考虑，显然不宜采取直接测量法，而选取动态跟踪法来精密计算得出车辆的参考车速取代实际即时车速。在当前实用的 EBD 系统中，理论上对车速的计算方法有以下三种：

(1)最大轮速测量法。车辆在实际独立制动过程中四个车轮的转速不可能完全一致，在每个采集周期中，减速时选取轮速最大者为车辆的参考车速，而在加速时则选取四轮速的最小值作为车辆的参考车速。

(2)斜率比较法。在不同的路面制动时，先确定车辆的减速度斜率和参考车速，并与实际车速比较。当最大轮速小于参考车速时，以原计算的参考车速为准；当大于参考车速时，则以最大轮速为参考车速。

(3)经济波动法。经济波动法是利用消除经济变化的季节波动因素而得出数值规律的一种方法。在车速计算中也是剔除偶然不规律的因素而得到参考车速的一种方法。

对于实际使用的五轮仪测量法，其测试值的均方差比较表明，用斜率比较法和经济波动法确定的参考车速响应敏捷，同时测试值也较准确。

第二节　防抱死制动系统的结构及工作原理

一、车轮转速传感器的结构及工作原理

轮速传感器的功用是检测车轮的转速，并将转速信号输入 ECU。目前用于 ABS 系统的轮速传感器主要有电磁式轮速传感器和霍尔式轮速传感器两种类型。

(一)电磁式轮速传感器

电磁式轮速传感器由传感头和齿圈两部分组成，图 7-8 所示为磁脉冲式轮速传感器的外形，图 7-9 所示为轮速传感器的剖视图。

传感头直接安装于齿圈的上方，如图 7-9 所示。轮速传感器传感头由永磁体、极轴、感应线圈等组成。极轴 5 同永磁体 2 相连，永磁体通过极轴延伸到齿圈并与齿圈构成磁路。感应线圈 4 套在极轴外面，齿圈固装在轮毂上与车轮一同旋转。齿圈旋转时，齿顶和齿隙交替对向极轴。当齿顶对向极轴时，磁路磁阻最小，通过感应线圈的磁通最大；当齿隙对向极轴时，磁路磁阻最大，通过感应线圈的磁通最小。齿顶、齿隙交替对向极轴，就使通过感应线圈内部的磁通交替变化从而产生感应电动势，通过线圈末端的电缆将此信号输入 ECU。感应电动势(电压)

信号变化的频率便能精确地反映出车轮转速的变化。

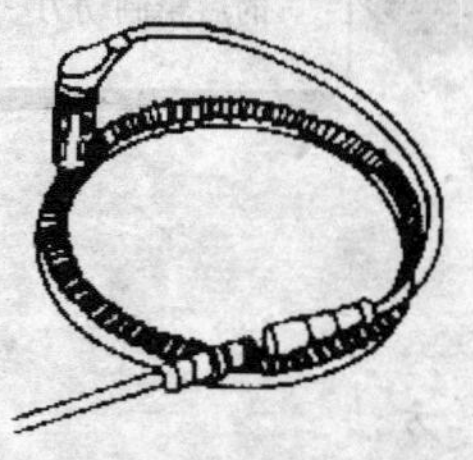

图 7-8　磁脉冲式轮速传感器的外形

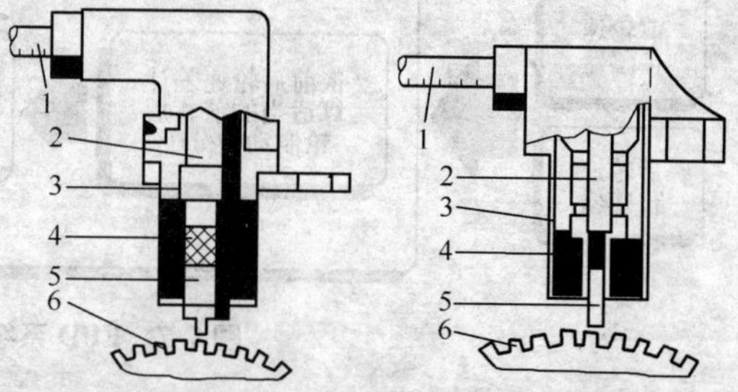

（a）凿式极轴轮速传感器 DF_2（b）柱式极轴轮速传感器 DF_3

图 7-9　轮速传感器的剖视图

1. 电缆　2. 永磁体　3. 外壳　4. 感应线圈　5. 极轴　6. 齿圈

根据极轴的结构形式不同，轮速传感器又可分为凿式极轴轮速传感器、柱式极轴轮速传感器和菱形极轴轮速传感器等形式，如图 7-10 所示。

不同形状的极轴传感头，相对于齿圈的安装方式各不相同，如图 7-11 所示。安装时，传感头与齿圈之间应留有约 1mm 的空隙，并且安装必须牢固，以保证汽车在制动过程中的振动不会干扰或影响传感器信号。为避免水、泥、灰尘对传感器工作的影响，在安装前需向传感器加注黄油。

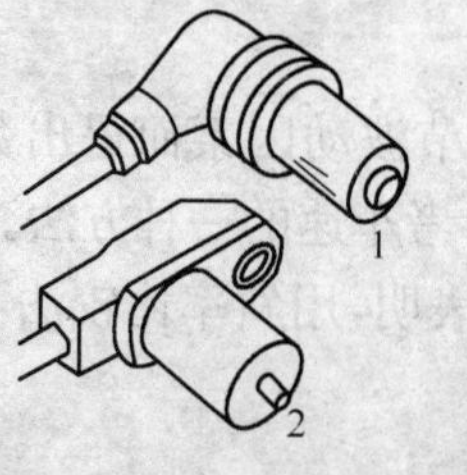

图 7-10　轮速传感器传感头

1. 凿式极轴传感头　2. 柱式极轴传感头

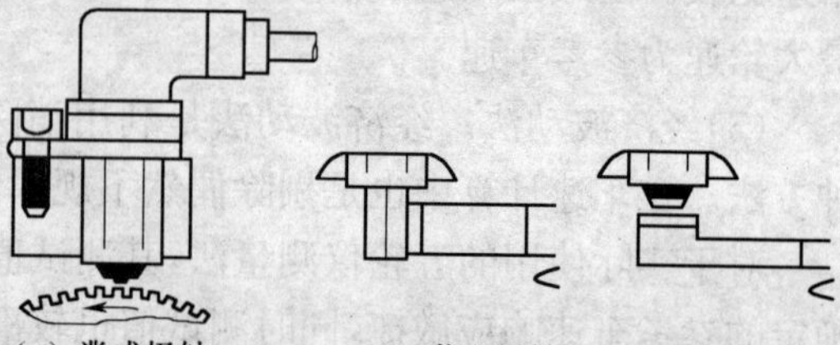

（a）凿式极轴　（b）菱形极轴　（c）柱式极轴

图 7-11　不同形状极轴传感头的安装方式

电磁式轮速传感器结构简单，成本低，但存在下述缺点。

①其输出信号的幅值随转速的变化而变化。在规定转速范围内，其输出信号的幅值一般在 1～15V 范围内变化；若车速过慢，其输出信号低于 1V，ECU 就无法检测。

②频率响应不高。当转速过高时，传感器的频率响应跟不上，容易产生误信号。

③抗电磁波干扰能力差，尤其在其输出信号幅值较小时。在汽车这个电磁波干扰源很多的特定条件下，抗干扰能力尤为重要。

目前国内外 ABS 防抱死制动系统的控制速度范围一般为 15 km/h～160km/h，今后要求控制速度范围扩大到 8 km/h～260km/h 以至更大，显然电磁感应式轮速传感器很难适应。目前霍尔式轮速传感器在 ABS 系统中的应用越来越广泛。

(二)霍尔式轮速传感器

霍尔式轮速传感器由传感头和齿圈组成。传感头由永磁体、霍尔元件和电子电路等组成。

1. 霍尔电压的产生

如图 7-12 所示。永磁体的磁力线穿过霍尔元件通向齿轮，在此齿轮相当于一个集磁器。

当齿轮位于图 7-12a 所示位置时，穿过霍尔元件的磁力线分散，磁场相对较弱。当齿轮位于图 7-12b 所示位置时，穿过霍尔元件的磁力线集中，磁场相对较强。齿轮转动时，使得穿过霍尔元件的磁力线密度发生变化，因而引起霍尔电压的变化，霍尔元件将输出一个 mV 级的准正弦波电压。此信号还需由电子电路转化成标准的脉冲电压。

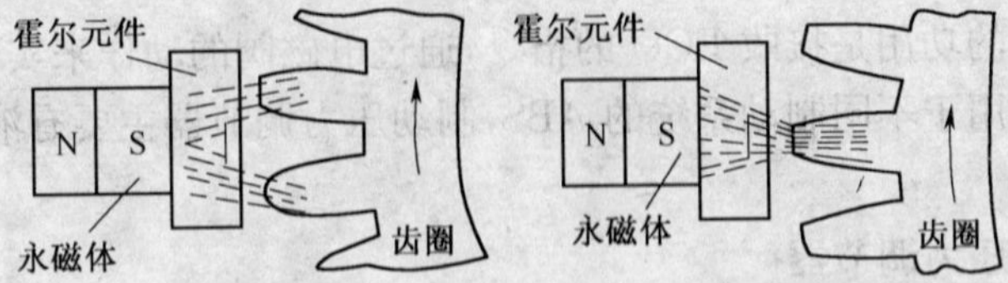

(a) 霍尔元件磁场较弱　(b) 霍尔元件磁场较强

图 7-12　霍尔式轮速传感器磁路

2. 波形转化器

由霍尔元件输出的 mV 级准正弦波电压，将由图 7-13 所示的电子电路转换成标准的脉冲电压信号输入 ECU。

图 7-13　霍尔式轮速传感器电子电路框图

由霍尔元件输出的 mV 级准正弦波电压，经放大器放大为 V 级的电压信号，送入施密特触发器，施密特触发器将正弦波信号转换成标准的脉冲信号再送至输出级放大后输出。各级波形如图 7-14 所示。电子电路原理如图 7-15 所示。其工作电压为 8V～15V，负载电流为 100mA，工作频率为 20kHz，输出电压幅值为 7V～14V。

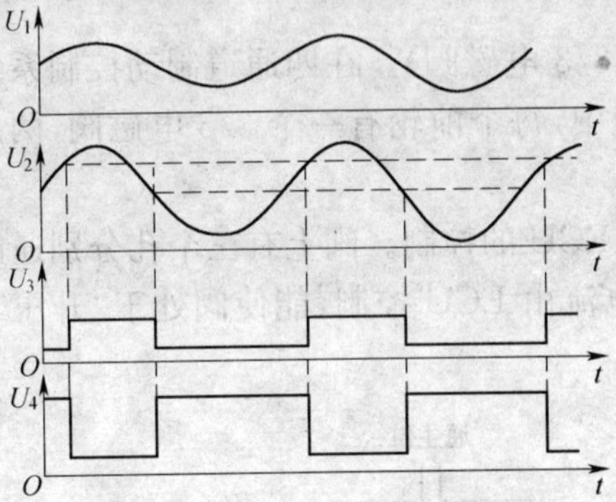

图 7-14　电子电路的各级波形

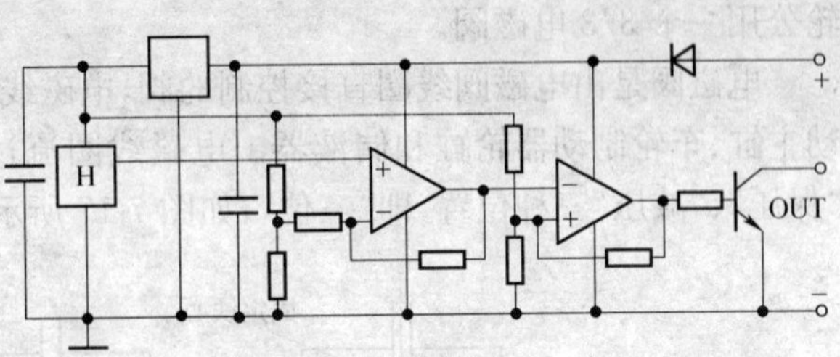

图 7-15　霍尔式轮速传感器电子电路原理图

霍尔式轮速传感器具有以下优点。

①输出信号电压幅值不受转速的影响。在汽车电源电压 12V 条件下，其输出信号电压保持在 11.5V～12V 不变，即使车速下降接近于 0 也不变。

②频率响应高。其响应频率高达 20kHz，用于 ABS 系统时，相当于车速为 1000km/h 时所检测的信号频率。

③抗电磁波干扰能力强。由于其输出信号电压不随转速的变化而变化，且幅值高，故具有

很强的抗电磁波干扰的能力。

由于上述原因,霍尔式传感器不仅广泛应用于 ABS 轮速检测,也广泛应用于其控制系统的转速检测。

二、制动压力调节器的结构及工作原理

制动压力调节器的功用是接收 ECU 的指令,通过电磁阀的动作来实现车轮制动器制动压力的自动调节。根据用于不同制动系统的 ABS,制动压力调节器主要有液压式、气压式和空气液压加力式等形式。

(一)液压式制动压力调节器

液压式制动压力调节器主要由电磁阀、液压泵和储液器等组成。制动压力调节器串接在制动主缸与轮缸之间,通过电磁阀直接控制轮缸制动压力的制动压力调节器称为循环式调节器,间接控制制动压力的制动压力调节器称为可变容积式调节器。

1. 循环式制动压力调节器

此种形式的制动压力调节器在制动总缸与轮缸之间串联进一个电磁阀,直接控制轮缸的制动压力。回油泵也叫做再循环泵,其作用是当电磁阀在“减压”过程中,从制动轮缸流出的制动液经储液器由回油泵泵回制动主缸。储液器的功用是当电磁阀在“减压”过程中,从轮缸流出的制动液由其暂时储存,然后由回油泵泵回主缸。循环式制动压力调节器的基本工作原理如图 7-16 所示。

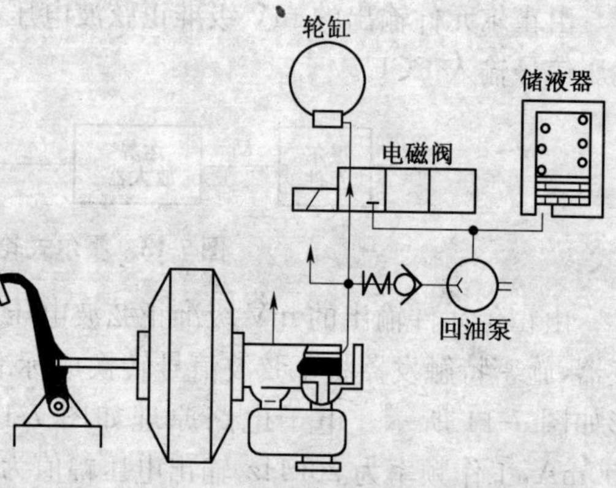

图 7-16 循环式制动压力调节器的基本工作原理

(1)电磁阀的基本结构与工作原理。循环式制动压力调节器的电磁阀多采用三位三通电磁阀(3/3 电磁阀)。在四通道制动控制系统中每个轮缸有一个 3/3 电磁阀;在三通道制动控制系统中,每个前轮有一个 3/3 电磁阀,两后轮公用一个 3/3 电磁阀。

电磁阀是由电磁阀线圈直接控制的阀,电磁线圈受 ECU 的控制。阀上有三个孔分别通制动主缸、车轮制动器轮缸和储液器。电磁线圈流过的电流由 ECU 控制,能使阀处于“升压”、“保压”、“减压”三种位置,即“三位”,如图 7-17 所示。

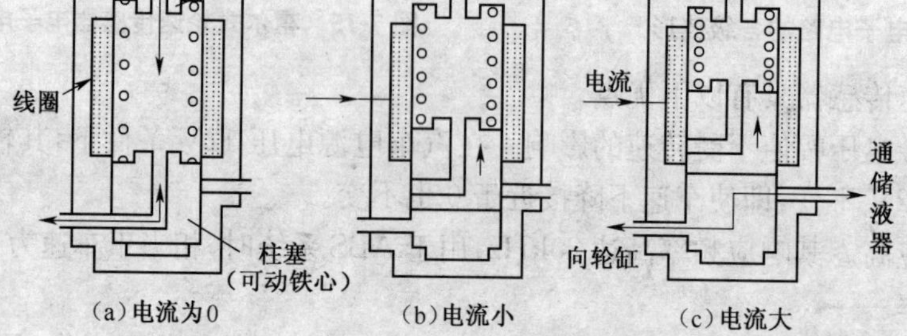

图 7-17 3/3 电磁阀的基本结构与工作原理

①升压(常规制动)。如图 7-18 所示，电磁线圈中无电流通过，电磁阀处于“升压”位置。此时制动主缸与轮缸直通，由制动主缸来的制动液直接进入轮缸，轮缸压力随主缸压力而增减，ABS 系统不工作，回油泵也不需工作。

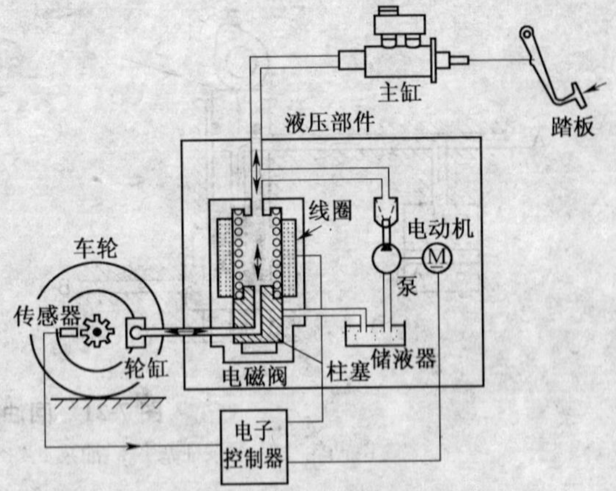

图 7-18　常规制动过程

②保压。当 ECU 向电磁线圈通入一个较小的保持电流(约为最大电流的 1/2)时，电磁阀处于“保持压力”位置，如图 7-19 所示。此时主缸、轮缸和回油孔相互隔离密封，轮缸中保持一定制动压力。

③减压。当 ECU 向电磁线圈通入一个最大电流时，电磁阀处于“减压”位置。此时电磁阀将轮缸与回油通道或储液器接通，轮缸中制动液经电磁阀流入储液器，轮缸压力下降，如图 7-20 所示。

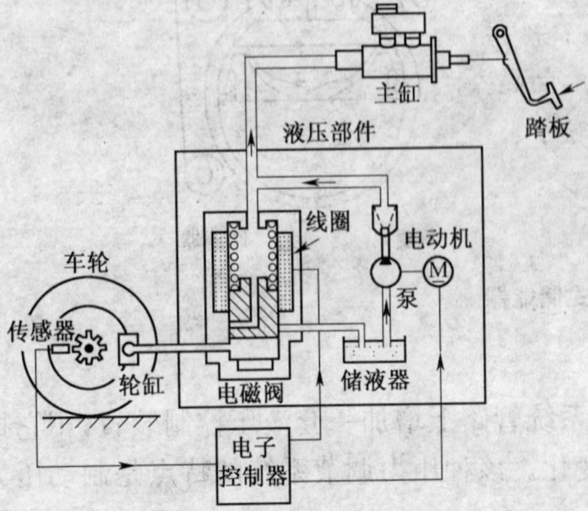

图 7-19　保压制动过程

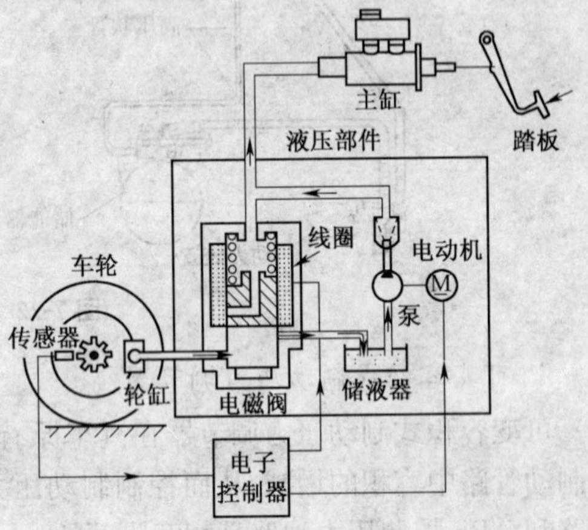

图 7-20　减压制动过程

随后，ABS 又进行制动压力的升压、保压、降压的循环调节过程，使车轮滑移率保持在 15%～20%，从而达到最佳的制动性能。

(2)回油泵与储能器的结构。回油泵及储能器的结构如图 7-21 所示。回油泵多为柱塞泵，由电动机带动凸轮驱动，泵内设有两个单向阀，上阀为进油阀，下阀为出油阀。柱塞上行时，轮缸及储能器的压力油推开上进油阀进入泵体内。柱塞下行时，首先封闭进油孔，继而使泵腔内压力升高，推开下出油阀，将制动液压回主缸。

储能器为一个内装活塞和弹簧的油缸，位于电磁阀与回油泵之间。由轮缸流入的压力油进入储能器作用于活塞，进而压缩弹簧使储能器容积变大，以暂时储存制动液。有的储能器也采用气囊式储能器，如图 7-22 所示。在容器中有气囊将容器分隔为两腔，气囊后部充有氮气，上腔与回油泵和电磁阀回油口相连。从轮缸流入的压力油进入气囊上腔，压力油作用在气囊上使气体压缩，上腔容积增大以暂时储存制动液和能量。

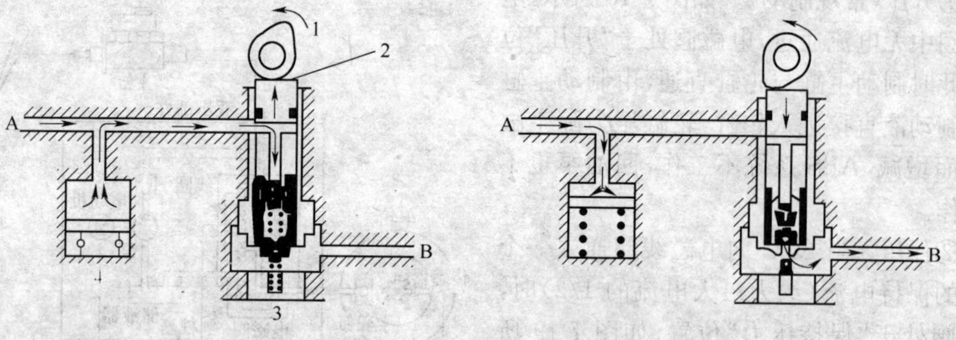

图 7-21 回油泵与储能器

1. 凸轮 2. 油泵柱塞 3. 油泵 4. 储能器 A. 来自轮缸 B. 到主缸

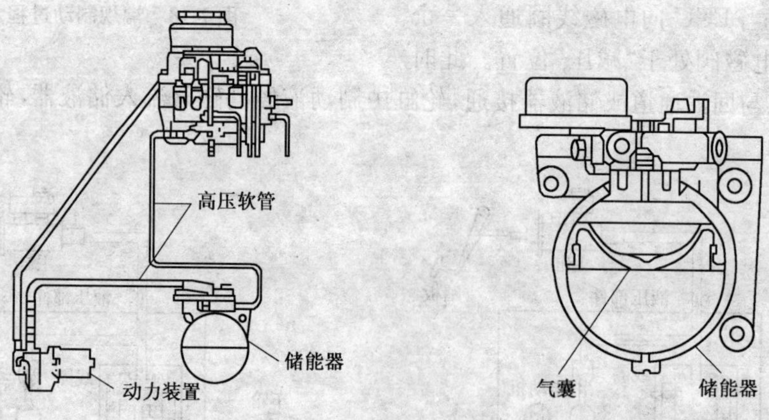

图 7-22 气囊式储能器

2. 可变容积式制动压力调节器

可变容积式制动压力调节器在汽车原有制动系统管路上增加一套液压控制装置，用它控制制动管路中容积的增减，从而控制制动压力的变化。该种压力调节系统的特点是制动压力油路和 ABS 控制压力油路是相互隔开的。

如图 7-23 所示，可变容积式制动压力调节器主要由电磁阀、控制活塞、液压泵、储能器等组成。其基本工作原理如下。

①常规制动。如图 7-23 所示，常规制动时，电磁线圈无电流通过，电磁阀将控制活塞工作腔与回油管路接通，控制活塞在强力弹簧的作用下推至最左端。活塞顶端推杆将单向阀打开，使制动主缸与轮缸的制动管路接通，制动主缸的制动液直接进入轮缸，轮缸压力随主缸压力变化而变化。此种状态是 ABS 工作之前或工作之后的常规制动工况。

②减压。如图 7-24 所示，减压时，ECU 向电磁线圈通入一个大电流，电磁阀内的柱塞在电磁力作用下克服弹簧弹力移到右边，将储能器与控制活塞工作腔管路接通。储能器（液压泵）的压力油进入控制活塞工作腔推动活塞右移，单向阀关闭，主缸与轮缸之间的通路被切断。同时由于控制活塞的右移，使轮缸侧容积增大，制动压力减小。

③保压。如图 7-25 所示，ECU 向电磁线圈通入一较小电流，由于电磁线圈的电磁力减小，柱塞在弹力作用下左移至将储能器、回油管及控制活塞工作腔管路相互关闭的位置。此时控

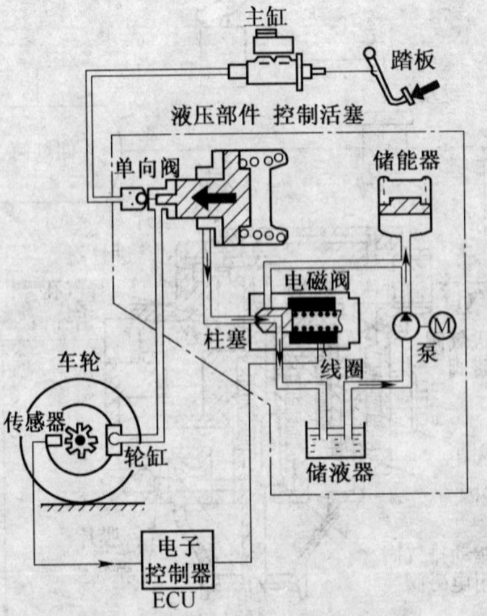

图 7-23　可变容积式制动压力调节器的组成及工作过程——常规制动

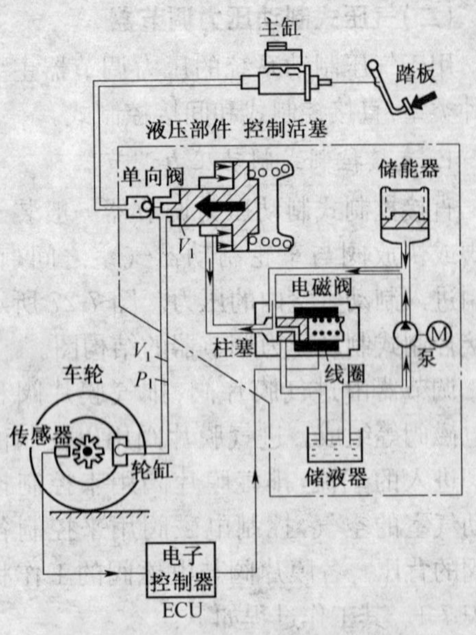

图 7-24　可变容积式制动压力调节器的组成及工作过程——减压

制活塞左侧的油压保持一定，控制活塞在油压和强力弹簧的共同作用下保持在一定位置，而此时单向阀仍处于关闭状态，轮缸侧的容积也不发生变化，制动压力保持一定。

④增压。如图 7-26 所示，需要增压时，ECU 切断电磁线圈中的电流，柱塞回到左端的初始位置，控制活塞工作腔与回油管路接通，控制活塞左侧控制油压解除，控制液流回储液器。控制活塞在强力弹簧的作用下左移，轮缸侧容积变小，压力升高至初始值。当控制活塞左移至最左端时，单向阀被打开，轮缸压力将随主缸的压力增大而增大。

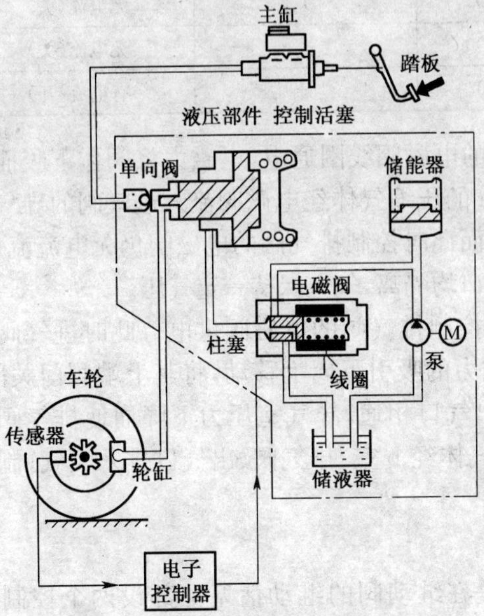

图 7-25　可变容积式制动压力调节器的组成及工作过程——保压

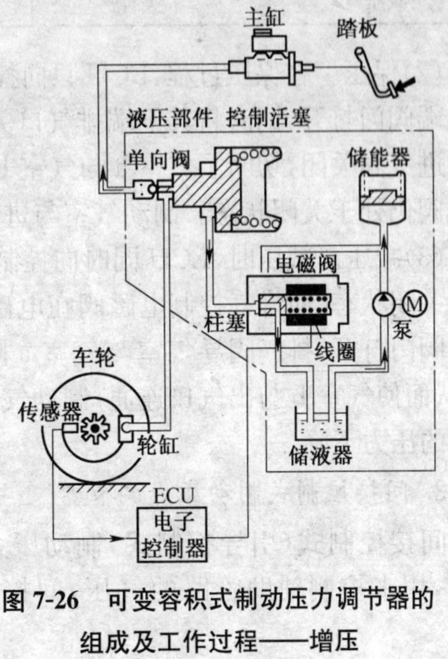

图 7-26　可变容积式制动压力调节器的组成及工作过程——增压

(二)气压式制动压力调节器

用于气压制动系统的压力调节器主要有两种类型:直接控制式和间接控制式。

1. 直接控制式制动压力调节器

直接控制式制动压力调节器一般装于继动阀或快放阀与车轮制动器气室之间,直接控制进入制动气室内的压力。图 7-27 所示为直接控制式制动压力调节器的结构图。

调节器由进气膜片阀、排气膜片阀和控制电磁阀等组成。进气膜片阀用以控制由继动阀进入的气流,排气膜片阀用来控制排掉制动气室的空气,控制电磁阀用来控制各膜片阀的背压。各膜片阀与电磁阀的工作状态见表 7-1。其工作过程如下:

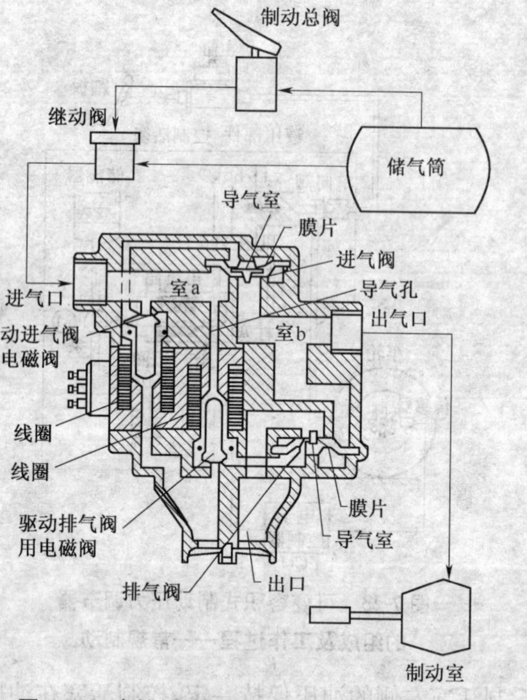

图 7-27 直接控制式制动压力调节器结构

(1)增压(常规制动)。增压时,ECU 将控制进气阀的电磁阀和控制排气阀的电磁阀的电路都切断,所有电磁线圈均无电流,各电磁阀都处于可关闭状态。此时,进气阀因无控制气压而处于开启状态,而排气阀因有控制气压而处于关闭状态。因而由继动阀流入的压缩空气由气室 a 经进气阀流入气室 b,再由出气口流入制动气室,制动气室气压升高。

表 7-1 膜片阀与电磁阀的工作状态

工作状态	进气膜片阀	控制电磁阀	排气膜片阀	控制电磁阀
增压	开	无电流(关)	关	无电流(关)
保压	关	有电流(开)	关	无电流(关)
减压	关	有电流(开)	开	有电流(开)

(2)保压。在保压过程,ECU 只向控制进气阀的电磁阀线圈通电,电磁力将阀体下吸而将其上端阀门打开,同时将其下端排气口关闭,气室 a 的压缩气体经电磁阀流入进气阀的导气室而将进气阀关闭,切断了气室 a 与气室 b 的通道。而此时控制排气阀的电磁阀仍无电流流过,排气阀仍处于关闭状态。制动气室与进气口、排气口均隔离,气室保持一定气压。

(3)减压。减压时,ECU 同时向控制进气阀和控制排气阀的电磁阀供电。此时进气阀仍保持关闭状态,而排气控制电磁阀在电磁线圈电磁力的吸引下向上移动,将其上端阀门关闭,下端阀门打开,排气阀导气室与气室 a 隔离而与出气口相通,导气室压力下降而使排气阀打开,从而使气室 b 与出气口连通,制动气室的压缩气体经 b 室、排气阀、出气口排入大气,制动气室的压力下降。

2. 间接控制式制动压力调节器

间接控制式(引导控制式)制动压力调节器是在继动阀的继动活塞上部设两个控制电磁阀,用来控制辅助管路的气压,间接控制输向制动气室的空气压力。其结构如图 7-28 所示。

进气电磁阀和排气电磁阀受 ECU 控制，分别控制由制动总阀进入继动活塞上方的进气通道和继动活塞上方的排气通道，控制继动活塞上方的控制气压，从而控制继动活塞处于不同位置而实现增压、保压和减压等过程。

由于调节器通过控制继动活塞上部气压的变化，通过继动活塞的上下运动来间接控制制动气室管路的压力，故调节器的反应速度要比直接控制方式慢。为提高调节器的反应速度，继动活塞上部的控制容积应尽可能小。由于继动阀通路容积比直接控制式大得多，所以用一个电磁阀可控制多个制动气室，因此，成本较低，功能较好，更适应于挂车 ABS 系统。

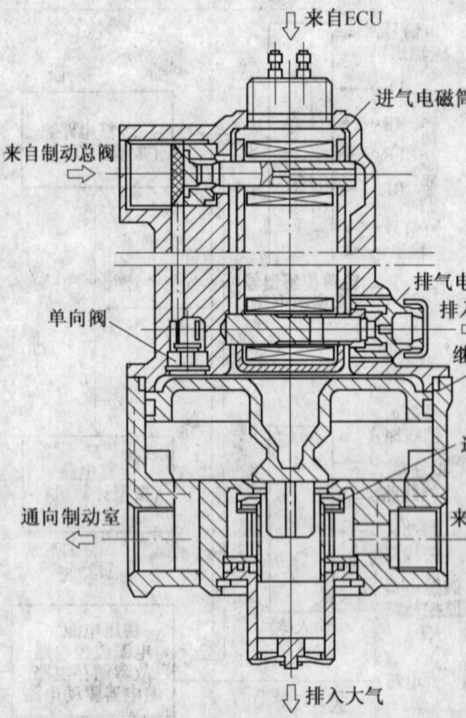

图 7-28　间接控制式制压力调节器

(三)空气液压助力器输出液调节器

空气液压助力器输出液压调节器也称 ABS 转换器，它以空气作为媒介，利用两个电磁阀控制空气缸中的空气压力来控制液压缸容积的变化，从而改变制动轮缸的制动液压力，亦即可变容积控制方式，其结构如图 7-29 所示。调节器由带液压缸和空气缸的壳体及控制空气缸压力的两个电磁阀组成。ECU 控制两电磁阀的开闭，改变空气压力使液压缸的容积发生变化，从而改变制动轮缸的液压。

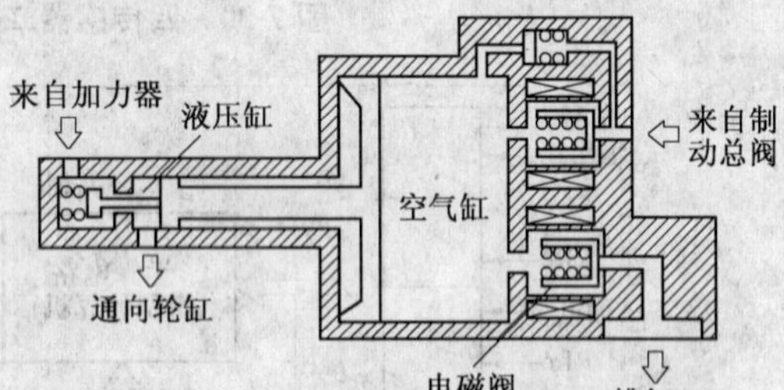

图 7-29　ABS 转换器结构

三、电子控制单元(ECU)的结构及工作原理

ABS 防抱死制动系统 ECU 的功用是接收轮速传感器及其他传感器输入的信号，进行测量、比较、分析和判别处理，通过精确计算，得出制动时车轮的滑移率、车轮的加速度和减速度，以判断车轮是否有抱死趋势；再由其输出级发出控制指令，控制制动压力调节器去执行压力调节的任务。

ABS ECU 内部电路结构如图 7-30、图 7-31、图 7-32 所示，一般由以下几个基本电路构成。

(一)输入级电路

输入级电路主要由一个低通滤波器和用以抑制干扰并放大轮速信号的输入放大器组成，其功用是将轮速传感器输入的正弦交流信号转换成脉冲方波整形放大后输入运算电路(微机)。输入级多为四个通道，此时有四个轮速传感器和四个输入放大电路：也有三个通道，即有三个轮速传感器，其中左、右前轮各装一个轮速传感器，而后轴差速器装一个轮速传感器，相应有三个输入放大电路。

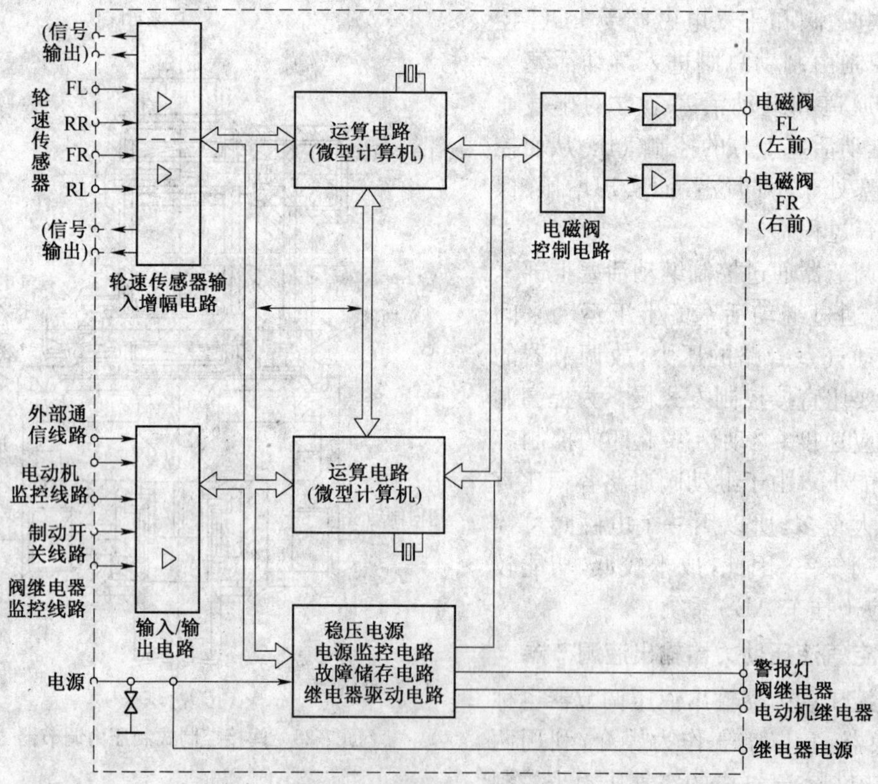

图 7-30　四传感器二通道系统 ECU 框图

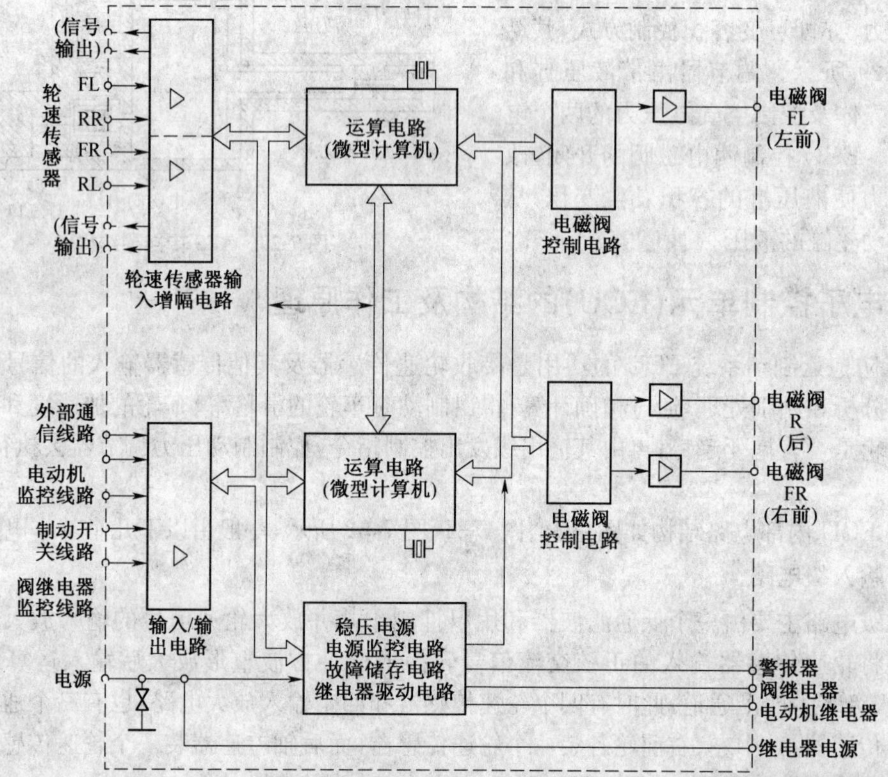

图 7-31　四传感器三通道系统 ECU 框图

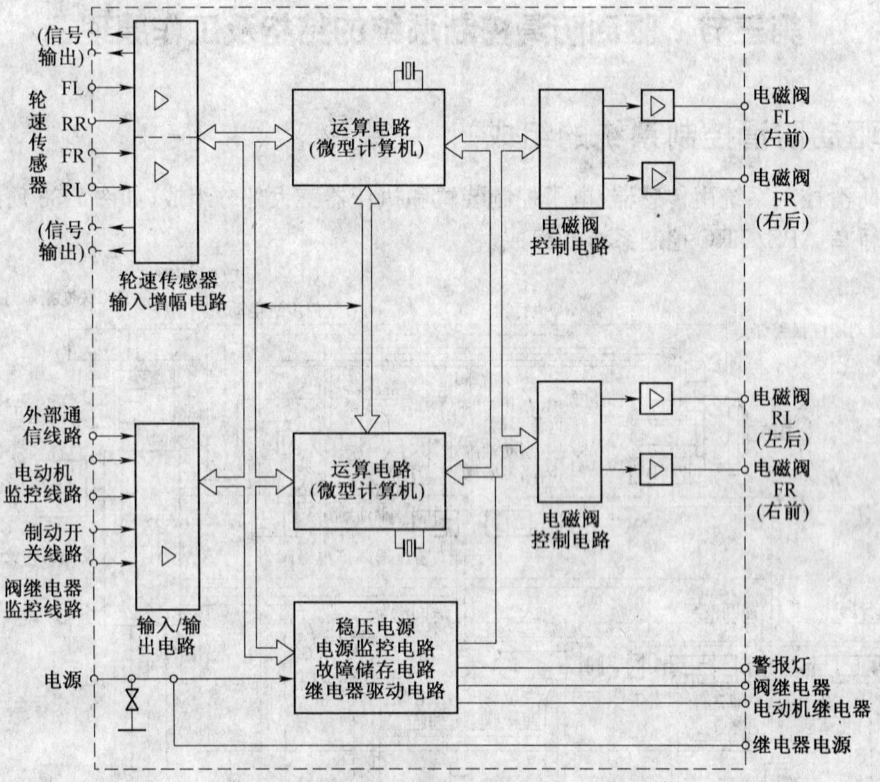

图 7-32　四传感器四通道系统 ECU 框图

(二)微型计算机(运算电路,ECU)

微型计算机的功用主要是进行车轮线速度、初始速度、滑移率、加速度和减速度的运算,调节电磁阀控制参数的运算和监控运算。微型计算机有时也称作微机或电脑。

经转换放大后的轮速传感器信号输入车轮瞬时线速度进行比较运算,最后得到滑移率和加速度、减速度信号,计算出电磁阀控制参数输入到输出级(电磁阀控制电路)。

ECU 中一般都设有两套运算电路,同时进行运算和传递数据,利用各自的运算结果相互比较,相互监视,确保可能性。

(三)输出级电路(电磁阀控制电路)

输出级电路的功用是接收微机输入的电磁阀控制参数信号,控制大功率晶体管向电磁阀线圈提供控制电流。

(四)稳压、监控、保护、故障反馈和继电器驱动电路(安全保护电路)

安全保护电路的功用首先是将汽车电源(蓄电池、发电机)提供的 12V 或 14V 的电压变为 ECU 内部所需的 5V 标准稳定电压;同时,还对电源电路的电压是否稳定在规定的范围进行监控;还将对轮速传感器输入放大电路、ECU 和输出级的故障信号进行监视,控制继动电动机和继动阀门。当出现故障信号时,关闭继动阀门,停止 ABS 系统工作,转入常规制动状态。同时,将仪表盘上的 ABS 警报灯点亮,提示驾驶员 ABS 系统出现故障,并将故障信息以故障码的形式存储在存储器中,以供诊断时调取。

第三节 驱动防滑控制系统的结构及工作原理

一、驱动防滑控制系统的组成

驱动防滑控制系统由传感器、电子控制装置和执行器三大部分组成，如图7-33所示为凌志LS400型轿车ABS/TRC控制系统的组成。

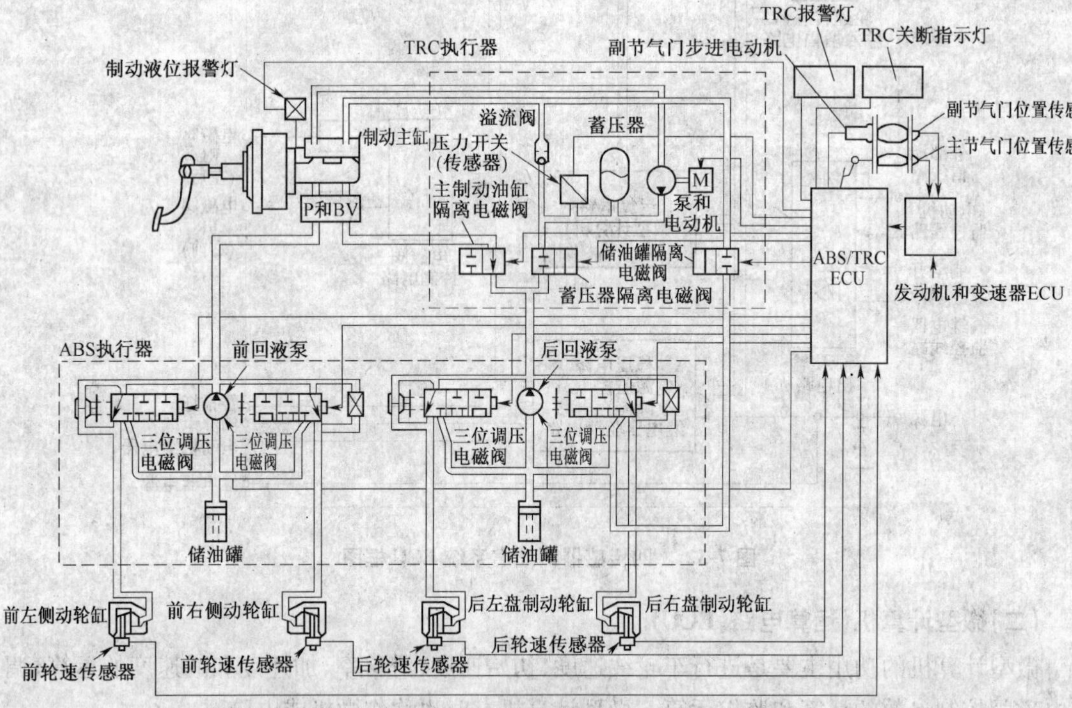

图7-33 驱动防滑控制系统组成

(一)传感器

TRC系统传感器包括车轮转速传感器和节气门位置传感器。车轮轮速传感器与ABS系统公用，装在四个车轮上，为电磁感应式的，它的作用是检测车轮转速，并将信号输给ABS/TRC ECU。节气门位置传感器有主、副之分，主节气门传感器位于节气门体上，与发动机燃油喷射系统公用；副节气门传感器位于主节气门前方，它们的作用是检测主、副节气门开度的大小，并将信号输给发动机和变速器ECU后送到ABS/TRC ECU。

(二)电子控制装置

发动机和变速箱(ECT) ECU，接收主、副节气门位置传感器信号，将其发送至ABS/TRC ECU。ABS/TRC ECU将ABS和TRC的控制功能结合为一体。ABS/TRC ECU用所输入的各个车轮转速传感器的转速信号，计算车轮空转情况和路面情况，用以减小发动机扭矩和控制车轮制动力，从而控制车轮转速。此外，ABS/TRC ECU还有初始检查功能、诊断功能和失效保护功能。

(三)执行器

TRC执行器有制动压力调节装置、三个切断电磁阀、TRC制动供能总成，以及控制副节气门的步进电动机等。

1. 副节气门执行器

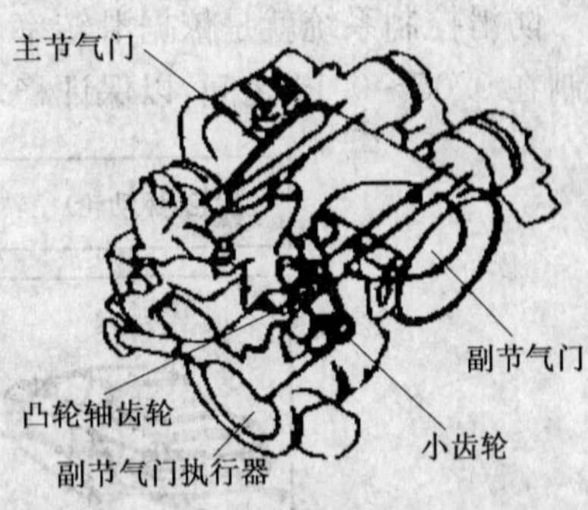

图 7-34　副节气门执行器

如图 7-34 所示，副节气门执行器安装在节气门体上，根据来自 ABS/TRC ECU 的信号控制副节气门开度，从而控制发动机输出功率（而在采用电子节气门的发动机控制系统中，由于少了油门拉线的束缚，在防滑控制系统中，可以省略副节气门）。

副节气门执行器是由永久磁铁、线圈和转子轴组成的一个步进电动机，由来自 ABS/TRC I ECU 的信号使其转动。在转子轴末端安装有一个小齿轮，使安装在副节气门轴末端的凸轮轴齿轮转动，从而控制副节气门开度。当 TRC 不工作时，副节气门完全打开，对发动机的工作没有影响；当 TRC 部分工作时，副节气门打开一定角度；当 TRC 完全工作时，副节气门完全关闭，如图 7-35 所示。

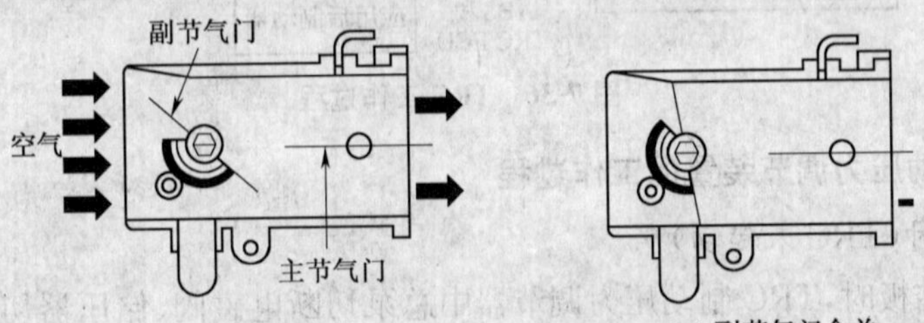

（a）副节气门半关　（b）副节气门全关

图 7-35　副节气门的工作过程

2. ABS 制动压力调节装置、TRC 制动压力调节装置（执行器）

ABS 制动压力调节装置和 ABS 系统公用。TRC 制动压力调节装置由泵、储压器、储压器切断电磁阀、总泵切断电磁阀、储液罐切断电磁阀、压力传感开关组成。

（1）泵。它是一个电动机驱动柱塞泵。将制动液从总泵储液罐泵出，提高其压力，然后传送至储压器。

（2）储压器。在 TRC 系统工作时，聚集加压的制动液，并将该制动液供应至制动分泵。储压器中还充有高压氮气，以缓和制动液容积的变化。

（3）储压器切断电磁阀。储压器切断电磁阀为常开电磁阀，通电时关闭，断电时打开。在 TRC 系统工作时，它将来自储压器的液压传送至制动分泵。

（4）总泵切断电磁阀。总泵切断电磁阀为常闭电磁阀，通电时打开，断电时关闭。当储压器中的液压正被传送至制动分泵时，这个电磁阀阻止制动液流回到总泵。

（5）储液罐切断电磁阀。储液罐切断电磁阀为常闭电磁阀，通电时打开，断电时关闭。在 TRC 系统工作时，这个电磁阀使制动液从制动分泵流回到总泵储液室。

（6）压力传感开关。它用于监测储压器中的压力，将这一信息发送至 ABS/TRC ECU，ECU 根据这一数据控制泵的工作。

二、驱动防滑控制系统的工作原理

（一）基本工作原理

汽车加速或用过大的牵引力行驶，发动机发出的驱动力超过了轮胎与路面之间的附着极限，在轮胎和路面之间常发生滑转现象。

防滑控制系统就是依据滑转率，通过控制发动机扭矩输出和车轮制动力，将车轮的滑转率控制在0.05～0.15之间，以保证稳定驱动，其工作过程如图7-36所示。

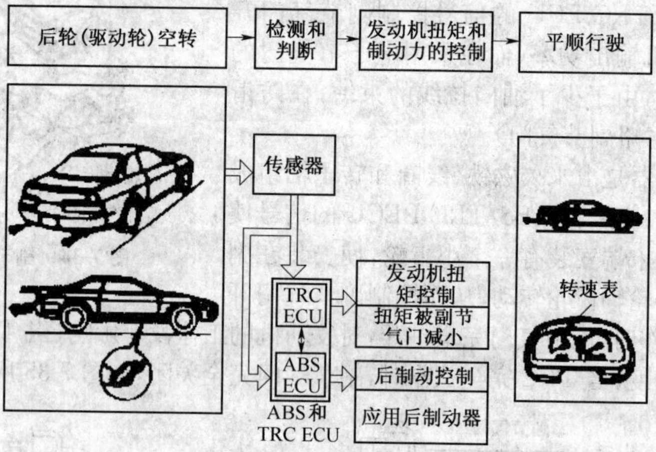

图7-36 TRC工作过程

（二）TRC制动压力调节装置的工作过程

1. 正常制动时（TRC未起动）

当踩下制动踏板时，TRC制动压力调节器中总泵切断电磁阀、储压器切断电磁阀、储液罐切断电磁阀都断电（OFF），如图7-37所示。TRC装置在此状态下，总泵切断电磁阀打开，当踩下制动踏板时，总泵内产生的液压经总泵切断电磁阀和ABS执行器的三位置电磁阀作用在制动分泵上；当松开制动踏板时，制动液从制动分泵流回到总泵。

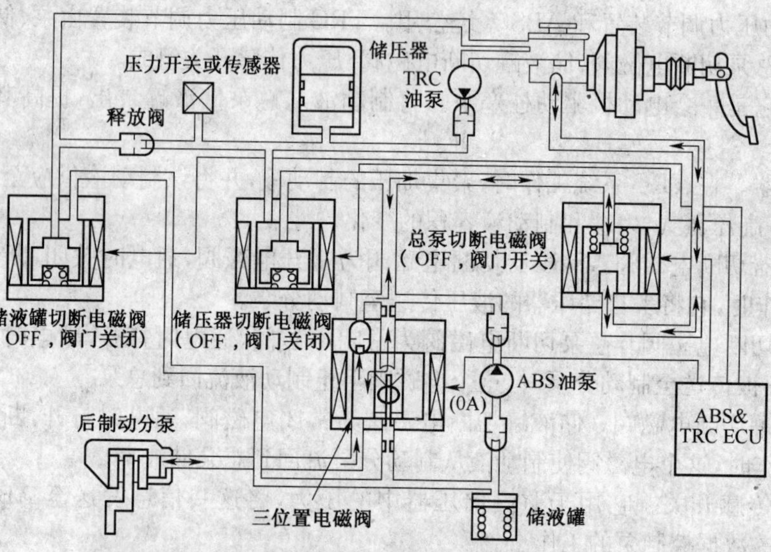

图7-37 正常制动模式液压回路

2. 车辆加速时（TRC起动）

在湿滑路面起步或加速，驱动轮打滑时，ABS/TRC ECU控制发动机扭矩和驱动轮的制动，以避免发生滑转。左、右驱动轮制动器中的液压，分别有三种控制模式：压力提高模式、压力保持模式、压力降低模式。总泵切断电磁阀、储压器切断电磁阀、储液罐切断电磁阀都通电(ON)，依靠 ABS 制动液压系统中的三位置电磁阀位置的切换实现三种控制模式的转换。当压力传感开关检测到储压器中压力下降时，无论 TRC 处于哪种工作模式，ECU 都接通 TRC 泵以提高液压。这时，ABS 油泵不工作。

(1)压力提高模式。当踩下油门踏板，一个后轮开始空转时，TRC ECU 控制三个切断电磁阀都通电，总泵切断电磁阀关闭，储压器切断电磁阀打开，储液罐切断电磁阀打开。同时，ABS 执行器的三位置电磁阀不通电，如图 7-38 所示。这时，储压器中的加压制动液，经储压器切断电磁阀和 ABS 中的三位置电磁阀，作用在后轮盘式制动分泵上。

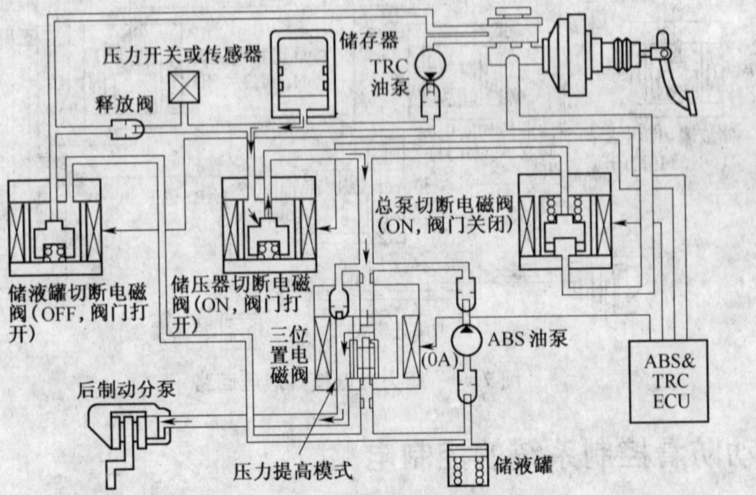

图 7-38　压力提高模式液压回路

(2)压力保持模式。如图 7-39 所示，当 ABS/TRC ECU 判断后轮盘式制动分泵中的液压提高或降低到所需要的压力时，系统就切换至压力保持模式。ABS 泵总泵切断电磁阀、储压器切断电磁阀、储液罐切断电磁阀均通电。ABS 执行器的三位置电磁阀通入最大电流的 1/2，切换至压力保持位置。其结果是阻止储压器中的压力降低，并保持盘式制动分泵中的制动压力。

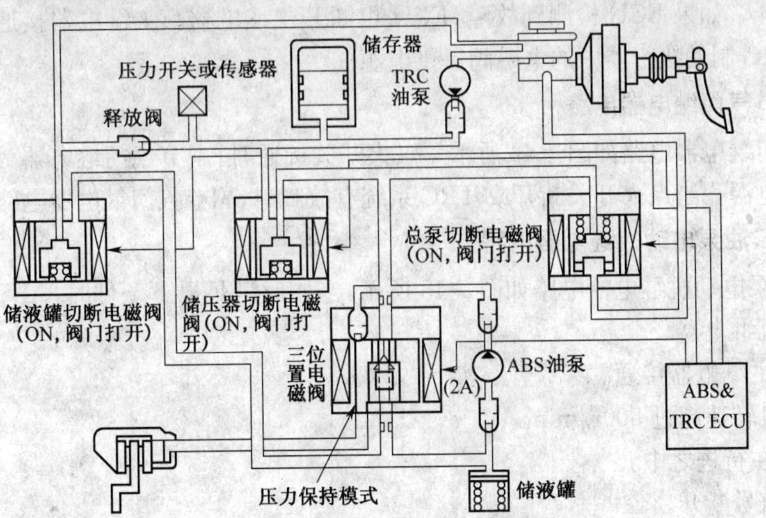

图 7-39　压力保持模式液压回路

(3)压力降低模式。当需要降低后轮盘式制动分泵中的液压时，ABS/TRC ECU 将 ABS 执行器的三位置电磁阀通入最大电流，转换至压力降低位置。这就使盘式制动分泵中的液压，经 ABS 三位置电磁阀和储液罐切断电磁阀流回至总泵储液罐，导致液压降低，如图 7-40 所示。

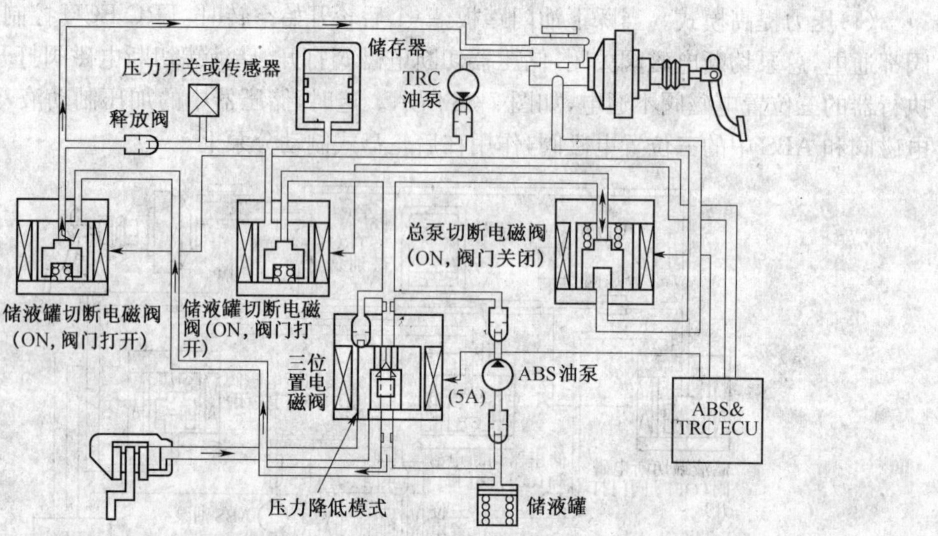

图 7-40 压力降低模式液压回路

三、驱动防滑控制系统的控制电路

驱动防滑控制系统控制电路如图 7-41 所示，凌志 LS400 型轿车 ABS/TRE 插接器端子排列如图 7-42 所示，插接器各端子的代号及名称见表 7-2。

(一)制动压力调节装置主继电器电路

如图 7-43 所示，只要 ABS/TRC ECU 和发动机电子控制系统没有故障，当点火开关接通时，ECU 就接通 TRC 制动压力调节装置主继电器和副节气门继电器。当点火开关断开时，主继电器就断开。如果 ECU 检测到故障，ECU 也断开主继电器。主继电器接通时，为 TRC 泵继电器和 TRC 制动执行器中的电磁阀提供电源。

(二)副节气门继电器电路

副节气门继电器电路如图 7-44 所示。点火开关接通时，副节气门继电器为副节气门步进电动机提供电源。当点火开关断开或 TRC 系统有故障时，副节气门继电器电路断开。

(三)TRC 油泵电动机继电器电路

TRC 油泵电动机继电器电路如图 7-45 所示，当同时满足以下条件时，ABS/TRC ECU 接通油泵电动机继电器。

①TRC 主继电器接通。

②发动机转速超过 500r/min。

③ 汽车在行进之中。

④怠速信号断开。

⑤压力传感开关信号接通。

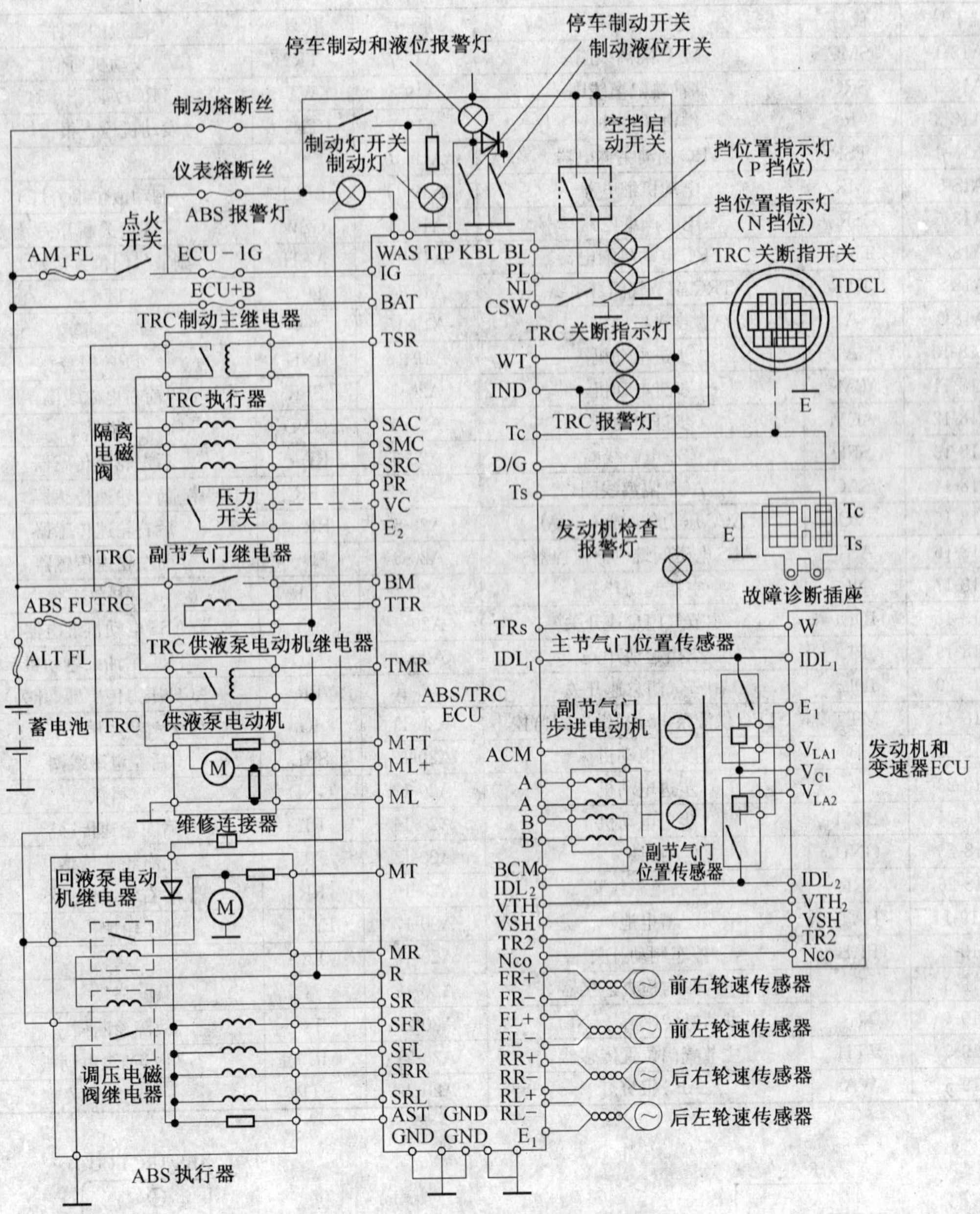

图 7-41　驱动防滑控制系统控制电路

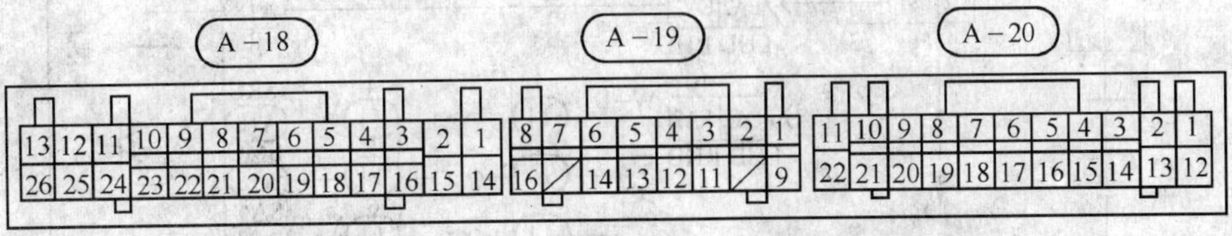

图 7-42　凌志 LS400 型轿车 ABS/TRE 插接器端子排列

表 7-2 插接器各端子的代号及名称

端子号	代号	连接的部件	端子号	代号	连接的部件
A18-1	SMC	M/C隔离线圈	A19-7	TR2	发动机通信
A18-2	SRC	储油罐隔离线圈	A19-8	WT	TRC关断指示灯
A18-3	R	继电器搭铁线	A19-9	TR5	发动机检查报警灯
A18-4	TSR	TRC制动主继电器	A19-10	—	空脚
AIS-5	MR	电动机继电器	A19-11	LBL1	制动液位报警灯
A18-6	SR	电磁阀继电器	A19-12	GSW	TRC关断开关
A18-7	TMR	TRC电动机继电器	A19-13	VSH	副节气门位置传感器
A18-8	TTR	TRC副节气门继电器	A19-14	D/G	TDCL
A18-9	A	步进电动机	A19-15	—	空脚
A18-10	A	步进电动机	A19-16	IND	TRC报警
A18-11	BM	步进电动机	A20-1	SFR	前右电磁线圈
A18-12	ACM	步进电动机	A20-2	GND	搭铁
A18-13	SFL	前左电磁线圈	A20-3	RL+	后左轮速传感器
A18-14	SAC	ACC隔离线圈	A20-4	FR	前右轮速传感器
A18-15	VC	ACC压力传感器(开关)	A20-5	RR+	后右轮速传感器
A18-16	AST	ABS电磁阀继电器监控器	A20-6	FL−	前左轮速传感器
A18-17	NL	空挡起动开关	A20-7	E1	搭铁
A18-18	IDL1	主节气门怠速开关	A20-8	MT	ABS电动机继电器
A18-19	PL	空挡起动开关	A20-9	ML	TRC供油泵电动机
A18-20	IDLz	副节气门怠速开关	A20-10	PR	ACC压力传感器(开关)
A18-21	MTT	TRC供液泵电动机继电器监控	A20-11	IG	点火开关
A18-22	B	步进电动机	A20-12	SRL	后左电磁线圈
A18-23	B	步进电动机	A20-13	GND	搭铁
A18-24	BCM	步进电动机	A20-14	RL	后左轮速传感器
A18-25	GND	搭铁	A20-15	FIU	前右轮速传感器
A18-26	SRR	后右电磁线圈	A20-16	RR	后右轮速传感器
A19-1	BAT	蓄电池	A20-17	FL+	前左轮速传感器
A19-2	PKB	停车制动开关	A20-18	E2	搭铁
A19-3	L	TDCL与检查连接器	A20-19	E1	搭铁
A19-4	Nco	发动机转速信号(Ne)	A20-20	Ts	故障诊断插座
A19-5	VTH	主节气门位置传感器	A20-21	ML+	TRC油泵电动机
A19-6	WA	ABS报警灯	A20-22	STP	制动灯开关

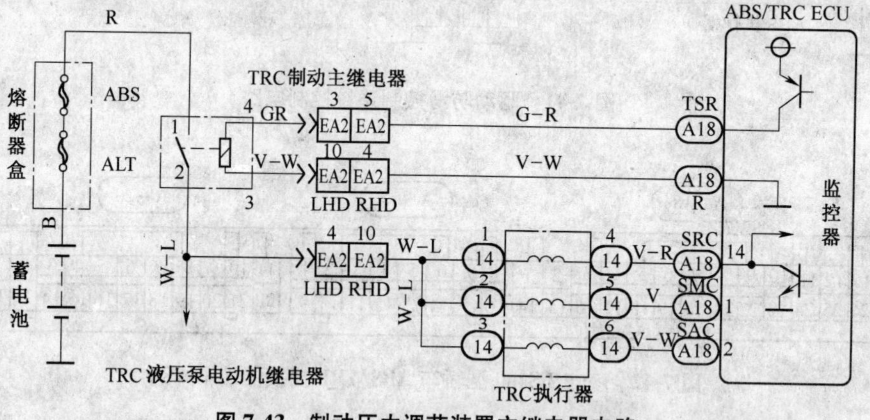

图 7-43 制动压力调节装置主继电器电路

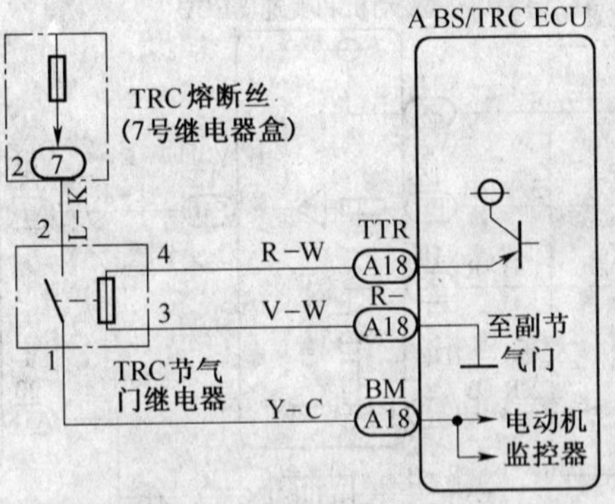

图 7-44　副节气门继电器电路

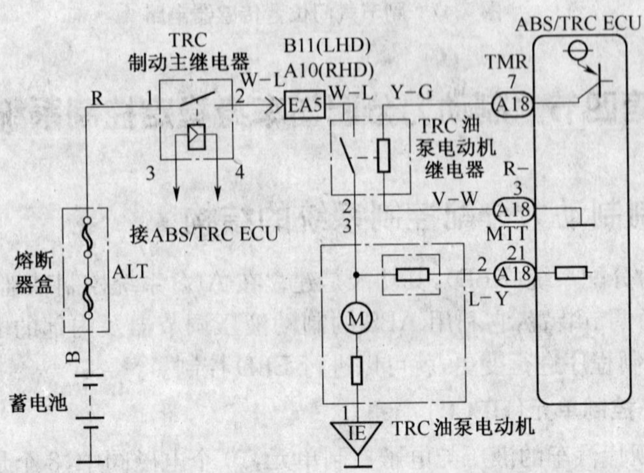

图 7-45　TRC 油泵电动机继电器电路

(四)副节气门电动机电路

如图 7-46 所示，副节气门执行器按节气门驱动器发出的信号进行工作，控制副节气门的打开或关闭，从而控制发动机的输出扭矩。

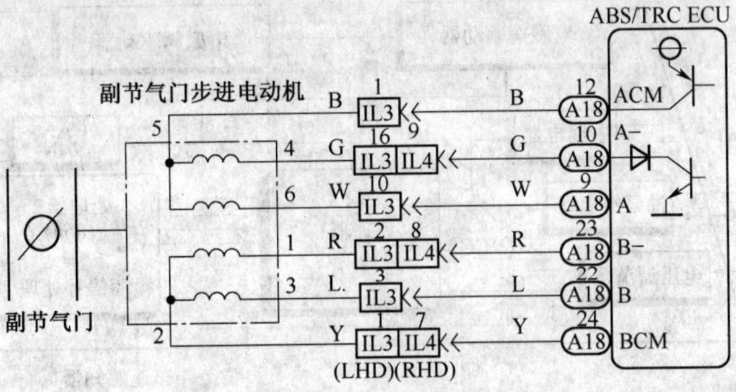

图 7-46　副节气门电动机电路

(五)副节气门位置传感器电路

如图 7-47 所示，副节气门位置传感器检测副节气门的开度，并将相应的信号传至 ECU。如有故障信号输入，ECU 就阻止 TRC 控制。

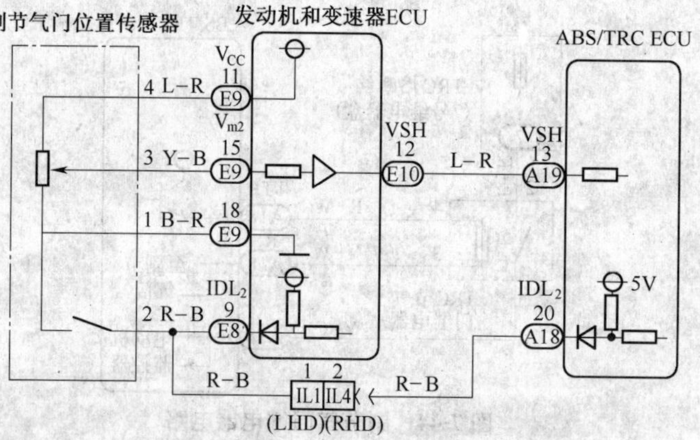

图 7-47 副节气门位置传感器电路

第四节 制动力分配与车身稳定控制系统

一、电子控制制动力分配控制系统的结构

电子控制制动力分配系统(EBD),其功能是建立在 ABS 系统控制基础上实现的。EBD 系统本身并无制动压力调节装置,它利用 ABS 的制动液压调节器及内部的电磁阀,再附加控制逻辑于 ABS,即对控制程序进行变更,就可以进行 EBD 控制。

(一)液压与电子控制单元(HECU)

图 7-48 所示为现代汽车的液压与电子控制单元,10 个电磁阀中,8 个是属于 ABS 与 EBD 系统所公用的。

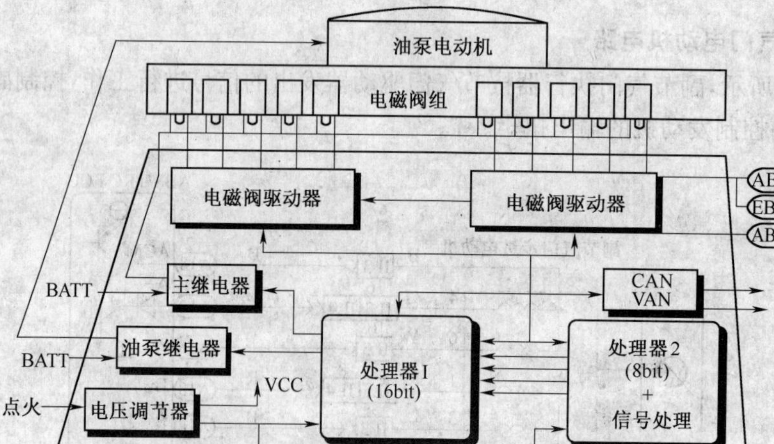

图 7-48 液压与电子控制单元

(二)ABS/EBD 调压器的结构

图 7-49 所示为本田(CIVIC FERIO)的制动液压系统,它是 4 控制通道,由进油电磁阀、回油电磁阀、蓄油器、油泵、油泵电动机及缓冲室等组成。图中,IN 表示进油电磁阀,OUT 表示

回油电磁阀。

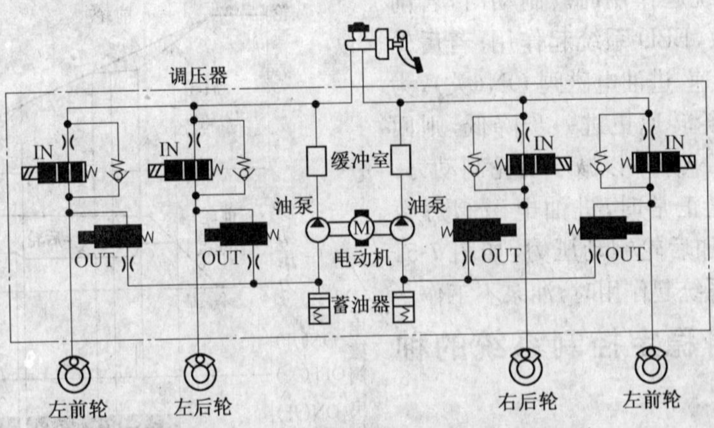

图 7-49　本田(CIVIC FERIO)的制动液压系统

1. 压力控制模式

①增压模式。进油电磁阀打开,回油电磁阀关闭,制动总泵制动液被压入制动分泵。

②保压模式。进油电磁阀关闭,回油电磁阀关闭,制动分泵内高压制动液被进油电磁阀和回油电磁阀限制在制动分泵内。

③减压模式。进油电磁阀关闭,回油电磁阀打开,制动分泵内高压制动液经回油电磁阀到蓄油器,同时油泵将蓄油器内制动液泵出,经缓冲室,回到制动总泵。

三种控制模式时的阀门开闭状态见表 7-3。

表 7-3　三种控制模式时的阀门开闭状态

控制模式	进油电磁阀	回油电磁阀
增压模式	OFF(开)	OFF (关)
保压模式	ON(关)	OFF(关)
减压模式	ON(关)	ON(开)

2. ABS 与 EBD 起作用时的制动力比较

(1) ABS 系统起作用时。ABS 系统起作用时,制动力变化如图 7-50 所示。

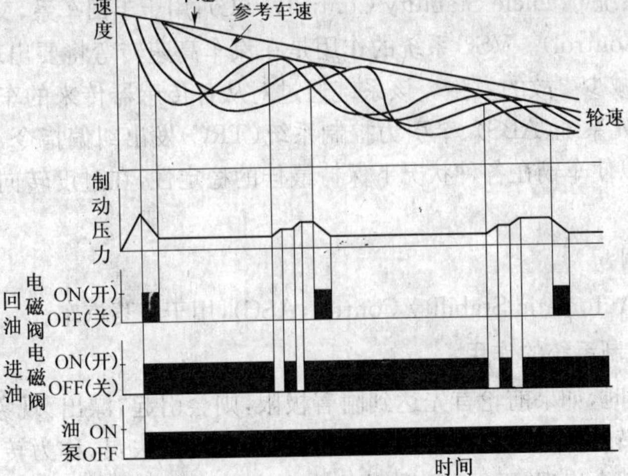

图 7-50　ABS 系统起作用时的制动力变化

(2)EBD系统起作用时。制动时,若前后轮转速不一致,EBD系统起作用;若后轮转速低于前轮转速,进油电磁阀ON(关),为保压模式;若后轮转速更进一步降低,则回油电磁阀短暂ON(开),以减小后轮制动力;当后轮转速恢复正常时,进油电磁阀短暂OFF(开),以增加后轮制动压力,如图7-51所示。在EBD系统起作用时,油泵不工作。

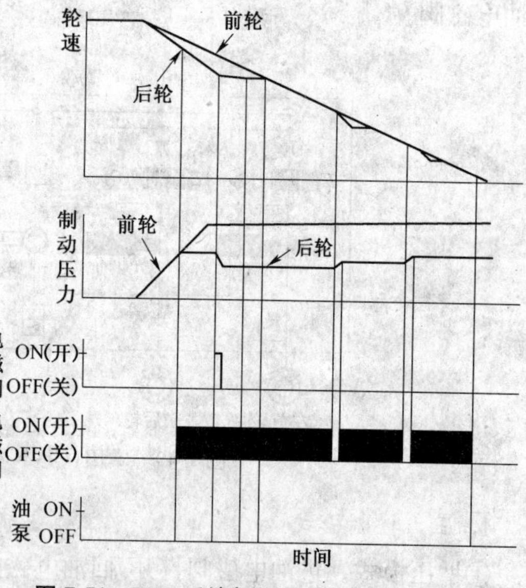

图7-51 EBD系统起作用时的制动力变化

二、车身稳定控制系统的种类与结构

车身稳定控制系统(Vehicle Stability Control,vsc)又称防侧滑控制系统。车身稳定控制系统是一种主动安全系统,包含ABS和TRC,能防止车轮在制动时抱死(ABS)、在转动时打滑(TRC)。

(一)车身稳定控制系统的种类

各大汽车制造厂家对于车身稳定控制系统有着不同的名称,主要有:

1. 电子稳定控制

电子稳定程序(Electronic Stability Program,ESP),主要用于奔驰、奥迪、大众、标致车系。

2. 动态稳定控制

动态稳定控制(Dynamic Stability Control,DSC),用于宝马汽车。

3. 动态稳定及循迹控制系统

动态稳定及循迹控制系统(Dynamic Stability and Traction Control,DSTC),用于VOLVO车系。

4. 车身稳定控制系统

车身稳定控制系统(Vehicle Stability Control,VSC),用于丰田车系,又称车辆防侧滑控制系统(Vehicle Skid Control)。VSC系统的作用是在汽车高速转弯将要出现失控时,有效地提高汽车的稳定性,以减少事故的发生。该系统通过对从各传感器传来的车辆行驶状态信息进行分析,向制动防抱死系统(ABS)、牵引力控制系统(TRC)发出纠偏指令,帮助车辆维持动态平衡。VSC系统可以使车辆在各种状况下保持最佳的稳定性,在过度转向或不足转向的情形下作用更为明显。

5. 自动稳定控制

自动稳定控制(Automatic Stability Control,ASC),用于三菱汽车。

(二)车身稳定控制系统的作用

汽车在转弯行驶时,如果前轮首先达到附着极限,则会引起“漂出”现象,此时驾驶员怎样打转向盘也不能减小转弯半径,从而难以循踪行驶,出现转向失灵,称为转向不足。如果后轮首先达到附着极限,就会出现“甩尾”现象,汽车本身会变得不稳定,汽车被快速拉向转向一侧,称转向过度。

车身稳定控制系统的作用是在转向不足导致车辆向外侧滑移，或车辆转向过度导致车辆横越道路中心线，甚至在原地自转时，利用电脑控制发动机动力输出，改变任一个或两个车轮制动力，使车辆产生相应的回转力矩，以消除转向不足或转向过度的现象，提高行车动态稳定性。

ABS系统在制动时保证车辆的稳定性，TRC系统在起步加速时保持车辆的稳定性，VSC系统在转弯时保持车辆的稳定性。

(三)车身稳定控制系统(ESP)的组成与结构

ESP系统也是一种牵引力控制系统，它是在ABS和TCS的基础上增加相应功能的传感器组成的。该系统的电子部件主要包括电子控制单元(ECU)、轮速传感器、转向角传感器、横摆角速度传感器和侧向加速度传感器等。

作为保证行车安全的重要电控系统，其各个传感器的正常工作是进行有效控制的基础。

1. 转向角传感器

它监测转向盘旋转的角度，帮助确定汽车行驶方向是否正确。如果该传感器无信号，则车辆无法确定行驶方向，ESP将失效，这时可诊断出“传感器无信号”、“设定错误”、“电子故障”、“不可靠信号”等故障。图7-52所示为别克荣御轿车ESP系统转向角传感器的结构。

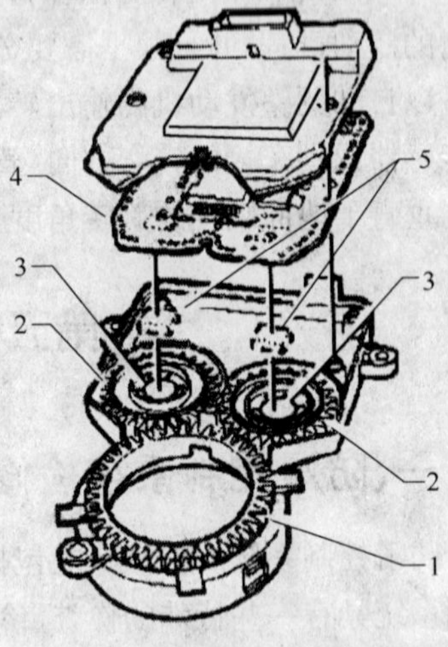

图7-52　转向角传感器的结构

1. 齿轮　2. 测量齿轮　3. 磁铁　4. 判断电路　5. 各向异性磁阻(AMR)集成电路

2. 轮速传感器

它监测每个车轮的速度，确定车轮是否在打滑。

3. 横摆角速度传感器

它记录汽车绕垂直轴线的运动，确定汽车是否在打滑。如果没有横摆率测量值，控制单元无法测量车辆是否发生转向，ESP功能将失效，可以诊断出“线路断路”、“对正极、负极短路”、“传感器损坏”等故障。

4. 侧向加速度传感器

ESP中的加速度传感器有沿汽车前进方向的纵向加速度传感器和垂直于前进方向的侧向加速度传感器，其基本原理相同，呈90°夹角安装。它对转弯时产生的离心力起反应，确定汽车是否在通过弯道时打滑。如果无该信号，控制单元将无法计算出车辆的实际行驶状态，ESP功能将失效，可以诊断出“线路断路”、“对正极、负极短路”、“传感器损坏”等故障。

5. ESP开关

电子稳定程序(ESP)开关位于地板控制台上。该开关是一个瞬间接触开关，按一下ESP开关，电子稳定程序从接通转至关闭。当电子稳定程序(ESP)关闭时，ABS/TCS系统仍能正常工作。当ESP处于关闭位置时，再次按一下ESP开关，将接通电子稳定程序。按下ESP开关超过60s将被视为短路，会记录故障诊断码，且电子稳定程序在该点火循环内将被禁用。

控制单元通过上述传感器的信号对车辆的运行状态进行判断，进而发出控制指令，并自动向一个或多个车轮施加制动力，甚至在某些情况下每秒进行150次制动，使汽车保持在驾驶者所选定的车道内。这些传感器还向控制装置提供汽车在任何瞬间的运行状况信息。

(四)车身稳定控制系统(ESP)的工作原理

ESP系统的工作原理如图7-53所示，ESP系统包括能全面感应汽车行驶状态的各种传感器及一个用来分析处理各传感器信号的智能化随车微机控制系统。

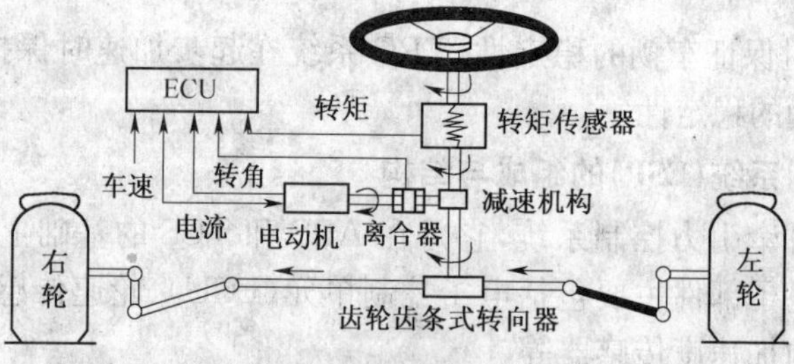

图7-53 ESP系统的工作原理

ESP系统采用两种方法保持汽车按预定方向行进。首先，ESP系统精确控制一个或多个车轮的制动过程，并且根据需要分别对每个车轮施加不同的制动力。其次，如果需要，该系统还可以自动调整发动机的输出转矩。ESP的工作过程为：首先通过转向角传感器及各车轮转速传感器识别车辆的转弯方向(驾驶员的意愿)；其次ESP电脑通过横摆角速度传感器识别车辆绕垂直于地面轴线的旋转角度，通过侧向加速度传感器识别车辆的实际运动方向。

第五节 防滑控制系统的检修

一、防滑控制系统检修的基本内容

防滑控制系统的检修一般包括故障诊断与检查、故障排除与修理。但根据自身特点，防滑控制系统具有一些特殊的检查、诊断和修理方法。

(一)诊断与检查的基本内容

特定的诊断与检查可及时发现防滑控制系统中的故障，是检修中非常重要的部分。对于不同的车型，甚至同一系列同一年代生产的车型，诊断与检查的方法和程序都会有所不同，这一点只要比较相应的维修手册便可知道。但是防滑控制系统基本诊断与检查方法的内容是不变的，它们一般包括：初步检查、快速检查、故障自诊断、故障指示灯诊断等四个步骤。

通常情况下，只要照上述四个步骤进行诊断与检查，就会迅速找到防滑控制系统的故障点。故障自诊断是汽车装用电子控制单元后给修理人员提供快速自动故障诊断法，在整个诊断与检查中有极为重要的地位。

(二)检修的基本步骤

通过诊断与检查后，一旦准确地判断出防滑控制系统中故障部位，就可以进行调整、修复或换件，直到故障被排除为止。检修的步骤通常如下：

①泄去防滑控制系统中的压力。

②对故障部位进行调整、拆卸、修理或换件，最后进行安装。这一切必须按相应的规定进行。

③按规定步骤进行放气。

如果是车轮转速传感器或电子控制单元有故障，可以不进行第一和第三步骤，只需按规定进行传感器的调整、更换即可，电子控制单元损坏只能更换。

(三)检修的注意事项

1. 防滑控制系统与普通制动系统是不可分割的

普通制动系统一旦出现问题，防滑系统就不能正常工作。因此，要将二者视为一整体进行检修，不能只把注意力集中于传感器、电子控制单元和制动压力调节装置上。

2. 防滑控制系统对过电压、静电非常敏感

防滑控制系统对过电压、静电非常敏感，如有不慎就会损坏电子控制单元中的芯片，造成整个防滑控制系统瘫痪。因此，点火开关接通时不要插或拔电子控制单元上的连接器；在车上进行电焊之前，要戴好防静电器(也可用导线一头缠在手腕上，一头缠在车体上)，拔下电子控制单元上的连接器后再进行电焊；给蓄电池进行专门充电时，要将电池从车上拆卸下来或摘下蓄电池电缆后再进行充电。

3. 检修车轮转速传感器时一定要十分小心

拆卸时，注意不要碰伤传感器头，不要用传感器齿圈当做撬面，以免损坏。安装时应先涂覆防锈油，安装过程中不可敲击或用蛮力。

一般情况下，传感器间隙调整时，应使用非磁性塞卡，如塑料或铜塞卡，也可使用纸片。

4. 检修防滑控制系统制动压力调节装置时要首先进行泄压

检修防滑控制系统制动压力调节装置时，切记要首先进行泄压，然后再按规定进行检修。例如制动总泵和制动压力调节装置设计在一起时，其蓄能器存储了高达18MPa的压力，检修前要彻底泄去，以免高压油喷出伤人。

5. 选用合适的制动液

制动液一般推荐选用DOT3、DOT4两种制动液。但DOT3、DOT4制动液是醇基制动液，具有较强的吸湿性，当制动液含水量增多，容易发生气阻现象，因此最好是每年更换一次，至少要每隔两年更换一次。一般不推荐使用DOT5制动液，尽管DOT5制动液具有较强的沸点，但是DOT5是硅基型制动液，对橡胶有较强的腐蚀作用。

6. 可以不拘泥于检查形式和步骤

在进行防滑控制系统诊断与检查时，只要掌握扫描仪等专业工具的使用方法，按照维修手册中给出的故障诊断图表作故障诊断就行，可以不拘泥于检查形式和步骤，只要能准确地判断出故障点即可。但是，在更换防滑控制系统零部件时，一定要选用本车型高质量正宗的配件，确保防滑控制系统维修后能正常的工作。

二、防滑控制系统的诊断与检查

(一)初步检查

初步检查是在防滑控制系统出现明显故障而不能正常进行工作时首先采取的检查方法，例如ABS/ASR故障指示灯亮着不熄，系统不能工作。检查内容如下：

①检验驻车制动(手刹)是否完全释放。

②检查储液室液面是否在规定的范围之内。

③检查 ABS/ASR 电子控制单元导线插头与插座的连接是否良好，连接器及导线是否损坏。

④检查下列导线连接器（插头与插座）和导线的连接或接触是否良好。

a. 制动压力调节装置上的电磁阀体连接器。

b. 制动压力调节装置上的主控制阀连接器。

c. 连接压力警告开关和压力控制开关的连接器。

d. 储液室液面指示开关连接器。

e. 车速传感器的连接器。

f. 电动泵、副节气门开度传感器连接器。

⑤检查所有的继电器、熔丝是否完好，插接是否牢固。

⑥检查蓄电池容量（测量电解液密度）和电压是否在规定的范围内；检查蓄电池正、负极导线的连接是否牢靠，连接处是否清洁。

⑦检查 ABS/ASR 电子控制单元、制动压力调节装置等的接地（搭铁）端的接触是否良好。

⑧检查车轮胎面纹槽的深度是否符合规定。

如果用上述方法不能确定故障位置，就可转入使用故障自诊断方法。

(二)故障自诊断

防滑控制系统一般具有自诊断的能力，它实质是以电子控制单元中标准的正常运行状况为准，将非正常的运行状况（故障）用某种符号形式记录在存储器中，供人们方便地读出故障码。故障代码的含义随车型不同而异，修理时可从维修手册中查找。

故障代码的读取一般有三种方法：第一种是用专用的扫描仪与 ABS 的故障码读取接口相连，按程序起动，扫描仪的显示器或指示灯会按指令有规律的显示故障代码；第二种是按规定连接起动线路，通过故障指示灯闪亮的规律来读出；第三种是车上装有计算机系统的，可以起动自检程序＋信息就在显示器上逐步显示不同系统的故障代码。大多数是通过跨接诊断插座中的起动线路，根据警示灯或电子控制单元上的发光二极管的闪烁情况来读取故障代码。

(三)快速检查

快速检查法是用数字万用表和一些相应设备，在 ABS 电路规定地方进行连续检测，以查找故障的方法。在自诊断过程中如发现故障代码读出，可进一步进行快速检查，迅速明确故障的性质，为排除故障打下基础。

在实际应用中，故障自诊断方法和快速检查法一般都能迅速准确地判断出故障位置，而故障指示灯诊断法则是通过观察红色制动故障指示灯和琥珀色 ABS 故障指示灯闪亮的规律，进行故障判断的一种简易方法，可以对 ABS 系统的故障部位做粗略的判断。正常的 ABS 系统在点火开关打开的时候，琥珀色 ABS 故障指示灯应闪亮一下，时间大约为 4s，在发动机起动的瞬间，红色制动灯和琥珀色 ABS 故障指示灯应闪亮；释放驻车制动，一旦发动机运转起来后，两个指示灯都应该熄灭，否则就说明了 ABS 系统存在故障，要继续检查，排除故障。

三、防滑控制系统的检修

(一)防滑控制系统的泄压

通过防滑控制系统的检查，诊断出故障后，就可进行故障排除和修理。由于蓄能器中有很高的压力，因此，只要修理涉及防抱制动系统中液压部件，就必须对系统泄压，以免高压油喷出伤人。一般防滑控制系统泄压的方法是将点火开关关闭，然后反复踏制动踏板，踩踏板的次数至少在20次以上，当感觉到踩踏板的力明显增加，即感觉不到踩踏板的液压助力时，ABS系统泄压完成。

通常修理以下部件时需要进行泄压：①制动压力调节装置的任何部件；②蓄能器；③电动泵；④电磁阀体；⑤制动液储油室；⑥压力警示灯和控制开关；⑦后轮分配比例阀和后轮制动分泵；⑧前轮制动分泵；⑨高压制动液管路。

（二）防滑控制系统电子控制单元的更换

确定防滑控制系统电子控制单元的好坏可用替代的办法，即用一个好的电子控制单元代换，如果说替代后防滑控制系统工作恢复正常，就说明以前的电子控制单元有问题，必须更换。

防滑控制系统电子控制单元更换一般步骤如下：

①将点火开关关闭（OFF位置）。

②拆下电子控制单元上的线束插头。

③拆下固定电子控制单元的螺钉并将垫圈放好。

④将好的电子控制单元固定，垫圈损坏的要更换新垫圈。

⑤插上所有的线束插头，注意线束不能损坏和腐蚀，插头插上后要接触良好。

⑥对角线拧紧固定螺钉。

⑦打开点火开关，并起动发动机，红色制动灯和ABS警示灯应显示系统为正常状态。

（三）车轮转速传感器的检修

1. 车轮转速传感器的调整

车轮转速传感器出现故障，不一定说明传感器已损坏，往往传感器头脏污，传感器的传感头与齿圈的间隙没有达到要求，都会引起传感器的工作不良。这时就可对传感器进行调整，恢复正常的工作。对绝大多数车辆来说，前轮转速传感器是可调整的，部分车辆后轮转速传感器也可调整，只有少部分前、后轮转速传感器是不可调整的。传感器的调整可用纸垫片紧贴传感器的端面来完成，当车开起来后，随着传感器齿圈的旋转，纸垫片就自然消失。如果不用纸垫片，也可用其他无导磁性的材料垫片。

现以坦威斯ABS为例，如图7-54所示，说明前轮转速传感器的调整方法。

①升举汽车，拆下相应前轮轮胎和车轮装置。

②拧松5mm的紧固螺钉（固定在传感器支架的衬套内），通过盘式制动器挡泥板孔拆下传感头。

③清除传感头上面的脏物，用一把钝刀或类似的工具仔细刮其端面。在传感头端面粘贴一新的纸垫片，纸垫片上做个标记，以免装错。

④拧松支架上的衬套，固定螺钉，旋转钢衬套，给固定螺钉提供一个新的锁孔凹痕面。

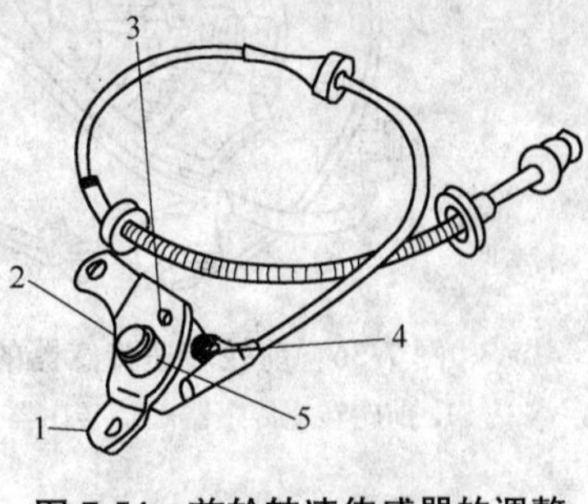

图7-54 前轮转速传感器的调整

1. 传感器支架 2. 调整纸垫 3. 传感器固定螺钉 4. 固定螺钉 5. 钢衬垫

⑤通过盘式制动挡泥板将传感器装进支架上的衬套里。确定纸垫片在传感器头端面上，并在整个安装过程中没有掉下来。

⑥拧紧传感器支架上固定衬套的螺钉，明确传感器上的连线良好。

⑦推动传感器头，向传感器齿圈顶端移动，直到纸垫片与齿圈接触为止，保持这种状态并用均匀的力慢慢的拧紧5mm紧固螺钉，使传感器头固定。

⑧重新安装好轮胎和车轮等装置，并放下汽车。

⑨为了检查传感器，可起动发动机将车开动，观察ABS故障指示灯是否显示，如果不亮，说明系统正常，传感器良好，否则说明ABS系统还存在问题。

后轮转速传感器的调整与前轮步骤大致相似，如图7-55所示。只是拆下后轮轮胎和车轮装置后，再拆下后轮，制动钳和转动传感头与齿圈之间的间隙可以在相应的维修手册中查找。

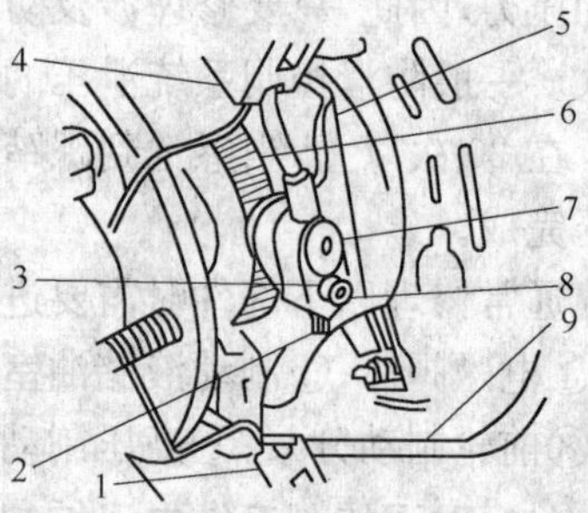

图7-55 后轮转速传感器的调整

1、4. 轮毂 2. 固定螺钉 3. 钢衬套
5. 传感器支架 6. 齿圈 7. 后轮传感器
8. 锁紧螺钉 9. 支座

2. 车轮转速传感器的更换

如果自诊断发现车轮转速传感器不良，再用万用表测量它的线圈电阻，电阻大，表明断路，电阻小，表明短路，无论出现上述哪种情况，都要更换传感器头。更换的过程和传感器调整的过程基本一样，只是因为车型不同而略有差异。

对转速传感器的更换以达科(Ⅵ)ABS系统为例。如图7-56所示，达科(Ⅵ)ABS前轮转速传感器位于前端，拆装比较方便，只需调整好传感头与齿圈之间的间隙，接牢线束连接器就可以了。

图7-57是达科(Ⅵ)ABS后轮转速传感器拆装图。后轮传感器的拆装较为麻烦，步骤如下：

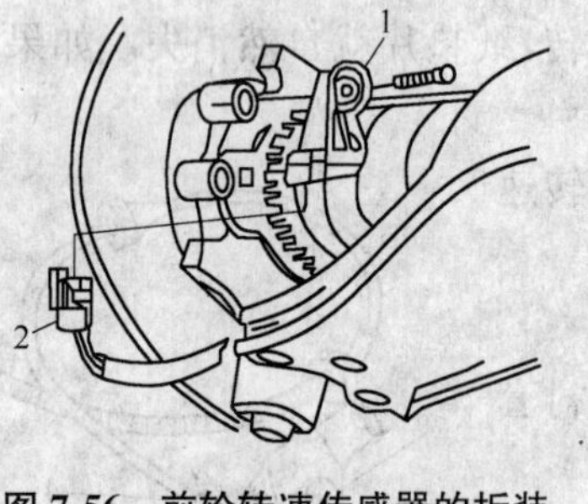

图7-56 前轮转速传感器的拆装

1. 前轮转速传感器 2. 传感器连接器

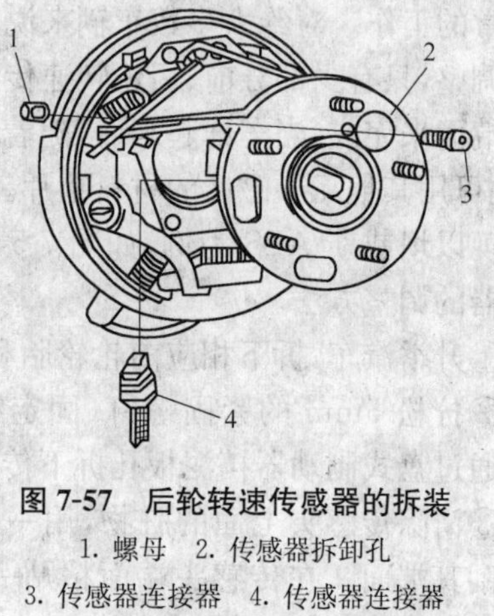

图7-57 后轮转速传感器的拆装

1. 螺母 2. 传感器拆卸孔
3. 传感器连接器 4. 传感器连接器

①升举汽车，拆下车轮。

②拆卸后轮制动器，注意做识别记号。

③拆下传感器插头。

④拆下固定后轮轴承上的车轮转速传感器组件螺钉和螺母、旋转轴的凸缘，使洞口对准螺钉，以便取出。

⑤拆下轴承总成。

⑥安装时按相反顺序进行，最后放下汽车。

⑦验证传感器更换情况的好坏。

注意：螺钉、轴承和传感器拆下之后，制动鼓总成仍挂在制动油管上，若碰撞或移动制动鼓总成时，会损伤制动油管。

（四）制动压力调节装置（总成）的检修

在检修制动压力调节装置之前一定要泄压，如果要求用专用仪器和工具进行泄压时，维修手册中会作详细说明。有的防滑控制系统要求按特定的规定进行操作，以防修理液压总成时出现伤害人员的情况，这里以利达（Ⅵ）ABS为例说明修理过程。

1. 制动压力调节装置（总成）的拆卸

制动压力调节装置的拆卸过程，如图7-58所示。

①拔下电磁阀、制动液面传感器和电动液压泵线束插头。

②用棉纱或抹布放于制动压力调节装置的下边，拆下四个制动油管，再用栓塞塞住打开的油管，防止制动液外泄。

③拆下真空检查阀，拧下两个15mm的螺母，将制动压力调节装置（总成）与真空助力器分离。

2. 电磁阀的更换

如果制动压力调节装置上的电磁阀损坏，一般不能分解修理，只能整体更换，如图7-59所示。

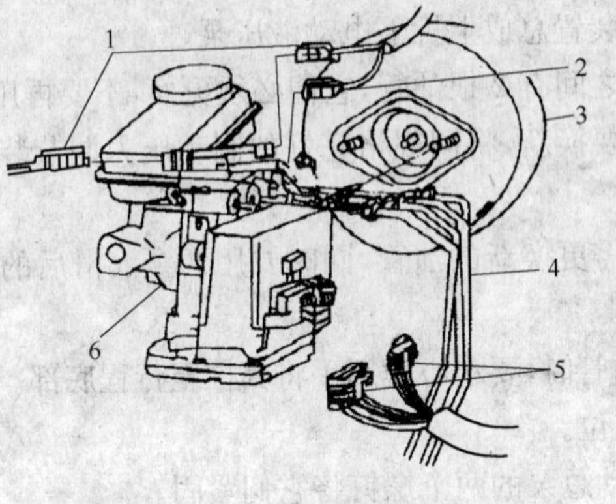

图7-58　制动压力调节装置的拆卸

1. 电磁阀线束接头　2. 制动液面传感器线束接头　3. 真空助力器　4. 制动油管　5. 电动液压泵组线接头　6. 制动压力调节装置总成

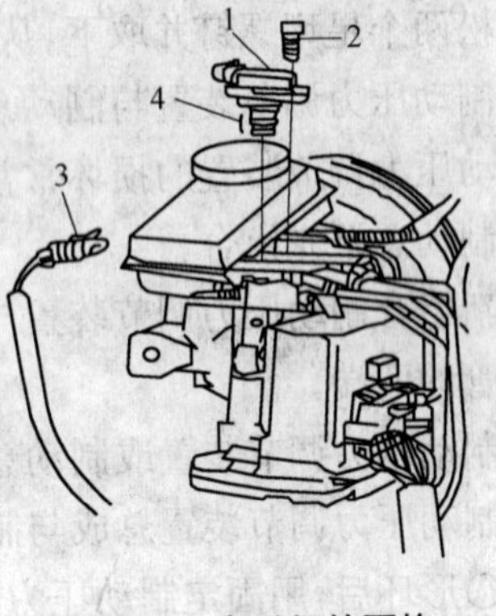

图7-59　电磁阀的更换

1. 电磁阀　2. 螺钉　3. 电磁阀线束接头　4. O形环

①拧下电磁阀组件上的两个螺钉。

②拆下电磁阀时，看O形环是否仍在上面，若在，就将其取下，若不在，则查看制动压力调节装置上装电磁阀的内孔，最后取出O形环。

③用干净制动液润滑电磁阀O形环。

④选用同规格完好的电磁阀，连同O形环装入制动压力调节装置直至凸缘定位。

⑤用均匀的力慢慢的轮换拧紧两个星型螺钉，固定好的电磁阀，按顺序插上线束插头。

3. 制动压力调节装置(总成)的分解与组合

达科(Ⅵ)ABS系统的制动压力调节装置是整体式的,无论是修理制动总泵还是制动压力调节装置,以及总泵中的电动液压泵组件,均要进行制动压力调节装置总成的分解与组合工作,如图 7-60 所示。

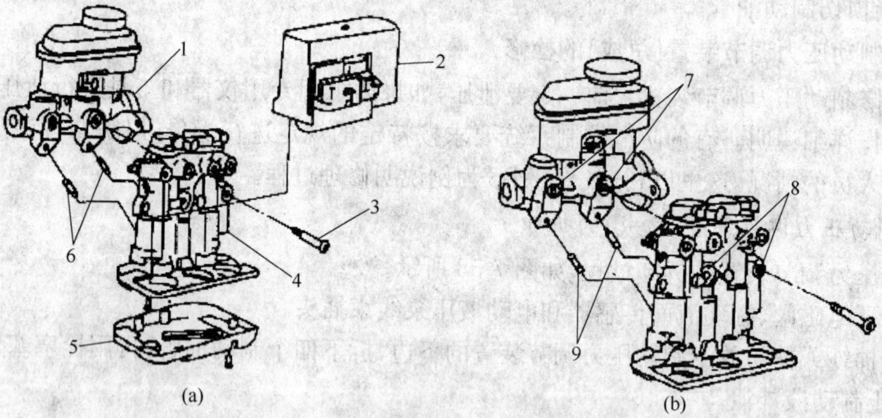

图 7-60 制动压力调节装置(总成)

(a)制动压力调节装置(总成)的分解 (b)制动压力调节装置(总成)

1. 制动总泵 2. 电动液压泵组 3. 固定螺钉 4. 制动压力调节装置 5. 齿轮盖 6. 油管 7. 总泵○形环 8. 调节器○形环 9. 油管口密封圈

①拧松四个固定电动液压泵组件的螺钉,从制动压力调节装置总成上拆下电动液压泵。

②拧松两个星型螺钉并取下,从制动压力调节装置总成上拆下电动液压泵。

③将制动压力调节装置与制动总泵分开,两者之间有 2 根油管,它们必须更换,不要再用。

④制动压力调节装置的损坏常常不能修复,需要换新,将同规格完好的制动压力调节装置与修复的制动总泵先组合。

⑤重新组合制动压力调节装置与制动总泵时,需更换新的油管,同时要用两个润滑后的○形环装在管的两端。

⑥在制动压力调节装置或制动总泵上安装新油管时,要小心地用手将其推至行程底部。

⑦将制动压力调节装置总成与制动总泵组合定位。

⑧加○形环后,用固定制动压力调节装置和制动总泵的两个螺钉将它们紧固。

⑨电动液压泵组件损坏一般也不能拆修,需要换新,将完好的电动液压泵组件安装在制动压力调节装置上,整个制动压力调节装置组装完毕。

制动压力调节装置修理完后,要进行放气。

(五)ABS 线束的更换

ABS线束对系统本身工作有很大的影响,例如线束接头的接触不良,线束被腐蚀,断裂和外部屏蔽等损坏时,都会使 ABS 系统无法正常工作,这时要对相应损坏的线束进行更换。

1. 车轮转速传感器线束的更换

图 7-61 是达科(Ⅵ) ABS 后轮转速传感器线束。更换步骤如下:

①在两个后轮转速传感器上拆下两个传感器插头。

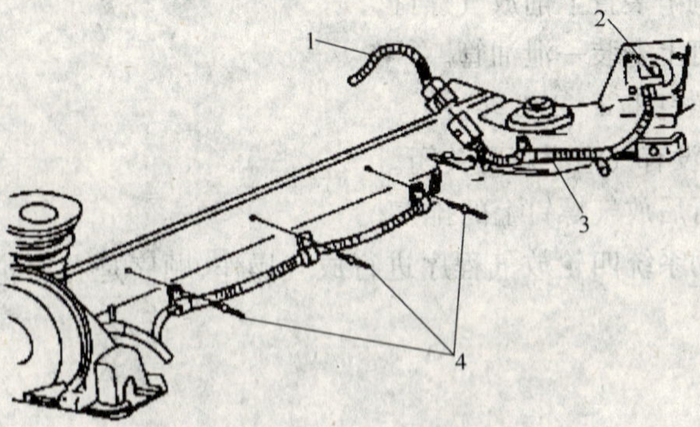

图 7-61　后轮转速传感器线束更换图

1. 车身线束　2. 车轮转速传感器　3. 线束　4. 铆钉

②拆下后轮连接线束的插头。

③钻去底盘上固定线束的铆钉。

④撬出夹片，将损坏的线束取出。

⑤准备好同规格新线束，按相反的顺序装好。

前轮转速传感器的线束与后轮更换的方法类似，但有的车型在更换时，要同时更换部分发动机线束或全部发动机线束。如果只更换一小段线束可用焊接的方式连接，然后再固定。

2. 线束接头的更换

线束接头通常与线束一同更换，个别线束接头损坏，可更换新插头，用焊接方式将导线连接，注意导线号不能错焊，搭铁线与屏蔽线要焊接牢固。线束接头是塑封的，一般只能与线束一同更换。

很多线束接头必须插接牢固，防止出现接触不良的现象，为此，很多线束接头上有固定卡销或螺扣，在拔下接头前，应先拆下卡销，卡销在时不能硬拽接头，接头插接后，还要将卡销插好。

(六)ABS 系统的放气

防抱制动系统中如果有空气，会严重干扰制动压力的调节，而使 ABS 功能丧失，对普通制动系统来说，会使制动踏板发软，制动效果明显下降，制动反应迟缓。因此，对 ABS 进行保养、液压装置修理后，要按规定进行放气。很多装有 ABS 的车辆，可使用助力放气器等专用设备或手动放气方法，将液压管道中的空气放出。对制动压力调节装置中的空气，一般要用专用仪器按特殊的操作规程将空气放出。例如，有的需要扫描仪顺序使制动压力调节装置中的电磁阀通电工作，以排出空气。

以达科(Ⅵ)ABS 系统的放气为例进行说明：

达科(Ⅵ)ABS 系统的放气需用 TECH-1 或 T-100 专用设备将制动压力调节装置的电动液泵定位，以使止回阀顶在开关位置，让空气完全释放。如图 7-62 所示。

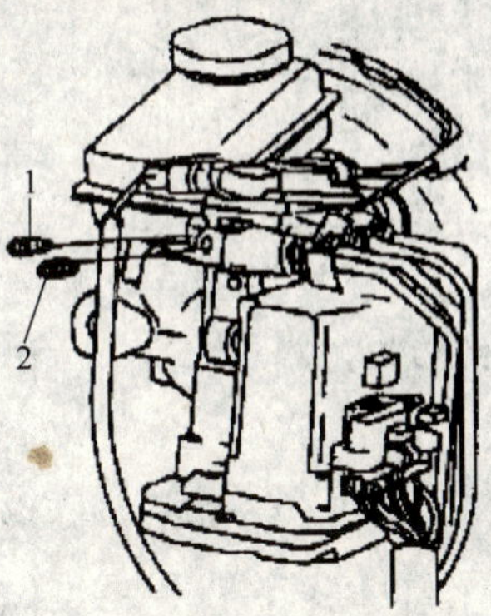

图 7-62　制动压力调节装置的放气

1. 后放气螺钉　2. 前放气螺钉

①找到制动压力调节装置上前放气螺钉。

②在前轮放气螺钉上安装一泄油管。

③慢慢拧松放气螺钉 1/2～1/3 转。

④制动液流出，当没有气泡时就可关闭。

⑤按上述步骤进行后放气螺钉上的排气。

⑥最后按普通制动系统四轮放气程序进行放气操作，顺序是右后轮—左后轮—右前轮—左前轮。

第八章　电子控制动力转向系统的结构与检修

电子控制动力转向(Electronic Control Power Steering，EPS或ECPS)系统是根据车速、转向情况等对转向助力实施控制，使动力转向系统在不同的行驶条件下都有最佳的放大倍率。在低速时有较大的放大倍率，可以减轻转向操纵力，使转向轻便、灵活；在高速时则适当减小放大倍率，以稳定转向手感，提高高速行驶的操纵稳定性。本章主要介绍电子控制动力转向系统的结构原理与检修方法。

第一节　电子控制动力转向系统的结构与原理

发动机前置及前轮驱动式轿车，其前轴负荷的增加使得转向轻便成了普遍关注的问题。由于电子控制动力转向系统不仅能很好地解决转向轻便与转向灵活的矛盾，还能提高行驶安全性和舒适性，因此，在轿车上使用电子控制动力转向系统已日渐增多。

一、电子控制动力转向系统的组成与分类

(一)动力转向系统的组成

转向系统一般由转向盘、转向机、转向传动杆和转向节等组成。近年来为了在各种车速下都能确保汽车具有适当的转向操纵力，使驾驶员能够根据行驶条件灵活自如地控制转向盘，在很多汽车的转向装置中都采用了液压式和电动式转向助力装置，构成动力转向系统。

(二)电子控制动力转向系统的分类

根据转向动力源不同，电子控制动力转向系统可分为液压电子控制动力转向系统和电子控制动力转向系统。

液压电子控制动力转向系统在传统的液压动力转向系统的基础上增设了控制液体流量的电磁阀、车速传感器和电子控制单元等，电子控制单元根据检测到的车速信号，控制电磁阀，使转向动力放大倍率实现连续可调，从而满足高、低速时的转向助力要求。

电动式电子控制动力转向系统在传统的机械式转向系统的基础上，利用直流电动机作为动力源，电子控制单元根据转向参数和车速等信号，控制电动机转矩的大小和转动方向。电动机的转矩由电磁离合器通过减速机构减速增矩后，加在汽车的转向机构上，使之得到一个与工况相适应的转向作用力。

二、电子控制动力转向系统的结构与原理

(一)液压式电子控制动力转向系统的结构与原理

液压式电子控制动力转向系统是在传统的液压动力转向系统的基础上增设了电子控制装置构成的，根据其控制方式的不同，可分为流量控制式、反作用力控制式和阀灵敏度控制式三种形式。

1. 流量控制式 EPS 系统

典型流量控制式 EPS 系统如图 8-1 所示。该系统主要由车速传感器、电磁阀、整体式动力转向控制阀、动力转向液压泵和电子控制单元（EPS ECU）等组成。电磁阀安装在通向动力缸活塞两侧油室的油道之间，当电磁阀的阀芯完全开启时，两油道就被电磁阀旁路。EPS ECU 根据车速传感器的信号，控制电磁阀阀芯的开启程度，从而通过控制转向动力活塞缸两侧油室的旁路液压油流量来改变转向助力。当车速很低时，EPS ECU 输出的脉冲控制信号占空比很小，通过电磁阀线圈的平均电流很小，电磁阀阀芯开启程度也很小，旁路液压油流量小，液压助力作用大，使转向盘操纵轻便。当车速提高时，EPS ECU 输出的脉冲控制信号占空比很大，使电磁阀线圈的平均电流增大，电磁阀阀芯的开启程度增大，旁路液压油流量增大，从而使液压助力作用减小，以提高操纵稳定性。

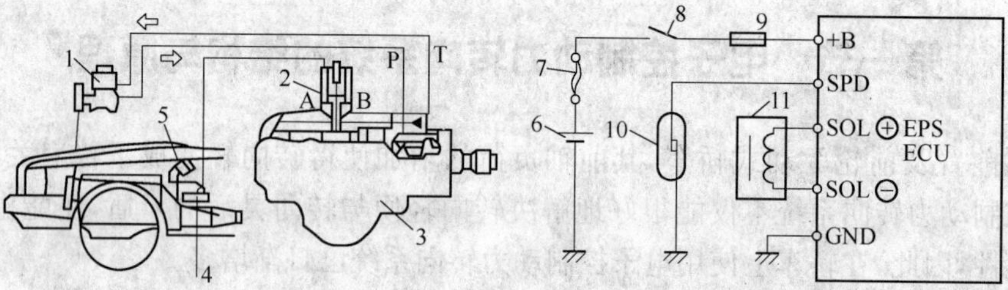

(a)液压动力转向系统　　(b)电子控制装置

图 8-1　典型流量控制式 EPS 系统

1. 动力转向液压泵　2、11. 电磁阀　3. 整体式动力转向控制阀　4. EPS ECU　5、10. 车速传感器　6. 蓄电池　7. 易熔线　8. 点火开关　9. 熔丝（ECU-IG）

2. 反作用力控制式 EPS 系统

典型反作用力控制式 EPS 系统主要由转向控制阀、分流阀、电磁阀、转向动力缸、转向液压泵、储油箱、车速传感器及电子控制单元（ECU）等组成，如图 8-2 所示。

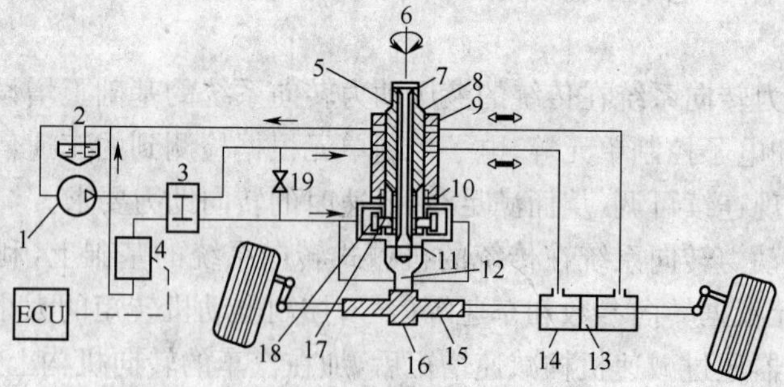

图 8-2　典型反作用力控制式 EPS 系统

1. 转向液压泵　2. 储油箱　3. 分流阀　4. 电泵阀　5. 扭力杆　6. 转向盘　7、10、11. 销子　8. 转阀阀杆　9. 控制阀阀体　12. 小齿轮轴　13. 活塞　14. 转向动力缸　15. 齿条　16. 小齿轮　17. 柱塞　18. 油压反作用力室　19. 固定小孔

其中转向控制阀是在传统的整体阀式动力转向控制阀的基础上增设了油压反作用力室构成的。扭力杆的上端通过销子与转阀阀杆相连，下端与小齿轮轴用销子连接。小齿轮轴的上端部通过销子与控制阀阀体相连。转向时，转向盘上的转向力通过扭力杆传递给小齿轮轴。

当转向力增大，扭力杆发生扭转变形时，控制阀阀体和转阀阀杆之间将发生相对转动，于是就改变了阀体和阀杆之间油道的通、断关系和工作油液的流动方向，从而实现转向助力作用。分流阀的作用是将来自转向液压泵的油液向控制阀一侧和电磁阀一侧分流，按照车速和转向要求，改变控制阀一侧与电磁阀一侧的油压，确保电磁阀一侧具有稳定的油液流量。固定小孔的作用是把供给转向控制阀的一部分流量分配到油压反作用力室一侧。电磁阀根据需要开启适当的开度，使油压反作用力室一侧的油液流回储油箱。

反作用力控制式 EPS 系统具有三种控制形态：

①当汽车处于停车与低速状态时，车速传感器将反映停车与低速状态的速度信号输送给 ECU，ECU 向电磁阀提供大的通电电流，导致电磁阀的导通面积变大，从而经分流阀分流的压力重新回到储油箱。所以作用于柱塞的背压（油压反作用力室压力）降低，于是柱塞推动控制阀轴的力变小，转向盘回程力可在扭力杆上产生较大扭矩。回转阀被固定在小齿轮轴上，控制阀随扭力杆扭转作用相应回转，使两阀油孔连通。转向油泵油压作用于动力缸的右室（或左室），动力活塞向左（或向右）运动，从而增加了转向操纵力。

②当汽车处于中高速直线行驶状态时，直线行驶转向角小，扭力杆的相对扭力也比较小，回转阀与控制阀的连通通道的开度相应减小，使得回转阀一侧的油压升高，由于分流阀的作用，电磁阀一侧的油量增加。同时随着车速的增加，ECU 向电磁阀提供的通电电流减小，导致电磁阀的导通面积变小，而作用于油压反作用力室的反压力增加，柱塞推压控制阀轴的压力也变大，增加了驾驶员的操纵力，具有良好的转向手感。

③当汽车中高速转向运行时，扭力杆扭转角变得更小，回转阀与控制阀的连通口开度也变得更小，在回转阀一侧的油压进一步升高。随着油压上升，压力油从固定阻尼孔侧向油压反作用力室供油，这时油压反作用力室除了具有分流阀向之提供的压力油外，还具有从固定阻尼孔流出的压力油，从而导致柱塞的背压增大，柱塞推压控制阀轴的压力也增大，转向盘操纵力随着转向角的增大而增大，所以在高速时能获得稳定的转向手感。

3. 阀灵敏度控制式 EPS 系统

阀灵敏度控制式 EPS 系统根据车速控制电磁阀，直接改变动力转向控制阀的油压增益（阀灵敏度）来控制油压。这种转向系统的优点是结构简单，部件少，价格便宜，而且具有较大的选择转向力的自由度，可以获得自然的转向手感和良好的转向特性。

典型阀灵敏度控制式 EPS 系统如图 8-3 所示。转子阀的可变小孔分为低速专用小孔（1R，

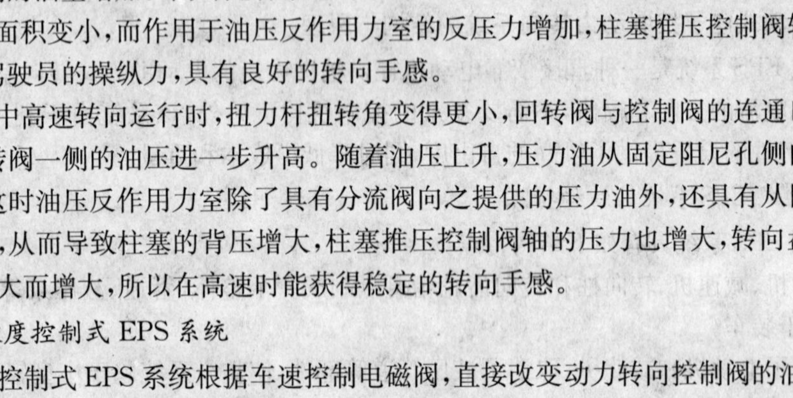

图 8-3　典型阀灵敏度控制式 EPS 系统

1. 发动机　2. 前轮　3. 转向油泵　4. 转向动力缸　5. 储油箱　6. 电磁阀　7. EPS ECU　8. 车速传感器　9. 车灯开关　10、11. 挡位开关　12. 蓄电池　13. 外体　14. 内体

1L,2R,2L)和高速专用小孔(3R,3L)两种,在高速专用小孔的下边设有旁通电磁阀回路。该系统的阀部等效液压回路如图 8-4 所示。其工作过程如下：

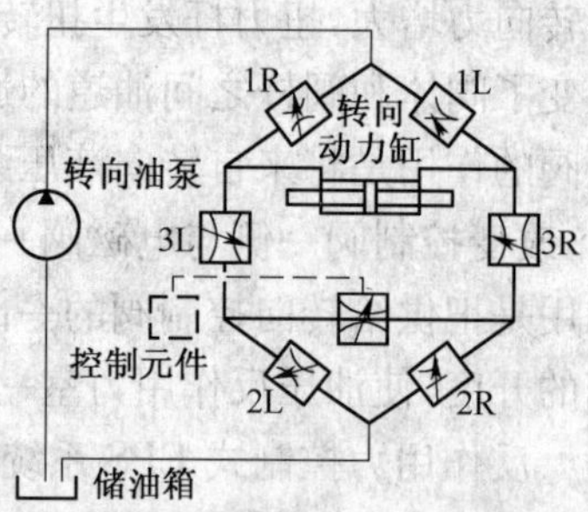

图 8-4 阀部等效液压回路

当车辆停止时,电磁阀完全关闭,如果此时向右转动转向盘,则高灵敏度低速专用小孔 1R 及 2R 在较小的转向力矩作用下即可关闭,转向油泵的高压油液经 1L 流向转向动力缸右室,其左室的油液经 3L、2L 流回储油箱。所以此时具有轻便的转向特性,而且施加在转向盘上的转向力矩越大,可变小孔 1L、2L 开口面积越大,节流作用越小,获得的转向助力也越大。

随着车辆行驶速度的提高,EPS ECU 输出的控制信号使电磁阀的开度线性增加。如果向右转动转向盘,则转向油泵的高压油液经 1L、3R 旁通电磁阀流回储油箱。此时转向动力缸右室的转向助动油压就取决于旁通电磁阀和灵敏度低的高速专用小孔 3R 的开度。车速高时,电磁阀的开度大,旁路流量大,转向助力作用小;在车速不变的情况下,施加在转向盘上的转向力越小,高速专用小孔 3R 的开度越大,转向助力作用也越小,当转向力增大时,3R 的开度逐渐减小,获得的转向助力也随之增大。

(二)电动式电子控制动力转向系统的结构与原理

电动式 EPS 系统是一种直接依靠电动机提供辅助力矩的电动助力式转向系统。该系统仅需要电动机电流的方向和幅值,不需要复杂的控制机构。另外,该系统由于利用微机控制,因此,为转向特性的设置提供了较高的自由度,同时降低了成本和重量。

1. 电动式 EPS 系统的结构特点

电动式 EPS 系统具有如下结构特点：

①电动机、减速机、转向柱和转向齿轮箱可以制成一个整体,管道、液压泵等不需要单独占据空间,易于装车。

②增加了电动机和减速机,取消了液压管道等部件,使整个系统趋于小型轻量化。

③液压泵仅在必要时使电动机运转,故可以节能。

④因为零件的数目少,不需要加油和抽空气,所以在生产线上的装配性好。由此,从发展的角度看,电动式电子控制动力转向系统将成为标准件装备在汽车上。

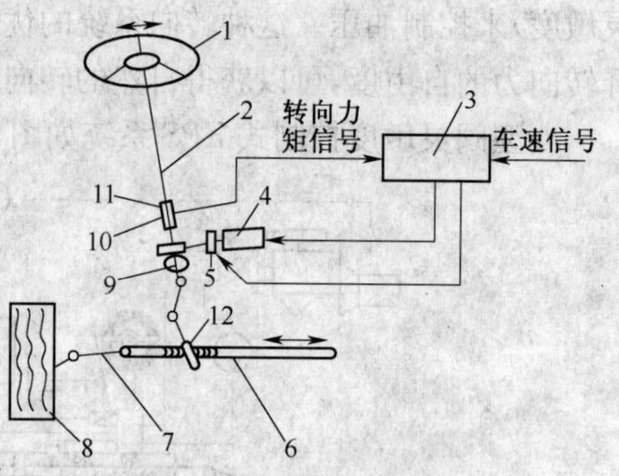

图 8-5 典型电动式 EPS 系统

1. 转向盘 2. 转向轴 3. EPS ECU 4. 直流电动机 5. 电磁离合器 6. 转向齿轮 7. 横拉杆 8. 转向轮 9. 输出轴 10. 扭力杆 11. 转矩传感器 12. 转向齿轮

2. 电动式 EPS 系统的组成

电动式 EPS 系统是在机械转向机构的基础上,增加了电动式助力机构、转向助力控制系统后形成的。典型电动式 EPS 系统组成如图 8-5 所示。它是由转矩传感器、直流电动机、电磁离合器、减速机构和车速传感器(图 8-5 中未标出)、EPS ECU 等组成的。

(1)转矩传感器。转矩传感器用于测定转向盘与转向器之间的转向力矩，其结构如图 8-6a 所示、原理如图 8-6b 所示。在输出轴的极靴上分别有 A、B、C、D 四个线圈，连接成一个桥式回路。在线圈的 U、T 两端输入持续的脉冲电压 U，当转向杆上的转矩为 0 时，定子与转子的相对转角为 0°，这时转子的纵向对称面处于定子 AC 和 BD 对称平面上(图 8-6 所示)，每个极靴上的磁通量均相等，因而由线圈组成的电桥处于平衡状态，在 V、W 两端的电位差 U_O 为 0V。转向时，由于扭力杆与输出轴极靴之间发生相对的扭转变形，定子与转子之间产生角位移 θ。这时，极靴 A、D 间的磁阻增大，B、C 间的磁阻减小，各极靴的磁通量产生差别，使电桥失去平衡。于是，在 V、W 之间就出现电位差 U。这个电位差与扭力杆的扭转角 θ 和输入电压 U_i 成正比。由于扭转角 θ 与作用于扭力杆上的转向力矩成正比，因此，U_O 就可获得转向盘的转向力矩。

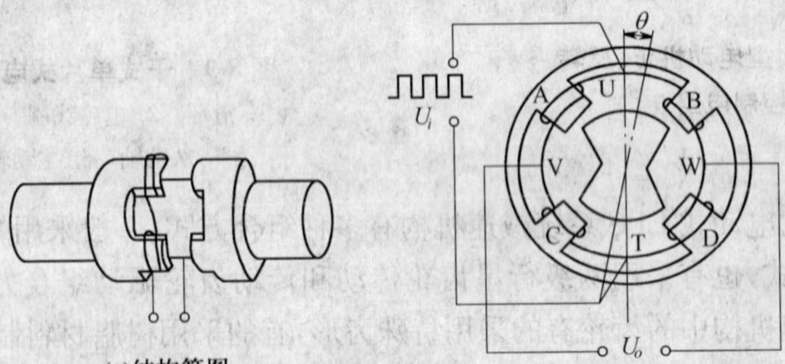

(a)结构简图　　(b)原理图

图 8-6 转矩传感器

应用于 EPS 系统的另一种转向盘转矩传感器如图 8-7 所示。它将负载力矩所引起的扭力杆扭转角位移转换为电位计电阻的变化，并通过滑环将信号输出。

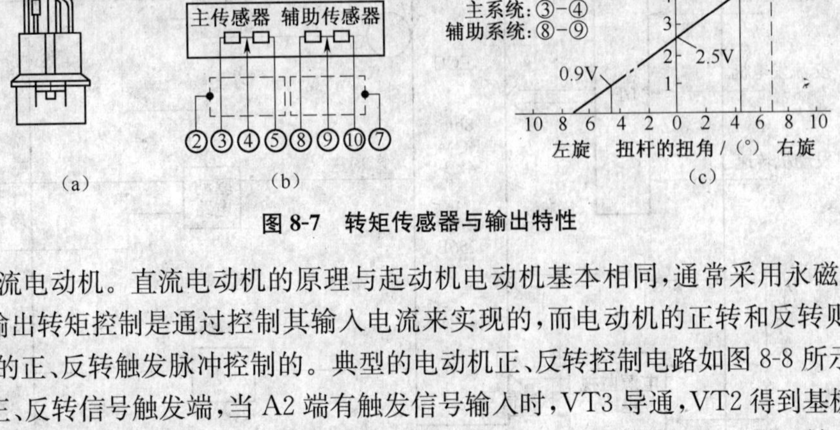

(a)　　(b)　　(c)

图 8-7 转矩传感器与输出特性

(2)直流电动机。直流电动机的原理与起动机电动机基本相同，通常采用永磁式电动机。电动机的输出转矩控制是通过控制其输入电流来实现的，而电动机的正转和反转则是由 EPS ECU 输入的正、反转触发脉冲控制的。典型的电动机正、反转控制电路如图 8-8 所示。A1、A2 为电动机正、反转信号触发端，当 A2 端有触发信号输入时，VT3 导通，VT2 得到基极电流也导通，VT1 得到基极电流也导通，电流经 VT2、电动机 M 和 VT4 到搭铁，电动机反转。电动机的电流大小可由触发信号电流的大小控制。

(3)电磁离合器。电动式EPS系统采用干式单片式电磁离合器,其原理图如图8-9所示。安装在电动机输出轴上的主动轮内装有电磁线圈,通过滑环引入电流。当离合器通电时,电磁线圈产生的电磁力使压板与主动轮端面压紧,于是,电动机的动力经轴、压板、花键、从动轴传递给减速机构。

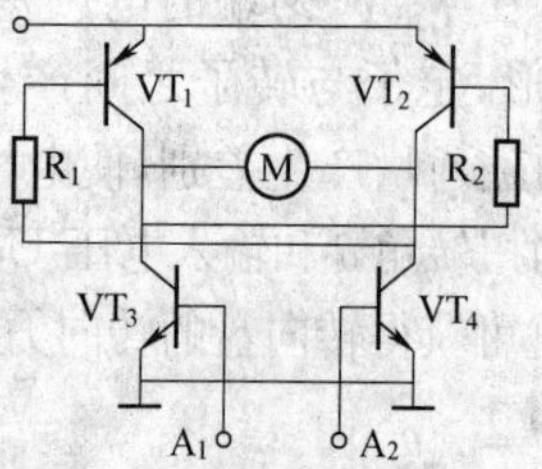

图 8-8 典型电动机正、反转控制电路

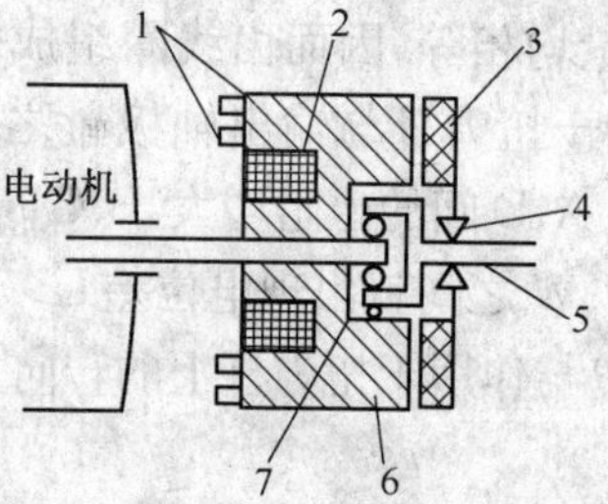

图 8-9 干式单片式电磁离合器原理图

1. 滑环 2. 电磁线圈 3. 压板 4. 花键 5. 从动轴 6. 主动轴 7. 球轴承

(4)减速机构。电动式EPS系统减速机构有多种组合方式,一般采用蜗轮——蜗杆传动与转向轴驱动组合方式,也有采用两级行星齿轮传动和传动齿轮驱动组合方式。为了抑制噪声和提高耐久性,减速机构中的齿轮有的采用特殊齿形,有的采用树脂材料制成。

3. 电动式EPS系统的工作原理

在操纵转向盘时,转矩传感器根据输入转向力矩的大小产生出相应的电压信号,由此电动式EPS系统就可以检测出操纵力的大小,同时根据车速传感器产生的脉冲信号又可测出车速,再控制电动机的电流,形成适当的转向助力。电动式EPS系统控制电路框图如图8-10所示。主转矩传感器和辅助转矩传感器的转矩信号与电动机的电流信号,通过A/D变换器输入到ECU

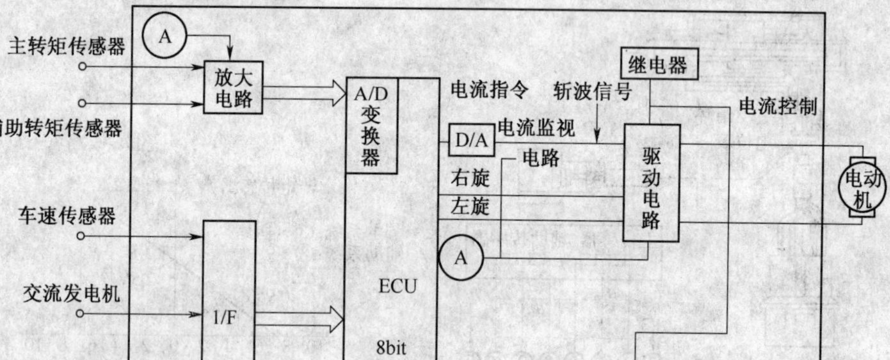

图 8-10 电动式EPS系统控制电路框图

中，而车速信号、发动机转速、蓄电池电压和起动机开关的通断状态、交流发电机的 L 端子电压则通过接口电路输入到 ECU 中。

转矩信号通过 A/D 变换器输入到 ECU 后，ECU 根据车速范围按照规定的转矩与电动机电流变换值，确定出电动机的电流指令值。把电流指令值输入到 D/A，变换成模拟信号，之后输入到电流控制电路中去。同时，计算机还输出电动机的旋转方向指示信号，这个信号输入电动机的驱动电路后，便决定了电动机的旋转方向。

电流控制电路把上述已成为模拟信号的电流指令与电动机的实际电流相比之后，产生二者幅度相同的斩波信号。驱动电路收到斩波信号与旋转方向指示信号之后，则输出指令，控制电动机的电流，使其按规定的方向旋转。当超过规定的车速时，离合器的驱动信号被切断，电动机与减速机构分离，同时电动机也停止工作。

(三)电子式四轮转向系统的结构与原理

近年来，为了使汽车具有更好的操纵稳定性，在一些汽车的后轮上也安装了转向系统，这样就形成了四轮转向系统。汽车采用四轮转向系统的目的是：在汽车低速行驶时，依靠逆向转向(前、后车轮的转角方向相反)，获得较小的转向半径，改善汽车的操纵便捷性；在汽车中、高速行驶时，依靠同向转向(前、后车轮的转角方向相同)，减小汽车的横摆运动，使汽车可以利用高速变换行进路线，提高转向时的操纵稳定性。

四轮转向系统也称为 4WS 系统。根据控制方式的不同，4WS 系统可分为转向角比例控制式 4WS 系统与横摆角速度比例控制式 4WS 系统。

1. 转向角比例控制式 4WS 系统

所谓转向角比例控制，就是使后轮的转角与转向盘的转角成比例变化，并使后轮在汽车低速行驶时相对于前轮反向转向；在汽车中、高速行驶时，相对于前轮同向转向。

(1)系统的组成。转向角比例控制式 4WS 系统的组成如图 8-11 所示。前、后转向机构通

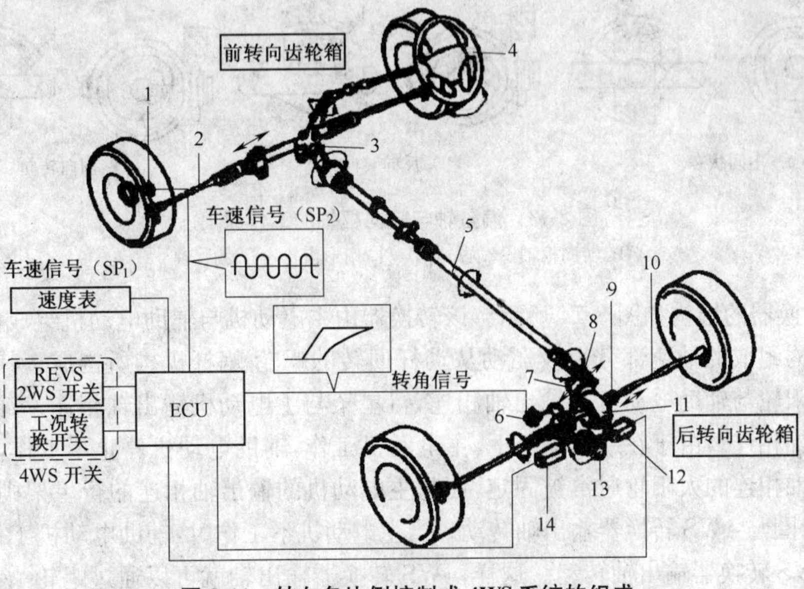

图 8-11　转向角比例控制式 4WS 系统的组成

1. 车速传感器　2. 前转向横拉杆　3. 输出小齿轮　4. 转向盘　5. 连接轴　6. 转角比传感器　7. 扇形齿轮　8. 输入小齿轮　9. 从动杆　10. 后转向横拉杆　11. 转向枢轴　12. 辅助电动机　13. 4WS 转换器　14. 主电动机

过连接轴连接。转向盘转动时，其运动首先传递到前转向齿轮箱（齿轮—齿条式）中的齿条。齿条一方面带动前转向横拉杆左右移动，使前轮产生偏转；另一方面又通过输出小齿轮、连接轴、输入小齿轮把转向盘的转动传递给后转向齿轮箱。

后转向齿轮箱中的转向枢轴实际上是一个大轴承，如图 8-12 所示。

其外套与扇形齿轮做成一体，可绕转向枢轴左右回转中心左右倾转。内套与一个突出在从动杆上的偏置轴相连。从动杆可在 4WS 转换器电动机的驱动下，以从动杆回转中心为轴正、反向运动，并可使偏置轴在转向枢轴内上下旋转约 55°。

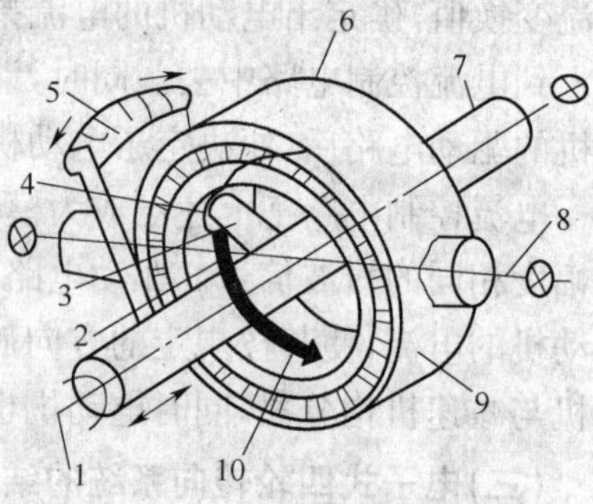

图 8-12　偏置轴与转向枢轴构造

1. 从动杆回转中心　2. 偏置轴运动轨迹　3. 偏置轴　4. 连接座　5. 扇形齿轮　6. 转向枢轴　7. 从动杆　8. 转向枢轴左右回转中心　9. 外套　10. 内套

与连接轴相连的输入小齿轮向左或向右转动时，旋转力就传到扇形齿轮上，扇形齿轮带动转向枢轴、偏置轴使从动杆左右摆动。从动杆的左右摆动又使后转向横拉杆移动，从而带动后转向节臂转动，使后轮转向。

偏置轴与转向枢轴的工作原理如图 8-13 所示。当偏置轴的前端与转向枢轴左右回转中心一致时，即使让转向枢轴左右倾转，从动杆也完全不动，此时后轮处于中间状态。当偏置轴的前端位于转向枢轴左右回转中心上方或下方，并有一定的错位时，转向枢轴的左右倾转就会使从动杆产生一定的位移量，从而使后轮相对于前轮转动。比如，当偏置轴的前端处于转向枢轴左右回转中心的上方时，从动杆被带动向左移动，则后轮相对于前轮反向转动；当偏置轴的前端处于转向枢轴左右回转中心的下方时，从动杆被带动向右移动，则后轮相对于前轮同向转动。

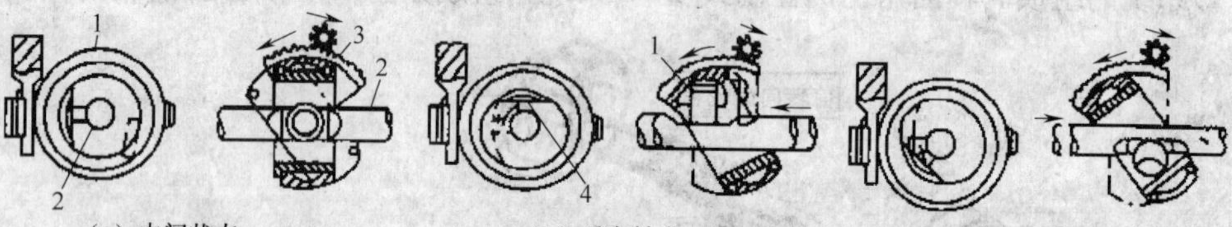

(a) 中间状态　(b) 反向转向　(c) 同向转向

图 8-13　偏置轴与转向枢轴的工作原理

1. 转向枢轴　2. 从动杆　3. 扇形齿轮　4. 偏置轴

4WS 转换器的结构如图 8-14 所示。该转换器由主电动机与辅助电动机组成的驱动部分、行星齿轮机构组成的减速部分以及驱动从动杆回转的蜗轮-蜗杆机构所构成。其中行星齿轮机构中的太阳轮与辅助电动机的输出轴相连，行星架与主电动机输出轴相连，齿圈与 4WS 转换器的输出轴相连。由于在一般情况下，主电动机工作，辅助电动机停止不工作，故与辅助电动机的输出轴相连的太阳轮通常被固定，而与主电动机的输出轴相连的行星架则作为主动件转动，带动齿圈与 4WS 转换器输出轴转动。当主电动机不工作时，辅助电动机工作，它直接带动齿圈与 4WS 转换器输出轴转动。这样，4WS 转换器输出轴就可以通过蜗轮-蜗杆传动带动从动杆转动。

转角比传感器的结构原理如图 8-15 所示。它的功用是利用滑动电阻器把反映后转向齿轮箱中的从动杆回转角度变化的模拟信号电压输入 ECU，作为 ECU 进行转向角比例控制的基本信号。

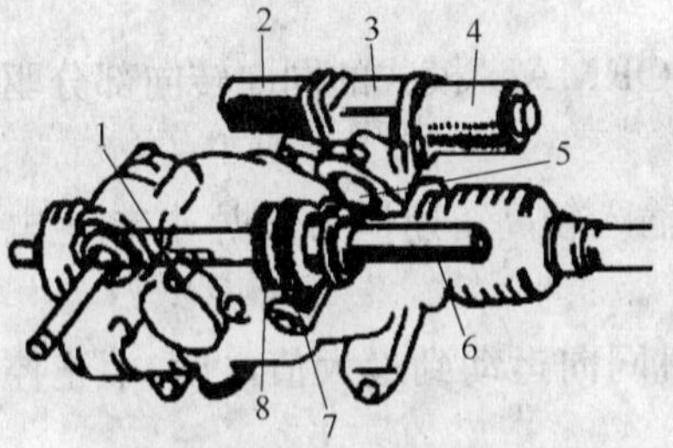

图 8-14 4WS 转换器的结构

1. 偏置轴 2. 辅助电动机 3. 4WS 转换器 5. 4WS 转换器输出轴 6. 从动杆 7. 蜗轮蜗杆机构 8. 转角比传感器

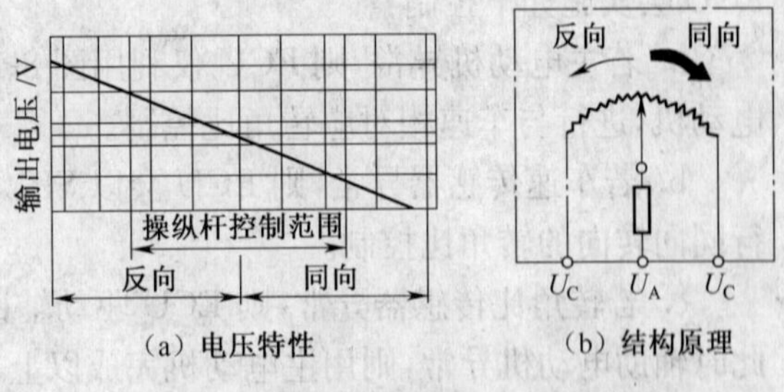

图 8-15 转角比传感器的结构原理

除了转角比传感器外，转向角比例控制系统还将车速表的车速传感器、ABS 的轮速传感器等信号，作为 ECU 进行转向角比例控制的基本信号。

(2)控制原理。转向角比例控制式 4WS 系统的控制原理如图 8-16 所示。

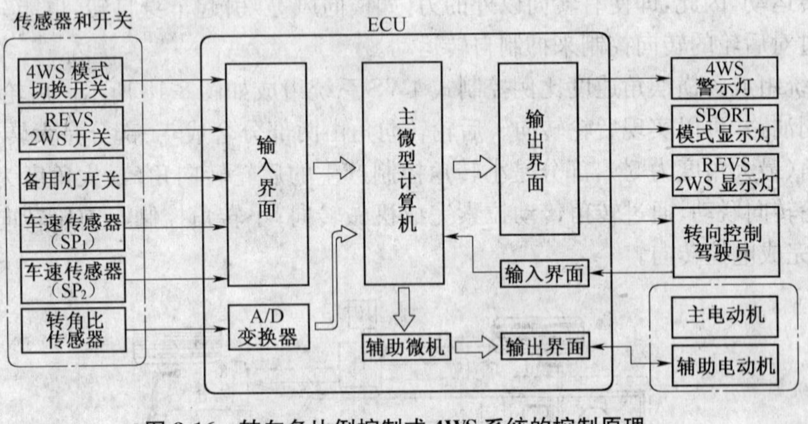

图 8-16 转向角比例控制式 4WS 系统的控制原理

ECU 根据转角比传感器、车速传感器等的输入信号，可进行如下控制。

①转角比控制。在转向角比例控制式 4WS 系统的 ECU 中，储存有转向角比例控制的标准数据，即转向角控制图，如图 8-17 所示。工作中，ECU 可根据车速传感器和转角比传感器的输入信号，计算出车速与转向角的实际数值，然后把它们的实际数值与标准数据做比较，向主电动机发出控制命令，控制主电动机驱动从动杆转动。在此过程中，驾驶员可使用 4WS 模式切换开关，选择“NORMAL”或“SPORT”模式。

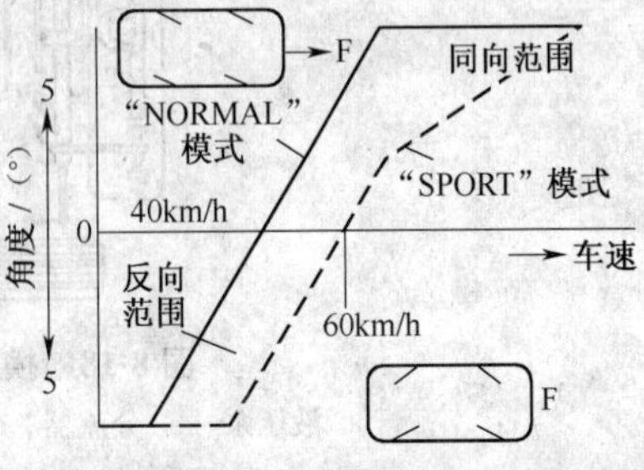

图 8-17 转向角控制图

②2WS 选择控制。当 2WS 选择开关被设定在 ON(导通)位置，且变速器被挂入倒挡位置时，ECU 就设定后轮转向角的转向量为零。这项控制是为那些习惯使用 2WS 转向系统倒车的驾驶员设置的。

③安全保障控制。当转向角比例控制式4WS系统发生异常时，ECU会点亮驾驶室内的"4WS警示灯"，告之驾驶员已发生异常情况，并将异常部位的信息储存到储存器中。同时ECU会实施如下控制：

a. 若主电动机异常，则ECU仅利用图8-17中"NORMAL"模式的同向转向部分驱动辅助电动机，进行与车速相对应转角比控制。

b. 若车速传感器异常，则ECU会以SP1与SP2输入较高车速值为依据，控制主电动机进行同向转向的转角比控制。

c. 若转角比传感器异常，则ECU驱动辅助电动机同向运动到最大值之后，中止控制。若此时辅助电动机异常，则用主电动机完成以上工作。

d. 若ECU异常，则ECU会驱动辅助电动机同向运动到最大值后，中止控制。此时要避免出现反向转向。

2. 横摆角速度比例控制式4WS系统

横摆角速度比例控制是一种根据检测出的车身横摆角速度来控制后轮转向量的控制方法。它与转向角比例控制相比，具有两方面优点：一是它可以使汽车的车身方向从转向初期开始就与其行进方向保持高度一致（只有极小偏差）；二是它可以通过检测车身横摆角速度感知车身的自转运动，因此，即使有转向以外的力（如横向风等）引起车身自转，也能马上感知到，并可迅速通过对后轮的转向控制来抑制自转运动。

(1)系统组成。横摆角速度比例控制式4WS系统组成如图8-18所示。后轮转向机构通过转换控制阀油路，可以实现后轮转向。后轮转向角由两部分合成，一部分是大转角控制产生的后轮转向角（最大角度为5°），部分是小转角控制产生的后轮转向角（最大角度为1°）。大转角控制与前轮转向联动，通过转角传动拉索完成机械转向；小转角控制与前轮转向无关，通过脉动电动机，完成电控转向。

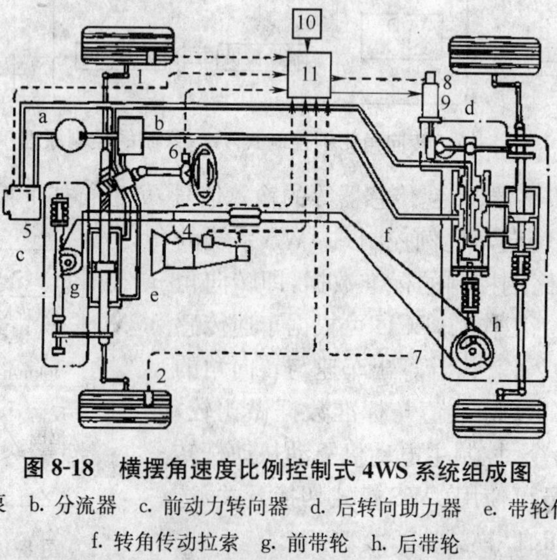

图8-18 横摆角速度比例控制式4WS系统组成图

a. 液压泵 b. 分流器 c. 前动力转向器 d. 后转向助力器 e. 带轮传动组件
f. 转角传动拉索 g. 前带轮 h. 后带轮
1. 右前ABS轮速传感器 2. 左前ABS轮速传感器 3. 车速传感器 4. 挡位开关
5. 油面高度传感器 6. 转角比传感器 7. 横摆角速度传感器 8. 电动机转角比传感器
9. 转向控制电动机 10. ABS与TEMS ECU 11. 4WS ECU

①前轮转向机构。前轮转向机构如图 8-19 所示。转向盘的转动可传到齿轮-齿条副上，随着齿条端部的移动又使控制齿条左、右移动，带动小齿轮转动。由于前带轮与小齿轮做成一体，故前带轮亦随小齿轮一起进行正、反方向转动。同时前带轮的转动又通过转角传动拉索传递到后轮转向机构中的后带轮上。控制齿条存在一个不敏感行程，转向盘左、右约 200°以内的转角正好处于此范围内，因此，在此范围内将不会产生与前轮联动的后轮转向。由于高速行驶时转向盘不可能产生这样大的转角，所以汽车高速行驶时的后轮仅由脉动电动机控制转向。

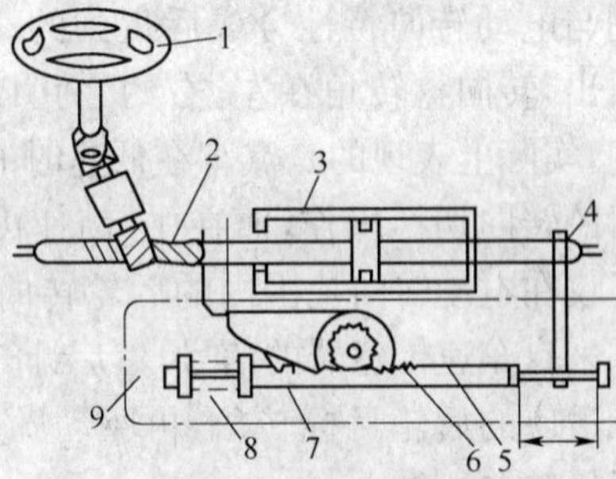

图 8-19 前轮转向机构

1. 转向盘 2. 齿轮．齿条副 3. 转向齿轮液压油缸 4. 齿条端部 5. 控制齿条 6. 前带轮 7. 转角传动拉索 8. 弹簧 9. 带轮传动组件

②后轮转向机构。后轮转向机构如图 8-20 所示。

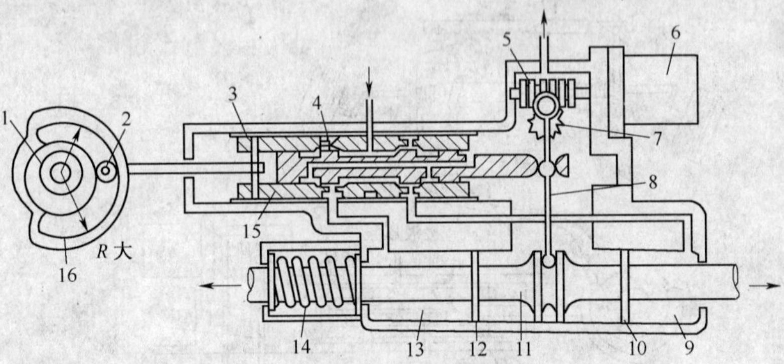

图 8-20 后轮转向机构

1. 后带轮 2. 凸轮推杆 3. 衬套 4. 滑阀 5. 主动齿轮 6. 脉动电动机 7. 从动齿轮 8. 阀控制杆 9. 液压缸右室 10、12. 功率活塞 11. 液压缸轴 13. 液压缸左室 14. 弹簧 15. 阀套筒 16. 控制凸轮

在机械转向时，转角传动拉索的行程变化被传递到后带轮。由于控制凸轮与后带轮被制成一体，故此时控制凸轮随后带轮一同转动，拉动凸轮推杆沿凸轮轮缘运动，使阀套筒左、右移动。当转向盘向左转动时，后带轮向右转动，此时控制凸轮轮缘向半径减小的方向转动，将凸轮推杆拉出，使阀套筒向左边移动。当转向盘向右转动时，与上述相反，控制凸轮轮缘向半径增大的方向转动，把凸轮推杆推向里面，使阀套筒向右边移动。来自液压泵的压力油油路根据阀套筒与滑阀的相对位置进行切换。当转向盘向左转动时，阀套筒向左方移动，将来自液压泵的压力油输进液压缸右室，驱动功率活塞向左移动。此时，与功率活塞做成一体的液压缸轴就被推向左方，带动后轮向右转向。相反，当转向盘向左转向时，功率活塞被推向右方，带动后轮向左转向。可见，在机械转向时，后轮都是反向转向。

在电动转向时，阀套筒固定不动。此时，由脉动电动机通过驱动阀控制杆的左右摆动控制滑阀左右移动，从而引起功率活塞的左右运动，其动作原理与上述机械转向时一样。由于脉冲电动机是根据 ECU 的指令进行正、反向转动的，因此它完成的后轮转向与前轮转向无关。

(2)控制原理。

①后轮转角控制。转向盘转角与后轮转角的关系如图 8-21 所示。其后轮转角特性是由机

械转向与电动转向特性合成后得到的。从图 8-21 中可看出，转向盘转角在左、右约 200°以上的反向区域内，实际上表现的是汽车在低速时的大转角与停车时的转向切换操作，而在中、高速内的转向就变成了仅在电动转向范围内的后轮转向。ECU 随时读取来自车速传感器的信号，然后计算出与车辆状态相适应的后轮目标转角，再驱动脉动电动机，完成后轮转向操作。

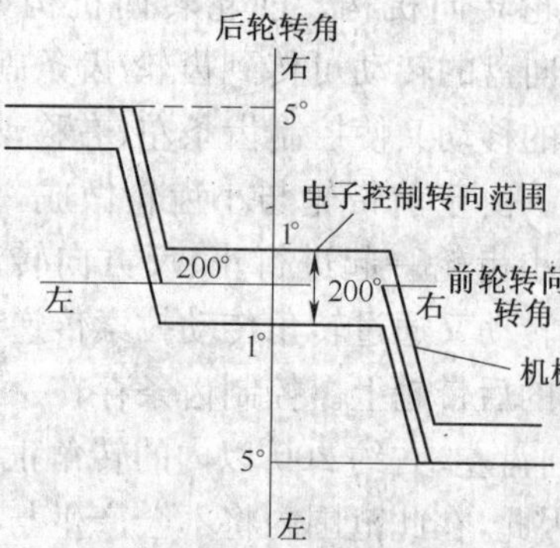

图 8-21 转向盘转角与后轮转角的关系

a. 大转角控制(机械式转向)。大转角控制原理如图 8-22 所示。当前轮转角处于不敏感范围内时，阀套筒与滑阀的相对位置处于中间状态，因此，从液压泵来的油液就流回储油箱中。此时液压缸左、右室仅存较低油压，液压缸轴就在回位弹簧的作用下，处于中间位置。

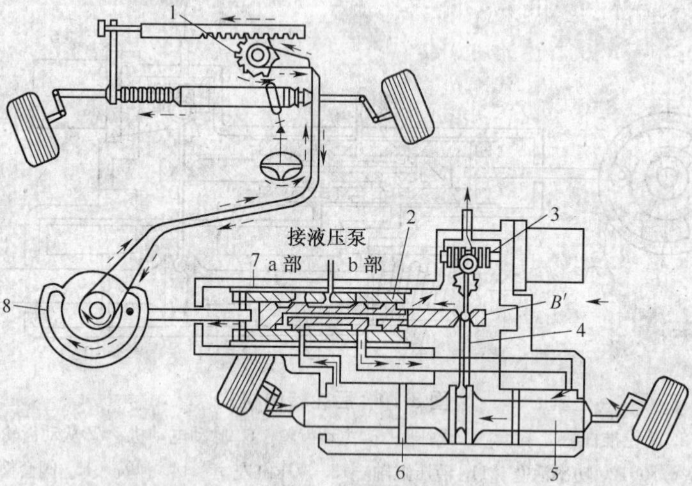

图 8-22 大转角控制原理(反向转向)

1. 前带轮 2. 滑阀 3. 支点 4. 阀控制杆 5. 液压油缸 6. 功率活塞 7. 阀套筒 8. 控制凸轮

当前轮向左转向时，阀套筒向左移动，它与滑阀之间就产生了相对位移，使 a 部与 b 部的阻尼作用减小，使压力油进入到液压缸右室，将功率活塞、液压缸轴推向左侧，使后轮向右转向。由于液压缸轴向左移动，脉动电动机还没有起动，故此时阀控制杆以支点 A 为中心向左转动，带动滑阀移动到比 B 点更左边的 B' 点。由于这个原因，已减小的 a 部与 b 部的阻尼作用又增大，使液压缸右室的压力下降。其结果是当液压缸轴一移动到目标位置，a 部与 b 部就又会产生较大的阻尼作用，且正好达到与由车轮产生的外力相平衡的位置，从而使后轮不产生过大的转向。在外力产生变化时，液压缸轴也会产生微量的移动变化，立刻引起阀控制杆对滑阀产生一个相应的反馈量，变化到与外力相平衡所需的活塞压力的阻尼作用，使其始终保持平衡。

b. 小转角控制(电控转向)。小转角控制原理如图 8-23 所示。脉动电动机的旋转由一个蜗轮传送给从动齿轮，再通过曲轴使阀控制杆摆动。当脉动电动机驱动从动齿轮左转时，阀控制杆上端支点 A 以从动齿轮的中心点 D 为转动中心向 A' 点摆动。在脉动电动机起动的瞬间，后液压缸轴还没有移动，因此阀控制杆就以 C 点为中心向左方摆动，使阀控制杆上的 B 点移动到 B′点位置，带动滑阀左移。由于转角传动拉索没有动作，故此时阀套筒是固定不动的，因此滑阀的移动就使滑阀、阀套筒之间产生相对位移，使 a 部与 b 部的阻尼作用减小，使液压泵的压力油作用到压力缸左室，使液压缸轴向右方向移动。在液压缸轴向右移动的过程中，阀控制杆以支点 A′为中心转动，带动滑阀向右移动到 B′点，使 a 部和 b 部的阻尼作用增大，使油压降低，从而达到与大转角控制转向时一样的力平衡。

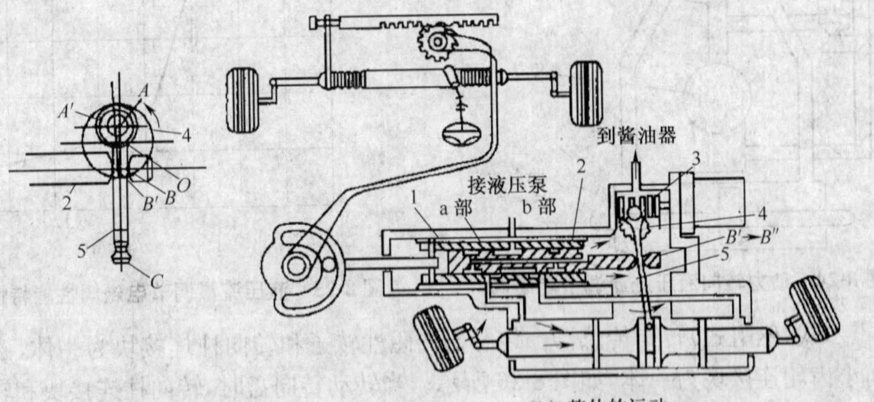

（a）阀控制杆的运动　　（b）整体的运动

图 8-23　小转角控制原理(同向转向)

1. 阀套筒　2. 滑阀　3. 支点 A　4. 从动齿轮　5. 阀控制杆

②使汽车滑移角为零的控制。使汽车滑移角为零的控制是抑制 4WS 汽车在转向初期过渡阶段出现的车身向转向内侧转动滞后的一种控制方法。这种控制方法可在转向开始的瞬间，控制后轮反向转动，使车身产生自转运动，抑制公转运动，防止车身向转向外侧转动。此时，横摆角速度传感器会检测出自转运动的增大，并反馈给控制系统，控制后轮产生一个同向转向，取得自转与公转运动的平衡。这样就能保证从转向初期到转向结束汽车滑移角始终为零。

③受到横向风作用时的控制。在突然受到横向风作用，车辆将要偏向时，横摆角速度传感器就会立即感知到这一偏转倾向，控制系统就会操纵后轮向消除将要发生的横摆运动的方向转动。由于后轮的转动，在车身上会产生一力矩，它会减少由横向风产生的自转运动，使车身的偏差减低到最小。

④ABS 作用的控制。一般情况下，由于比较重视中、低速域的转向响应性，因此其横摆角速度增益会比高速域的有所降低，但在 ABS 作用时，更重视的是制动车辆的稳定性。所以，将把 ABS 开始作用时的横摆增益一直保持到制动结束。

(四)电子控制动力转向系统主要部件的工作原理

1. 流量调节电磁阀

流量调节电磁阀安装在液压助力系统的供油管与回油管之间，如图 8-24 所示。

ECU 根据车速信号大小控制流经电磁阀的电流大小(索纳塔轿车为 0～1A，见图 8-25)，以改变电磁阀的开度，从而改变旁路回油量，调节助力油压大小。车速低时，电流大，电磁阀开度小，旁通回油少，助力油压大。反之，助力油压小。

2. 转矩传感器

常用的转矩传感器有霍尔式和磁感应式。

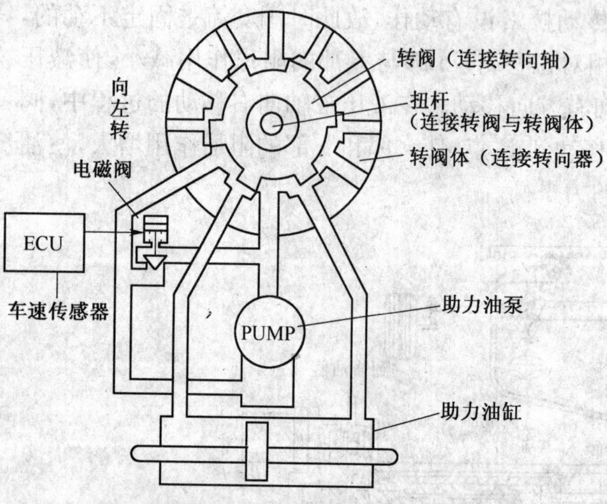

图 8-24 助力转向液压流量调节电磁阀

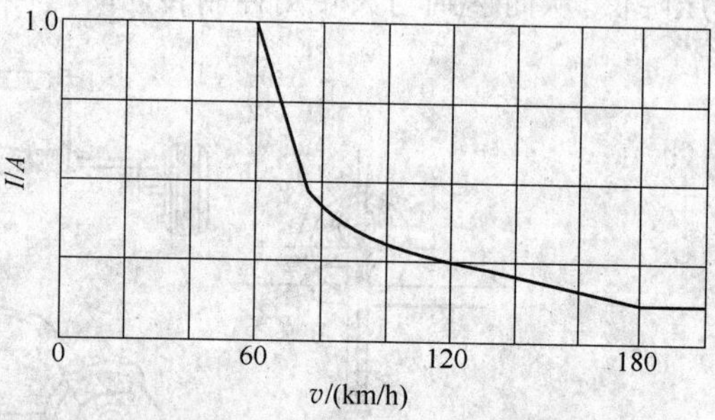

图 8-25 液压流量调节电磁阀性能特性图(索纳塔)

(1)霍尔式(磁阻式)转矩传感器。传感器的磁性转子和转向柱连接块为一体,磁阻传感元件和转向小齿轮连接块为一体,如图 8-26 所示。当转动转向盘时,转向柱连接块和转向小齿轮连接块经扭杆传递转矩并出现相对反向运动,即磁性转子和磁阻传感元件反向相对运动。转动的方向和转矩的大小可以通过霍尔传感器输出,电压的高低电位变化和相位变化被测量出来并传递给控制单元。

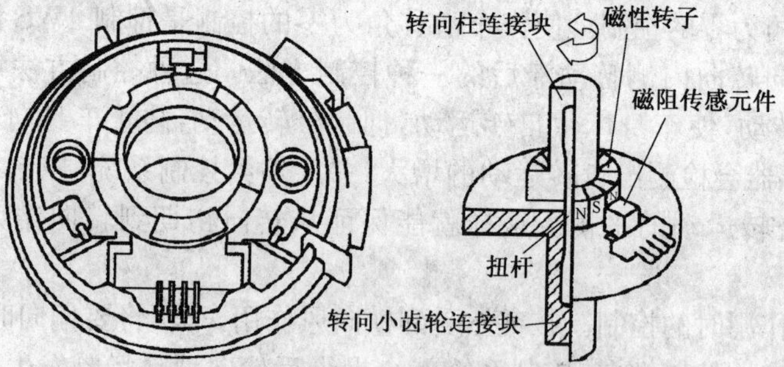

图 8-26 磁阻式转矩传感器(速腾)

(2)磁感应式转矩传感器。当实施转向时,施加在转向盘上的转矩经传感器输入轴、扭杆、输出轴传至转向小齿轮。传感器上层转子与下层转子间由于扭杆变形而产生相对角位移,且角位移的大小与转向力矩成正比。安装在定子内的电磁线圈将角位移转换成电信号传送至动力转向 ECU,如图 8-27 所示。

3. 转向盘转角传感器

常用的转向盘转角传感器有光电式、霍尔式和电容式。

(1)光电式转向盘转角传感器。该传感器安装于转向柱上,当驾驶员转动转向盘时,转向柱带动转向盘转角传感器的转子随转向盘一起转动,光源就会通过转子缝隙照在传感器的感光元件上产生信号电压。由于转子缝隙间隔大小不同,故产生的信号电压变化也不同,如图 8-28 所示。

(2)霍尔式(磁阻式)转向盘转角传感器。传感器齿轮随转向盘转动,带动两测量齿轮旋转,主测量齿轮比次测量齿轮多两个齿,故两个测量齿轮转速不同,如图 8-29 所示。

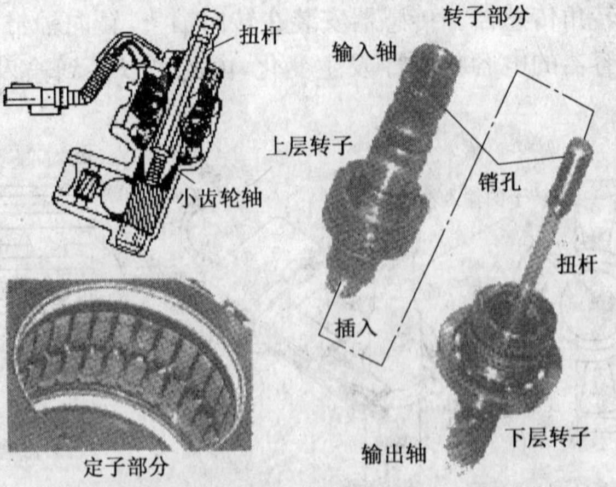

图 8-27　磁感应式转矩传感器(锐志)

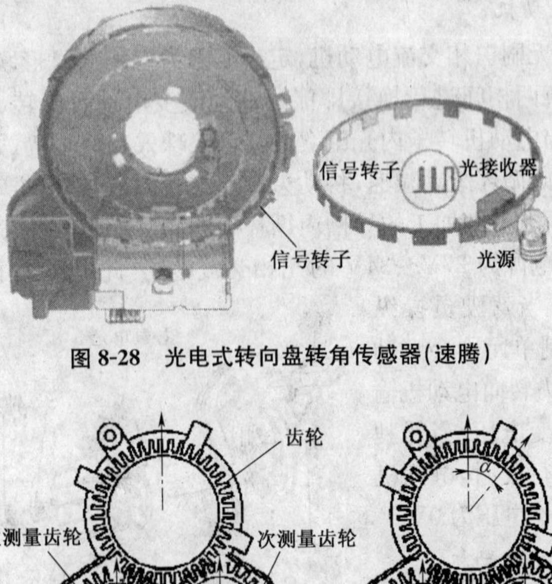

图 8-28　光电式转向盘转角传感器(速腾)

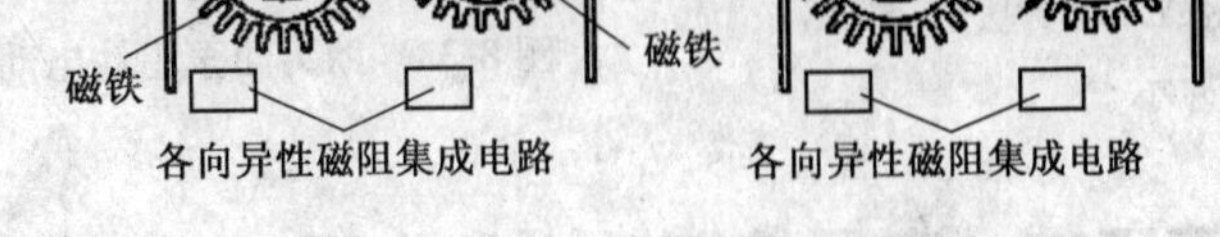

图 8-29　霍尔式(磁阻式)转向盘转角传感器(荣御)

由于两个测量齿轮磁铁的转速不同,因此在各向异性磁阻集成电路中就会产生两个相位和周期不同的信号,如图 8-30 所示。经过分析和计算后便可测得转向盘的转动方向和角度。

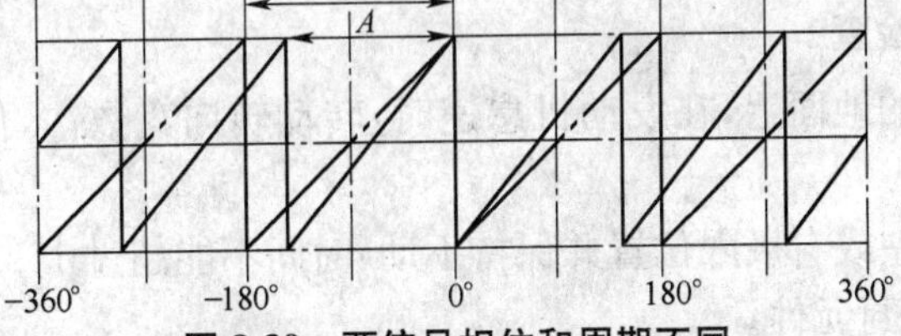

图 8-30　两信号相位和周期不同

(3)电容式转向盘转角传感器。传感器安装在转向轴上,转向轴带动转子在 9 个小型平板电容之间旋转,平板电容器的电容将顺序发生变化,由此可以得到输入轴的旋转信息,如图 8-31、图 8-32 所示。

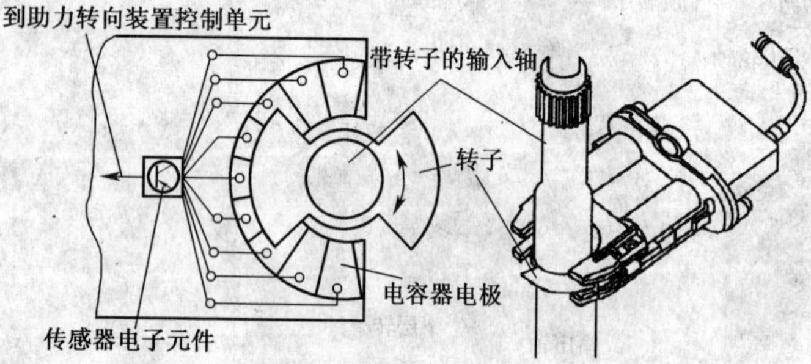

图 8-31 电容式转角传感器的构造(波罗)

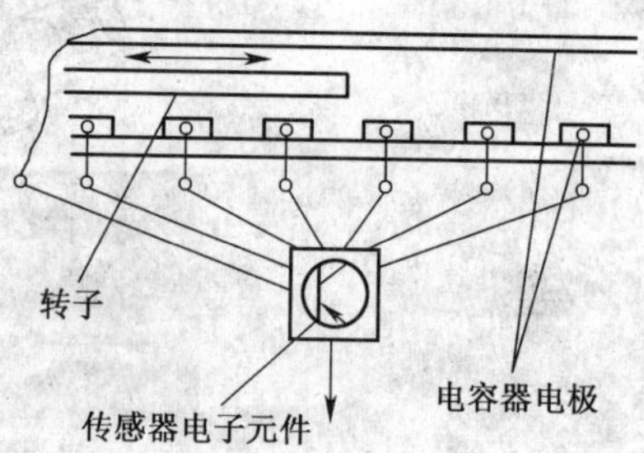

图 8-32 电容式转角传感器的原理

4. 电动助力转向电动机

助力转向电动机为无刷三相交流电动机,定子线圈为三相双星形联结,电动机转子是强永磁式的,将三相电源任意两相间进行换接即能迅速地改变电动机旋转(转向助力)方向。为获得更大的转矩,采用了与电动机转子内壳配套的循环滚珠式减速装置,如图 7-33 所示。极小的钢珠在四个极光滑的槽内循环滚动减速,将动力传递给转向齿条轴,推动两转向轮左右摆动实现转向。由于钢珠极小,在精细加工的导槽内循环滚动,故传动噪声极微小。

助力转向电动机的电源为 27V～34V 的三相交流电压,此电压由电动助力转向控制单元中的电源逆变器提供。当驾驶员操纵转向盘时,助力转向控制单元则会自动根据转向阻力大小向助力转向电动机输出 27V～34V 的交流可变电压;当驾驶员未打方向或车辆直线行驶时,电动机不运转,此时电动机的工作电压为 0V。

5. 电动液压助力转向电动机

电动液压助力转向电动机为无刷直流电动机,一般与液压泵、电控单元连为一体,如图 8-33 所示。

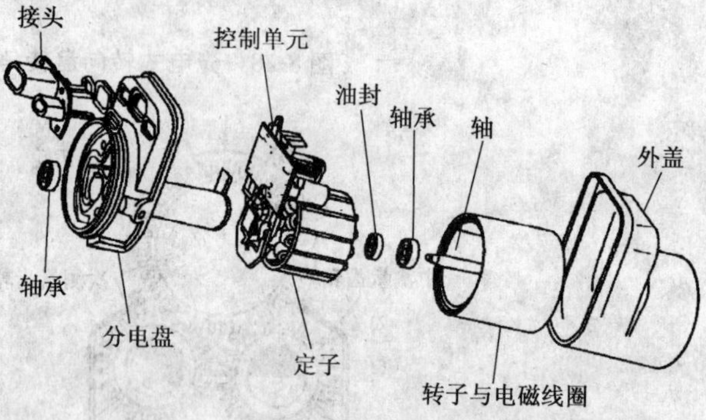

图 8-33 助力油泵驱动电动机(福克斯)

第二节 电子控制动力转向系统的检修

一、助力转向液压系统的检查

(一)系统密封性的检查

将汽车停放在平坦的地面上,在发动机怠速时,转动转向盘数次,使转向油液达到正常工作温度(50℃～80℃)。

将转向盘快速转到左或右极限位置并保持不动(时间不能超过 15s),检查液压系统的密封性,视情况紧固或更换密封元件。

(二)储液罐油液的检查与更换

1. 油液的检查

①将汽车停放在平坦的地面上。

②在发动机怠速时,转动转向盘数次,使转向油液达到正常工作温度(50℃～80℃)。

③左右转动转向盘数次后,检查储液罐内的油液是否起泡或乳化。如果有起泡或乳化现象,则表示转向油液内已渗入空气,此时应进行排气操作。

④检查转向液油质,若转向油液变质或使用期限已到,则应更换油液。

⑤在发动机怠速时,检查储液罐油位高度。确保油位在储液罐的油位上限和油位下限之间,并以油液 80℃时不超过上限为准,如图 8-34 所示。

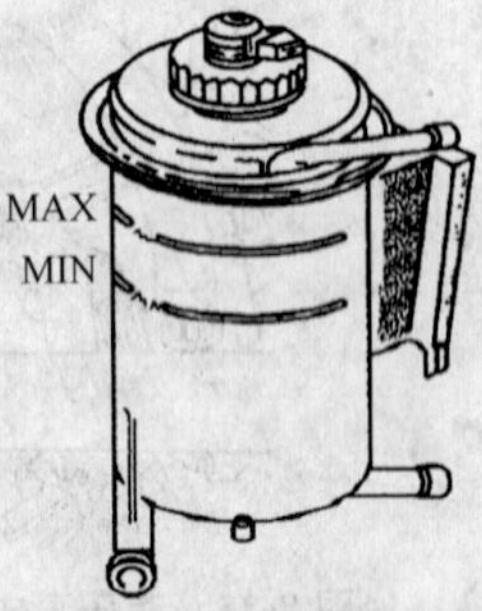

图 8-34　储液罐

2. 油液的更换

①用千斤顶或举升器将车辆前部顶起,并稳固支撑。

②卸下储液罐的回油软管,从储液罐及回油软管上放出旧油至适当的容器中。小心不要把旧油洒到车体或零部件上,以免损坏车漆,若溅洒应立即擦净。

③使发动机怠速运转,一边排油一边左右连续转动转向盘至极限位置,直到油液排尽,再关闭发动机。

④将回油软管重新安装到储液罐上。

⑤向储液罐内加注规定的液压油至油位上限。

⑥执行排气程序。

⑦重新检查油位,必要时添加。

3. 液压助力转向系统的排气

①将车辆前部用千斤顶或举升器顶起,并用支架牢靠固定。

②转动转向盘,从左极限位置转到右极限位置,来回转动 3～5 次。

③起动发动机,使之怠速运转,并重复步骤②。

④将车辆前部放下,在发动机怠速运转的状态下,来回转动转向盘 5～8 次,使油温升高,然后将转向盘置于中间位置,检查并记录储液罐内油面高度。

⑤关闭点火开关 3min～5min 后,再查看储液罐内油面高度,并与步骤④的油面高度比较,若两次无差异或差值小于 5.0mm,而且油液中无气泡或乳化现象,说明系统内空气已排净。否则,仍需重复④、⑤两步骤,直至空气被排净为止。

⑥检查油位,视需要添加。

(三)检查与调整液压泵传动带

1. 检查传动带

①检查传动带外观应无裂纹、毛刺、硬化等现象。

②在液压泵传动带的上侧中部施加 100N 的力,测量传动带的静挠度,其挠度值应符合标准,否则应予以调整。

2. 调整传动带松紧度

①松开液压泵支架上的固定螺栓,如图 8-35 所示。

②松开张紧螺栓的固定螺母,如图 8-36 所示。

③通过旋转张紧螺栓把 V 带张紧至合适紧度,如图 8-36 所示。

④拧紧张紧螺栓的固定螺母。

⑤拧紧液压泵支架上的固定螺栓。

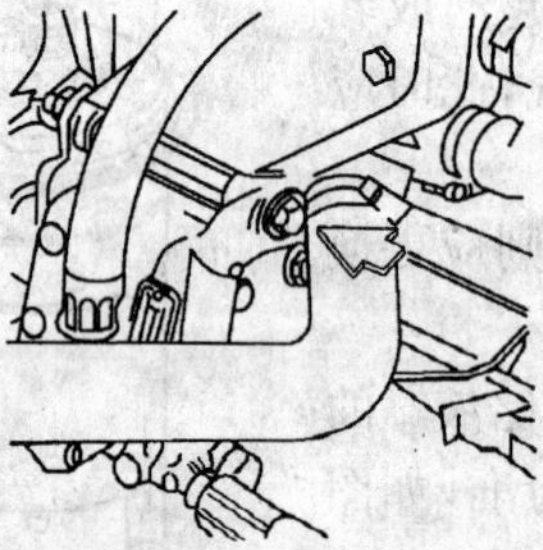

图 8-35 液压泵支架上的固定螺栓

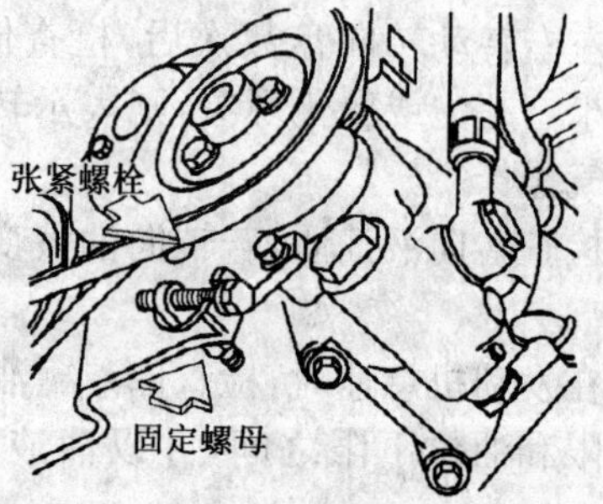

图 8-36 松开张紧螺栓的固定螺母

(四)油路压力的检测

查阅维修手册等资料,明确油压测试的条件与标准。如桑塔纳系列汽车的助力转向系统,当液压油温度为 50℃～80℃、发动机转速怠速、转向盘打到极限位置时,系统油压为 6.8MPa～8.2MPa。

1. 测试油路压力

①连接油压表,如图 8-37 所示。

②完全开启手控阀。

③起动发动机并使其怠速运转。

④将转向盘在左右极限位置之间连续转动若干次,使油液温度升至 50℃～80℃,并确保液面高度正常。

⑤发动机怠速运转,快速关闭手控阀(关闭时间不超过 10s,避免油泵过热),此时观察并记录压力表最高稳定指示值。

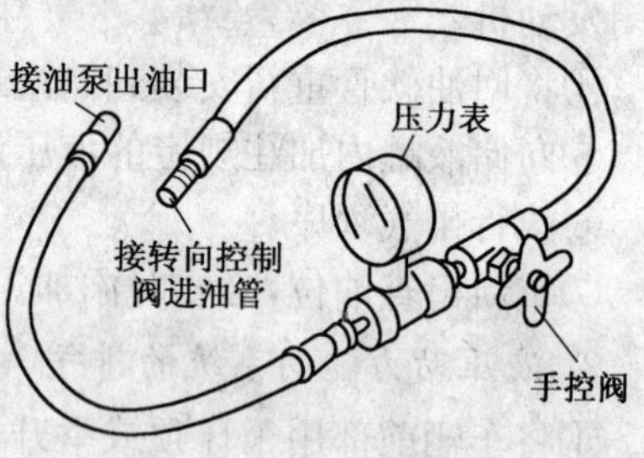

图 8-37 助力转向系统油压表

⑥发动机怠速运转,快速打开手控阀,转向盘向左或向右打到极限位置,此时观察并记录压力表最高稳定指示值。

2. 分析处理测试结果

上述步骤⑤测得的油压应为 6.8MPa～8.2MPa,若低于此范围,故障在助力油泵总成,应进一步检查或更换。

上述步骤⑥测得的油压应为 6.8MPa～8.2MPa,若低于此范围,故障在转向控制阀或助力油缸(内部泄漏),应进一步检查或更换。

二、电子控制动力转向系统主要部件的检修

(一)流量调节电磁阀电路的检测

1. 流量调节电磁阀的电路及电路参数

以索纳塔为例查阅有关维修资料可知,现代索纳塔汽车助力转向电控系统电路如图 8-38

所示。

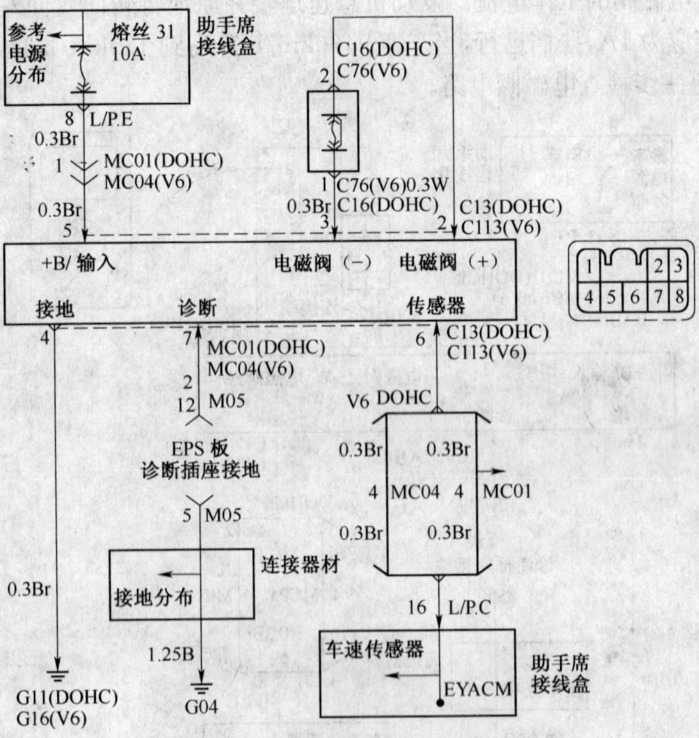

图 8-38　现代索纳塔 EPS 电路图

EPS 电控单元端子说明见表 8-1，电路参数见表 8-2。

表 8-1　索纳塔 EPS 电控单元端子说明

端子号	说　明	端子号	说　明
1		5	IG2
2	电磁阀＋	6	车速传感器信号
3	电磁阀－	7	自诊断
4	搭铁	8	

表 8-2　索纳塔 EPS 电路参数

ECU 端子	检测条件	检测结果
2—3		5.7Ω～7.7Ω 电阻
4—“搭铁”		小于 1Ω 电阻
5—“搭铁”	点火开关“ON”	蓄电池端电压
	点火开关“OFF”	0V
6—“VSS. 3”		小于 1Ω 电阻

2. 电磁阀电流的检测

检测电磁阀的电流，可以全面掌握电控系统的工作情况。

点火开关处于“OFF”位，脱开电磁阀线束连接器，在线束端子“1”与电磁阀端子“1”之间插入连接线，将万用表接在线束端子“2”与电磁阀端子“2”之间，如图 8-39 所示。顶起驱动车轮，起动发动机，测量电磁阀的工作电流。发动机怠速运转并原地将转向盘向左或向右打到极限位置时，测得电流应为 1A，挂挡运行，当车速从 60km/h 升高到 120km/h 时，电流应逐渐降为 0.25A。否则应进一步检查电磁阀电路。

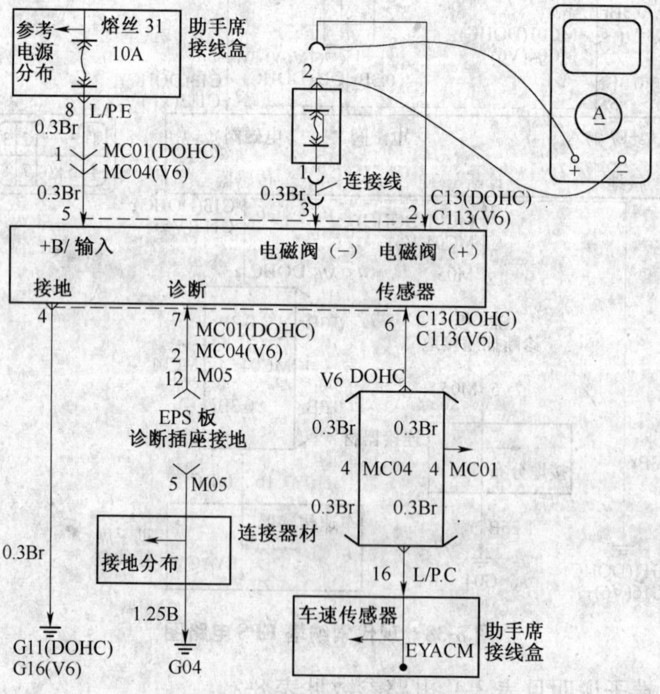

图 8-39 电磁阀工作电流检测

3. 电磁阀元件的检测

(1)电阻测量。关闭点火开关，脱开电磁阀线束连接器，用万用表测量电磁阀两端子之间的电阻，应为 5.7Ω～7.7Ω。各端子对地(转向器壳体)的电阻应为无穷大，如图 8-40 所示。否则更换电磁阀。

(2)动作测试。将蓄电池电压加在电磁阀连接器端子上，应能听到清脆的动作声，如图 8-41 所示。

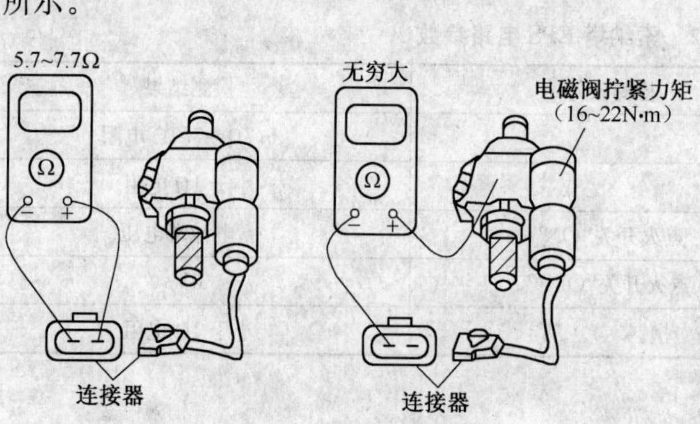

图 8-40 电磁阀电阻检测

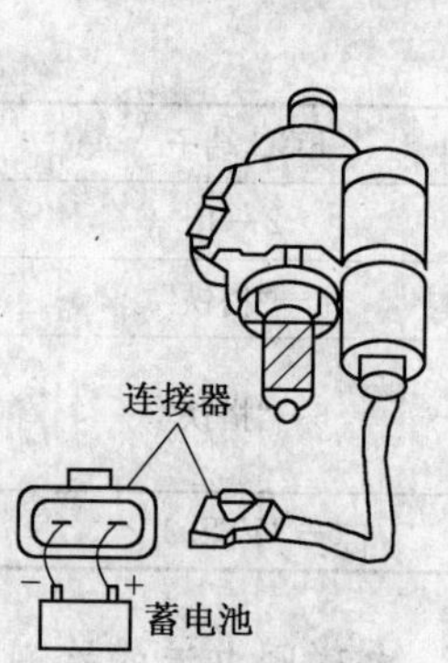

图 8-41 电磁阀动作测试

(3)电磁阀线路的检测。装回电磁阀线束连接器，脱开电控单元线束连接器，如图 8-42 所示，用万用表测量线束端子“2”、“3”，测量结果应符合图上所示参数标准。否则应检查线路有无短路、断路、搭铁故障以及电磁阀线束连接器有无接触不良。

(4)电磁阀供电电压的检测。装回电控单元线束连接器，脱开电磁阀线束连接器，用万用表测量电磁阀连接器线束侧端子“1”与“2”间的电压，如图 8-43 所示。起动发动机并怠速运转，原地将转向盘向左或向右打到极限位置时，测得的电压值应为 5.7V～7.7V。否则应进一步检查电磁阀与电控单元连接器有无接触不良，或电控单元有无正常电压输出(若车速传感器及其线路正常应更换电控单元)。

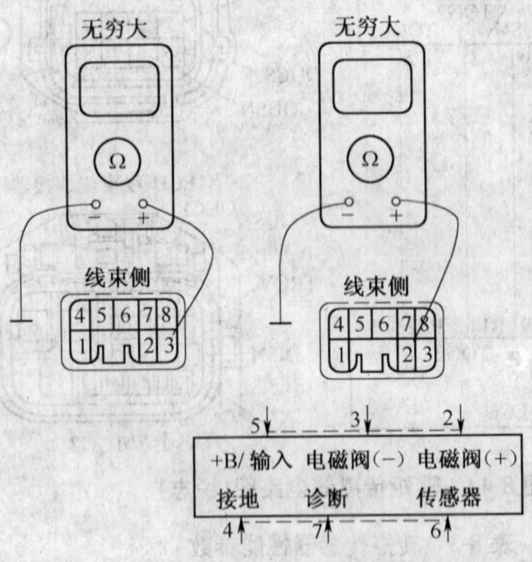

图 8-42 电磁阀线路检测

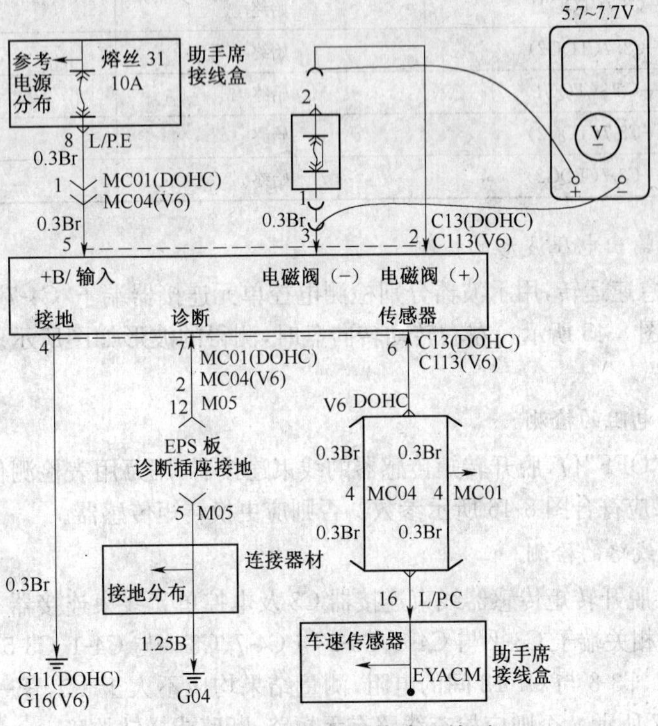

图 8-43 电磁阀供电电压检测

(二)转矩传感器电路的检测

1. 转矩传感器的电路及电路参数

以锐志为例,转矩传感器的相关电路如图 8-44 所示。

转矩传感器有关性能参数见表 8-3。

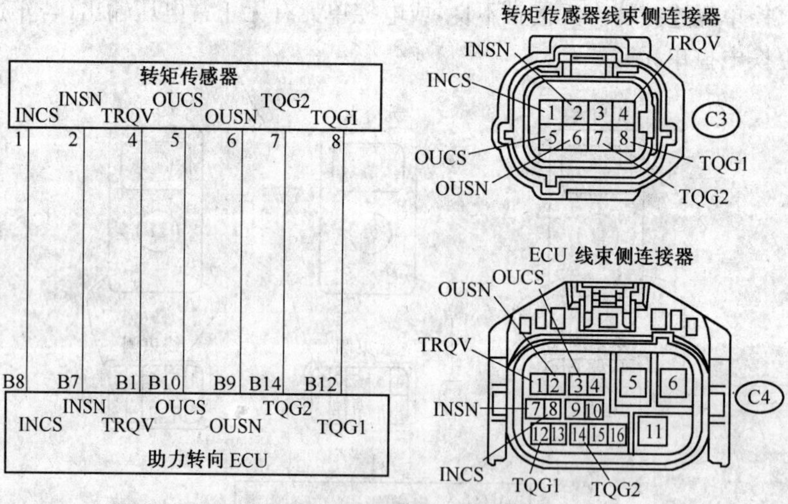

图 8-44 转矩传感器电路图(锐志)

表 8-3 转矩传感器性能参数

端子号	检测条件	标准参数
C3-1(INCS)—C3-7(TQG2)	始终	90～170Ω
C3-2(INSN)—C3.7(TQG2)	始终	300～430Ω
C3-4(TRQV)—C3-8(TQG1)	始终	4～14Ω
C3-5(OUCS)—C3-7(TQG2)	始终	90～170Ω
C3-6(OUSN)—C3-7(TQG2)	始终	300～430Ω

2. 转矩传感器输出电压波形的检测

起动发动机并怠速运转,用示波器分别检测电控单元连接器端子“C4-7”、“C4-8”、“C4-9”、“C4-10”的波形,如图 8-45 所示。左右转动转向盘时,测得的波形如图所示。否则应进一步检查传感器线路。

3. 转矩传感器电阻的检测

点火开关处于“OFF”位,脱开转矩传感器的线束连接器,用万用表检测传感器相应端子之间的电阻,测量结果应符合图 8-46 所示参数。否则应更换转矩传感器。

4. 转矩传感器线路的检测

(1)检测导线。脱开转矩传感器线束连接器 C3 及电控单元线束连接器 C4,用万用表依次检测 C3、C4 线束侧相关端子 C3-1 与 C4-8、C3-2 与 C4-7、C3-4 与 C4-1、C3-5 与 C4-10、C3-6 与 C4-9、C3-7 与 C4-14、C3-8 与 C4-12 间的电阻,测量结果均应不大于 1Ω,任一端子对地电阻应是无穷大,如图 8-47 所示。否则应检查线路有无短路、断路或搭铁故障。

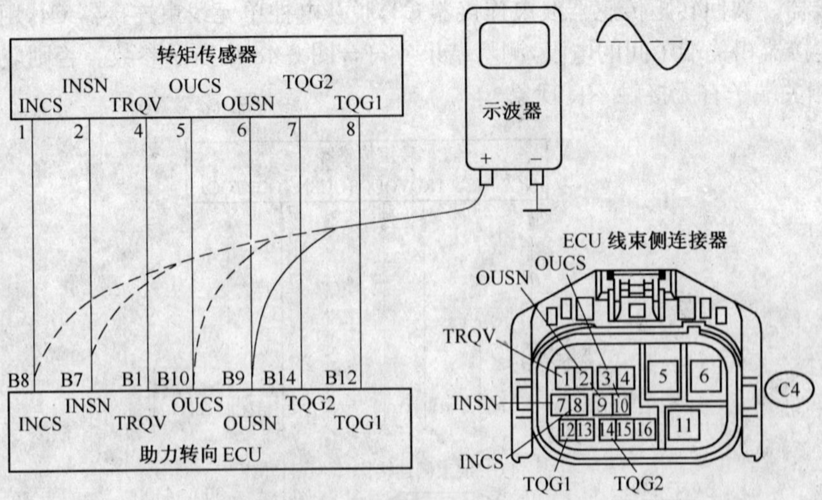

图 8-45　传感器输出电压波形检测

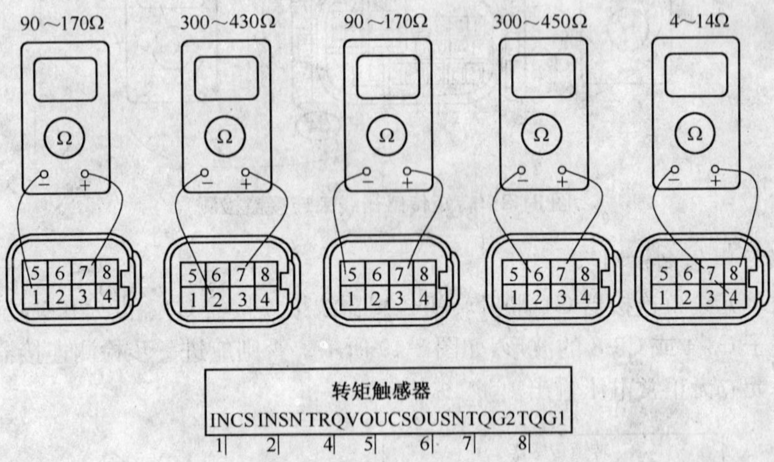

图 8-46　检测转矩传感器电阻

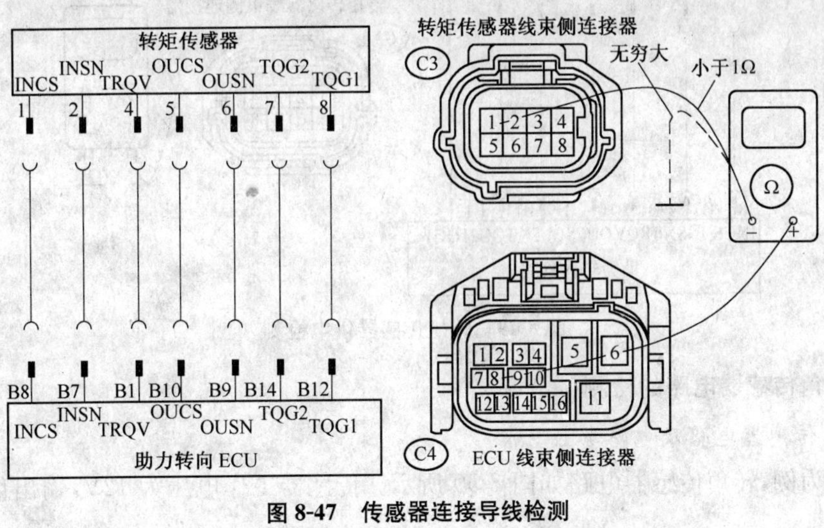

图 8-47　传感器连接导线检测

(2)检测连接器。装回转矩传感器线束连接器C3，脱开电控单元线束连接器C4，用万用表检测C4线束侧连接器相关端子间的电阻，测量结果应符合图8-48中所示参数。否则应进一步检查连接器C3相关端子有无接触不良现象。

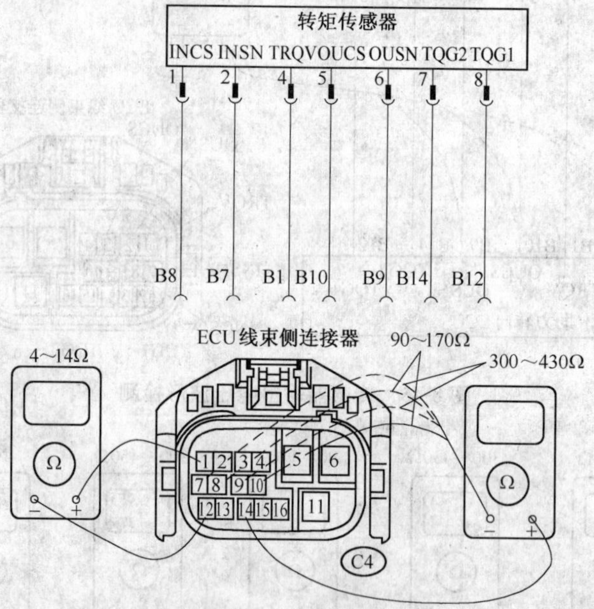

图 8-48 转矩传感器线束连接器检测

5. 转矩传感器供电检测

装回电控单元线束连接器C4，脱开转矩传感器线束连接器C3。点火开关处于"ON"位，用示波器检测端子C3-4或C3-8的波形，如图8-49所示。否则应进一步检测连接器C4有无接触不良或电控单元有无正常电压输出。

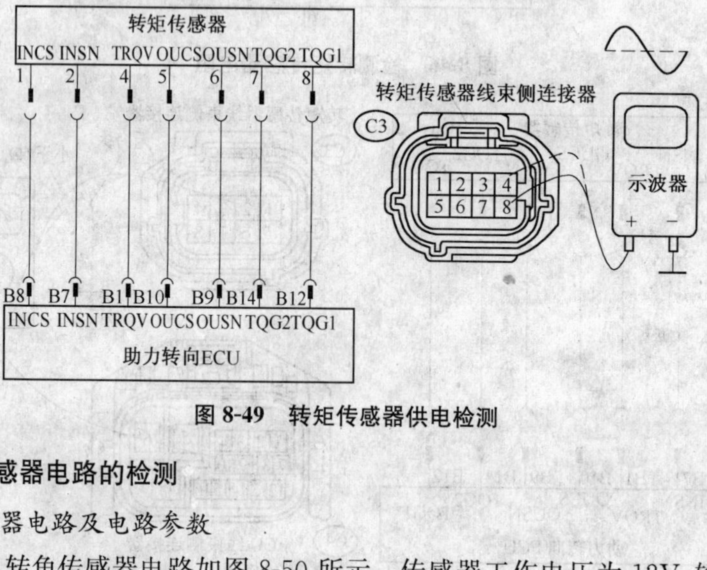

图 8-49 转矩传感器供电检测

(三)转角传感器电路的检测

1. 转角传感器电路及电路参数

以波罗为例，转角传感器电路如图8-50所示。传感器工作电压为12V，输出信号为矩形脉冲。

2. 传感器输出电压波形的检测

点火开关处于“ON”位，原地左右转动转向盘，用示波器检测电控单元转角传感器端子“3”的波形，如图 8-51 所示。当转向盘的转动速度改变时，脉冲宽度应随之改变，同时能听到助力油泵电动机的转速随之改变。否则应进一步检查相关线路。

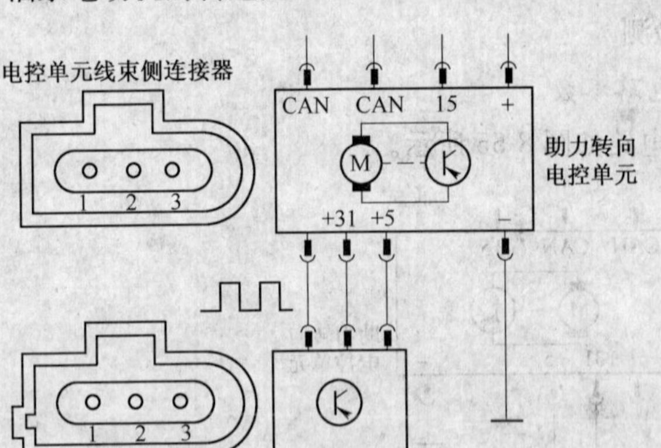

图 8-50　转角传感器电路(波罗)

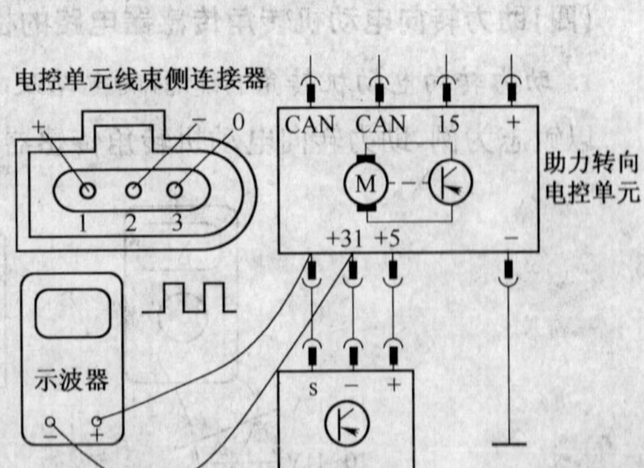

图 8-51　转角传感器输出电压波形检测

3. 转角传感器元件的检测

点火开关处于“OFF”位，脱开转角传感器的线束连接器，在传感器“3”、“2”端子施加蓄电池电压(12V)，转动转向盘，用示波器检测“1”号端子，其输出波形应如图 8-52 所示。否则更换传感器。

4. 传感器线路的检测

点火开关处于“OFF”位，脱开转角传感器线束两端的连接器，用万用表检测两连接器对应端子“3”与“1”、“2”与“2”、“1”与“3”之间的电阻及端子对地电阻，检测结果应如图 8-53 所示。否则应进一步检测导线有无短路、断路或搭铁故障。

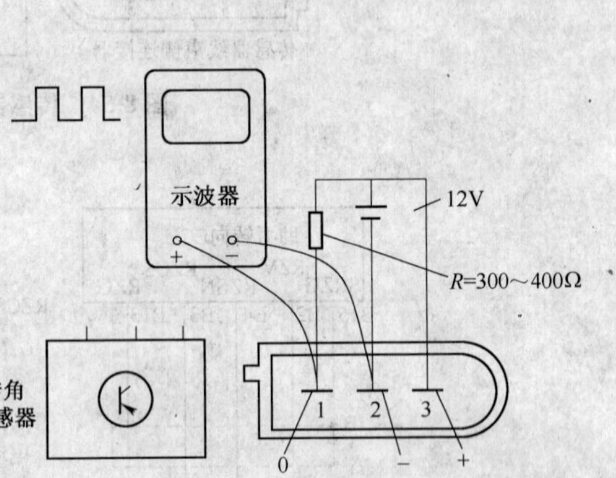

图 8-52　转角传感器元件检测

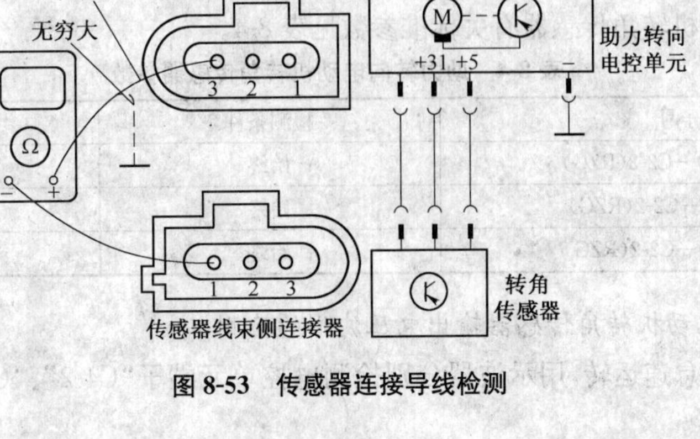

图 8-53　传感器连接导线检测

5. 传感器供电的检测

装回电控单元端线束连接器，点火开关处于"ON"位，用万用表测量传感器端线束连接器相应端子之间的电压，检测结果应如图 8-54 所示。否则应进一步检测电控单元连接器是否接触不良或电控单元是否工作正常。

（四）助力转向电动机转角传感器电路的检测

1. 助力转向电动机转角传感器的电路及电路参数

以锐志为例，助力转向电动机转角传感器电路如图 8-55 所示。

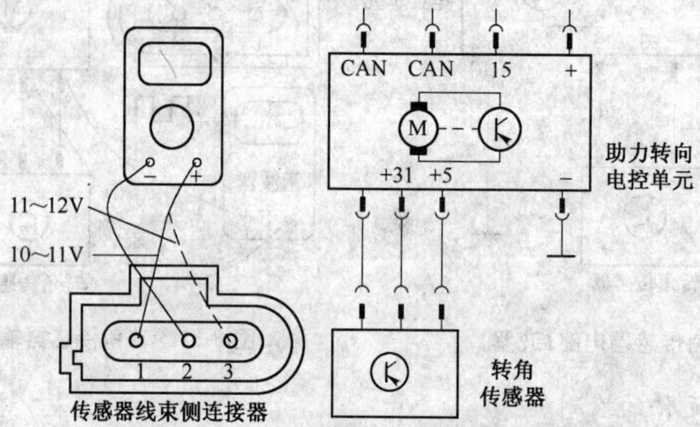

图 8-54 传感器供电的检测

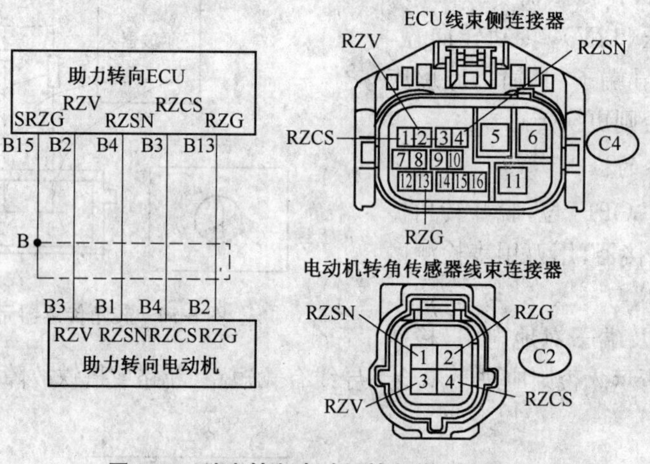

图 8-55 助力转向电动机转角传感器电路

助力转向电动机转角传感器有关标准参数见表 8-4。

表 8-4 助力转向电动机转角传感器参数

端子号	检测条件	标准参数
C2-1(RZSN)—C2-2(RZG)	始终	50Ω～140Ω
C2-3(RZV)—C2-2(RZG)	始终	50Ω～140Ω
C2-4(RZCS)—C2-2(RZG)	始终	15Ω～45Ω

2. 助力转向电动机转角传感器输出电压波形的检测

起动发动机并怠速运转，用示波器分别检测电控单元端子"C4-2"、"C4-4"的波形，左右转动转向盘时，波形应如图 8-56 所示。否则应进一步检查传感器线路。

3. 助力转向电动机转角传感器元件检测

点火开关处于“OFF”位，脱开助力转向电动机转角传感器的线束连接器，用万用表检测传感器相应端子之间的电阻，测量结果如图 8-57 所示。否则更换传感器。

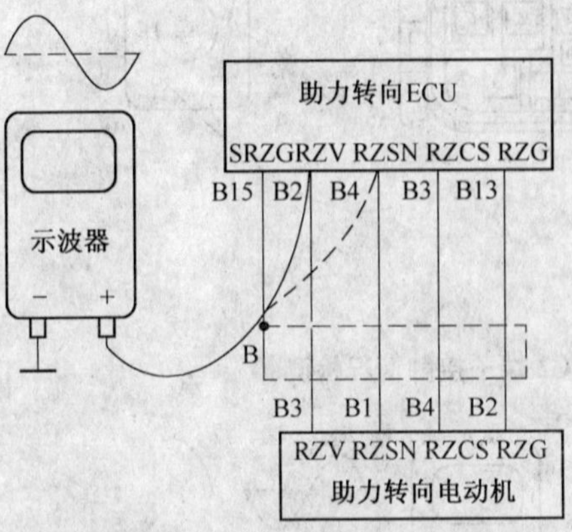

图 8-56　助力转向电动机转角传感器输出电压波形检测

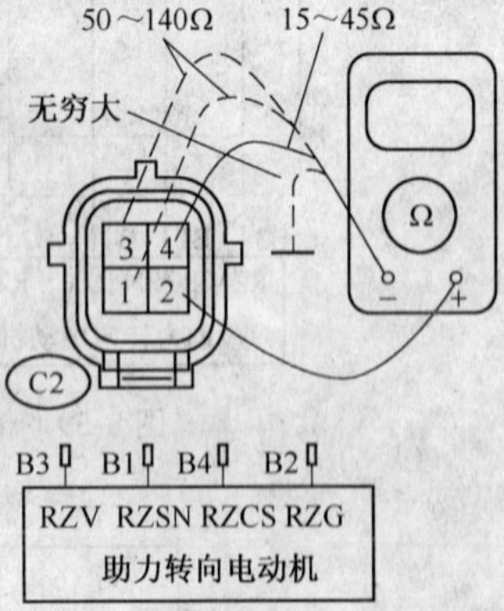

图 8-57　助力转向电动机转角传感器元件检测

4. 助力转向电动机转角传感器线路的检测

(1)检测传感器导线。脱开转矩传感器线束连接器 C2 及电控单元线束连接器 C4，用万用表依次检测 C2、C4 线束侧端子及 C2-3 与 C4-2、C2-1 与 C4-4、C2-4 与 C4-3、C2-2 与 C4-13 间的电阻，测量结果应不大于 1Ω；任一端子的对地电阻应是无穷大，如图 8-58 所示。否则应检查线路有无短路、断路或搭铁故障。

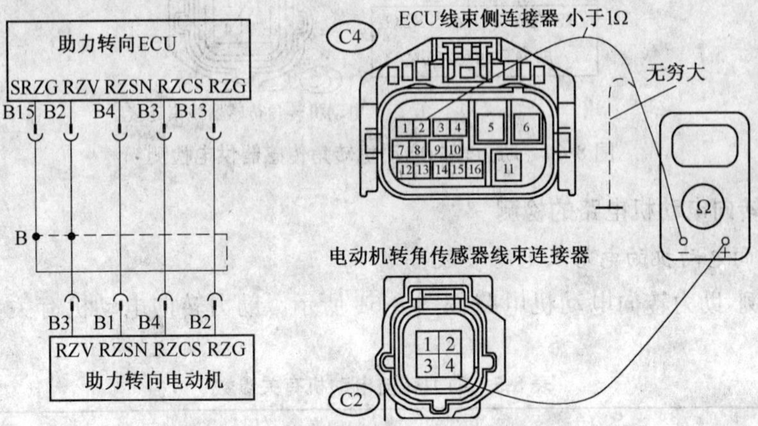

图 8-58　传感器导线(C2-3—C4-2)检测

(2)检测连接器。装回助力转向电动机转角传感器线束连接器 C2，脱开电控单元线束连接器 C4，用万用表检测 C4 线束侧相关端子间的电阻，测量结果应如图 8-59 所示。否则应进一步检查连接器 C2 相关端子有无接触不良。

5. 供电检测

装回电控单元线束连接器 C4，脱开转矩传感器线束连接器 C2，点火开关处于“ON”位，用万用表检测端子 C2-4 的电压波形，如图 8-60 所示。否则，进一步检测连接器 C2 有无接触不良或电控单元有无电压输出。

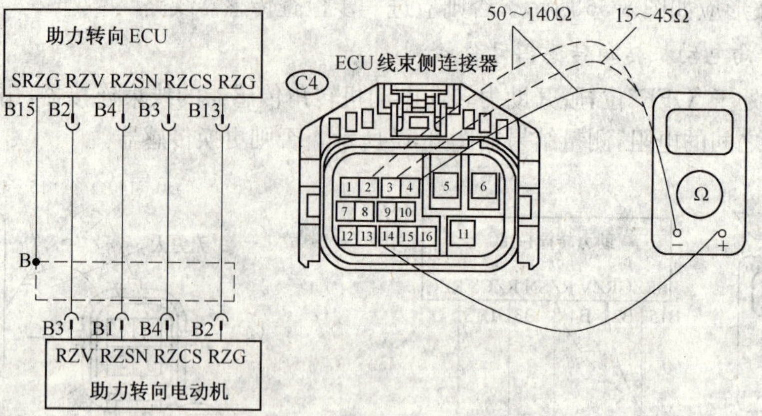

图 8-59 传感器线束连接器 C2 端子接触情况检测

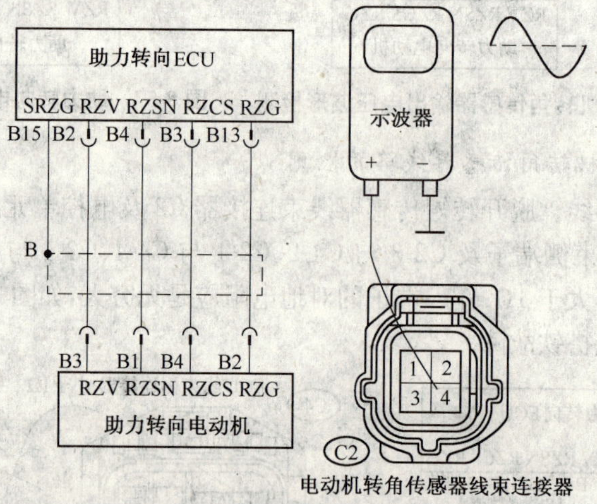

图 8-60 助力转向电动机转角传感器供电检测

(五)助力转向电动机电路的检测

1. 助力转向电动机的电路及电路参数

以锐志为例，助力转向电动机电路如图 8-61 所示。助力转向电动机有关参数标准见表 8-5。

表 8-5 助力转向电动机有关参数

端子号	检测条件	标准参数
C1-3(U)—C1-2(V)	始终	小于 1Ω
C1-2(V)—C1-1(W)	始终	小于 1Ω
C1-1(W)—C1-3(U)	始终	小于 1Ω
C1-3(U)—车身搭铁	始终	10kΩ 或更大
C1-2(V)—车身搭铁	始终	10kΩ 或更大
C1-1(W)—车身搭铁	始终	10kΩ 或更大

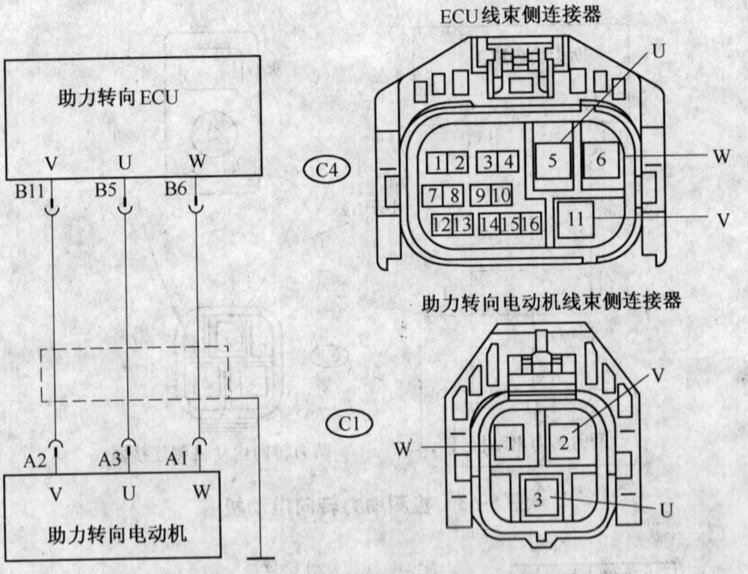

图 8-61　助力转向电动机电路(锐志)

2. 助力转向电动机工作电流的检测

起动发动机并怠速运转，原地左右转动转向盘，用钳形电流表测量助力转向电动机工作电流(交流)，如图 8-62 所示。电流应按图示规律变化。否则应进一步检查相关线路。

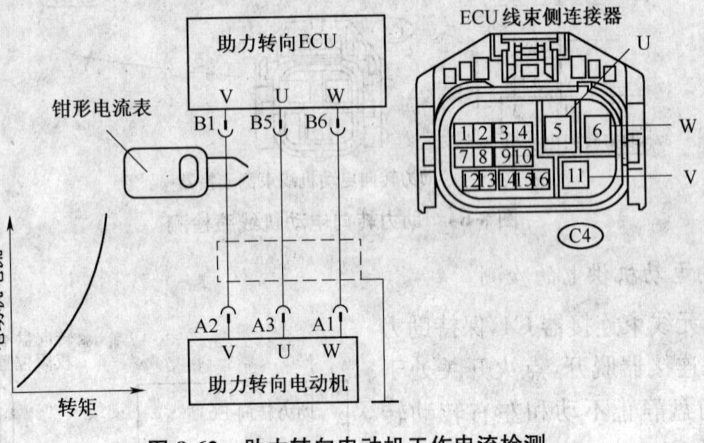

图 8-62　助力转向电动机工作电流检测

3. 检测助力转向电动机线圈电阻

点火开关处于“OFF”位，脱开助力转向电动机线束连接器 C1，用万用表检测助力转向电动机有关端子(见表 8-5)之间的电阻，如图 8-63 所示。检测结果应符合表 8-5 所示值，否则应更换助力转向电动机。

4. 助力转向电动机线路的检测

脱开助力转向电动机线束连接器 C1 及电控单元线束连接器 C4，用万用表检测 C4-11 与 C1-2、C4-5 与 C1-3、C4-6 与 C1-1 之间的电阻，应小于 1Ω，任一端子的对地电阻应为无穷大，如图 8-64 所示。否则应进一步检查相关线路是否有短路、断路或搭铁故障。

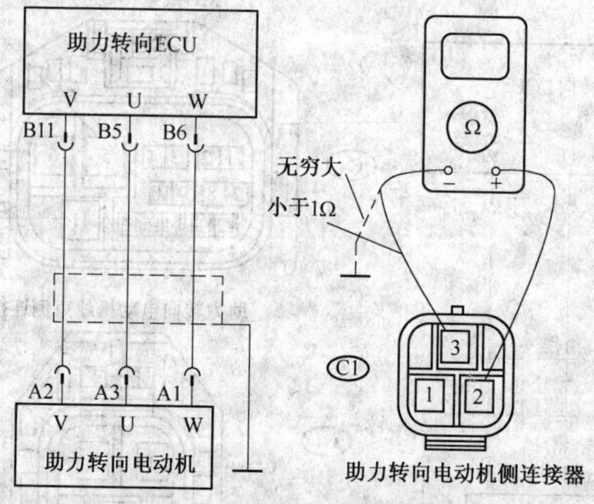

图 8-63 检测助力转向电动机

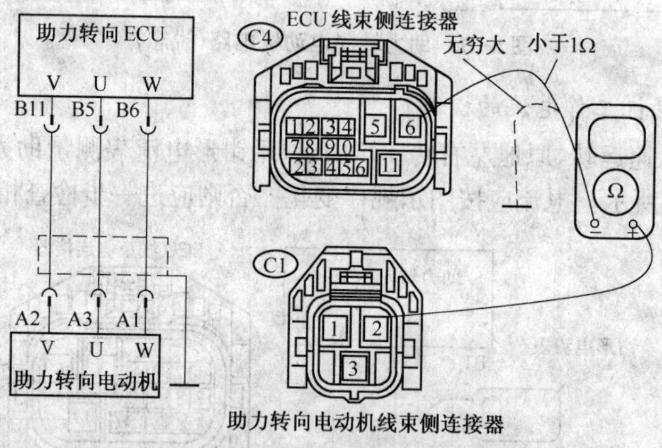

图 8-64 助力转向电动机线路检测

5. 助力转向电动机供电的检测

装回电控单元线束连接器C4，保持助力转向电动机线束连接器脱开，点火开关处于“ON”位，在转向盘静止不动和左右转动转向盘时分别测量C1-1与C1-2、C1-1与C1-3、C1-2与C1-3之间的电压，测量结果应如图8-65所示。否则应进一步检查C4连接器相关端子是否接触不良或电控单元是否有故障。

(六)助力转向电动机转角传感器、转矩传感器零点校正

当更换动力转向ECU、更换转向拉杆总成、左右转向力矩不同时需进行助力转向电动机转角传感器初始化和转矩传感器零点

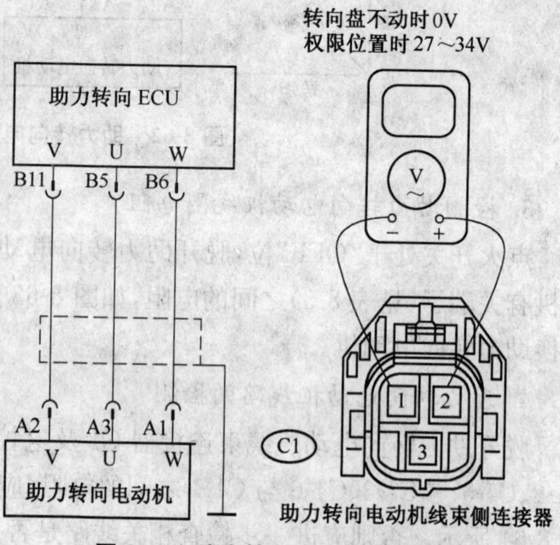

图 8-65 助力转向电动机供电检测

校正。下面以锐志为例，说明其校正方法。

1. 校正前的检查

①点火开关处于“OFF”位，连接解码器，如图 8-66 所示。

②点火开关处于“ON”位。

③接通解码器。

④从数据表中选择“IG Power Supply”(IG 电源)。

⑤从屏幕上读取 IG 电源电压，应为 10V～14V。否则，校准无法进行。

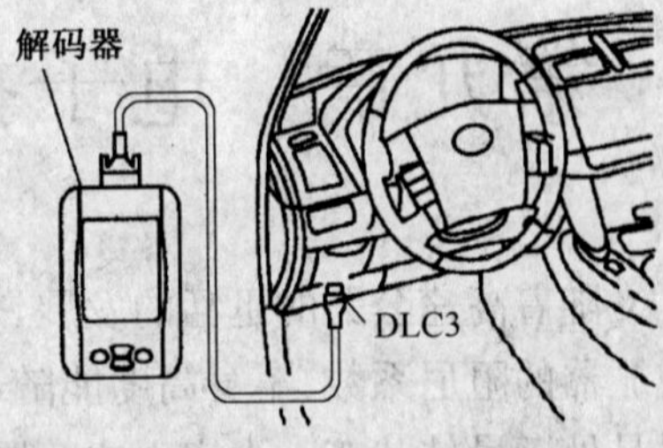

图 8-66 连接解码器

⑥清除故障码“DTC C1516(转矩传感器零点调整未完成)、DTC C1526(转角传感器初始化未完成)”。

2. 校正零点

①接通解码器，选择“Utility”。

②选择“Torque Sensor Adjustment”(转矩传感器调整)。

③按照检测仪显示屏提示的步骤进行转角传感器校准值清除、转角传感器值初始化和转矩传感器零点校正。

第九章　电子控制悬架系统的结构与检修

随着高速公路的迅猛的发展，对汽车的性能也提出了更高的要求，人们希望悬架的刚度、减振器的阻尼系数、车身高度能随载荷、行驶速度、路面状况等行驶条件自动调整，使悬架性能总是处于最佳状态。为实现这一愿望、解决汽车行驶平顺性与行驶安全稳定性之间的矛盾，各种悬架控制技术和方案得到了长足的发展，各种形式的电子控制悬架系统相继在一些高级轿车上采用。本章主要概述电子控制悬架的组成与类型，介绍电子控制悬架的结构、原理及控制电路的检修。

第一节　电子控制悬架系统概述

一、电子控制悬架系统的功用与控制功能

（一）电子控制悬架的功用

传统的悬架系统一般具有固定的弹簧刚度和减振器阻尼（阻尼指的是当振动的物体或振荡电路的能量逐渐减少时，振幅相应减小的现象），不能同时满足汽车行驶平顺性和操纵稳定性的要求。例如：降低弹簧刚度，平顺性会变好，使乘坐舒适。但悬架偏软会使操纵稳定性变差；而增加弹簧刚度会提高操纵稳定性，但较硬的弹簧又使车辆对路面的不平度很敏感，使平顺性降低。因此，理想的悬架系统应在不同的使用条件下具有不同的弹簧刚度和减振器阻尼力，这样既能满足平顺性的要求又能满足操纵稳定性的要求。电子控制悬架系统就是这种理想的悬架系统。

电子控制悬架系统的功用是：在汽车行驶路面、行驶速度和载荷变化时，自动调节车身高度、悬架刚度和减振器阻尼的大小，从而改善汽车的行驶平顺性（即乘坐舒适性）。

（二）电子控制悬架系统的控制功能

电子控制悬架系统主要对车速与路面感应、车身姿态、车身高度三方面进行控制。

1. 车速与路面感应控制

（1）车速高时的控制。当车速高时，提高弹簧刚度和减振器阻尼力，以提高汽车高速行驶时的操纵稳定性。

（2）前轮遇到突起时的控制。当前轮遇到突起时，减小后轮悬架弹簧的刚度和减振器阻尼力，以减小车身的振动和冲击。

（3）路面差时的控制。当路面差时，提高弹簧刚度和减振器阻尼力，以抑制车身的振动。

2. 车身姿态控制

（1）转向时侧倾控制。急转向时，提高弹簧刚度和减振器阻尼力，以抑制车身的侧倾。

（2）制动时点头控制。当驾驶员踩下制动踏板时，制动灯开关信号将送到控制单元 EMS ECU，EMS ECU 将控制前部空气弹簧刚度和减振器阻尼变成“坚硬”状态，以便抑制汽车制动

时的点头现象，使汽车姿势变化最小。紧急制动时，提高弹簧刚度和减振器阻尼力，以抑制车身的点头。

(3)加速时后坐控制。急加速时，提高弹簧刚度和减振器阻尼力，以抑制车身的后坐。

3. 车身高度控制

车身高度控制不管车辆负载在规定范围内如何变化，都可以保持汽车高度一定。车身保持水平，可大大减少汽车在转向时产生的侧倾。

(1)高速感应控制。当汽车在良好路面上高速行驶，车速超过90km/h时，若汽车高度控制开关选择在"HIGH"上，汽车高度将自动转换为"NORM"，降低车身高度，以减少空气阻力，提高汽车行驶的稳定性。

(2)连续差路面行驶控制。当汽车在连续差路面上行驶，车速在40km/h～90km/h时，提高车身高度，以提高汽车的通过性；车速在90km/h以上时，降低车身高度，以满足汽车行驶的稳定性。

(3)点火开关OFF控制。驻车时，当点火开关关闭后，乘客和行李重量的变化使汽车高度高于目标高度时，能使汽车高度降低到目标高度，改善汽车驻车时的姿势(汽车高度降低)，且便于乘客的上下车。

(4)自动高度控制。高度控制开关设有"High(车身高)"和"Normal(车身高度正常)"两个挡位，操纵高度控制开关能使汽车车身的目标高度变为"正常"状态或"高"状态，保持车身高度恒定。但是由于高速行驶时车身过高会降低车身的稳定性，因此当高度控制开关处于"High"位置且车速达到一定值时，高度控制系统能自动将车身高度降低到"正常"状态，保证汽车的行驶稳定性和减小行驶阻力。当点火开关断开后，如果车身高度因乘员或载荷量变化而高于目标高度时，高度控制系统能自动将车身高度降低到目标高度，从而改善汽车驻车时的姿势。

高度控制自动切断开关能使空气弹簧悬架系统关闭，防止车身过高或拖车时产生意外运动。

二、电子控制悬架系统的分类

电子控制悬架系统主要有半主动悬架和主动悬架，半主动式和主动式悬架系统均可根据控制装置的不同，分为机械控制式和电子控制式两种。

(一)半主动悬架

半主动悬架是指悬架元件中的弹簧刚度和减振器阻尼力之一可以根据需要进行调节，半主动式悬架可视为由可变特性的弹簧和减振器组成的悬架系统。为减少执行元件所需的功率，主要采用调节减振器阻尼系数的方法，只需提供调节控制阀、控制器和反馈调节器所消耗的较小功率，它没有动力源为悬架系统提供连续的能量输入，优点是工作时几乎不消耗动力。

半主动悬架又分为有级半主动式(阻尼有级可调)和无级半主动式(阻尼连续可调)两种。无级半主动式悬架可以根据路面激励和车身的响应对悬架阻尼参数进行自适应控制，并在数毫秒内由最小变到最大，使车身上的振动响应始终被控制在某个范围内。由于阻尼变化响应快，很像一个主动系统，因此称为半主动式系统。但这种半主动式悬架在转向、起动、制动等工况下还不能对参数实施有效的控制。

(二)主动悬架

主动悬架是一种具有做功能力的悬架，当汽车载荷、行驶速度、路面状况等行驶条件发生变化时，主动地调节包括悬架系统的阻尼力、汽车车身高度和行驶姿势、弹性元件的刚度在内的多项参数。从而同时满足汽车的行驶平顺性、操纵稳定性等方面的要求。

主动悬架按照弹簧类型的不同，可以分为空气弹簧主动悬架和油气弹簧主动悬架。根据驱动机构和介质的不同，可分为由电磁阀驱动的主动式油气悬架和由步进电动机驱动的主动式空气悬架两种。

三、电子控制悬架系统的组成与原理

(一)电子控制悬架系统的基本组成与功用

电子控制悬架系统主要由前车身高度传感器、后车身高度传感器、转向盘转向与转角传感器、节气门位置传感器和车速传感器、控制开关、电子调节悬架电控单元(EMS ECU)和执行器等级组成。

车身高度传感器采集前后车身的高度信号、转向盘转向与转角传感器采集汽车行驶方向信号、节气门位置传感器采集驾驶员加速信号或减速信号、车速传感器采集汽车行驶速度信号。传感器和控制开关向 EMS ECU 输入车身以及汽车行驶的状态信息，EMS ECU 接收传感器和控制开关输入的电信号，并向执行元件发出控制指令，执行元件产生一定的机械动作，从而改变车身高度、空气弹簧的刚度或减振器的阻尼。

(二)半主动悬架的组成与原理

1. 半主动悬架的组成

如图 9-1 所示，为丰田汽车所装用的电子控制半主动悬架系统(TEMS)，它主要由模式选择开关、电子控制单元 (ECU)、可调节阻尼力的减振器、转换阻尼力的执行器、车速传感器、转向盘转角传感器、节气门位置传感器、制动灯开关、空挡起动开关等部件组成。

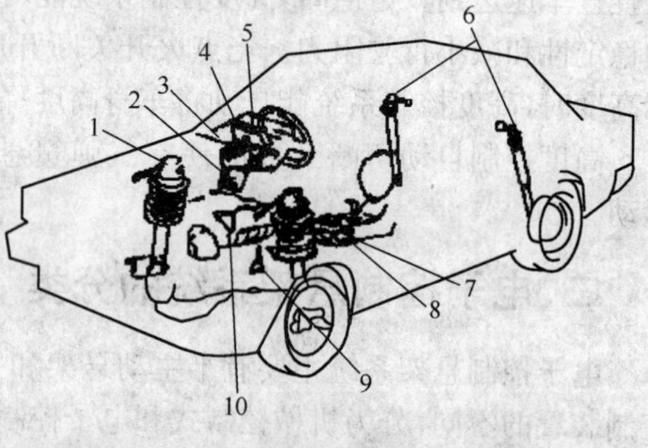

图 9-1 丰田汽车电控半主动悬架系统

1. 执行部件 2. 动力转向传感器 3. 停车灯开关 4. TEMS 指示灯 5. 速度传感器 6. 执行部件 7. ECU 8. 模式选择开关 9. 空挡起动开关 10. 节气门位置传感器

2. 半主动悬架系统的原理

大部分半主动悬架采用了手动控制方式，由驾驶员根据路面状况和汽车的行驶条件，手动控制相关的动作，对减振器的阻尼力进行变换。如果当减振器的阻尼力被调整为“硬”时，还可增强汽车在转弯或在不平道路上行驶时抗侧倾的能力，提高汽车操纵的稳定性。如果当减振器的阻尼力被调整为“软”时，使汽车行驶时的上下颠簸幅度减少，提高汽车乘坐的舒适性。这种悬架系统，可以通过驾驶员根据汽车行驶的条件和路面状况，借助挡位转换开关来控制悬架的特性参数变化。悬架系统性能控制的特性参数包括：减振器的阻尼力、横向稳定杆的刚度。其控制的方式有机械式和电子控制式。

电子控制半主动悬架的一般工作原理是：利用传感器把汽车行驶时路面的状况和车身的状态进行检测，此检测到的信号经输入接口电路处理后，传输给计算机进行处理，再通过驱动电路控制悬架系统的执行器动作，完成悬架特性参数的调整。其工作原理见图 9-2。

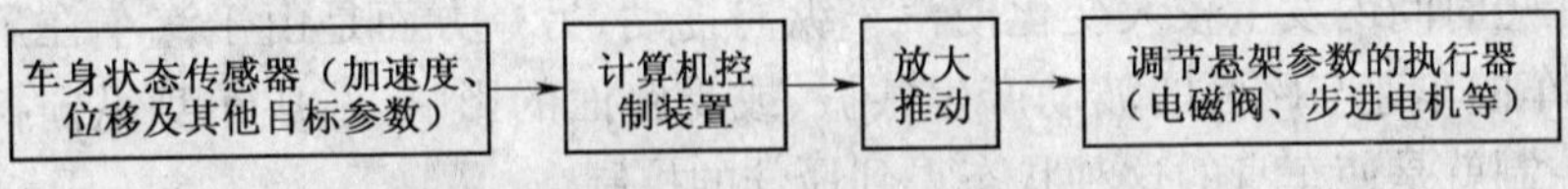

图 9-2　半主动悬架系统的一般工作原理

(三)半主动悬架的组成与控制目标

1. 主动悬架的组成

主动悬架通常包括产生力和转矩的主动作用器(液压缸、气缸、伺服电动机、电磁铁等)、测量元件(加速度、位移和力传感器等)和反馈控制器等。因此,主动悬架需要一个动力源(液压泵或空气压缩机等)为悬架系统提供连续的动力输入。

如图 9-3 所示,是三菱 GALANT 轿车上装备电控空气主动悬架系统(A-ECS),它能系统地控制汽车的车身高度、行驶姿势和悬架系统的阻尼力特性。

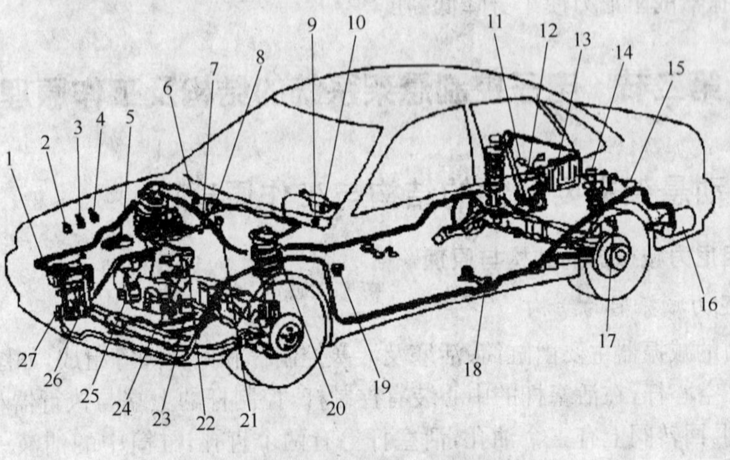

图 9-3　三菱主动电子控制悬架系统

1. 前储气筒　2. 回油液压泵继电器　3. 空气压缩机继电器　4. 电磁阀　5. ECS 电源继电器　6. 加速度计开关　7. 节气门位置传感器　8. 制动灯开关　9. 车速传感器　10. 转角传感器　11. 右后车门开关　12. 后电磁阀总成　13. 电子控制单元(ECU)　14. 阻尼力转换执行器　15. 左后车门开关　16. 后储气筒　17. 后高度传感器　18. 左前车门开关　19. ECS 开关　20. 阻尼力转换执行器(步进电动机型)　21. 加速度计位置　22. 空气压缩机总成　23. G 传感器　24. 前高度传感器　25. 系统禁止开关　26. 空气干燥器　27. 流量控制电磁阀总成

2. 主动悬架的控制目标

(1)调节减振器的阻尼力。由于减振器的阻尼力对汽车乘坐的舒适性和安全性有较大的影响,所以目前可调节阻尼力的减振器应用十分普遍。这种减振器可以实现以下控制目标。

①防止车尾下蹲控制。使汽车在急速起步或加速时,在惯性力和驱动力的作用下,汽车尾部的下蹲控制到最低程度,以保持车身的稳定。

②防止汽车点头控制。汽车在高速行驶采取紧急制动时,由于惯性力和车轮与地面之间的附着力的作用,促使车头下沉。防止汽车点头控制就是要使这种点头现象减小到最低程度。

③防止汽车侧倾控制。汽车在转弯时,由于离心力的作用,使汽车与车身的外侧下沉,转弯结束时,会产生车身外侧的恢复,造成汽车横向摆动。防止汽车侧倾控制就是使这种现象控制到最佳状态。

④防止汽车纵向摇动控制。汽车的纵向摇动一方面是由于汽车在换挡过程中,驱动车轮

上的驱动力在短时间内发生较大变化使汽车纵向摇动;另一方面是由于汽车在不平整的道路上行驶时,汽车的车速与路面的波动产生共振,或受路面的影响,造成车身纵向摇动。防止汽车纵向摇动控制就是使车身的这种状态得到最佳的控制。

(2)调节悬架系统弹性元件的刚度。影响汽车乘坐的舒适性和行驶安全性的另一个主要因素就是汽车悬架弹性元件的刚度,悬架弹性元件的刚度将直接影响车身的振动强度和对路况及车速的感应程度。目前,中、高档汽车倾向于利用可调刚度的空气弹簧或油气弹簧,通过调节这些元件的空气压力的办法来调整弹性元件的刚度。

(3)调节车身的高度和姿势。通过调节弹性元件的刚度和减振器的阻尼力,可使汽车四个车轮上的悬架参数具有不同组合,就可进行车身高度和姿势的调节。如使用空气弹簧的悬架,当乘员人数和载物较重使车身下沉时,通过加大空气弹簧气压的办法,使车身恢复到正常高度;当汽车高速行驶时为了提高汽车行驶的安全性,减少空气阻力,可适当减少空气弹簧的气压,同时减少减振器的阻尼力使车身降低高度等。

第二节 电子控制悬架系统的结构及工作原理

一、半主动悬架主要部件的结构与工作原理

(一)可调阻尼力减振器的结构与原理

1. 可调阻尼力减振器的结构

可调阻尼力的减振器主要由缸筒、活塞及活塞控制杆和回转阀等组成,如图 9-4 所示。

活塞杆为一空心杆,在活塞杆的中心装有控制杆,控制杆的上端与执行器相连。控制杆的下端装有回转阀,回转阀上有三个油孔,活塞杆上有两个直孔,缸筒中的油液一部分经活塞上的阻尼孔在缸筒的上下两腔流动;一部分经回转阀与活塞杆上连通的孔在缸筒的上下两腔间流动。根据回转阀与活塞杆上的小孔不同的连通情况,减振器的阻尼力有硬(Hard)、中等(Normal)、软(Soft)三种。这种阻尼力的特性是:

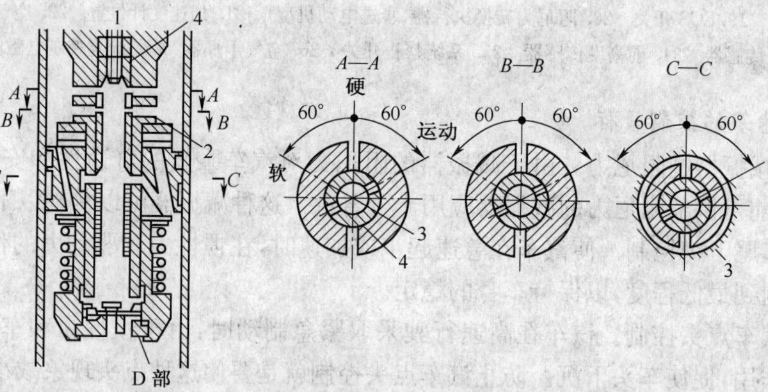

图 9-4 减振器的结构示意图

1. 阻尼调节杆(回转阀控制杆) 2. 阻尼孔 3. 活塞杆 4. 回转阀

硬(Hard):减振器的阻尼力较大,减振能力强,使汽车好像具有跑车的优良操纵稳定性。

中等(Normal):适合用于汽车作高速行驶。

软(Soft):减振器的阻尼力较小,减振能力较弱,可充分发挥弹性元件的缓冲作用,使汽车与具有高级旅游车的舒适性。

当模式选择开关处于自动模式下,减振器的阻尼力与汽车的行驶状态和路面状况的配置情况见表 9-1。

表 9-1 减振器的阻尼力与汽车的行驶状态和路面状况的配置情况

	减振器阻尼力	
	自动、标准	自动、运动
一般情况下	软	中等
汽车急加速、急转弯或紧急制动	硬	硬
高速行驶	中等	中等

2. 可调阻尼力减振器的原理

可调节阻尼力的减振器的基本工作原理:当电子控制单元(ECU)促使执行器工作时,通过控制杆带动回转阀相对活塞杆转动,使回转阀与活塞杆上的油孔连通或切断,从而增加或减小油液的流通面积,使油液的流动阻力改变,达到调节减振器阻尼力的目的。当回转阀上的 A、C 油孔相连时,流通面积较大,减振器的阻尼力为软;当只有回转阀 B 油孔与活塞杆油孔相连时,减振器的阻尼力为中等;当回转阀上三个油孔均被堵住时,仅有活塞上的阻尼孔起衰减作用,此时减振器的阻尼力为硬。

(二)执行器的结构与原理

1. 直流电动机式执行器的结构与原理

如图 9-5 所示,是丰田汽车采用的直流电动机式执行器的结构图。从图中可以看出该执行器主要由:直流电动机、小齿轮、扇形齿轮、电磁线圈、挡块、控制杆组成。每个执行器安装于悬架系统中减振器的顶部,并通过其上的控制杆与减振器的回转阀相连接,直流电动机和电磁线圈直接接受电子控制单元(ECU)的控制。

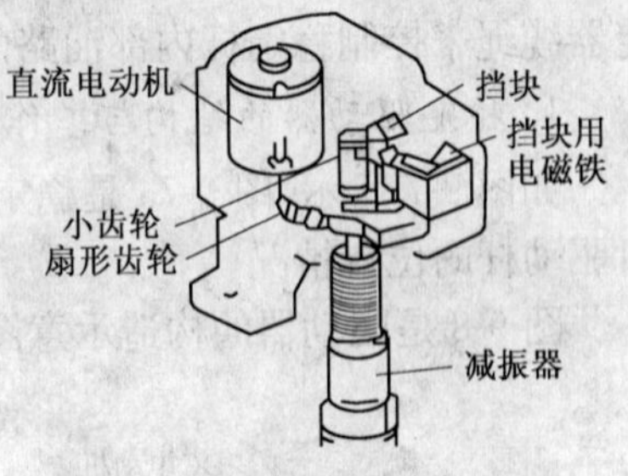

图 9-5 直流电机式执行器结构

直流电动机式执行器的基本工作原理是:电子控制单元(ECU)输出控制信号使电磁线圈通电控制挡块的动作(如将挡块与扇形齿轮的凹槽分离),另外直流电动机根据输入的电流方向作相应方向的旋转。从而驱动扇形齿轮作对应方向的偏转,带动控制杆改变减振器的回转阀与活塞杆油孔的连通情况,使减振器的阻尼力按需要的阻尼力大小和方向改变。当阻尼力调整合适后,电动机和电磁线圈都断电,挡块重新进入扇形齿轮的凹槽,使被调整好的阻尼力能稳定地保持。如表 9-2 所示,是执行器的直流电动机和电磁线圈在工作时的通电情况。

当电子控制单元发出软阻尼力信号时,电动机转动促使扇形齿轮作逆时针方向转动,直到扇形齿轮上凹槽的一边靠在挡块上为止;如发出中等硬度信号,电动机反向通电,使扇形齿轮顺时针方向偏转,直到扇形齿轮上凹槽的另一边靠在挡块上为止;当电子控制单元 (ECU)发出硬阻尼力信号时,ECU 同时向电动机和电磁线圈发出控制信号,电动机带动扇形齿轮离开软阻尼力位置或中等阻尼力位置,同时电磁线圈将挡块拉紧,使挡块进入扇形齿轮中间的一个凹槽内。

表 9-2 执行器的直流电动机和电磁线圈在工作时的通电情况

减振器的阻尼状态		电动机		电磁线圈
调整前	调整后	正极	负极	
	软	−	+	断开
	中等	+	−	断开
软	硬	+	−	接通
中等	硬	−	+	接通

2. 可调节阻尼力减振器的执行器的组成与原理

如图 9-6 所示，是由直流电动机与三级齿轮减速机构组成的可调节阻尼力减振器的执行装置。它主要由直流电动机、齿轮减速机构、驱动轴及与轴连在一起的电刷、印刷电路板、挡位转换开关、制动电路等组成。

该执行器只有二段（Touring/Sport）模式控制。随着执行器工作，驱动轴带动电刷在电路板上扫过，可接通或切断模式选择开关的电流通路。一般驱动轴每转过 90°就进行一次"Touring/Sport"的转换，从而控制直流电动机的工作状态。

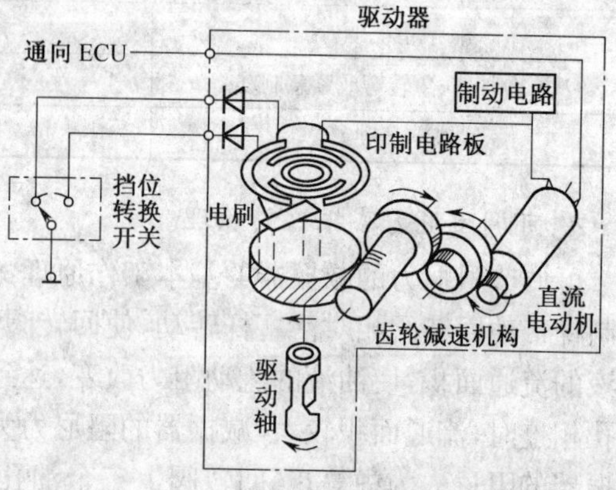

图 9-6 减振器执行装置的组成与原理

（三）横向稳定器的结构与原理

具有液压缸结构的横向稳定器，可以通过内部油路的开闭，使其成为刚性体或弹性体，从而调节横向稳定器的刚度。基本控制原理是：驱动器根据电子控制单元 ECU 的信号，通过稳定器缆绳来控制稳定杆内部油路的关闭和开启。

1. 稳定驱动器的结构与工作原理

如图 9-7 所示，图 9-7a 是稳定器驱动器的外形图，图 9-7b 是挡位选择开关处于不同挡位时驱动杆的位置情况。

图 9-8 是驱动器的构造示意图，它由直流电动机、蜗杆、蜗轮、行星轮机构及限位开关等组

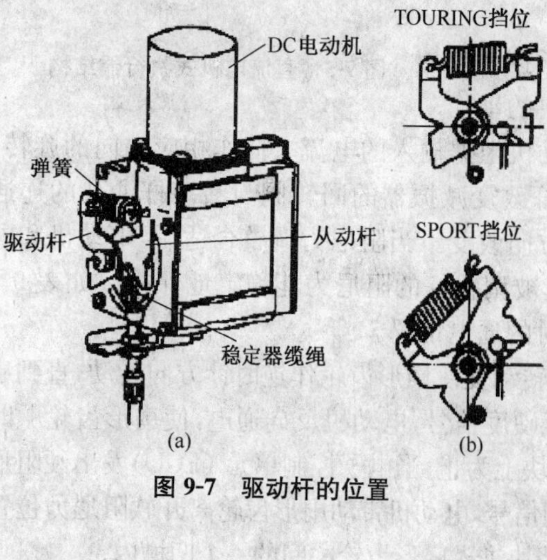

图 9-7 驱动杆的位置

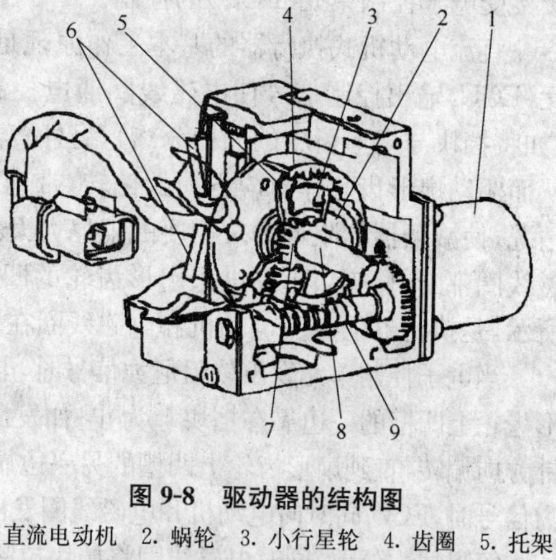

图 9-8 驱动器的结构图

1. 直流电动机 2. 蜗轮 3. 小行星轮 4. 齿圈 5. 托架 6. 限位开关 7. 太阳轮 8. 变速传动轴 9. 蜗杆

成。行星轮机构由与蜗轮一体的小太阳轮、两个行星轮和齿圈构成。两个行星轮装在与变速器输出轴为一体的行星架上，齿圈是固定元件，太阳轮为主动件。变速器输出轴上装有驱动杆，因此，直流电动机可通过蜗杆蜗轮机构和行星轮机构使驱动杆转动。

图 9-9 为处于“SPORT”挡位时稳定器的驱动器电路。SW_1和SW_2为两个限位开关。表 9-4 为驱动杆位置与限位开关的关系。

电路的工作情况：当模式选择开关刚转换到“SPORT”挡位时，开关SW_1尚处于 ON 位，而SW_2尚处于 OFF 位。此时电流由 ECU→模式选择开关→右边的二极管→SW_1的 ON 接点→直流电动机→SW_2的 OFF 接点→模式选择开关→接地。促使直流电动机旋转，通过蜗杆蜗轮、行星轮机构驱动输出轴转动，带动稳定器驱动杆偏转实现阻尼力变化。

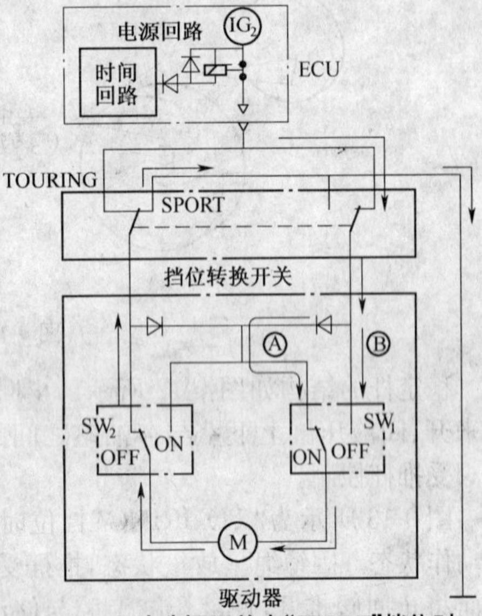

图 9-9　手动选择开关在“SPORT”挡位时的电路状态

表 9-4　驱动杆位置与限位开关的关系

限位开关	“TOURING”挡	“SPORT”挡
SW_1	ON	OFF
SW_2	OFF	ON

稳定器驱动原理及限位开关的位置如图 9-10 所示。当驱动器的输出轴转动，则限位开关SW_1由 ON 位转换到 OFF 位（如图 9-9 中的虚线所示），此时电动机的电流由SW_1的 OFF 接点提供。当驱动杆转过全程时，限位开关SW_2变为 ON 状态（见图 9-9 中的虚线所示），电动机电流被切断。但此时电动机在惯性作用下继续旋转，线圈中有感应电动势产生，该电动势通过SW_1（OFF 接点）→右边的二极管→SW_2（ON 接点）→电动机，电动机因短路而被强制制动，避免电动机被损坏。

值得提出的是：如果驱动杆上连接的缆绳因卡滞而不能动作时，可在从动杆不动的情况下，通过一边拉伸驱动杆，一边使弹簧回转，直至限位开关动作使电动机被切断，并顺利地实现制动，来防止电动机被烧毁。

2. 稳定器杆的结构与工作原理

稳定器杆安装在稳定器臂（扭杆）端部与独立悬架下摆臂之间，如图 9-11 所示。可以以两种状态改变安装在活塞杆上端的稳定器臂的扭转刚度，从而改变汽车的抗侧倾刚度。

当在“TOURING”挡位时，稳定器杆具有能伸缩的弹性体作用（图 9-11a），汽车比以 21mm 直径的稳定器臂获得的抗侧倾刚度小，相当于在直径为

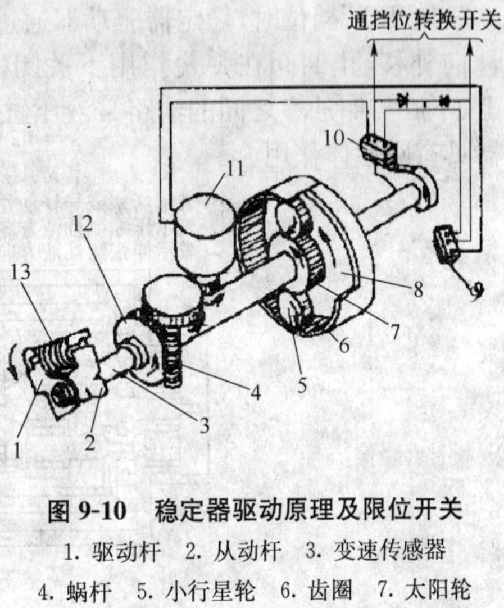

图 9-10　稳定器驱动原理及限位开关

1. 驱动杆　2. 从动杆　3. 变速传感器　4. 蜗杆　5. 小行星轮　6. 齿圈　7. 太阳轮　8. 托架　9. 限位开关（SW_2）　10. 限位开关（SW_1）　11. 直流电动机　12. 蜗轮　13. 弹簧

16mm 的稳定器臂的状态。当转为“SPORT”挡位时，稳定器杆具有刚性体作用（图 9-11b），汽车的抗侧倾刚度大，即以稳定器臂（直径为 21mm）获得的刚度。

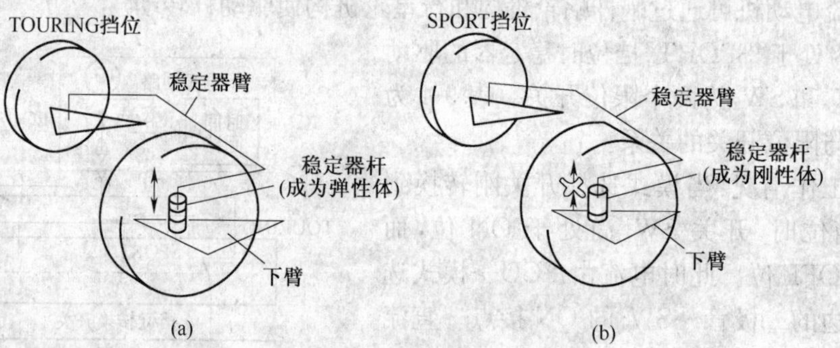

图 9-11 稳定器杆的作用

稳定杆的结构如图 9-12 所示。止回阀与推杆用来开、闭液压缸上下室与存油室之间的油路，止回阀受推杆控制。

图 9-13 所示为“TOURING”挡位时稳定器杆的动作状态。因缆绳呈放松状态，推杆受弹簧力作用而将止回阀推开，使液压缸上腔与储油室、液压缸下腔与储油室之间的油路呈开放状态。因此，液压缸内的油液可在液压缸与储油室之间自由流动，活塞的动作不受限制。但是，由于活塞行程仅有 16mm，因此，在急转弯的情况下，活塞运动达全行程状态，稳定器杆又变为刚性体，汽车的抗侧倾刚度自动增大，避免操纵稳定性过低。

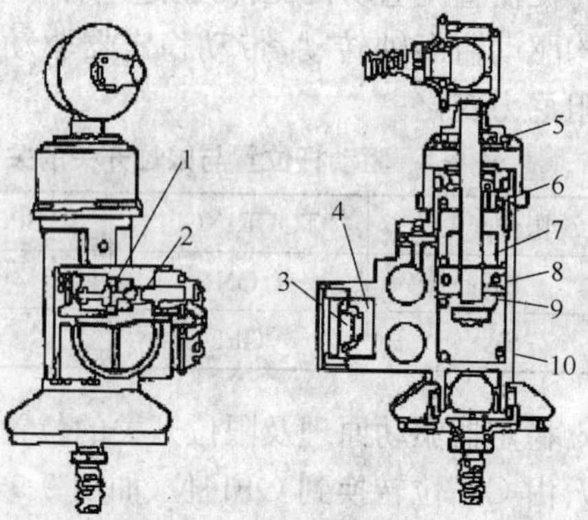

图 9-12 稳定杆的结构

1. 止回阀 2. 推杆 3. 膜片 4. 储油腔 5. 挡块（压缩侧） 6、9. 圈簧 7. 挡块（伸长侧） 8. 活塞 10. 液压泵

“SPORT”挡位时，稳定器驱动器通过缆绳拉动推杆向外移，止回阀在弹簧作用下关闭，切断液压缸上、下腔与储油室之间的油路。液压缸上腔与下腔均是独立的密封状态，活塞动作受限，稳定器具有刚性体作用。

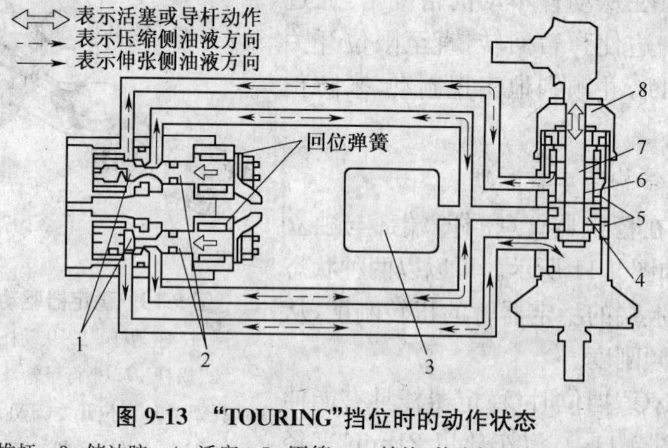

图 9-13 “TOURING”挡位时的动作状态

1. 止回阀 2. 推杆 3. 储油腔 4. 活塞 5. 圈簧 6. 挡块（伸张侧） 7. 活塞杆 8. 挡块（压缩侧）

模式选择开关处于“SPORT”挡位时，活塞可能不处在中央位置。例如，在稳定杆受压缩状态下向“SPORT”挡位转换时，推杆与止回阀将各油路的通道关闭，液压缸上下腔与储油室之间的油路被切断。由于液压缸下室被封闭，故稳定杆不能被进一步压缩，成为刚性体状态。反之，由于液压缸上腔控制孔未被封住，受到拉伸作用时，稳定器伸张。液压缸上腔油液通过控制孔，被挤回储油室。同时，由于活塞上升而使液压缸下腔形成负压，止回阀打开，储油室向液压缸下腔补充油液。活塞回到中央位置时，控制孔被切断，液压缸上腔也被封闭，活塞被固定在液压缸中央位置。

(四)传感器的结构与原理

传感器主要用于采集有关汽车行驶状态和路面情况等方面的信息，形成电信号后输入电子控制单元 ECU，经比较处理后驱动执行器，完成减振器阻尼力和横向刚度的调节。电控半主动悬架系统的传感器有车速传感器、节气门位置传感器、转向盘转角传感器。

1. 车速传感器

车速是汽车悬架系统常用的控制信号，而汽车车身的侧倾程度取决于汽车的车速和转向半径的大小。通过对车速的检测，来调节电控悬架的阻尼力，从而改善汽车行驶的安全性。常用的车速传感器的类型有舌簧开关式车速传感器、磁阻元件式车速传感器、磁脉冲式车速传感器和光电式车速传感器。一般情况下，舌簧开关式和光电式车速传感器安装在汽车仪表板上，与车速表装在一起，并用软轴与变速器的输出轴相连；而磁阻元件式和磁脉冲式车速传感器装在变速器上，通过蜗杆蜗轮机构与变速器的输出轴连动。

2. 转向盘转角传感器

转向盘转角传感器用于检测转向盘是否位于中间位置及转向盘可能的偏转方向、偏转角度和偏转速度。在电控悬架中，电子控制单元可根据车速传感器信号和转向盘转角传感器信号，判断汽车转向时侧向力的大小和转向的方向，从而适时控制汽车抗侧倾的能力。

丰田汽车 TEMS 应用的是光电式转角传感器，其安装和结构如图 9-14 所示。

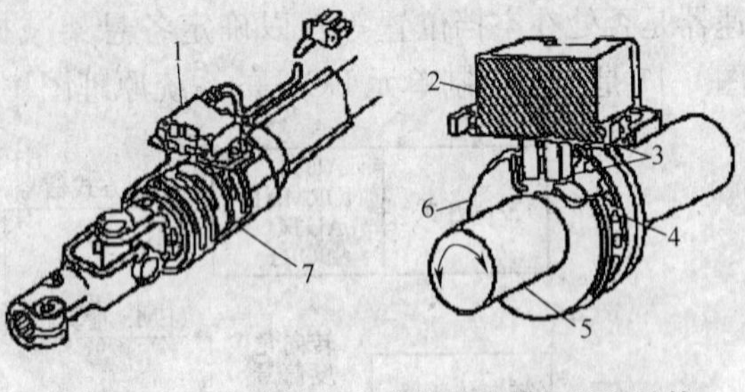

图 9-14　光电式转角传感器的安装位置和结构

1. 转角传感器　2. 传感器　3. 光电元件　4. 遮光盘　5. 轴　6. 圆盘　7. 传感器圆盘

在转向盘的转向轴上装有一个带窄缝的圆盘，传感器的光电元件(即发光二极管)和光敏接收元件(光敏晶体管)相对地装在遮光盘两侧形成遮光器。由于圆盘上的窄缝呈等距均匀分布，当转向盘的转轴带动圆盘偏转时，窄缝圆盘将扫过遮光器件中间的空穴，从而在遮光器的输出端，即可进行 ON、OFF 变换，形成脉冲信号。

光电式传感器的工作原理如图 9-15 所示，电路原理如图 9-16 所示。

转向盘偏转时，窄缝盘随之转动，使遮光器之间的光束产生通/断变化，遮光器的这种反复开/关状态形成与转向轴转角成一定比例的一系列数字脉冲信号。系统控制装置可根据此信号的变化来判断转向盘的转角和转速。同时，传感器在结构上采用两组光电耦合器，可实现根据检测到的脉冲信号的相位差来判断转向盘的偏转方向。这是因为两个遮光器在安装上使它们的ON、OFF变换的相位错开90°，通过判断哪个遮光器首先转变为ON状态，即可检测出转向轴的偏转方向。例如，左转时，左侧遮光器总是先于右侧遮光器达到ON状态；而右转时，右侧遮光器总是先于左侧遮光器达到ON状态。

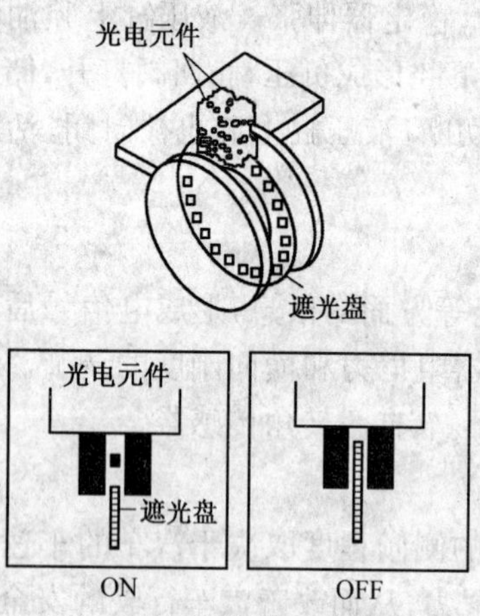

图 9-15 光电式转角传感器的工作原理

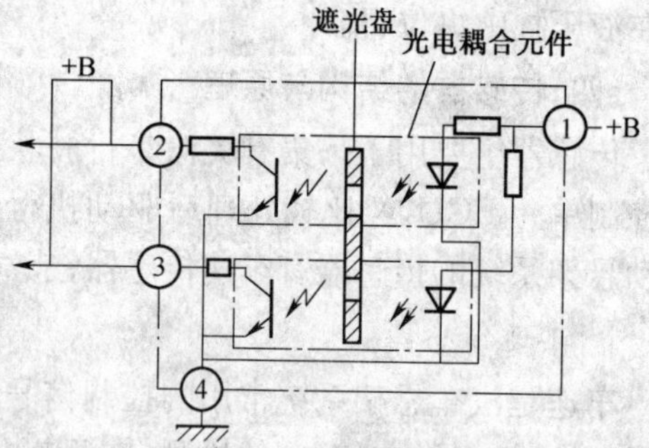

图 9-16 光电式转角传感器电路原理

(五)电子控制单元 ECU 的工作原理

电子控制单元ECU可根据汽车行驶时的各种传感器信号，如制动灯开关信号，车速传感器信号，模式选择开关信号，节气门位置信号等。经处理后确认汽车的行驶状态和路面情况（如汽车是低速行驶还是高速行驶；是直线行驶还是处于转弯状态；是在制动还是在加速；自动变速器是否处在空挡位置等），以确定各悬架减振器的阻尼力大小，并驱动执行器予以调节。如图9-17是电子控制单元ECU的系统原理图。

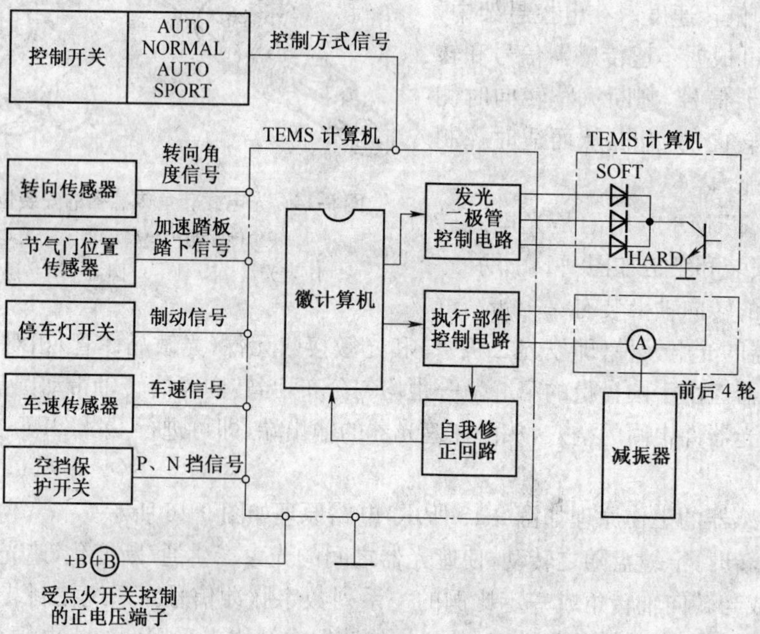

图 9-17 电子控制单元(ECU)数字电路

基本工作原理：各传感器和控制开关产生的电信号，经输入接口电路整形放大后，送入计算机 CPU 中，经过计算机处理和判断后分别输出各控制信号，驱动相关的执行器和显示器工作。这些控制信号有：促使执行器改变悬架减振器阻尼力的阻尼控制信号；促使发光二极管显示悬架系统当前阻尼力状态的显示控制信号。

二、主动悬架的结构与工作原理

(一)车身高度调节系统的结构与工作原理

1. 车身高度调节系统的组成

采用空气弹簧调节车身高度的系统有两类：一类是外排气式，即为了降低车身高度需要将空气弹簧中的空气压力降低，系统将空气弹簧的空气经干燥罐排入大气，同时，可将干燥罐中的水气带走，以维持系统中空气的干燥性，如丰田公司的 LEXUS LS400 轿车。另一类是内排气式，当要降低车身高度，需将空气弹簧中的空气量减少，系统将空气弹簧中空气排向储气筒的低压腔而不排入大气。因此，该系统又称封闭式悬架系统。三菱 GALANT 轿车采用的就是这样的系统，如图 9-18 所示。该系统由空气压缩机、空气干燥器、储气筒、流量控制电磁阀、前后悬架控制电磁阀、空气弹簧和它们之间的连接管路等组成。

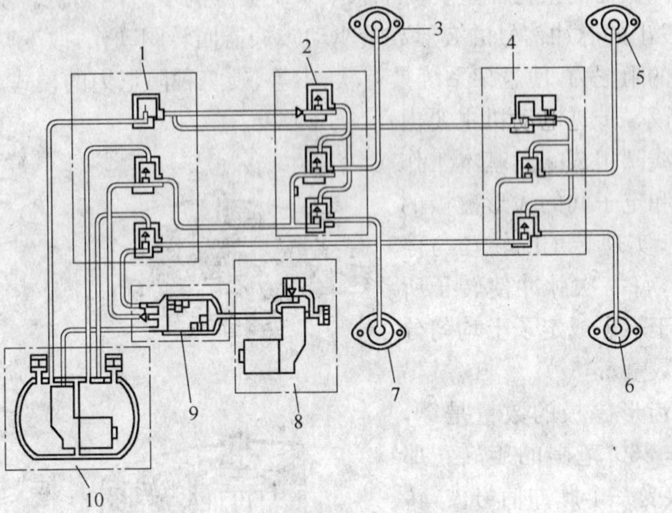

图 9-18　ECS 空气压力回路

1. 流量控制电磁阀　2. 前悬架控制用电磁阀　3. 右前带减振器的空气弹簧　4. 后悬架控制用电磁阀　5. 右后带减振器的空气弹簧　6. 左后带减振器的空气弹簧　7. 左前带减振器的空气弹簧　8. 空气压缩机　9. 空气干燥器　10. 储气筒

2. 车身高度调节系统的原理

(1)气压的建立。发动机起动后，当处于充电状态时(如果发电机没有发电，此时空气压缩机将不工作，以防蓄电池放电)，直流电动机将带动空气压缩机工作。空气经过滤后，从进气阀进入气缸，被压缩后的空气由排气阀流向空气干燥器，经干燥后空气进入储气筒。储气筒上有空气压力调节装置，气压达规定值时，空气压缩机将进气阀打开，使空气压缩机空转，防止消耗发动机的功率。储气筒的气压一般保持在 750kPa～1000kPa 左右。

(2)车身高度的升高。当 ECU 发出提高车身高度的指令时，流量控制电磁阀和前后悬架控制电磁阀的进气阀打开，储气筒的空气进入空气弹簧使其气压提高，车身高度上升至规定高度时，各电磁阀关闭。

(3)车身高度的降低。当ECU发出降低车身高度的指令时，流量控制电磁阀和前后悬架控制电磁阀的排气阀打开，空气弹簧中的空气经这些阀门流向储气筒的低压腔。当车身降低至预定调节高度时，各电磁阀关闭。

(4)空气的内部循环。由于该系统是一个封闭系统，从空气弹簧排出的空气并不流向大气，而是排入储气筒的低压腔。因此，当储气筒中需要补充气压时，低压腔中压力较高的空气又经空气压缩机进气阀进入气缸，被压缩和干燥后，进入储气筒的高压腔。这样，有助于提高充气效率，减少能量消耗，防止过多的水分进入系统污染元器件。

该系统的各空气弹簧为并联独立式布置，各空气弹簧可以单独进行充排气操作，互不干扰空气的流动。各控制电磁阀均由ECU进行控制。空气弹簧有三种工作状态，即低、正常和高。一般的行驶状态下，车身高度保持正常；车速超过120km/h时，车身高度为低；在100km/h以下时，车身高度为正常；在坏路上行驶，车身高度为高，其他的车身高度由汽车的行驶状态来决定。

(二)可调阻尼力减振器的执行器的结构与工作原理

可调阻尼力减振器的执行器是安装于悬架系统上方的步进电动机。步进电动机根据电子控制单元ECU发出的脉冲信号的波形数量驱动减振器回转阀动作，改变减振器油孔的通流截面来改变减振器的阻尼力，使悬架系统具有软、中等、硬三种阻尼力的模式。

如图9-19所示，步进电动机主要由转子、定子、电磁线圈组成。其基本工作原理是利用转子和定子间的齿形磁极的相互吸引或排斥，实现转子的转动与停止。一般情况下，每一次脉冲使转子所转过的角度取决于转子或定子上均匀分布的齿形磁极的数量。

假设转子上齿形磁极的数量是N，电动机转子可作360°范围的旋转。那么，定子线圈每接受一个脉冲信号波，转子所转过的圆心角是α，则

$$\alpha = 360°/\text{磁极对数 } N$$

或 $\alpha = 2\pi/\text{磁极对数 } N(\text{rad})$

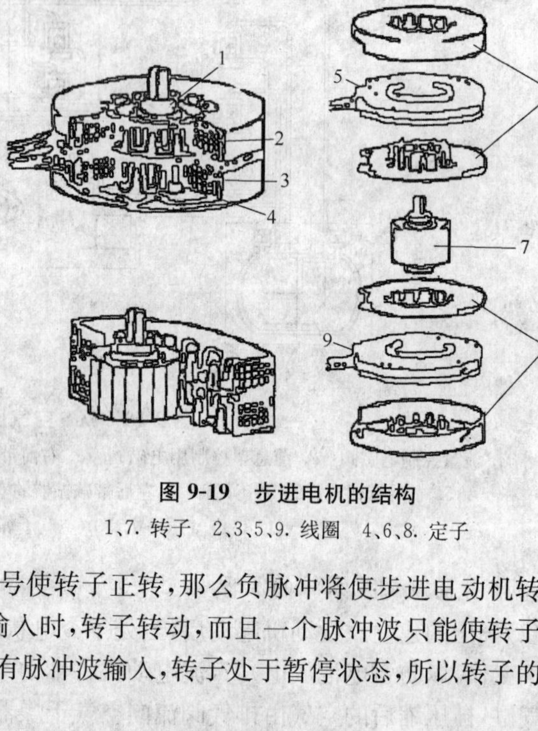

图9-19 步进电机的结构

1、7. 转子 2、3、5、9. 线圈 4、6、8. 定子

而步进电动机的转子旋转方向取决于脉冲信号输入方式。如果输入正脉冲信号使转子正转，那么负脉冲将使步进电动机转子反转。步进电动机的工作方式是：有脉冲波输入时，转子转动，而且一个脉冲波只能使转子转动一步(即一个圆心角的大小，又称齿距)；没有脉冲波输入，转子处于暂停状态，所以转子的转速只取决于脉冲频率。

近年来步进电动机发展很快，品种规格与结构型式多种多样，但常用的类型多为3相、4相、5相和6相等。一般励磁相数越多，产生的转矩越大，动作稳定性越好，步距角越小。另外，励磁方式的不同，步距角的大小差别较大。步进电动机常用于开环控制系统，受数字脉冲信号

控制，输出角位与输入的脉冲数成正比，其转速与输入脉冲频率成正比，具有自锁能力，不需要角度传感器和制动机构，控制较简单。对于低速、小转角的控制采用步进电动机较为有利。在机电一体化系统中，步进电动机一般用于精确的角度和位置的控制。通常对于步进电动机的要求为：响应速度快、响应特性好、步距角精度高、阻尼特性好。但响应特性和阻尼特性之间又是相互矛盾的，因此应根据实际使用场合而有所侧重。

(三)空气悬架系统弹性元件的基本结构和工作原理

图 9-20 所示为空气悬架气动缸的基本结构剖面图。气动缸由封入低压惰性气体和阻尼力可调的减振器、旋转式膜片、主气室、副气室和悬架执行元件组成。主气室是可变容积的，在它的下部有一个可伸展的隔膜，压缩空气进入主气室可升高悬架的高度，反之使悬架高度下降。主、副气室设计为一体既省空间，又减轻了重量。悬架的上方与车身相连，下方与车轮相连，如图 9-21 所示。随着车身与车轮的相对运动，主气室的容积在不断变化。主气室与副气室之间通过一个通道，气体可相互流通。改变主、副气室间的气体通道的大小，就可以改变空气悬架的刚度。减振器的活塞通过中心杆(阻尼调整杆)和齿轮系与直流步进电动机相连接。步进电动机转动可改变活塞阻尼孔的大小，从而改变减振器的阻尼系数。

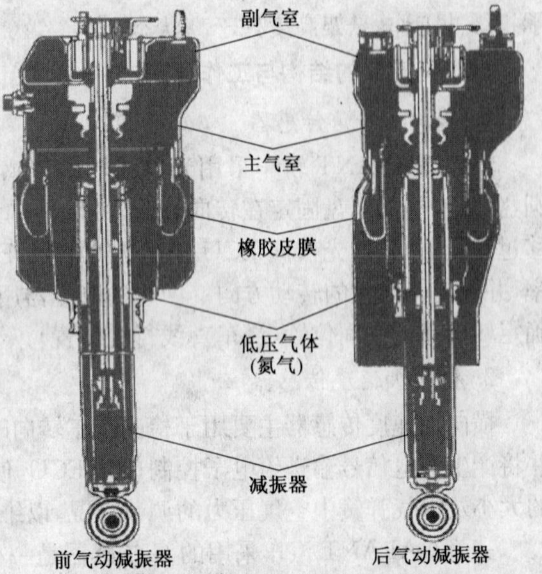

图 9-20 空气悬架气动缸的基本结构剖面图

悬架的刚度的自动调节原理如图 9-22 所示。主、副气室间的气阀体上有大小两个通道。步进电动机带动空气阀控制杆转动，使空气阀阀心转过一个角度，改变气体通道的大小，就可以改变主、副气室之间的气体流量，使悬架的刚度发生变化。

悬架刚度可以在低、中、高三种状态下改变。

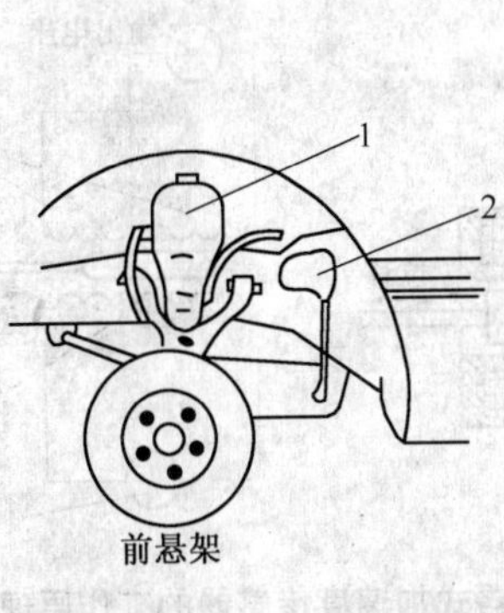

图 9-21 悬架安装位置

1. 空气悬架；2. 车身高度传感器

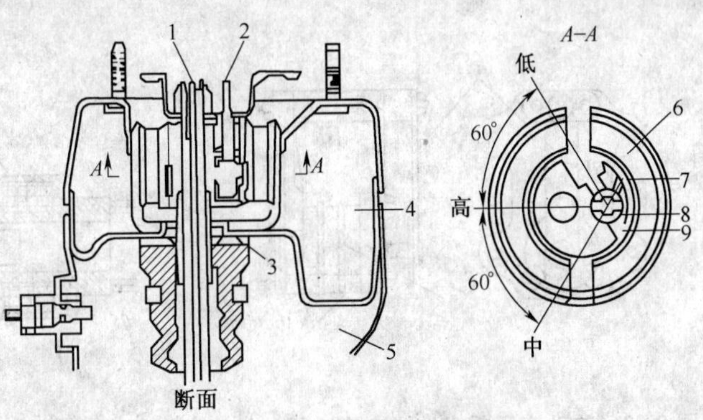

图 9-22 悬架刚度的自动调节原理

1. 阻尼调节杆 2. 空气阀控制杆 3. 主、副气室通道 4. 副气室 5. 主气室 6. 气阀体 7. 气体小通道 8. 阀心 9. 气体大通道当阀心的开口转到对准图示的低位置时，气体通道的大孔被打开。主气室的气体经过阀心的中间孔、阀体侧面通道与副气室的气体相通，两气室之间空气流量越大，相当于参与工作的气体容积增大，悬架刚度处于低状态。

当阀心的开口转到对准图示的中间位置时，气体通道的小孔被打开。两气室之间的流量小，悬架刚度处于中间状态。

当阀心开口转到对准图示的高位置时，两气室之间的气体通道全部被封住，两气室之间的气体相互不能流动。压缩空气只能进入主空气室，悬架在振动过程中，只有主气室的气体单独承担缓冲工作，悬架高度处于高状态。

(四)传感器的结构与工作原理

1. 转向盘转角传感器

三菱 GALANT 轿车采用光电式转角传感器，其包括三对固定的遮光器和一个带窄槽的圆盘，带窄槽的圆盘固定在转向轴上，并随转向盘一起转动。当转动转向盘时，带窄槽的圆盘移过遮光器，各遮光器向 ECU 输出脉冲信号，ECU 利用这些信号来判定转向盘转角和转动速率，并确定转向盘的转动方向。两边的遮光器用于确定转向盘的转动方向，中间的遮光器用于确定转向盘的中间位置(汽车直线行驶位置)。

2. 横向加速度传感器

横向加速度传感器主要用于检测汽车转向时，汽车因离心力的作用而产生的横向加速度，并将产生的电信号输送给电子控制单元 ECU，使电子控制单元能判定悬架系统的阻尼力改变的大小及空气弹簧中空气压力的调节情况，以维持车身的最佳姿势。

三菱 GALANT 汽车采用的 G 传感器是一小型半导体加速度计，它安装于汽车前端，用于确定汽车转向时的横向加速度。根据储气筒中空气压力的大小，通过低压开关和高压开关打开或关闭空气压缩机。后压力传感器中有一弹性膜片，当空气压力变化时，弹性膜片移动，弹性膜片的移动通过一电位计转化为电压信号输入 ECU。

除上述半导体加速度传感器外，横向加速度传感器还有差动变压器式加速度传感器和钢球位移式加速度传感器。

(1)差动变压器式加速度传感器。图 9-23 是差动变压器式加速度传感器的结构图，图 9-24 为其工作原理。

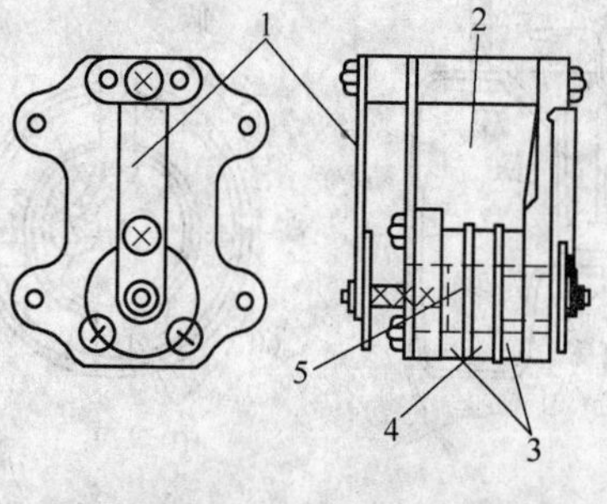

图 9-23 差动变压器式加速度传感器的结构

1. 弹簧 2. 封入硅油 3. 检测线圈
4. 励磁线圈 5. 芯杆

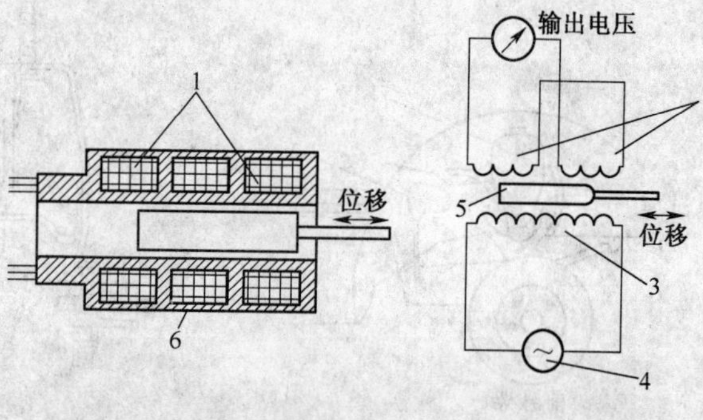

图 9-24 差动变压器式加速度传感器的工作原理

1、2. 二次绕组 3、6. 一次绕组
4. 电源 5. 芯杆

给励磁线圈(一次绕组)通以交流电,当汽车转弯(或加、减速)行驶时,芯杆在汽车横向力(或纵向力)的作用下产生位移,随着芯杆位置的变化,检测线圈(二次绕组)的输出电压发生变化。所以,检测线圈(二次绕组)的输出电压与汽车横向力(或纵向力)一一对应,反映了汽车横向力(或纵向力)的大小。悬架系统电子控制装置根据此输入信号即可正确判断汽车横向力(或纵向力)的大小,对车身姿势进行控制。

(2)钢球位移式加速度传感器。钢球位移式加速度传感器的结构如图 9-25 所示。根据所检测的力(横向力、纵向力或垂直力)不同,加速度传感器的安装方向也不一样,比如汽车转弯行驶时,钢球在汽车横向力的作用下产生位移,随着钢球位置的变化;磁场也发生变化,造成线圈的输出电压发生变化。所以,悬架系统电子控制装置根据加速度传感器输入的信号即可正确判断汽车横向力的大小,从而实现对汽车车身姿势的控制。

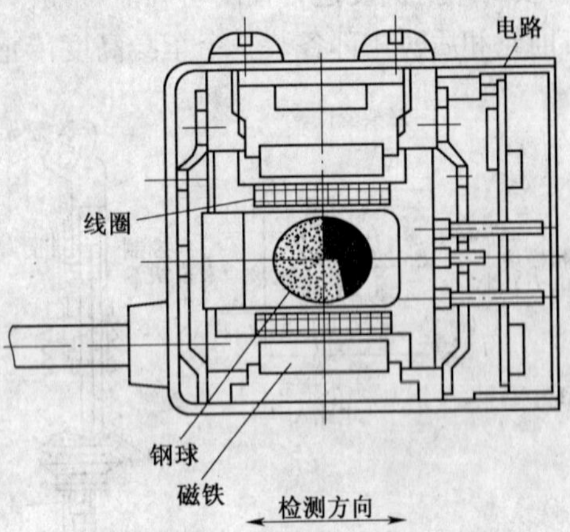

图 9-25　钢球位移式加速度传感器的结构

(3)车身高度传感器。车身高度传感器的作用是检测汽车行驶时车身高度的变化情况(汽车悬架的位移量),并转换成电信号输入悬架系统的电子控制装置 ECU。车身高度传感器一般有如下几种:片簧开关式高度传感器、霍耳集成电路式高度传感器、光电式高度传感器。

①片簧开关式高度传感器。片簧开关式高度传感器的结构和工作原理如图 9-26 所示。

片簧开关式高度传感器有四组触点式开关,它们分别与两个晶体管相连,构成四个检测回路。用两个端子作为输出信号与悬架 ECU 连接,两个晶体管均接受 ECU "输出"端子的控制。该传感器将车身高度组合成四个检测区域,分别是低、正常、高、超高。

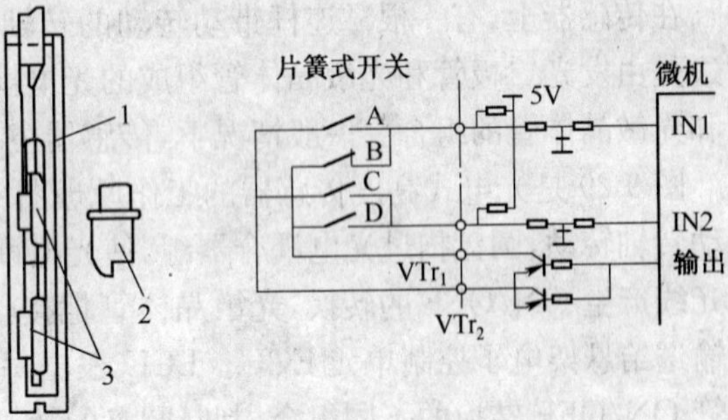

图 9-26　片簧开关式高度传感器的结构和工作原理

1. 车高传感器　2. 磁体　3. 片簧开关

工作原理:如当车身高度调定为正常高度时,因乘员数量的增加,而使车身高度偏离正常高度。此时片簧开关式高度传感器的另一对触点闭合,产生电信号输送给 ECU,ECU 随即作出车身高度偏低的判断,从而输出电信号到车身高度控制执行器,促使车身高度恢复正常高度状态。片簧开关式车身高度传感器在福特车型上应用较多。

②霍耳集成电路式高度传感器。霍耳集成电路式高度传感器的结构和工作原理如图 9-27 所示。霍耳集成电路式高度传感器分别由两个霍耳集成电路、磁体等组成。其基本工作原理是:当两个磁体因车身高度的改变而产生相对位移时,将在两个霍耳集成电路上产生不同的霍耳电效应,形成相应的电信号,悬架的电控装置根据这些电信号作出车身高度偏离调定高度的情况判别,从而驱动执行器作出有关调整。由于两个霍耳集成电路和两个磁体安装时,它们的

相对位置进行了不同的组合，可以对车身高度状态分三个区域进行检测。

以上介绍的均是接触式车身高度传感器，在使用过程中存在磨损而影响检测精度和灵敏度的弱点，其应用受到一定的局限。光电式车身高度传感器属于非接触型高度传感器，它有效地克服了上述缺点，因此现代轿车越来越多地采用了光电式车身高度传感器。

③光电式高度传感器。如图 9-28 所示是光电式高度传感器的结构图。在主动悬架系统中，要对车身高度进行检测与调节，一般只需在悬架上安装三个车身高度传感器即可，即在左、右前轮和后桥中部各装一个车身高度传感器。如果传感器多于三个，则会出现调整干涉现象。

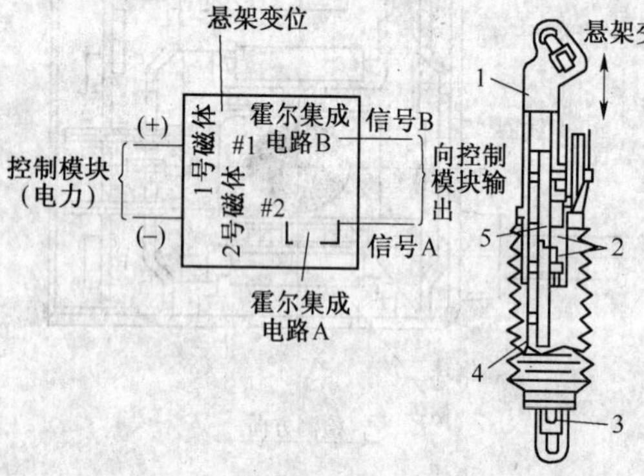

图 9-27 霍耳集成电路式高度传感器的结构和工作原理

1. 传感器体 2. 霍耳集成电路 3. 弹簧夹 4. 滑轴 5. 窗孔

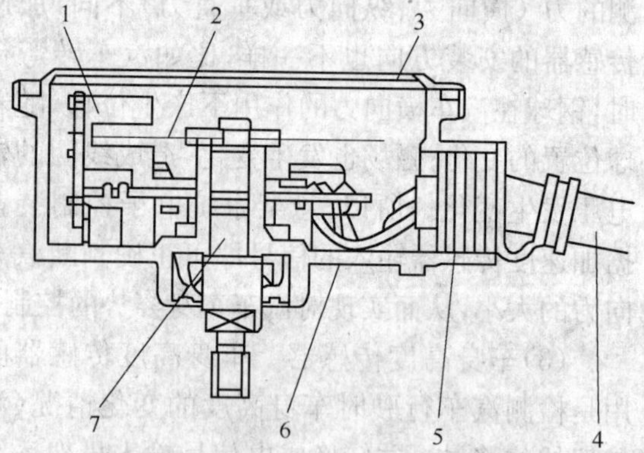

图 9-28 光电式高度传感器的结构

1. 遮光器 2. 圆盘 3. 传感器盖 4. 信号线 5. 金属油封环 6. 传感器壳 7. 传感器轴

在传感器上，有一根靠连杆带动转动的转轴，转轴上固定一个带有许多窄缝的圆盘，圆盘两边是由发光二极管和光敏晶体管组成的光电耦合器。每一个光电耦合器共有四组发光二极管和光敏晶体管的组合。一般情况下，传感器中有两个光电耦合器组。

图 9-29 是光电式高度传感器的工作原理图。其工作原理是：当车身高度发生变化时，导杆带动转轴转动，圆盘扫过光电耦合器组，使光电耦合器组相对应的发光二极管和光敏晶体管上的光线产生 ON/OFF 的转换，光敏晶体管把接收到的光线 ON/OFF 转换成电信号并通过导线输送给悬架电子控制单元 ECU。ECU 根据每一个光电耦合器上每组发光二极管和光敏晶体管 ON/OFF 转换的不同组合，判断圆盘的转过角度，从而计算出悬架高度的变化情况。

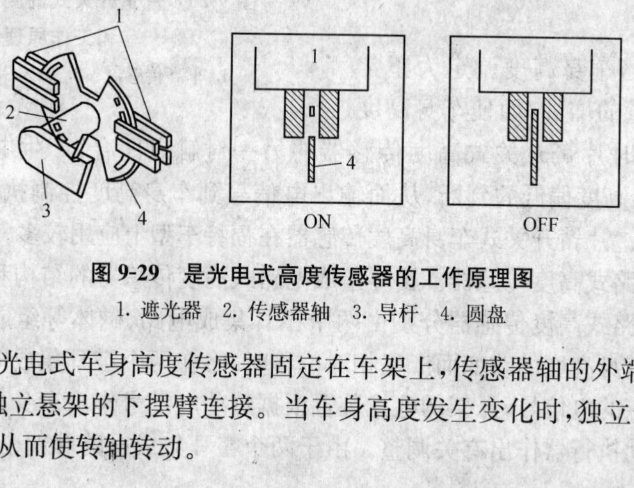

图 9-29 是光电式高度传感器的工作原理图

1. 遮光器 2. 传感器轴 3. 导杆 4. 圆盘

在实际应用中，光电式车身高度传感器固定在车架上，传感器轴的外端装有摆杆，摆杆的另一端通过连杆与独立悬架的下摆臂连接。当车身高度发生变化时，独立悬架的下摆臂通过连杆带动摆杆摆动，从而使转轴转动。

在对车身高度的实际检测中，光电式高度传感器的两个光电耦合器组随着车身高度的变化，引起外部传动机件位置的变化，从而使两个光电耦合器组产生 ON/OFF 的转换，表明车身高度的不同状态。如表 9-5 所示，是两个光电耦合器组的不同状态与车身高度状态的对照表。

悬架高度控制系统对车身高度进行调整时，如果只需判断四个车身高度区域，则车身高度传感器中只需两个光电耦合器组元件。如果只需判断出三个车身高度区域，即过高、正常、过低，只需将表 9-5 中偏高和偏低两种状态均作为“正常”状态即可。

表 9-5　两个光电耦合器组的状态与车高对照表

车高检验区域	光电耦合器 A	光电耦合器 B	车高检验区域	光电耦合器 A	光电耦合器 B
过高	OFF	ON	偏低	ON	OFF
偏低	OFF	OFF	过低	ON	ON

第三节　电子控制悬架系统的检修

电子控制悬架系统一般都设有自诊断系统，随时监测系统的工作情况，当系统出现故障时，可通过自诊断系统获取故障信息，以帮助维修人员检修。下面主要以雷克萨斯 LS400 轿车的电子控制悬架系统为主，介绍电子控制悬架系统的基本检修方法。

图 9-30 为丰田 LEXUS LS400 轿车电子控制悬架系统各元件在车上的分布图。

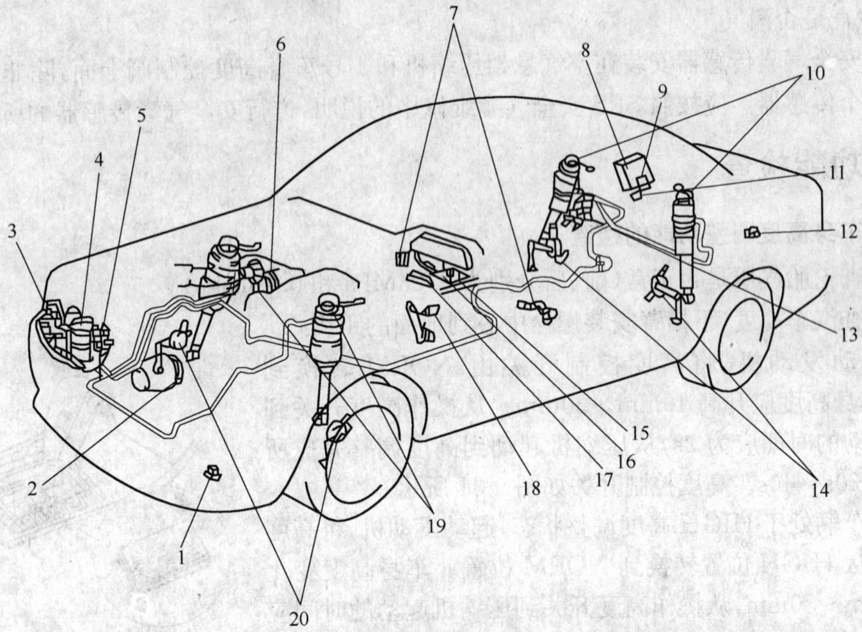

图 9-30　丰田 LEXUS LS400 轿车电控悬架系统主要元件分布

1. 1 号高度控制继电器　2. 发电机调节器　3. 干燥器及排气阀　4. 悬架高度调节空气压缩机　5. 1 号高度控制阀　6. 主节气门位置传感器　7. 门灯开关　8. 悬架控制 ECU　9. 2 号高度调节继电器　10. 后悬架高度调节执行器　11. 高度调节信号接口　12. 车身高度调节控制开关　13. 2 号高度控制阀及止回阀　14. 后悬架高度传感器　15. LRC 开关　16. 悬架高度调节开关　17. 转向角传感器　18. 停车灯开关　19. 前悬架高度调节执行器　20. 前悬架高度传感器

一、检修注意事项

对于检修装有电子控制空气悬架的轿车时，应注意以下事项：

当用千斤顶将汽车顶起时，应将高度控制 ON/OFF 开关拨到 OFF 位置。如果在高度控制 ON/OFF 开关拨到 ON 位置的情况下顶起汽车，则 ECU 中会记录一个诊断代码。如果记录了诊断代码，务必将它从存储器中清除掉。

①当将高度控制 ON/OFF 开关拨到 OFF 位置时，会显示诊断代码 71。当将开关重新拨到 ON 位置时，该代码即被消除。

②在放下千斤顶前，应将汽车下面所有的物件搬走。

③在开动汽车之前，应将汽车的高度调整到正常状态。

④脱开一只接触式空气管接头，再将它重新接上。在脱开和重新装上一只接触式空气管接头时，应遵守以下顺序：

a. 拆开支座。

b. 张开卡簧，缓慢地将管子直接拔出(在拔出管子时会喷出压缩空气)。

c. 应防止管子上的 O 形圈粘住杂质(不要抹掉 O 形圈上的润滑脂)。

d. 拆下卡簧，装上一只新的卡簧(注意：脱开管子后务必更换一只新的卡簧)。

e. 直接将管子推入，并将它装好(注意：应将管子推入到卡簧发出“咔嗒”声为止)。

f. 装上支座。

g. 检查是否漏气。

⑤前安全气囊传感器安装在空气悬架压缩机和 1 号车身高度控制阀上面，除非必要时，不要触及这个传感器。应按照 SRS 安全气囊维修中的说明，进行安全气囊传感器的所有操作。

二、功能检查

(一)车身高度调整功能的检查

①检查轮胎气压是否正常(前、后分别为 0.23MPa 和 0.25MPa)。

②检查汽车高度(下横臂安装螺栓中心到地面的距离)。

③起动发动机，将高度控制开关由 NORM 转换到 HIGH，车身高度应升高 10mm～30mm。从操作高度开关到压缩机起动的时间应为 2s，从压缩机起动到高度调整完成所需时间为 20s～40s。高度控制开关如图 9-31 所示。

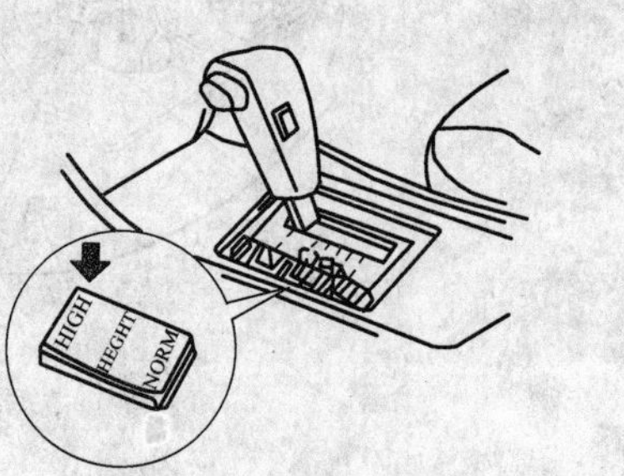

图 9-31 高度控制开关

④使车辆处于 HIGH 高度调整状态，起动发动机，将高度调整开关从 HIGH 位置转换到 NORM 位置。车身高度变化应为 10mm～30mm，从操作高度开关到压缩机起动的时间应为 2s，从开始排气到高度调整结束的时间应为 20 s～40s。

(二)溢流阀的检查

当压缩机工作时，检查溢流阀是否工作。

①点火开关置于 ON 位置，将高度控制插接器的 1、7 端子跨接，如图 9-32 所示，使压缩机工作。

②压缩机工作后，检查溢流阀是否放气，如图 9-33 所示。如果不放气说明溢流阀堵塞、压

缩机故障或有漏气的部位。

③检查结束后。将点火开关置于 OFF 位置，清除故障码。

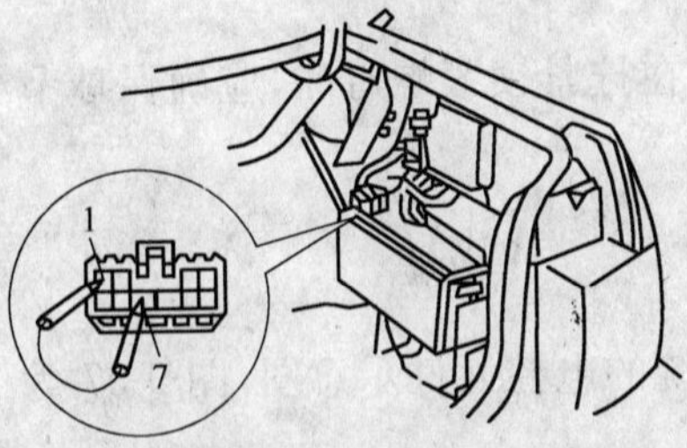

图 9-32　跨接高度控制连接器的 1、7 端子

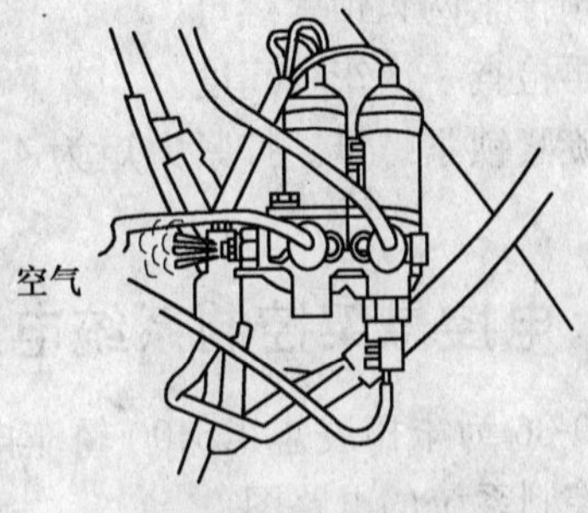

图 9-33　检查溢流阀

(三)车身高度调整

在进行车身高度调整时，必须将高度控制开关处于 NORM 位置。高度调整应在水平面上进行，务必将车身的高度调整到标准范围以内。

1. 检查车身高度

在相应的测量点检查车身高度是否合适，如图 9-34 所示。

2. 调整车身高度

①旋松车身高度传感器连杆上的两只锁紧螺母。

②转动车身高度传感器连接杆的螺栓以调节长度。车身高度传感器连接杆每转一圈能使汽车高度改变大约 4mm，如图 9-35 所示。

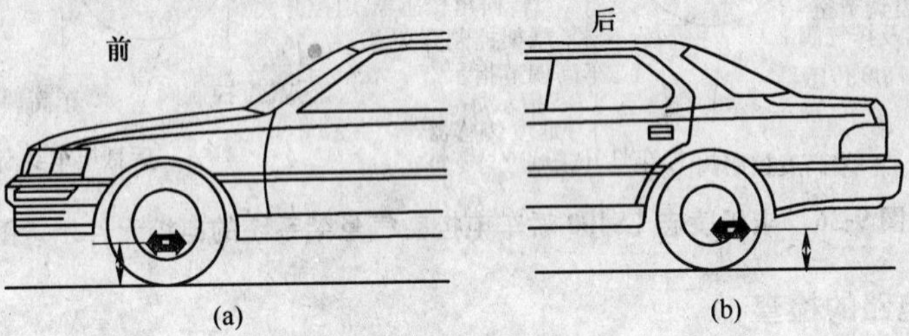

图 9-34　车身高度测量

(a)车身前端高度测量　(b)车身后端高度测量

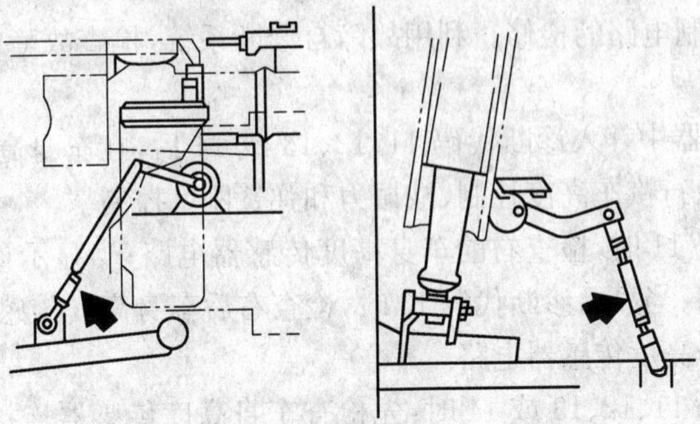

图 9-35　高度传感器连接杆的调整位置

(a)前连接杆的整位置　(b)后连接杆的调整位置

③检查车身高度、传感器连接杆的尺寸是否小于极限值。前、后悬架的极限值均为1.3mm。

④预拧紧两只锁紧螺母。

⑤再检查一次车身高度。

⑥旋紧锁紧螺母。拧紧力矩为4.4N·m。注意:在拧紧锁紧螺母时,应确保球节与托架平行。

三、电控悬架控制系统电路检修

图9-36为丰田凌志LS400轿车电控空气悬架系统的电控元件示意图,图9-37为TEMS中电子控制系统的电路图。

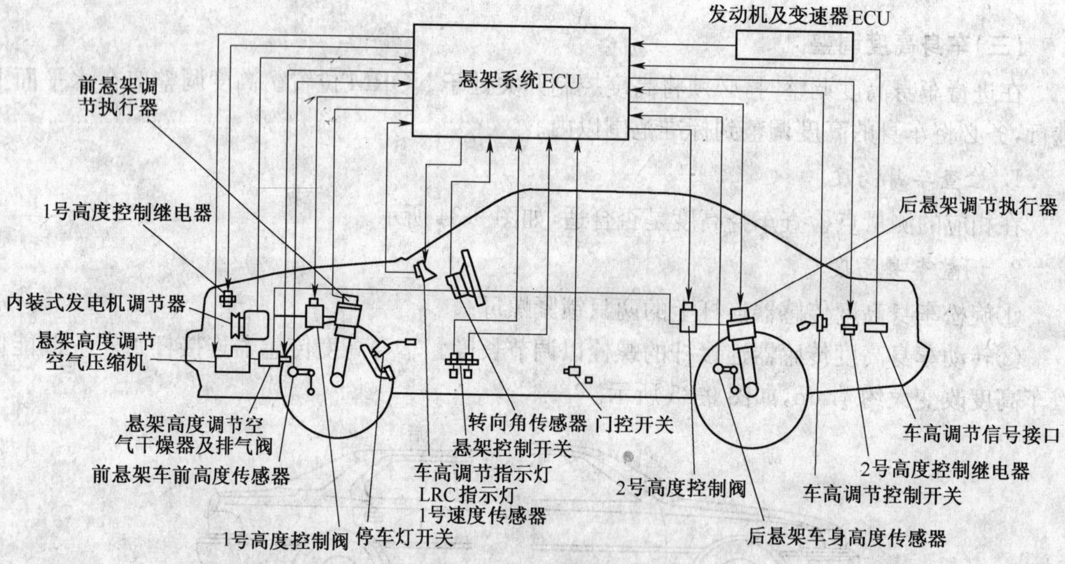

图9-36 丰田凌志LS400轿车电控空气悬架系统的电控元件示意图

(一)传感器电路的检查

1. 车身高度传感器电路检查

(1)车身高度传感器的控制电路。车身高度控制传感器电路如图9-38所示。

(2)车身传感器控制电路的检修。利用故障自诊断系统,检查故障代码。车身高度传感器故障代码见表9-6。

一旦ECU的存储器中存入诊断代码11、12、13或14后,在车身高度控制传感器向ECU输入正常信号之前不执行汽车高度控制、减振力和弹簧刚度控制。

①当显示诊断代码11时,检查右前车身高度传感器电路;当显示诊断代码12时,检查左前车身高度传感器电路;当显示诊断代码13时,检查右后车身高度传感器电路;当显示诊断代码14时,检查左后车身高度传感器电路。

②当显示诊断代码11、12、13或14时:先检查车身高度传感器连接器端子1与车身接地之间的电源。方法是:拆下前轮胎,脱开车身高度传感器连接器,将点火开关转到ON,测量车身高度传感器连接器端子1与车身接地之间的电压。正常电压为蓄电池电压。若不正常,则

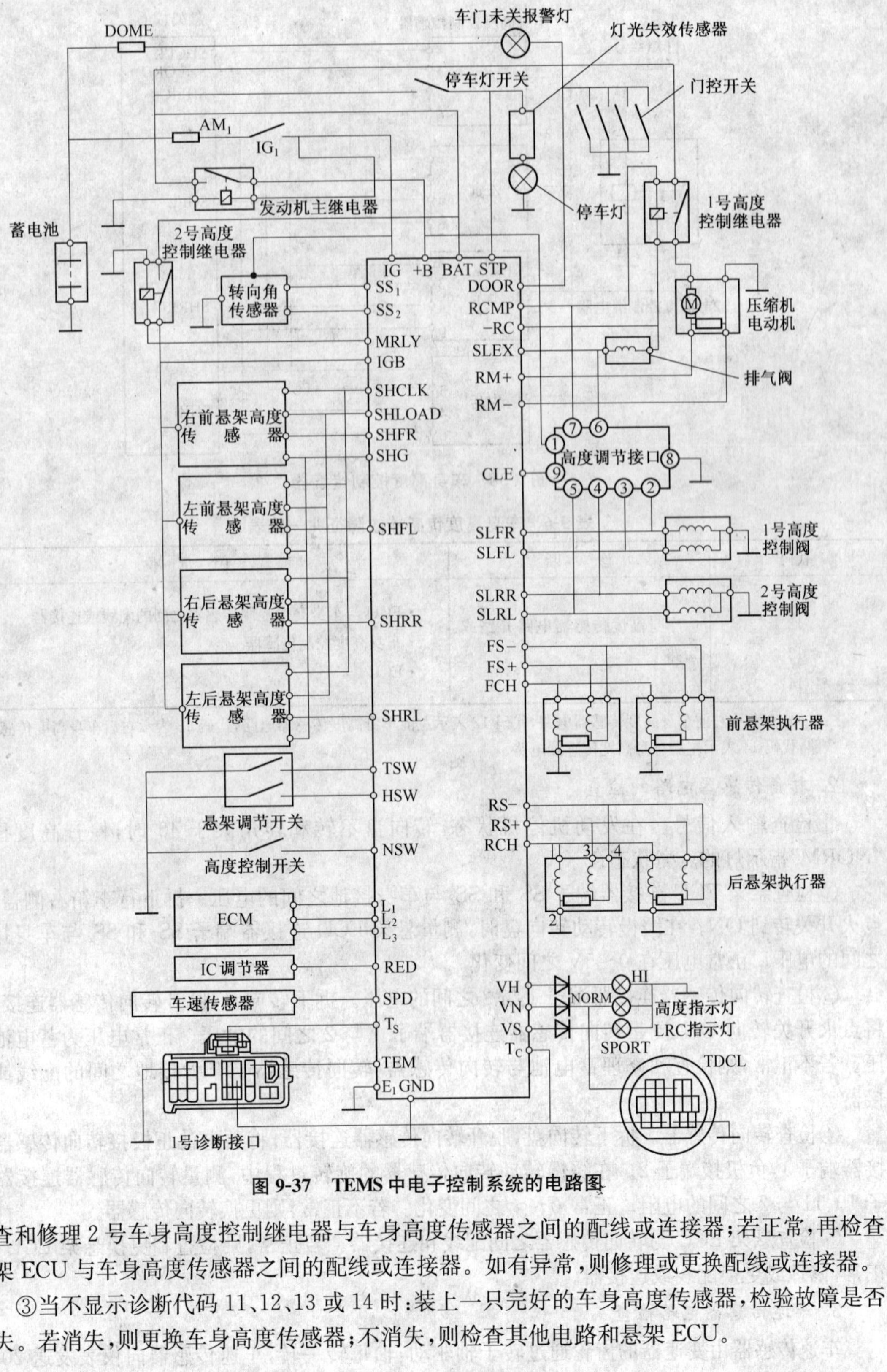

图 9-37　TEMS 中电子控制系统的电路图

检查和修理 2 号车身高度控制继电器与车身高度传感器之间的配线或连接器；若正常，再检查悬架 ECU 与车身高度传感器之间的配线或连接器。如有异常，则修理或更换配线或连接器。

③当不显示诊断代码 11、12、13 或 14 时：装上一只完好的车身高度传感器，检验故障是否消失。若消失，则更换车身高度传感器；不消失，则检查其他电路和悬架 ECU。

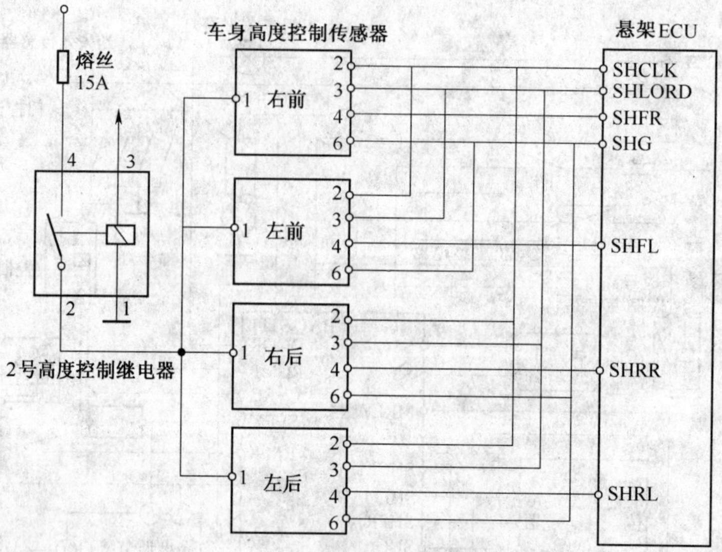

图 9-38 车身高度控制传感器

表 9-6 车身高度传感器故障征兆一览表

代码	诊断	故障部位
11 12 13 14	车身高度传感器电路开路或短路	· ECU与车身高度控制传感器之间的配线或连接器 · 车身高度控制传感器 · ECU

注:代码11表示右前车身高度传感器电路,代码12表示左前车身高度传感器电路,代码13表示右后车身高度传感器电路,代码14表示左后车身高度传感器电路。

2. 转角传感器电路的检查

①检查输入信号。在发动机停机状态,转向盘不转和转角大于45°时,检查高度控制"NORM"指示灯的点亮状态。

②检查悬架ECU连接器端子SS_1和SS_2与车身接地之间的电压。拆下行李箱右侧盖,将点火开关转到ON。在缓慢转动转向盘时,测量悬架ECU连接器端子SS_1和SS_2与车身接地之间的电压。正常电压在0～5V之间变化。

③检查转向传感器连接器端子1与2之间的电压。拆下转向盘,脱开转向传感器连接器,将点火开关转向ON,测量转向传感器连接器端子1与2之间的电压。正常电压为蓄电池电压。若不正常,则检查和修理蓄电池与转向传感器、转向传感器与车身接地之间的配线或连接器。

④检查转向传感器。拆下转向盘,脱开转向传感器连接器,将蓄电池正极接转向传感器连接器端子1,负极接端子2。在缓慢转动转向传感器的旋转过程中,测量转向传感器连接器端子10、11与2之间的电阻。正常0～∞之间变化。若不正常,则更换转向传感器。

⑤检查悬架ECU与转向传感器之间配线和连接器。若正常,则检查和更换悬架ECU;不正常,修理或更换配线或连接器。

3. 车速传感器电路检查

车速传感器由变速器的齿轮通过转子轴驱动,轴每转一转,车速传感器向仪表发送20个脉冲信号。该信号在仪表内经转换后以 4 个脉冲信号送至悬架 ECU。ECU 根据该脉冲频率的大小计算出汽车的车速。

①检查输入信号。起动发动机，在汽车以 20km/h 以上和 20km/h 以下的车速行驶时，分别检查高度控制 "NORM"指示灯的点亮情况。

②检查车速表电路。检查车速表电路，若正常，则检查和更换悬架 ECU；不正常，修理或更换配线、连接器或组合仪表总成。

4. 节气门开度信号电路检查

(1)节气门位置信号电路。节气门位置信号电路如图 9-39 所示。悬架 ECU 通过发动机和 ECT ECU 之间的通信联系检测，节气门的开启角度和开启速度。悬架 ECU 利用这一信号作为防下坐控制的一个主要参数。

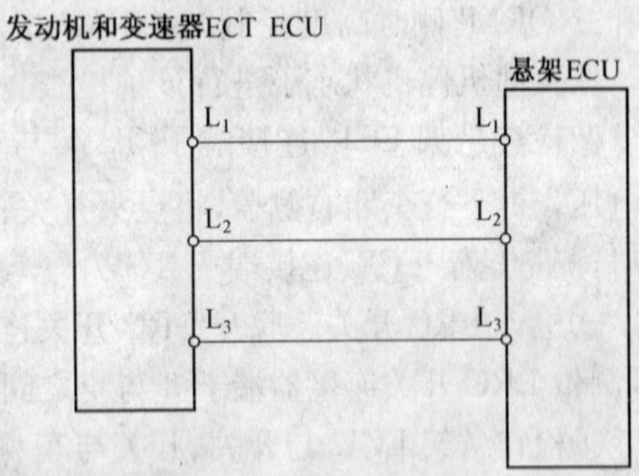

图 9-39 节气门位置信号电路图

(2)节气门位置信号电路的检查。

①检查输入信号。在发动机停机状态下，加速踏板全部松开和全部踩下的情况下，检查高度控制"NORM"指示灯的点亮状态。

②检查悬架 ECU 连接器端子 L1、L2、L3 与车身接地之间的电压。拆下行李箱右侧盖，将点火开关转到 ON。在加速踏板从全部松开到全部踩下过程中，测量悬架 ECU 连接器端子 L1、L2、L3 与车身接地之间的电压。

③检查"发动机和 ECT ECU"配线侧连接器端子 L1、L2 和 L3 与车身接地之间的电压，其正常电压约为 5V。

④检查悬架 ECU 与"发动机和 ECT ECU"之间的配线和连接器。若不正常，则修理或更换配线或连接器；正常，检查和更换悬架 ECU。

⑤检查当装上一只完好的悬架 ECU 时，故障是否消失。若消失，则检查和更换悬架 ECU；没消失，检查和更换"发动机和 ECT ECU"。

(二)开关电路的检查

1. 高度控制 ON/OFF 开关电路检查

高度控制开关在拨到"HIGH"侧时接通，拨到"NORM"侧时关断。ECU 检测高度控制开关的状态后相应地使汽车高度上升或下降。

①检查输入信号。在发动机停机状态下，高度控制开关拨到"HIGH"侧和"NORM"侧时，检查高度控制"NORM"指示灯的点亮状态。

②检查悬架 ECU 连接器端子 HSW 与车身接地之间的电压。拆下行李厢右侧盖，将点火开关转到 ON。在高度控制开关拨到"NORM"侧和"HIGH"侧时，测量悬架 ECU 连接器端子 HSW 与车身接地之间的电压。

③检查高度控制开关。脱开高度控制开关连接器。在高度控制开关拨到"NORM"侧和"HIGH"侧时，测量高度控制开关连接器端子 5 与 6 之间的电阻。

④检查悬架 ECU 与开关、开关与车身接地之间的配线和连接器。若正常，则检查和更换悬架 ECU；不正常，修理或更换配线或连接器。

2. LRC开关电路的检查

LRC开关电路如图9-40所示。LRC开关在拨到"SPORT"侧时接通，拨到"NORM"侧时关断。ECU检测了LRC开关的状态后，操纵悬架控制执行器，从而改变减振器的减振力和气压缸的弹簧刚度。

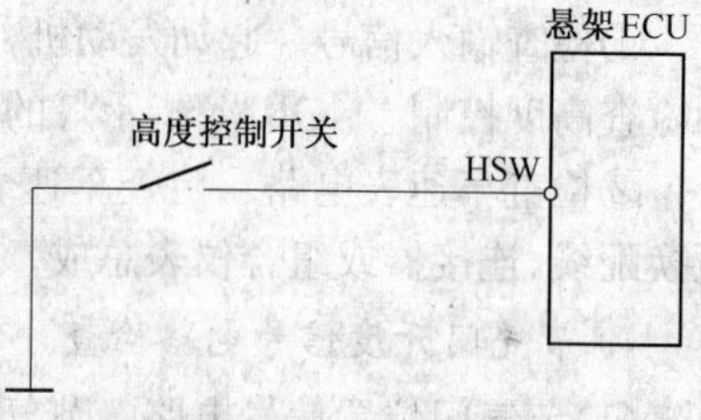

图9-40 LRC开关线路图

①检查输入信号。检查当LRC开关拨到"SPORT"侧和"NORM"侧时高度控制"NORM"指示灯的点亮状态。在发动机停机状态下进行该项检查。

②检查悬架ECU连接端子TSW与车身接地之间的电压。拆下行李厢右侧盖，将点火开关转到ON。在LRC开关拨到"NORM"侧和"SPORT"侧时，测量悬架ECU连接端子TSW与车身接地之间的电压。

③检查LRC开关。脱开LRC开关连接器。在LRC开关拨到"NORM"侧和"SPORT"侧时，测量LRC开关连接器端子3与4之间的电阻。若不正常，则更换LRC开关。

④检查悬架ECU与开关、开关与车身接地之间的配线和连接器。若正常，则检查和更换悬架ECU；不正常，修理或更换配线或连接器。

3. 停车灯开关电路检查

当踩下制动踏板时，停车灯开关接通，蓄电池电压加到ECU端子STP上。ECU利用这个信号作为防点头控制的一个起始状态。

①检查停车灯工作情况。正常状态下应是踩下制动踏板时，停车灯亮；松开制动踏板时，停车灯熄灭。

②检查输入信号。在发动机停机状态下，踩下制动踏板和松开制动踏板时，检查高度控制"NORM"，指示灯的点亮状态。

③检查悬架ECU连接器端子STP与车身接地之间的电压。拆下行李箱右侧盖，将点火开关转到ON。在松开和踩下制动踏板时，测量悬架ECU连接器端子STP与车身接地之间的电压。

④检查悬架ECU与停车灯开关之间的配线和连接器。若正常，则检查和更换悬架ECU；不正常，修理或更换配线或连接器。

4. 门控开关电路检查

当车门打开时，门控灯开关接通，车门关闭时，门控灯开关关断。因此，当所有车门全部关闭时，蓄电池电压就加到ECU的DOOR端子上，而只要有一扇车门打开时，该端子上的电压即为0V。当ECU检测到车门打开信号时，它便中止点火开关OFF控制。

①检查车门未紧闭警告灯的工作情况。若不正常，则检查车门未紧闭警告灯电路。

②检查输入信号。在发动机停机状态下，检查当所有车门都关闭和每扇车门打开时，高度控制"NORM"指示灯的点亮状态。

③检查悬架ECU连接器端子DOOR与车身接地之间的电压。拆下行李厢右侧盖，将点火开关转到ON。测量所有车门都关闭和每扇车门打开时悬架ECU连接器端子DOOR与车身接地之间的电压。

④检查悬架ECU与门控灯开关之间的配线和连接器。若正常，则检查和修理悬架ECU；

不正常，修理或更换配线或连接器。

(三)执行器电路的检查

1. 悬架控制执行器电路的检查

(1)悬架控制执行器电路。悬架控制执行器的电路图如图 9-41 所示。ECU 将信号送至悬架控制执行器，以同时驱动减振器的转阀和气压缸的空气阀，从而改变减振器的减振力和悬架弹簧刚度。每个气压缸上都装有悬架控制执行器。执行器通过电磁方式驱动，因而能精确跟踪经常变化的行驶状态，见表 9-7。

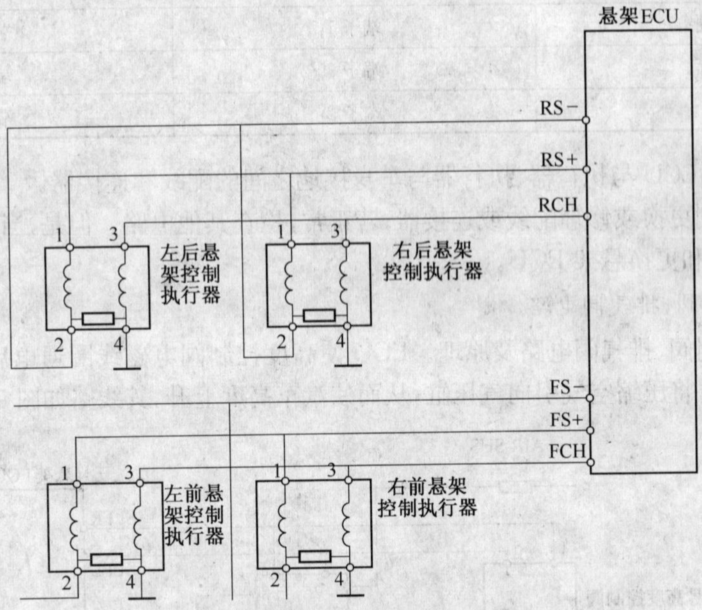

图 9-41　悬架控制执行器的电路图

表 9-7　悬架控制执行器的故障诊断

代　码	诊　　断	故　障　部　位
21 22	悬架控制执行器电路中开路或短路	· ECU 悬架控制执行器之间的配线或连接器 · 悬架控制执行器 · ECU

注：代码 21 表示前悬架控制执行器电路。当显示诊断代码 21 时，检查前悬架控制执行器电路。
代码 22 表示后悬架控制执行器电路。当显示诊断代码 22 时，检查后悬架控制执行器电路。

(2)悬架控制执行器电路的检查。一旦 ECU 存储器中存入诊断代码 21 或 22，就不执行减振力和弹簧刚度控制。

①悬架控制执行器的工作情况。前悬架拆下执行器盖和执行器，后悬架拆下后座位和封板装潢，将点火开关转到 ON。在 LRC 开关拨到 SPORT 和 NORM 侧的情况下检查悬架控制执行器工作情况。

②检查悬架控制执行器。

前悬架控制执行器：拆下执行器盖和执行器，脱开执行器连接器。

后悬架控制执行器：拆下后座位和封板装潢、执行器盖和执行器，脱开执行器连接器。

测量悬架控制执行器连接器下列各端子间的电阻。正常电阻值见表 9-8。

表 9-8 各端子间正常电阻值

端子	电阻/Ω	端子	电阻/Ω	端子	电阻/Ω
1-2	3～6	3-4	3～6	2-4	2.3～4.3

在悬架控制执行器连接器下列各端子间加上蓄电池电压，检查悬架控制执行器工作情况。见表 9-9。检查时，应在很短的时间内(1s 以内)进行。若不正常，则更换悬架控制执行器。

表 9-9 各端子通电后执行器工作情况

位置	蓄电池＋	蓄电池－
坚硬	端子 1	端子 2
中等	端子 3	端子 4
软	端子 2	端子 1

③检查悬架 ECU 与执行器、执行器与车身接地之间的配线和连接器。

若不正常，则更换或修理配线或连接器；若正常，检查其他电路。但是，当显示诊断代码 21 或 22 时，应检查和更换悬架 ECU。

2. 高度控制阀、排气阀电路

(1)高度控制阀、排气阀电路及原理。ECU 使高度控制阀电磁线圈通电后，电磁线圈将高度控制阀打开，并将压缩空气引向气压缸，从而使汽车高度上升，其线路如图 9-42 所示。

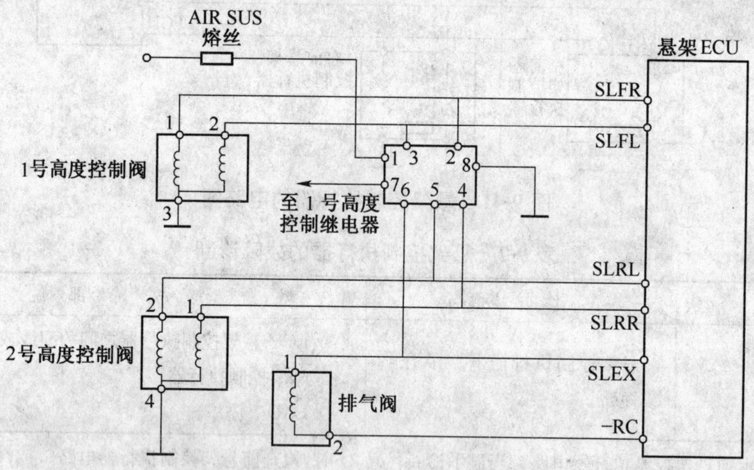

图 9-42 高度控制阀、排气阀线路图

当车身高度下降时，ECU 不仅使高度控制阀电磁线圈通电，而且还使排气阀电磁线圈通电，排气阀电磁线圈使排气阀打开，将气压缸中的压缩空气排放到大气中。

1 号高度控制阀用于前悬架控制。它有两只电磁阀分别控制左、右气压缸。2 号高度控制阀用于后悬架控制，它与 1 号高度控制阀一样也由两只电磁阀组成。与 1 号高度控制阀不同的是两只电磁阀不是单独工作。为了防止空气管中产生不正常的压力，2 号高度控制阀中设有一个溢流阀，如图 9-43 所示。

(2)高度控制阀、排气阀电路检修。一旦 ECU 存储器中存入诊断代码 31、33、34 或 35，就不执行汽车高度控制以及减振力和弹簧刚度控制，见表 9-10。

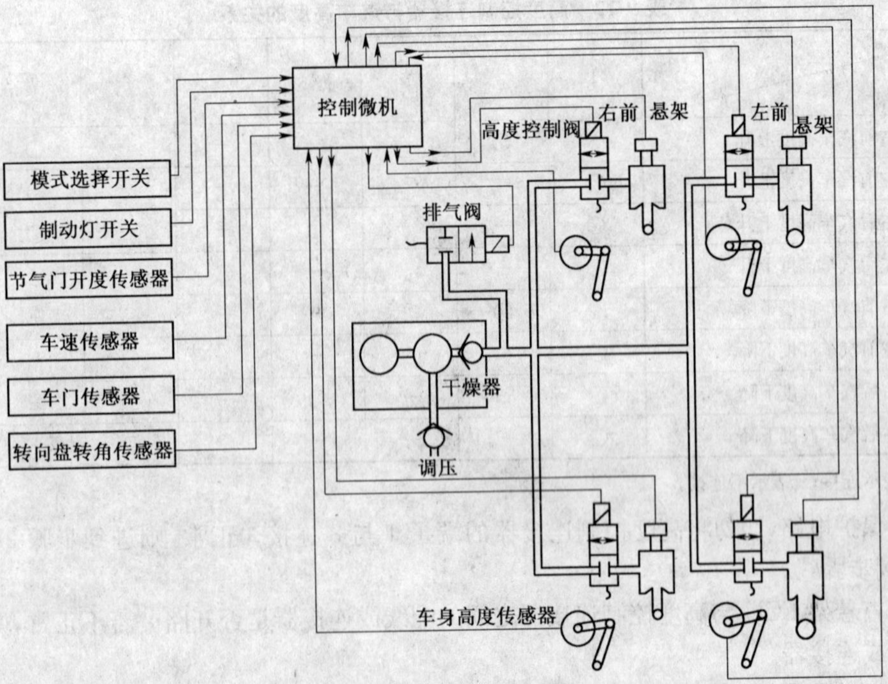

图 9-43　高度控制阀、排气阀工作原理

表 9-10　高度控制阀、排气阀电路故障诊断

故障码	诊　断	故障部位
31	1 号高度控制阀电路开路或短路	·ECU 与高度控制阀之间的配线或连接器 ·高度控制阀 ·ECU
33	2 号高度控制阀电路开路或短路(用于右悬架)	
34	2 号高度控制阀电路开路或短路(用于左悬架)	
35	排气阀电路开路或短路	·ECU 与排气阀之间的配线或连接器 ·排气阀 ·ECU

注:①不管是否显示诊断代码 31、33、34 或 35,都应按照故障诊断流程进行故障排除。

②当显示诊断代码 31 时,检查 1 号高度控制阀电路;当显示诊断代码 33 时,检查 2 号右侧高度控制阀电路;当显示诊断代码 34 时,检查 2 号左侧高度控制阀电路;当显示诊断代码 35 时,检查排气阀电路。

③如果显示诊断代码 72(悬架控制执行器电源电路)时,必需首先进行代码 72 的检查。

①检查当高度控制执行器的各端子连接时,车身高度是否改变。拆下行李箱右侧盖,测量高度控制连接器各端子间的电阻。正常值见表 9-11。

表 9-11　各端子间的电阻值

端子	电阻/Ω	端子	电阻/Ω	端子	电阻/Ω
2—8	9～15	4—8	9～15	6 — 8	9～15
3—8	9～15	5—8	9～15		

将点火开关转到 ON,当高度控制连接器的端子按表 9-12 所示方式连接时,检查车身高度的变化。车身高度上升或下降情况与表 9-12 相符为正常。

表 9-12 高度控制连接器与汽车高度的关系

状态＼端子	1	2	3	4	5	6	7	8
右前汽车高度上升	○	○	—	—	—	—	○	
左前汽车高度上升	○	—	○	—	—	—	○	
右后汽车高度上升	○	—	—	○	—	—	○	
左后汽车高度上升	○	—	—	—	○	—	○	
右前汽车高度下降	○	○	—	—	—	○	—	
左前汽车高度下降	○	—	○	—	—	○	—	
右后汽车高度下降	○	—	—	○	—	○	—	
左后汽车高度下降	○	—	—	—	○	○	—	

注：○表示连接；—表示不连接。

为了保护电路，切勿将高度控制连接器的端子 1 与 8 连接。正常，则进到步骤②；若不正常，则转到步骤③。

②检查悬架 ECU 与高度控制连接器之间的配线或连接器是否开路。若不正常，则修理或更换配线或连接器。

当进行步骤①与②的检查不能发现故障时，可以判断 1 号、2 号高度控制阀和排气阀为正常。但是，如果在步骤①和②以前已显示诊断代码 31、33、34 或 35，应检查和更换悬架 ECU。

③检查高度控制阀和排气阀。

检查 1 号高度控制阀和排气阀时：拆下右前翼子板衬垫，脱开阀的连接器。

检查 2 号高度控制阀和排气阀时：拆下行李箱装潢前盖，脱开阀的连接器。

测量各端子间的电阻。正常值见表 9-13。

表 9-13 各端子间的电阻值

阀	端子	电阻/Ω
1 号高度控制阀	1—3	9～15
	2—3	9～15
2 号高度控制阀	1—4	9～15
	2—4	9～15
排气阀	1—2	9～15

在表 9-14 所列的各端子上接上蓄电池电压时，检查高度控制阀和排气阀是否有工作声。正常时，应发出(咔嗒)工作声。若不正常，则更换高度控制阀或排气阀；正常，检查和修理高度控制阀或排气阀与高度控制连接器之间的配线和连接器。

表 9-14 端子上蓄电池电压

阀	蓄电池＋	蓄电池－
1 号高度控制阀	1	3
	2	3
2 号高度控制阀	1	4
	2	4
排气阀	1	2

3.1 号高度控制继电器电路的检查

(1)1 号高度控制继电器电路。当汽车高度开始上升时，从 ECU 端子送出一个信号使 1 号高度控制继电器接通。因此，1 号高度控制继电器的线圈中就有电流通过，继电器触点闭合。于是，压缩机便接上蓄电池电压，从而产生压缩空气。表 9-15 为 1 号高度控制继电器电路的故障诊断。

表 9-15　1 号高度控制继电路的故障诊断

代码	诊　断	故障部位
41	1 号高度控制继电器电路开路或短路	·ECU 与 1 号高度控制继电器之间的配线或连接器 ·ECU

一旦 ECU 存储器中存入了诊断代码 41，就不执行汽车高度控制以及减振力和弹簧刚度控制。由于 ECU 的端子 RC 也是排气阀的接地端子，所以当端子 RC 处于断路时，可能会输出排气阀故障代码 35。

(2)1 号高度控制继电器电路的检查。

①拆下行李箱右侧盖，脱开悬架 ECU 连接器。测量悬架 ECU 连接器端子 RCMP 与 RC 之间的电阻。正常电阻值为 50Ω～100Ω。

②拆下左前灯和 1 号车身高度控制继电器，测量 1 号车身高度继电器端子 3 与 4 之间的电阻。正常电阻值为 50Ω～100Ω。

若不正常，更换 1 号车身高度控制继电器；若正常，则检查和修理悬架 ECU 与 1 号车身高度控制继电器之间的配线和连接器。

4. 压缩机电动机电路的检查

(1)压缩机电动机电路。在汽车高度上升时，从 ECU 端子 RCMP 送出一个信号使 1 号车身高度控制继电器接通。因此，继电器触点闭合，压缩机电动机运转，从而产生压缩空气。与此同时，由 ECU 端子 RM+与 RM-之间的电位差，ECU 检测出流过压缩机电动机的电流的大小。这样，ECU 就能监测压缩机电路是否存在不正常现象，其电路如图 9-44 所示。

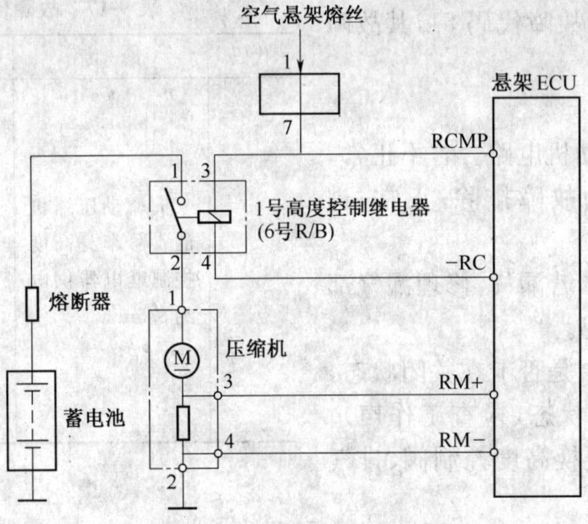

图 9-44　压缩电动机电路图

表 9-16 为压缩机电动机电路的故障诊断。当 ECU 的存储器中存入了诊断代码 42 时，就不执行减振力和弹簧刚度控制以及汽车高度控制。

表 9-16 压缩机电动机电路的故障诊断

代码	诊 断	故障部位
42	端子 RM+与 RM－的电位差超过 RCMP 端子接通时某一预定值	· ECU 与压缩机电动机之间的配线或连接器 · 压缩机电动机 · ECU

(2)压缩机电动机电路的检查。

①检查当高度控制连接器的各端子连接时压缩机电动机是否运转。拆下行李箱右侧盖，然后将点火开关转到 ON，将高度控制连接器的端子 1 与 7 连接。正常情况下，压缩机电动机运转。若不运转，则转到步骤④；若正常运转，则进到②。

②检查悬架 ECU 连接端子 RM+与 RM－之间的电阻。脱开悬架 ECU 连接器，检查悬架 ECU 连接器端子 RM+与 RM－之间是否导通。若不导通，则进行③。

③检查悬架 ECU 与压缩机之间的配线和连接器。若正常，则更换压缩机；若不正常，则修理和更换配线或连接器。

④检查 1 号车身高度控制继电器。拆下左前灯和 1 号车身高度控制继电器，检查 1 号车身高度控制继电器下列各端子之间的导通情况。

正常情况：端子 1 与端子 2 之间开路，端子 3 与端子 3 之间导通。

若不正常，则更换 1 号车身高度控制继电器；若正常，则进到⑤。

⑤检查压缩机电动机。拆下右前翼子板衬垫，脱开压缩机电动机继电器。将蓄电池正极接压缩机电动机连接器端子 1，负极接连接器端子 2。正常情况下，压缩机电动机运转。若压缩机电动机不运转，则更换压缩机电动机；正常运转，检查和修理蓄电池与继电器、继电器与压缩机、压缩机与车身接地之间的配线和连接器。

5. 至 1 号车身高度控制器持续电流的检查

(1)故障诊断。1 号车身高度控制器持续电流不正常，将显示故障代码 51，其故障部位见表 9-17。

表 9-17 故障代码 51 的诊断

代码	诊 断	故障部位
51	向驱动压缩机的 1 号车身高度控制继电器供电约 8.5min	· 压缩机电动机 · 压缩机 · 空气管 · 1 号、2 号控制阀 · 排气阀 · 车身高度传感器连接杆 · 车身高度传感器 · 溢流阀 · ECU

(2)检查与排除。

①检查压缩机电动机电路。若不正常，则转到电动机电路的故障排除；正常，进到②。

②检查是否漏气。若漏气，修理漏气部位；正常不漏气，进到③。

③检查高度控制阀是否卡在关闭状态，排气阀是否卡在开启状态(检查工作声)。若不正常，则修理或更换高度控制阀、排气阀；正常，进到④。

④检查调整车身高度传感器连接杆后故障是否消失。若消失，则调整车身高度传感器连

接杆；不消失，检查和修理或更换引起故障的零件：空气管阻塞、压缩机有故障、溢流阀有故障、车身高度传感器失灵、杂质进入车身高度控制阀或排气阀、ECU失灵等。

6. 至排气阀的持续电流的检查

(1)故障诊断

至排气阀的持续电流不正常，将显示故障代码52，其故障部位见表9-18。

(2)检查与排除

① 检查高度控制阀是否卡在关闭状态，排气阀是否卡在关闭状态（检查工作声）。若不正常，则修理或更换高度控制阀、排气阀；正常，进到②。

表9-18　故障代码52的诊断

代码	诊　断	故障部位
52	向用于减小汽车高度的排气阀供电约6min以上	·高度控制阀 ·排气阀 ·空气管 ·车身高度传感器连接杆 ·车身高度传感器 ·ECU

②检查调整车身高度传感器连接杆后故障是否消失。若消失，则调整车身高度传感器连接杆；不消失，检查和修理或更换引起故障的零件：空气管阻塞、杂质进入高度控制阀或排气阀、车身高度传感器失灵、ECU失灵等。

7. 悬架控制执行器电源电路的检查

(1)悬架控制执行器电源电路。悬架控制执行器电源电路图如图9-45所示。如果ECU存储器中存入了诊断代码72，在ECU端子＋B上加蓄电池电压之前不执行减振力和弹簧刚度控制。

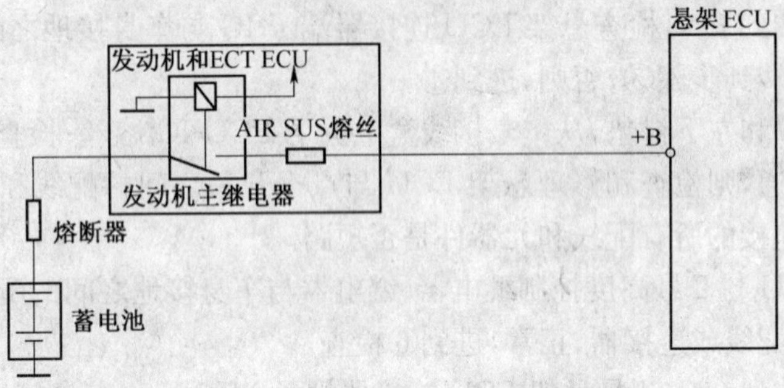

图9-45　悬架控制执行器电源电路图

(2)检查与排除。检查悬架ECU连接器端子＋B与车身接地之间的电压，其正常电压应为蓄电池电压；若正常，则进到其他电路进行检查；但是，当显示代码72时，应检查和更换悬架ECU。不正常，则检查和修理悬架ECU与发动机继电器之间的AIR SUS熔丝、配线和连接器。

8. 车身高度控制电源电路的检查

(1)车身高度控制电源电路。车身高度控制电源电路如图9-46所示。当点火开关转到ON位置时，蓄电池电压加到悬架ECU的端子IG上。这时，ECU中的2号车身高度控制继电器控制电路将信号送至端子MRLY，并将2号车身高度控制继电器接通。电流通过继电器线圈使2号车身高度控制继电器的触点闭合。同样，这也使蓄电池电压加到端子IG上。端子IG是驱动高度控制阀用的电源，而端子IG是悬架控制指示灯的电源。此外，ECU在端子IG处检测点火开关接通或关断的状态。即使在点火开关处于关断位置时，ECU依旧将信号从端子

MRLY送至2号车身高度控制继电器，使之保持接通某一设定的时间以进行点火开关的关断控制。

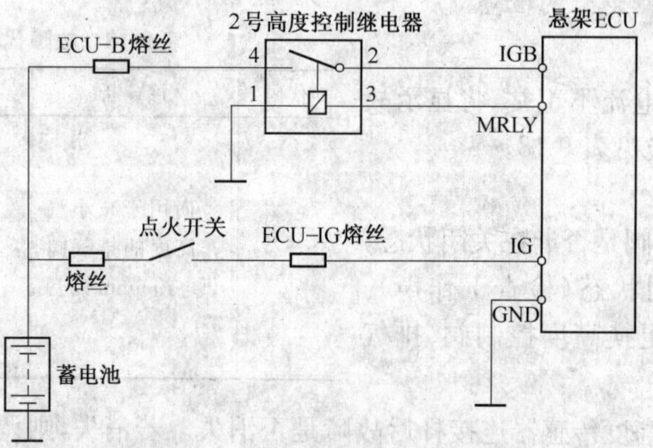

图9-46 车身高度控制电源电路图

(2)检查与排除。

①检查悬架ECU的端子IG与GND之间的电压。拆下行李箱右侧盖，将点火开关转到ON。测量悬架ECU连接器端子IG与GND之间的电压。正常电压为蓄电池电压。

②检查悬架ECU连接器端子GND与车身接地之间的导通情况。若不正常，则进行修理或更换配线或连接器；正常，进到③。

③将点火开关转到ON，检查悬架ECU连接器端子IG与车身接地之间的电压。若正常，即为蓄电池电压，则转到步骤⑤；否则，进到④。

④拆下1号下罩和左下衬垫，从1号接线盒上拆下ECU-IG熔丝；检查ECU-IG熔丝是否导通。若正常，即导通，则检查和修理悬架ECU与点火开关之间的配线和连接器；不正常，检查与ECU-IG熔丝连接的所有配线和元器件是否短路。

⑤检查悬架ECU与2号高度控制继电器、继电器与车身接地之间的配线和连接器。若不正常，则修理或更换配线或连接器；正常，进到⑥检查。

⑥将点火开关转到ON，测量悬架ECU连接器端子MRLY与车身接地之间的电压，其正常电压应为蓄电池电压。若不正常，则检查和更换悬架ECU；正常，进到⑦检查。

⑦拆下1号下罩和左下衬垫，从1号接线盒上拆下ECU-B熔丝；检查ECU-B熔丝是否导通，正常情况下应为导通。若不导通，应检查与ECU-B熔丝连接的所有配线和元器件是否短路；进到⑧检查。

⑧拆下2号车身高度控制继电器，检查2号车身高度控制继电器端子1与3、2与4之间的导通情况，1与3之间应是导通的；然后，再在端子1与3之间加上蓄电池电压，检查端子2与4之间是否导通。

若检查结果不正常，应更换2至号车身高度控制继电器；正常，则检查和修理悬架ECU与继电器、与蓄电池之间的配线和连接器。

9. IC调节器电路(发电机电路)的检查

(1)IC调节器电路。IC调节器(发电机电路)电路如图9-47所示。当发动机停机时，发电机不发电，所以ECU端子REG上的电压很低。当发动机运转且带动发电机工作时，端子

REG 上的电压就变高。因此，ECU 能检测发电机的发电状态，而且只有在发电机处于发电状态时才能控制车身高度（除了点火开关 OFF 控制外）。

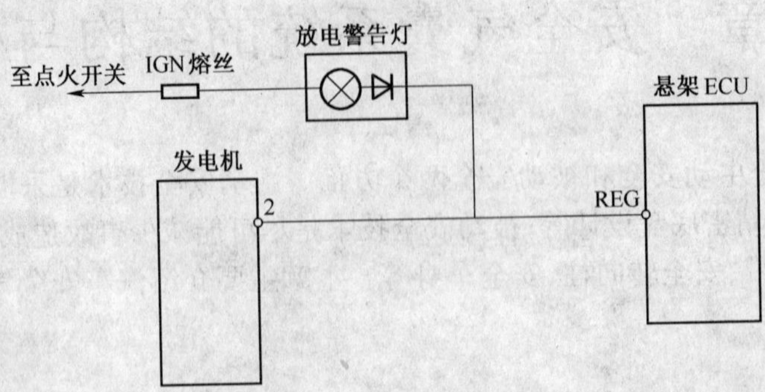

图 9-47　IC 调节器线路图

（2）IC 调节器电路的检查。

①检查发动机停机（点火开关接通）和运转时充电警告灯的工作情况，正常状态应为在停机（点火开关接通）时警告灯亮，而在运转时，应为熄灭。若不正常，对充电警告灯进行检查。

②连接检查连接器的端子 Ts 与 E1。将点火开关转到 ON，检查发动机停机（点火开关接通）和运转时，高度控制"NORM"指示灯的点亮状态。正常情况应是指示灯常亮和闪亮随发动机状态的变化而变化。

③检查悬架 ECU 与发电机之间的配线和连接器是否开路。若开路，则修理或更换配线或连接器；正常，检查和更换悬架 ECU。

10. Tc 端子电路的检查

将 TDCL 或检查连接器的端子 T_c 与 E_1 连接，高度控制指示灯能显示 ECU 存储器中储存的诊断代码。

①检查 TDCL 或检查连接器端子 T_c 与 E_1 之间的电压是否为蓄电池电压。

②检查 TDCL、检查连接器端子 E_1 与车身接地之间的配线和连接器是否开路。若不正常，则修理或更换配线或连接器。

③检查悬架 ECU 与检查连接器、悬架 ECU 与 TDCL 之间的配线和连接器。若不正常，则修理或更换配线或连接器；正常，检查和更换悬架 ECU。

11. Ts 端子电路

将检查连接器的端子 T_s 与 E_1 连接，可以进行输入信号检查。

①检查连接器端子 T_s 与 E_1 之间的电压是否在 10V 左右。

②检查连接器端子 E1 与车身接地之间的配线和连接器。

③检查悬架 ECU 与检查连接器之间的配线和连接器。若不正常，则修理或更换配线或连接器；正常检查和更换悬架 ECU。

第十章　安全气囊系统的结构与检修

汽车安全技术分主动安全和被动安全两个方面。主动安全技术是采取措施避免事故发生，如ABS、EDS或精密底盘设计等；被动安全技术是尽可能减少事故造成的伤害，如安全气囊、安全座椅、安全带、安全转向柱、安全车身等。本章主要介绍汽车安全气囊系统的结构与检修。

第一节　安全气囊系统概述

一、安全气囊系统的功用

安全气囊系统简称SRS，其功用是当汽车遭受碰撞导致减速度急剧变化时，气囊迅速膨胀，在驾驶员、乘员与车内构件之间迅速铺垫一个气垫，利用气囊排气节流的阻尼作用来吸收人体惯性力产生的动能，从而减轻人体遭受伤害的程度。

正面气囊的主要功用是保护驾驶员和乘员的面部与胸部，如图10-1所示，侧面气囊的主要功用是保护驾驶员和乘员的头部与腰部。

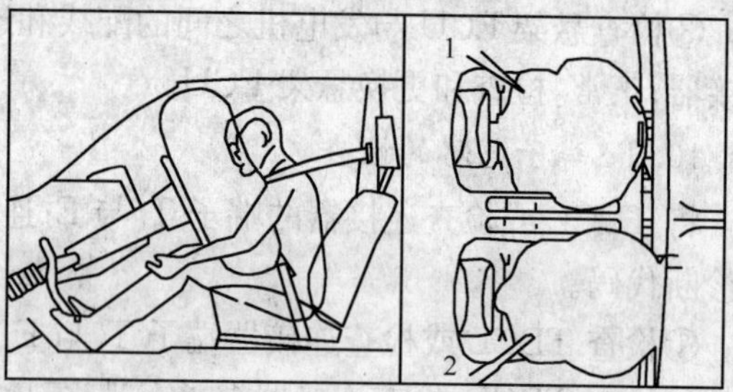

(a)　　(b)

图10-1　汽车遭受正面碰撞时SRS的作用情况

(a)驾驶席气囊　(b)驾驶席与乘员席气囊

1. 驾驶员　2. 前排乘员

二、安全气囊系统的组成

各型汽车安全气囊系统SRS采用控制部件的结构、数量和安装位置各有不同，但其基本组成大致相同，主要由碰撞传感器(左前碰撞传感器、右前碰撞传感器等)、电控单元(SRS ECU)、气囊组件及控制电路组成。气囊组件是安全气囊系统的执行元件，控制电路由备用电源电路、故障记忆电路、故障诊断与监测电路、点火引爆电路等组成，如图10-2所示。

三、安全气囊系统的分类

按总体结构不同，安全气囊系统可分为机械式SRS和电子式SRS两大类。目前，机械式SRS已经淘汰，汽车装备的均为电子控制式气囊系统。

按电子式SRS功能不同，可分为正面SRS和侧面SRS两大类；按气囊数量不同可分为单SRS、双SRS和多SRS。单SRS只装备驾驶席气囊。20世纪90年代以前生产的汽车基本上都装备单SRS。双SRS装备有驾驶席和前排乘员席两个气囊，90年代后生产的大多数轿车都装备了双SRS。装备3个或3个以上气囊的SRS称为多SRS。在同一辆汽车上，无论气囊数量多少，均可采用一个SRS ECU控制。

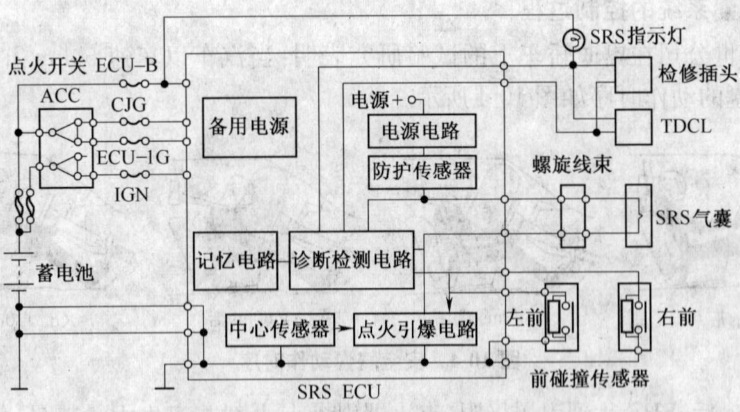

图 10-2 丰田轿车 SRS 电路组成框图

四、安全气囊系统的控制原理及过程

(一)安全气囊系统的控制原理

当汽车遭受正面碰撞和侧面碰撞时,安全气囊系统的控制原理完全相同。下面以图 10-3 所示正面碰撞为例,说明安全气囊系统控制原理。

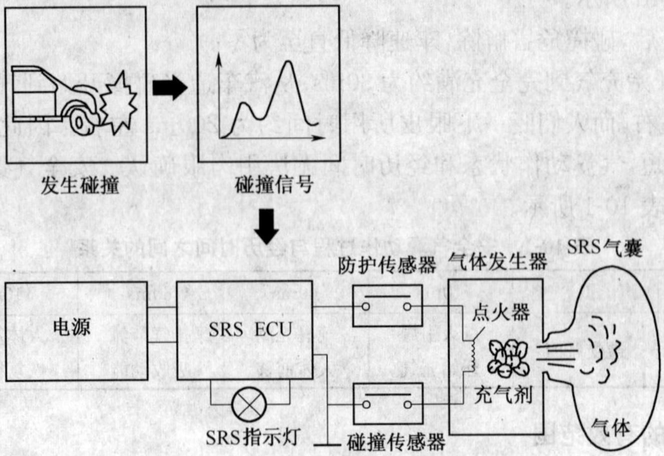

图 10-3 安全气囊系统的控制原理

当汽车遭受前方一定角度范围内的碰撞时,安装在汽车前部和 SRS ECU 内部的碰撞传感器都会检测到汽车突然减速的信号,并将信号输入 SRS ECU,以便判断是否发生碰撞。当汽车遭受碰撞且减速度达到设定阈值时,SRS ECU 发出控制指令将气囊组件中的点火器(电雷管)电路接通,电雷管引爆使点火剂(引药)受热爆炸(即电热丝通电发热引爆炸药)。点火剂引爆时,迅速产生大量热量,使充气剂(叠氮化钠固体药片)受热分解并释放出大量氮气充入气囊,气囊便冲开气囊组件上的装饰盖板鼓向驾驶员和乘员,使驾驶员和乘员面部和胸部压靠在充满气体的气囊上,在人体与车内构件之间铺垫一个气垫,将人体与车内构件之间的碰撞变为弹性碰撞,通过气囊产生变形和排气节流来吸收人体碰撞产生的动能,从而达到保护人体之目的。

(二)安全气囊系统的控制过程

根据德国博世公司在奥迪轿车上的试验研究表明:当汽车以车速 50km/h 与前面障碍物碰撞时,安全气囊的动作时序如图 10-4 所示。

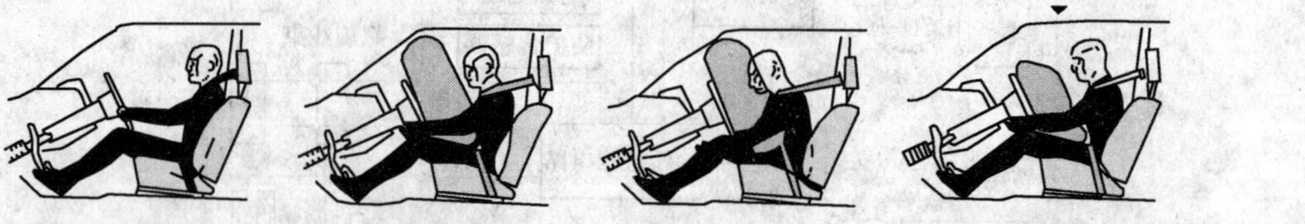

(a) 10ms后　(b) 40ms后　(c) 60ms后　(d) 110ms后

图 10-4 安全气囊动作时序

碰撞约 10ms 后,SRS 达到引爆极限,点火器引爆点火剂并产生大量热量,使充气剂(叠氮化钠药片)受热分解,驾驶员尚未动作,如图 10-4a 所示。

碰撞约 40ms 后,气囊完全充满,体积最大,驾驶员向前移动,安全带斜系在驾驶员身上并拉紧,部分冲击能量已被吸收,如图 10-4b 所示。

碰撞约 60ms 后,驾驶员头部及身体上部压向气囊,气囊的排气孔在气体和人体压力作用下排气节流吸收人体与气囊之间弹性碰撞产生的动能,如图 10-4c 所示。

碰撞约 110ms 后,大部分气体已从气囊逸出,驾驶员身体上部回到座椅靠背上,汽车前方恢复视野,如图 10-4d 所示。

碰撞约 120ms 后,碰撞危害解除,车速降低直至为零。

由此可见,从开始充气到完全充满约为 30ms;从汽车遭受碰撞开始到气囊收缩为止,所用时间仅为 120ms 左右,而人们眨一下眼皮所用时间约为 200ms 左右。因此,安全气囊在碰撞过程中动作时间极短,气囊动作状态和经历时间无法用肉眼确认。安全气囊动作过程与经历时间之间的关系如表 10-1 所示。

表 10-1 安全气囊动作过程与经历时间之间的关系

碰撞经历时间	0	10ms	40ms	60ms	110ms	120ms
SRS 气囊动作状态	遭受碰撞	点火引爆 开始充气	气囊充满 人体前移	排气节流 吸收动能	人体复位 恢复视野	危害解除 车速降零

(三)安全气囊的有效范围

汽车安全气囊系统 SRS 并非在所有碰撞情况下都能起作用。如图 10-6 所示,正面 SRS 只有在汽车正前方或斜前方±30o 角范围内发生碰撞,纵向减速度达到设定阈值,且防护传感器和任意一只前碰撞传感器接通时,才能引爆气囊充气。在下列条件之一的情况下,正面气囊不会引爆充气。

①汽车遭受侧面碰撞超过斜前方角度±30°时。

②汽车遭受横向碰撞时。

③汽车遭受后方碰撞时。

④汽车发生绕纵向轴线侧翻时。

⑤纵向减速度未达到设定阈值时。

⑥所有前碰撞传感器都未接通或 SRS ECU 内部的防护传感器未接通时。

⑦汽车正常行驶、正常制动或在路面不平的道路条件下行驶时。

(四)减速度阈值的设定

减速度阈值根据安全气囊系统的性能设定，不同车型 SRS 的减速度阈值有所不同。在美国，因为 SRS 是按驾驶员不配戴座椅安全带来设计，气囊体积大、充气时间长，所以 SRS 应在较低的减速度阈值时引爆气囊，即汽车以较低车速(20 km/h 左右)行驶而发生碰撞时，SRS 就应引爆。在日本和欧洲，由于 SRS 是按驾驶员佩戴座椅安全带来设计，气囊体积小、充气时间短，所以设定的减速度阈值较高，汽车以较高车速(30 km/h 左右)行驶而发生碰撞时，SRS 才能引爆气囊充气。

侧面气囊只有在汽车遭受侧面碰撞且横向加速度达到设定阈值时，才能引爆气囊充气，且不会给正面气囊充气。

第二节　安全气囊系统的结构与原理

一、碰撞传感器的结构与原理

碰撞传感器实际上是一种减速度传感器，其功用是将碰撞信号输入安全气囊系统和座椅安全带收紧系统电控单元 SRS ECU，以便 SRS ECU 确定是否引爆气囊点火器和安全带收紧点火器。

(一)不同用途的碰撞传感器

按用途不同，碰撞传感器可分为碰撞信号传感器和碰撞防护传感器两种类型。

1. 碰撞信号传感器

碰撞信号传感器又称为碰撞烈度(激烈程度)传感器，安装在汽车左前与右前翼子板内侧，两侧前照灯支架下面，发动机散热器(水箱)支架左、右两侧，左右仪表台下面等。

2. 碰撞防护传感器

碰撞防护传感器又称为安全传感器或保险传感器，简称防护传感器，一般都安装在 SRS ECU 内部。防护传感器和碰撞信号传感器的结构原理完全相同，其唯一区别在于设定的减速度阈值有所不同。换句话说，一只碰撞传感器既可用作碰撞信号传感器，也可用作碰撞防护传感器，但是必须重新设定其减速度阈值。设定减速度阈值的原则是碰撞防护传感器的减速度阈值比碰撞信号传感器的减速度阈值稍小。当汽车以 40 km/h 左右的速度撞到一辆静止或同样大小的汽车上或以 20 km/h 左右的速度迎面撞到一个不可变形的障碍物上时，减速度就会达到碰撞信号传感器设定的阈值，传感器就会动作。

(二)不同结构的碰撞传感器

按传感器结构不同，碰撞传感器可分为机电结合式、水银开关式和电子式三种类型。

1. 机电结合式传感器

机电结合式是一种利用机械运动(滚动或转动)来控制电器触点动作，再由触点断开与闭合来控制气囊点火器电路接通与切断的传感元件。常用的有滚球式、滚柱式和偏心锤式三种碰撞传感器。

(1)滚球式碰撞传感器。滚球式碰撞传感器又称为偏压磁铁式碰撞传感器，结构如图 10-5 所示，主要由铁质滚球、永久磁铁、导缸、固定触点和壳体等组成。

两个触点分别与传感器引线端子连接。滚球用来感测减速度大小，在导缸内可移动或滚动。壳体上印制有箭头标记，箭头方向与传感器结构有关，有的规定指向汽车前方（如丰田凌志 LS400 型轿车），有的规定指向汽车后方。因此，在安装传感器时，箭头方向必须符合使用说明书规定。

滚球式碰撞传感器工作原理如图 10-6 所示。当传感器处于静止状态时，在永久磁铁磁力作用下，导缸内的滚球被吸向磁铁，两个触点与滚球分离，传感器电路处于断开状态，如图 10-6a 所示。

当汽车遭受碰撞且减速度达到设定阈值时，滚球生产的惯性力将大于永久磁铁的电磁吸力。滚球在惯性力作用下就会克服磁力沿导缸向两个固定触点运动并将固定触点接通，如图 10-6b 所示。当传感器用作碰撞信号传感器时，固定触点接通则将碰撞信号输入安全气囊系统电控单元 SRS ECU，当传感器用作碰撞防护传感器时，则将点火器电源电路接通。

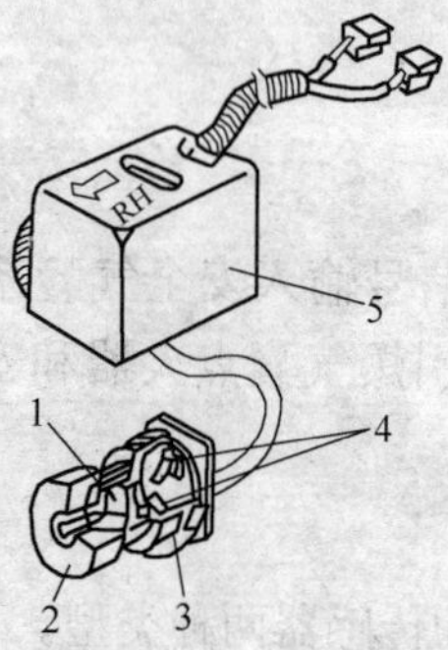

图 10-5 滚球式碰撞传感器的结构图

1. 滚球 2. 磁铁 3. 导缸 4. 触点 5. 壳体

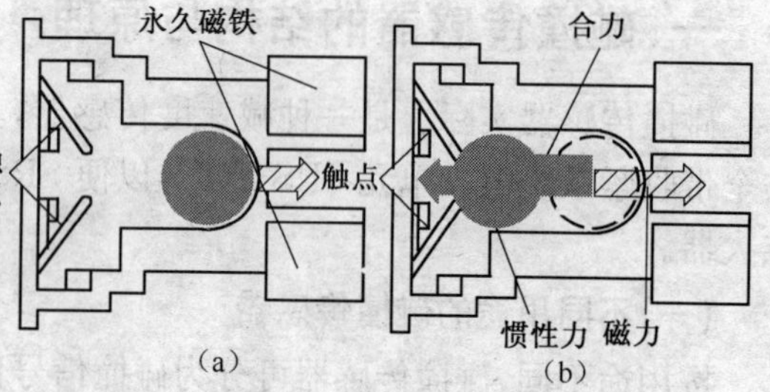

图 10-6 滚球式碰撞传感器的工作原理

(a)静止状态 (b)工作状态

(2)滚柱式碰撞传感器。滚柱式碰撞传感器由滚柱、片状弹簧、滚动触点、固定触点等组成，片状弹簧和滚动触点各接一根引线。平时滚柱在静止位置，为 OFF 状态；当碰撞时，滚柱滚动使滚动触点与固定触点电路接通，为 ON 状态，如图 10-7 所示。

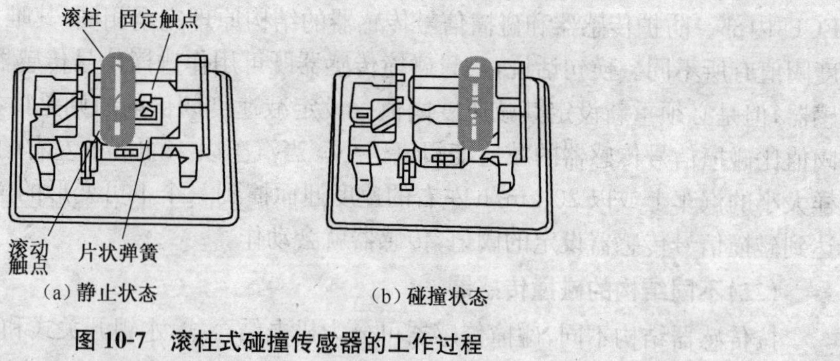

(a) 静止状态 (b) 碰撞状态

图 10-7 滚柱式碰撞传感器的工作过程

(3)偏心锤式碰撞传感器。偏心锤式碰撞传感器又称为偏心转子式碰撞传感器。丰田、马自达汽车 SRS 采用了这种传感器，其结构如图 10-8 所示，主要由偏心锤 1 与 8、偏心锤臂 2 与 15、转动触点臂 3 与 11、转动触点 6 与 13、固定触点 10 与 16、复位弹簧 19、挡块 9、壳体 4 与 12 等组成。

转子总成由偏心锤 1、转动触点臂 3 及转动触点 6 与 13 组成，安装在传感器轴 18 上。偏心锤偏心安装在偏心锤臂上。转动触点臂 3 与 11 两端固定有触点 6 与 13,触点随触点臂一起转动。两个固定触点 10 与 16 绝缘固定在传感器壳体上,并用导线分别与传感器接线端子 7、14 连接。

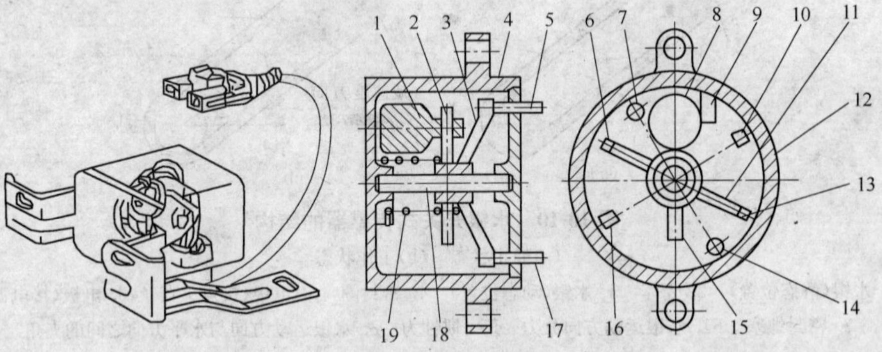

图 10-8 偏心锤式碰撞传感器的结构

1、8. 偏心锤 2、15. 锤臂 3、11. 转动触点臂 4、12. 壳体 5、7、14、17. 固定触点引线端子 6、13. 转动触点 9. 挡块 10、16. 固定触点 18. 传感器轴 19. 复位弹簧

偏心锤式传感器的工作原理如图 10-9 所示。当传感器处于静止状态时,在复位弹簧弹力作用下,偏心锤与挡块保持接触,转子总成处于静止状态,转动触点与固定触点断开,如图 10-9a 所示,传感器电路处于断开状态。

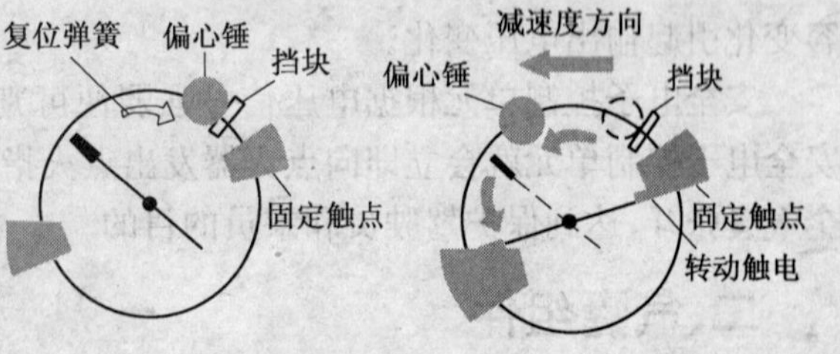

图 10-9 偏心锤式碰撞传感器的工作原理

(a)静止状态 (b)工作状态

当汽车遭受碰撞且减速度达到设定阈值时,偏心锤产生的惯性力矩将大于复位弹簧的弹力力矩,转子总成在惯性力矩作用下克服弹簧力矩沿逆时针方向转动一定角度,同时带动转动触点臂转动,并使转动触点与固定触点接触,如图 10-9b 所示。当传感器用作碰撞信号传感器时,转动触点与固定触点接触则将碰撞信号输入 SRS ECU;当传感器用作碰撞防护传感器时,则将点火器电源电路接通。

2. 水银开关式碰撞传感器

水银开关式碰撞传感器利用水银具有良好的导电特性而制成的,结构如图 10-10a 所示,主要由水银、壳体、电极和密封螺塞组成。

水银开关式碰撞传感器的工作原理如图 10-10b 所示,当传感器处于静止状态时,水银在其重力作用下处于图 10-10a 所示位置,传感器的两个接线端子处于断开状态。

当汽车发生碰撞且减速度达到设定阈值时,水银产生的惯性力在其运动方向的分力将克服其重力的分力而将水银抛向传感器电极,使两个电极接通。当传感器用作碰撞信号传感器时,两个电极接通则将碰撞信号输入 SRS ECU;当传感器用作碰撞防护传感器时,则将点火器电源电路接通。

3. 电子式碰撞传感器

电子式主要有压电式、压阻式、电容式三种类型。

(1)压电式碰撞传感器。压电式碰撞传感器是利用压电效应制成的传感器。当汽车遭受

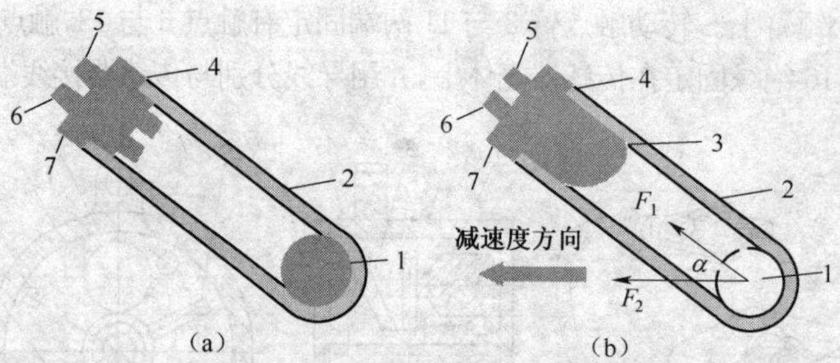

图 10-10 水银开关式传感器的结构

(a)静止状态 (b)工作状态

1. 水银(静态位置) 2. 壳体 3. 水银(动态位置) 4. 密封圈 5. 电极(接点火器) 6. 电极(接电源) 7. 密封螺塞 F1. 水银运动方向分力 F2. 惯性力 α. 水银运动方向与水平方向之间的夹角

碰撞时,传感器内的压电晶体在碰撞产生的压力作用下,输出电压就会变化。

(2)压阻式碰撞传感器。压阻式碰撞传感器由在硅梁上制成的硅片电阻构成桥路,硅梁变形时,桥路中电阻变化而引起输出电压变化。

(3)电容式碰撞传感器。电容式碰撞传感器由硅栅组成的电容极板组成,硅栅变形时,电容变化引起输出电压变化。

安全电子控制单元根据电压信号强弱便可判断碰撞的强度。如果电压信号超过设定值,安全电子控制单元就会立即向点火器发出点火指令,引爆点火剂使气体发生器给气囊充气,安全气囊张开,达到保护驾驶员和乘员的目的。

二、气囊组件

(一)气囊组件的类型与组成

1. 类型

气囊组件按功用分为正面气囊组件和侧面气囊组件两大类。按安装位置分为驾驶席、前排乘员席(副驾驶席)、后排乘员席气囊组件和侧面气囊组件四种。

2. 组成

气囊组件都是由气囊、点火器和气体发生器等组成。驾驶席与所有乘员席气囊组件一般都用同一个 SRS ECU 控制,其组成部件和工作原理基本相同,但结构尺寸有所不同。驾驶席气囊组件安装在转向盘中央,前排乘员席气囊组件安装在副驾驶员座椅正前方的仪表台上。

(二)气囊组件的结构

1. 气囊

驾驶席 SRS 气囊组件的结构如图 10-11 所示,主要由气囊饰盖 2、气囊 3、气体发生器 4 和安装在气体发生器内部的点火器组成。

气囊用聚酰胺织物(如尼龙)制成,内层涂有聚氯丁二烯,用以密闭气体。气囊在静止状态时,像降落伞未打开时一样折叠成包,安放在气体发生器上部与气囊饰盖之间。气囊开口一侧固定在气囊安装支架上,先用金属垫圈与气囊支架座圈夹紧,然后用铆钉铆接。气囊饰盖表面模压有撕印,以便气囊充气时撕裂饰盖,减小冲出饰盖的阻力。

2. 气体发生器

气体发生器又称为充气器,用专用螺栓与螺母固定在转向盘上的气囊支架上,结构如图

10-12 所示，由上盖 1、下盖 3、充气剂 4 和金属滤网 6 组成。其功用是在点火器引爆点火剂时，产生气体向气囊充气，使气囊膨开。

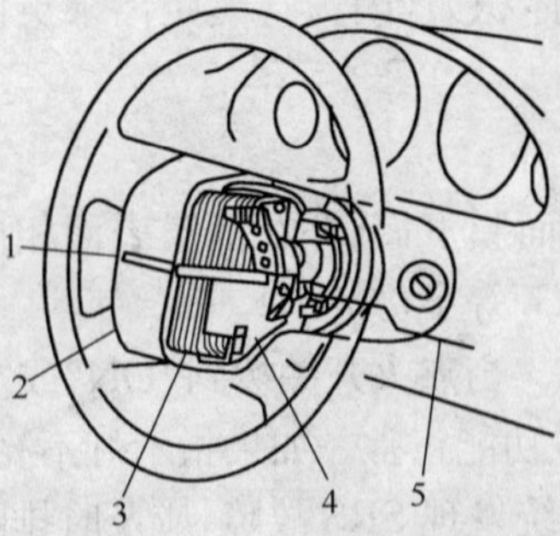

图 10-11 Bosch 公司驾驶席气囊组件

1. 饰盖撕印 2. 气囊饰盖 3. 气囊 4. 气体发生器 5. 点火器引线

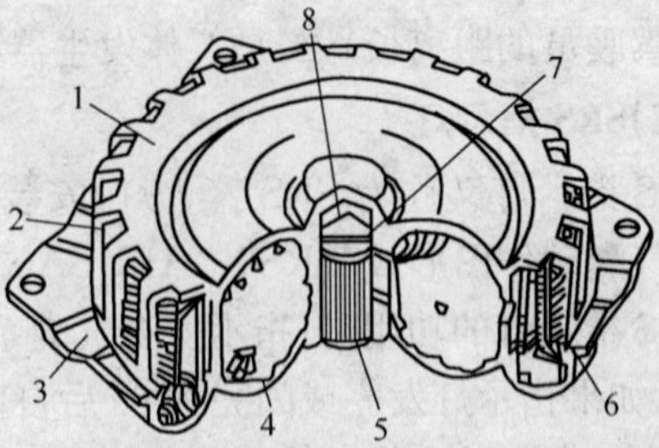

图 10-12 气囊气体发生器的结构

1. 上盖 2. 充气孔 3. 下盖 4. 充气剂 5. 点火器药筒 6. 金属滤网 7. 电热丝 8. 引爆炸药

气体发生器壳体由上盖和下盖两部分组成。上盖上制有若干个长方形或圆形充气孔。下盖上制有安装孔，以便将气体发生器安装到转向盘上的气囊支架上。上盖与下盖用冷压工艺压装成一体，壳体内装充气剂、滤网和点火器。金属滤网安放在气体发生器壳体的内表面，用以过滤充气剂和点火剂燃烧产生的渣粒。

充气剂普遍采用叠氮化钠片状合剂。叠氮化钠的分子式为 NaN_3，是无色六方形晶体，有剧毒！密度为 1.846g/cm^3，温度在约 300℃时分解。可由氨基钠与一氧化二氮作用制得。叠氮化钠与铅盐（如硝酸铅）作用可制备起爆药叠氮化铅 $Pb(N_3)_2$。目前，大多数气体发生器都是利用热效反应产生氮气而充入气囊。在点火器引爆点火剂瞬间，点火剂会产生大量热量，叠氮化钠药片受热立即分解释放氮气，并从充气孔充入气囊。虽然氮气是无毒气体，但是叠氮化钠的副产品有少量的氢氧化钠和碳酸氢钠（白色粉末）。这些物质是有害的，因此在清洁气囊膨开后的车内空间时，应保证通风良好并采取防护措施。

3. 点火器

气囊点火器外包铝箔，安装在气体发生器内部中央位置，结构如图 10-13 所示，主要由引爆炸药 1、药筒 2、引药 3、电热丝 4、电极 10 和引出导线 7 等组成。

点火器的所有部件均装在药筒内。点火剂包括引爆炸药和引药。引出导线与气囊连接器插头连接，连接器（一般都为黄色）中设有短路片（铜质弹簧片）。当连接器插头拔下或插头与插座未完全结合时，短路片将两根引线短接，防止静电或误通电将电热丝电路接通使点火剂引爆而造成气囊误膨开。

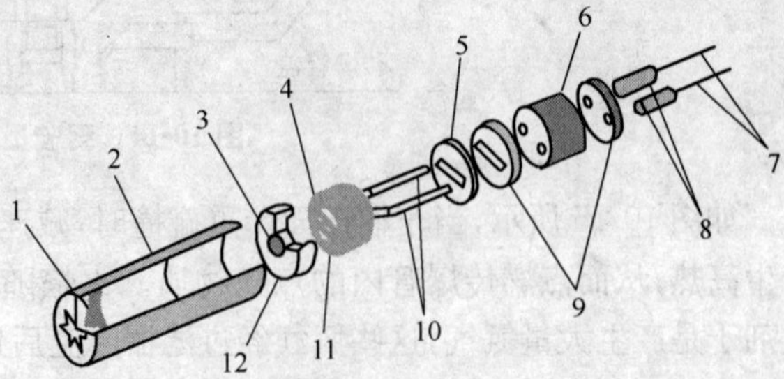

图 10-13 点火器零部件的组成

1. 引爆炸药 2. 药筒 3. 引药 4. 电热丝 5. 陶瓷片 6. 永久磁铁 7. 引出导线 8. 绝缘套管 9. 绝缘垫片 10. 电极 11. 电热头 12. 药托

点火器的功用是：当 SRS ECU 发出点火指令使电热丝电路接通时，电热丝迅速红热引爆引药，炸药瞬间爆炸产生热量，药筒内温度和压力急剧升高并冲破药筒，使充气剂(叠氮化钠)受热分解释放氮气充入气囊。

乘员席气囊组件的结构特点一是体积比驾驶席气囊的体积大(因为气囊距离乘员的距离比距离驾驶员的距离长)，二是气体发生器为长筒形。

(三)SRS 指示灯

SRS 指示灯又称为 SRS 警告灯，安装在驾驶室仪表盘面膜下面，并在面膜表面相应位置制作有气囊动作图形或“SRS”、“AIR BAG”、“SRS AIR BAG”等字母表示。

SRS 指示灯的功用是:指示安全气囊系统功能是否正常。当点火开关拨到“ON”或“ACC”位置后，如果指示灯发亮或闪亮约 6s 后自动熄灭，表示 SRS 功能正常。如果指示灯不亮、一直发亮或在汽车行驶途中突然发亮或闪亮，说明自诊断测试系统发现 SRS 故障，应及时排除。

自诊断系统在控制 SRS 指示灯发亮或闪亮的同时，还会将所发现的故障编成代码存储在存储器中。

(四)充气装置

充气装置主要有压缩气体式、烟火式和混台式三种。压缩气体式因充气较慢，受环境温度影响较大，系统的性能不稳定，已较少使用，目前主要采用烟火式。1998 年开始，逐渐采用混合式充气装置。

驾驶员充气装置采用烟火式。充气装置和气囊均装设于转向盘衬垫内，它们是不可分解的。如图 10-14 所示，充气装置包括传爆管、点火药粉与气体发生剂等。在车辆正向严重碰撞时，充气装置瞬间给气囊充气。

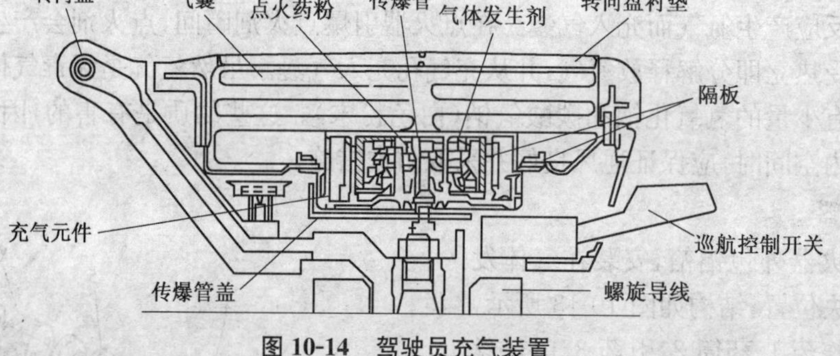

图 10-14 驾驶员充气装置

如图 10-15 所示，当车辆正面严重碰撞时，减速力使气囊传感器导通，电流流入传爆管使其产生高热，从而点燃传爆管内的点火物质。火焰随即扩散到点火药粉和气体发生剂。气体发生剂于是产生大量氮气，这些氮气经过滤器降温后进入气囊内。气囊被迅速充气并急剧膨胀，冲破转向盘衬垫，缓冲了乘员的二次碰撞冲击。气囊在充气完成后，氮气由释放孔迅速排泄。这不但可减小乘员对气囊的冲击力量，而且可确保乘员有良好的视野。

三、电控单元

安全气囊系统电控单元简称 SRS ECU，是安全气囊系统的核心部件，其安装位置依车型而异。当防护传感器与 SRS ECU 组装在一起时，SRS ECU 应当安装在汽车纵向轴线上。SRS ECU 的结构有简有繁，福特林肯城市轿车 SRS ECU 的内部结构如图 10-16 所示，主要由

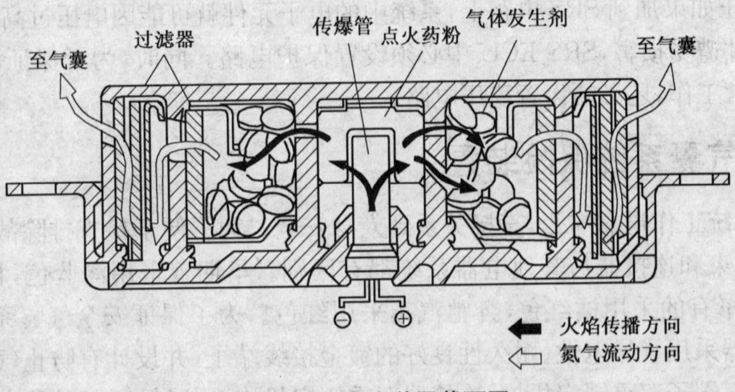

图 10-15　点火装置截面图

专用中央处理单元 CPU、备用电源电路、稳压电路、信号处理电路、保护电路、点火电路和监测电路等组成。

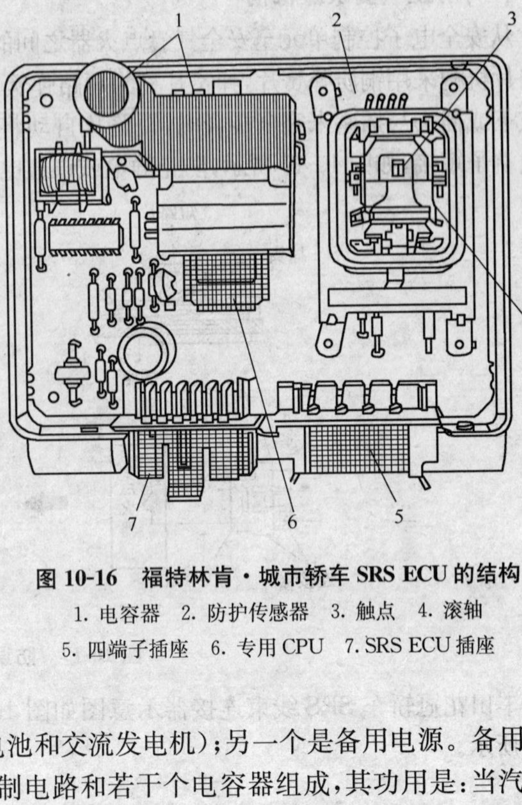

图 10-16　福特林肯·城市轿车 SRS ECU 的结构

1. 电容器　2. 防护传感器　3. 触点　4. 滚轴
5. 四端子插座　6. 专用 CPU　7. SRS ECU 插座

(一)专用中央处理器 CPU

专用中央处理器 CPU 由模/数(A/D)转换器、数/模(D/A)转换器、串行输入/输出(I/O)接口、只读存储器 ROM、随机存储器 RAM、电可擦除可编程只读存储器 EEPROM 和定时器等组成,其主要功用是监测汽车纵向减速度是否达到设定阈值,控制气囊点火器引爆电路。

(二)信号处理电路

信号处理电路主要由放大器和滤波器组成。其功用是对传感器检测的信号进行整形和滤波处理,以便 SRS ECU 能够接收与识别。

(三)备用电源电路

SRS 有两个电源:一个是汽车电源(蓄电池和交流发电机);另一个是备用电源。备用电源又称为后备电源或紧急备用电源,由电源控制电路和若干个电容器组成,其功用是:当汽车电源与 SRS ECU 之间的电路切断后,在一定时间(一般为 6s)内维持 SRS 供电,保持 SRS 的正常功能。当汽车遭受碰撞而导致蓄电池或交流发电机与 SRS ECU 之间的电路切断时,备用电源能在 6s 之内向电脑供给电能,保证 SRS ECU 测出碰撞、发出点火指令等正常功能;点火备用电源能在 6s 之内向点火器供给足够的点火能量引爆点火剂。时间超过 6s 之后,备用电源供电能力降低,SRS ECU 备用电源不能保证电脑测出碰撞和发出点火指令;点火备用电源不能供给最小点火能量,气囊将不能充气膨开。

(四)稳压保护电路

在汽车电器系统中,许多电器部件带有电感线圈,电器开关琳琅满目,电器负载变化频繁。当线圈电流接通或切断、开关接通或断开、负载电流突然变化时,都会产生瞬时脉冲电压即过电压，这些过电压如果加到SRS电路上，系统中的电子元件就可能因电压过高而导致损坏。为了防止SRS元件遭受损害，SRS ECU中必须设置保护电路。同时，为了保证汽车电源电压变化时SRS能正常工作，还必须设置稳压电路。

四、安全气囊系统保险装置

安全气囊系统工作可靠与否，直接关系到人身安全。为了便于检查排除故障，设计制造的安全气囊系统线束和连接器与其他电器系统都有区别。早期曾采用深蓝色，目前大多数都采用黄色，欧洲汽车有的采用橘红色，奔驰汽车采用红色。为了保证安全气囊系统SRS可靠工作，其线束连接器采用了导电性、耐久性良好的镀金接线端子，并设计有防止气囊误爆机构、电路连接诊断机构、端子双重锁定机构、连接器双重锁定机构，用以保证气囊系统可靠工作。

(一)防止气囊误爆机构

从安全电子控制单元至安全气囊点火器之间的连接，均采用了防止气囊误爆的短路片机构。短路片机构采用铜质弹簧片，弹簧片称为短路弹簧片。防止误爆机构的工作原理是：当连接器插头拔下或插头与插座未完全接合时，短路片自动将靠近安全气囊点火器侧的插头或插座的两个引线端子短接，如图10-17所示，防止静电或误通电将电热丝电路接通而造成气囊误张开。

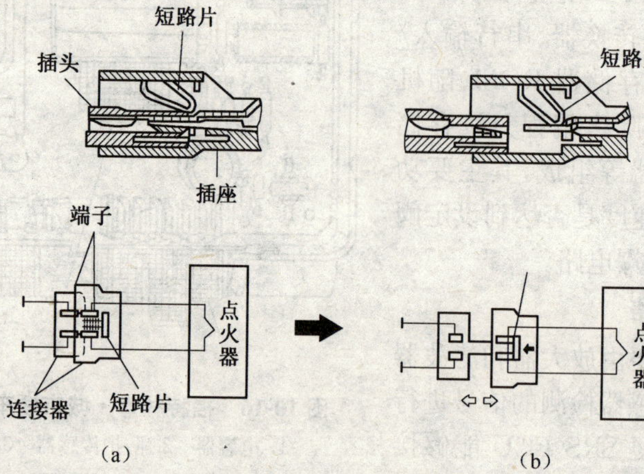

图10-17 防误动机构

丰田花冠轿车SRS线束连接器示意图如图10-18所示，连接器采用的各种保险机构如表10-2所示。

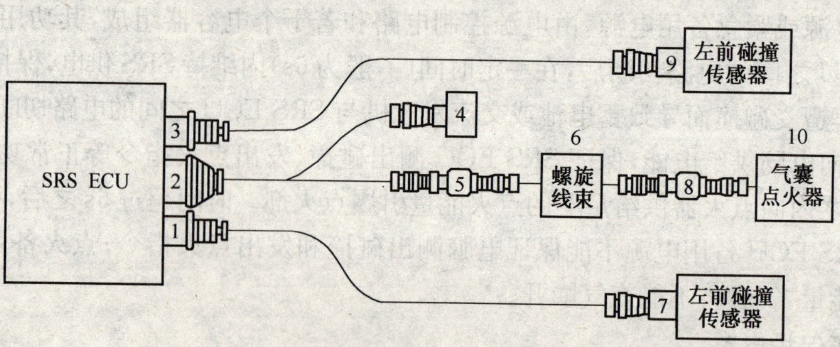

图10-18 丰田花冠轿车SRS线束连接器位置示意图

1、2、3. SRS ECU连接器 4. SRS电源连接器 5. 螺旋线束与SR5 ECU之间的中间线束连接器 6. 螺旋线束 7. 右碰撞传感器连接器 8. SRS气囊点火器与螺旋线束之间的连接器 9. 左碰撞传感器连接器 10. SRS气囊点火器

表 10-2 丰田花冠轿车 SRS 保险机构的应用情况

序号	保险机构名称	采用该装置的连接器代号
1	防止气囊误爆机构	2、5、8
2	线路连接诊断机构	1、3、7、9
3	连接器双重锁定机构	5、8
4	端子双重锁定机构	1、2、3、4、5、7、8、9

(二)电路连接诊断机构

电路连接诊断机构的作用是:监测连接器插头与插座是否可靠连接。前碰撞传感器连接器及其与 SRS ECU 连接的连接器(图 10-18 中连接器 1、3、7、9)采用了电路连接诊断机构。

电路连接诊断机构的结构原理如图 10-19 所示。在连接器插头(或插座)上,设置有一个诊断销。在连接器插座上设置有两个诊断端子,端子上设有弹簧片,其中一个诊断端子与碰撞传感器的某一个触点相连,另一个诊断端子经过一个电阻后与碰撞传感器的另一个触点相连。

当传感器插头与插座半连接(未可靠连接)时,诊断端子与诊断销尚未接触,如图 10-19a。此时电阻尚未与传感器触点构成并联电路,连接器引线"+"与"−"之间的电阻为无穷大。因为"+"、"−"引线与 SRS ECU 连接器 1 或 3(参见图 10-18)的插头连接,所以当 SRS ECU 监测到碰撞传感器的电阻为无穷大时,即判定连接器连接不可靠,诊断监测电路就会控制 SRS 指示灯闪亮报警,同时将故障编成代码存储在存储器中。

当传感器插头与插座可靠连接时,诊断端子与诊断销可靠接触,如图 10-19b 所示,此时电阻与碰撞传感器触点构成并联电路。因为碰撞传感器触点为常开触点,所以当 SRS ECU 检测到阻值为并联电阻阻值时,即判定连接器可靠连接,传感器电路连接正常。

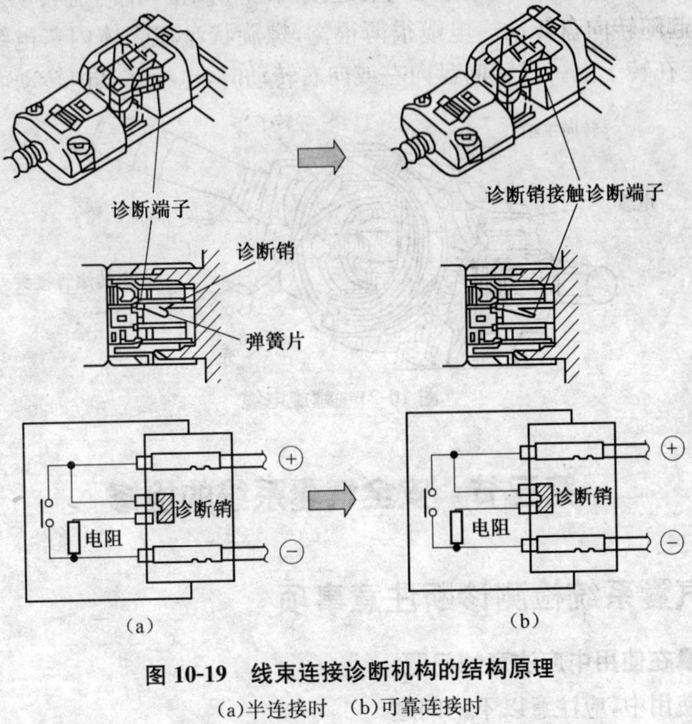

图 10-19 线束连接诊断机构的结构原理

(a)半连接时 (b)可靠连接时

(三)连接器双重锁定机构

在安全气囊系统和座椅安全带控制系统中,线束重要连接部位的连接器(如图 10-18 中连接器 5、8)采用了双重锁定机构。连接器双重锁定机构的作用是:锁定连接器插头与插座,防止连接器脱开。连接器双重锁定机构的结构原理如图 10-20 所示。

在连接器插头上,设有主锁和两个凸台。在连接器插座上,设有锁柄能够转动的副锁。连接器双重锁定机构的工作原理是:当主锁未锁定时,插头上的两个凸台就会阻止副锁锁定,如图 10-20a 所示;当主锁完全锁定时,副锁锁柄方能转动并锁定,如图 10-20b 所示;当主锁与副锁双重锁定后,连接器插头与插座的连接状态如图 10-20c 所示,插头与插座可靠连接,从而防止连接器脱开。

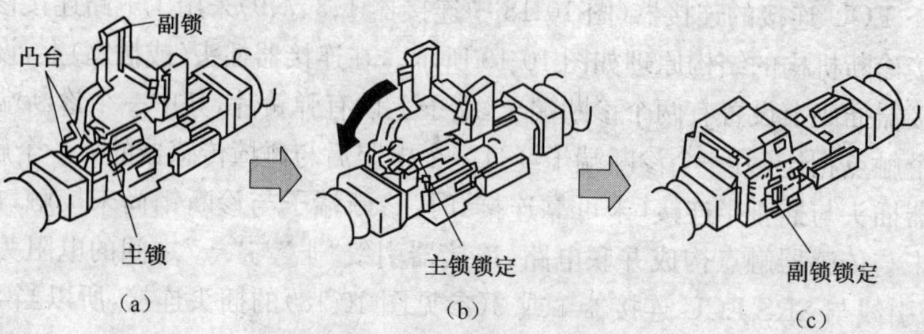

图 10-20 连接器双重锁定机构

(a)主锁打开,副锁被挡住 (b)主锁锁定,副锁可以合上 (c)双重锁定

(四)螺旋电缆

螺旋电缆是连接车身与转向盘的电气接线。螺旋电缆由转子、壳体、电缆和解除凸轮组成,如图 10-21 所示。转子与解除凸轮之间有连接凸缘和凹槽,转向盘转动时,两者互相触动,形成一个整体一起随转向盘转动。电缆很薄很宽,螺旋状盘在壳体内。电缆的一端固定在壳体上,另一端固定在转子上。当转向盘向左或向右转动时,电缆在其内转动而不会被拖曳。

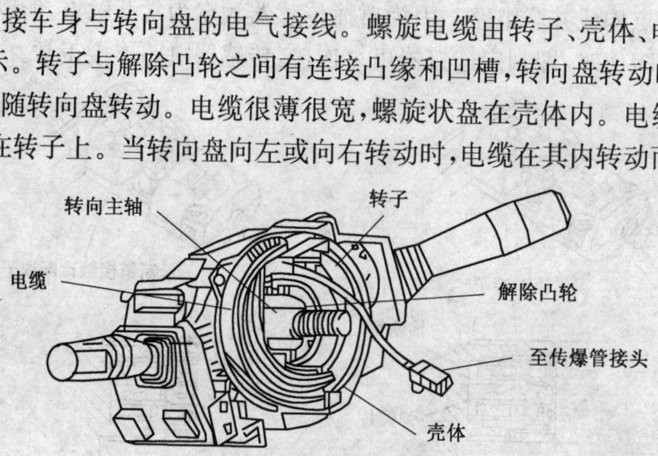

图 10-21 螺旋电缆

第三节 安全气囊系统的检修

一、安全气囊系统检测诊断注意事项

(一)安全气囊在使用中应注意的问题

安全气囊在使用中,应注意以下的问题。

①安全气囊在设计上只能充气一次，一次性使用，用后必须更换。

②发生碰撞时，即使前乘员座没有乘员，前座乘员气囊也会同时张开。

③在气囊充气时会产生巨大的声响，而且在所释放出的氮气中会伴生少许烟雾，这些气体和烟雾是无害的(这不表示有起火现象)，但乘员要尽快清洗残留物，以免皮肤过敏。

④气囊的充气在 1s 内完成，因此气囊充气的力量相当大。此系统的设计是为了减少严重的伤害，但它本身可能会对乘员造成轻微的烫伤、擦伤或红肿等伤害。

⑤气囊张开后，气囊单元的组件(转向盘中央部分、仪表板)可能会烫热几分钟，但气囊本身并不会发烫。

⑥当碰撞的程度足以让气囊充气时，可能会因车身变形而使挡风玻璃破裂。而在备有乘员气囊的车辆上，挡风玻璃也可能因吸收部分充气力量而破裂。

⑦为防止发生意外事故，将安全气囊当做废物处理前，应将其用电引爆。应在关上车门后，从车外引爆气囊。

(二)检修前应注意的问题

不按照正确顺序进行检修(包括拆卸、安装、检查或更换部件)，可能使气囊系统在检修中意外工作，导致严重事故。另外，如果检修气囊系统时出错，气囊将不能工作。因此，检修前应注意如下问题。

①气囊系统的故障现象难以确认，所以，进行故障分析排除时，故障代码就成为最重要的信息来源。一定要先校核故障代码，然后再脱开蓄电池。

②检修工作必须在点火开关拧至 LOCK 位置，负极(一)电缆从蓄电池脱开 90s 之后开始。

中央气囊传感器总成安装有后备电源，所以，如果检修工作在负极(一)电缆从蓄电池脱开后 90s 之内进行，气囊可能张开。

当负极(一)电缆从蓄电池上脱开后，时钟和音响系统的储存内容以及其他系统的储存内容都将消失。若音响系统具有防盗功能，并且已输入防盗密码，则音响系统的防盗功能被触发。所以在开始工作之前，应将音响存储系统的储存内容做好记录，并弄清楚音响系统是否输入防盗密码，用户是否知道这一密码。在工作结束之后，应使音响系统重新设置如前，并把时钟调准。有些车型具有转向盘电动式倾斜和伸缩、电动座椅、电动后视镜及电动式肩带系统，而且都具有记忆功能，因而不可能把所有的记忆内容都记录下来。所以检修工作完成后必须向用户解释，请用户自行调整和重新设置记忆内容。绝不可为了保留各系统的存储内容而外接本车以外的电源。

③转向盘气囊总成不能受到振动或接近磁铁。切勿使用其他车辆上的气囊系统的部件，更换部件一定要用新件。

④检修中，如果传感器很可能要受到振动，就应在检修前拆卸气囊传感器。切勿为了重新使用而分解和检修前气囊传感器、中央气囊传感器总成、转向盘气囊总成、前座乘员气囊总成。

⑤即使仅受到轻微碰撞，气囊并未张开，也应该对转向盘气囊总成、前座乘员气囊总成和前气囊传感器进行检查。

⑥不要将前气囊传感器、中央气囊传感器总成、转向盘衬垫、前座乘员气囊总成直接接触热空气或火焰。

⑦气囊系统和座椅安全带收紧器系统部件的外部附有资料标签。按照标签上的指示去做。如果前气囊传感器、中央气囊传感器总成、转向盘气囊总成、前座乘员气囊总成跌落过，或

者外壳、支架或连接器有裂痕、凹痕或其他缺陷，重装时必须使用新件。

⑧如使用电焊，首先要脱开气囊和座椅安全带收紧器的连接器（黄色，两个插脚），然后开始工作。在故障排除过程中，使用高阻抗（至少为10kΩ/V）的万用表检查电路。

（三）各组件检修时的注意事项

1. 转向盘衬垫（带安全气囊）

检修转向盘衬垫（带安全气囊）时注意：

①拆卸转向盘衬垫或处理新的转向盘衬垫时，应将衬垫正面朝上放置。另外，不要将转向盘衬垫存放在另一个衬垫上面。将转向盘衬垫的金属面朝上存放时，如果转向盘衬垫因为某种原因充气，可能导致严重事故。

②切勿测量安全气囊传爆管的电阻，这可能使气囊张开，是非常危险的。

③不要给转向盘衬垫涂润滑脂，或用任何种类的洗涤剂对其清洗。

④将转向盘衬垫存放在环境温度低于93℃，湿度不高并且远离电场干扰的地方。

⑤使用电焊作业时，要在操作前先将位于转向柱下面，靠近组合开关连接器处的安全气囊连接器（黄色，两个引脚）脱开。

⑥处置车辆或单独处置转向盘衬垫时，要在处置之前先用专用工具使气囊张开。该操作应在远离电场干扰的地方进行。

2. 前座乘员侧气囊总成

检修前座乘员气囊总成时注意：

①存放拆下的或新的前座乘员气囊总成时，必须使气囊面朝上。如果使气囊面朝下存放，一旦气囊充气就会造成严重事故。

②千万不能测量传爆管的电阻（这样做可能会引起气囊张开，这是很危险的）。

③不要给前座乘员气囊总成涂润滑脂，不要用洗涤剂清洗气囊门。

④将气囊总成存放在环境温度低于93℃，湿度不高并且远离电场干扰的地方。

⑤使用电焊作业时，要在操作前先将装在杂物箱左边的杂物箱装饰板上的气囊连接器（黄色，两个引脚）脱开。

⑥在处置车辆或单独处置气囊总成时，要在处置之前先用专用工具使气囊张开。该项操作应在远离电场干扰的地方进行。

3. 电气配线和连接器

检修SRS配线和连接器时注意：

①SRS配线是与车身配线总成和地板配线总成组合在一起的。SRS配线的导线置于黄色的波纹管内。整个系统的所有连接器也是标准黄色。如果电气配线脱开了或连接器由于事故等原因而破损了，要予以修理或更换。

②用于SRS的配线如果有损坏，要更换整个配线总成。与前气囊传感器连接的连接器可以单独修理（配线没有损坏），要使用为此专门设计的修理导线。

4. 螺旋电缆

螺旋电缆在组合开关中，检修时注意：转向盘必须正确地安装在转向柱上，要使螺旋电缆处在中间位置。否则，电缆易被拉断，并可能发生其他故障。

二、安全气囊系统检测诊断程序与方法

(一)检测仪的使用

V. A. G1551 是大众专用解码器，可以对大众系列车上所有的控制系统进行检测。

1. 检测条件

①所有保险丝正常。

②蓄电池电压不低于 9V。

③接上诊断插口。

④打开点火开关。

2. 仪器使用步骤

①选择快速数据传递。

②输入地址码 15(进入安全气囊系统)。

③输入地址码 02(查询故障记忆)。

④按故障记忆提示修复相应部位。

⑤清除故障记忆。

⑥重新起动，验证故障是否消除。

安全气囊系统由传感器、充气装置(传爆管)、中央气囊传感器总成以及把这些元件连接起来的配线和连接器等组成。而传感器、充气装置和中央气囊传感器等元件均不能分解修理，所以，安全气囊系统的故障诊断主要是电气方面的故障诊断。由于安全气囊系统平时不使用，一旦使用之后便报废，所以安全气囊不像汽车上的其他系统那样，在使用过程中出现故障会表现出来。因为没有异常现象出现，安全气囊系统的故障就难于发现。为此，安全气囊系统本身设置了详尽的自我诊断系统，若系统出现故障，即可通过故障警告灯反映出来。这样，安全气囊系统的故障警告灯和故障代码就成了最重要的故障信息来源和故障诊断依据。

由于安全气囊系统是一个独立系统，与汽车上的其他系统都没有关系，所以，若系统中存在故障，只需按照故障代码所指示的内容进行诊断，找出故障是出在元件还是在导线或连接器上即可。因为各充气装置的传爆管不允许测量其电阻，传爆管的开路或短路的判断必须利用自我诊断系统来进行。这是安全气囊系统故障诊断的特殊性。

3. 故障诊断程序

安全气囊系统的故障诊断程序如图 10-22 所示。

(1)警告灯检查。检查 SRS 警告灯。如果警告灯在点火钥匙开关转到 ACC 或 ON 位置时保持亮，则故障代码就存进了中央气囊传感器总成，这样可转到步骤(3)。

(2)诊断故障警告灯电路故障。如果在步骤(1)中 SRS 警告灯不亮，或点火开关置于 LOCK 位置时警告灯也亮，则说明 SRS 警告灯电路存在故障，要进行故障警告灯电路的故障诊断。

(3)读出诊断代码并记录。检查诊断代码，并记下输出的所有故障代码。如果输出的是正常代码，则电源电路可能已经发生了故障，这时进行步骤(8)中的电源电压故障排除。如果输出代码 00000，则跳过步骤(4)和步骤(5)转到步骤(7)。

(4)清除故障代码。对于需要输入特殊信号才能清除故障代码的车型，步骤(3)中输出的

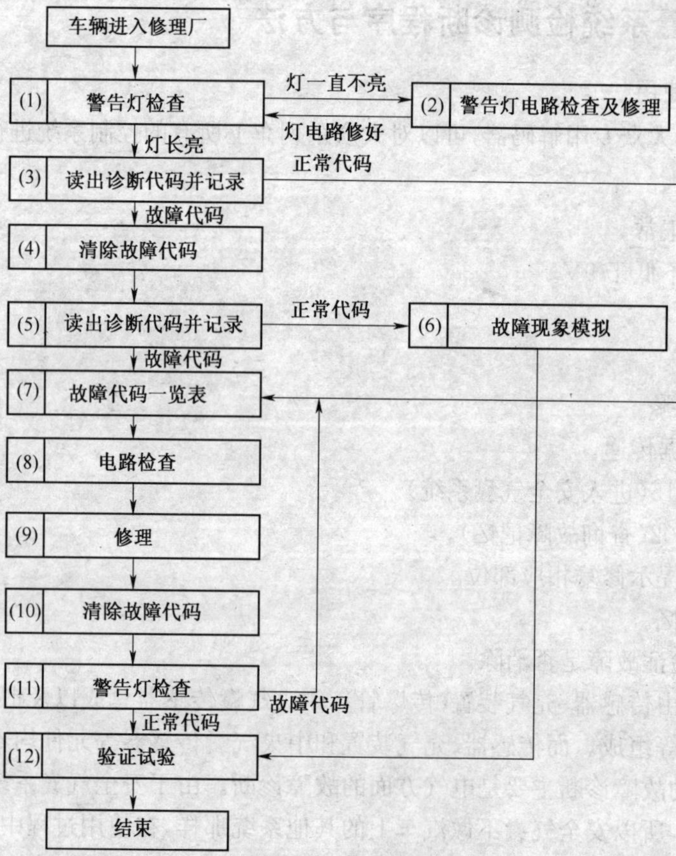

图 10-22 故障诊断程序

故障代码只表明发生过故障代码所指的故障，但却没有指明这一故障是现行故障还是过去发生过而现在不存在的故障。所以有必要通过清除故障代码并再次进行故障代码检查来确定是否存在现行故障。如果忽略了这一步骤而直接按步骤(3)所输出的故障代码进行故障排除，则会事倍功半，甚至导致误诊。对于关上点火开关即可清除故障代码的车型，可略去这一步骤及其后的步骤(5)和步骤(10)。

(5)读出诊断代码。读出诊断代码并记录。

(6)故障现象模拟。重复进行点火开关从 ON 到 OFF 的操作(ON 等待 20s，OFF 等待 20s)，5 次之后检查诊断代码，如果输出任何故障代码，则说明故障代码所代表的故障是现行的，并随即转到步骤(7)；如果输出的是正常代码，则用步骤(6)中的方法模拟故障。

注意：蓄电池重新连接 2s 之后才能将点火开关转到 ACC 或 ON 位置。如果在点火开关转到 ACC 或 ON 位置时连接蓄电池，或在接上蓄电池之后 2s 之内将点火开关转到 ACC 或 ON 位置，诊断系统有可能工作不正常。

(7) 判断故障位置。根据所查出的故障代码，判断故障位置并排除故障。故障代码一览如表 10-3 所示。

(8)电路检修。对相应的电路进行检查。按照电路检查中给出的顺序查出故障是在传感器、执行器或配线和连接器，修理或更换元件。

表 10-3　故障代码一览表

故障代码	故　障	可能的故障原因	排除步骤
00000	无故障	如修理后出现"00000",自诊断结束	
00532	供电电压信号过大	交流发电机损坏	检查发电机调节器
	供电电压信号过小	安全气囊控制单元 J234 导线和插头连接处;蓄电池亏电或损坏	(1)检查控制单元导线和插头 (2)给蓄电池充电或更换蓄电池
00588	驾驶员安全气囊点火器 N95 电阻值过大、过小,对正极短路,搭铁短路	导线或插头损坏;驾驶员安全气囊点火器 N95 损坏;带滑环的回位环 F138 损坏	(1)更换损坏的导线或插头 (2)更换驾驶员安全气囊点火器 N95 (3)更换带滑环的回位环 (4)读取测量数据流
	乘员安全气囊点火器 N131 电阻值过大、过小,对正极短路、搭铁短路	导线或插头损坏;驾驶员安全气囊点火器 N131 损坏	(1)更换损坏的导线或插头 (2)更换乘员安全气囊点火器 N131 (3)读取测量数据流
	乘员侧面安全气囊点火器 N200 电阻值过大、过小、对正极短路、搭铁短路	导线或插头损坏;驾驶员侧面安全气囊点火器 N131 损坏	(1)更换损坏的导线或插头 (2)更换乘员侧面安全气囊点火器 N200 (3)读取测量数据流
00595	存储了撞车数据		(1)更换控制单元 (2)更换安全气囊和所有损坏部件
01217	驾驶员侧面安全气囊 N199 电阻值过大、过小,对正极短路,搭铁短路	导线或插头损坏;驾驶员侧面安全气囊点火器 N199 损坏	(1)更换损坏的导线或插头 (2)更换驾驶员侧面安全气囊点火器 N199 (3)读取测量数据流
01221 01222	乘员侧安全气囊碰撞传感器 GISO 正极短路、损坏	导线或插头损坏;碰撞传感器损坏;控制单元损坏	(1)更换损坏的导线或插头 (2)更换损坏的部件
65535	控制单元损坏	由于外部干扰,J234 接地或正极连接不好导致电气故障;控制单元损坏	(1)检查控制单元导线和插头 (2)更换控制单元

要切记必须在将点火开关转到 LOCK 位置和脱开蓄电池负极(一)端子电缆 90s 之后才能开始操作。

注意:如果使用不正确的顺序,系统就有可能产生故障,或者在进行检修作业时出现 SRS 意外动作的危险。仔细阅读检修注意事项,按正确的顺序进行检修。

(9)清除故障代码。把所有故障代码所表示的故障修理完毕后,清除故障代码。

(10)警告灯检查。重复进行点火开关从 ON 到 OFF 位置的操作(ON 等待 20s,OFF 等待 20s),5 次之后,检查诊断代码。如果显示有故障代码,就回到步骤(7)并排除故障代码所表示的故障。

(11)验证试验。再次检查警告灯并确认所有的故障均已修复。如果警告灯有故障显示,再从步骤(3)开始重复操作。

三、主要元件的检修要点

安全气囊系统是一种电气集成度很高的系统，为了保证线路连接的可靠性，系统内部不设继电器之类的部件，外围部件的导线通常与主控模块直接相连，相关的线束及插头都带有醒目的标识，以作为安全警示。安全气囊控制模块是系统的主控模块，系统内部几乎所有的电气部件，其电源线、搭铁线、信号线或其他类型的导线都与之相连。这种线路连接方式对于检修工作是非常有利的，能够使我们准确地找到故障点，排除故障。下面对相关部件的诊断及检修要点进行说明。

（一）安全气囊的检修

常见的安全气囊有以下几种类型：正面安全气囊、侧面安全气囊、窗帘安全气囊等。所有的安全气囊都带有引爆装置，在检修时要特别注意安全。

相关检修要点：

①引爆后的安全气囊不可重复使用，必须进行更换处理。

②根据故障码内容对相关的安全气囊进行检查。注意部件名称的统一性，不要混淆正面安全气囊和侧面安全气囊。

③如果怀疑安全气囊的引爆装置有问题，则不可直接使用万用表测量，而应采用模拟电阻法来替代引爆装置，从而找到故障部位，排除故障。

（二）安全带张紧器的检修

带有引爆装置的安全带张紧器有两种，一种是引爆装置与安全带张紧器集成在一起，另一种是引爆装置与安全带锁扣总成集成在一起。由于带有引爆装置，因此在检修时要特别注意安全。

相关检修要点；

①引爆后的安全带张紧器不可重复使用，必须进行更换处理。

②车型不同，安全带张紧器触发后的状态也不同。有些安全带张紧器触发后会锁死，有些则不会，因此不能完全以是否锁死作为判断依据。正确的方法是以故障码为依据，并通过模拟电阻法来判断部件是否损坏。

③如果怀疑安全带张紧器的引爆装置有问题，则不可直接使用万用表进行测量，而应采用模拟电阻替代引爆装置，从而找到故障部位，排除故障。

（三）螺旋电缆的检修

螺旋电缆也就是卷簧部件。对于安全气囊系统来说，螺旋电缆的主要问题是带式电缆断裂或线束插头连接不可靠。特别是当转向盘上的安全气囊引爆之后，由于点火产生的强大电流及剧烈振动，容易造成螺旋电缆的插头烧蚀或变形损坏。因此在故障修复或定损过程中，要注意这一细节问题。带式电缆断裂或接触不良等问题在各种车型中都时有发生，解决的方法是进行更换处理。对于引爆后的螺旋电缆插头烧蚀或变形等问题，一般出现在普通车型中，高级轿车很少出现此类问题。

需要说明的是，安全气囊控制模块不全直接记录卷簧部件的故障码，而是记录与驾驶员安全气囊有关的故障码。在具体检修时仍然可以利用模拟电阻来查找故障部位。用模拟电阻替代驾驶员安全气囊，若故障症状消失，则更换驾驶员安全气囊；若故障症状没有消失，则继续使用模拟电阻替代卷簧部件,如果故障症状消失,那么更换卷簧部件。

(四)碰撞传感器的检修

1. 设置在控制模块内部的碰撞传感器

这里指的控制模块有两种:一种是常规安全气囊系统的安全气囊控制模块,其内部的碰撞传感器称为中央碰撞传感器;另一种是带有 Byte flight 总线(宝马车系)的卫星式传感器,这种卫星式传感器具有独立的故障诊断功能,可视为控制模块,其内部设有碰撞传感器(加速度传感器),加速度测量方式因控制模块功能而有所不同。

碰撞传感器安装在控制模块内部,损坏后不可单独更换,必须更换总成部件。也就是说,当此类碰撞传感器损坏之后(有此类相关故障码且无法清除掉),必须更换安全气囊控制模块或卫星式传感器。

2. 单独形式的碰撞传感器

单独形式的碰撞传感器安装在车身易撞区域,一般分为两种:前部碰撞传感器和侧面碰撞传感器。检修时应注意以下问题:

①对于触发后的安全气囊系统,应更换受撞区域的碰撞传感器。不要试图修理碰撞传感器。

②允许采用电阻测量法对碰撞传感器进行定性检查。如果线路连接正常但相关故障码无法清除掉,那么可以利用车上其他对应的传感器进行替换试验。若无法确定碰撞传感器是否损坏,则进行更换处理。

③如果检测到的故障码内容与"未匹配"或"未授权"有关,那么应检查安全气囊控制模块的编码是否正常、安全气囊系统功能匹配是否正确、碰撞传感器硬件和软件编号是否正确等。

(五)座椅占用识别传感器的检修

座椅占用识别传感器属于易损部件,主要原因是长期使用之后压敏传感器容易出现褶皱,产生信号中断问题。但对于碰撞事故的车辆,安全气囊系统触发后不会导致座椅占用识别传感器损坏。座椅占用识别传感器是不可修复的部件,损坏后只能进行更换处理,更换依据是线路连接良好且相关故障码无法清除掉(或者间歇性出现)。

(六)前排乘客安全气囊关闭开关的检修

前排乘客安全气囊关闭开关接触不良会导致安全气囊控制储存相关故障码,安全气囊警告灯异常点亮。检修方法如下:检查线路连接情况并确认没有问题,操作前排乘客安全气囊关闭开关,检查阻值变化是否正常。若以上检查结果都正常但故障码无法清除掉,则更换前排乘客安全气囊关闭开关。

(七)卫星式传感器的检修

这里指的卫星式传感器是宝马 Byte flight 总线系统中与 Byte flight 总线相连的卫星式传感器,这种传感器具有碰撞监控、故障诊断等功能。而在一个 Byte flight 总线系统中,有多个卫星式传感器以星形结构连接在一起,只要有一个卫星式传感器储存了故障码,安全气囊警告灯就会异常点亮。在实际检修工作中要注意以下问题:

①使用诊断仪进行快速测试,查看故障信息清单,对 Byte flight 总线上带有故障码的卫星式传感器都要进行检查。完成后进行快速删除(对全车电控系统进行故障码删除),检查还有哪个卫星式传感器有故障码,并做进一步检修。

②如果卫星式传感器储存有自身的硬件故障、软件故障或者通信功能失效，那么应更换卫星式传感器，并进行编程和设码。

（八）蓄电池安全接线柱的检修

蓄电池安全接线柱是一种安装在蓄电池正极柱附近的引爆装置，其内阻与安全气囊、安全带张紧器的引爆装置基本相同，因此可以采用模拟电阻法来判断蓄电池安全接线柱是否损坏。对于触发后的蓄电池安全接线柱，不可重复使用，必须进行更换处理。

（九）安全气囊警告灯的检修

安全气囊警告灯有两种控制方式，一种是由仪表板或相关熔丝提供电源，并由安全气囊控制模块控制其搭铁回路的控制方式；另一种是总线控制方式，仪表板根据总线信号控制安全气囊警告灯的工作状态。对于前一种控制方式，其故障检修方法比较简单，一般通过线路检查即可找到故障原因，常见故障原因包括：线路连接不良，安全气囊控制模块损坏或供电不良。对于后一种控制方式，由于总线通信的特殊性，有可能会出现一些奇怪的故障现象，例如安全气囊警告灯异常点亮但安全气囊控制模块没有故障码。此类故障现象往往是总线通信问题造成的，要特别注意对网关控制模块、仪表板及相关线路进行检查。

（十）安全气囊控制模块的检修

安全气囊控制模块是安全气囊系统的主控模块，车系或车型不同，安全气囊控制模块的检修方法也有所不同。对于触发后的安全气囊系统，是否更换安全气囊控制模块应以维修手册的相关要求为准。